Demmler

Komponisten des 20. Jahrhunderts

MARTIN DEMMLER

KOMPONISTEN DES 20. JAHRHUNDERTS

Mit 85 Abbildungen

Philipp Reclam jun. Stuttgart

Die Deutsche Bibliothek – CIP-Einheitsaufnahme

Demmler, Martin:
Komponisten des 20. Jahrhunderts / Martin Demmler. –
Stuttgart : Reclam, 1999
   ISBN 3-15-010447-5

INHALT

EINLEITUNG

Eine traditionelle Musikgeschichte des 20. Jahrhunderts zu schreiben ist fast nicht möglich. Zu divergierend, zu wenig verbindlich sind die Arten musikalischen Ausdrucks in den vergangenen einhundert Jahren. Anders als im 18. oder auch 19. Jahrhundert gibt es keine übergeordnete Sprache mehr, im Bereich der sogenannten ernsten Musik – und nur um sie soll es hier gehen – finden sich zwar vorherrschende Strömungen, die für eine gewisse Zeit das musikalische Denken prägen, aber eine einheitliche ästhetische Generallinie fehlt. Kennzeichnend sind vielmehr die persönliche Formung und der individuelle kompositorische Ansatz. Im Zentrum dieses Buches steht deshalb das komponierende Individuum. Anhand von Porträts der wichtigsten Komponistenpersönlichkeiten der vergangenen einhundert Jahre sollen die Ausdrucksmöglichkeiten und die ungeheure Bandbreite der Musik dieses Jahrhunderts deutlich gemacht werden.

Die Entwicklungen der Musik im 20. Jahrhundert sind eng verknüpft mit den sozialen, gesellschaftlichen und politischen Veränderungen. Auch die technischen Errungenschaften haben auf die Musik eingewirkt. Wichtige Themen wie Massenarbeitslosigkeit, Weltkriege und Industrialisierung bis hin zur wachsenden Individualisierung in unseren Tagen haben ihren Niederschlag in der musikalischen Produktion dieses Jahrhunderts gefunden. Darin unterscheidet sich die Musik kaum von den anderen Künsten, sei es Architektur, Design oder bildende Kunst. Bezeichnenderweise läßt sich eine Stilrichtung wie die »Neue Sachlichkeit« nahezu gleichzeitig in den verschiedenen künstlerischen Ausdrucksformen nachweisen. Der musikalische Expressionismus findet sein Gegenstück in der Malerei der »Brücke«-Künstler und des »Blauen Reiters«, und Arnold Schönbergs Entwicklung der »Komposition mit zwölf nur aufeinander bezogenen Tönen«, die erstmals das reine Tonmaterial in den Vordergrund stellt, korrespondiert mit Tendenzen, wie sie um die gleiche Zeit etwa bei den »Bauhaus«-Künstlern beobachtet werden können.

So wie sich der musikalische Beginn des 19. Jahrhunderts mit der Metternichschen Restaurationspolitik nach den Befreiungskriegen 1814 plausibler begründen läßt als mit der Jahreszahl 1801, beginnt das 20. Jahrhundert musikalisch sicher nicht mit dem Jahr 1901, sondern einige Jahre später, in den Jahren zwischen 1908 und dem Beginn des Ersten Weltkrieges. In diese Zeit um 1910 fallen die wegweisenden musikalischen Neuerungen, die die Entwicklung des Komponierens in diesem Jahrhundert entscheidend geprägt haben.

Der häufig schon durch die Schreibweise mit Großbuchstaben hervorgehobene Begriff der »Neuen Musik« bezeichnet kein einheitliches Phänomen, auch wenn er so gehandhabt wird, um die Unterschiede zwischen der klassisch-romantischen und der »neuen« Musik des 20. Jahrhunderts deutlich zu machen. Dagegen steht der Ausspruch Arnold Schönbergs, der nach seiner Entwicklung der »Komposition mit zwölf nur aufeinander bezogenen Tönen«, die Dodekaphonie oder auch Zwölftonmusik genannt wird, konstatierte: »Ansonsten wird komponiert wie bisher«, und damit gerade die Gemeinsamkeiten zwischen der klassisch-romantischen und der neuen Musik betonte. Dieser Ausspruch soll jedoch nicht suggerieren, die Musikgeschichte sei im 20. Jahrhundert linear verlaufen. Selbstverständlich gibt es in der Musik der letzten hundert Jahre Zäsuren, an denen plötzlich neue Ideen und Verfahrensweisen in den Blickpunkt treten.

Der erste Einschnitt ist um 1910 anzusetzen, als mit dem Übergang zu einer nicht mehr tonal gebundenen, sich also nicht mehr auf eine Grundtonart beziehenden Musik von unterschiedlichen Komponisten ein Schritt vollzogen wurde, der – obgleich durch die totale Durchchromatisierung des Tonsatzes in der Spätromantik vorbereitet – nicht nur eine Kluft zwischen zwei Epochen schuf, sondern das Ende der Musik des 19. und den Beginn des 20. Jahrhunderts bedeutete. Für diese Zäsur stehen Namen wie Arnold Schönberg mit seinen Schülern Alban Berg und Anton Webern, die den engen Kreis der sogenannten »Zweiten Wiener Schule« bildeten. Doch auch Igor Strawinsky und Béla Bartók, Claude Debussy, Alexander Skrjabin oder Charles Ives ließen etwa zur gleichen Zeit die Tonalität hinter sich und wandten sich neuartigen Formen der Organisation des Tonsatzes zu. Ein wichtiger Ausgangspunkt war dabei für viele Komponisten die Beschäftigung mit der Volksmusik. Hier fanden sich Modelle und Ausdrucksmittel, die sich deutlich von der dur-moll-tonalen Musik der Romantik unterschieden und so den Hintergrund einer neuen musikalischen Sprache bilden konnten. Leoš Janáček zehrte ebenso von der volksmusikalischen Tradition seiner Heimat wie Béla Bartók, Zoltán Kodály, Manuel de Falla oder Ralph Vaughan Williams.

Einen nächsten Einschnitt markieren die Jahre nach dem Ersten Weltkrieg, als mit Komponisten wie Paul Hindemith, Ernst Krenek, Erwin Schulhoff, Kurt Weill, Hanns Eisler und in Frankreich der »Groupe des Six« um Arthur Honegger und Darius Milhaud, aber auch Dimitrij Schostakowitsch in Rußland eine neue Generation die Bühne betrat, die sich in ihren Zielen deutlich von

der vorherigen unterschied. Die Genieästhetik, wie sie etwa Arnold Schönberg oder Alexander Skrjabin noch in Reinkultur verkörperten, wurde von dieser in den neunziger Jahren des vergangenen Jahrhunderts geborenen Generation entschieden abgelehnt. Statt dessen berief man sich auf musikalisches Handwerk, auf Sachlichkeit und eine häufig funktionale Bindung der Musik. Fast alle diese Komponisten arbeiteten auch für die neuen Medien Film und Rundfunk. Die Nüchternheit des wieder stärker diatonisch geprägten Tonsatzes, die Hinwendung zu Techniken der Barockmusik, eine gewisse Nähe zur Unterhaltungsmusik der Zeit, insbesondere zum Jazz, sowie eine entschiedene Abkehr vom musikalischen Expressionismus und vom großen Orchesterapparat waren die auffälligsten Merkmale der Musik dieser neuen Generation. Spiel- und Gebrauchsmusik standen plötzlich hoch im Kurs. Der Neoklassizismus war dabei nur ein, wenn auch zentraler Aspekt dieses Paradigmenwechsels. Der ästhetische Wandel läßt sich symptomatisch an der heftigen Auseinandersetzung zwischen Arnold Schönberg und seinem Schüler Hanns Eisler in den zwanziger Jahren festmachen, nachdem Eisler sich als bekennender Sozialist für eine funktionale Musik im Dienst der Politik entschieden hatte. Das rasche Verschwinden des musikalischen Expressionismus in den zwanziger Jahren ist ein erstaunliches Phänomen, das auch die Hauptvertreter dieser Richtung wie Arnold Schönberg betraf. Allenfalls das Schaffen Alban Bergs bildet hier eine Ausnahme.

Eine weitere musikgeschichtliche Zäsur fällt in die Jahre nach dem Zweiten Weltkrieg, vor allem um 1950. Hatte man unmittelbar nach Kriegsende vor allem an den Neoklassizismus angeknüpft – das gilt auch für die damals junge Generation, Hans Werner Henze oder Bernd Alois Zimmermann –, so traten um 1950 neue Perspektiven in den Vordergrund. Das Ziel war eine »reine«, abstrakte Musik, die voraussetzungslos vorn anfangen wollte und unbelastet von Ideologien sein sollte, auch wenn sie schon bald selbst zur Ideologie wurde. Dazu zählte vor allem die serielle Musik, die an das Werk von Arnold Schönberg, Alban Berg und in erster Linie an die abstrakten und hochartifiziellen Werke Anton Weberns anknüpfte. Analog zur Organisation des melodisch-harmonischen Materials in zwölftönigen Reihen, wie Arnold Schönberg sie in den zwanziger Jahren entwickelt hatte, versuchte nun die junge Generation mit Pierre Boulez und Karlheinz Stockhausen als ihren Hauptvertretern auch die übrigen Parameter des Tonsatzes, vor allem Rhythmus, Lautstärke und Tondauer, einer solchen Determination zu unterwerfen. Wichtigste Foren waren zu jener Zeit Darmstadt und Donaueschingen. Insbesondere die Internationalen Ferienkurse in Darmstadt entwickelten sich zu einem Brennpunkt der seriellen Musik, so daß nicht selten auch von einer »Darmstädter Schule« gesprochen wurde.

Um 1950 traten noch andere Errungenschaften erstmals auf den Plan. Zum einen kam die vor allem in Frankreich von Pierre Henry und Pierre Schaeffer entwickelte »musique concrète« auf, die durch die Einbeziehung von Alltagsgeräuschen und konkreten Klängen neues Material für die Musik entdeckte, das mit Hilfe des Tonbands zu Klangcollagen zusammengesetzt wurde. Doch auch anderenorts spielte die elektronische Musik nun eine gewichtige Rolle. Zu Beginn der fünfziger Jahre wurden vor allem in Rundfunkanstalten professionelle Tonstudios eingerichtet, in denen Komponisten ihre musikalischen Ideen verwirklichen konnten. Besondere Berühmtheit erreichte das Elektronische Studio des Westdeutschen Rundfunks, wo eine Vielzahl von grundlegenden Werken der elektronischen Musik entstand und wo von Karlheinz Stockhausen bis György Ligeti viele Vorreiter dieses neuartigen Ansatzes regelmäßig tätig waren. Mit diesen neuen klanglichen Möglichkeiten gingen auch neuartige Notationsformen einher, da sich die elektronisch produzierten Klänge nicht mehr mit den traditionellen Mitteln fixieren ließen.

Neben der Entwicklung der seriellen, der konkreten und der elektronischen Musik brachten die Jahre um 1950 noch eine weitere wichtige Neuerung, die die Musikgeschichte entscheidend prägen sollte: die Einbeziehung des Zufalls, die Aleatorik. John Cage komponierte mit seiner *Music of Changes* in den Jahren 1950/51 erstmals ein Werk, das ausschließlich auf Zufallsentscheidungen beruhte. Auch wenn dieses Verfahren in Europa mit einigen Jahren Verspätung rezipiert wurde, kann doch um das Jahr 1960 von einer erneuten Zäsur gesprochen werden. Denn nachdem in den fünfziger Jahren die bahnbrechenden Werke der seriellen Musik entstanden waren, führte die Erkenntnis, daß eine völlig durchorganisierte Musik vom klanglichen Eindruck her in eine gewisse Beliebigkeit umkippt, zu einer Art Gegenbewegung, die, unter dem fast schockartigen Eindruck der ersten Auftritte von John Cage auf den wichtigsten Podien der europäischen Avantgarde, nun auch Elemente des Zufalls in die Werke integrierte. Waren es zunächst meist eingeschränkte Freiheiten, die die Komponisten den Interpreten überließen, so führte das Konzept von John Cage, der ganze Werke ausschließlich aus Zufallsoperationen herleitete, zu einer generellen Infragestellung des Werkbegriffs, wie er für die abendländische Musik seit dem Mittelalter charakteristisch gewesen war. Modelle offener Form bestimmten einen großen Teil der musikalischen Produktion der sechziger Jahre, von Konzeptstükken über die hier nicht berücksichtigte Fluxus-Bewegung bis hin zum instrumentalen Theater von Mauricio Kagel oder graphisch notierten Partituren, wie sie vor allem in den Vereinigten Staaten von Earle Brown oder Morton Feldman, neben John Cage und Christian Wolff den Hauptvertretern der sogenannten »New York School«, schon seit den frühen fünfziger Jahren realisiert worden waren.

Ein erneuter Wandel der musikalischen Sprache findet in den Jahren um 1975 statt, als wiederum eine junge Generation – häufig mit den Schlagworten »Neue Einfachheit« oder »Neoexpressionismus« etikettiert – begann, an das Erbe der Großväter anzuknüpfen. Die zunehmende Individualisierung der Gesellschaft brachte das komponierende Subjekt dazu, sich wieder stärker auf seine Individualität zu besinnen. Für Komponisten wie Wolfgang Rihm, Hans-Jürgen von Bose oder Manfred Trojahn war es jetzt wieder möglich, Sinfonien im traditionellen Sinn zu komponieren. Ihr Bekenntnis zu Subjektivismus und Ausdrucksästhetik galt nicht länger als Verrat am musikalischen Fortschritt, als der er jahrelang abqualifiziert worden war, sondern als ein inneres Bedürfnis, das mit der Rückbesinnung auf den traditionellen Tonsatz und die überkommenen Gattungen, ja auch mit der erneuten Einbeziehung tonaler Elemente einhergehen konnte. So ist es sicher kein Zufall, daß die Renaissance der Werke Gustav Mahlers genau in diese Zeit fiel.

Heute existieren völlig unterschiedliche ästhetische Ansätze nebeneinander. Die zunehmende Globalisierung hat dazu beigetragen, daß es nicht nur keine einheitliche Sprache mehr gibt, sondern auch keine Leitlinien für richtiges und falsches Komponieren. Hans Werner Henze bedient sich einer völlig anderen musikalischen Sprache als etwa Helmut Lachenmann. Der Este Arvo Pärt oder der Georgier Giya Kantscheli sind mit Komponisten wie John Cage oder Karlheinz Stockhausen stilistisch nicht zu vergleichen. Dennoch existieren sie gleichberechtigt, wenngleich keineswegs konkurrenzfrei nebeneinander, und jeder findet sein, wenn auch manchmal nur kleines Publikum. Innerhalb der Produktion der jüngsten Zeit fällt allerdings der Versuch einer Vermittlung zwischen verschiedenen Kulturen und Sphären der Musik auf, was vielleicht auch als Ergebnis der Globalisierung zu verstehen ist. Das ist im Schaffen György Ligetis ebenso zu beobachten wie etwa bei Klaus Huber, Toshio Hosokawa oder Isang Yun. Nicht zuletzt macht diese Vielfalt der unterschiedlichen musikalischen Welten die Musik des 20. Jahrhunderts so abwechslungsreich und spannend.

Die hier skizzierten Epochenzäsuren und Entwicklungslinien sind für die musikalische Produktion dieses Jahrhunderts im Grunde nicht das Entscheidende. Denn ein erstaunlich großer Teil der hier vorgestellten Komponisten hat an diesen Strömungen nicht partizipiert, und dennoch wird niemand bestreiten, daß sie zu den epochalen Komponistenpersönlichkeiten unserer Zeit zählen. Olivier Messiaen wäre da zu nennen oder auch Morton Feldman, Alfred Schnittke oder Charles Ives, Edgar Varèse und Erik Satie – die Aufzählung ließe sich fortsetzen. Die Musikgeschichte des 20. Jahrhunderts ist die Geschichte vieler individueller Ansätze, die zwar nicht voraussetzungslos, aber ohne genaue Fixierung innerhalb eines großangelegten, in sich nicht schlüssig verlaufenden geschichtlichen Prozesses auftreten. Deshalb schien die Form von essayistischen Porträts am besten geeignet, das musikalische Selbstverständnis der insgesamt 85 Komponistenpersönlichkeiten zu verdeutlichen.

Auch wenn die hier vorgelegte Auswahl der Komponisten von ständigen Fragen und kontroversen Diskussionen begleitet war, bleibt sie subjektiv: Ist nicht Goffredo Petrassi, der große alte Mann der neuen Musik in Italien, wichtiger für die Entwicklung in diesem Jahrhundert gewesen als William Walton? Gebührte nicht John Cage mehr Platz in einem solchen Buch als Ralph Vaughan Williams? Warum ist Richard Strauss vertreten, nicht aber Hans Pfitzner? Sind Komponisten mit der größten Breitenwirkung entscheidender oder die mit den zukunftsträchtigsten Ideen?

All diese Fragen sind nicht einfach zu beantworten. In einem solchen Buch kann es nicht nur um den Grad der Modernität und die wegweisende Funktion eines kompositorischen Schaffens gehen. In einer Zeit, in der das Œuvre von Dmitrij Schostakowitsch oder Igor Strawinsky zum Standardrepertoire der Sinfonieorchester zählt, die Musik des 20. Jahrhunderts in den Konzertsälen weitgehend durch die sinfonische Musik der ersten Jahrhunderthälfte bestimmt ist, können Komponisten wie Paul Hindemith, Béla Bartók oder Arthur Honegger nicht übergangen werden. Sie prägen das musikalische Bild dieses Saeculums ebenso wie die zukunftweisenden Ansätze von Edgar Varèse, Erik Satie oder Karlheinz Stockhausen. Komponisten, die wie Philip Glass eine außerordentliche Breitenwirkung erzielen und Konzertsäle und Opernhäuser füllen – was im Bereich der zeitgenössischen Musik keine Selbstverständlichkeit ist –, müssen jenseits aller ästhetischer Problematik ebenso vorgestellt werden wie die großen Außenseiter dieses Jahrhunderts, Conlon Nancarrow etwa oder Giacinto Scelsi, die ihr Lebenswerk eher im Verborgenen schufen und trotzdem der Musik des 20. Jahrhunderts entscheidende Impulse gegeben haben. Mit anderen Worten: Jede Auswahl ist anfechtbar und wird umstritten bleiben.

Daß die jüngere Generation, die derzeit die Podien der neuen Musik zu erobern beginnt, nur spärlich vertreten ist, hat mehrere Gründe. Zum einen beginnen – abgesehen von Ausnahmen wie Wolfgang Rihm oder der jungen Österreicherin Olga Neuwirth – Komponisten heute erst in fortgeschrittenem Alter ein größeres Œuvre zu entfalten. Nur wenige Komponisten, die jünger als 35 oder 40 sind, können bereits auf eine längere Werkliste verweisen. Damit wäre die Darstellung auf nur wenige Arbeiten beschränkt geblieben. Das bedeutet jedoch nicht, daß sie der Musik in diesem ausgehenden Jahrhundert keine neuen Impulse gegeben hätten oder geben werden. Magnus Lindberg, Hanspeter Kyburz, Toshio Hosokawa oder Mark-Anthony Turnage haben durchaus in der musikalischen Landschaft unserer Zeit Akzente gesetzt, auch wenn der größte Teil ihrer Produktion aller Voraussicht nach erst im 21. Jahrhundert entstehen wird.

Dieses Buch beschränkt sich im weitesten Sinne auf komponierte Musik. Ausgeklammert blieb neben der Improvisationsszene auch der gesamte Komplex der sogenannten »Klangkunst«, die sich spätestens seit den achtziger Jahren als feste Größe innerhalb des Musikbetriebs etabliert hat. Diese Installationen und Performances sind mit dem traditionellen Werkbegriff nur unzureichend zu fassen. Sie versuchen, den Musikbegriff zu erweitern und wieder stärker auf die Realität zu beziehen. In ihrer Koppelung an außermusikalische Phänomene, in der Einbeziehung der Außenwelt und anderer Künste erscheinen sie als ein eigenständiger Gegenstand, der einer gesonderten Behandlung bedarf.

Der vorliegende Band wendet sich an ein Publikum, das neugierig ist auf die musikalischen Meisterwerke dieses Jahrhunderts, das sich für ihre Schöpfer interessiert und auch dem Ungewohnten, vielleicht sogar Sperrigen aufgeschlossen gegenübersteht.

Das Buch versucht sich in eher populärer Form der Musik unseres Jahrhunderts zu nähern, musikalische Analysen findet der Interessierte andernorts. Hier galt es, den individuellen Ansatz des jeweiligen Komponisten zu skizzieren.

Jeder der Artikel beginnt mit einem Zitat, das zentrale Aspekte des ästhetischen Selbstverständnisses des jeweiligen Komponisten umreißt. Anschließend wird sowohl die Biographie als auch die Entwicklung der musikalischen Sprache dargestellt. Der Umfang der feuilletonistisch gehaltenen Artikel gibt nicht unmittelbar Aufschluß über die musikgeschichtliche Bedeutung. Das liegt vor allem daran, daß der eine vielleicht ein Leben lang seinen einmal eingeschlagenen Weg konsequent verfolgt hat, während ein anderer in seinem Schaffen mehrere Wandlungen und stilistische Neuorientierungen aufweist. Zudem haben die Komponisten einen unterschiedlich langen Zeitraum innerhalb des 20. Jahrhunderts erlebt. Es versteht sich von selbst, daß die musikgeschichtliche Bedeutung der Phänomene, die bis in die Gegenwart reichen, noch lange nicht abschließend geklärt ist, und womöglich ergibt sich in fünfzig oder hundert Jahren eine andere Sichtweise als die hier dargestellte.

Um einen Überblick über das Œuvre der Komponisten zu geben, schließt sich den einzelnen Artikeln ein Werkverzeichnis an, das lediglich eine Auswahl der realisierten Arbeiten präsentiert. Durchgehend komplette Werkverzeichnisse hätten den Rahmen dieses Buches gesprengt, insbesondere bei den produktiven »Vielschreibern« wie etwa Darius Milhaud oder Bohuslav Martinů. Bei den noch Schaffenden wären diese Verzeichnisse ohnehin recht bald veraltet gewesen. Die Auswahl der Werke konzentriert sich auf die wichtigsten Arbeiten des Komponisten, enthält daneben aber auch besonders charakteristische Werke, um einen möglichst umfassenden Eindruck des Lebenswerkes zu vermitteln. Viele Kompositionen sind nach ihrer Entstehung wiederholt überarbeitet worden, manchmal sogar mehrere Male. Diese Umarbeitungen sind in der Regel nicht berücksichtigt worden, um nicht den Zusammenhang zu den Besprechungen im Text, die sich in der Regel auf die erste Ausarbeitung beziehen, zu komplizieren. Die Jahresangaben bezeichnen zumeist das Datum der Komposition, in manchen Fällen aber auch das Datum der Veröffentlichung. Sie entstammen unterschiedlichen Quellen: Ausgewählte Lexika und neuere Monographien wurden ebenso zu Rate gezogen wie Verlagsinformationen oder gesondert publizierte Werkverzeichnisse. Dort, wo es erforderlich schien, wurde bei fremdsprachigen Titeln auf die deutsche Übersetzung zurückgegriffen, die Besetzung wurde in der Regel ins Deutsche übersetzt. Auf eine Diskographie wurde bewußt verzichtet, da Tonträger mit zeitgenössischer Musik oft nur kurze Zeit im Handel sind und ein solches Verzeichnis schon bald überholt wäre.

Dieses Buch ist im Zusammenhang mit einer Sendereihe für den Sender Freies Berlin entstanden, die 1999 in einer Folge von Porträts die wichtigsten Komponisten des Jahrhunderts in Text und Musik darstellen will. Vielleicht veranlaßt ja die Lektüre den einen oder anderen, sich intensiver mit den Werken einzelner Komponisten auseinanderzusetzen. Das wäre schon viel. Denn in einer Zeit, in der Musik häufig zur bloßen Kulisse verkommt, nicht mehr hin-, sondern nebenbei oder weggehört wird und der akustische Müll an der Tagesordnung ist, kann die Musik des 20. Jahrhunderts neue und spannende Erfahrungen vermitteln. In diesem Sinn kann man nur mit Hans Zender wünschen: Happy new ears!

Martin Demmler

GEORGE ANTHEIL

»Skandale wurden bei meinen Konzerten
fast etwas Alltägliches, weil ich einer der
wenigen Pianisten jener Zeit war, die *jedes*
Konzert mit einer modernen Gruppe ab-
schlossen – am liebsten mit den Hypermo-
dernen. Ja, ich endete sogar stets mit ein
oder zwei meiner eigenen Sachen – den
Mechanisms, der *Jazz Sonata, Fireworks
and the Profane Waltzers*, der *Sonata Sauvage* oder etwas ähnlich Kakophonem.«

Zu provozieren war eine Vorliebe von
George Antheil, ob verbal oder musikalisch.

Und diesen Provokationen, seinen skandalträchtigen Auftritten und Konzerten verdankte er zu Beginn seiner Karriere auch in erster Linie seinen Erfolg.

Geboren wurde George Carl Johann Antheil als Sohn polnischstämmiger Eltern am 8. Juli 1900 in Trenton, New Jersey. Ersten Violinunterricht erhielt er mit fünf Jahren. Im Alter von zehn Jahren wechselte er zum Klavier und bekam wenig später auch Unterricht in Harmonielehre. In Philadelphia nahm Antheil von 1914 bis 1918 neben der High School regelmäßig Stunden in Musiktheorie. Sein dortiger Lehrer, der Liszt-Schüler Constantine von Sternberg, war es auch, der ihn an Ernest Bloch empfahl, bei dem Antheil ein reguläres Kompositionsstudium absolvierte. Sein musikalisches Gesellenstück war die noch unter Blochs Aufsicht entstandene erste Sinfonie, für die sich immerhin Pierre Monteux und Leopold Stokowski einsetzten. Nach Abschluß seiner Studien ging George Antheil als Konzertpianist nach Europa. Mit fast ausschließlich modernen Programmen, häufig auch mit eigenen Werken, avancierte er schon bald zum Enfant terrible unter den Pianisten. Antheil, der sich zunächst in Berlin niederließ, galt mit seinen Werktiteln und seinen rhythmisch geprägten wilden Solostücken schon bald als der Inbegriff des modernen Amerika. Seine Werke schockierten das bürgerliche Publikum der frühen zwanziger Jahre, und das sollten sie auch. Sie wirkten ähnlich wild, rauschhaft und ungestüm wie einige Jahre zuvor Igor Strawinskys *Sacre du printemps* oder *Parade* von Erik Satie.

Antheil gelang es rasch, in Europa Fuß zu fassen. Das Klanggewaltige seiner Werke, die harten, oft ostinaten Rhythmen und die Titel vieler seiner Werke, die an technische Apparaturen oder Maschinen anknüpfen (*Airplane Sonata*, *Death of the Machines* oder *Mechanisms*), machten ihn zu einer einzigartigen Erscheinung im Europa der frühen zwanziger Jahre. Mit der Integration von Elementen des Ragtime oder Jazz traf Antheil genau den Zeitgeist jener Jahre. Nicht zuletzt bescherte dieser Umstand seinen Konzerten starke Beachtung. Um sich ausgiebiger dem Komponieren widmen zu können, schränkte er seine Konzerttourneen bald ein und ließ sich 1923 dauerhaft in Paris nieder.

Antheils zutiefst antiromantische, von der neuen Sachlichkeit und mechanistischen Tendenzen geprägte Ästhetik erreichte ihren Höhepunkt in dem 1925 komponierten *Ballet mécanique*, das in der Originalversion 16 Pianolas vorsah. Ursprünglich war es als Begleitmusik zu einem Film nach Fernand Légers abstraktem gleichnamigen Bewegungsspiel gedacht. Mit seiner scharfen rhythmischen Klanglichkeit aus repetierten kleingliedrigen Mustern und polymetrischen Überlagerungen sowie einem umfangreichen, noch durch ›Instrumente‹ wie Flugzeugpropeller, Klingeln und Ambosse erweiterten Schlagzeugapparat zählt es zu den avanciertesten Werken der zwanziger Jahre. Die Uraufführung spaltete die musikinteressierte Welt. Für die einen war es die Musik der Zukunft, die Geburt eines neuen musikalischen Zeitalters, für die anderen schlichtweg unstrukturierter Lärm. Doch obwohl seinem Werk der Terminus ›Maschinenmusik‹ anhing, zielte Antheil nicht darauf ab, Fabrikgeräusche oder industrielle Prozesse zu imitieren. Vielmehr entwickelte er die Ideen des musikalischen Futurismus weiter. Es ging ihm um musikalische Abstraktion und um Klangmaterialien, die primär rhythmischer Natur waren. Wiederholt verglich er seine Klanglandschaften denn auch mit den Techniken der abstrakten Malerei.

Spätestens mit seinem *Ballet mécanique* galt George Antheil auch als Komponist als Enfant terrible der musikalischen Szene in Europa. Genau zu diesem Zeitpunkt begann er sich interessanterweise für kurze Zeit neuen, sehr viel konventionelleren Ansätzen zuzuwenden. So weisen die Werke der folgenden Zeit neoklassizistische Züge auf, etwa das *2. Streichquartett* (1927), die *2. Sinfonie* oder das *Klavierkonzert* aus dem darauffolgenden Jahr.

Ein Jahr später, 1927, ging Antheil nach Wien. Dort arbeitete er vor allem an seiner Oper *Transatlantic*, die 1930 in Frankfurt am Main uraufgeführt wurde. Es war die erste abendfüllende Oper eines amerikanischen Komponisten, die in einem führenden deutschen Opernhaus aus der Taufe gehoben wurde. Antheil selbst hatte das Libretto verfaßt, das den amerikanischen Lebensstil in Form eines Präsidentenwahlkampfes kariert. Mit Elementen wie der in einer Badewanne gesungenen Arie, einem Selbstmordversuch von der Brooklyn Bridge, wilden Jazz-Rhythmen und dem Einsatz von Kinosequenzen grenzte Antheil sein Werk von der Tradition der großen romantischen Oper ab. Die Uraufführung wurde ein phänomenaler Erfolg – wieder einmal hatte Antheil genau den Geschmack der Zeit getroffen.

Die Machtergreifung durch die Nationalsozialisten in Deutschland erschwerte oder verhinderte ab 1933 die Aufführung seiner Werke, weshalb Antheil in die Vereinigten Staaten zurückkehrte. Dort war die amerikanische Erstaufführung seines *Ballet mécanique* 1927 allerdings ein ziemlicher Mißerfolg gewesen. Antheil fiel es nicht leicht, als Komponist in Amerika Fuß zu fassen. Seine in Europa so beliebte, provokative Art stieß hier auf wenig Resonanz.

Vor allem aus wirtschaftlichen Überlegungen zog Antheil 1936 von New York

nach Hollywood, wo er sich dem Komponieren von Filmmusik zuwandte. Gleichzeitig begann er journalistisch tätig zu werden und arbeitete als Kolumnist, Essayist und Musikschriftsteller. Zu seinen literarischen Arbeiten zählen unter anderem eine Novelle, ein unter Pseudonym erschienenes politisches Buch sowie seine 1945 veröffentlichte Autobiographie *Bad boy of music*. Hier legt Antheil seine ästhetischen Vorstellungen dar und berichtet aufschlußreich über das Musikleben vor allem der zwanziger Jahre in Europa.

In seinen musikalischen Werken der späteren Jahre, vor allem in seinen *Sinfonien Nr. 3–5*, greift Antheil eine neoromantische und eher traditionelle Tonsprache auf. Eingängige Melodien und tonale harmonische Gefüge werden werkbestimmend. Fortan prägte die Bewunderung der Werke Bruckners und Mahlers seine kompositorische Arbeit.

Durch das Engagement des Dirigenten Leopold Stokowsky stieg die Anzahl der Aufführungen während der vierziger Jahre noch einmal deutlich an. Zu den Werken der fünfziger Jahre zählen die Oper *Volpone* auf ein Libretto von Albert Perry und das Ballett *Capital of the World*. Zur ästhetischen Maxime seines Spätstils äußerte sich George Antheil einmal so: »Viele Komponisten entwickeln einen bestimmten Stil und bleiben dann dabei. Sie sind mehr damit beschäftigt, diesen Stil beizubehalten, als mit ihrer Musik. Andere schreiben, als sei die Musik eine Mode, in diesem Jahr in einer bestimmten Farbe, im nächsten in einer anderen. Auch ich war früher so. Ich habe vieles mitgemacht, aber inzwischen habe ich erkannt, daß nur eines zählt: die große Tradition der Musik fortzusetzen.«

Antheils letztes Werk, eine Kantate mit dem Titel *Cabeza de Vaca*, wurde erst postum aufgeführt. Er starb am 12. Februar 1959 in New York.

WERKE (Auswahl)

Sinfonie Nr. 1 »Zingareska« (1920/22)
Fireworks and the Profane Waltzers für Klavier
    (1922)
Airplane Sonata für Klavier (1922)
Sonatina »Death of the Machines« für Klavier
    (1923)
Sonata Sauvage für Klavier (1923)
Jazz Sonata für Klavier (1923)
Mechanisms für Klavier (1923/24)
A Jazz Symphony (1923/25)
Symphony for five Instruments (1923)
Ballet méchanique (1923/25)
Streichquartett Nr. 1 (1924)
Konzert für Klavier und Orchester (1926)
Sinfonie Nr. 2 (1925/26)
Streichquartett Nr. 2 (1927)
Transatlantic. Oper (1927/28)
Flight. Ballett-Oper (1927/30)
Capriccio für Orchester (1930)

Helen retires. Oper (1930/32)
Sinfonie Nr. 3 »American« (1931/38)
Kammerkonzert für Bläser (1932)
The Golden Spike für Orchester (1939)
La Vie Parisienne für Klavier (1939)
Sinfonie Nr. 4 »1942« (1942/43)
Tragic Symphony (1943/45)
Musical Picture of a Friend für Klavier (1946)
Sinfonie Nr. 5 »Joyous« (1947/48)
Sinfonie Nr. 6 »nach Delacroix« (1947/48)
Serenade Nr. 1 für Streicher (1948)
Serenade Nr. 2 für Kammerorchester (1948)
Volpone. Oper (1950/52)
Sonate für Flöte und Klavier (1951)
Nocturne in Skyrockets für Orchester (1951)
Capital of the World. Ballett (1953)
The Brothers. Oper (1954)
Venus in Africa. Oper (1954)
The Wish. Oper (1955)
Cabeza de Vaca für Chor und Orchester
    (1955/56)

BÉLA BARTÓK

»Die Wende im 20. Jahrhundert war ein
Wendepunkt in der Geschichte der modernen Musik. Vielen begann die Maßlosigkeit
der Romantik unerträglich zu werden, und
es gab Komponisten, die das Gefühl hatten,
unser Weg führe ins Uferlose, es sei denn,
wir brächen mit dem 19. Jahrhundert. Un-
schätzbare Hilfe kam diesem Wandel, dieser
Verjüngung, von einer Art Bauernmusik, die

bislang unbekannt war. Die eigentliche Bauernmusik zeigt in ihren Formen eine recht verschiedenartige Vollkommenheit. Erstaunlich, daß sie trotz ihrer eindringlichen Kraft ganz frei von Sentimentalität und überflüssigen Ornamenten ist. Einfach, häufig auch rauh, aber niemals dumm, bildet sie den idealen Ausgangspunkt für eine musikalische Wiedergeburt ... Wie nun zieht der Komponist den meisten Nutzen aus seinen Studien mit der Bauernmusik? Indem er ihr Wesen ganz in sich aufnimmt und sie wie seine musikalische Muttersprache gebraucht. Volkslieder zu verwenden, ist eine der schwierigsten Aufgaben, ebenso schwierig, wenn nicht noch schwieriger, als ein größeres eigenes Werk zu schreiben ... Manche meinen, um Nationalmusik aufblühen zu lassen, brauche man sich nur in Volksmusik zu versenken und ihr Motivmaterial in bestimmte Formen zu gießen. Auch diese Meinung ist in einer mißverstandenen Anschauung begründet; sie überbetont die Bedeutung der Themen an sich und vergißt darüber, daß allein die Kunst der Formgebung aus dem Themen-Rohstoff etwas machen kann. In solcher Verquickung erst zeigt sich ja das eigentlich Schöpferische eines Komponisten.«

Mit diesem Zitat aus Béla Bartóks 1921 veröffentlichtem Aufsatz »Vom Einfluß der Bauernmusik auf die Musik unserer Zeit« wird praktisch die gesamte musikalische Ästhetik dieses Komponisten umrissen. Die Bauernmusik der Balkanländer war für Bartók der entscheidende Ausgangspunkt seines Komponierens, sie bildet die Basis seiner Werke, die in einzigartiger Weise und auf höchstem musikalischen Niveau Volksmusik und Kunstmusik miteinander verknüpfen. Das geschieht auf unterschiedliche Weise und reicht von der bloßen Volksliedadaption bis hin zu großen Orchesterwerken, die aus dem Geist der Volksmusik entstanden, ohne diese direkt zu zitieren. Auf der Grundlage der Bauernmusik des Balkans schuf Bartók sein Lebenswerk, das zu den wichtigsten Beiträgen zur Musikgeschichte der ersten Jahrhunderthälfte zählt.

Geboren wurde Béla Viktor János Bartók am 25. März 1881 in Nagyszentmiklós, einem kleinen Dörfchen im Süden Ungarns, wo sein Vater die Landwirtschaftsschule leitete. Verschiedene Krankheiten überschatteten seine Kindheit. Bartók war von schwacher Konstitution, sein ganzes Leben hindurch kämpfte er mit körperlichen Leiden. Als er sieben Jahre alt war, starb der Vater, ein leidenschaftlicher Musikant, der in dem Dörfchen einen Musikverein und ein kleines Orchester mit aufgebaut hatte. Die Mutter mußte die Kinder allein aufziehen. Sie arbeitete als Lehrerin in verschiedenen kleineren Orten und zog schließlich nach Preßburg, wo Bartók das Gymnasium besuchte und 1899 die Reifeprüfung ablegte. Schon als Kind hatte er mit ersten Kompositionsversuchen begonnen. Jetzt, in Preßburg, bekam er auch Gelegenheit, am Musikleben der Stadt teilzunehmen und die klassische Literatur kennenzulernen. Bartók erinnerte sich später: »Preßburg hatte zu jener Zeit unter den Provinzstädten Ungarns jedenfalls das regste Musikleben, so daß es mir möglich wurde, einerseits bei László Erkel bis zu meinem fünfzehnten Jahre Unterricht in Klavier und Harmonielehre zu genießen, andererseits manchen – allerdings wenigen guten – Orchesterkonzerten und Opernvorstellungen beizuwohnen. Auch an Gelegenheit zur Ausübung von Kammermusik fehlte es nicht, und so lernte ich bis zu meinem achtzehnten Jahre die Musikliteratur von Bach bis Brahms – Wagner jedoch nur bis zum Tannhäuser – verhältnismäßig gut kennen. Inzwischen komponierte ich fleißig unter dem starken Einfluß von Brahms und den Jugendwerken des um vier Jahre älteren Dohnányi, namentlich seines Opus 1.«

Von 1899 bis 1903 studierte Béla Bartók Klavier und Komposition an der Musikakademie in Budapest: »Gleich nach meiner Ankunft machte ich mich mit großem Eifer an das Studium der mir noch unbekannten Werke Richard Wagners sowie der Orchesterwerke Liszts. Mein eigenes Schaffen jedoch lag in dieser Periode völlig brach. Nunmehr losgelöst vom Brahmsschen Stil konnte ich auch über Wagner und Liszt den ersehnten neuen Weg nicht finden. Infolgedessen arbeitete ich etwa zwei Jahre hindurch beinahe gar nichts und galt eigentlich in der Musikakademie nur als brillanter Klavierspieler«, schrieb er 1921 in einer autobiographischen Skizze.

Die schöpferische Krise überwand Bartók erst, als er 1902 in Budapest die sinfonische Dichtung *Also sprach Zarathustra* von Richard Strauss hörte. Etwa gleichzeitig faßte er den Entschluß, eine eigenständige ungarische Kunstmusik schaffen zu wollen. Es war zunächst die instrumentale Tanzmusik, etwa der Csárdás, an die er in seinen Werken anknüpfte. Die Bauernmusik, die später für sein Schaffen so wichtig werden sollte, kannte Bartók damals noch nicht. 1903 entstanden die sinfonische Dichtung *Kossuth* sowie eine *Violinsonate*, im darauffolgenden Jahr ein *Klavierquintett* und die *Rhapsodie für Klavier und Orchester* und 1905 schließlich die beiden *Suiten für Orchester*. Spürbar ist in all diesen Werken der Einfluß Franz Liszts. Wie dieser dehnt Bartók die Sonatenform auf das Ganze eines mehrsätzigen Werkes aus. Den Zusammenhang zwischen den Sätzen stellt er durch eine monothematische Anlage her, die alle Sätze gewissermaßen zusammenschweißt, ein Modell, das Bartók auch in vielen seiner späteren Werke benutzt hat. Charakteristisch sind außerdem die symmetrische Anlage vieler Kompositionen, bei denen sich die Sätze um einen zentralen Mittelteil gruppieren, sowie zwei für Bartóks Schaffen zentrale Satztypen: der Trauermarsch und das groteske Scherzo.

Bekannt wurde der junge Komponist fast schlagartig mit der Uraufführung seiner sinfonischen Dichtung *Kossuth* 1904 in Budapest. Doch blieb der Erfolg zunächst auf Ungarn beschränkt. Eine Aufführung des Werkes in Manchester fand nur geringe Beachtung. 1905 beteiligte sich Bartók als Komponist und Pianist am Pariser Rubinstein-Wettbewerb. Das Ergebnis war enttäuschend: Als Pianist wurde Wilhelm Backhaus ausgezeichnet, im Fach Komposition wurde der Preis ausgesetzt. Diese Entscheidung festigte Bartóks Entschluß, vor allem als Komponist zu arbeiten. Trotzdem blieb er sein ganzes Leben hindurch auch als Pianist tätig, wovon er zum Teil seinen Lebensunterhalt bestreiten mußte.

1904 lernte Bartók erstmals unmittelbar ungarische Volksmusik kennen, als er ein Volkslied aufzeichnete, das ein siebenbürgisches Dienstmädchen sang. Fasziniert von dieser Musik, begann er, systematisch Volkslieder zu sammeln und zu notieren, in verschiedenen Gegenden Ungarns, später auch in den übrigen Balkanländern. 1905 lernte er Zoltán Kodály kennen, der sich ebenfalls für Bauernmusik begeisterte. Gemeinsam wurden sie zu den eigentlichen Entdeckern dieser Musik, die sie wissenschaftlich aufarbeiteten, aber vor allem für ihre eigenen Werke benutzten. Daneben hatte das Sammeln von Volksliedern auch einen politischen, nationalen Hintergrund: »Anfangs suchten wir nur nach verlorengegangenen, alten Melodien«, schrieb Kodály später, »doch als wir die Leute in den Dörfern kennenlernten und sahen, wie viele Begabungen und wie viele frische Lebenskraft dort zugrunde gingen, erstand vor uns das Bild eines gebildeten Ungarns, das aus dem Volk wiedergeboren werden sollte. Der Verwirklichung dieses Ziels wollten wir unser Leben widmen.« Und Bartók selbst äußerte rückblickend: »Ich kann nur sagen, daß mir unsere auf diesem Gebiet verrichtete mühevolle Arbeit die größte Freude bereitet hat. Es waren die glücklichsten Tage meines Lebens, die ich in Dörfern, unter Bauern verbracht habe.«

Neben der Volksmusik beeindruckte ihn auch das Werk Claude Debussys. Modale Tonleitern, Polytonalität oder auch Pentatonik waren nur einige der Techniken, die er von dem Franzosen übernahm. Bartók entwickelte jetzt seine eigene musikalische Sprache, die rhythmisch und harmonisch von ausgesprochener Kühnheit war. Die Musikkritik sprach dagegen immer häufiger von »kompositorischen Verirrungen«. Dieses Verdikt teilte Bartók mit vielen Vorreitern der Avantgarde.

Das erste bedeutende Werk dieser Schaffensphase war das 1909 vollendete *1. Streichquartett*, das wenig später von dem auf moderne Musik spezialisierten Waldbauer-Quartett uraufgeführt wurde. Eine außerordentlich produktive Zeit schloß sich an. Neben einer Reihe von Sammlungen kleinformatiger Stücke entstanden 1911 zwei seiner gewichtigsten Werke: *Allegro barbaro* für Klavier, ein rhythmisch fast wildes und gleichzeitig in der Volksmusik verwurzeltes Klavierstück, sowie seine einzige Oper *Herzog Blaubarts Burg*, ein psychologisches Drama, das den Kampf der Geschlechter thematisiert. Bartók arbeitet hier in vielen Passagen mit symmetrischen sinfonischen Strukturen, während die Melodik auf dem Parlandostil alter ungarischer Volkslieder basiert. Modale Wendungen leiten sich einerseits aus der Volksmusik her, verweisen aber andererseits auch wieder auf die Musik Claude Debussys, über den Bartók noch 1918 schrieb: »Debussy war der größte Komponist unseres Zeitalters ... Seine Musik ist doch viel neuer als die von Strauss, der eigentlich nur in der Richtung weiterging, die Wagner und Liszt zuerst einschlugen.« In *Herzog Blaubarts Burg* gelingt Bartók die Synthese verschiedener stilistischer Ansätze: Einflüsse von Wagner, insbesondere dessen Lohengrin, und von Richard Strauss werden hier mit Elementen der Klangsprache Debussys und seinen eigenen musikethnologischen Forschungsergebnissen verschmolzen. Die Oper entfaltet sich in einer Bogenform von der Einleitung über den zentralen Höhepunkt beim Öffnen der fünften Tür bis zum Epilog, der den Beginn des Werkes wieder aufgreift. Auch die harmonische Entwicklung folgt dieser Bogenform. Kompositionstechnisch arbeitet Bartók hier vor allem mit zwei Strukturelementen: impressionistisch anmutenden Klangflächenbildungen sowie scharfen Sekundreibungen, die sich beide im Verlauf der Oper zunehmend durchdringen.

Zwar hatte Bartók mit diesen Werken seine eigene musikalische Sprache gefunden, doch trennte ihn eine immer größer werdende Kluft von dem breiten Publikum, dem diese Sprache zu modern war. Bartók zog eine ähnliche Konsequenz wie Arnold Schönberg in Wien mit seinem »Verein für musikalische Privataufführungen«: Gemeinsam mit Kodály und anderen Mitstreitern gründete er den »Neuen Ungarischen Musikverein«, mit der Zielsetzung, durch die möglichst perfekte Aufführung neuester Werke das Publikum für die moderne Musik zu gewinnen. Der Versuch scheiterte, und 1912 zog sich Bartók aus dem Verein und partiell auch aus dem öffentlichen Musikleben zurück.

Bereits seit 1907 Professor für Klavier an der Budapester Akademie, konzentrierte er sich statt dessen auf seine Lehrtätigkeit und die intensive Auseinandersetzung mit der Volksmusik. Dabei dehnte er seine Forschungen auf ein immer größeres Gebiet aus und reiste bis nach Nordafrika, um dort die Musik der Einheimischen zu studieren. Der Beginn des Ersten Weltkrieges 1914 beendete diese Forschungsreisen abrupt. Notgedrungenermaßen konzentrierte er sich fortan wieder auf die Musik seiner Heimat: »Was auch geschehen mag, ich bleibe meiner begonnenen Arbeit treu: Ich betrachte es als das Ziel meines Lebens, die Erforschung der rumänischen Volksmusik fortzusetzen und zu vollenden – wenigstens in Siebenbürgen.« 1918 schloß Bartók seine Volksmusikforschungen ab. Er begann nun, die Ergebnisse seiner Arbeit zu systematisieren und sie für seine eigenen Werke nutzbar zu machen.

In rascher Folge waren bereits seit 1915 zunächst die *Sonatine*, die auf rumänischen Volksliedern basiert, die *Rumänischen Volkstänze*, die *Rumänischen Weihnachtslieder* und die *Neun rumänischen Volkslieder* entstanden. Die formale Anlage wird nun strenger, weniger weitschweifig als in den Frühwerken. Bartók versucht, Ornamentales wegzulassen und sich auf das Wesentliche zu konzentrieren. Dies zeigt sich etwa in der 1916 entstandenen *Suite für Klavier*, die barocke Formen und Satztypen mit dem Rhythmus verschiedener Volkstänze verbindet. Die Satzbezeichnungen sind typisch für Bartók: »dämonisch«, »barbarisch« oder auch »überwältigend«. Charakteristisch für diese Schaffensphase ist, daß viele seiner Werke mit einem langsamen, oft klagenden Satz enden, so die Suite, die beiden Liederzyklen aus den Jahren 1915/16 oder das *2. Streichquartett*. Alternativ verwendet er in seinem Œuvre das kehrausartige »Volkstanzfinale«, das sich in vielen Werken bis hin zum späten *3. Klavierkonzert* von 1945 findet.

Mit dem Tanzspiel *Der holzgeschnitzte Prinz*, 1917 in Budapest uraufgeführt, erlebte Bartók seinen ersten großen Publikumserfolg nach seiner frühen sinfonischen Dichtung *Kossuth*.

Nach Ende des Ersten Weltkriegs gehörte Bartók eine Zeit lang dem Musikdirektorium der Ungarischen Räterepublik an. Seine Pläne, nach Wien auszuwandern, zerschlugen sich, und Bartók blieb in Budapest. Doch sein Bekanntheitsgrad nahm nun auch in den anderen europäischen Ländern zu, nicht zuletzt durch bedeutende Interpreten, die sich für seine Werke einsetzten. Zum 40. Geburtstag des Komponisten widmeten ihm die renommierten *Musikblätter des Anbruch* ein Sonderheft. Damit begann auch die wissenschaftliche und journalistische Auseinandersetzung mit seinem Schaffen.

Bereits 1909 hatte Béla Bartók erste Werke von Arnold Schönberg kennengelernt und verfolgte seither die Entwicklung von dessen Schaffen mit großem Interesse. Schönberg führte in Wien eine ganze Reihe von Werken Bartóks auf, der wiederum 1921 den Aufsatz »Arnold Schönbergs Musik in Ungarn« in den *Musikblättern des Anbruch* publizierte. Schönbergs Werke veranlaßten Bartók, sich intensiv mit dem Verhältnis von Tonalität und Atonalität zu befassen, wobei sich beide Prinzipien in seinem Schaffen nicht ausschließen, sondern ergänzen. »Es gab eine Zeit, da ich mich einer Art der ›Zwölftonmusik‹ näherte«, schrieb er später. »Doch ist der unverkennbare Wesenszug auch meiner aus dieser Zeit stammenden Werke, daß sie auf entschieden tonaler Basis beruhen.« Auch mit dem anderen großen Vertreter der neuen Musik, Igor Strawinsky, setzte sich Bartók intensiv auseinander. Den *Sacre du Printemps* bezeichnete er als die »Apotheose der russischen Volksmusik« und bewunderte vor allem, »wie Strawinsky diese schon selbst einander jagenden motivischen Komplexe durch präziseste Abwägung der Gewichtsverhältnisse ineinanderstaut«. Strawinskys Einflüsse finden sich vor allem in der Pantomime *Der wunderbare Mandarin*, in der *Tanzsuite* und den *Dorfszenen*.

Bartóks zentrales Thema, die Verbindung der Prinzipien von Volks- und Kunstmusik, bestimmt auch seine beiden *Sonaten für Violine und Klavier*, entstanden zu Beginn der zwanziger Jahre, in denen die Auseinandersetzung mit dem Schönbergschen Expressionismus besonders offenkundig ist. Tonwiederholungen in der Melodik werden nach Möglichkeit vermieden, dagegen bestimmen spannungsvolle Intervalle, weite melodische Sprünge und scharfe Sekundreibungen den musikalischen Satz. Der Volksmusikcharakter tritt hier vor allem in den

Schlußsätzen zutage, die mit pulsierenden Rhythmen arbeiten. Auch die *Tanzsuite* für Orchester ist ganz aus dem Geist der Volksmusik entwickelt und zeigt nach Bartók selbst den »Einfluß der Bauernmusik noch in den kleinsten Details«.

Hatte Bartók zu Beginn seiner Laufbahn die Idee einer eigenständigen ungarischen Nationalmusik verfolgt, so stand spätestens seit der *Tanzsuite* eine völkerübergreifende Folklore im Mittelpunkt seiner Arbeit, in der er volksmusikalische Traditionen unterschiedlicher Gegenden und Länder zu einer einheitlichen musikalischen Sprache vereinen wollte. So finden sich in der Tanzsuite Themenmodelle aus ungarischen, rumänischen, aber auch arabischen Regionen. Im Zusammenhang mit seiner 1930 entstandenen *Cantata profana* für Soli, Chor und Orchester hat Bartók bemerkt: »Meine eigentliche Idee aber, deren ich (mir) – seitdem ich mich als Komponist gefunden habe – vollkommen bewußt bin, ist – die Verbrüderung der Völker, eine Verbrüderung trotz allem Krieg und Hader. Dieser Idee versuche ich – soweit es meine Kräfte gestatten – in meiner Musik zu dienen; deshalb entziehe ich mich keinem Einflusse, mag er auch slowakischer, rumänischer, arabischer oder sonst irgendeiner Quelle entstammen.«

Ab Mitte der zwanziger Jahre ist eine stilistische Verlagerung zu beobachten. Neoklassizistische beziehungsweise neobarocke Züge treten nun deutlicher in den Vordergrund. Concerto-grosso-Sätze und barocke Techniken wie Invention, Fuge und kanonische Strukturen, schon immer Bestandteile der Bartókschen Satztechnik, finden sich nun in großer Zahl. Lineare Polyphonie spielt eine wichtige Rolle in den seit 1926 entstandenen Arbeiten, wie den *Klavierkonzerten Nr. 1 und 2*, den *Streichquartetten Nr. 3 und 4* oder dem Klavierzyklus *Im Freien*, in dem erstmals auch die Klangfarbe als formstiftendes Element eine zentrale Funktion einnimmt. Die Hinwendung zur Natur, auch zum Nachtstück, wie sie sich in diesem Klavierzyklus widerspiegelt, prägt eine ganze Reihe von Kompositionen dieses Schaffensabschnitts. Der ›Ton‹ dieser Werke ist harmonischer, weniger kantig als in den früheren Kompositionen. Reibungen oder harmonische Härten treten nun zurück hinter eine möglichst klare Strukturierung und eine deutliche, geradezu transparente Linienführung. »In meinen neueren Werken verwende ich mehr Kontrapunkt als früher. So vermeide ich wieder die Formeln des 19. Jahrhunderts, die vorwiegend homophoner Art waren. Ich studiere Mozart. Vereinigte er nicht in wunderbarer Weise kontrapunktische und homophone Ideen in einigen seiner langsamen Sätze und vor allem in der *Jupiter-Sinfonie*?«, so Bartók 1928 in einem Interview. Kontrapunktische Techniken spielen auch in vielen seiner späteren Werke eine wichtige Rolle, etwa in den Kanons des *5. Streichquartetts* oder der Fuge in der *Musik für Saiteninstrumente, Schlagzeug und Celesta*.

Die zunehmend unruhige politische Situation im Europa der dreißiger Jahre ließ auch Bartók nicht unberührt. Nach der Uraufführung seines zweiten Klavierkonzertes im Januar 1933 in Frankfurt am Main und der Machtübernahme durch die Nationalsozialisten lehnte er jedes weitere Konzertengagement in Deutschland ab. Den »Anschluß« Österreichs verfolgte er mit großer Sorge und befürchtete auch für Ungarn den Einzug des faschistischen Regimes: »Wie ich dann in so einem Lande weiter leben oder – was dasselbe bedeutet – weiter arbeiten kann, ist gar nicht vorstellbar.« 1934 wurde Bartók von seiner Tätigkeit an der Musikhochschule entbunden. Statt dessen berief ihn das Ministerium an die Akademie der Wissenschaften. Dort arbeitete er auf dem Gebiet der Musikethnologie, was ihm sehr entgegenkam. Gemeinsam mit Kodály begann er das systematische Ordnen der gesammelten Volksmusik. Diese Tätigkeit nahm ihn fast vollständig in Anspruch und trug dazu bei, daß in den folgenden zwei Jahren fast keine neuen Werke entstanden. Seine letzte Exkursion führte ihn 1936 in die Türkei, wo er in Anatolien die Musik der islamischen Nomaden aufnahm.

In diesem Jahr entstand auch eines seiner bedeutendsten Werke, die *Musik für Saiteninstrumente, Schlagzeug und Celesta*, die Paul Sacher, der wahrscheinlich größte Mäzen der Musikgeschichte im 20. Jahrhundert, in Auftrag gegeben hatte. Bartók ordnet hier zwei Streichergruppen links und rechts vom Dirigenten an, dazwischen Schlagzeug, Harfe, Celesta und Klavier. Das Stück entwickelt sich aus dem zu Beginn exponierten Bratschenthema, einer klagenden Melodie, die im ersten Satz in Form einer großangelegten Fuge ausgebreitet wird. Trotz dieser monothematischen Anlage gelingt es Bartók, jeden der vier Sätze unverwechselbar zu charakterisieren. Der zweite Satz ist als hintergründiges Scherzo gestaltet. Der dritte Satz, ein Adagio, steht mit seinen sphärenhaften Klängen als schönes Beispiel für den Typus des »Nachtstücks«. Das tänzerische Finale im sogenannten »bulgarischen Rhythmus« bringt das Thema gedehnt und in einer fast ausgelassenen, diatonischen Version.

Ein anderes Hauptwerk Bartóks aus dieser Periode ist der *Mikrokosmos*, eine nach Schwierigkeitsgrad geordnete Sammlung von insgesamt 153 Klavierstücken. Bereits 1926 hatte er mit diesem großen Lehrwerk begonnen, die Arbeit zog sich letztendlich über mehr als zehn Jahre hin. 1940 erklärte Bartók dazu in einem Zeitungsbericht: »Schon damals (1926) beschäftigte mich der Gedanke, leichte Klaviermusik für den Anfangsunterricht zu schreiben. Eigentlich machte ich mich erst im Sommer des Jahres 1932 an die Arbeit. Damals kamen ungefähr 40 Stücke zustande, 1933/34 wiederum an die 40 und in den nächsten Jahren ungefähr 20, bis endlich im Jahre 1938 hundert und einige Stück fertig waren. Es waren aber noch immer Lücken da. Diese füllte ich im vorigen Jahr aus.« Der *Mikrokosmos* zählt heute zu den wichtigsten musikpädagogischen Arbeiten des 20. Jahrhunderts und hat Bearbeitungen für viele Instrumente angeregt. Generationen von Pianisten sind mit diesen Stücken groß geworden und so erstmals mit der musikalischen Moderne in Kontakt gekommen. Als Klavierschule gehört es sicher zum künstlerisch Anspruchsvollsten, was in jüngerer Zeit geschrieben wurde.

Im Sommer 1939 hielt sich Bartók als Gast Paul Sachers in der Schweiz auf. Hier vollendete er sein *Divertimento* für Streichorchester und arbeitete an seinem sechsten und letzten Streichquartett. Das *Divertimento* ist ganz im Charakter eines barocken Concerto grosso gehalten. Der Dialog der Solo-Streicher mit dem gesamten Ensemble prägt die musikalische Textur.

Nach seiner Rückkehr nach Ungarn und einer kurzen Reise in die Vereinigten Staaten entschloß sich Bartók zur Emigration. Doch Amerika wurde ihm keine zweite Heimat. Im Gegenteil, es gelang ihm nicht, in der Neuen Welt Fuß zu fassen. Zunehmend litt er unter schweren Depressionen, die seine Konzerttätigkeit mehr und mehr einschränkten. Physische Leiden kamen hinzu, so daß in den Jahren 1940 bis 1942 keine einzige neue Komposition entstand. Lediglich zwei Bearbeitungen früherer Werke konnte er in diesem Zeitraum vollenden, darunter eine Orchesterfassung seiner berühmten *Sonate für zwei Klaviere und Schlagzeug*. Eine Anstellung an der Columbia University, die ihm 1940 auch die Ehren-

doktorwürde verlieh, sicherte ihm zwar ein bescheidenes Einkommen, aber Heimweh und die Sorge um Ungarn führten zu einer Schaffenskrise bisher nicht gekannten Ausmaßes. Die amerikanische Lebensweise war Bartók fremd, er zog sich mehr und mehr aus der Öffentlichkeit zurück. In Amerika war er praktisch ein Unbekannter, und es fehlte ihm die Kraft, noch einmal von vorn zu beginnen. »Meine Komponistenlaufbahn ist so gut wie zu Ende«, schrieb er im Dezember 1942 an eine ehemalige Schülerin: »Die Quasi-Boykottierung meiner Werke seitens der führenden Orchester geht weiter, sie spielen weder alte noch neue Werke von mir. Das ist eine große Schande – natürlich nicht für mich.«

Physisch und psychisch schwer mitgenommen – Bartók litt an Leukämie –, setzte sich Anfang 1943 der amerikanische Verband der Komponisten, Autoren und Verleger für ihn ein und übernahm die Kosten einer ärztlichen Behandlung und eines anschließenden Genesungsurlaubs. Sein Gesundheitszustand besserte sich daraufhin, und als der berühmte Dirigent Serge Koussevitzky bei ihm im Sommer 1943 ein Orchesterwerk in Auftrag gab, vollendete Bartók die Partitur des *Konzert für Orchester* in nur 55 Tagen im Kurort Saranac Lake. Diese Komposition ist deutlich tonal gehalten, operiert aber durchaus mit den Errungenschaften der musikalischen Moderne der ersten Jahrhunderthälfte. Die Uraufführung im Dezember 1944 in Boston war einer der größten Erfolge Bartóks überhaupt. Das fünfsätzige Werk, bei dem jeweils zwei schnellere Sätze eine zentrale Elegie umrahmen, erscheint wie eine grandiose Zusammenfassung des Bartókschen Komponierens. Alle charakteristischen Züge seines Schaffens verbinden sich hier zu einer großartigen Synthese. Weitere Werke folgten, etwa die *Violin-Solosonate*, die Yehudi Menuhin angeregt hatte, sowie – kurz nach dem Ende des Zweiten Weltkrieges – das *3. Klavierkonzert*, dessen Partitur er bis auf siebzehn Takte noch vollenden konnte. Doch schon während der Arbeit an diesem Werk ließen seine Kräfte immer mehr nach, so daß die übrigen noch geplanten Arbeiten – ein *7. Streichquartett* sowie ein *Bratschenkonzert* – fragmentarisch blieben.

Bartók starb am 26. September 1945 im Alter von 64 Jahren im West Side Hospital in New York. Sein Wunsch, nach Ungarn zurückzukehren, erfüllte sich nicht mehr.

WERKE (Auswahl)

Kossuth. Sinfonische Dichtung für Orchester (1903)
Sonate für Violine und Klavier e-Moll (1903)
Rhapsodie für Klavier und Orchester op. 1 (1904)
Klavierquintett (1904)
Scherzo für Klavier und Orchester op. 2 (1904)
Suite Nr. 1 op. 3 für Orchester (1905)
Ungarische Volkslieder für Gesang und Klavier (1906)
Zwei Porträts für Solovioline und Orchester op. 5 (1907/08)
Streichquartett Nr. 1 op. 7 (1908)
Herzog Blaubarts Burg op. 11. Oper in einem Aufzug (1911)
Allegro barbaro für Klavier (1911)
Sonatine für Klavier (1915)
Rumänische Volkstänze für Klavier (1915)
Rumänische Weihnachtslieder für Klavier (1915)
Neun rumänische Volkslieder für Gesang und Klavier (1915)

Der holzgeschnitzte Prinz op. 13. Tanzspiel in einem Aufzug (1914/16)
Suite für Klavier op. 14 (1916)
Streichquartett Nr. 2 op. 17 (1915/17)
Vier slowakische Volkslieder für gemischten Chor und Klavier (1917)
Der wunderbare Mandarin op. 19. Pantomime in einem Akt (1918/19)
Zwei Sonaten für Violine und Klavier (1921 und 1922)
Tanz-Suite für Orchester (1923)
Drei Dorfszenen für vier (oder acht) Frauenstimmen und Kammerorchester (1926)
Sonate für Klavier (1926)
Im Freien für Klavier (1926)
Konzert für Klavier und Orchester Nr. 1 (1926)
Streichquartett Nr. 3 (1927)
Streichquartett Nr. 4 (1928)
Cantata profana (Die Zauberhirsche) für doppelten gemischten Chor, Tenorsolo, Baritonsolo und Orchester (1930)
Konzert für Klavier und Orchester Nr. 2 (1930/31)
Bilder aus Ungarn für Orchester (1931)
44 Duos für zwei Violinen (1931)
Streichquartett Nr. 5 (1934)
Musik für Saiteninstrumente, Schlagzeug und Celesta (1936)
Sonate für zwei Klaviere und Schlagzeug (1937)
Konzert für Violine und Orchester (1937/38)
Kontraste für Violine, Klarinette und Klavier (1938)
Mikrokosmos. Klaviermusik vom allerersten Anfang an (1926–39)
Divertimento für Streichorchester (1939)
Streichquartett Nr. 6 (1939)
Konzert für Orchester (1943)
Sonate für Solo-Violine (1944)
Konzert für Klavier und Orchester Nr. 3 (1945)
Konzert für Bratsche und Orchester. Fragment (1945)

ALBAN BERG

»Es ist mir nicht im Traum eingefallen, mit der Komposition des *Wozzeck* die Kunstform der Oper reformieren zu wollen. Ebensowenig wie dies Absicht war, als ich sie zu komponieren begann, ebensowenig habe ich je das, was dann entstanden war, für etwas gehalten, was für ein weiteres Opernschaffen – sei es das eigene oder das anderer Komponisten – vorbildlich sein sollte, und auch nicht angenommen oder gar erwartet, daß der *Wozzeck* in diesem Sinne ›Schule machen‹ könnte. Abgesehen von dem Wunsch, gute Musik zu machen, den geistigen Inhalt von Büchners unsterblichem Drama auch musikalisch zu erfüllen, seine dichterische Sprache in eine musikalische umzusetzen, schwebte mir, in dem Moment, wo ich mich entschloß, eine Oper zu schreiben, nichts anderes, auch kompositionstechnisch nichts anderes vor, als dem Theater zu geben, was des Theaters ist, das heißt also, die Musik so zu gestalten, daß sie sich ihrer Verpflichtung, dem Drama zu dienen, in jedem Augenblick bewußt ist – ja weitergehend: daß sie alles, was dieses Drama zur Umsetzung in die Wirklichkeit der Bretter bedarf, aus sich allein herausholt, damit schon vom Komponisten alle wesentlichen Aufgaben eines idealen Regisseurs fordernd. Und zwar all dies: unbeschadet der sonstigen absoluten (rein musikalischen) Existenzberechtigung einer solchen Musik; unbeschadet ihres durch nichts Außermusikalisches behinderten Eigenlebens. Daß dies mit Heranziehung von mehr oder weniger alten musikalischen Formen geschah (was als eine der hauptsächlichsten meiner angeblichen Opernreformen angesehen wurde), ergab sich ganz von selbst.«

Wozzeck ist das wahrscheinlich bekannteste und für die Musikgeschichte folgenreichste Werk Bergs. Auch wenn er nach eigenem Bekunden keinen neuen Operntypus im Sinn hatte, sind doch von diesem Werk Impulse ausgegangen, die einen großen Teil der musikdramatischen Produktion im 20. Jahrhundert beeinflußten. In seiner Mischung aus Tradition und Moderne, Revolutionärem und Bewahrendem steht *Wozzeck* exemplarisch für das gesamte Schaffen Bergs, der unter den Vertretern der Zweiten Wiener Schule um Arnold Schönberg vielleicht der Traditionsverhaftetste war und dem in seinem Œuvre eine einzigartige Mischung von Neuerungen und Hergebrachtem gelang.

Geboren wurde Alban Maria Johannes Berg am 9. Februar 1885 in Wien. Er wuchs in einem großbürgerlichen Elternhaus auf. Der Vater war Buchhändler, und schon früh begann Berg, sich für Literatur und Musik zu interessieren. Die Familie stand dem künstlerischen Interesse des Sohnes aufgeschlossen gegenüber. Im Familienkreis wurden mit verteilten Rollen zeitgenössische Dramen, etwa von Ibsen oder Strindberg, gelesen, und gemeinsam mit seiner Schwester Smaragda machte er sich im vierhändigen Klavierspiel mit der sinfonischen Literatur von Haydn bis Brahms vertraut. Trotz der frühen Liebe zur Musik faszinierte ihn in erster Linie die Literatur: »Bevor ich komponierte, wollte ich überhaupt Dichter werden, und ich erinnere mich da noch an ganze Epen, zu denen mich die jeweilige Schullektüre anregte.« Im Alter von 15 Jahren entstanden die ersten Kompositionen Bergs, bezeichnenderweise fast ausschließlich Lieder, die die genaue Kenntnis auch der zeitgenössischen Lyrik verraten. Von schwacher körperlicher Konstitution – sein ganzes Leben hindurch litt er an schweren Asthmaanfällen und Entzündungen – und seelisch hochempfindsam, unternahm Berg nach einer unglücklich verlaufenen Liebesgeschichte und dem Scheitern an der Abiturprüfung einen Selbstmordversuch. Im darauffolgenden Jahr bestand er die Prüfung und trat zunächst als Rechnungspraktikant in den Staatsdienst, um die von der Mutter gewünschte Laufbahn eines Regierungsbeamten vorzubereiten. Als es der Familie wenige Jahre später finanziell wieder besser ging, gab er diese Stellung auf und widmete sich nur noch der Musik.

Auf eine Anzeige Schönbergs hin legte Bergs Bruder ohne dessen Wissen dem Kompositionslehrer einige der bis dahin fast 150 Lieder Bergs vor, worauf Schönberg sofort beschloß, Berg als Schüler anzunehmen – zunächst kostenlos, da sich die Familie seit dem Tod des Vaters in großen finanziellen Schwierigkeiten befand. Schönberg schrieb rückblickend über die frühen Arbeiten seines Schülers: »Schon aus Bergs frühesten Kompositionen, so ungeschickt sie auch gewesen sein mögen, konnte man zweierlei entnehmen: Erstens, daß Musik ihm eine Sprache war und daß er sich in dieser Sprache tatsächlich ausdrückte, und zweitens: überströmende Wärme des Fühlens.« Berg blieb sechs Jahre lang Schüler von Schönberg; zunächst in den Fächern Harmonielehre und Kontrapunkt, danach folgte der eigentliche Kompositionsunterricht. Während des Unterrichts schrieb er eine ganze Reihe von Kompositionen, die Berg allerdings nicht veröffentlichte. Erst

seine 1907/08 entstandene *Klaviersonate* versah er mit der Opuszahl 1 und ließ sie auch auf eigene Kosten drucken. Das einsätzige Werk ist in Sonatenform gehalten (Sonate und Fuge waren die Hauptgegenstände im Unterricht Schönbergs) und verweist in der Bevorzugung von Quartakkorden und Quartgängen auf das Vorbild des Lehrers, insbesondere auf dessen *Kammersinfonie op. 9*. Auch melodisch dominiert die Quarte zusammen mit Sekundbildungen und häufig chromatischer Linienführung. Die Grundtonart h-Moll scheint so permanent verschleiert. Obwohl sich nahezu alle Akkordverbindungen – wenn auch manchmal nur mit Mühe – funktionsharmonisch deuten lassen, wirkt das Werk nicht wie auf eine Grundtonart bezogen, sondern eher frei atonal. Ebenfalls noch während des Studiums bei Schönberg entstanden die *Vier Lieder op. 2* auf Texte von Friedrich Hebbel und Alfred Mombert. Im letzten Lied dieses Zyklus wagte Berg erstmals den Schritt in die sogenannte Atonalität. Die mehrdimensionale Traumwelt, die hier im Text beschworen wird, animierte ihn, die Bindung an eine zentrale Tonart preiszugeben und dem Vielschichtigen des Gedichts durch eine freiere harmonische Gestaltung zu entsprechen. 1912 wurde dieses Lied in dem von Wassilij Kandinsky und Franz Marc herausgegebenen Almanach des »Blauen Reiter« in München publiziert und erhielt damit einen fast programmatischen Stellenwert innerhalb von Bergs Frühwerk.

Auch nach dem Ende des Unterrichts bei Schönberg und dessen Übersiedlung nach Berlin blieb Berg in enger Verbindung mit ihm. Seine Bewunderung Schönbergs war so grenzenlos, daß jedes Lob des Lehrers regelrechte Freudentaumel bei ihm auslöste, während Kritik an ihm oder seiner Arbeit zu lang anhaltenden Depressionen führen konnte. Erst in gestandenem Alter, nachdem ihn sein *Wozzeck* berühmt gemacht hatte, findet sich auch leiser Vorbehalt gegenüber dem bewunderten Vorbild. Dieses ungewöhnlich enge Verhältnis zwischen Schüler und Lehrer schlug sich in einer Reihe von Arbeiten nieder, die Berg für Schönberg übernahm: er erstellte das Register zu dessen 1911 publizierter *Harmonielehre*, fertigte einen Klavierauszug zu Schönbergs *Gurre-Liedern* an und verfaßte eine größere analytische Schrift zu diesem Werk.

Als erste Komposition nach dem Unterricht bei Schönberg entstand 1910 das *Streichquartett op. 3*, Bergs erstes atonales Werk, in dem er auf die Bindung an einen Text verzichtete. Harmonisch ist es das vielleicht kühnste Werk des Komponisten, der hier – bei freier formaler Gestaltung – den musikalischen Zusammenhang vor allem durch dichte motivische Arbeit herstellt. Er entfaltet in den zwei Sätzen dieses Quartetts einen Beziehungsreichtum, der bis ins kleinste Detail reicht und gleichzeitig die beiden Sätze miteinander verklammert. Hinzu kommen vielfältige klangfarbliche Wirkungen, die Berg durch Vortragsbezeichnungen auch zur Dynamik, Akzentsetzung und zur Bogentechnik vorschreibt oder in Form ungewöhnlicher Spieltechniken (Flageolett, gleichzeitiges col-legno- und Pizzicatospiel) realisiert. Die Konzentration verschiedener Spieltechniken auf engstem Raum sowie der ständig in Wandlung begriffene Charakter wurden stilbildend für weite Bereiche der Musik im 20. Jahrhundert.

1911 heiratete Alban Berg Helene Nahowski. Den Lebensunterhalt verdiente er vornehmlich mit Privatunterricht. Im darauffolgenden Jahr schrieb er mit den *Fünf Orchesterliedern nach Ansichtskarten-Texten von Peter Altenberg* sein erstes Werk für großes Orchester. Der Gesangsstimme ist hier ein riesiges, an Mahler oder Strauss erinnerndes Orchester gegenübergestellt, das allerdings äußerst sparsam eingesetzt wird. Wie in manchen Orchesterliedern Mahlers ist die Faktur eher kammermusikalisch, was in eigenartigem Kontrast zu dem großen Apparat steht. Neue, zum Teil von Berg selbst erfundene Spieltechniken und das ungewöhnliche Verhältnis der aphoristischen Kürze der Lieder zur Größe des Orchesters waren vielleicht auch der Grund, weshalb die Uraufführung dieses Zyklus unter der Leitung von Arnold Schönberg im Wiener Musikvereinssaal mit einem Skandal ohnegleichen endete, in dessen Verlauf sich die beiden Parteien des Publikums nicht nur anbrüllten, sondern auch gegenseitig ohrfeigten, so daß schließlich die Polizei einschreiten mußte. Berg stürzte die mißlungene Uraufführung in schwere Selbstzweifel. Er plante eine Umarbeitung für Kammerorchester, zu der es allerdings nicht kam. Zu Lebzeiten des Komponisten wurden die *Altenberg-Lieder* kein weiteres Mal aufgeführt.

Im September 1914 vollendete Berg die Partitur seiner *Drei Orchesterstücke op. 6*, eine Folge musikalischer Charakterstücke, die »Präludium«, »Reigen« und »Marsch« überschrieben sind. Neben den *Orchesterstücken op. 16* von Arnold Schönberg hat vor allem die Musik Gustav Mahlers, eines der Idole Bergs, hier ihre Spuren hinterlassen. Der »Marsch« nimmt eindeutig Bezug auf Mahlers sinfonisches Schaffen, insbesondere auf dessen sechste Sinfonie, die Berg besonders geschätzt hat. Doch auch in den anderen Stücken dieses Zyklus ist der Einfluß Mahlers allenthalben greifbar. Berg war stolz darauf, mit dem »Marsch« nach langer Zeit wieder ein längeres Musikstück komponiert zu haben: »Der ›Marsch‹ ist verhältnismäßig lang geworden. Endlich wieder ein langer Satz, nach so viel kurzem! Er ist länger als die fünf Orchesterlieder zusammen.« Berg schenkte die Partitur der *Orchesterstücke* Schönberg zum 40. Geburtstag.

1914 hatte der Erste Weltkrieg begonnen. Im August 1915 wurde auch Alban Berg zum Militär eingezogen. Seine Begeisterung zu Beginn des Krieges hatte sich bald wieder gelegt. Zunächst kurz hinter der ungarischen Grenze stationiert, wurde er nach mehreren Erkrankungen ins Wiener Kriegsministerium versetzt, wo er bis Kriegsende Dienst leisten mußte. Es war typisch für Berg, daß er sich trotz eigener Sorgen vehement dafür einsetzte, daß Schönberg vom Kriegsdienst befreit wurde, was schließlich 1917 auch geschah.

Nach Kriegsende gründete Schönberg in Wien den »Verein für musikalische Privataufführungen«. Für den Prospekt dieses Vereins formulierte Berg folgende Zielsetzung: »Der im November 1918 gegründete Verein hat den Zweck, Arnold Schönberg die Möglichkeit zu geben, daß er seine Absicht: Künstlern und Kunstfreunden eine wirkliche und genaue Kenntnis moderner Musik zu verschaffen, persönlich durchführe ... Zur Erreichung dieses Zieles sind drei Dinge erforderlich: 1. Klare, gut studierte Aufführungen – 2. Oftmalige Wiederholungen – 3. Die Aufführungen müssen dem korrumpierenden Einfluß der Öffentlichkeit entzogen werden, das heißt, sie dürfen nicht auf Wettbewerb gerichtet und müssen unabhängig sein von Beifall und Mißfallen.« In der Folge war Berg häufig mit organisatorischen und administrativen Aufgaben für den Verein beschäftigt, der sich schon bald lebhaften Interesses erfreute und die Zahl seiner Konzerte von Spielzeit zu Spielzeit steigern konnte. Die künstlerische Leitung lag in den Händen Schönbergs. Berg, Webern und einige andere fungierten als ›Vortragsmeister‹ und hatten sich um die Rahmenbedingungen der Aufführungen zu kümmern.

Bereits 1914 hatte Berg in den Wiener Kammerspielen Georg Büchners *Woyzeck* gesehen und spontan beschlossen, den Stoff als Oper zu gestalten. Was ihm dabei vorschwebte, hat er in einem Brief an Webern formuliert: »Es ist nicht nur das Schicksal dieses von aller Welt ausgenützten und gequälten armen Menschen, was mir so nahe geht, sondern auch der unerhörte Stimmungsgehalt der einzelnen Scenen. Die Verbindung von immer 4 bis 5 Scenen zu einem Akt durch Orchester-Zwischenspiele verlockte mich natürlich auch noch ... Entsprechend der Mannigfaltigkeit des Charakters dieser einzelnen Scenen habe ich mir auch eine große Abwechslung in der musikalischen Form derselben ausgedacht. So z. Bsp. normale Opernscenen mit thematischer Durcharbeitung, dann solche ohne jede Thematik in der Art der ›Erwartung‹ (versteh mich recht: keine Stilnachahmung, sondern nur formlich!), Liedformen, Variationen etz.«

Berg hat die 26 losen Szenen des Dramas geschickt zu drei Akten mit jeweils fünf Szenen zusammengefaßt, wobei zwei kürzere den weitläufigeren Mittelteil umrahmen. Harmonisch gehört die Oper zu dem Avanciertesten, was damals für das Musiktheater komponiert wurde. Berg greift unterschiedliche Modelle auf, Einflüsse von Strauss, Schreker oder Debussy finden sich ebenso wie solche von Arnold Schönberg, insbesondere aus dessen Monodram *Erwartung*. Berg amalgamiert sie zu einer eigenen, hochexpressiven Sprache, die ein breites Spektrum von Ausdrucksmitteln bereithält. Um den Zusammenhang zu stiften, den in traditionellen Opern die Tonalität herstellt, nimmt er hier sinfonische Formen auf, die jeweils aktumgreifend die einzelnen Szenen miteinander verbinden. Die fast klassische Formenstrenge manifestiert sich im ersten Satz in einer Suite, wobei die einzelnen Szenen als Charakterstücke gestaltet sind. Der zweite Akt ist als fünfsätzige Sinfonie konzipiert, und der Schlußakt erscheint als Folge von Inventionen, denen jeweils verschiedene Gestaltungsprinzipien zugrunde liegen (ein Thema, ein Ton, ein Rhythmus, ein Akkord oder eine ›gleichförmige Bewegung‹). Diese an großen Formen orientierte Anlage wird im *Wozzeck* mit einer virtuos gehandhabten Leitmotivtechnik verknüpft, die innerhalb des nicht mehr tonalen Satzes Zusammenhänge auch über weite Strecken ermöglicht. Die beinahe klassisch-sinfonischen Formen, vor allem aber die Expressivität der Bergschen Musiksprache verbinden sich in dieser Oper zu einer Gestaltung tragischer Konflikte, die formal deutlich strenger ist als die in offener Form gehaltene Fassung Büchners.

Bedingt durch den Ersten Weltkrieg, zog sich die Arbeit am *Wozzeck* über viele Jahre hin. Im Frühjahr 1922 war die Partitur abgeschlossen; zwei Jahre später kamen die von Berg für eine konzertante Wiedergabe zusammengestellten *Bruchstücke aus Wozzeck* unter der Leitung von Hermann Scherchen in Frankfurt zur Aufführung. Im Dezember 1925 fand schließlich die von Erich Kleiber geleitete Uraufführung des *Wozzeck* an der Berliner Staatsoper statt. 1926 hatte die Oper in Prag Premiere, im darauffolgenden Jahr auch in Leningrad. Nachdem 1929 das Theater in Oldenburg das Werk nachgespielt und damit die Eignung des *Wozzeck* auch für kleinere Häuser unter Beweis gestellt hatte, war der Bann gebrochen. Weitere Theater folgten, und 1930 kam es schließlich auch in Bergs Heimatstadt Wien zur Premiere. Mit dem Erfolg des *Wozzeck* begann eine Zeit relativen Wohlstands für den Komponisten. Begeisterter Autofahrer, der er war, kaufte Berg sich von den Tantiemen einen eigenen Wagen, den er häufig zu Ausflügen und kleineren Rundreisen nutzte.

Das zwischen 1923 und 1925 entstandene *Kammerkonzert für Klavier und Geige mit 13 Bläsern* ist das erste Werk, das keine Opuszahl mehr erhielt, da Berg sich für sein langsames Komponieren schämte. Der Plan zu diesem Stück ging auf eine Idee Schönbergs zurück, der mit einer dänischen Bläservereinigung Kontakt hatte. Pierre Boulez hat dieses Kammerkonzert einmal als das »wohl strengste Werk, das Berg je geschrieben hat«, bezeichnet. Zugleich ist es das letzte frei atonal gehaltene Stück des Komponisten, der sich danach der von Schönberg entwickelten »Komposition mit zwölf nur aufeinander bezogenen Tönen« zuwandte. Berg widmete das Werk Schönberg zum 50. Geburtstag und stellte dem ersten Satz ein kurzes musikalisches Motto voran, das die Tonbuchstaben der Namen Schönberg, Berg und Webern enthält. In einem offenen Brief an Schönberg lieferte er selbst eine treffliche Analyse dieses Stücks, in der er detailliert die strenge kompositorische Faktur offenlegte.

Mit dem Lied *Schließe mir die Augen beide* – dieses Gedicht von Theodor Storm hatte Berg bereits einmal in jungen Jahren vertont – entstand 1925 seine erste Zwölftonkomposition. Wenig später wandte er die für ihn neue Methode auf die *Lyrische Suite*, sein zweites Werk für Streichquartett, an. Der stark expressive Charakter dieser Musik manifestiert sich schon in den Satzüberschriften: »Allegretto gioviale«, »Andante amoroso«, »Allegro misterioso mit Trio estatico«, »Adagio appassionato«, »Presto delirando und Tenebroso« sowie »Largo desolato«. Bereits diese ungewöhnlichen Satzbezeichnungen deuten auf einen persönlichen Hintergrund hin. Seit einer Reihe von Jahren ist bekannt, daß eine Liebesbeziehung Bergs zu der Prager Gattin eines Industriellen, Hanna Fuchs, deren Initialen als h und f eine zentrale Bedeutung innerhalb des Werkes zukommt, ihren Niederschlag in dieser Partitur gefunden hat. Auch Zitate aus Richard Wagners *Tristan* und der *Lyrischen*

Sinfonie Alexander von Zemlinskys (»Du bist mein eigen, mein eigen!«), dem das Werk auch gewidmet ist, sind vor diesem Hintergrund zu sehen. Berg bedient sich hier, anders als Schönberg selbst oder auch Webern, der Zwölftontechnik nicht durchgängig, sondern dodekaphone Sätze wechseln sich mit frei atonalen ab. Die Reihe selbst hat für Berg nie die zentrale Rolle gespielt, die sie im Schaffen seines Lehrers, aber auch Weberns ohne Zweifel einnahm.

Auf der Suche nach einem neuen Opernstoff entschied sich Berg schließlich für zwei Dramen Frank Wedekinds, *Erdgeist* und *Die Büchse der Pandora*, die er zu einem Libretto für seine Oper *Lulu* zusammenfaßte. Die sehr viel größere Dimension des Stoffes veranlaßte ihn, hier nicht die einzelne Szene zum Ausgangspunkt des Werkes zu machen wie im *Wozzeck*, sondern die Charaktere der Hauptpersonen musikalisch ins Zentrum zu rücken. Das Ergebnis ist eine größere Weitläufigkeit als im *Wozzeck*. Was dort eher verkürzt erschien, erklingt in *Lulu* in voller Breite, einer der Gründe, weshalb sich die Arbeit an diesem Stück bis zu Bergs frühem Tod 1935 hinzog, ohne daß er die Partitur noch vollenden konnte. Hinzu kam, daß er die Arbeit an *Lulu* zweimal unterbrach, um Kompositionsaufträge zu erfüllen.

Ursprünglich hatte Berg geplant, die ganze Oper aus einer einzigen Zwölftonreihe heraus zu entwickeln. Doch im Verlauf der Arbeit kamen weitere, personengebundene Reihen hinzu. Schließlich ging er dazu über, die verschiedenen Personen mit unterschiedlichen Konstruktionsprinzipien zu charakterisieren. Symmetrische Strukturen, auch innerhalb der Reihen, die Berg wieder verhältnismäßig frei handhabe, spielen in diesem Werk eine wichtige Rolle. Zahlensymbolik war für Berg zeitlebens außerordentlich bedeutsam; im Alter steigerte sie sich fast zur Manie. Die autographe Partitur

der *Lulu* ist übersät mit Additionen, anhand derer Berg berechnete, ob seine Zahlenspiele ›aufgingen‹. Die sieben Bilder plus Prolog, in die er den Stoff gliederte, handeln von einem Frauenschicksal. Lulu, Hure und Femme fatale zugleich, ist eine tragische Hauptfigur, deren Weg in den Abgrund hier nachgezeichnet wird. Die ersten beiden Akte konnte Berg noch abschließen, der dritte lag bei seinem Tod nur in der Form eines Particells, also noch nicht instrumentiert vor. Nach dem Tod ihres Mannes wandte sich Helene Berg zunächst an befreundete Komponisten mit der Anfrage, ob sie die Oper fertigstellen könnten. Doch sowohl Schönberg als auch Webern und Zemlinsky lehnten ab. Der österreichische Komponist Friedrich Cerha vollendete schließlich in den siebziger Jahren den dritten Akt der Oper. In dieser Form wurde *Lulu* 1979 unter der Leitung von Pierre Boulez uraufgeführt, nachdem sonst seit der Premiere 1937 in Zürich immer nur der zweiaktige Torso gespielt worden war.

Nachdem Berg im Frühjahr 1929 die Texteinrichtung der *Lulu* abgeschlossen hatte, erreichte ihn ein Kompositionsauftrag der Sängerin Ružena Herlinger, die sich eine große Konzertarie wünschte, wie sie Mozart so zahlreich komponiert hatte. Der Komponist wählte drei Gedichte aus dem Zyklus *Le Vin* von Charles Baudelaire in der deutschen Übersetzung von Stefan George für seine *Konzertarie mit Orchester*. Sicher hing es auch mit dem Honorar von 5000 Schilling zusammen, daß Berg das Werk innerhalb nur weniger Monate vollendete, obwohl er im allgemeinen äußerst langsam komponierte. Der Auftraggeberin berichtete er, er habe die Arie »mit besonderer Berücksichtigung der vielen Schönheiten Ihrer Stimme« geschrieben, obwohl ihm eigentlich eine Männerstimme vorgeschwebt hatte: »Textlich ist die Arie ja unbedingt ein Männerlied.« Berg hält sich recht genau an die Form der großen Da-capo-Arie; einem ruhigeren ersten Teil »Die Seele des Weines« folgt ein bewegterer zweiter »Der Wein der Liebenden« und danach der an den ersten Teil anknüpfende Schlußteil »Der Wein des Einsamen«. Es ist das erste Werk Bergs, in dem sich zaghafte Anklänge an die Unterhaltungsmusik seiner Zeit finden – eine Passage überschreibt er mit »Tempo di Tango«. Schönberg hat an diesem Werk vor allem die Klarheit des Aufbaus und der klanglichen Disposition gerühmt; ein Lob, das Berg sicher gern gehört hat.

Während seiner letzten Lebensjahre verschlechterte sich die finanzielle Lage des Komponisten zusehends. Vor allem seit der Machtübernahme durch die Nationalsozialisten in Deutschland blieben die Tantiemen aus, nachdem seine Werke nicht mehr gespielt werden durften. Er lebte in erster Linie von Privatunterricht, und noch wenige Wochen vor seinem Tod bat er die Redaktion der Wiener Musikzeitschrift *Anbruch*, doch in einer Anzeige darauf aufmerksam zu machen, daß er Theorie und Komposition unterrichte. Schon 1931 hatte Schönberg ihm geschrieben: »Es ist wirklich kaum zu begreifen, daß man in Wien weder an Dich noch an Webern wegen einer Professur an der Akademie herangetreten ist. Aber glaube mir: es braucht Dir nicht leid zu tun; es wird denen einmal mehr leid tun.« Auch der Plan, die *Lulu* in der Saison 1934/35 wieder unter Erich Kleiber an der Berliner Staatsoper herauszubringen, konnte nicht mehr realisiert werden. Nachdem Kleiber – mutig genug – im November 1934 mit der Preußischen Staatskapelle die *Lulu-Symphonie* uraufgeführt hatte, kam es zu einer infamen Pressekampagne der Nationalsozialisten gegen Dirigent und Komponist.

1935 unterbrach Berg die Arbeit an der *Lulu*, um ein von dem Geiger Louis Krasner bestelltes *Violinkonzert* zu schreiben. Das Honorar von 1500 Dollar konnte er nur zu gut gebrauchen. Im April 1935 starb die erst achtzehnjährige Manon Gropius, Tochter von Alma Mahler-Werfel und dem Architekten Walter Gropius, an Kinderlähmung. Berg kannte Manon gut, und ihr früher Tod erschütterte ihn zutiefst. Ihr hat er sein spätes Violinkonzert gewidmet, das *Dem Andenken eines Engels* überschrieben ist. Die Arbeit an diesem Werk ging außerordentlich zügig voran, wovon Berg selbst überrascht war, wie er an den Auftraggeber nach Abschluß der Partitur schrieb: »Ich bin darüber noch mehr erstaunt, als Sie es vielleicht sein werden. Ich war allerdings so fleißig, wie noch nie in meinem Leben und dazu kam, daß mir die Arbeit immer mehr Freude machte.« Die Zwölftonreihe, die dem Werk zugrunde liegt, ist insofern ungewöhnlich, als sie aus aufsteigenden Terzen besteht, die insgesamt die Tonarten g-Moll, D-Dur, a-Moll und E-Dur bilden, sowie einer Folge von vier Ganztönen. Berg kombiniert hier Dodekaphonie und traditionelle Harmonik, was sicher entscheidend zu dem großen Erfolg des eingängigen Werkes beigetragen hat. In diesem ›Requiem‹ für Manon Gropius zitiert Berg im ersten Satz eine Kärntner Volksweise: »Ein Vogerl auf'm Zwetschgenbaum«, und im abschließenden zweiten Satz den Choral aus Bachs Kantate »O Ewigkeit, du Donnerwort«. Dieser Choral, dessen erste Zeilen lauten: »Es ist genug! Herr, wenn es Dir gefällt, so spanne mich doch aus«, bildet das Zentrum und den Zielpunkt der Komposition. Berg gelingt es, diese Zitate organisch in den musikalischen Satz zu integrieren. Nach dem Erklingen des originalen Chorals werden Choral, Volkslied und die dem Werk zugrunde liegende Zwölftonreihe noch einmal zusammen exponiert, gewissermaßen als Resümee des gesamten Werkes.

Wenige Wochen nach Vollendung der Partitur des Violinkonzerts erkrankte der Komponist an einer Furunkelentzündung infolge eines Insektenstichs. In der Nacht vom 23. zum 24. Dezember 1935 starb Alban Berg – erst 50 Jahre alt – an einer Blutvergiftung in einem Wiener Krankenhaus.

WERKE (Auswahl)

ca. 140 Jugendlieder (vor 1907)

Sieben frühe Lieder für Sopran und Klavier oder Orchester (1905/08)

Schließe mir die Augen beide für Sopran und Klavier, 1. Fassung (1907)

Zwölf Variationen über ein eigenes Thema für Klavier (1907/08)

Sonate für Klavier op. 1 (1907/08)

Vier Lieder für eine Singstimme mit Klavier op. 2 (1908/09)

Streichquartett op. 3 (1910)

Fünf Orchesterlieder nach Ansichtskartentexten von Peter Altenberg op. 4 (1912)

Vier Stücke für Klarinette und Klavier op. 5 (1913)

Drei Orchesterstücke op. 6 (1914)

Wozzeck. Oper in drei Akten nach Georg Büchner op. 7 (1917–22)

Drei Bruchstücke aus »Wozzeck« für Sopran und Orchester (1924)

Kammerkonzert für Klavier und Geige mit 13 Bläsern (1923/25)

Schließe mir die Augen beide für Sopran und Klavier, 2. Fassung (1925)

Lyrische Suite für Streichquartett (1925/26)

Der Wein. Konzertarie mit Orchester (1929)

Lulu. Oper in drei Akten nach den Tragödien »Erdgeist« und »Die Büchse der Pandora« von Frank Wedekind. Fragment (1929–35)

Symphonische Stücke aus der Oper »Lulu« für Sopran und Orchester (1934)

Konzert für Violine und Orchester »Dem Andenken eines Engels« (1935)

LUCIANO BERIO

»Es ist mir wahrhaftig passiert, daß ich sehr
oft Musik hörte, bei der es legitim ist, sich
zu fragen, warum der Komponist Töne für
seine Manipulation ausgewählt hat und nicht
Eier, Hemdenknöpfe, eine Reise nach Venedig, Horoskope oder Coca-Cola-Flaschen.
Man muß feststellen, daß die größten
Mißverständnisse hinsichtlich der seriellen
Musik von der Tatsache herrühren, daß die
sogenannte ›Technik der klassischen Dodekaphonie‹ für viele Komponisten und Musik-

wissenschaftler mit struktureller Kraft ausgestattet war.«

Berios tiefes Mißtrauen gegenüber seriellen Techniken, eines nur auf sich selbst bezogenen Kompositionssystems, hängt mit der zentralen Stellung des Expressiven in seiner Musik zusammen. Konkrete klangliche Ergebnisse stehen für ihn im Vordergrund. Dahinter tritt der theoretische Überbau deutlich zurück. Entscheidend war für ihn die Verbindung unterschiedlicher Materialien, Techniken und Stile. Die serielle Technik ist für ihn als Methode nie ausschlaggebend geworden. Musik verstand er »als Suche nach einer Grenze, die immer weiter zurückgeschoben wird«.

Geboren wurde Luciano Berio am 24. Oktober 1925 im ligurischen Oneglia. Von seinem Vater, einem Organisten, erhielt er ersten Musikunterricht. Später studierte er am Konservatorium in Mailand, wo ihn Federico Ghedini in Komposition und Carlo Maria Giulini im Dirigieren unterrichteten. Nach dem Studium vertiefte er seine Ausbildung bei Luigi Dallapiccola, der damals in Tanglewood lehrte. Danach verdankte er vor allem Bruno Maderna entscheidende Anregungen und Impulse. Einen ersten Erfolg als Komponist konnte der 25jährige Berio mit seinem *Magnificat* verbuchen. Ein Jahr später, 1951, entstand eines seiner bis heute populärsten Werke, *Opus Number ZOO* für Bläserquintett, eine bewußt unterhaltsame Musik für Kinder, die sich noch weitgehend avantgardistischer Experimente enthält. Der Stil lehnt sich eher an die musikalische Sprache Aaron Coplands an, zu dessen 70. Geburtstag das Werk komponiert wurde. Die Instrumentalisten treten hier auch als Sprecher auf und erzählen vier kurze Tierfabeln, die dann musikalisch, etwa durch lautmalerische Effekte, nachgezeichnet werden.

1956 gründete Berio zusammen mit Bruno Maderna das Studio di Fonologia, das dem italienischen Rundfunk in Mailand angegliedert war. Es folgte eine Reihe elektroakustischer und musikdramatischer Werke, bei denen es Berio vor allem um die Verknüpfung der phonetischen und semantischen Dimension der Sprache ging. Grundlage dieser Arbeiten waren meist literarische Werke von James Joyce sowie zeitgenössischer italienischer Autoren wie Umberto Eco, Edoardo Sanguineti und Italo Calvino. Ein Hauptwerk dieser Schaffensperiode ist das 1958 entstandene *Thema – Omaggio a Joyce*. Deutlich spürbar sind hier die Einflüsse von Karlheinz Stockhausens berühmtem *Gesang der Jünglinge im Feuerofen*, einer der bekanntesten frühen elektronischen Kompositionen überhaupt. Doch findet Berio bereits mit diesem Stück zu einer eigenständigen musikalischen Sprache. Die Textgrundlage bildet das Sirenen-Kapitel aus Joyces Roman *Ulysses*. Berio benutzt ausschließlich sprachliches Ausgangsmaterial und versucht, Klang und Inhalt gleichzusetzen, Ton und Geräusch miteinander zu verschmelzen. Das Wort bildet den zentralen Baustein fast aller seiner elektronischen Werke, dabei wird die Semantik vielfach gebrochen und in Klang transformiert. Vor allem die tieferen Sprachebenen interessierten Berio und lösten seine Beschäftigung mit Dichtern wie James Joyce aus.

Visage aus dem Jahre 1961 – wie bereits in *Thema*, bildete auch hier die Stimme seiner Frau, der Sängerin Cathy Berberian, den Ausgangspunkt – ist eine großangelegte Studie vokaler Ausdrucksmöglichkeiten und deren Ausdehnung durch elektronische Manipulationen. In der ungeheuren Vielfalt an deklamatorischen Möglichkeiten weist dieses Werk bereits auf die 1966 entstandene *Sequenza III* für Stimme solo voraus. Dennoch konzentrierte sich Berio nicht ausschließlich auf elektroakustische Werke. Während seiner Zeit am elektronischen Studio in Mailand arbeitete er auch an Kammermusik- und Orchesterwerken.

Die ausgiebige Beschäftigung mit den Möglichkeiten der menschlichen Stimme führte Berio fast systematisch auch zur Analyse instrumentaler Besonderheiten. Ab Ende der fünfziger Jahre arbeitete er an einer Reihe von Solowerken für verschiedene Instrumente, die Berio mit *Sequenza* überschrieb. So lotet etwa die 1958 entstandene *Sequenza I* für Flöte solo die Grenzen dieses Instruments aus, bezieht das Blasen und Atmen mit ein und versucht sogar, polyphone Strukturen zu realisieren. Das bekannteste Stück dieser Werkgruppe, die *Sequenza III* für Stimme solo versammelt nahezu sämtliche stimmliche Ausdrucksmöglichkeiten: Schnalzen, Schreien, Lachen, Summen, Keuchen, Husten, Sprechen und Singen. Der Text von Markus Kutter, den Berio hier umsetzt, lautet: »give me – a few words – for a woman – to sing the truth – allowing us – to build – a house – without worrying – before night comes.« Die Glieder dieses Textes können vielfältig ausgetauscht und in immer neue Sinnzusammenhänge gestellt werden. Insgesamt enthält die Partitur 44 verschiedene emotionale Anweisungen, zu denen der Komponist bemerkte: »Diese Folge von Gefühlsregungen ist auf solche Weise überlagert von der ständig sich ändernden Gegenwart des Textes, der wiederum beständig eingeschlossen ist in die verschiedenen Vorgänge von Artikulation und ›Emotionen‹.« Die *Sequenza III* bildet ein Kompendium

vokalen Ausdrucks, das weit über bislang verfügbare klangliche Möglichkeiten hinausgeht. Gleichzeitig unternimmt Berio hier aber auch den Versuch, elementare menschliche Verhaltensweisen wie Lachen, Weinen oder Schreien künstlerisch zu überhöhen und damit Kunst und Natur miteinander in Einklang zu bringen. Latent ist hier eine theatralische Dimension spürbar, die Berio später in seinen Bühnenwerken zur vollen Geltung brachte. Herkömmliche Notationsformen reichten bei einem Werk wie diesem nicht mehr aus, weshalb Berio die traditionelle Notenschrift durch graphische Zeichen und verbale Anweisungen ergänzte.

Einige Kompositionen dieser Werkreihe hat Berio später in Orchesterstücke umgearbeitet (*Chemins I–IV*; *Corale*), die er weiterentwickelte, wobei ältere Grundschichten oft erhalten blieben. Die gesamte Werkgruppe bildet eine Art »work in progress«, das als Charakteristikum nahezu das gesamte Œuvre Berios durchzieht. Zahlreiche seiner Werke hat er neu bearbeitet, andere Fassungen erstellt oder sie in späteren Kompositionen wiederaufgenommen. Als nichts Abgeschlossenes können sie jederzeit erweitert, überlagert oder in neue Zusammenhänge gestellt werden.

1965 erhielt Berio eine Professur für Komposition an der Juilliard School of Music in New York, wo er bis 1972 unterrichtete. Hier schrieb er 1968 eines seiner zentralen Werke, die *Sinfonia* für acht Stimmen und Orchester. Der Titel deutet aber nicht auf die klassische Form hin, sondern meint schlicht das Zusammenklingen der Stimmen und Instrumente. Die fünf Sätze der *Sinfonia* basieren auf unterschiedlichem Material und sind zum Teil, wie etwa der zweite Satz, aus älteren Werken hervorgegangen. Dennoch sind die Sätze gewissermaßen unter der Oberfläche miteinander verknüpft. Diesen Zusammenhang offenbart aber erst der

Schlußsatz, der die verborgene thematische Einheit sichtbar macht. Hier wird die Textquelle und das musikalische Material des ersten Satzes wieder aufgenommen und vervollständigt. Die *Sinfonia* spiegelt aber auch die Auseinandersetzung mit dem Werk Gustav Mahlers wider, der hier stellvertretend für die gesamte Musikgeschichte der vergangenen 200 Jahre steht. Beim dritten Satz der *Sinfonia*, so Berio, »handelt es sich um die ›experimentellste‹ Musik, die ich je geschrieben habe. Es ist eine Hommage an Gustav Mahler und im besonderen an den dritten Satz seiner zweiten Symphonie ... Der Mahlersche Satz wird wie ein Generator (und auch wie ein Gefäß) behandelt, in dem sich eine große Zahl musikalischer Persönlichkeiten und Charaktere von Bach bis Schönberg, von Brahms bis Strauss, von Beethoven bis Strawinsky, von Berg bis zu Webern, Boulez, Pousseur, zu mir selbst und anderen entwickelt. Die verschiedenen musikalischen Elemente, immer eingebettet in den Mahlerschen Erzählfluß, werden miteinander in Beziehung gesetzt oder transformiert – wie es mit jenen vertrauten Dingen und Bildern geschieht, die, in eine andere Perspektive, einen anderen Zusammenhang und ein anderes Licht gestellt, plötzlich einen neuen Sinn bekommen. Die Gegenüberstellung und Verschmelzung kontrastierender und oft fremder musikalischer Elemente ist vielleicht die Hauptmotivation dieses dritten Teils der *Sinfonia*, dieser Betrachtung über ein Mahlersches ›objet trouvé‹.« Dem Wesen nach entspricht dieser Satz einer Collage, die auch mit Elementen wie der Übermalung arbeitet. Diese Technik der bildenden Kunst macht sich Berio zu eigen, wie etwa gleichzeitig in Deutschland Bernd Alois Zimmermann, um verschiedene Epochen und musikalische Sprachen miteinander zu konfrontieren und so etwas Neues entstehen zu lassen.

Seiner szenischen Neigung hatte Berio bereits mit dem Werk *Circles*, 1960 für eine Frauenstimme, Harfe und zwei Schlagzeuger komponiert, Ausdruck gegeben. Schon hier finden sich theatralische Aktionen und Gesten, ebenso wie später in der *Sequenza III*. Seit den siebziger Jahren wandte sich Berio dann explizit dem Musiktheater zu. In seiner 1970 uraufgeführten Oper *Opera* beleuchten drei Bilder des Todes das Thema auf unterschiedliche Weise: Szenen in einem Krankenhaus für Unheilbare, der Untergang der Titanic und der Orpheus-Mythos. Berio liebt die Technik des Perspektivenwechsels und setzt sie auch in vielen seiner Instrumentalwerke ein.

1977 ging er an das von Pierre Boulez in Paris gegründete akustische Forschungsinstitut IRCAM, wo er die Abteilung Elektroakustik leitete. Nach Italien zurückgekehrt, wandte Berio sich in den achtziger Jahren verstärkt den großen Formen der Oper und Orchestermusik zu. Die Opern *La vera storia* und *Un re in ascolto* zählen zu den wichtigsten Werken jener Jahre.

In seinem Schaffen bemüht sich Berio immer auch um den Hörer. Deshalb lehnt er dogmatische Systeme ab und schätzt das Lebendige, die menschliche Geste und die Auseinandersetzung mit der gesellschaftlichen und politischen Realität höher ein als theoretische Modelle oder kompositionstechnische Vorgaben. Nicht ohne eine Portion Utopie merkte er dazu an: »Der Hörer wird weniger denn je in die Lage gebracht werden, die Augen zu schließen, um sich musikalischen Träumen hinzugeben: Die Situation selbst wird ihn dazu aufrufen, an der Aktion zu partizipieren.«

WERKE (Auswahl)

Magnificat für zwei Soprane, Chor und Ensemble
(1949)
Concertino für Klarinette, Violine, Celesta, Harfe
und Streicher (1949)
Opus Number ZOO für Sprecher und Bläser-
quintett (1951)
Variazioni für Kammerorchester (1953/54)
Nones für Orchester (1954)
Allelujah I für sechs Orchestergruppen (1955/56)
Thema – Omaggio a Joyce für Tonband (1958)
Sequenza I für Flöte (1958)
Différences für Flöte, Klarinette, Harfe, Viola, Vio-
loncello und Tonband (1958/59)
Circles für Frauenstimme, Harfe und zwei Schlag-
zeuger (1960)
Visage für Tonband (1961)
Passagio. Musiktheater (1961/62)
Sequenza II für Harfe (1963)
Folksongs für Mezzosopran und elf Instrumente
(1964)
Chemins I für Harfe und Orchester (1964)
Laborintus II für drei Frauenstimmen, acht Schau-
spieler, Sprecher, Instrumente und Tonband.
Musiktheater (1965)
Sequenza III für Stimme solo (1965/66)
Sequenza IV für Klavier (1966)
Sequenza VI für Viola (1967)
Chemins II für Viola und neun Instrumente (1967)
O King für Mezzosopran und fünf Instrumente
(1967)
Chemins III für Viola, neun Instrumente und
Orchester (1968)
Sinfonia für acht Stimmen und Orchester (1968/
1969)
Sequenza VII für Oboe (1969)
Opera. Musiktheater (1969/70)
Bewegung für Orchester (1971)

Ora für Sopran, Mezzosopran, Flöte, Englisch
Horn, kleinen Chor, zwölf Instrumente und
Orchester (1971)
Konzert für zwei Klaviere und Orchester (1972/73)
Eindrücke für Orchester (1973/74)
I trionfi del Petrarca: per la dolce memoria di
quel giorno. Ballett (1974)
»Points on the curve to find…« für Klavier und
23 Instrumentalisten (1974)
A-Ronne für acht Stimmen (1974/75)
Chemins IV für Oboe und Kammerorchester
(1975)
Coro für 40 Chorstimmen (1975/76)
Ritorno degli snovidenia für Violoncello und
30 Instrumente (1976/77)
Sequenza VIII für Violine (1976/77)
Konzert für Klavier und Orchester (1977)
La vera storia. Oper in zwei Akten (1977/81)
Un re in ascolto. Oper (1979/84)
Chemins V für Klarinette und digitale Klänge
(1980)
Corale nach Sequenza VIII für Violine, zwei Hör-
ner und Streicher (1980/81)
Requies für Kammerorchester (1983/85)
Voci für Viola und zwei Instrumentalgruppen
(1984)
Naturale für Viola, Tam-Tam und Tonbandstimme
(1985/86)
Formazioni für Orchester (1985/87)
Ricorrenze für Bläserquintett (1985/87)
Sequenza XI für Gitarre (1987/88)
Ofanim für Frauenstimme, zwei Kinderchöre, zwei
Instrumentalgruppen und Live-Elektronik
(1988/92)
Konzert für Klavier und zwei Instrumentengruppen
(1988/89)
Festum für Orchester (1989)
Sequenza XII für Fagott (1994)
Sequenza XIII für Akkordeon (1995/96)

LEONARD BERNSTEIN

»Das Werk, das ich mein ganzes Leben lang
immer wieder geschrieben habe, handelt
von jenem Kampf, der aus der Krise unseres
Jahrhunderts, einer Krise des Glaubens,
erwächst.« Mit seinen Kompositionen unternimmt Leonard Bernstein den Versuch, diese
Krise aufzuheben und den Glauben wieder
aufleben zu lassen. Doch Musik soll nicht
nur die Verbindung der Menschen zu Gott
wieder herstellen, sie soll auch, so Bernstein, den Dialog zwischen den Menschen

erneuern oder wieder möglich machen: »Alles, was ich tue – Komponieren, Dirigieren, Klavierspielen –, bedeutet den Versuch, meine Gefühle und Gedanken über Musik mit anderen Menschen zu teilen. Für mich existiert nichts wirklich, bevor ich es nicht mit jemandem geteilt habe. Die Liebe zu den Menschen ist von jeher das Hauptprinzip meines Lebens gewesen.«

Die Musik Bernsteins ist in erster Linie auf Kommunikation ausgerichtet. Er sucht den Dialog. Er greift die großen Themen der Menschheit auf, wie sie, so der Komponist, vor allem in den religiösen Traditionen ihren Ausdruck finden. Seine Werke haben bekenntnishaften Charakter, sind Ausdruck einer Weltanschauung, die sich, ähnlich wie bei Beethoven oder Mahler, in »Reden an die Menschheit« artikuliert. Obwohl er seinen Weltruhm als Komponist vor allem dem Musical *West Side Story* verdankt, liegt der Schwerpunkt seines Schaffens in den klassischen Gattungen der sinfonischen Musik, der Oper, Kammermusik und geistlichen Werken.

Leonard Bernstein, der am 25. August 1918 als Sohn eingewanderter russischer Juden in Lawrence im Staat Massachusetts zur Welt kam, lernte schon früh Klavier spielen und singen. Später studierte er an der Harvard-Universität in Cambridge Klavier und Komposition. Walter Piston, einer der anerkanntesten Musikpädagogen Amerikas, zählte zu seinen Lehrern. Nach Abschluß seiner Ausbildung 1939 ging er auf Empfehlung des Dirigenten Dimitri Mitropoulos nach Philadelphia, wo er neben weiterführenden Studien in den Fächern Klavier und Instrumentation auch Dirigierunterricht von Fritz Reiner erhielt. 1943 wurde er Assistant Conductor des New York Philharmonic Orchestra, womit sich dem jungen, aufstrebenden Musiker eine große Chance eröffnete. Seine Begabung als Dirigent konnte er noch im gleichen Jahr unter Beweis stellen, als er kurzfristig für den erkrankten Bruno Walter einspringen mußte. Aufgrund dieses Debuterfolgs bat man ihn 1945, das New York City Orchestra aufzubauen, dessen erster Chefdirigent er kurz darauf wurde. Diese Position nutzte er, um verstärkt zeitgenössische amerikanische Musik ins Programm zu nehmen, wie etwa die Werke von Charles Ives und Aaron Copland.

Mit seiner Sinfonie *Jeremiah* für Altstimme und Orchester war er bereits 1943 erstmals einer größeren Öffentlichkeit als Komponist bekannt geworden. Mit diesem Werk, das von den New Yorker Musikkritikern als bestes Orchesterwerk der Saison prämiert wurde, gelang ihm der Durchbruch als Komponist, auch wenn der Erfolg zunächst auf die Vereinigten Staaten beschränkt blieb. Ausgangspunkt dieser Komposition war eine Vertonung ausgewählter Verse der Klagelieder Jeremias, die in der endgültigen Fassung den dritten und letzten Satz der Sinfonie bilden. Bernstein verfaßte den Text nicht nur in hebräischer Sprache, sondern arbeitete darüber hinaus weitere Anlehnungen an den jüdischen liturgischen Gesang ein. Klage und Hoffnung sind die zentralen Themen in Bernsteins sinfonischem Erstlingswerk, das unter dem Eindruck der Schrecken des Zweiten Weltkriegs vollendet wurde. »*Jeremiah* ist das Drama eines Menschen, dem die Dekadenz und Verkommenheit der Gesellschaft, in der er lebt, bewußt werden und der versucht, sein Volk vor dem moralischen Desaster zu retten, in dem er es versinken sieht. Doch dieser Mensch ist allein, verzweifelt: Und darum glaube ich, daß man sich einig fühlen und die Musik als ein Loblied der Brüderlichkeit erleben muß. Die Musik ist vielleicht in diesem Punkt die mächtigste aller Künste.«

Sein 1944 uraufgeführtes Ballett *Fancy Free* wurde ein solcher Erfolg, daß Bernstein beschloß, es in ein Musical umzuarbeiten. Es hatte später unter dem Titel *On the Town* am Broadway Premiere. Hier finden sich bereits Elemente, die später auch in der *West Side Story* wirksam werden sollten: eine bunte Mischung von Techniken der Unterhaltungs- und der ernsten Musik sowie des Jazz und der amerikanischen Popularmusik, deren Einsatz Bernstein stets dramaturgisch begründet.

Nur wenig später, 1947, entstand Bernsteins zweites sinfonisches Werk, *The Age of Anxiety* für Klavier und Orchester. Das Stück basiert auf W. H. Audens gleichnamigem Versepos. Es handelt von vier einsamen Menschen, die sich an einem Abend während des Zweiten Weltkriegs in einer New Yorker Bar treffen, die Nacht gemeinsam verbringen und sich am nächsten Morgen wieder trennen, ohne sich wirklich nähergekommen zu sein. Die Themen dieses Textes, Angst, Isolation und Einsamkeit, haben Bernstein zu seiner zweiten Sinfonie inspiriert. In der formalen Anlage folgte er dem Aufbau der Dichtung, dessen sechs Kapitel er zu zwei Teilen mit jeweils drei Abschnitten zusammenfaßte. Daß Bernstein dem Orchesterapparat einen solistischen Klavierpart hinzufügte, begründete er wie folgt: »Das Konzept einer Sinfonie mit Klaviersolo entstand aus meiner außergewöhnlichen Identifizierung mit der Dichtung. In diesem Sinne stellt der Pianist beinahe einen autobiographischen Hauptdarsteller dar, dem das Orchester wie ein Spiegel gegenübersteht.« Vor allem im Epilog wird diese Gegenüberstellung sinnfällig, da das musikalische Geschehen zunächst vollständig dem Orchester überlassen bleibt und der Solist erst ganz zum Schluß mit einem einzigen Akkord ›antwortet‹. Bei der Uraufführung der zweiten Sinfonie übernahm Bernstein selbst den Solopart.

1951 wurde er als Professor an die Brandeis University in Waltham berufen. Dort komponierte Bernstein den Operneinakter *Trouble in Tahiti* für die Studentenbühne der Hochschule. 1956 hatte seine komische Operette *Candide* nach dem Roman von Voltaire am Broadway Premiere und fiel durch. Dem Publikum war die phantastisch-krude Geschichte nicht amerikanisch genug; die Kritiker konnten sich nicht einigen, wer in der Partitur stärker parodiert worden sei, Jacques Offenbach oder Gilbert & Sullivan. Nach nur 74 Vorstellungen – für den Broadway eine deprimierend kleine Zahl – verschwand *Candide* von der Bühne. Erhalten blieb die effektvolle Ouvertüre, die Bernstein wenig später als selbständiges Instrumentalstück im Konzertsaal vorstellte.

Eine positive Resonanz erfuhr er dagegen mit seinem nächsten Musical, der *West Side Story*, die 1957 Premiere hatte. Die ins Amerikanische übertragene Liebesgeschichte von Romeo und Julia, hier angesiedelt vor dem Hintergrund rivalisierender Jugendbanden in New York, avancierte innerhalb kürzester Zeit zum Welterfolg und machte Bernstein, der bislang in erster Linie als Dirigent geschätzt wurde, nun auch als Komponist bekannt. Bernstein hatte in der *West Side Story* genau den Ton getroffen, der das Publikum unmittelbar ansprach. Die

Mixtur aus sinfonischen Techniken und populärer Musik, Jazz und verschiedenen Tanzformen wurde als eine typisch amerikanische Musik aufgenommen und gewürdigt. Kunstcharakter und Unterhaltsamkeit verbindet Bernstein hier auf eine Weise, die sich einerseits strikt an die Konventionen der Gattung Musical hält, sie aber gleichzeitig durch die Ernsthaftigkeit und ungeschminkte Expressivität seiner Musiksprache auch erweitert.

Als Nachfolger von Dimitri Mitropoulos wurde Leonard Bernstein 1958 zum Chefdirigenten des New York Philharmonic Orchestra ernannt. Diese Position hatte er elf Jahre lang inne. Sie machte ihn zum populärsten Orchesterchef der Vereinigten Staaten. Dazu trugen nicht zuletzt seine Auftritte in den Medien bei. Besonderer Beliebtheit erfreute sich die auch im Fernsehen ausgestrahlte Reihe der »Young People's Concerts«, in denen Bernstein Kinder und Jugendliche an klassische und zeitgenössische Musik heranführte. Musikpädagogische Absichten verfolgte auch die Fernsehserie »Omnibus«, in der Bernstein musikalische Sachverhalte, zum Teil auch komplexer Natur, populär und unterhaltsam aufbereitete. Ein Teil der Manuskripte wurde später unter dem Titel *The Joy of Music* als Buch veröffentlicht.

Sein Engagement beim New York Philharmonic Orchestra ließ ihm in den sechziger Jahren nur bedingt Zeit zum Komponieren. Die zentralen Werke dieser Zeit waren die dritte Sinfonie *Kaddish* und die *Chichester Psalms*. In *Kaddish* hat er einen jüdischen Gebetstext als klassisch angelegte viersätzige Sinfonie gestaltet, wobei die letzten beiden Sätze, Scherzo und Finale, ineinander übergehen. Die Partitur sieht ein Sopran-Solo, Sprecher, gemischten Chor, Knabenchor und Orchester vor. Gestaltungselemente des Oratoriums und des Melodrams überdecken hier zum Teil die sinfonische Anlage. In der Form einer Introduktion sind die Partien des Sprechers zumeist den Sätzen vorangestellt; der Chor übernimmt in erster Linie kommentierende Funktion. Grundlage des ersten Satzes bildet ein Ostinato, das sich aus den zwölf Tönen des chromatischen Totals zusammensetzt, ohne eine zwölftönige Struktur auszubilden. Die Zwölftontechnik benutzte Bernstein in seinen Werken nur zu dramaturgischen Zwecken, nicht aber als Konstruktionsprinzip. Die avantgardistischen Techniken der Nachkriegszeit, Serialität oder Aleatorik, lehnte er ab. Obwohl er sich in den sechziger Jahren intensiv mit der Dodekaphonie auseinandersetzte, bekannte er: »Damals habe ich fast das ganze Jahr lang nur Zwölftonmusik und noch experimentellere Sachen geschrieben. Ich war glücklich, daß all diese neuen Klänge zum Vorschein kamen; doch nach etwa sechs Monaten habe ich alles weggeworfen. Das war eben nicht meine Musik; sie war nicht aufrichtig.«

Auch die *Chichester Psalms*, die in einer sinfonischen und einer kammermusikalischen Version vorliegen, sind, wie der Titel anzeigt, religiösen Inhalts, eine Vertonung biblischer Psalmen in drei Sätzen. Die Darstellungen von Qual und Leiden läßt Bernstein zu avancierten Techniken greifen. Dissonantes wird auch in diesem Werk stets dramaturgisch motiviert oder vom Text legitimiert.

1969 legte Leonard Bernstein die Leitung des New York Philharmonic Orchestra nieder und wurde zum Ehrendirigenten auf Lebenszeit ernannt. In der Folge arbeitete er als Gastdirigent, etwa der Berliner und der Wiener Philharmoniker.

»Sollte man mir das Theatralische in einem sinfonischen Werk vorwerfen, so bekenne ich mich gern schuldig. Ich habe nämlich den tiefen Verdacht, daß jedes Werk, das ich schreibe, für welches Medium auch immer, in Wirklichkeit in irgendeiner

Weise Theatermusik ist.« In der 1971 komponierten *Mass*, einer Vertonung des Ordinarium Missae und weiterer liturgischer Texte offenbart sich diese Bemerkung schon im Untertitel: »Ein Theaterstück für Sänger, Spieler und Tänzer«. Einen Widerspruch zwischen Kirche und Theater sah Bernstein offensichtlich nicht: »Ich hatte weder wirklich den Anspruch, eine lateinische Messe zu schreiben, noch habe ich ein streng religiöses Werk erwogen, obwohl sich *Mass* in gewisser Weise als genauso religiös wie meine *Kaddish*-Sinfonie entpuppt hat, mit der Ausnahme, daß *Mass* ein Theaterwerk ist. Ich betrachte beide, *Kaddish* und *Mass*, als hauptsächlich rein religiöse Aussagen.« In *Mass* vereinigt Bernstein verschiedene musikalische Stile, von der Sinfonik bis hin zu Jazz, Rock und Blues. Das Kyrie, das vom Tonband zugespielt wird, besteht aus vier voneinander unabhängigen, äußerst dissonanten Schichten, das Credo ist zwölftönig gehalten. Das Agnus Dei ist hingegen als aggressiver Blues gestaltet, und im Dona nobis pacem schließlich wird die Idee der Messe gewissermaßen ad absurdum geführt: Der Zelebrant schleudert Kelch und Monstranz von sich und reißt sich die liturgischen Kleider vom Leib. Doch ging es Bernstein in *Mass* keineswegs um die Verhöhnung der Religion, im Gegenteil, aus der Zerstörung des Überkommenen sollte etwas Neues entstehen: »Auf dem Höhepunkt der Kommunion bricht die Zeremonie zusammen und die Messe ist zerschmettert. Jedem Individuum auf der Bühne bleibt es überlassen, einen neuen Glaubenskeim in sich selbst zu finden.« Bernstein selbst betrachtete *Mass* als eines seiner Hauptwerke. In der Darstellung religiöser Stoffe mit den Möglichkeiten des Musiktheaters sah er einen neuen fruchtbaren Ansatz, auch wenn er ihn später in dieser Weise nicht fortgesetzt hat.

Zu seinen Hauptwerken der achtziger Jahre zählen vor allem die dreiaktige Oper *A Quiet Place* sowie das Orchesterstück *Jubilee Games*, das er zum fünfzigjährigen Bestehen des Israel Philharmonic Orchestra komponierte.

Leonard Bernstein starb am 14. Oktober 1990 im Alter von 72 Jahren in New York. Obwohl ihm zeitlebens der Aspekt der Kommunikation in der Musik äußerst wichtig war, konnte sich der Großteil seiner Werke nicht im Konzertsaal behaupten. Geblieben ist einzig die *West Side Story*, sein unbestrittenes Meisterwerk, das aber den Komponisten Bernstein nur von einer Seite zeigt.

WERKE (Auswahl)

Psalm 148 für Stimme und Klavier (1935)
Klaviertrio (1937)
The Peace. Schauspielmusik nach Aristophanes für
 Stimmen und Ensemble (1940)
Sonate für Klarinette und Klavier (1941/42)
Sinfonie Nr. 1 »Jeremiah« für Mezzosopran und
 Orchester (1942)
Fancy Free. Ballett (1944)
On the Town. Musikalische Komödie (1944)
Hashkiveinu für Kantor, gemischten Chor und
 Orgel (1945)
Facsimile. Choreographischer Essay für Orchester
 (1946)
Sinfonie Nr. 2 »The Age of Anxiety« für Klavier und
 Orchester (1949)
Prelude, Fugue and Riffs für Klarinette und Jazz-
 Ensemble (1949)
Peter Pan. Schauspielmusik (1950)
Trouble in Tahiti. Oper in einem Akt (1950)
Wonderful Town. Musikalische Komödie (1953)
Candide. Komische Operette in zwei Akten (1956)
West Side Story. Musical (1957)
Symphonic Dances from »West Side Story« (1960)
Sinfonie Nr. 3 »Kaddish« für Sopran, Sprecher,
 gemischten Chor, Knabenchor und Orchester
 (1963)
Chichester Psalms für Knabenstimme, gemischten
 Chor und Orchester oder Sopran, gemischten
 Chor, Harfe, Orgel und Schlagzeug (1965)

Shivaree für zwei Blechbläser-Ensembles und
Schlagzeug (1969)

Mass. Ein Theaterstück für Sänger, Schauspieler
und Tänzer (1971)

»Dybbuk«-Suite Nr. 1 für Tenor, Baß-Bariton und
Orchester (1974)

»Dybbuk«-Suite Nr. 2 für Orchester (1974)

Suite aus »Candide« für Soli, Chor und Orchester
(1977)

Songfest. A Cycle of American Poems für sechs
Sänger und Orchester (1977)

Three Meditations from »Mass« für Violoncello
und Orchester (1977)

Divertimento für Orchester (1980)

A Quiet Place. Oper in drei Akten (1984)

Jubilee Games für Bariton und Orchester (1986)

Opening Prayer für Orchester mit Bariton Solo
(1986)

Concerto for Orchestra (1988/89. Zwei Sätze aus
»Jubilee Games«)

Missa brevis für Countertenor, gemischten Chor
und Schlagzeug (1988)

PIERRE BOULEZ

»Wenn man die Struktur der beiden großen
Romane von Joyce näher untersucht, wird
man nicht ohne Bestürzung gewahr, wie
weit hier die Konzeption des Romans fort-
entwickelt wurde. Nicht nur die Erzähltechnik
hat eine Umwälzung erfahren; vielmehr
schaut der Roman, wenn man so will, sich
selber an, er reflektiert über sich, wird sich
seines Roman-Seins bewußt: von daher rüh-
ren Logik und Zusammenhang dieser er-
staunlichen, ständig wachen Technik, die
expandierende Welten hervorbringt. Genauso
ist meiner Meinung nach die Musik nicht
einzig und allein zum ›Ausdruck‹ bestimmt;
sie muß ihrer selbst bewußt, zum eigentlichen Objekt ihrer Reflexion werden.«

Was Pierre Boulez hier im Zusammenhang mit den Romanen von James Joyce beschreibt, betrifft eigentlich seine eigenen Werke. Eine Musik frei von Ausdruck, gewissermaßen objektiviert, in sich schlüssig konstruiert und losgelöst von ihrem Schöpfer, das waren Vorstellungen des jungen Boulez, die ihre Spuren vor allem in seinen frühen Werken der fünfziger Jahre hinterlassen haben.

Geboren wurde Pierre Boulez am 26. März 1925 in Montbrison, einem kleinen Städtchen an der Loire. Nach dem Abitur studierte er zunächst Mathematik an der Universität von Lyon, wechselte aber schon bald an das Pariser Conservatoire, um sich der Musik zu widmen. Dort besuchte er die Klasse von Olivier Messiaen, dessen Schaffen ihn nachhaltig beeinflußte. Seine frühesten Werke, wie etwa die 1945 entstandenen *Trois Psalmodies*, stehen noch ganz im Bann von dessen Ästhetik. Daneben faszinierten ihn vor allem die Werke Arnold Schönbergs. Er nahm Unterricht bei dem Webern-Schüler René Leibowitz, um sich die Methode der Komposition mit »zwölf nur aufeinander bezogenen Tönen« anzueignen. Die Werke Arnold Schönbergs und immer stärker auch die Anton Weberns bildeten die zentrale Grundlage seines musikalischen Denkens. Vor allem interessierte er sich für Weberns Entwicklung der formalen Gestaltung aus dem jeweiligen Ausgangsmaterial heraus. 1945 veröffentlichte der zwanzigjährige Boulez seine *Douze Notations*, einen Zyklus von zwölf kurzen Klavierstücken, die gewissermaßen sein Opus 1 darstellen. Es sind jeweils zwölftaktige, fein ausgearbeitete Ge-

bilde. In einer Art Zwölftönigkeit gehalten, orientieren sie sich in bezug auf die Klangfarben und die fast impressionistische Faktur allerdings eher an französischen Vorbildern wie Claude Debussy als an Arnold Schönberg. Die auskomponierten Momente verfügen über eine jeweils individuelle Struktur und verweisen mit ihren rhythmisch-motivischen Zellen noch auf die Technik Olivier Messiaens.

Mitte der vierziger Jahre entstanden innerhalb kurzer Zeit eine ganze Reihe von Werken, darunter die berühmte *Sonatine für Flöte und Klavier*, die Kantate *Le soleil des eaux* und zwei Klaviersonaten. Vor allem mit der 1948 geschriebenen *2. Klaviersonate* wurde Boulez erstmals einem größeren Publikum bekannt. Bereits in diesem Werk ist das Bestreben des Komponisten, prägnante Gestalten wie Motive oder rhythmische Zellen im Verlauf des Werkes aufzulösen, deutlich spürbar: »Der ganze erste Satz beruht auf diesem Kontrast zwischen sehr präzisen Motiven und ihrer Auflösung in unpräzise Intervalle.« Der Versuch einer Objektivierung sowie die Vermeidung von Ausdruck sind ästhetische Kategorien, die entscheidenden Anteil an der Gestaltung der Werke dieser Periode hatten.

1946 wurde Boulez für zehn Jahre Kapellmeister am Théâtre Marigny in Paris. Dort legte er den Grundstein für seine spätere Weltkarriere als Dirigent.

1949 komponierte Olivier Messiaen eine Klavieretüde mit dem Titel *Mode de valeurs et d'intensités*, in der er 36 verschiedene Tonhöhen, 24 Tondauern, zwölf Anschlagsarten und sieben Identitätsgrade der Dynamik benutzte. Mit diesem Werk schlug – von Messiaen unbeabsichtigt – die Geburtsstunde der seriellen Musik, die in der Folge versuchte, alle Parameter des musikalischen Satzes vollständig zu determinieren. Nicht nur die Tonhöhe, wie bei Schönberg, sondern auch Rhythmen, Anschlagsarten und Tondauern wurden nach dem Reihenprinzip festgelegt. Pierre Boulez und Karlheinz Stockhausen waren die wichtigsten und innovativsten Vertreter des Serialismus. 1951 übertrug Boulez in *Polyphonie X* die totale Durchorganisation des musikalischen Materials erstmals auf einen größeren Apparat. Die hermetische Realisation seriellen Denkens, wie sie sich in *Polyphonie X* in einem punktuellen, gleichsam durchbrochenen Satz spiegelt, zielt weniger auf Expression als auf einen abstrakten Konstruktivismus. Zwar hat Boulez dieses Stück später nicht mehr gelten lassen – »Die Prinzipien, die Ideen gingen zwar in die richtige Richtung, aber ihre Erschließung verlief zu schematisch, als daß sie hätte wirksam werden können.« –, aber die Uraufführung von *Polyphonie X* markiert den Beginn seiner internationalen Karriere als Komponist und bestimmte in den folgenden Jahren weitgehend das musikalische Denken in Europa.

Ein zentrales Werk im Schaffen von Boulez und der seriellen Musik überhaupt sind die *Structures* für zwei Klaviere, die in zwei Bänden, der erste 1952, der zweite fast zehn Jahre später, erschienen. Auch hier verzichtet der Komponist weitgehend auf subjektive Entscheidungen. Sein Ziel war, möglichst alle Reminiszenzen an traditionelle Musik, in formaler, harmonischer oder melodischer Hinsicht zu tilgen und eine völlig neue, synthetische Sprache zu entwickeln: »Nachdem ich einen bereits vorhandenen Materialzustand gewählt hatte, gab ich ihm mittels eines Netzes von Zahlen eine vollständige Autonomie, auf die ich nur mehr in einer unverbindlichen, äußerlichen Weise Einfluß zu nehmen brauchte, wobei diese automatischen Mechanismen keineswegs in Unordnung gerieten.«

Doch kaum hatte Boulez den Serialismus im ersten Band der *Structures* zur äußersten Perfektion getrieben, überschritt er auch schon die selbstgesetzten Regeln. In Werken wie *Le marteau sans maître*, komponiert für Altstimme und kleines Ensemble auf Gedichte von René Char und von Igor Strawinsky als eines der markantesten Werke der jungen Generation bezeichnet, sprengte Boulez das enge Korsett der seriellen Organisation. Er führte Freiheiten ein, die einerseits sicher mit den Textvertonungen zusammenhingen, andererseits aber auch eine gewisse Unzufriedenheit mit dem Automatismus und der Kargheit seriellen Komponierens ausdrückten: »Wir waren zunächst fasziniert von dieser Askese, von diesen ganz neuen Gedanken, aber hinterher sind wir weiter gegangen, weil man in diesem Engpaß nicht leben konnte. Das wäre tödlich gewesen.«

Die Einsicht, daß serielle Strukturen eine gewisse Beliebigkeit aufweisen, führte Boulez in der *3. Klaviersonate* zur Aleatorik. Etwa zeitgleich mit Karlheinz Stockhausen entwickelte er in diesem Werk Modelle, die dem Interpreten durch die Vielzahl von Wahlmöglichkeiten erlaubten, seine eigene Version des Stücks anzufertigen. Die Komposition ist nicht länger etwas endgültig Fixiertes, sondern kann von Aufführung zu Aufführung verschieden ausfallen. Auch die Anordnung der Sätze ist nicht festgelegt, Abschnitte können ausgelassen werden, und wie in einem Labyrinth führen verschiedene Wege, die der Interpret bestimmt, durch den Notentext. Boulez hat die Anlage seiner bis heute fragmentarisch gebliebenen dritten Klaviersonate gern mit einer Stadt verglichen: »Man wählt dabei seine eigenen Richtungen, seine eigenen Wege, aber natürlich braucht man zum Kennenlernen der Stadt einen genauen Plan und bestimmte Verkehrsregeln.«

1953 gehörte Pierre Boulez zu den Mitbegründern der Konzertreihe »Domaine musical« in Paris, einem Forum für neue Musik, das er bis in die späten sechziger Jahre leitete. Von hier aus nahm seine Dirigentenkarriere ihren Lauf. 1971 wurde er Chefdirigent der New Yorker Philharmoniker und hat seitdem allen Orchestern von Rang vorgestanden. Nicht zuletzt ließen seine Erfolge als Dirigent ihn auch musikpolitisch zu einer der einflußreichsten Figuren im zentralistischen Frankreich werden. Als eine Art Staatskomponist verstand er es, seinen Einfluß geschickt für seine Interessen zu nutzen. Der Bau der »Cité de la musique«, einem großen musikalischen Zentrum mit Konzertsälen, Büros, Bibliothek und Proberäumen in Paris, geht ebenso auf seine Mitinitiative zurück wie die Gründung des auf zeitgenössische Musik spezialisierten »Ensemble InterContemporain«.

In seinen Kompositionen der späten fünfziger Jahre setzte sich Boulez mit den Möglichkeiten der Elektronik auseinander. Ihm schwebte vor, instrumentale und elektronische Klangwelten »in multidimensionalen Konstruktionen miteinander zu konfrontieren«. Weitere Schwerpunkte seines musikalischen Denkens galten der Einbeziehung der Stimme und dem Phänomen der Musik im Raum. Diese Aspekte beschäftigten auch seinen großen Widersacher und Weggenossen Karlheinz Stockhausen. Eine erste kompositorische Umsetzung dieser neuen Fragestellungen findet sich in *Poésie pour pouvoir* aus dem Jahre 1958. Hier werden elektronische und instrumentale Klänge zunächst einander gegenübergestellt und schließlich miteinander verschmolzen. Mit dem klanglichen Ergebnis war Boulez allerdings nicht zufrieden, weshalb er das Werk nach der Uraufführung 1958 in Donaueschingen zurückzog.

Ein zentrales Werk der späten fünfziger und frühen sechziger Jahre ist *Pli selon pli*, Ergebnis von Boulez' langjähriger Auseinandersetzung mit den Dichtungen von Mal-

larmé. Das Werk besteht aus fünf Abschnitten. Der erste und der letzte sind Instrumentalstücke, die jeweils auf einem einzigen Vers basieren. In den drei Mittelsätzen, die mit kleinen Instrumentalbesetzungen auskommen, steht die Stimme im Mittelpunkt. Sie trägt das jeweilige Gedicht als gliederndes Element vollständig oder in Auszügen vor. Boulez' Ziel war es, mit diesem Werk ein Porträt des Dichters nachzuzeichnen: »Der Titel *Pli selon pli* wurde einem Gedicht Mallarmés entnommen, das in meiner klanglichen Übertragung nicht verwendet wird; es gibt dem Werk Sinn und Richtung vor. In diesem Gedicht beschreibt der Poet die Art und Weise, wie der sich auflösende Nebel nach und nach die Steine der Stadt Brügge erscheinen läßt. Genauso enthüllen auch diese fünf Stücke, während sie sich ›Falte für Falte (pli selon pli)‹ entfalten, ein Porträt Mallarmés.«

Es erstaunt, wie schmal der Werkkatalog von Boulez ausfällt. Das liegt zum einen daran, daß seine Tätigkeit als Dirigent ihm nur begrenzt Zeit zum Komponieren läßt. Zum anderen hängt es auch mit seiner fast skrupulösen Art zusammen, oft jahrzehntelang an der Aus- oder Umarbeitung einzelner Werke zu feilen. So hat er beispielsweise sein eigentliches Opus 1, die *Douze Notations*, ursprünglich ein Zyklus von Klavierstükken, später für großes Ensemble bearbeitet oder auch … *explosante – fixe …*, zunächst ein bloßes Konzept, das aus einem einzigen Notenblatt und einer Reihe von Anweisungen für mögliche Ausarbeitungen bestand, gleich in mehreren Versionen vorgelegt. Mit der ersten Fassung von 1972 für Ensemble und Live-Elektronik war Boulez nicht zufrieden, und so entstand fast zwanzig Jahre später eine weitere Version. Dieser oft ausgesprochen komplizierte Entstehungsprozeß seiner Werke, der häufig auch auf neue technische Möglichkeiten reagiert, führt zur

Konzentration auf einen überschaubaren Werkkomplex, wobei sich das einzelne Werk zu einer Art »work in progress« entwickelt. Mitunter liegen Jahrzehnte zwischen der ursprünglichen Konzeption und der vorläufig endgültigen Ausarbeitung.

Bereits in den fünfziger Jahren zählte Pierre Boulez zu den Pionieren der elektronischen Musik. Vor allem aber seit er 1976 zum Gründer und Leiter des Pariser »Institut de Recherche et de Coordination Acoustique/Musique« (IRCAM) ernannt worden war, spielt die Elektronik, vor allem die Live-Elektronik, eine wichtige Rolle in seinen Arbeiten. Erstes Ergebnis der Forschungen am IRCAM war *Répons* für sechs Solisten, Ensemble, Computerklänge und Live-Elektronik. In gewisser Hinsicht nimmt Boulez hier die Grundidee von *Poésie pour pouvoir* wieder auf. Responsoriale Elemente zwischen den einzelnen Klanggruppen, zwischen Solisten, Ensemble und den elektronisch erzeugten Klängen bilden das Grundgerüst dieser Partitur, ähnlich wie im einige Jahre zuvor entstandenen *Rituel in memoriam Bruno Maderna*. Auch in diesem Stück kommt den räumlichen Aspekten große Bedeutung zu.

Der Computer spielt auch in den Werken der letzten Jahre eine entscheidende Rolle. Die elektroakustische Transformation des Instrumentalklangs, seine Verteilung im Raum und die Arbeit mit mikrointervallischen Strukturen stehen im Zentrum seines musikalischen Interesses. In Kompositionen wie *Anthèmes* für Violine und Live-Elektronik aus dem Jahre 1997 rücken die Aspekte der Klangtransformation und das Thema »Musik im Raum«, das Boulez bereits in den fünfziger Jahren beschäftigt hat, wieder in den Vordergrund.

Boulez, der 1976 als Dirigent mit dem sogenannten »Jahrhundert-*Ring*« sein Debut in Bayreuth gegeben hat, zählt heute zu den bedeutendsten Dirigenten und den anerkanntesten Musikerpersönlichkeiten der zweiten Jahrhunderthälfte. Was er einmal in Hinblick auf seine *Structures* geäußert hat, könnte wie ein Motto über seinem gesamten Schaffen stehen: »Wenn man sich Hals über Kopf in ein Projekt mit so weitläufigen Konsequenzen stürzt, darf man von keinerlei Bedenken geplagt sein. Aber weil ich einen faulen Kompromiß nicht als Lösung ansehen kann, bin ich imstande, ›nach vorne zu fliehen‹ . . .«

WERKE (Auswahl)

Douze Notations für Klavier (1945)
Trois Psalmodies für Klavier (1945)
Sonate für Klavier Nr. 1 (1946)
Sonatine für Flöte und Klavier (1946)
Le visage nuptial für Sopran, Alt und Kammerorchester. Urfassung (1946)
Sonate für Klavier Nr. 2 (1948)
Livre pour quatuor (1948/49)
Le soleil des eaux. Kantate für Sopran, Tenor, Baß und Kammerorchester (1950)
Polyphonie X für 18 Instrumente (1951)
Structures für zwei Klaviere. 1. Heft (1952)
Le marteau sans maître für Altstimme und sechs Instrumentalisten (1953/55)
Sonate für Klavier Nr. 3 (1955/57)
Improvisation sur Mallarmé II für Sopran und Ensemble (1957)
Improvisation sur Mallarmé I für Sopran und Ensemble oder Orchester (1957/58)
Strophes für Orchester (1957)
Doubles für Orchester (1958)
Poésie pour pouvoir für fünfkanaliges Tonband und Orchester (1958)
Tombeau für Sopran und Orchester (1959)
Improvisation sur Mallarmé III für Sopran und Orchester (1959)
Structures für zwei Klaviere. 2. Heft (1956/61)
Pli selon pli für Sopran und Orchester (1957/62)
Don (Mallarmé) für Sopran und Orchester (1960/62)
Eclat für 15 Instrumente (1965)

Domaines für Klarinette und 21 Instrumente (1968)
Livre pour cordes für Streichorchester (1968)
Figures, Doubles, Prismes für Orchester (1968)
Über das, über ein Verschwinden für 16 Solostimmen (1969)
e. e. cummings ist der Dichter für Chor und Instrumente (1970)
Mémoriale für Flöte und acht Instrumente (1971)
... explosante – fixe ... Konzeptstück. Verschiedene Realisationen (1971)
Mémoriales für Orchester (1973/75)
Rituel in memoriam Bruno Maderna für Orchester in acht Gruppen (1974/75)

Messagesquisse für sieben Violoncelli (1977)
Notations I – IV für Orchester (1978/84)
Notations V – XII für Orchester (1984/...)
Répons für sechs Solisten, Kammerensemble, Computerklänge und Live-Elektronik (1981)
Dérive für Ensemble (1984)
... explosante – fixe ... Version für MIDI-Flöte, zwei Soloflöten, Ensemble und Live-Elektronik (1991/93)
Anthèmes für Violine solo (1991/94)
Anthèmes. Version für Violine, Computer und sechs Lautsprecher (1991/97)
sur incises für neun Spieler (1998)

BENJAMIN BRITTEN

»Musik bedeutet für mich Klarstellung; ich
versuche zu klären, zu verfeinern, zu sensi-
bilisieren. Strawinsky hat einmal gesagt,
daß man beständig an seiner Technik arbeiten muß. Was aber bedeutet Technik?
Schönbergs Technik ist oftmals eine riesige
Durchführung. Meine Technik besteht darin,
alles Überflüssige zu beseitigen, um eine
vollkommene Klarheit des Ausdrucks zu erreichen, das ist mein Ziel.«

Benjamin Britten, der vielleicht wichtigste britische Komponist des 20. Jahrhunderts, war kein musikalischer Revolutionär.

Zwar hat er sich für die Zwölftontechnik Arnold Schönbergs interessiert, aber sie ebensowenig für sein Schaffen übernommen wie die serielle Musik oder die Aleatorik. Seine Musik blieb stets tonal gebunden, wenn auch im Sinne einer erweiterten Tonalität. Musikalischen Systemen stand er eher skeptisch gegenüber:»Das einzige, was zählt, ist, daß ein Komponist seine Musik so klingen lassen sollte, daß sie zwangsläufig und richtig erscheint; das System ist unwichtig.« Auch wenn Britten für nahezu sämtliche musikalische Gattungen komponiert hat, liegt seine musikgeschichtliche Bedeutung vor allem auf dem Gebiet des Musiktheaters. Seine insgesamt 17 Bühnenwerke gehören zu den wichtigsten Beiträgen zu dieser Gattung im 20. Jahrhundert und begründeten seinen internationalen Erfolg.

Am 22. November 1913 wurde Britten als jüngstes von vier Kindern in Lowestoft, einem kleinen Ort an der englischen Ostküste, geboren. Schon im Alter von fünf Jahren erhielt er ersten Klavierunterricht von der musikbegeisterten Mutter, die er bald zu Liedern auf dem Klavier begleiten konnte. Mit acht begann er zu komponieren, und die Mutter arrangierte Musikabende, bei denen der Junge als Wunderkind vorgestellt wurde. Zum prägenden Ereignis wurde eine Aufführung von Frank Bridges Orchestersuite *The Sea*, die der Zehnjährige während des Norwich Triennal Festivals erlebte. Er war fasziniert von der musikalischen Sprache und dem enormen Farbenreichtum, den Bridge dem Orchesterapparat entlockte. Brittens Bratschenlehrerin machte die beiden miteinander bekannt, und Bridge, der sonst keine Schüler annahm, kümmerte sich fortan um die musikalische Ausbildung des angehenden Komponisten. Später erinnerte sich Britten: »Wir kamen prächtig miteinander aus, und ich verbrachte den nächsten Morgen mit ihm, wobei wir einige meiner Musikstücke besprachen. Von diesem Zeitpunkt an ging ich regelmäßig zu ihm und weilte in Eastbourne oder in London in den Ferien bei ihm.« Vor allem vermittelte ihm sein Lehrer zwei Grundsätze:»Der erste lautete, daß man versuchen muß, sich selbst zu erkennen und getreu zu dem zu stehen, was man gefunden hat. Der andere, der offenkundig damit zusammenhing, war seine gewissenhafte Aufmerksamkeit hinsichtlich guter Technik – das klar ausdrücken, was einem vorschwebte. Er vermittelte mir einen Sinn für technischen Ehrgeiz.«

Ab 1930 studierte Britten am Royal College of Music in London, doch er empfand seine Ausbildung dort als unzureichend und unbefriedigend. Auf Anregung von Frank Bridge entschloß er sich deshalb, bei Alban Berg in Wien zu studieren, um eine andere musikalische Welt als die britische kennenzulernen. Doch dieser Plan zerschlug sich. Während der Studienjahre in London entstanden seine ersten gültigen Werke, darunter die *Elegy* für Bratsche solo, die *Sinfonietta op. 1* und die *Simple Symphony*. Mit der *Elegy* schrieb der 16jährige ein klanglich reizvolles und höchst expressives Werk für ›sein‹ Instrument. Mittels raffinierter Techniken entsteht ein lyrisch-melancholisches Thema von ungewöhnlicher Länge, ein nicht enden wollender Klagegesang, der sich über vier ausgedehnte Phrasen hinweg entfaltet und sämtliche klangliche Möglichkeiten des Instruments ausschöpft. In der

Simple Symphony, die er kurz nach Abschluß seines Studiums 1934 in London schrieb, griff Britten auf kleinere Stücke zurück, die er als Kind komponiert hatte. Aus den frühen Arbeiten übernahm er vor allem die Melodien, neu schuf er hingegen die Harmonik und die kunstvolle Satztechnik. Das Hauptthema der »Sentimental Sarabande« etwa hatte Britten bereits im Alter von zwölf Jahren niedergeschrieben, das Thema des »Finale« entnahm er seiner 1926 verfaßten *9. Klaviersonate*.

Erste Anerkennung als Komponist fand Benjamin Britten mit der Uraufführung seiner *Sinfonietta* am 31. Januar 1933. Nur wenig später wurde seine Weihnachtsgeschichte *A Boy was Born*, Variationen für gemischten Chor und Knabenstimmen, im Rundfunk übertragen. So begann man auf den jungen Komponisten aufmerksam zu werden. Britten komponierte nach Abschluß seines Studiums die Musik zu sieben Theaterstücken, vier Rundfunkprogrammen und 26 Dokumentarfilmen. Auftragsarbeiten wie diese waren für ihn zwar künstlerisch nicht befriedigend, dennoch konnte er dabei eine ganze Menge lernen: »Ich mußte rasch arbeiten und mich zur Arbeit zwingen, wenn ich nicht wollte; zudem mußte ich mich daran gewöhnen, unter allen erdenklichen Gegebenheiten zu arbeiten. Ich hatte Partituren für nicht mehr als sechs oder sieben Instrumentalisten zu schreiben, und auch dafür zu sorgen, daß diese Instrumente alle Effekte erzeugen, die jeder Film benötigte.«

Internationale Anerkennung erfuhr Benjamin Britten insbesondere mit der Uraufführung seiner *Variations on a Theme of Frank Bridge* 1937 bei den Salzburger Festspielen. Schon seit längerem hatte er geplant, eine Hommage auf seinen ehemaligen Lehrer zu schreiben. Dabei griff er ein Thema aus dem zweiten Stück der *Three Idylls* für Streichquartett von Bridge auf, das er schon einige Jahre zuvor zum Ausgangspunkt von Klaviervariationen vorgesehen hatte, die aber unvollendet blieben. In der endgültigen Fassung für Streichorchester tragen die einzelnen Variationen parodistische Züge: Ursprünglich wollte er mit diesem Werk seinen Lehrer porträtieren und mit den Variationen bestimmte Charakterzüge nachzeichnen. Die Komposition gipfelt in einem »Fugue and Finale« überschriebenem Abschnitt. Darin werden neben dem Hauptthema fünf weitere Werke von Bridge zitiert.

Mitte der dreißiger Jahre lernte Britten den Schriftsteller Wystan Hugh Auden kennen. Durch ihn fand er Anschluß an einen Kreis von Intellektuellen, zu dem auch Christopher Isherwood und Louis MacNeice gehörten. Dieser Zirkel brachte ihn mit zeitgenössischer Lyrik in Berührung. In der Folge entstand eine Reihe von Werken auf Texte Audens wie etwa der Liederzyklus *Our Hunting Fathers* und das Chorstück *Hymn to Saint Cecilia*. Doch Brittens eigentliches Ziel war die Oper; diese Gattung lag ihm ganz besonders am Herzen. Da die Möglichkeiten für zeitgenössisches Musiktheater im Großbritannien jener Jahre außerordentlich schlecht waren, vergingen noch einige Jahre, bevor ihm mit *Peter Grimes* der endgültige, auch internationale Durchbruch auf der Opernbühne gelang.

Der überzeugte Pazifist Britten, der 1936 auch die Musik zum Film *Peace of Britain* komponiert hatte, schloß noch im gleichen Jahr einen Vertrag mit dem Londoner Musikverlag Boosey & Hawkes. Dieser verpflichtete sich zu monatlichen Zahlungen, so daß Britten nicht länger auf seine Kompositionen für Film oder Rundfunk angewiesen war. Bereits 1934 hatte er den Sänger Peter Pears kennengelernt, mit dem ihn eine lebenslange künstlerische und persönliche Partnerschaft verband. Ende 1937 gaben die beiden ihr erstes gemeinsames Konzert, bei dem auch Brittens Liederzyklus *On This Island* auf einen Text von Auden auf dem Programm stand. Für Pears schrieb Britten eine Vielzahl von Werken, angefangen mit den *Seven Sonnets of Michelangelo* aus dem Jahre 1940 bis zu der späten Oper *Death in Venice* nach der Erzählung von Thomas Mann. Die Auseinandersetzung mit der Lyrik und die Freundschaft mit Pears inspirierten Britten zu einer Reihe von großformatigen Vokalstücken und Liederzyklen wie *Les Illuminations* nach Rimbaud, *The Holy Sonnets of John Donne*, *Winter Words* nach Thomas Hardy und die *Sechs Hölderlin-Fragmente* aus dem Jahre 1958. Seine Affinität zur Gattung Lied erklärte Benjamin Britten einmal so: »Eines meiner Hauptziele besteht darin, zu versuchen, der Vertonung von englischen Texten wieder eine Brillanz, Freiheit und Lebendigkeit zu geben, die seit dem Tod Purcells merkwürdigerweise ziemlich rar geworden sind.«

Einen weiteren Schwerpunkt im Schaffen Brittens bilden seine Kompositionen für Kinder. Bereits 1933 hatte er Erich Kästners Roman *Emil und die Detektive* kennengelernt und begeistert an einer *Emil-Suite* gearbeitet, ohne sie zu vollenden. Für Kinder oder Jugendliche ist auch *The Young Person's Guide to the Orchestra* bestimmt, Variationen über ein Thema von Henry Purcell, die 1946 zunächst für den Dokumentarfilm *Instruments of the Orchestra* gedacht waren. In späteren Jahren erarbeitete er noch etliche Kompositionen für Kinder, vor allem Kinderopern und Chorstücke.

Als sich die politische Lage Ende der dreißiger Jahre weiter zuspitzte und ein Krieg mit Deutschland immer wahrscheinlicher wurde, siedelte Britten gemeinsam mit Peter Pears in die Vereinigten Staaten über: »Ich glaube kaum, daß man die Situation zu sehr vereinfachen würde, wenn man sagt, daß viele aus unserer jüngeren Generation zu dieser Zeit die Empfindung hatten, daß Europa mehr oder weniger am Ende war«, sagte er später in einem Interview. »Über Europa lag dieser große faschistische Schatten der Nazis, die jeden Moment alles zugrunde richten konnten, und man hatte das Gefühl, daß Europa weder den Willen hatte noch irgend etwas unternahm, sich dem zu widersetzen.« Doch in Amerika wurde Britten nicht heimisch und erkrankte schwer. Er begriff schon bald, daß er dort nicht Fuß fassen würde, da er zu sehr in der europäischen Tradition verwurzelt war. So kehrten Britten und Pears im April 1942 wieder nach England zurück und ließen sich nahe Aldeburgh in The Old Mill nieder.

Bereits in Amerika hatte Britten mit der Dichtung *The Borough* von George Crabbe einen geeigneten Opernstoff gefunden und mit der Komposition begonnen. Zurück in England, nutzte er, vom Militärdienst freigestellt, die letzten Jahre des Zweiten Weltkrieges zur Vollendung seiner ersten großen Oper *Peter Grimes*. Sie handelt von einem Außenseiter, der sich von seinen Mitmenschen unverstanden und ausgestoßen fühlt. Das Werk enthält durchaus Parallelen zu Alban Bergs *Wozzeck*, den Britten sehr bewundert und zeitlebens außerordentlich geschätzt hat. Der Fischer Peter Grimes wird angeklagt, den Tod eines Lehrlings verschuldet zu haben. Ihm bleiben schließlich nur noch wenige Freunde. Grimes, dem Wahnsinn nahe, macht seinem Leben schließlich durch Selbstmord ein Ende. In den sechziger Jahren zog Britten Verbindungslinien zwischen dem von der Gesellschaft Ausgestoßenen und seiner eigenen Situation als Pazifist während des Zweiten Weltkrieges: »Ein zentrales Gefühl war für uns das, als Individuum einer Menge gegenüber zu stehen – mit ironischen Untertönen für unsere eigene Situation –, natürlich waren wir einer enormen Spannung ausgesetzt. Ich denke, daß es zum Teil auch dieses Gefühl war, weshalb wir aus Grimes einen visionären, konfliktbeladenen Charakter machten – den gemarterten Idealisten – und weniger den Schurken, der er bei Crabbe war.« Dieses Gefühl der Isolation könnte auch die Homosexualität von Britten und Pears ausgelöst haben, eine These, die in neuerer Zeit wiederholt diskutiert wurde. Der rote Faden, der alle Opern Brittens miteinander verbindet, ist der Verlust der Unschuld. Zur inneren Unfähigkeit, sich gegenüber der realen Welt die Unschuld der Kindheit zu bewahren, kommt der unerbittliche Druck von außen. »Als ich *Peter Grimes* schrieb, wollte ich ausdrücken, wie bewußt ich mir über den ewigen Kampf der Männer und Frauen bin, deren Leben von der See abhängt«, schrieb Britten kurz nach Vollendung der Partitur. In der Tat übernimmt das Meer die heimliche Hauptrolle in dieser Oper. Die See spiegelt die Doppelbödigkeit und Unergründbarkeit der Seele des Protagonisten wider. So sind vier der insgesamt sechs instrumentalen Zwischenspiele ausdrücklich als »Sea-Interludes« vom Komponisten bezeichnet worden.

Die Uraufführung von *Peter Grimes* stand während der Probenphase unter keinem guten Stern. Dennoch wurde die Premiere am 7. Juni 1945 im Sadler's Wells Theatre mit Peter Pears in der Titelrolle ein triumphaler Erfolg. Von England aus trat das Werk seinen Siegeszug über viele europäische und amerikanische Bühnen an. Allein in den ersten drei Jahren gab es Inszenierungen in Stockholm, Zürich, Basel, Hamburg, Berlin, Mailand, Tanglewood und New York. Gleichzeitig war mit dieser britischen Oper eine Gattung neu geboren, die bis dahin im Vereinigten Königreich stiefmütterlich behandelt worden war. Mit *Peter Grimes* hatte sich Britten endgültig als Komponist durchgesetzt. Das musikdramatische Werk stand

fortan im Zentrum seines kompositorischen Schaffens.

Zu Beginn des Jahres 1947 wurde unter Brittens Mitwirkung die English Opera Group gegründet. Das relativ kleine Ensemble von Sängern und Instrumentalisten machte sich für eine zeitgenössische britische Oper stark. Schon die 1946 uraufgeführte Kammeroper *The Rape of Lucretia* hatte Britten für ein kleines Ensemble von acht Sängern und zwölf Instrumentalisten geschrieben. Er liebte diese kammermusikalischen, klanglich durchsichtigen Besetzungen und bekannte: »Ich schreibe gern für kleinere Besetzungen und bedaure die Einstellung des heutigen Zuhörers, der von einem Orchester nichts anderes als die widerliche Tutti-Wirkung erwartet.« Für die English Opera Group entstand 1947 die komische Oper *Albert Herring* nach der Erzählung *Le Rosier de Madame Husson* von Maupassant. In gewisser Weise stellt diese Satire über Kleinbürgertum und falsche Moral das Gegenstück zur Tragödie der Lucretia dar. Beide Werke kreisen um die Themen Einsamkeit, Ausgegrenztheit und Existenzangst, Motive, die sich durch Brittens gesamtes musikdramatisches Schaffen ziehen. Seine Helden sind in Wirklichkeit Anti-Helden, Einzelgänger und Ausgestoßene, die den Kontakt zur Gesellschaft verloren haben.

Gemeinsam mit Peter Pears gründete Benjamin Britten 1948 in seinem Wohnort das jährlich stattfindende Aldeburgh Festival. Hier kamen nicht nur viele seiner Werke zur Uraufführung, sondern gastierten in späteren Jahren auch zahlreiche prominente Musiker wie Dietrich Fischer-Dieskau, Yehudi Menuhin, Kathleen Ferrier oder Mstislaw Rostropowitsch. Aldeburgh entwickelte sich zu einem musikalischen Zentrum in Großbritannien, das selbst von der Königin zu besonderen Anlässen wiederholt besucht wurde.

Brittens folgende Opern verlangten wieder den großen Apparat. *Billy Budd*, eine Studie über die gesellschaftsbedingte Zerstörung der Unschuld nach einer Novelle von Herman Melville, und *Gloriana*, eine Historienoper, die aus Anlaß der Krönung Elisabeth' II. entstand, wurden im königlichen Opernhaus Covent Garden uraufgeführt. 1960 schrieb Britten dann *A Midsummer Night's Dream* nach Shakespeare. Dieses märchenhafte Lustspiel, das vor allem durch die musikalische Gestaltung unterschiedlicher klanglicher Ebenen auffiel, avancierte schon bald zu einem seiner größten Erfolgsstücke.

Zur Einweihung der im Zweiten Weltkrieg von den Deutschen zerstörten und anschließend wiederaufgebauten Kathedrale von Coventry vergab die Stadt Kompositionsaufträge an die beiden wichtigsten zeitgenössischen Komponisten Englands, Michael Tippett und Benjamin Britten. So kamen zwei Hauptwerke der neuen Musik, Tippetts Oper *King Priam* und Brittens *War Requiem*, in derselben Stadt an zwei aufeinanderfolgenden Tagen zur Uraufführung. Britten kombiniert hier den Text der lateinischen Totenmesse mit der *Missa pro Defunctis* des englischen Dichters Wilfred Owen, der wenige Tage vor Ende des Ersten Weltkriegs ums Leben gekommen war. »Was ich schreibe«, so äußerte sich Britten gegenüber dem Bariton Dietrich Fischer-Dieskau, der auch die Uraufführung mitgestaltete, »wird wohl eines meiner wichtigsten Stücke werden. Diese großartige Lyrik, voller Haß auf die Zerstörungswut, bildet eine Art Kommentar zum Requiem ... Die Gedichte werden für Tenor und Bariton gesetzt, zur Begleitung eines Kammerorchesters, das mitten unter den anderen Instrumentalisten sitzt. Sie erfordern einen Gesang von äußerster Schönheit, Intensität und Ernsthaftigkeit.« Brittens Vorbild beim *War Requiem*

war möglicherweise die achte Sinfonie Gustav Mahlers, in der dieser den alten lateinischen Hymnus »Veni creator spiritus« mit der Schlußszene aus Goethes *Faust II* verknüpft hatte.

Der Partitur hat Britten ein Zitat von Wilfred Owen als Motto vorangestellt: »Mein Thema ist der Krieg und der Jammer des Krieges. Die Poesie ist im Jammer. Alles, was ein Dichter tun kann, ist warnen.« Die Struktur des Werkes läßt sich in drei unterschiedliche Ebenen unterteilen, die sich auch klanglich voneinander absetzen. Im Vordergrund stehen ein englischer und ein deutscher Soldat, deren Partien Britten speziell für Peter Pears und Dietrich Fischer-Dieskau komponiert hat, sowie das Kammerorchester. Dahinter befinden sich die Interpreten der eigentlichen Meßvertonung, eine Sopranistin, der Chor sowie das große Sinfonieorchester. Darüber schweben schließlich der Knabenchor und die Orgel, die einen reinen, beinahe ätherischen Klang beisteuern. Britten hat hier eine Synthese von Messe, Oratorium und Liederzyklus entwickelt, die in der Kirchenmusik ohne Vorbild ist und in ihrer Mischung von öffentlichem und privatem Gefühl einen Balanceakt darstellt, der der englischen Kirchenmusik neue Wege wies. Mit diesem Werk wollte sich der Komponist an das breite Publikum der Menschheit wenden, weshalb er sich einer zumeist tonalen, leicht verständlichen, aber niemals banalen musikalischen Sprache bediente. Die Uraufführung des *War Requiem* am 30. Mai 1962, von der BBC live übertragen, strahlte als kulturpolitisches Ereignis von Rang weit über die Grenzen Großbritanniens hinaus.

Britten war zeitlebens nicht nur als Komponist, sondern auch als Pianist tätig, insbesondere als Liedbegleiter und als Dirigent eigener Werke, aber auch des gesamten klassisch-romantischen Repertoires. Bachs *Johannes-Passion* dirigierte er ebenso wie

Purcells *The Fairy Queen* oder verschiedene Sinfonien Mozarts. Vor allem mit Peter Pears spielte er zahlreiche Vokalwerke und Liederzyklen der deutschen Romantik und der englischen Moderne ein. Auf vielen Konzertreisen, die ihn nicht nur auf das europäische Festland führten, sondern auch in die Sowjetunion, nach Amerika, Japan, Bali und Indien, festigte er seinen Ruf als Dirigent und kongenialer Liedbegleiter. Manche musikalische Anregungen, die er während seiner Reisen erhielt, schlugen sich später in seinen Werken nieder. So ist das Ballett *The Prince of the Pagodas* deutlich von asiatischer Gamelanmusik geprägt. In der Kirchenparabel *Curlew River* griff er Elemente des japanischen No-Theaters auf, das er bei einem Besuch in Tokio kennengelernt hatte. Während eines Konzertes in London traf Britten Dmitri Schostakowitsch und Mstislaw Rostropowitsch, die er später bei seinen Aufenthalten in der Sowjetunion wiederholt besuchte. Für Rostropowitsch schuf er gleich mehrere Werke, darunter eine *Cellosonate* und die *Cello-Sinfonie*, das erste großbesetzte Orchesterwerk Brittens nach seiner Anfang der vierziger Jahre entstandenen *Sinfonia da Requiem*.

Die sechziger Jahre brachten dem auf dem Gipfel seines Ruhms stehenden Komponisten verschiedene Ehrungen und Auszeichnungen, darunter auch den Order of Merit, den vor ihm lediglich zwei Musiker erhalten hatten – Edward Elgar und Ralph Vaughan Williams. Mit *Owen Wingrave* wandte sich Britten Ende der sechziger Jahre erstmals dem neuen Medium Fernsehen zu und komponierte im Auftrag der BBC eine Fernsehoper. Dabei war er sich der Problematik einer Oper für das elektronische Medium durchaus bewußt: »Man muß die Zuschauer überzeugen, die Sache ernst zu nehmen. Andererseits kann man nicht wirklich Rücksicht nehmen auf diejenigen, die sich langweilen, später zuschalten oder durch einen Telefonanruf abgelenkt werden. Man kann die Handlung nicht wiederholen, wie etwa den Spielstand beim Kricket. Zudem gibt es das weitreichende Problem, wie man es schafft, daß Sänger auf dem Bildschirm einigermaßen überzeugend wirken.« Obwohl das Werk außerhalb Großbritanniens noch in zwölf anderen europäischen Ländern sowie in den Vereinigten Staaten ausgestrahlt wurde, war Britten mit dem Ergebnis nicht völlig zufrieden. Später erarbeitete er noch eine Bühnenfassung, die schließlich 1973 am Opernhaus Covent Garden Premiere hatte.

Bereits Anfang der siebziger Jahre hatte Britten zunehmend mit gesundheitlichen Problemen zu kämpfen. In Venedig begann er 1971 mit der Arbeit an seiner letzten Oper *Death in Venice* nach der Erzählung von Thomas Mann. Nach einer schweren Herzoperation schritt die Arbeit nur stokkend voran. In diesem Werk reflektiert der Erfolgsautor Gustav von Aschenbach, Protagonist der Handlung, in Form eines Sprechgesangs monologisch sein Leben. Der von ihm verehrte Knabe Tadzio ist hier als Tanzrolle angelegt, das in verschiedene Ensembles unterteilte Orchester gibt die unterschiedlichen atmosphärischen Situationen wieder.

Benjamin Britten, der noch fünf Monate vor seinem Tod von der Königin zum Lord ernannt wurde, starb am 4. Dezember 1976 in seinem Heimatort Aldeburgh. Es bleibt sein großes Verdienst, die lange vernachlässigte Tradition der englischen Oper wiederbelebt zu haben. Sie wurde nach seinem Tod von Komponisten wie Michael Tippett oder Harrison Birtwistle fortgeführt.

WERKE (Auswahl)

Elegy für Bratsche solo (1930)
A Hymn to the Virgin für Chor a cappella (1930)
Sinfonietta für Kammerensemble op. 1 (1932)
A Boy was Born für Chor a cappella (1933)
Simple Symphony für Streicher op. 4 (1933/34)
Our Hunting Fathers. Liederzyklus für hohe
    Stimme und Orchester (1936)
On This Island. Liederzyklus für hohe Stimme und
    Klavier (1937)
Variations on a Theme of Frank Bridge für Strei-
    cher op. 10 (1937)
Konzert für Klavier und Orchester op. 13 (1938)
Konzert für Violine und Orchester op. 15 (1939)
Canadian Carnival für Orchester op. 19 (1939)
Sinfonia da Requiem für Orchester op. 20 (1940)
Streichquartett Nr. 1 op. 25 (1941)
Scottish Ballad für zwei Klaviere und Orchester
    op. 26 (1941)
Hymn to St. Cecilia für gemischten Chor op. 27
    (1942)
Prelude and Fugue für 18 Streicher op. 29 (1943)
Peter Grimes. Oper in drei Akten und einem
    Prolog op. 33 (1944/45)
Streichquartett Nr. 2 op. 36 (1945)
The Rape of Lucretia. Kammeroper in zwei Akten
    op. 37 (1946)
The Young Person's Guide to the Orchestra für
    Sprecher ad libitum und Orchester (1946)
Albert Herring. Komische Kammeroper in drei
    Akten op. 39 (1947)
Spring Symphony für Soli, Knaben- und gemisch-
    ten Chor und Orchester op. 44 (1949)

Lachrymae. Reflections on a song of Dowland für
    Bratsche und Klavier op. 48 (1950)
Billy Budd. Oper in vier Akten (1951)
Six Metamorphoses after Ovid für Oboe op. 49
    (1951)
Gloriana. Oper in drei Akten op. 53 (1953)
The Turn of the Screw. Kammeroper in zwei Akten
    und einem Prolog op. 54 (1954)
The Prince of the Pagodas. Ballett op. 57 (1956)
Noye's Fludde. Kinderoper in einem Akt (1957)
Missa brevis für Knabenchor und Orgel op. 63
    (1959)
A Midsummer Night's Dream. Oper in drei Akten
    op. 64 (1960)
Sonate für Violoncello und Klavier op. 65
    (1961)
War Requiem für Soli, Knabenchor, gemischten
    Chor, Orchester, Kammerorchester und Orgel
    op. 66 (1961)
Cello Symphony für Violoncello und Orchester
    op. 68 (1963)
Curlew River. Geistliche Parabel op. 71 (1964)
Suite Nr. 1 für Violoncello solo op. 72 (1964)
The Golden Vanity für Knabenchor und Klavier
    op. 78 (1966)
The Prodigal Son. Geistliche Parabel op. 81 (1968)
Suite für Harfe op. 83 (1969)
Owen Wingrave. Oper in zwei Akten op. 85 (1970)
Death in Venice. Oper in zwei Akten op. 88 (1973)
Suite on English Folk Tunes für Kammerorchester
    op. 90 (1966/75)
Streichquartett Nr. 3 op. 94 (1975)
Welcome Ode für Jugendchor und Orchester
    op. 95 (1976)

EARLE BROWN

»Meine Eltern, wie wahrscheinlich alle Eltern, wollten, daß ich Klavier spielen lernen
sollte. Ich haßte das Klavier. Oder ich haßte
den Lehrer. Jedesmal, wenn ich eine Stunde
haben sollte, versteckte ich mich irgendwo
im Wald. Als ich zehn Jahre alt war, lernte
ich das Trompetenspiel. Später gründete ich
meine eigene Band, und wir übten gewöhn-
lich im hinteren Teil unseres Hauses.«

Earle Browns musikalische Anfänge waren mit seinem Engagement in einer Big Band alles andere als klassisch. Daß er schließlich doch den Weg vom Jazz zur musikalischen Avantgarde fand, verdankte er vor allem John Cage. Die Begegnung mit ihm markiert den entscheidenden Wendepunkt in seiner musikalischen Laufbahn. Gemeinsam mit John Cage, Morton Feldman und Christian Wolff gehört er einer Stilrichtung an, die gern als »New York School« bezeichnet wird. Dabei handelt es sich allerdings weniger um eine Schule als um eine Gruppe befreundeter Individualisten, die sich im New York der frühen fünfziger Jahre zusammenfanden, gegenseitig anregten, beeinflußten und mit ähnlichen musikalischen Problemen beschäftigten.

Earle Brown kam am 26. Dezember 1926 in Lunenburg in Massachusetts zur Welt. Obwohl er sich zunächst fast ausschließlich für Jazz interessierte, lernte er eher zufällig auf der High School die *Concord-Sonate* von Charles Ives kennen. Dies führte ihn weiter zur Musik von Bartók, Strawinsky und Schönberg. Nach der Schulzeit begann er zunächst ein Studium in den Fächern Mathematik und Maschinenbau, ging aber dann zur Armee, um sich als Pilot ausbilden zu lassen. Doch der Zweite Weltkrieg endete noch vor Abschluß seiner Ausbildung, weshalb er dann als Trompeter zur U.S. Army Air Force Band kam. Nach seinem Militärdienst setzte Brown sein Studium fort, erkannte aber schon bald seine starke Neigung zur Musik. Er verließ die Universität und schrieb sich an der Schillinger School of Music ein, wo er eine umfassende musikalische Ausbildung erhielt, in Komposition und Kontrapunkt ebenso wie in Musikgeschichte und Trompetenspiel. Seine ersten Kammermusikwerke aus den frühen fünfziger Jahren sind zumeist zwölftönig gehalten. Diese Kompositionen lassen noch wenig Originalität und keinen ausgeprägten Individualstil erkennen. Brown war sich dessen bewußt und versuchte, sich neu zu orientieren: »Es war mein Jazz-Hintergrund, der mich unzufrieden gemacht hat mit den seriellen, konstruktivistischen Zwölfton-Stücken. Ich hatte immer großen Respekt vor Spontaneität und Improvisation.«

Anfang der fünfziger Jahre lernte Earle Brown in Denver John Cage kennen. Er folgte dessen Einladung nach New York, um dort drei Jahre lang an dem von Cage initiierten »Project for magnetic tape« mitzuarbeiten. In diesem Rahmen entstand unter anderem *Octet I* für acht Tonbänder. Durch die Vermittlung Cages lernte er auch Morton Feldman und Christian Wolff kennen, die ebenfalls auf der Suche nach neuen musikalischen Ausdrucksmöglichkeiten waren. Doch nicht nur die Kollegen, vor allem die Begegnungen mit der Malerei des abstrakten Expressionismus beeinflußten entscheidend seine kompositorische Entwicklung. Stark wirkten auf ihn die Bilder Jackson Pollocks und dessen Methode des »action painting«, ebenso die Mobiles Alexander Calders. Hier fand er eine spontane Vorgehensweise, die er auf seine Musik übertragen wollte: »Der dynamische und ›freie‹ Blick des Werkes sowie die künstlerischen und philosophischen Implikationen in Pollocks Werken und Werkprozessen schienen mir sofort einleuchtend. In gewisser Weise sah es aus wie das, was ich hören wollte.« Die »mobile Form im

Raum«, die Brown sehr beschäftigte, fand er in den Mobiles Alexander Calders vorgebildet: »Mich interessierte es weniger, ein Stück über die Berge oder das Meer zu schreiben. Der Klang als abstraktes Material zur Erschaffung, zur Konstruktion klingender Objekte – ›objets sonores‹ – hat mich schon immer viel stärker interessiert. Zu Pollock habe ich mich wirklich hingezogen gefühlt wegen der kunstvollen Textur seiner Bilder. Calder gab mir die ästhetische Grundlage dafür, offene Musik zu machen ... Calder baute ein Mobile aus 15 unterschiedlichen Metallobjekten, jedes einzelne Teil ist von ihm erdacht und gebaut, und setzt sie in eine Beziehung zueinander ... Sobald ich diese Mobile-Skulpturen sah, kam mir in den Sinn, daß ich gerne ein Musikstück machen würde mit Elementen, wie Calder sie im Mobile hat, und immer wenn man draufschaut, stehen sie in einer neuen Beziehung zueinander, und alle sind gleich wertvoll.« Brown faszinierte an den Mobiles Calders vor allem die Vorstellung von der Veränderbarkeit eines Werkes, das trotz aller Verwandlung immer mit sich selbst identisch bleibt.

Sein Versuch, Elemente der Kunst Jackson Pollocks und Alexander Calders auf seine Musik zu übertragen, führte ihn zum Konzept der »offenen Form«. Dirigenten oder Musikern bleibt dabei freigestellt, in welcher Anordnung sie die Seiten der Partitur spielen. Auch die Tondauern sind meist nicht exakt festgelegt. Parallel zu den Werken der offenen Form entstanden die ersten rein graphisch notierten Arbeiten. Die Sammlung *Folio* aus den Jahren 1952/53 enthält zudem die ersten Werke, bei denen die Interpreten kreativ in die Gestaltung mit einbezogen werden. Auf dem Blatt *December 1952* dieser Sammlung finden sich Striche und Balken verschiedener Länge und Dicke als Vorlage für den oder die Interpreten – die Besetzung läßt Brown offen. Im Vorwort

zu *December 1952* heißt es: »Die Komposition kann in jeder Richtung und von jedem Punkt aus in dem definierten Raum gespielt werden. Die Dauer des Stückes ist beliebig.« Ein Oben und Unten gibt es hier nicht. Der Spieler kann wählen, wie er das Blatt aufstellen möchte. Brown ging es um eine sich frei im Raum bewegende Musik, die mit möglichst abstrakten Mitteln realisiert werden sollte. Außerdem wollte er den Musikern das Moment der Improvisation vermitteln, das ihm in der klassischen Musik fehlte: »Ich konnte nicht verstehen, warum klassische Musiker nicht improvisieren konnten und so abschätzig auf Improvisation hinabblickten. Die ganze Serie dieser Stücke sollte sie davon abbringen, jede Kleinigkeit aufgeschrieben zu sehen, bevor sie sich zu spielen trauten. Und ich war davon überzeugt, daß mir dies mit diesen Stücken gelingen würde.« Damit führten auch pädagogische Absichten den am Spontanen so interessierten Brown zur Komposition seiner ersten graphischen Partituren.

Brown hat diese Konzepte nie als Werke im emphatischen Sinn begriffen. »Die graphischen Stücke – und ich habe das in den Programmanmerkungen immer wieder gesagt –: das Resultat in der Aufführung ist nicht meine Musik, was nicht heißt, daß ich mich der Verantwortung entziehen möchte; vielmehr will ich damit sagen, daß ich eine Voraussetzung geschaffen habe. Das ist etwas Neues in der Kunst im allgemeinen. Was ich in diesen Stücken bezweckte, war, durch die Graphik und die Worterklärungen eine mögliche Voraussetzung zu schaffen, und diese potentielle Voraussetzung kann zum Schaden oder Vorteil des Werkes benutzt werden. So wie die Möglichkeiten einer Stadt schlecht genutzt oder sogar zerstört werden können, ohne daß deshalb alle Häuser schlecht sein müssen.« Ähnlich wie die Blätter aus der Sammlung *Folio* ist auch *Four Systems* aus dem Jahre 1954 angelegt. Die Partitur entstand als spontanes Geburtstagsgeschenk für David Tudor. *Four Systems* besteht aus einem einzigen Blatt. Es ist in vier Systeme unterteilt, auf denen sich unterschiedlich dicke und unterschiedlich lange Striche und Balken befinden. Auch dieses Werk kann von jeder Anzahl nicht genau festgelegter Klangerzeuger realisiert werden. Dem oder den Ausführenden bleibt überlassen, wo und wie begonnen wird und wie die verschiedenen graphischen Elemente musikalisch umgesetzt werden. Bezeichnenderweise schuf Brown dieses Werk in sehr kurzer Zeit. Er liebt Begriffe wie Spontaneität, Aktion oder Direktheit. In vielen seiner Werke strebt er die utopische Vorstellung an, den Kompositionsprozeß zeitlich der Aufführungsdauer anzugleichen, wie etwa in der Sammlung der musikalischen Graphiken *Folio II*. Die spontan entstandenen zeichnerischen Gebilde beschreiben einen musikalischen Verlauf, der vom Interpreten im gleichen Zeitraum realisiert werden soll, den die Niederschrift erforderte.

Doch nicht alle Werke Browns waren so offen wie seine graphischen Partituren angelegt. In *Twenty-five Pages* für ein bis 25 Klaviere aus dem Jahre 1953 etwa ist die Freiheit der Interpreten viel eingeschränkter. Das Klangmaterial ist hier mehr oder weniger fixiert, nur die Anordnung der musikalischen Elemente, die Großform also, bleibt dem Interpreten überlassen. Die Tonhöhen gibt Brown vor, nicht jedoch die Tondauer. Außerdem liegt es im Ermessen des oder der Ausführenden, ob die insgesamt 25 Notenblätter simultan oder nacheinander gespielt werden. Auch die Reihenfolge der Blätter ist von den Interpreten festzulegen.

Zwischen diesen beiden Polen, der graphischen, freien Notation einerseits und der mehr oder weniger determinierten Form an-

dererseits, bewegt sich nahezu das gesamte Schaffen von Earle Brown. Seit 1955 war er als Toningenieur für verschiedene große Schallplattenfirmen tätig. In diesen Jahren besuchte er regelmäßig Europa, wo ihm vor allem Pierre Boulez wichtige Kontakte vermittelte, die ihm zahlreiche Einladungen und Kompositionsaufträge einbrachten. Diese Reisen führten zu freundschaftlichen Beziehungen unter anderem mit Luigi Nono, Bruno Maderna, Luciano Berio und Karlheinz Stockhausen. In Europa fühlte Brown sich immer besser verstanden als in den Vereinigten Staaten.

Hatte er sich in seinen frühen Werken entweder auf kammermusikalische oder freie Besetzungen konzentriert, so entstand 1961 mit *Available Forms I* das erste Orchesterwerk in offener Form. Dem Dirigenten stehen sechs Partiturseiten zur Verfügung, auf denen jeweils verschiedene musikalische Strukturen notiert sind. Auswahl und Reihenfolge können von Aufführung zu Aufführung wechseln. In späteren Werken hat Earle Brown seinen Ansatz zwar mitunter modifiziert, die zentrale Idee seines Komponierens behielt er aber bei. So wird etwa in *Corroboree* für zwei oder drei Klaviere (1964) oder dem 1965 entstandenen *Streichquartett* der formale Ablauf vorgegeben, die Binnengliederung jedoch den Interpreten überlassen.

Ein zentrales Werk der sechziger Jahre ist *Chef d'orchestre / Calder piece*, das Brown bereits 1963 geplant hatte, aber erst drei Jahre später fertigstellte. Die vier Schlagzeuger, für die er das Werk konzipiert hat, musizieren auf einem der großen Mobiles von Alexander Calder. Damit wird die mobile Form von Browns Werken mit dem Objekt selbst konfrontiert.

Auch in den siebziger Jahren hatte Brown in Europa sehr viel mehr Erfolg als in den Vereinigten Staaten. Immer wieder erhielt er Einladungen zu wichtigen Festivals und zu Gastprofessuren. 1968 wurde er Professor für Komposition am Peabody Conservatory in Baltimore, das ihm 1970 die Ehrendoktorwürde verlieh. Auf zahlreichen Reisen durch die ganze Welt propagierte Earle Brown seine Vorstellungen einer ›offenen Musik‹. Nachdem es in den achtziger Jahren etwas stiller um ihn geworden war, erfreuen sich seine experimentellen Ansätze der fünfziger und sechziger Jahre heute wieder größerer Beliebtheit. Etliche seiner frühen Werke sind in den vergangenen Jahren realisiert und aufgenommen worden. Seine offenen Formkonzepte haben in letzter Zeit wieder viele Musiker zu neuen Interpretationsansätzen angeregt.

Seit den frühen fünfziger Jahren ist Earle Brown seinem kompositorischen Ansatz treu geblieben. Ihm ist es gelungen, Tendenzen der bildenden Kunst des 20. Jahrhunderts auf musikalische Phänomene zu übertragen und mit seiner Idee der mobilen musikalischen Struktur im Raum der zeitgenössischen Musik neue Wege zu erschließen.

WERKE (Auswahl)

Folio I (1952/53), darin:
November 1952 für Klavier und/oder andere
    Instrumente oder Schallerzeuger
December 1952 für ein oder mehrere Instrumente
    und/oder Schallerzeuger
Twenty-five Pages für 1 bis 25 Klaviere (1953)
Octet I für acht Tonbänder (1953)
Four Systems. Besetzung nicht festgelegt (1954)
Music for Cello and Piano (1954/55)
Pentathis für kleines Ensemble (1957)
Light Music für großes Orchester, Licht und Elektronik (1961)
Available Forms I für 18 Instrumente (1961)
Available Forms II für großes Orchester und zwei
    Dirigenten (1961/62)
Chef d'orchestre / Calder piece für vier Schlagzeuger (1964/66)
Times Five für fünf Instrumente und Tonband
    (1964)
Corroboree für drei oder zwei Klaviere (1964)
String Quartet (1965)
Modules I – II für Orchester (1966)
Modules III für Orchester (1969)
Small Pieces for Large Chorus (1969/70)
Folio II (1970 ff.)
Syntagm III für Ensemble (1970)
Time Spans für Orchester (1972)
Sign Sounds für 18 Instrumente (1972)
New Piece: Loops für Chor und Orchester (1972)
Centering für Violine und Ensemble (1973)
Cross Sections and Color Fields für Orchester
    (1975)
Transients für kleines Ensemble (1976)
Windsor Jambs für Mezzosopran und sieben
    Instrumentalisten (1980)
Sounder Rounds für Orchester (1982)
Tracer für sechs Instrumente und Tonband (1984)
Tracking Pierrot für Ensemble (1992)

JOHN CAGE

»Als ich anfing, mit ›Zufallsoperationen‹ zu
arbeiten, waren meine musikalischen Wert-
vorstellungen die des 20. Jahrhunderts. Das
heißt, zwei miteinander verbundene Töne
hatten Halbtöne oder Septimen zu sein, Oktaven galten als langweilig und altmodisch.
Als ich die ›Music of Changes‹ schrieb,
hatte ich alle möglichen Ideen darüber im
Kopf, was wohl im Laufe meiner Arbeit (die

neun Monate dauerte) passieren würde.
Nichts davon geschah! Es kamen Dinge
dabei heraus, die überhaupt nicht modern
waren, etwa Quinten und Oktaven, aber ich
akzeptierte sie und ließ zu, daß ich nicht
den Ton angab, sondern verändert wurde
durch das, was ich selbst tat.«

John Cage erkennt hier erstmals nicht
nur den Zufall als ästhetische Kategorie in
der Musik an. Gleichzeitig gibt er auch die
traditionelle Funktion des Komponisten und
den klassischen Werkbegriff preis. Nicht das
Bedürfnis nach Ausdruck oder Konstruktion
bestimmt das musikalische Resultat, sondern die Klänge existieren ohne den schöpferischen Eingriff für sich, Prinzipien wie
Konstruktion und Zusammenhang werden
außer Kraft gesetzt. Lediglich den äußeren
Rahmen bestimmt der Komponist. Was tatsächlich erklingt, interessiert erst in zweiter
Linie, kann aber auch bei jeder Interpretation anders ausfallen. Mit diesem Konzept
verließ Cage die traditionellen Wege und
veränderte die Musik des 20. Jahrhunderts
nachhaltig. Gleichzeitig hat er damit die
Grundfesten abendländischen Komponierens
ausgehebelt.

Geboren wurde John Cage am 5. September 1912 als Sohn eines Erfinders in
Los Angeles. Er war ein ausgezeichneter
Schüler und konnte bereits im Alter von
16 Jahren das College besuchen. Cage
dachte zunächst daran, Prediger zu werden. Während einer Europareise 1930
faßte er den Entschluß, sich der Kunst zu
widmen. In Paris studierte er Architektur
und Musik. »Zu dieser Zeit hörte ich ein
modernes Konzert des Pianisten John Kirk-
patrick. Er spielte ein Stück von Strawinsky
und einige Stücke von Skrjabin. Ich sah
mir auch moderne Malerei an. Das brachte
mich zur Überzeugung, daß ich das auch
könne.« Erste Kompositionen entstanden
vor Cages Rückkehr in die Vereinigten
Staaten auf Mallorca. In Amerika studierte
er anschließend bei Adolph Weiss in New
York Harmonielehre und Kontrapunkt sowie bei Henry Cowell moderne und orientalische Musik. Cowell stellte den Kontakt
zu Arnold Schönberg her, der ihn 1935 als
Schüler annahm. Bereits zuvor hatte Cage
eine Kompositionsmethode entwickelt, bei
der er zwei 25-Tonreihen benutzte. Dabei
vermied er Tonwiederholungen innerhalb
der Reihe. Zwei Jahre lang dauerte der Unterricht bei Schönberg, ohne daß Cages
Kompositionsweise von den Vorstellungen
seines Lehrers beeinflußt worden wäre:
»Obwohl wir zwei Jahre sehr gut miteinander ausgekommen sind, wurde mir immer
klarer – und ihm auch –, daß für ihn die
Harmonielehre etwas grundsätzlich sehr
Wichtiges war, für mich dagegen nicht.«
Statt dessen begann Cage, sich mit Schlagzeugmusik auseinanderzusetzen. Er gründete ein Schlagzeugorchester, dessen
Instrumentarium sich aus finanziellen
Gründen zunächst auf Bierflaschen, Blu-
mentöpfe oder Bremstrommeln beschränkte. Für diese Formationen schrieb
Cage seine ersten reinen Schlagzeugstücke

wie *First Construction in Metal* (1939). Ihn interessierte vor allem die rhythmische Struktur, die er anhand von Zahlenproportionen zu realisieren versuchte. Melos und Harmonik dagegen spielen nur eine untergeordnete Rolle.

1937 lernte Cage den Tänzer und Choreographen Merce Cunningham kennen. Jeweils im Sommer gingen sie nun gemeinsam mit einem von Cage zusammengestellten Schlagzeugorchester auf Tournee durch den Nordwesten Amerikas. Als einmal das Schlagzeugensemble aus Platzmangel nicht auftreten konnte, ›erfand‹ Cage das präparierte Klavier: Mit Schrauben, Bolzen und Gummikeilen verwandelte er den Flügel in ein Schlaginstrument, das als Perkussionsensemble von einer einzigen Person gespielt werden konnte. Die große Palette an Möglichkeiten bewog ihn, in den folgenden Jahren mehrere Werke für dieses neuartige Instrument zu schreiben, darunter auch die große Sammlung der *Sonatas and Interludes*.

Eine Ehekrise veranlaßte Cage Mitte der vierziger Jahre, sich mit fernöstlicher Philosophie zu beschäftigen. Drei Jahre lang nahm er an den Kursen des japanischen Zen-Buddhisten Daisetz Suzuki an der Columbia University teil. »Zen zu praktizieren heißt, an die Dinge realistisch und letzten Endes humorvoll heranzugehen.« Diese Einstellung führte auch zum radikalen Bruch mit seiner bisherigen musikalischen Produktion. Angeregt durch das chinesische Orakelbuch *I Ging* begann Cage nun seine Klänge und Töne mittels Zufallsoperationen, zum Beispiel durch das Werfen von Münzen, zu bestimmen. Erstes kompositorisches Ergebnis dieser Technik ist die 1951 vollendete *Music of Changes*. Hier legt Cage zwar das musikalische Material fest, die Umsetzung überläßt er jedoch dem Zufall. Da sich das Werfen von Münzen auf die Dauer als zu langwierig erwies, suchte Cage nach anderen Möglichkeiten für seine Zufallsoperationen. So benutzte er etwa die Unebenheiten im Papier oder auch Atlanten und Sternkarten, um zu Zufallsstrukturen zu gelangen. Dazu fixierte er die Unebenheiten im Papier als Punkte, die innerhalb der Notensysteme dann die Töne der Komposition bilden.

1950 lernte Cage den Pianisten David Tudor kennen. Tudor führte viele seiner Klavierwerke auf und unternahm mit Cage auch ausgedehnte Tourneen. Zusammen mit Komponisten wie Morton Feldman, Earle Brown und Christian Wolff bildete sich eine Art Künstlergruppe, die später unter dem Namen »The New York School« bekannt wurde. Daneben unterhielt Cage auch Kontakte zu vielen Vertretern der bildenden Kunst. Bereits in den vierziger Jahren hatte er Max Ernst, Marcel Duchamp und einige wichtige Vertreter des abstrakten Expressionismus kennengelernt. Nun, Anfang der fünfziger Jahre, gewann vor allem die Zusammenarbeit mit Robert Rauschenberg an Bedeutung. Nicht zuletzt unter dem Einfluß von dessen »Weißen Bildern« schrieb er im Sommer 1952 sein berühmtes Stück *4'33"*, das aus viereinhalbminütigem Schweigen in drei Sätzen besteht. Später merkte er dazu an: »Wenn Sie die Wahrheit wissen wollen: die Musik, die mir am liebsten ist, und die ich selbst meiner eigenen oder der irgendeines anderen vorziehe, ist einfach das, was wir hören, wenn wir ruhig sind. Damit kommen wir zu meinem stillen Stück zurück. Ich ziehe es tatsächlich allem anderen vor, aber ich betrachte es nicht als ›mein Stück‹.«

Außerdem fanden in jener Zeit die ersten Happenings der Musikgeschichte statt, mit John Cage, David Tudor, Merce Cunningham und Robert Rauschenberg. 1953 wurde Cage musikalischer Direktor der Merce Cunningham Dance Company, einige Jahre danach auch Dozent an der renommierten New Yorker New School for Social Research.

1958 organisierten Rauschenberg und verschiedene andere Freunde ein Konzert, das einen Rückblick auf 25 Jahre Musik von John Cage bot. Bei dieser Gelegenheit wurde sein *Concert for Piano and Orchestra* uraufgeführt. Die in jeder Hinsicht offene Partitur kann ganz oder in Teilen, in jeder beliebigen Länge und in beliebiger Besetzung zur Aufführung kommen. Das Notenmaterial besteht aus losen Blättern, die in beliebiger Reihenfolge gespielt werden können. Bei der Uraufführung verwendete David Tudor eine Reihe von 63 losen Blättern, in denen Cage 84 verschiedenartige Kompositionsmethoden eingearbeitet hatte. Die Notenköpfe zeigen drei verschiedene Größen. Eine kleine Note kann beispielsweise einen kurzen Ton oder eine gedämpfte Lautstärke bedeuten, läßt sich aber auch anders interpretieren. Für das *Klavierkonzert* hat Cage sowohl das Orakelbuch *I Ging* als auch Unregelmäßigkeiten des Papiers zur Wahl seiner kompositorischen Entscheidungen herangezogen. Koordiniert wird das Geschehen durch einen Dirigenten, der hier nur als Zeitmesser und Taktschläger agiert. Als Cage im Sommer 1958 zum ersten Mal die Darmstädter Ferienkurse besuchte, wurden sein Auftritt mit David Tudor, vor allem aber seine Vorträge zu einem schockartigen Erlebnis für die europäische Avantgarde. Der von Cage propagierte, so völlig dem seriellen Komponieren entgegengesetzte Ansatz verwandelte mit einem Schlag das musikalische Denken der europäischen Avantgarde.

Im gleichen Jahr reiste Cage auf Einladung von Luciano Berio nach Italien, wo im elektronischen Studio in Mailand *Fontana Mix* entstand. Die Partitur besteht aus durchsichtigen Plastikfolien, die auf verschiedene Weise übereinandergelegt werden können, so daß sich immer neue Formationen des gleichen Ausgangsmaterials ergeben.

Schon während seiner Europaaufenthalte in den vierziger Jahren hatte Cage Erik Satie für sich entdeckt. 1963 organisierte er die erste New Yorker Aufführung von dessen *Vexations*. Dabei handelt es sich um ein kurzes Klavierstück, das der Anweisung Saties zufolge 849mal wiederholt werden soll. Die Aufführung dauerte fast 19 Stunden. Später hat Cage eine Reihe von Saties Werken bearbeitet oder neu arrangiert.

1964 wagte erstmals ein renommiertes Orchester, ein Stück von Cage aufzuführen. Das New York Philharmonic Orchestra realisierte die Partitur von *Atlas Eclipticalis*, die sowohl beim Publikum als auch beim Orchester selbst mit Befremden aufgenommen wurde. Die großen Konzertsäle lagen Cage genausowenig wie das Publikum der Abonnementskonzerte. Er war und blieb ein musikalischer Erfinder, ein Experimentator, der vorzugsweise mit vertrauten Künstlern zusammenarbeitete. So war es nur folgerichtig, daß er nach dem Konzert der New York Philharmonics wieder mit der Merce Cunningham Dance Company auf Tournee ging.

Geboren aus der Idee des Happenings, fand 1967 in Illinois vor 5000 Besuchern Cages erster *Musicircus* statt. In Form einer Collage sollten so viele unterschiedliche musikalische Aktionen wie möglich unabhängig voneinander gleichzeitig zur Aufführung kommen. Die Idee des *Musicircus* griff Cage später wiederholt auf, so etwa in *A House full of Music*, in dem eine Musikschule simultan ihr gesamtes Repertoire darbietet.

Mitte der siebziger Jahre begann sich Cage intensiv mit den Werken von James Joyce auseinanderzusetzen. Er schrieb ein Buch über dessen Roman *Finnegans Wake* und das Hörspiel *James Joyce, Marcel Duchamp, Erik Satie: Ein Alphabet*. Für *Roaratorio. An Irish Circle on »Finnegans Wake«* erhielt Cage 1979 den Karl-Scuka-Hörspielpreis des Südwestfunks. In seiner Dankesrede betonte er einen zentralen Gedanken seiner künstlerischen Ästhetik: »Ich war schon lange zuvor zu dem Schluß gekommen, daß der Sinn der Musik (und ich glaube, auch des Hörspiels) darin besteht, den Geist zu ernüchtern und zu beruhigen, um ihn so für göttliche Einflüsse empfänglich zu machen. Das ist der traditionelle Grund, Musik zu machen, und ich habe ihn, seit ich ihn kenne, immer akzeptiert.« Die hinter dieser Grundhaltung stehende ostasiatische Philosophie blieb, so unterschiedlich die kompositorischen Ergebnisse auch ausfallen mochten, das bestimmende Prinzip seiner künstlerischen Tätigkeiten. Sie ermöglichte ihm, gewissermaßen alles zu musikalisieren oder zu Musik zu erklären, den Verkehrslärm ebenso wie die Stille oder seine offenen, unbestimmten Partituren.

Von zentraler Bedeutung sind auch Cages literarische Werke. In Bänden wie *Silence* oder in zahlreichen anderen Schriften hat er – oft auf künstlerische Weise – seine Vorstellungen von Musik dargelegt. Sie verstehen sich nicht nur als Kommentierung seiner musikalischen Arbeiten, sondern bilden einen integralen Bestandteil seiner schöpferischen Produktion.

Ende der siebziger Jahre änderte Cage seinen Lebenswandel radikal. Der zunehmend unter Arthritis Leidende hörte auf zu rauchen und zu trinken und verschrieb sich fortan makrobiotischer Kost. Seinen siebzigsten Geburtstag 1982 konnte er mit einer Vielzahl von Konzerten, Festivals und Ausstellungen seiner Zeichnungen und graphischen Partituren begehen. Eine Besonderheit im Werkkatalog von Cage stellt sein erstes Werk für das Musiktheater dar: *Europeras 1 & 2*. Der Titel ist Programm. Insgesamt liefern hier zwölf europäische Opern das Grundmaterial. Cage verteilt die Opern auf mehrere Ebenen und läßt sie in einer Art zufällig bestimmter Collage fragmentarisch erklingen. Der Zuschauer soll sich selbst eine Geschichte dazu erfinden, von Bild zu Bild und von Szene zu Szene springen, die simultan übereinandergeschichtet ein großes Panorama der europäischen Operntradition bieten. Musik über Musik – eine Figuration, die häufig in Cages Werkkatalog vorkommt.

Zum 75. Geburtstag 1987 widmete der Westdeutsche Rundfunk Cage ein 24stündiges Radioprogramm »NachtCageTag«, bei dem auch der Komponist selbst mitwirkte. Im gleichen Jahr begann er mit einer Werkreihe, deren Einzeltitel nur die Anzahl der beteiligten Musiker nennt. Da er mehrere Stücke für die gleiche Anzahl von Interpreten schrieb, wurde die Titelzahl mit einem hochgestellten Index versehen. Cage erarbeitete unzählige Auftragswerke. Das Material für seine Kompositionen gab schon seit längerer Zeit der Computer vor. Es entstanden großformatige Orchesterwerke und Kammermusik mit ungewöhnlich harmonischem, fast verklärtem und zumeist pausendurchsetztem Klangbild. Cage ließ nun auch wieder zufallsgesteuerte, harmonische Akkorde zu. Hinsichtlich Dynamik und Harmonik unterscheidet sich diese letzte Werkgruppe deutlich von früheren Arbeiten.

John Cage starb am 12. August 1992, mitten in den weltweiten Vorbereitungen zur Feier seines 80. Geburtstags, an einem Schlaganfall in New York. Die Zukunft der neuen Musik hatte ihm keine Kopfschmerzen bereitet: »Bis ich sterbe, wird es Klänge geben. Und sie werden nach meinem Tod weiter dasein. Es gibt nichts zu fürchten hinsichtlich der Zukunft der Musik.«

WERKE (Auswahl)

First Construction in Metal (1939)
Imaginary Landscape Nr. 1 für zwei Plattenspieler mit variabler Geschwindigkeit, Meßschallplatten, gedämpftes Klavier und Becken (1939)

Bacchanale für präpariertes Klavier (1940)

Double Music für Schlagzeugquartett (1941)

Credo in US (1942)

The Wonderful Widow of Eighteen Springs für Stimme und geschlossenes Klavier (1942)

Amores. Zwei Soli für präpariertes Klavier mit zwei Trios für Schlagzeug (1943)

Sonatas and Interludes für präpariertes Klavier (1946/48)

String Quartet in four Parts (1950)

Music of Changes für Klavier (1950/51)

Imaginary Landscape Nr. 4 für zwölf Radios (1951)

4'33" für Klavier oder beliebige(s) Instrument(e) (1952)

Williams Mix für Tonbänder und Lautsprecher (1952)

Winter Music für einen bis zwanzig Pianisten (1957)

Concert for Piano and Orchestra (1957/58)

Fontana Mix für Tonband (1958)

Variations I für beliebige Zahl von Spielern und beliebige Klangerzeuger (1958)

Cartridge Music für verstärkte »small sounds« (1960)

Atlas Eclipticalis für ein bis 86 Instrumentalstimmen (1961)

Musicircus (1967)

Cheap Imitation für Klavier (1969)

HPSCHD für Cembali, Tonbänder und Lichtbilder (1967/69)

Song Books. Solos for Voice 3–92 (1970)

Empty words für einen Sprecher (1973/74)

Etudes Australes für Klavier (1974/75)

Branches für Pflanzenmaterial mit und ohne Verstärkung (1976)

Renga (1976)

Apartment House 1776 (1976)

Quartets for Orchestra (1976)

Roaratorio. An Irish Circus on »Finnegans Wake« (1979)

Freeman Etudes für Violine solo (1977/80)

James Joyce, Marcel Duchamp, Erik Satie: Ein Alphabet. Hörspiel (1979/82)

A House full of Music für beliebig viele Ausführende (1981/82)

Thirty Pieces for Five Orchestras (1981)

Thirty Pieces for String Quartet (1983)

Ryoanji für unterschiedliche Besetzungen (1983/85)

Europeras 1 & 2. Musiktheater (1987)

Europeras 3 & 4. Musiktheater (1990)

103 (1991)

Sixty-Eight (1992)

Fifty-Eight (1992)

ELLIOTT CARTER

»Eine entscheidende Erfahrung war für mich
mein erstes Streichquartett, entstanden um
1950, bei dem ich mich dafür entschied,
einmal ein Werk für mich selbst zu schreiben, ohne mich um das Publikum oder die
Ausführenden zu scheren. Ich wollte ein
Werk schreiben, das die verschiedenen
Ideen bündeln sollte, die mir damals vor-
schwebten, die Form, die Textur, die Harmonik – einfach alles betreffend. Das Stück
wurde später sehr geschätzt, was mich sehr

überrascht hat, denn ich dachte damals, niemand würde es verstehen und es würde auch nie gespielt werden. Natürlich hatte ich nicht absichtlich ein unspielbares Werk geschrieben; ich hatte sehr wohl die praktische Aufführung im Hinterkopf, aber es ging doch bei weitem über das hinaus, was ich bis dahin komponiert hatte. Es war auch schwieriger als alle Werke, die ich bis dahin gehört hatte.«

Der große Erfolg seines ersten Streichquartetts kam für Elliott Carter überraschend, da er mit diesem Werk bewußt eine Zäsur nach seinem bisherigen Schaffen gesetzt hatte. Carter, damals über 40 Jahre alt, hatte sich für ein Jahr in die Wüste von Tuscon in Arizona zurückgezogen, um die Partitur zu vollenden. Obwohl er bereits in den dreißiger und vierziger Jahren eine Reihe von Werken vorgelegt hatte, die zum Teil auch ausgezeichnet worden waren, wies ihm dieses Streichquartett den Weg zur eigenen musikalischen Sprache.

Geboren wurde Elliott Carter am 11. Dezember 1908 in New York. Als Sohn einer wohlsituierten Familie lernte er schon während seiner Schulzeit im damals pulsierenden Musikleben New Yorks zentrale Werke der neuen Musik wie Igor Strawinskys *Sacre du printemps* und Arnold Schönbergs *Pierrot lunaire* kennen. Im Alter von sechzehn Jahren traf er Charles Ives, der ihn gelegentlich zu Konzerten mitnahm, wo Carter Kompositionen von Ruggles, Varèse oder auch Ives selbst hören konnte. 1925 begleitete er seinen Vater auf einer Geschäftsreise nach Wien. Diesen Aufenthalt nutzte er, um möglichst viele Partituren der Zweiten Wiener Schule zu erwerben, darunter auch die zwölftönige Klaviersuite op. 25 von Schönberg. Doch sein Interesse beschränkte sich keineswegs auf die Musik allein. Auch die literarische Moderne, etwa die Arbeiten Prousts und Joyces, beeindruckten ihn stark.

Seine musikalische Ausbildung erhielt er an der Horace Mann School und anschließend an der Harvard University, wo er zunächst ein Studium der englischen Literatur absolvierte. Erst danach besuchte er Kurse in Kontrapunkt, Harmonielehre und Komposition bei Walter Piston und Gustav Holst. 1932 ging er nach Paris, wo er an der École Normale de Musique und privat bei Nadia Boulanger studierte. Nach der Rückkehr in die Vereinigten Staaten wurde Carter musikalischer Direktor einer kleinen Balletttruppe. Daneben schrieb er regelmäßig für die Zeitschrift *Modern Music*.

Kompositorisch war Carter ein ausgesprochener Spätentwickler. Sein erstes Werk von Rang war das Ballett *Pocahontas* aus den Jahren 1938/39. Das vorwiegend neoklassizistische Werk weist Einflüsse Hindemiths und Strawinskys, aber auch der englischen Virginalisten des späten 16. und frühen 17. Jahrhunderts auf. Eng an den populistischen Tonfall der amerikanischen Musik jener Zeit gebunden, zeigt es noch keinen eigenständigen Stil. Obwohl sich Carter intensiv mit der Musik des deutschen Expressionismus auseinandergesetzt hatte, fehlen davon jegliche Spuren in diesem Werk. Der Komponist erklärte dazu später, diese Richtung sei für ihn Teil jenes Wahnsinns gewesen, der zu Hitler geführt habe. Statt dessen bediente er sich in seinem frühen Schaffen einer vorwiegend diatonisch geprägten Sprache, gelegentlich auch bitonaler Elemente wie in der *Pastorale* für Englischhorn und Klavier oder der lyrisch gehaltenen *Elegy* für Viola und Klavier, die er später auch für Streichquartett sowie Streichorchester bearbeitete. Die Musik Carters scheint in diesen Werken noch deutlich von Samuel Barber und Aaron Copland, den damals wohl populärsten Komponisten der Vereinigten Staaten, beeinflußt. Gleichwohl zeigen sich in den Werken dieser Periode, zu denen auch die 1942 entstandene *1. Sinfonie* sowie die *Holiday Ouverture* zählen, bereits eigenständige musikalische Züge. Das betrifft die Kombination unterschiedlicher Tempi oder Texturen ebenso wie die Überlagerung verschiedener Rhythmen, Techniken, die Carter später ausbaute und fortentwickelte. Zu den bedeutendsten Werken dieser frühen Periode gehören vor allem die kleinbesetzten Vokalwerke wie *The Defense of Corinth* oder *The Harmony of the Morning*, in denen sich ein individueller Umgang mit den technischen Mitteln ankündigt.

1940 erhielt er für *Pocahontas* den »Juilliard Publication Award«. Weitere Auszeichnungen folgten, etwa für die *Canonic Suite* und für die *Holiday Ouverture*. Ab 1946 unterrichtete Carter Komposition am Peabody Conservatory, ab 1948 an der Columbia University. In der *Sonate für Violoncello und Klavier*, einem Schlüsselwerk jener Jahre, thematisiert er die Besonderheit der beiden Instrumente. Durch das Übereinanderschichten verschiedener Rhythmen und Geschwindigkeiten entsteht der Eindruck, beide Spieler improvisierten unabhängig voneinander. Das Metrum scheint aufgelöst, der Grundrhythmus zugunsten neuer Techniken musikalischer Koordination zurückgenommen. Bewußt versucht er hier, die klanglichen Möglichkeiten der Instrumente nicht auszugleichen, sondern

ihren Kontrast als Gestaltungsmittel zu nutzen. Dieses Modell bestimmt auch zahlreiche seiner späteren Werke.

1950 ermöglichte ihm ein Guggenheim-Stipendium den Aufenthalt in der Wüste von Arizona, wo er in völliger Abgeschiedenheit an seinem *1. Streichquartett* arbeitete. Gleich zu Beginn des Werkes grenzen sich die vier Stimmen in Kontur, Ausdruck und Artikulation deutlich voneinander ab und bewegen sich in unterschiedlichen Geschwindigkeiten fort. Etwas später setzten die Instrumente mit jeweils größerer Geschwindigkeit als das vorhergehende ein, wobei die Tempi sorgfältig zueinander in Beziehung stehen. Im Vorfeld dieses Werkes hatte Carter intensiv orientalische und afrikanische Musik studiert, aber auch frühe Arbeiten für automatisches Klavier von Conlon Nancarrow, der ebenfalls mit neuen Problemlösungen innerhalb eines rhythmischen Gefüges experimentierte. Auch polyrhythmische Techniken, wie Charles Ives sie in seinen Werken benutzt, kennzeichnen von da an Carters Kompositionsstil. In gewisser Weise gab er die Idee eines einzigen, bestimmenden Grundimpulses auf, denen sich alle anderen Zeitmaße unterordnen, so wie sich in ähnlicher Weise Arnold Schönberg vom Diktat der Harmonik befreit hatte. Dahinter stand Carters Überzeugung, daß auf dem Gebiet der Rhythmik die Ausdrucksmöglichkeiten der Musik des 20. Jahrhunderts noch nicht so genau erforscht worden seien wie bei anderen Parametern.

Das Phänomen der Zeit hat Carter immer wieder zu neuen kompositorischen Möglichkeiten angeregt. In diesem Zusammenhang verwies er auf Marcel Proust, dessen literarische Verknüpfung von Vergangenheit und Gegenwart ihn zu musikalischen Entsprechungen inspirierten. Carter begann eine musikalische Textur zu entwickeln, in der Schichten verschiedener Inhalte miteinander kombiniert werden. Zu der Werkgruppe, der auch die Cellosonate und das erste Streichquartett angehören, bemerkte er: »Diese Werke hängen von einer besonderen Zeitdimension ab, von der Dimension der ›mehrfachen Perspektive‹, bei der mehrere gegensätzliche Charaktere gleichzeitig auftreten – wie es gelegentlich in der Oper vorkommt, zum Beispiel in *Don Giovanni* in der Ballsaalszene oder in der Schlußszene von *Aida*. Natürlich führt die gleichzeitige Anwesenheit von zwei und manchmal auch mehr Charakteren genauso wie in unserer menschlichen Erfahrung zu gewissen gefühlsgeladenen Ereignissen, und zwar im Zusammenhang mit anderen Ereignissen, wodurch oft eine Art von Ironie entsteht, die mich ganz besonders interessiert. Indem ich das nun so oft darstelle und meiner Meinung nach auf eindrucksvolle Weise solche Augenblicke ansteuere und wieder von ihnen wegführe, habe ich doch, glaube ich, versucht, Momente der Musik nach besten Kräften beziehungsreich zu gestalten und etwas zu vollbringen, das man nur in der Musik machen kann und das trotzdem, außer in der Oper, selten erreicht worden ist.«

In den 1953/55 entstandenen *Variationen für Orchester* übertrug Carter sein Konzept erstmals auf den großen sinfonischen Apparat. Nicht ein einziges Thema wird hier variiert. Vielmehr hat der Komponist ihm noch zwei Ritornelle zur Seite gestellt, wobei das erste, eine absteigende Linie, im Verlauf des Werkes in immer schnelleren Tempi erscheint, das zweite, eine auffahrende Geste, allmählich verlangsamt wird. Durch die Überlagerung dieser verschieden strukturierten Einheiten entstehen polyphone und polyrhythmische Strukturen: Der volle und mehrdimensionale Orchestersatz erzeugt gleichsam perspektivisch ständig neue Relationen von Vorder- und Hintergrund.

Ganz ähnlich verfährt der Komponist in seinem *2. Streichquartett* aus dem Jahre

1959. Hier verfügt jeder der vier Spieler über ein eigenes Vokabular aus charakteristischen Intervallen, Rhythmen und Gesten, die immer verschieden gegeneinandergesetzt erscheinen. In insgesamt neun Sektionen erschließt Carter ein Feld von Kombinationsmöglichkeiten, das in der Dichte der thematischen Formationen ständig seine Perspektiven verändert und damit einem Mobile gleicht, das je nach Standort verschiedene Gestalt annehmen kann. Dieses Werk wurde mit dem Pulitzer-Preis und außerdem vom Internationalen Komponistenforum der *UNESCO* in Paris ausgezeichnet.

Hatte bereits in dem zweiten Streichquartett die Kommunikation der vier Spieler eine zentrale Rolle gespielt, so trifft dies in noch stärkerem Maße für die großen konzertanten Werke der sechziger Jahre zu. Im *Doppelkonzert für Cembalo, Klavier und zwei Kammerorchester* verfügt jeder der beiden Solisten über ein spezifisches Repertoire an rhythmischen Elementen und Intervallen. Daneben steht ihnen jeweils ein eigenes Ensemble zur Seite, das ihre Gesten aufgreift und das rhythmische Fundament schafft, vor dessen Hintergrund die komplexen polyrhythmischen Strukturen realisiert werden. Unterschiedliche Formen der Synchronisation polyrhythmischer und polythematischer Gebilde prägen auch das *Klavierkonzert*, in dem zwei zwölftönige Akkorde, je einer für den Solisten und für das Orchester, den harmonischen Hintergrund der meist dreitönigen Figuren bilden, die Carter vielfältig miteinander kombiniert und übereinanderschichtet. In diesem Werk erreicht er einen Grad von Expressivität, der in einem eigentümlichen Kontrast zu der strengen formalen Organisation des Satzes steht. Im Verlauf des Stückes nimmt der Klavierpart zunehmend differenziertere und individualisiertere Züge an, während der Orchestersatz immer mehr verdichtet wird und schließlich in einem großangelegten Cluster erstarrt.

Carter unterteilt in seinen Orchesterwerken den Apparat zumeist in mehrere Ensembles. Das gilt für das *Doppelkonzert* ebenso wie für die *Sinfonie für drei Orchester* oder das *Konzert für Orchester*, findet sich aber auch in seinem kammermusikalischen Schaffen. So besteht das 1971 geschriebene *3. Streichquartett* aus zwei nahezu eigenständigen Duos. Im *Konzert für Orchester* kombiniert Carter vier Instrumentalgruppen mit unterschiedlichem Klangcharakter. Die vier Klangkörper sind durch eine Fülle von Einwürfen, Reaktionen und motivischen Strukturen miteinander verknüpft, durchdringen sich mit zyklischen und sequenzartigen Abläufen und agieren gleichberechtigt neben- und miteinander. Innerhalb des zu Beginn exponierten Rahmens findet eine Entwicklung nur in formaler, weniger in dramatischer Hinsicht statt. Alle diese Werke streben nach möglichst klarer Darstellung der kompositorischen Ideen, was gleichermaßen für die Materialbehandlung wie für die formale Gestaltung gilt. Dabei wird das Modell der Individuation der Stimmen spätestens seit der Cellosonate zum bestimmenden Charakteristikum seiner Arbeiten.

In den siebziger Jahren wandte sich Carter wieder verstärkt der Kammermusik zu. Nur ein einziges Orchesterwerk, die *Sinfonie für drei Orchester*, entstand in dieser Dekade. Mit *A Mirror on which to Dwell* legte er nach 28 Jahren 1975 wieder erstmals ein Vokalwerk vor. Die Ausdeutung der Texte bestimmt hier über weite Strecken den musikalischen Satz. In manchen Passagen dieser sechs Vertonungen nähert sich Carter der musikalischen Sprache von Charles Ives, wenn er etwa in »View of the Capitol from the Library of Congress« in der Ferne eine Kapelle vorüberziehen läßt. Diesen Zyklus hat er später mit *Syringa* auf einen Text von

John Ashberry und den sechs Gedichten *In Sleep, in Thunder* von Robert Lowell zu einem vokalen Triptychon ergänzt.

Anfang der achtziger Jahre überraschte Carter in einem Interview durch die Aussage: »Ich möchte, daß meine Musik wie die Mozarts ist«, die er folgendermaßen verstanden haben wollte: »Die Musik ist glücklich und traurig zugleich, tragisch in den komischsten Momenten, Moll im Dur, leidenschaftlich und gleichzeitig objektiv. Die Mischung gegensätzlicher Empfindungen verletzt die Grenzen zwischen den Emotionen – und zwar radikal.« Ähnliches läßt sich in vielen der späten Kompositionen Carters beobachten, etwa in seinem *Triple Duo* von 1982. Schon zu Beginn des Werkes fällt eine musiktheatralische Komik auf, wenn die Spieler gleichsam beim Einspielen überrascht werden. Wie in vielen früheren Kompositionen überlagern sich hier kontrastierende Charaktere. Die Interaktion zwischen den drei Ensembles bestimmt die Partitur. Jeweils die von einem der Duos exponierte Stimmung oder Klangfarbe wird von den anderen imitiert, variiert oder gar noch gesteigert. Kaleidoskopartig changieren Farben und Texturen, ineinander übergreifende Episoden wechseln kurz hintereinander ab. Erst im letzten Abschnitt der Komposition wird das Wechselspiel der drei Duos preisgegeben. Die drei Ensembles verschmelzen zu einer einzigen Linie und erreichen so eine Art Kulminationspunkt, der das Werk im Einklang beschließt.

Der unverwechselbare Gestus von Carters Arbeiten prägt auch seine späten Kompositionen wie die *Three Occasions* für Orchester (1986/89) oder das ein Jahr später entstandene *Violinkonzert*. Zeitlebens unterwarf er sich keinen musikalischen Moden, sondern blieb sich und seiner persönlichen Sprache stets treu. Sein relativ schmales Œuvre, in sechs Jahrzehnten geschaffen, gehört mit seinen komplexen Neuerungen insbesondere auf dem Gebiet der Rhythmik und der Darstellung gleichzeitiger Verläufe zu dem Wegweisendsten, das in diesem Jahrhundert in Amerika komponiert worden ist.

WERKE (Auswahl)

Pocahontas. Ballettlegende (1936/39)
Canonic Suite für vier Altsaxophone (1939)
Pastorale für Englischhorn und Klavier (1940)
The Defense of Corinth für Sprecher, Männerchor und Klavier zu vier Händen (1941)
Sinfonie Nr. 1 (1942)
Elegy für Viola und Klavier (1942)
Three Poems by Robert Frost für Gesang und Klavier (1943)
Warble for Lilac Time für Sopran oder Tenor und Klavier oder kleines Orchester (1943)
The Harmony of the Morning für Frauenchor und Kammerorchester (1944)
Holiday Overture für Orchester (1944)
Musicians Wrestle Everywhere für Chor und Streicher ad libitum (1945)
Sonate für Klavier (1946)
Emblems für Männerchor und Klavier (1947)
The Minotaur. Ballett (1947)
Sonate für Violoncello und Klavier (1948)

Streichquartett Nr. 1 (1951)
Variationen für Orchester (1953/55)
Streichquartett Nr. 2 (1959)
Doppelkonzert für Cembalo, Klavier und zwei Kammerorchester (1961)
Konzert für Klavier und Orchester (1965)
Konzert für Orchester (1969)
Streichquartett Nr. 3 (1971)
Duo für Violine und Klavier (1974)
A Mirror on which to Dwell für Sopran und Kammerorchester (1975)
Sinfonie für drei Orchester (1976)
Syringa für Mezzosopran, Bariton und Kammerorchester (1978)
In Sleep, in Thunder für Tenor und 14 Instrumentalisten (1981)
Triple Duo für sechs Spieler (1982)
Penthode für fünf Instrumentengruppen (1984/85)
Esprit Rude für Flöte und Klarinette (1985)
Streichquartett Nr. 4 (1986)
Three Occasions für Orchester (1986/89)
Konzert für Oboe und Orchester (1986/87)
Remembrances für Orchester (1988)
Konzert für Violine und Orchester (1990)
Quintett für Oboe, Klarinette, Fagott, Horn und Klavier (1991)
Gra für Klarinette (1993)
Partita für Orchester (1993)
Fragment für Violoncello (1994)
Adagio Tenebroso für Orchester (1994/95)

HENRY COWELL

»Er war der erste, der das Klavier mit den Fäusten, mit den Unterarmen spielte. Er war auch der erste, der im Innern des Klaviers spielte, indem er die Saiten mit den Händen bearbeitete! Er überlegte sich ebenfalls, verschiedene Objekte auf die Saiten zu legen, zum Beispiel ein Stopfei!«

So äußerte sich John Cage rückblickend über seinen Lehrer Henry Cowell, der einer der anregendsten und vielseitigsten Musikerpersönlichkeiten im New York der dreißiger

Jahre gewesen sein muß und den er an anderer Stelle auch als das »geöffnete Sesam für neue Musik in Amerika« bezeichnet hat. Cowell gilt heute zusammen mit Charles Ives als einer der wichtigsten Begründer einer eigenständigen neuen Musik in Amerika. Berühmt wurde er vor allem als Erfinder der »Cluster«, Klangballungen mehrerer dicht beieinanderliegender Töne, wie sie Cage oben beschreibt.

Geboren wurde Henry Dixon Cowell am 11. März 1897 im kalifornischen Menlo Park. Schon in frühester Kindheit kam er mit verschiedenen musikalischen Traditionen in Berührung. Durch die Herkunft seines Vaters lernte er vor allem die irische Volksmusik kennen. Zugang hatte er aber auch zur Musik des amerikanischen Mittelwestens und zu verschiedenen orientalischen Traditionen, da die Familie damals im chinesischen Viertel von San Francisco wohnte. Als Komponist war Cowell zunächst Autodidakt. Schon als Kind begann er mit ersten Arbeiten. Im Alter von sechzehn Jahren erhielt er dann eine gründliche methodische Ausbildung bei Charles Seeger an der Universität von Kalifornien. Zwei Jahre später zog Cowell nach New York. Dort widmete er sich hauptsächlich dem Studium fremder Musikkulturen, vor allem der Musik Nordindiens. Bevorzugt verwendete er verschiedenartige Klangmaterialien und experimentelle Kompositionsverfahren. Dadurch wurde er zum Pionier der neuen Musik in seiner Heimat und eröffnete den Komponisten der folgenden Generation eine ganz neue Perspektive. Einige seiner wegweisenden Klavierwerke entstanden, als Cowell noch keine zwanzig Jahre alt war. Durch die phantasievollen Erkundungen der neu entdeckten Sonoritäten am und auch im Klavier breitet sich in diesen kurzen Charakterstücken ein klanglich bis dahin unbekannter Kosmos aus. Mit Werken wie *The Tides of Manaunaun*, *Dynamic motion* oder *Advertisement* revolutionierte der Sechzehnjährige die Welt des Klavierspiels. In den folgenden Jahren baute er die Cluster-Technik weiter aus. In Werken wie *Tiger* werden die Cluster von der Sekundreibung bis hin zu Klangtrauben über vier Oktaven variiert, parallel, aber auch gegenläufig geführt und mit differenzierten Akkordstrukturen kombiniert. Daneben experimentierte Cowell mit dem sogenannten »string piano«, bei dem die Saiten im Inneren des Flügels gespielt oder gezupft werden, so etwa in *The Aeolian Harp* oder *The Banshee*. Mit diesen frühen Werken legte er den Grundstein zu einer neuen pianistischen Ästhetik, die für die Musik dieses Jahrhunderts große Bedeutung bekommen sollte.

In den zwanziger Jahren trat Cowell in erster Linie als Pianist hervor. Seinem Debut in der Carnegie Hall 1924 folgten mehrere Konzertreisen durch Europa. Hier zeigten Arnold Schönberg, Béla Bartók und andere Interesse an seinen klaviertechnischen Neuerungen. In verschiedenen europäischen Städten organisierte er in diesen Jahren zum Teil skandalträchtige Konzerte mit zeitgenössischer amerikanischer Musik. Daneben war Cowell auch in Amerika als Veranstalter aktiv. 1925 gründete er die »New Music Society«, die in ihren Konzerten ausschließlich neue Musik darbot, und 1934 mit »New Music Quarterly Recordings« das erste Schallplattenlabel für zeitgenössische Musik.

Seine intensive Beschäftigung mit den Musikkulturen Afrikas, Javas und Indiens konnte Cowell Anfang der dreißiger Jahre durch ein Stipendium in Berlin vertiefen.

Hier hatte er Gelegenheit, bei Erich von Hornbostel, dem damals wohl bedeutendsten Musikethnologen, zu studieren. Die dort erworbenen Kenntnisse nutzte Cowell dazu, in seinen Werken westliche Vorstellungen von Melodie und Rhythmus zu erweitern und neu zu definieren. Das intensive Studium des Gamelan und der Gamelan-Kompositionstheorie führte zu Experimenten mit exotischen Instrumenten, vor allem mit Schlaginstrumenten.

Auch nimmt der Zufall als musikalische Kategorie in dieser Phase seines Schaffens einen wichtigen Platz ein. Ausgehend von Modellen außereuropäischer Volksmusik entwickelte Cowell den Begriff der »Indeterminacy« oder »elastischen Form«. In Werken wie dem dritten Streichquartett, dem sogenannten *Mosaic Quartet*, legen die Ausführenden selber die Reihenfolge der Sätze und die Anzahl der Wiederholungen fest.

Das neue Kompositionsverfahren fand zunächst keine unmittelbare Resonanz in der europäischen Moderne. Erst in den fünfziger Jahren baute sein Schüler John Cage dieses Prinzip zu einem der revolutionärsten ästhetischen Ansätze unseres Jahrhunderts aus. Cowell selber griff diese aleatorischen Konzepte in vielen seiner späteren Werke bis in die frühen sechziger Jahre erneut auf. In 26 Simultaneous Mosaics aus dem Jahre 1964 geht er so weit, daß die Spieler unabhängig voneinander Stimmen nach dem Zufallsprinzip zum Klingen bringen.

Ab 1933 übernahm Henry Cowell zahlreiche Lehraufträge an verschiedenen Hochschulen in den USA, aber auch in Europa und Asien. Hauptsächlich unterrichtete er an der »New School for Social Research« in New York. Neben John Cage zählten auch George Gershwin und Lou Harrison zu seinen Schülern.

1936 wurde Cowell wegen homosexueller Kontakte zu einer Gefängnisstrafe verur-

teilt und erst 1940 begnadigt. Daran schloß sich eine seiner kompositorisch produktivsten Phasen an. Es entstanden Werke für die unterschiedlichsten Besetzungen. Ab 1950 arbeitete Cowell vor allem daran, seine eigene, experimentelle Tonsprache mit Elementen anderer Musikkulturen und tonalen Elementen zu verknüpfen. Cowell glaubte an eine grundsätzliche Verwandtschaft der verschiedenen Musikkulturen, trotz aller regionalen und nationalen Unterschiede. »Jede musikalische Kultur«, schrieb er, »wie fremd sie sich auch für uns anhört, hat doch eine ganz bestimmte Bedeutung für die jeweiligen Musiker, und es gibt eine systematische Organisation des Materials, die sich durch Studium und Praxis herausfinden läßt. Diese grundsätzliche Verwandtschaft ganz verschiedener Arten von Musik macht es für mich ganz selbstverständlich, die Techniken der einen Musikkultur mit der einer anderen zu verbinden.« In späteren Jahren beschäftigte sich Cowell intensiv mit Musik des Nahen und Mittleren Ostens, insbesondere mit der persischen Musik, und er komponierte eine Reihe von Werken, die asiatische und westliche Elemente in sich vereinen. Seine *Sinfonie Nr. 13* bezeichnet Cowell als »Sinfonie im westlichen Stil, die vollständig auf indischen Elementen basiert«.

Doch Henry Cowell war nicht nur Komponist, sondern eine wichtige Figur des amerikanischen Musiklebens überhaupt. Er gab die Zeitschrift »New Music« heraus, die er als ein »Medium für die Publikation ultramoderner Kompositionen« charakterisierte. Als Musiktheoretiker veröffentlichte er 1930 seine »New Musical Resources«, in denen er den Hintergrund seiner eigenen Arbeiten erläuterte. Außerdem enthält das Buch grundlegende Theorien zum Wesen der Musik; unter anderem stellt Cowell darin die umstrittene These auf, daß sich die Cluster aus der

»Natur« der Obertonreihe ableiten ließen.
1933 hatte er das Buch »American Composers on American Music« herausgegeben, in den fünfziger Jahren veröffentlichte er zusammen mit seiner Frau eines der Standardwerke über Charles Ives, »Charles Ives and his Music«. Daneben schrieb er zahlreiche Aufsätze zu unterschiedlichen musikalischen Fragen.

1951 wurde Henry Cowell in das National Institute of Arts and Letters gewählt und noch im gleichen Jahr zum Präsidenten der American Composers Alliance ernannt. Er starb am 10. Dezember 1965 in Shady (New York).

Das genuin Amerikanische in seiner Musik zeigt sich im Umgang mit dem Material. Cowell verarbeitete in seinen Werken unmittelbar und scheinbar unbekümmert äußere Einflüsse, insbesondere aus fremden musikalischen Kulturen. Damit löste er sich aus der Übermacht der europäischen Musiktraditionen und ebnete einer eigenen amerikanischen Musik den Weg. Zusammen mit Charles Ives zählt Henry Cowell zu den Pionieren der zeitgenössischen Musik in der Neuen Welt.

WERKE (Auswahl)

The Tides of Manaunaun für Klavier (1912)
Adventures in Harmony für Klavier (1913)
Dynamic Motion für Klavier (1914)
Advertisement für Klavier (1914)
Streichquartett Nr. 1 (1916)

Amiable Conversation für Klavier (1917)
Sinfonie Nr. 1 h-moll (1918)
The Aeolian Harp für Klavier (1923)
The Banshee für Klavier (1925)
Konzert für Klavier und Orchester (1928)
The Tiger für Klavier (1928)
Sinister Resonance für Klavier (1930)
Synchrony für Orchester (1930)
Streichquartett Nr. 3 »Mosaic« (1935)
Sinfonie Nr. 2 »Anthropos« (1938)
Amerind Suite für Klavier (1939)
Old American Country Set (1939)
Sinfonie Nr. 3 »Gaelic« (1942)
Kansas Fiddler für Klavier (1944)
Sinfonie Nr. 4 (1946)
Sinfonie Nr. 5 (1948)
Sinfonie Nr. 6 (1952)
Sinfonie Nr. 7 für kleines Orchester (1952)
Sinfonie Nr. 8 für Chor und Orchester (1952)
Sinfonie Nr. 9 (1953)
Sinfonie Nr. 10 (1953)
Sinfonie Nr. 11 »Rituals of Music« (1953)
Sinfonie Nr. 12 (1955/56)
Sinfonie Nr. 13 »Madras« (1956/58)
Persian Set für Kammerorchester (1957)
Ongaku für Orchester (1957)
Konzert für Schlagzeug und Orchester (1958)
Sinfonie Nr. 14 (1959/60)
Sinfonie Nr. 15 »Thesis« (1960)
Konzert für Koto und Orchester Nr. 1 (1961/62)
Perpetual Motion für Klavier (1961)
Sinfonie Nr. 16 »Icelandic« (1962)
Sinfonie Nr. 17 »Lancaster« (1963)
Sinfonie Nr. 18 (1964)
26 Simultaneous Mosaics für fünf Instrumente (1964)
Konzert für Koto und Orchester Nr. 2 (1965)
Sinfonie Nr. 20 (1965)

GEORGE CRUMB

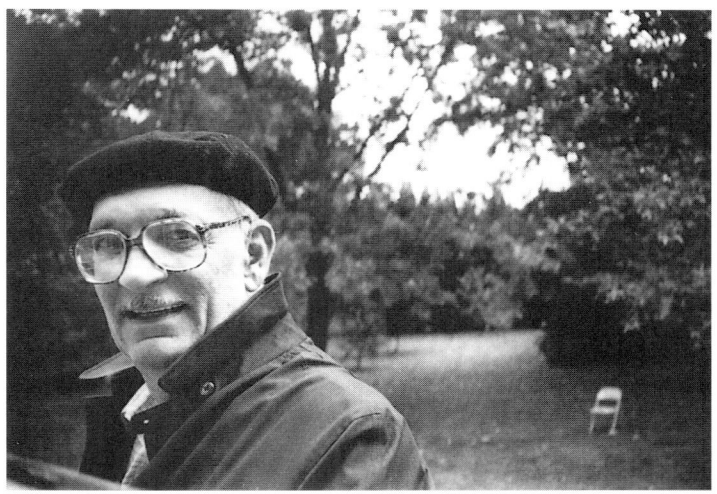

»Musik drückt sich selbst aus. Aber ich denke, sie kann gleichzeitig gefärbt sein durch außermusikalische Dinge, etwa ein Gemälde, ein Gedicht, ein Ereignis, einen Menschen oder eine Erinnerung. All dies kann auf sehr mysteriöse Weise Teil der Musik werden.«

Mit dieser Einstellung hatte George Crumb es – zumindest in Europa – zunächst schwer. Denn im Zeitalter des Serialismus der fünfziger und sechziger Jahre war hierzulande kein Platz für Komponisten, die außermusikalische Einflüsse in ihren Werken verarbeiteten. Möglicherweise hat deshalb George Crumb erst verhältnismäßig spät in

Europa größere Beachtung gefunden. Dagegen zählte er in Amerika, wo schon immer eine Vielzahl musikalischer Stilrichtungen nebeneinander existierten, schon viel früher zu den bekanntesten und renommiertesten Komponisten der Gegenwart.

Geboren wurde George Henry Crumb am 24. Oktober 1929 in Charleston im Bundesstaat West Virginia. Sein Vater war Klarinettist und Bandleader, die Mutter spielte Cello im städtischen Sinfonieorchester. Im Alter von sieben Jahren erhielt er vom Vater ersten Klarinettenunterricht, wechselte aber später zum Klavier. Erste Kompositionsversuche der Jahre 1939/40 orientierten sich vorwiegend an der Musik der europäischen Romantik: Chopin, Schumann und Brahms. Trotz der eher klassischen Ausbildung war Crumb auch die Unterhaltungsmusik seiner Zeit vertraut: »Später, auf der High School und während des Studiums, spielte ich Jazz, auch in Combos. Ich hatte wenig Geld, und dies war für mich der einfachste Weg, etwas zu verdienen. Auch das gehört zu meinem Hintergrund, und ich spielte auch improvisierte Tanzmusik.«

Erste ernstzunehmende Kompositionen entstanden während seines Studiums an verschiedenen amerikanischen Hochschulen und in Berlin. Hier hatte er 1955/56 bei Boris Blacher Unterricht, ohne sich die damals in Europa vorherrschenden Kompositionstechniken zu eigen zu machen. Die frühen Arbeiten verraten noch deutlich den Einfluß Bartóks, vor allem aber Weberns. Nach der Rückkehr aus Europa schloß Crumb seine Studien 1959 mit den *Variazioni für Orchester* ab. Danach unterrichtete er mehrere Jahre lang Klavier und Komposition an der Universität von Colorado. Angefangen mit den *Five pieces for piano*, schrieb er hier die ersten Werke, die er auch heute noch als vollgültig akzeptiert. Sie sind überwiegend aus kleinen motivischen Zellen zusammengesetzt, die aber nicht seriell verarbeitet, sondern frei miteinander verknüpft sind, auch wenn es bisweilen zu zwölftönigen Strukturen kommt. Mit der seriellen Musik europäischer Prägung hat sich Crumb nie intensiver auseinandergesetzt, ihr strenges Reglement war seinem Wesen fremd.

Kennzeichnend für ihn ist sein intimes Verhältnis zur Stille. Gezielt lenkt er die Aufmerksamkeit auf das Verklingen der Töne, die gleichsam Schatten werfen, in denen sich seine Musik entfaltet. Nachhall- und Echoeffekten, erzeugt durch Resonanzen und Überlagerung bestimmter Instrumentalklänge, begegnet man in vielen seiner Kompositionen. In Werken wie *Eleven Echoes of Autumn* aus dem Jahre 1966 spielt er systematisch die Möglichkeiten durch, Echoeffekte mittels eines kleinen Instrumentalensembles darzustellen und damit das Naturphänomen künstlerisch nachzugestalten. Der Komponist selbst brachte diese Vorliebe für Nachhallmomente später mit Erlebnissen aus seiner Kindheit in Zusammenhang, als ihn in den Tälern der Appalachen die Echoeffekte tief beeindruckt hatten.

Ab 1965 unterrichtete Crumb an der Universität von Pennsylvania. In dieser Zeit erzielte er seine ersten größeren kompositorischen Erfolge. Vor allem seine *Madrigal Books I & II* und *Songs, Drones and Refrains of Death*, für das er 1968 den Pulitzer-Preis erhielt, machten ihn in den Vereinigten Staaten einem größeren Publikum bekannt. Hier setzte Crumb erstmals elektrisch verstärkte Instrumente ein, eine Technik, die er später in verschiedenen Werken beibehielt. Sein internationaler Durchbruch gelang ihm 1970 mit dem Streichquartett *Black Angels*, das durch die Interpretation des Kronos Quartetts weltweite Verbreitung fand. Wie in vielen seiner Werke, spielen auch hier außermusikalische Aspekte eine wichtige Rolle. Das Stück entstand unter dem Eindruck des Vietnamkrieges. »In tempore belli« (»In Kriegszeiten verfaßt«) heißt es in einem Postskriptum am Ende der Partitur. Die drei Abschnitte des Werkes betitelte Crumb mit »Ausfahrt«, »Abwesenheit« und »Rückkehr«; sie beschreiben eine imaginäre Reise der Seele in eine andere Welt, die hier in »dreizehn Bildern aus einem dunklen Land« heraufbeschworen wird. Die Bezeichnung *Black Angels* verweist auf mittelalterliche Darstellungen des gefallenen Engels. Daneben finden sich in diesem Stück zahlreiche Anspielungen auf den Tod und den Teufel. Giuseppe Tartinis *Teufelstrillersonate* wird ebenso zitiert wie Franz Schuberts *Der Tod und das Mädchen* oder die Dies-Irae-Sequenz aus der lateinischen Totenmesse. Auch der Zahlensymbolik, vor allem den Zahlen 7 und 13, kommt strukturelle Bedeutung zu.

Ähnlich wie in *Black Angels* hat Crumb auch in vielen anderen Kompositionen die Musik mit einem Netz von Assoziationen umgeben. Außermusikalisches beherrscht den Notentext oft bis in die tieferen Schichten. Das gilt insbesondere für seine Vokalmusik, bei der allein schon die vertonten Textinhalte über die Musik hinausweisen. In den *Madrigalbooks I–IV* von 1965–69 etwa versucht er, die elementare Kraft der ausgesuchten Gedichte mit noch unverbrauchten musikalischen Mitteln umzusetzen. Dazu entwickelt er vor allem leise Töne, zarte Farben und neuartige Klangkombinationen. Ähnliches gilt auch für seinen großangelegten Zyklus *Ancient Voices of Children*. In fünf Vokalstücken und zwei instrumentalen Zwischenspielen erweitert hier Crumb seine Palette durch Musik fremder Kulturen. Eigenes trifft unbekümmert auf Fremdes, Vergangenes und Gegenwärtiges vermischen sich.

Orientalische Figuren stehen neben Flamenco-Rhythmen, ein Bach-Zitat auf einem Spielzeugklavier neben deutlichen Anklängen an Gustav Mahler. Eine Polyphonie der Stile entsteht, die, ähnlich wie bei Charles Ives, disparates musikalisches Material miteinander konfrontiert und neu verschmilzt.

In seinem Klavierzyklus *Makrokosmos* hat George Crumb ein besonders dichtes Netz symbolischer Assoziationen gewebt. Der Titel dieser Sammlung gemahnt an Béla Bartóks *Mikrokosmos*. Die Unterteilung der ersten beiden Bände in Hefte zu je zwölf Kompositionen und die Mischung aus Klangstudie und Charakterstück erinnert aber auch an die Préludes von Frédéric Chopin oder Claude Debussy. Jedes Stück dieses Zyklus trägt einen programmatischen Titel und ist einem Tierkreiszeichen zugeordnet. Im *Makrokosmos* erweist sich Crumb als geradezu penibler Konstrukteur. Die Stücke sind häufig motivisch eng miteinander verknüpft und formal streng gegliedert. Versteckte Zahlensymbolik bestimmt die Proportionen der Formteile und Abschnitte. Was mitunter spielerisch improvisiert klingt, erweist sich bei näherer Analyse als streng konstruiert und formal geschlossen. In den insgesamt vier Bänden dieses Kompendiums benutzte Crumb eine Vielzahl neuer Techniken. Ob mit perkussiven Elementen oder Pedaleffekten, elektrischer Verstärkung oder Präparierung der Saiten – Crumb geht weit über den traditionellen Klang des Instrumentes hinaus.

In dem Zyklus *Ancient Voices of Children* schichtet der Komponist verschiedene Stile übereinander, dagegen kombinierte er in *Star-Child* aus den späten siebziger Jahren vorwiegend Zeitschichten miteinander. Die Aufführung des Werks erfordert vier Dirigenten, da die Zeitschichten unabhängig voneinander gedacht und nicht synchronisiert werden sollen.

Diesen Weg setzte Crumb später allerdings nicht fort. Vielmehr läßt sich in den achtziger und neunziger Jahren eine Tendenz beobachten, die von den experimentellen Ansätzen wegführt. Die Schreibweise wird konventioneller, tonale Elemente tauchen auf. Die Musik wird wieder harmonischer. Crumb glaubt auch nicht an ein Ende des tonalen Systems: »Tonalität ist ein hierarchisches System, und das ist unglaublich wertvoll für die Musik, um so etwas wie Bedeutung hineinzulegen. Ich nehme an, daß sich eine Art von Tonalität wieder etablieren wird.« In vielen seiner späten Werke erinnert Crumb an die Gesetze der traditionellen Harmonielehre. Er läßt ihre unzähligen, mächtigen Ausdrucksmöglichkeiten anklingen und spürt ihnen nach, so wie er schon immer den Echos nachgehorcht hat.

WERKE (Auswahl)

Sonate für Violoncello (1955)
Variazioni für Orchester (1959)
Five Pieces for piano (1962)
Night Music I für Sopran, Klavier, Celesta und zwei Schlagzeuger (1963)
Four Nocturnes (Night Music II) für Violine und Klavier (1964)
Madrigal Book I für Sopran, Vibraphon und Kontrabaß (1965)
Madrigal Book II für Sopran, Flöte, Altflöte, Piccoloflöte und Schlagzeug (1965)
Eleven Echoes of Autumn (Echoes I) für Altflöte, Klarinette, Klavier und Violine (1966)
Echoes of Time and the River für Orchester (1967)

Songs, Drones and Refrains of Death für Baß und Ensemble (1968)
Madrigal Book III für Sopran, Harfe und Schlagzeug (1969)
Madrigal Book IV für Sopran, Flöte, Piccoloflöte, Altflöte, Harfe, Keyboard und Schlagzeug (1969)
Black Angels für Streichquartett (1970)
Ancient Voices of Children für Sopran, Tenor, Oboe, Mandoline, Harfe, verstärktes Klavier, Spielzeugklavier und drei Schlagzeuger (1970)
Lux Aeterna (Requiem Mass) für fünf maskierte Musiker, Sopran, Baßflöte, Tenorblockflöte, Sitar und zwei Schlagzeuger (1971)
Vox balaenae für drei maskierte Musiker, verstärkte Flöte, verstärktes Klavier und verstärktes Violoncello (1971)
Makrokosmos I & II für verstärktes Klavier (1972/73)
Music for a Summer Evening (Makrokosmos III) für zwei verstärkte Klaviere und zwei Schlagzeuger (1974)
Celestial Mechanics (Makrokosmos IV) für Klavier zu vier Händen (1975)
Dream Sequence (Images II) für Violine, Violoncello, Klavier und Schlagzeug (1976)
Star Child für Sopran, Kinderchor und Orchester (1977)
Apparition für Sopran und Klavier (1979)
Gnomic Variations für Klavier (1981)
Pastoral Drone für Orgel (1982)
Processional für Klavier (1983)
A Haunted Landscape für Orchester (1984)
An Idyll for the Misbegotten für verstärkte Flöte und Schlagzeug (1985)
Federico's little songs for children für Sopran, Flöten und Harfe (1986)
Quest für Gitarre und Kammerensemble (1994)

LUIGI DALLAPICCOLA

»Ich hatte ihn erst vor kurzer Zeit kennengelernt, aber sofort in ihm eine Persönlichkeit
ersten Ranges erkannt ... Dallapiccola ist
zwar empfänglicher als Petrassi für die Lehren Schönbergs und vor allem Bergs, aber
deshalb doch nicht weniger italienisch als
sein römischer Kollege; zusammen mit ihm
stellt er eine der wichtigsten Kräfte dar,
auf die unsere unmittelbare musikalische
Zukunft vertrauen kann.«

So äußert sich Alfredo Casella in seiner Autobiographie über den jungen Komponistenkollegen Luigi Dallapiccola. Und wenn dieser gelegentlich der »italienische Berg« genannt wurde, so trifft diese Formulierung tatsächlich einen wesentlichen Aspekt seines Kompositionsstils. Er vor allem setzte die Zwölftontechnik in Italien durch. In der Mischung von Konstruktion und Expressivität, Lyrik und Dramatik stehen seine Werke der musikalischen Sprache des österreichischen Komponisten Alban Berg nahe.

Geboren wurde Luigi Dallapiccola am 3. Februar 1904 als Sohn eines Schulleiters in Pisino auf der Halbinsel Istrien, die damals noch zu Österreich gehörte. Nationale Spannungen zwischen den dort lebenden Volksgruppen prägten seine Kindheit. Gegen Ende des Ersten Weltkrieges wurde die Familie sogar aus politischen Gründen in Graz interniert. Bereits im Alter von acht Jahren erhielt Dallapiccola ersten Klavierunterricht. Nach der Rückkehr nach Pisino nahm er bis zum Abitur privaten Musikunterricht in Triest. Ein Klavierstudium in Florenz schloß sich an, das er 1924 beendete. Entscheidend für seine spätere Laufbahn war die Begegnung mit Arnold Schönbergs *Pierrot lunaire*, die seinen Entschluß festigte, die Komponistenlaufbahn einzuschlagen. Es folgte ein reguläres Kompositionsstudium in Florenz, das Dallapiccola Anfang der dreißiger Jahre abschloß. Schon kurz darauf begann er am dortigen Konservatorium Klavier zu unterrichten und übte diese Tätigkeit 33 Jahre lang, bis 1967, aus.

Nach kleineren kompositorischen Versu-

chen Ende der zwanziger Jahre vollendete er 1932 sein erstes größeres Werk, die *Partita für Sopran und Orchester*. Ebenso wie das wenig später abgeschlossene *Divertimento in quattro esercizi* ist die *Partita* primär durch die Sprache des Neoklassizismus geprägt, die damals in Italien vorherrschte. Im September 1934 lernte Dallapiccola in Venedig Alban Berg kennen, und die Musik der Zweiten Wiener Schule vermittelte ihm entscheidende Impulse für seine eigene kompositorische Arbeit. Mit dem *Divertimento*, das 1935 beim Fest der »Internationalen Gesellschaft für Neue Musik« in Prag aufgeführt wurde, stellte sich Dallapiccola erstmals einem internationalen Publikum vor. Dort beeindruckten ihn vor allem die Werke von Anton Webern, die er als »absolut singuläre Konzentration« charakterisierte. Spätestens von da an begann seine intensive Auseinandersetzung mit der Zwölftontechnik, die die folgenden Kompositionen prägte.

Der neue stilistische Ansatz fand seinen ersten Niederschlag in den zwischen 1933 und 1936 entstandenen *Sei Cori di Michelangelo Buonarotti il Giovane*. Vor allem im letzten dieser sechs Chöre wird der Einfluß der Zweiten Wiener Schule offenkundig. Dallapiccola verabschiedete sich hier und in den darauffolgenden Werken von der Tonalität, vor allem in den *Tre Laudi* und dem 1940 fertiggestellten Operneinakter *Volo di notte* nach Saint-Éxupéry. Damit wurde Dallapiccola zum bedeutendsten Repräsentanten der Dodekaphonie in Italien.

Gleichzeitig markieren die Werke der späten dreißiger Jahre aber auch einen neuen ästhetischen Ansatz. Unter dem Eindruck des italienischen Faschismus, den er vehement ablehnte, wandte sich Dallapiccola politisch engagierter Musik zu. Mit einer Jüdin verheiratet, fürchtete er um die Sicherheit seiner Frau, nachdem die Deportationen im Zweiten Weltkrieg über Deutschland hinaus auch auf Italien ausgeweitet worden waren. Obwohl seine Werke in Italien weiter aufgeführt werden konnten, zog sich Dallapiccola zurück. »Könntest Du aber wenigstens für einen Augenblick – vorausschickend, daß mein Charakter schon von Anfang an ›unglücklich‹ war – an die Hölle denken, die mein Leben von 1938 an gewesen ist? Was konnte ich tun? Ich sah, daß sich um mich herum alles langsam aber unerbittlich verengte. Daraufhin habe ich mich mehr denn je in mich zurückgezogen, habe ausschließlich in der Arbeit und der Familie das gesucht, was ich woanders nicht zu finden glaubte«, so schrieb Dallapiccola 1946 rückblickend an Alfredo Casella. Das eindrucksvollste kompositorische Zeugnis dieser schweren Zeit sind die *Canti di prigionia* (»Gesänge der Gefangenschaft«). »Ich bin nicht so naiv, zu verkennen, daß das Individuum in einem totalitären Regime machtlos ist. Nur durch die Musik würde ich meine Empörung ausdrücken können«, notierte er damals in seinem Tagebuch. Dem Chor wird in diesem Werk ein karges Instrumentalensemble zur Seite gestellt: zwei Klaviere, zwei Harfen, Glocken und Schlaginstrumente. Alle diese Gesänge sind in der für Dallapiccola typischen Bogenform gehalten. Auf individuelle Art handhabt er die Zwölftontechnik frei und läßt auch tonale Elemente wieder einfließen. Ihre Fortsetzung fanden die 1941 vollendeten *Canti* in der 1948 abgeschlossenen Oper *Il Prigioniero* (»Der Gefangene«). Im Mittelpunkt des Werkes steht ein namenloser Gefangener während der Zeit der Inquisition im Spanien des 16. Jahrhunderts. Er glaubt fest an seine baldige Freilassung, endet aber schließlich doch auf dem Scheiterhaufen. Drei Zwölftonreihen, die auch leitmotivisch verwendet werden, bilden hier die Grundlage des Materials, das, ähnlich wie in Alban Bergs *Wozzeck*, in geschlossenen Formtypen präsentiert wird.

Den Zyklus der politisch engagierten Werke schloß Dallapiccola nicht mit dem Untergang des faschistischen Systems ab; unter dessen Eindruck entstanden auch noch Werke in den fünfziger Jahren bis hin zu den *Canti di liberazione*, deren Partitur Dallapiccola 1955 vollendete. Die Themen der Unfreiheit, der Gewaltherrschaft und der Ohnmacht des Einzelnen in einem ihm feindlich gesonnenen Regime durchziehen nahezu sämtliche programmatischen Werke jener Jahre. Vor allem sie begründeten Dallapiccolas Ruhm nach Ende des Krieges. 1946 wurden die *Canti di prigionia* beim Festival der Internationalen Gesellschaft für neue Musik in London aufgeführt, wenige Jahre später erzielte die amerikanische Erstaufführung in New York einen triumphalen Erfolg.

Neben den textgebundenen Kompositionen schrieb Dallapiccola in diesen Jahren auch eine Reihe wichtiger Instrumentalwerke, in denen er die Methode der Zwölftontechnik mit verschiedenen kontrapunktischen Techniken kombinierte. Seine seit den dreißiger Jahren während Beschäftigung mit dem Werk Claudio Monteverdis fand hier ihren kompositorischen Niederschlag.

Bereits in den frühen vierziger Jahren hatte Dallapiccola eine Zeitlang auch Komposition unterrichtet. In den fünfziger Jahren mehrten sich die Einladungen zu wichtigen Institutionen der neuen Musik. Er lehrte in Tanglewood, New York und Buenos Aires. Die Werke jener Zeit sind stilistisch deutlich von Anton Webern beeinflußt. Parallel zur Hochblüte des Serialismus begann auch Dallapiccola, verschiedene Parameter durchzustrukturieren. Doch stellt er stets die technischen Mittel in den Dienst einer persönlichen Aussage und deren expressiven Ausdrucks.

Mit den *Cinque Canti* aus dem Jahre 1956 beginnt die letzte Schaffensphase Dallapiccolas. Klangfarbe und Rhythmus treten jetzt stärker in den Vordergrund. Als Summa seines Œuvres bezeichnete Dallapiccola selbst sein letztes Bühnenwerk *Ulisse*, das 1968 an der Deutschen Oper Berlin uraufgeführt wurde. Hier bildet eine einzige Zwölftonreihe leitmotivisch die Grundlage der insgesamt 13 Szenen. Im Zentrum der Oper steht eine großangelegte Hades-Szene, die durch verschiedene kontrapunktische Techniken aus dem übrigen Geschehen herausgehoben erscheint. Zahlreiche Selbstzitate unterstreichen die Rolle eines ›opus ultimum‹, eines letzten Werkes nach Dallapiccolas eigenem Verständnis.

Expressive Qualität und konstruktivistische Organisation des musikalischen Materials weisen auch die letzten Kompositionen Dallapiccolas auf: *Sicut umbra* von 1970 und *Commiato* von 1972. Eine Fülle von Auszeichnungen und Ehrungen wurde ihm in den letzten Lebensjahren zuteil, in denen Dallapiccola umfangreiche Lehr- und Vortragstätigkeiten übernahm. Er starb am 19. Februar 1975 in Florenz.

WERKE (Auswahl)

Dalla mia terra für Mezzosopran, Chor und Orchester (1928)
Due liriche del Kalevala für Tenor, Bariton, Kammerchor und Schlagzeug (1930)
Partita für Sopran und Orchester (1930/32)
Tre Studi für Sopran und Kammerorchester (1932)
Rapsodia für eine Singstimme und Kammerorchester (1932/33)
Sei Cori di Michelangelo Buonarotti il Giovane für Soli, Chor, Ensemble und Orchester (1933/36)
Divertimento in quattro esercizi für Sopran und kleines Ensemble (1934)
Musica per tre pianoforti (1935)
Tre Laudi für Sopran, Tenor und 13 Instrumente (1936/37)

Volo di notte. Oper in einem Akt (1937/38)
Canti di prigionia für gemischte Stimmen, zwei Klaviere, zwei Harfen und Schlagzeug (1938/41)
Piccolo Concerto per Muriel Couvreux für Klavier und Kammerorchester (1939/41)
Sonatina canonica für Klavier (1942/43)
Marsia. Ballett in einem Akt (1942/43)
Il prigioniero. Oper in einem Prolog und einem Akt (1944/48)
Ciaconna, Intermezzo e Adagio für Violoncello (1945)
Tre poemi für Sopran und 14 Instrumente (1949)
Job. Sacra Rappresentazione nach dem Buch Hiob (1950)
Canti di liberazione für Chor und Orchester (1951/55)
Quaderno musicale di Annalibera für Klavier (1952)
Goethe-Lieder für Mezzosopran und drei Klarinetten (1953)
Piccola musica notturna für Orchester (1954)
An Mathilde. Kantate für Sopran und Orchester (1955)
Cinque Canti für Bariton und acht Instrumente (1956)
Concerto per la notte di Natale dell'anno für Sopran und Kammerorchester (1956)
Requiescant für gemischten Chor und Orchester (1957/58)
Dialoghi für Violoncello und Orchester (1959/60)
Ulisse. Oper in einem Prolog und zwei Akten (1960/68)
Preghiere für Bariton und Kammerorchester (1962)
Three Questions with Two Answers für Orchester (1962)
Parole di San Paolo für mittlere Singstimme und Instrumente (1964)
Sicut umbra für Mezzosopran und vier Instrumentengruppen (1970)
Tempus destruendi – Tempus aedificandi für gemischten Chor a cappella (1970/71)
Commiato für Sopran und 15 Instrumentalisten (1972)

PETER MAXWELL DAVIES

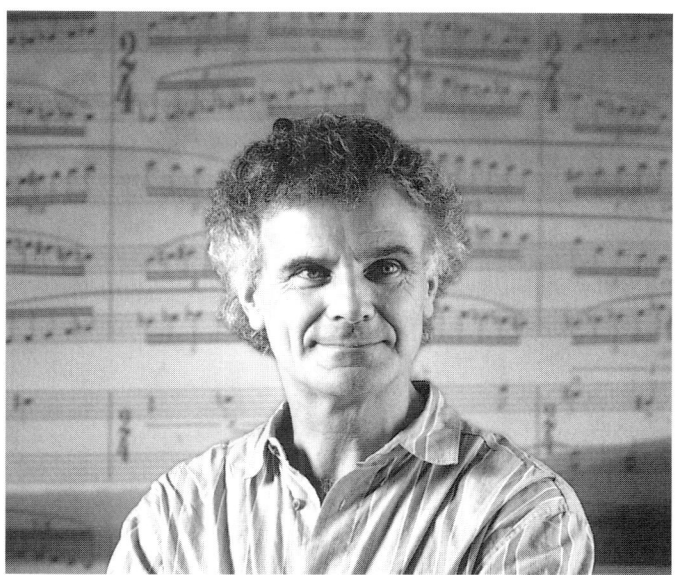

»Bei meiner Musik ist es so ähnlich wie bei
alter Musik, die ursprünglich nicht dazu
bestimmt war, von einem Publikum gehört
zu werden. Der Zuhörer war der Aufführende
selbst. Meine Musik ist zwar ganz offensichtlich dazu bestimmt, gehört zu werden,
aber man muß auf die gleiche Weise in
ihr Inneres dringen, Teil von ihr werden; in
einem Moment aus der Perspektive einer
Altstimme, in einem anderen aus der Perspektive einer Baßstimme. Man bewegt sich
innerhalb des musikalischen Raumes,
anstatt ihn von außen zu beobachten.«

Schon früh setzte sich Peter Maxwell Davies intensiv mit alter Musik auseinander. Er studierte eingehend die Techniken der Musik des Mittelalters und der Renaissance, auf die er in seinen Werken immer wieder Bezug nimmt. Trotzdem versteht er sich nicht als konservativer Traditionalist. Die Beschäftigung mit der alten Musik verbindet sich bei ihm mit einem starken Drang zur Expressivität, dadurch entstand eine neuartige, eigenwillige musikalische Sprache.

Peter Maxwell Davies, der am 8. September 1934 in Manchester geboren wurde, stammte aus einer Arbeiterfamilie. Im Alter von acht Jahren erhielt er ersten Klavierunterricht. Das klassisch-romantische Repertoire eignete er sich zunächst am Klavier oder mit Hilfe von Klavierauszügen an. Bereits mit vierzehn Jahren war er mit der musikalischen Tradition vertraut. Viele Werke, wie etwa die Sinfonien Beethovens, konnte er auszugsweise auch ohne Noten am Klavier spielen. Während des Studiums am Royal College of Music in Manchester brach er den Kompositionsunterricht nach kurzer Zeit ab. Statt dessen widmete er sich der Musik des Mittelalters und der Renaissance und damit Bereichen des Faches, die an der Hochschule noch nicht gelehrt wurden und auch im Konzertleben damals kaum eine Rolle spielten. Unbegleitete Melodik, Isorhythmie und kontrapunktische Techniken, wie er sie dort kennenlernte, nahmen später in seinem eigenen kompositorischen Schaffen eine zentrale Stellung ein. Mit Machaut, Dufay, Josquin, Despréz und vor allem Taverner beschäftigte er sich am gründlichsten. Schon früh faßte er den Plan, das Leben

von Taverner später einmal thematisch in einer Oper zu verarbeiten.

In Manchester versammelte sich eine kleine Schar von Musikern, zu der Harrison Birtwistle, Alexander Goehr, der Pianist John Ogdon sowie der Trompeter und Dirigent Elgar Howarth gehörten. Für sie schrieb Maxwell Davies Mitte der fünfziger Jahre seine ersten Werke, eine *Trompetensonate* für Howarth und *Fünf Klavierstücke* für Ogdon. In diesen für das konservative Großbritannien höchst ungewöhnlichen Werken erinnerte manches an Arbeiten von Messiaen oder Boulez. In einigen Stücken griff Davies auch auf Modelle indischer Musik zurück. Diese neuartigen Ansätze verband er mit einer geschlossenen formalen Anlage, die an traditionelle Formtypen anknüpft. In seinem 1957 entstandenen *Bläsersextett* verarbeitete der Komponist mit einem gregorianischen Antiphon erstmals eine mittelalterliche Vorlage, die das Gerüst des musikalischen Satzes bildet.

Mit Hilfe eines Stipendiums ging Davies 1957 nach Rom, um bei Goffredo Petrassi zu studieren. Hier komponierte er, ebenfalls mit Techniken der alten Musik, sein erstes Orchesterstück *Prolation*, dessen Titel sich von einem Begriff der mittelalterlichen Mensuralnotation herleitet. Weiter entstand die Sonate *St. Michael*, die in ihrer mehrchörigen Anlage für zwei Gruppen von Blasinstrumenten deutlich auf Modelle der italienischen Renaissancemusik Bezug nimmt.

Da er vom Komponieren allein nicht leben konnte, arbeitete Davies nach seiner Rückkehr nach England als Musiklehrer an der Cirencester Grammar School. Hier offenbarte sich schon bald sein phänomenales pädagogisches Talent. Er schrieb zahlreiche Werke und Bearbeitungen für Schulaufführungen mit einer eigens dafür entwickelten schlichten musikalischen Sprache, die trotz eines gewissen kompositorischen Niveaus

Kinder oder Laien nicht überfordert. Sein ausgeprägtes Interesse an Schulmusik entwickelte sich zu einer Konstanten in seinem Schaffen und hat bis heute nicht nachgelassen.

Ein weiteres Stipendium eröffnete Peter Maxwell Davies 1962 die Möglichkeit, in den Vereinigten Staaten bei Roger Sessions an der Princeton University zu studieren. 1966 lebte er längere Zeit als Composer in Residence an der Universität Adelaide in Australien. Zurück in England, gründete Davies zusammen mit seinen Komponistenkollegen Harrison Birtwistle und Alexander Goehr 1967 das Kammerensemble »Pierrot Players«, das sich vorwiegend der Interpretation neuer Musik widmete. Unter neuem Namen »The Fires of London« und unter seiner musikalischen Leitung avancierte es zu einem der führenden Kammerorchester für zeitgenössische Musik in Großbritannien. Zu den bekanntesten Werken, die Davies dafür komponierte, zählt *Eight Songs for a Mad King* aus dem Jahre 1969, in dessen Mittelpunkt ein skurriler Gesangsmonolog des Königs George III. steht. Davies stößt hier in Grenzbereiche der menschlichen Psyche vor. Auch das zweite theatralische Stück, das er für sein Ensemble komponierte, *Miss Donnithorne's Maggot*, trägt die Züge einer eigenwilligen Groteske. Stücke wie diese stehen mit ihrer Skurrilität aber nur für einen begrenzten Ausschnitt in Peter Maxwell Davies' vielseitigem Schaffen.

Die Auseinandersetzung mit der Philosophie des Mittelalters und den Kompositionstechniken jener Zeit zieht sich wie ein roter Faden durch sein kompositorisches Œuvre. Immer wieder übernimmt Maxwell Davies alte Melodien als Basis für eigene Werke, alte gregorianische Choräle und Hymnen, Themen von John Bull, Carlo Gesualdo oder John Taverner oder auch traditionelle englische Lieder wie »To Many a Well« oder »The Worlde's Bliss«. Seine besondere Vorliebe galt den verschiedenen Möglichkeiten der Cantus-firmus-Behandlung, die er zum Teil von traditionellen Techniken ableitete, zum Teil aber auch eigenständig entwickelte. Formal bestimmen sie Werke wie die beiden *Fantasien über das Thema ›In Nomine‹ von John Taverner* oder *Revelation and Fall*, die hochexpressive Vertonung eines Textes von Georg Trakl. Peter Maxwell Davies setzte sie auch in der Parodiemesse über das traditionelle »L'Homme Armé«-Thema ein. Dieses im späten Mittelalter populäre Lied wurde im 15. und 16. Jahrhundert von vielen namhaften Komponisten als Grundmaterial für Meßvertonungen benutzt.

Davies versuchte zunächst, eine nur fragmentarisch überlieferte Messe eines anonymen Komponisten des 15. Jahrhunderts zu vervollständigen. Während der Arbeit kam ihm die Idee, die vorhandenen Fragmente in unterschiedliche stilistische Richtungen auszuformen. Zur Textur dieses Werkes äußerte er: »Das Werk soll als die progressive Aufsplitterung der vorhandenen musikalischen Fragmente einer Originalkomposition aus dem 15. Jahrhundert verstanden werden; jeder der so gewonnenen musikalischen Splitter wird dann vergrößert und verformt durch einen anderen stilistischen Spiegel. Zum Schluß wird das Ganze durch den Einsatz eines mechanischen Klaviers vollkommen aufgelöst.« Trotz der enormen Komplexität der Partitur wird der musikalische Satz durch das immer wieder auf- oder durchscheinende Lied zusammengehalten. Davies verwies im Zusammenhang mit seiner *Missa Super l'Homme Armé* auf den Einfluß von James Joyce' Roman *Ulysses*. Dabei bezog er sich auf die Schilderung eines Gespräches in einer Dubliner Kneipe, wo der Fluß der Unterhaltung immer wieder durch assoziative Abschweifungen, Einwürfe und Einschiebungen des Autors unterbrochen und in eine völlig andere Richtung gelenkt wird. Ganz ähnlich arbeitet Davies in seiner Messe, wobei der Cantus firmus – das traditionelle Lied – an die Stelle des Kneipengesprächs bei Joyce tritt. Die Gegenüberstellung von Fragmenten der Meßkomposition mit den von Peter Maxwell Davies auskomponierten Metamorphosen erzeugt eine intensive Spannung, noch gesteigert durch die Sprecherin, die Passagen aus dem Lukas-Evangelium vorträgt. Dieses bunte, mitunter auch skurrile Stück mit ernsthaftem Hintergrund bewahrt bei aller Vielschichtigkeit doch einen einheitlichen Charakter.

1970 vollendete Davies seine erste abendfüllende Oper *Taverner*, die zwei Jahre später in London zur Uraufführung kam. Im Mittelpunkt der Handlung, die im 16. Jahrhundert spielt, steht der englische Komponist John Taverner, ein Ketzer. Mit ihm als Protagonisten thematisiert der Komponist psychologisch motivierte Verhaltensweisen wie Verrat und Wahnsinn.

Im gleichen Jahr zog sich Davies weitgehend aus dem Londoner Musikleben zurück und ließ sich auf den abgelegenen Orkney-Inseln im Norden Schottlands nieder, um sich uneingeschränkt dem Komponieren zu widmen. Kultur und Geschichte dieser einsamen Inselgruppe beeinflußten fortan seine Werke. In Kompositionen wie *From Stone to Thorn* oder *Hymn to St. Magnus* spielen neben der Musik des Mittelalters auch das rauhe Klima, die Landschaft und die Geschichte dieser einsamen Gegend eine Rolle. 1977 gründete er auf den Orkney-Inseln sein eigenes Festival, nicht zuletzt um das eher dürftige kulturelle Leben dieser Gegend zu bereichern. Für diese regelmäßig stattfindende Veranstaltungsreihe komponierte Davies eine Serie von Werken für Kinder und Laienensembles. Zu den wichtigsten Werken dieser Schaffensphase gehört *Ave Maris Stella*, das auf eigenwillige Weise

in Beziehung zu den späten Streichquartetten Ludwig van Beethovens steht. Auf den Orkney-Inseln schuf er auch die *Sinfonien Nr. 1 und 2*. In seiner Ersten setzte sich der Komponist mit der Sinfonik von Sibelius und Schumann, aber auch mit *Pli selon Pli* von Pierre Boulez auseinander. In der zweiten Sinfonie, äußerlich ein traditionell viersätziges Werk in b-Moll, nutzt er die Tonalität als Rahmen für seinen überquellenden, humorvollen musikalischen Gestaltungsreichtum.

Sein offenes Verhältnis zur musikalischen Tradition ermöglicht es dem Komponisten, sich einerseits explizit auf die Sinfonik des 19. Jahrhunderts zu beziehen, sich andererseits aber auch deutlich von ihr abzusetzen. Der sinfonischen Gattung widmete er in den vergangenen zehn Jahren den größten Teil seines Schaffens. Nachdem Peter Maxwell Davies zum musikalischen Leiter des Scottish Chamber Orchestra ernannt wurde, faßte er Mitte der achtziger Jahre den Plan, für jedes Orchesterinstrument ein Solokonzert zu komponieren, ein ehrgeiziges Projekt, an dem er noch immer arbeitet.

Davies, seit 1981 »Commander of the British Empire« und 1987 geadelt, zählt heute zu den anerkanntesten Komponisten Großbritanniens. Daß die Rezeption seiner Werke auf dem europäischen Festland sehr viel schwächer ausfällt als im Vereinigten Königreich, ist ein Schicksal, das er mit vielen anderen britischen Komponisten teilt. Möglicherweise liegt es an der unverkrampfteren, weniger grüblerischen und in jedem Fall traditionsbewußteren Herangehensweise, die den englischen Komponisten auf dem Festland eine breite Resonanz versagt.

Auch wenn Peter Maxwell Davies inzwischen sechs Sinfonien komponiert und 1996 seine zweite und, wie er selbst sagt, letzte abendfüllende Oper, *The Doctor of Myddfai*, vorgelegt hat, hält er immer noch Überraschungen parat. So war vor kurzem zu erfahren, daß sich der ökologisch engagierte Komponist einen Monat lang in einer Forschungsstation im Eismeer des Südpols aufhalten will, wohin ihn die Forschungsgesellschaft »British Antarctic Survey« und das London Philharmonia Orchestra eingeladen haben, um ein neues Orchesterstück zu schreiben.

WERKE (Auswahl)

Five Pieces für Klavier op. 2 (1956)
St. Michael. Sonate für 17 Blasinstrumente (1957)
Prolation für Orchester (1958)
Five Klee Pictures für Orchester (1959)
First Fantasia on John Taverner's ›In nomine‹ für Orchester (1962)
Second Fantasia on John Taverner's ›In nomine‹ für Orchester (1964)
Shakespeare Music für Kammerensemble (1964)
Revelation and Fall für Sopran und 16 Instrumente (1965)
Notre Dame des Fleurs. Musiktheater für Soli und Instrumentalensemble (1966)
Missa Super L'Homme Armé für Sprecher oder Sänger und Instrumentalensemble (1968)
Eight Songs for a Mad King. Musiktheater für Männerstimme und Instrumentalensemble (1969)
St. Thomas Wake. Foxtrott für Orchester über eine Pavane von John Bull (1969)
Vesalii Icones. Musiktheater für Tänzer, Violoncello und Instrumentalensemble (1969)
Taverner. Oper in zwei Akten (1970)
From Stone to Thorn für Mezzosopran und Ensemble (1971)
Hymn to St. Magnus für Ensemble mit obligatem Mezzosopran (1972)
Blind Man's Buff. Masque für Sopran, Mezzosopran, Mime und kleines Orchester (1972)
Stone Litany – Runes from a House of the Dead für Mezzosopran und Orchester (1973)
Miss Donnithorne's Maggot. Musiktheater für Mezzosopran und Instrumentalensemble (1974)
Ave Maris Stella für Ensemble (1975)
The Martyrdom of Saint Magnus. Kammeroper in neun Szenen (1976/77)

Sinfonie Nr. 1 (1976)
Runes from a Holy Island für Ensemble (1977)
Le Jongleur de Notre Dame. Musiktheater (1978)
Salome. Ballett in zwei Akten (1978)
The two Fiddlers. Oper in zwei Akten für junge Menschen (1978)
The Lighthouse. Kammeroper in einem Akt mit Prolog (1979)
Solstice of Light für Tenor, gemischten Chor und Orgel (1979)
Black Pentecost für Mezzosopran, Bariton und Orchester (1979)
Cinderella. Pantomime-Oper in zwei Akten für Kinder (1980)
Sinfonie Nr. 2 (1980)
Into the Labyrinth. Kantate für Tenor und Orchester (1982)
Sinfonia concertante für Orchester (1982)
Sinfonie Nr. 3 (1984)
An Orkney Wedding with Sunrise für Orchester und Dudelsack solo (1985)
Starthclyde Concerto Nr. 1 für Oboe und Orchester (1987)
Resurrection. Oper (1987)
Strathclyde Concerto Nr. 2 für Violoncello und Orchester (1988)
Strathclyde Concerto Nr. 3 für Horn, Trompete und Orchester (1989)
Sinfonie Nr. 4 (1989)
Strathclyde Concerto Nr. 4 für Klarinette und Orchester (1990)
Strathclyde Concerto Nr. 5 für Violine, Viola und Streichorchester (1991)
Strathclyde Concerto Nr. 6 für Flöte und Orchester (1992)
A Spell for Green Corn: The Macdonald Dances für Violine und Orchester (1993)
Sinfonie Nr. 5 (1994)
Cross Lane Fair für Orchester (1994)
Sinfonie Nr. 6 (1995/96)
The Doctor of Myddfai. Oper in zwei Akten (1995/96)
Reliqui Domum meum für Orgel (1996)
Strathclyde Concerto Nr. 10 für Orchester (1996)
Mavis in Las Vegas. Theme and Variations für Orchester (1997)

CLAUDE DEBUSSY

»Der Titel *Nocturnes* will hier in allgemeiner und vor allem in mehr dekorativer Bedeutung verstanden werden. Es handelt sich also nicht um die übliche Form des Nocturno, sondern um alle Eindrücke und speziellen Beleuchtungen, die in diesem Wort enthalten sein können. ›Nuages‹: Das ist der Anblick des unbeweglichen Himmels mit dem langsamen und melancholischen Zug der Wolken, zuletzt ein graues Verlöschen, mit sanften, weißen Tönungen. ›Fêtes‹: Das ist die Bewegung, der tanzende Rhythmus der Atmosphäre mit grell aufblitzendem Licht; es ist auch die visionäre, blendende Episode eines Aufzugs von phantastischen Gestalten, der sich durch das Fest bewegt und in ihm verschwindet; aber das Grundmotiv bleibt hartnäckig bestehen, und es ist immer das Fest und seine Mischung von Musik und leuchtendem Staub, die am Gesamtrhythmus teilhat. ›Sirènes‹: Das ist das Meer und sein unendlicher Rhythmus; dann erklingt, lacht und vergeht aus den vom Mondlicht versilberten Wellen der geheimnisvolle Gesang der Sirenen.«

Mit Werkcharakterisierungen wie dieser hat Claude Debussy selbst der Einordnung seiner Kompositionen unter dem Stichwort ›musikalischer Impressionismus‹ Vorschub geleistet. In der Tat finden sich Berührungspunkte zwischen der Malerei etwa Monets und der Musik des französischen Komponisten. Dieses Etikett reicht jedoch nicht aus, um seinem Œuvre gerecht zu werden. Debussy hat der Musik des 20. Jahrhunderts entscheidende Impulse gegeben, auf harmonischem Gebiet ebenso wie auf formalem. Die vielfach zu beobachtende Abkehr von traditionellen Formtypen, seine fast abstrakten Problemlösungen musikalischer Phänomene etwa in den späten Klavieretüden, vor allem aber der deutliche Bruch mit der Tradition der französischen Spätromantik machen ihn zu einem Wegbereiter der Moderne, auf den sich viele zeitgenössische Komponisten wie etwa Pierre Boulez später berufen haben.

Geboren wurde Achille-Claude Debussy am 22. August 1862 in St.-Germain-en-Laye. Er entstammte kleinbürgerlichen Verhältnissen; seine Eltern führten einen kleinen Laden, in dem sie Steingut und Porzellan verkauften. Geschäftliche Mißerfolge zwangen die Debussys schon bald zum Umzug nach Paris, wo der Vater eine Stelle als Buchhalter annahm. Der junge Debussy besuchte keine Schule, vielmehr brachte ihm die Mutter die Grundlagen im Lesen, Schreiben und Rechnen bei. Zeitlebens litt er unter seiner mangelhaften Schulbildung, hat sie aber in späteren Jahren durch umfassende Lektüre auch zeitgenössischer Werke erfolgreich kompensiert. Seine pianistische Begabung wurde schon früh erkannt. Mauté de Fleurville, eine Dame der Pariser Gesellschaft, nahm sich des jungen Debussy an. »Ich verdanke ihr das bißchen Klavierspielen, das ich kann«, urteilte er rückblickend. Bereits nach zwei Jahren Unterricht meldete er sich zur Aufnahmeprüfung am Pariser Conservatoire an und wurde im Alter von elf Jahren in die Klasse von Albert Lavignac aufgenommen; wenig später wechselte er zu Antoine Marmontel. Doch aus der geplanten Virtuosenkarriere wurde nichts. Debussy zeigte mehr Talent zu Improvisation, Begleitung und Vom-Blatt-Spiel als zum Konzertieren. Ein erster Preis im Fach Klavierbegleitung ermöglichte es ihm, in die Kompositionsklasse zu wechseln. Ernest Guirand wurde dort ab 1880 sein Lehrer.

Im gleichen Jahr vermittelte ihm sein ehemaliger Klavierlehrer Marmontel eine Stellung als Pianist bei Nadežda von Meck, Freundin und Gönnerin Peter Tschaikowskys, die sich damals in der Schweiz aufhielt. Debussy hatte für ein nahezu fürstliches Gehalt nicht gerade viel zu tun. Mitunter gab er ihren Kindern Klavierunterricht, spielte seiner Dienstherrin vor oder auch gemeinsam mit ihr vierhändig. Dieser Lebenswandel kam Debussys Naturell entgegen. Die nächsten Sommermonate verbrachte er mit der Familie von Meck zumeist in Rußland, wo er Gelegenheit hatte, sich mit der dortigen Musik vertraut zu machen. Reisen, etwa nach Venedig, gehörten ebenfalls zum Programm. Erst als Debussy sich 1882 in eine der Töchter des Hauses verliebte, endete das Dienstverhältnis, und er kehrte nach Paris zurück.

Die Jahre am Pariser Conservatoire waren für Debussy, vom Charakter her eher ein Einzelgänger, keine angenehme Zeit. Er galt als verschlossen und stolz, was sich auch darin zeigte, daß er jahrelang seinen Namen in der Adelsform de Bussy zu schreiben pflegte. 1883 bewarb er sich ohne Erfolg um den Rom-Preis, die höchste Auszeichnung, die das musikalische Frankreich an einen jungen Komponisten zu vergeben hatte. Ein Jahr später errang er diese Auszeichnung mit seiner Kantate *L'Enfant prodigue* und ging daraufhin für drei Jahre nach Rom. Seine Schilderung der Prüfungssituation wirft ein bezeichnendes Licht auf den Charakter des jungen Komponisten: »Ich wartete auf das Ergebnis des Wettbewerbs und betrachtete währenddessen die reizvolle Bewegung der Flußdampfer auf der Seine. Ich hatte kein Lampenfieber und hatte jede allzu speziell ›römische‹ Aufregung verges-

sen; so groß war die Faszination des Sonnenlichts, das lieblich auf dem sich kräuselnden Wasser spielte, so groß der Zauber, der die Zuschauer stundenlang auf der Brücke festhielt, diese herrlichen Gaffer, um die Europa uns beneidet. Plötzlich schlug mir jemand auf die Schulter und rief atemlos: ›Sie haben den Rom-Preis!‹ Man mag es glauben oder nicht, ich muß jedenfalls sagen, daß es mit meiner ganzen frohen Stimmung vorbei war. Ich sah deutlich die Unannehmlichkeiten und Mühen voraus, die selbst der bescheidenste offizielle Titel unentrinnbar mit sich bringt. Zu allem Überfluß wurde ich mir auch noch bewußt, daß ich nicht mehr frei war.«

In der Tat hat Debussy unter dem Aufenthalt in Rom eher gelitten. In der Villa Medici, wo er mit einer Gruppe anderer französischer Künstler untergebracht war, sah man ihn fast nur zu den Mahlzeiten. Dem geselligen Zusammensein ging der Einzelgänger am liebsten aus dem Weg, und mehrmals erwog er ernsthaft, den Aufenthalt in Rom abzubrechen. Künstlerisch beeindruckte ihn während seines Italienaufenthalts vor allem die klassische Vokalpolyphonie der Renaissance. Er lernte Verdi und Liszt kennen und war fasziniert von dem Klavierspiel des letzteren.

Die Arbeiten, die Debussy in regelmäßigen Abständen nach Paris senden mußte, wurden von der dortigen Jury eher skeptisch aufgenommen. Lediglich die Kantate *La Damoiselle élue*, ein Werk, in dem sich für Debussys Stil typische Merkmale mit eher schulmäßigen, formelhaften Wendungen mischten, stieß in Paris zumindest partiell auf Zustimmung. Die letzte in Rom fertiggestellte Arbeit, die *Fantaisie pour piano et orchestre*, hat Debussy später selbst verworfen. Um die Uraufführung zu verhindern, ließ er nach der letzten Probe das Stimmenmaterial verschwinden. Erst nach seinem

Tod wurde die Partitur dieses Werkes gedruckt. Gegen Ende seines Rom-Aufenthalts sollte ein Festkonzert mit seinen Kompositionen stattfinden. Da die Akademie aber seinem Programmvorschlag nicht entsprach, verbot Debussy kurzerhand das gesamte Konzert und weigerte sich zudem, an der feierlichen Preisverleihung teilzunehmen. Damit hatte er endgültig verspielt; fortan hatte er nichts mehr mit dem Conservatoire und der Akademie zu tun, was ihm vermutlich allerdings ganz recht war.

Zurück in Paris, versuchte er vergeblich, einen Verleger für seine Arbeiten zu finden. Selbst Reisen, die er deshalb nach London und Wien unternahm, wo er auch Johannes Brahms kennenlernte, blieben ohne Erfolg. Debussy führte ein bohemienhaftes Leben und steckte permanent in finanziellen Schwierigkeiten. Es entstanden zumeist kleinere Arbeiten, Klavierstücke im Geist der Spätromantik sowie Lieder, die noch keinen für ihn typischen Ton aufweisen. Entscheidende musikalische Erlebnisse fielen in die späten achtziger Jahre. Zum einen besuchte Debussy die Bayreuther Festspiele, nachdem er schon vorher intensiv die Partitur des Tristan studiert hatte, zum anderen lernte er während der Pariser Weltausstellung 1889 erstmals Musik aus Asien kennen und war insbesondere von der Gamelan-Musik spontan begeistert. Noch viele Jahre später schrieb er: »Die javanische Musik indessen pflegt eine Kunst des Kontrapunkts, neben der die von Palestrina nur ein Kinderspiel ist. Und wenn man, frei von europäischen Vorurteilen, den Reiz ihres Schlagzeugs hört, muß man unbedingt feststellen, daß es bei uns nur barbarischer Zirkuslärm ist.« Um die theoretischen Grundlagen dieser Musik hat Debussy sich jedoch nie intensiv gekümmert: er nahm sie als Klangphänomen wahr und integrierte Elemente davon in seine eigenen Kompositionen.

Zu Beginn der neunziger Jahre des 19. Jahrhunderts schrieb Debussy die ersten Werke, die später populär wurden: die *Petite Suite* für Klavier und die *Suite bergamasque* mit dem Konzertmagneten *Clair de lune*. 1893 erklangen schließlich die ersten Werke in Pariser Konzertsälen, im April *La Damoiselle élue* und im Dezember sein *Streichquartett in g-Moll*. Das Streichquartett, das zwar noch traditionell in vier Sätze gegliedert ist, zeigt schon deutlich eigenständige Züge. So zieht sich das zu Beginn exponierte Hauptthema in verschiedener Gestalt durch alle vier Sätze. Die Themen sind keine festen, unverrückbaren Gebilde, sondern lediglich Ausgangspunkte für variable, permanent fließende melodische Strukturen. Die Variantentechnik, die er später zu voller Blüte entwickelt hat, scheint hier bereits angelegt.

Musikern ist Debussy zeitlebens aus dem Weg gegangen, ja er hat sie sogar verachtet. Es waren eher literarische Zirkel, die ihn künstlerisch und ästhetisch beeinflußten. Er verkehrte in einschlägigen Kreisen und wurde 1887 sogar zu den berühmten »Dienstagabenden« von Mallarmé zugelassen, dem Pariser Treffpunkt führender Literaten. Debussy war später auch selbst schriftstellerisch tätig. Ab 1901 schrieb er Kritiken für »La Revue blanche«, danach auch für »Gil Blas«. Programmatisch formulierte er die Ziele seiner Musikkritik: »Ich suche hinter den Werken die vielfältigen Triebkräfte zu sehen, die sie ins Leben gerufen haben, sowie ihr inneres Leben zu erkennen; ist das nicht viel interessanter, als die Spielerei, sie auseinanderzunehmen wie seltsame Uhren?« Die Bekanntschaft mit Mallarmé regte den Komponisten zu seinem ersten Orchesterwerk *Prélude à l'après-midi d'un faune* nach einem Poem dieses Dichters an. Die Uraufführung fand im Dezember 1894 statt, und noch während der Proben nahm Debussy zahlreiche Änderungen an der Instrumentation vor. Zum ersten Mal stand ihm ein größeres Orchester zur Verfügung, dessen Möglichkeiten es auszuschöpfen galt. Das Ergebnis entsprach schließlich ziemlich genau seinen klanglichen Vorstellungen. Der Komponist erklärte, daß er »seine Idee in einer Vollkommenheit verwirklicht sehe, wie er es nie gehofft habe«. Neu an diesem Werk ist in erster Linie der Verzicht auf traditionelle Formmodelle. Das berühmte Flötenthema, das insgesamt zehnmal auftritt, wird jedesmal in einer Art von Improvisation anders harmonisiert. Die durchführungsartigen und kontrastierenden Abschnitte des Werkes sind zwar traditionellen Formen entlehnt, doch verknüpft sie Debussy zu einer individuellen Faktur. So finden sich Elemente der Sonatenform, der dreiteiligen Liedform, aber auch des Rondos. Im Zentrum des Werkes stehen rein klangliche Wirkungen, basierend auf einer harmonisch variablen Thematik. Dadurch erhält der musikalische Satz etwas Fließendes, ja Schwebendes. Es ist erstaunlich, daß das Prélude schon bei seiner Premiere breite Zustimmung fand. Auch Mallarmé schrieb an Debussy, daß das musikalische Poem »keine Dissonanz zu meinem Text ergab, sondern wahrhaftig noch viel weiter darin ging, die Sehnsucht und das Licht mit Feinheit, Melancholie und Reichtum wiederzugeben«. Trotz dieses Erfolges lebte Debussy weiterhin in großen finanziellen Schwierigkeiten und mußte zeitweise von seinen Freunden unterstützt werden.

Nachdem er bereits verschiedene Opernpläne ins Auge gefaßt und verworfen hatte, begann Debussy 1893 mit der Arbeit an seiner Oper *Pelléas et Mélisande*. Die Komposition zog sich über viele Jahre hin und wurde immer wieder von anderen Projekten unterbrochen. 1899 – Debussy hatte im gleichen Jahr Lily Texier geheiratet – entstanden ein »Prélude« und eine »Toccata« für Klavier, die er später zusammen mit ei-

ner »Sarabande« zur Suite *Pour le piano* zusammenstellte. In diesem Werk macht sich erstmals eine Rückkehr zu klassischen Formen bemerkbar, wobei die großen französischen Clavecinisten des 18. Jahrhunderts wie Couperin und Rameau die Vorbilder waren. Im darauffolgenden Jahr komponierte er die eingangs erwähnten *Nocturnes*, ein sinfonisches Triptychon mit Chor, der keinen Text, sondern lediglich den Vokal a singt. Debussy selbst hat dieses Werk als »einen Versuch über die Klangmöglichkeiten für eine einzige Farbe« bezeichnet. Über das dritte Stück des Zyklus schrieb er: »In der Malerei würde ihm zum Beispiel eine Studie in Grau entsprechen.« Die Uraufführung der ersten beiden *Nocturnes* im November 1900 wurde von Kritik und Publikum gefeiert. Erstmals tauchte nun der Terminus einer ›impressionistischen Musik‹ auf.

Indes ging die Arbeit an *Pelléas* nur schleppend voran. Als Textvorlage hatte Debussy dazu die in eine traumartige Atmosphäre getauchte Liebesgeschichte von Maurice Maeterlinck ausgewählt. Seine kompositorische Zielsetzung war klar umrissen: »Seit langem versuchte ich, Musik für das Theater zu schreiben; aber die Form, die mir vorschwebte, war so ungewöhnlich, daß ich nach verschiedenen Versuchen den Plan fast aufgegeben hatte. Vorhergegangene Forschungen auf dem Gebiet der reinen Musik hatten in mir einen Haß gegen die klassische Entwicklung entstehen lassen, deren Schönheit bloße Technik ist und nur die Mandarine unserer Klasse interessieren kann. Ich wünschte für die Musik eine Freiheit, die ihr vielleicht mehr als irgendeiner anderen gemäß ist, da sie nicht auf eine mehr oder minder genaue Nachahmung der Natur beschränkt ist, sondern auf die geheimnisvollen Beziehungen zwischen der Natur und der Phantasie.« Ihm schwebte eine permanent fließende Musik vor ohne jeden Stillstand der Handlung. Der zutiefst symbolistische Text bleibt im Vordergrund; die Musik verzichtet darauf, Maeterlincks Worte auszudeuten, sie beschränkt sich auf knappe Gesten. So reicht mitunter ein einziger Akkord, um eine bestimmte Stimmung einzufangen. In vielem hat sich Debussy in *Pelléas* an der Kompositionsweise Richard Wagners orientiert, den er gleichzeitig bewunderte und haßte. Wie dieser arbeitete er in seiner Oper mit Leitmotiven, und nach dem Vorbild von Wagners Musikdrama komponierte er die Oper durch; geschlossene Nummern oder Szenen fehlen. Alles geht fließend ineinander über, wobei instrumentale Zwischenspiele den Dekorationswechsel ermöglichen. Allerdings besitzen die Leitmotive bei Debussy eher thematischen Charakter und sind konkreter ausformuliert als bei Wagner. Ebenso wie dieser nutzt er sie, um bestimmte Personen oder Stimmungen zu bezeichnen. Auch die Harmonik, obwohl tonal, wirkt durch die Fülle von Modulationen fließend und biegsam. Aufgrund der ausufernden Modulation finden sich in dem gesamten Werk nur zwei vollständige Kadenzen. Debussy paßt die musikalische Form den dramatischen Erfordernissen an, deshalb ist jede Szene anders gestaltet, individuell und ohne Anlehnungen an traditionelle Formtypen. Die orchestralen Zwischenspiele greifen das thematische Material der Szenen häufig auf und bündeln damit verschiedene motivische Stränge.

Die Uraufführung von *Pelléas* wurde von einer gerichtlichen Auseinandersetzung mit Maeterlinck überschattet. Dieser erklärte sich mit der Textfassung Debussys nicht einverstanden, obwohl er den Änderungen zuvor zugestimmt hatte. Er ging sogar so weit, dem Komponisten mit einem Duell zu drohen. Die erste Aufführung, die in Form einer öffentlichen Generalprobe als Matinee angesetzt war, endete mit einem handfesten Skandal, so daß schließlich die Polizei einschreiten mußte. Trotz dieser verunglückten Generalprobe verlief die eigentliche Premiere zwei Tage später ruhig, und die Oper wurde mehrere Monate lang vor ausverkauftem Haus gespielt. *Pelléas et Mélisande* verhalf Debussy zu seinem endgültigen Durchbruch. Spätestens seit dieser Oper trat in Paris ein neuer Typ von Musikenthusiasten auf den Plan: die sogenannten »Debussyisten«, zumeist jüngere Musiker, die sich aus dem Konservatorium rekrutierten.

1904 trennte sich Debussy von seiner ersten Frau und heiratete wenig später die Mutter eines seiner Schüler, Emma Bardac, eine gebildete und wohlhabende Frau. Die Verlassene unternahm daraufhin einen Selbstmordversuch, und Presse und Öffentlichkeit stellten sich beinahe einmütig gegen Debussy. Mit fast sämtlichen Freunden kam es zum Bruch. Nur der Kritiker Louis Laloy und Erik Satie weigerten sich, an dieser Kampagne teilzunehmen.

Debussy zog sich zunächst ans Meer zurück, nach Jersey und Dieppe, wo er an *La Mer* arbeitete. »Drei sinfonische Skizzen« nannte er das Werk im Untertitel. Damit relativierte er einerseits bewußt die Rolle des großen sinfonischen Apparates. Andererseits spielte er aber auch auf die bildende Kunst an, was die Überschriften der drei Sätze verdeutlichen: »Von der Morgendämmerung bis zum Mittag auf dem Meer«, »Spiele der Wellen« und »Dialog zwischen dem Wind und dem Meer«. Traditionelle Formkategorien wie Exposition und Durchführung greifen hier nicht länger. Die Motive werden nicht mehr aus einem einheitlichen Hauptthema entwickelt, sondern gehen vielmehr auseinander hervor. Fast spielerisch, wie aus kleinen Einheiten kaleidoskopartig zusammengesetzt, mutet der formale Verlauf an. Über weite Strecken scheint die Begleitung die Melodik fast zu überlagern, was zu einer ungeahnten Farbigkeit des musikalischen Satzes führt. Nach der von Debussy selbst dirigierten Uraufführung 1908 in Paris wurde ihm vorgeworfen, er habe sich selbst verraten. Debussy konterte: »Was die Leute betrifft, die freundlicherweise von mir erwarten, daß ich niemals über *Pelléas* hinausgehen könnte, so verschließen sie bewußt die Augen. Denn sie wissen gar nicht, daß ich, wenn das der Fall wäre, sofort anfangen würde, Ananas im Zimmer zu züchten; ich halte es nämlich für das Allerfatalste, sich zu wiederholen.«

In den Jahren 1905 bis 1907 entstand eine Sammlung von Klavierstücken, die Debussy in zwei Heften unter dem Titel *Images* herausgab. Wiederholt setzte er sich hier mit der Clavecinmusik des 18. Jahrhunderts, insbesondere mit Rameau, auseinander, was er mit dem Titel eines der Stücke, »Hommage à Rameau«, auch unmittelbar zum Ausdruck brachte. Eine dritte Sammlung war noch geplant, diesmal für zwei Klaviere, die Debussy jedoch später als Gruppe von Orchesterstücken zusammenstellte: »Gigues«, später instrumentiert von André Caplet, »Ibéria« und »Rondes de printemps«. Vor allem folkloristische Züge und spanisches Kolorit wurden dem Komponisten nach der Uraufführung zum Vorwurf gemacht. In der Tat widersprach er hier der von ihm selbst postulierten These, daß Elemente der Volksmusik nichts in einem sinfonischen Werk zu suchen hätten. Die *Images* zeichnen sich vor allem durch den raffinierten Orchestersatz aus, der mit der Stimmteilung und der fast pointillistischen Klangaufsplitterung schon auf seine späten Orchesterwerke wie *Jeux* vorausweist.

Bekannt wurde Debussy vor allem durch seine Klavierwerke. In den *Estampes* erweitert er die klanglichen Möglichkeiten, indem er etwa in »Pagodes« den Ton fernöstlicher Gamelan-Orchester mit pentatonischen Strukturen verknüpfte. In »La Soirée dans Grenade« kommen spanische Rhythmen und melodische Wendungen ins Spiel. Immer wieder thematisiert Debussy jedoch das Spiel von Licht und Schatten, so etwa in »Reflets dans l'eau«, »Feux d'artifice« oder »La Cathédrale engloutie«. Viele seiner Titel, so auch »La fille aux cheveux de line«, könnten auch Titel impressionistischer Bilder sein. Für seine Tochter Chouchou aus zweiter Ehe komponierte er 1908 die Sammlung *Children's Corner*, in der Debussy im letzten Stück Wagners »Tristan«-Akkord in einen damaligen Modetanz, den Cake-Walk, integrierte. Sein populärstes Klavierwerk waren die insgesamt 24 *Préludes*. In ihnen erprobte er neuartige Klangwirkungen und Effekte, zu deren Gunsten er stellenweise die Tonalität hinter sich ließ.

1910 gelang es dem italienischen Dichter Gabriele D'Annunzio, Debussy für die Komposition zu seiner Dichtung *Le Martyre de Saint Sébastien* zu gewinnen. Debussy war gezwungen, die Partitur in weniger als drei Monaten abzuschließen. Dieses Werk, das getanzt, gespielt und gesprochen werden sollte, gelangte noch im gleichen Jahr am Théâtre du Châtelet in Paris zur Premiere. Nach der nicht sonderlich erfolgreichen Uraufführung dachte Debussy daran, die musikalischen Teile zu einer Oper zu erweitern. Doch wie viele andere Opernpläne blieb auch dieser unrealisiert. *Le Martyre de Saint Sébastien* steht formal zwischen Oper, Kantate und Ballett. Heutzutage wird das Werk häufig in Form eines Oratoriums aufgeführt, wobei ein Sprecher die einzelnen musikalischen Teile durch kurze Texte miteinander verbindet.

Debussys nächstes größeres Werk war das für Nijinsky und die »Ballets Russes« von Sergej Diaghilew geschriebene Orchesterstück *Jeux*, das nur zwei Wochen nach Igor Strawinskys Ballett *Sacre du printemps* Premiere hatte und lange in dessen Schatten stand. Debussy geht hier über die Errungenschaften seiner früheren Orchesterstücke deutlich hinaus. Melodie und Rhythmus wirken vielfach gebrochen und kaleidoskopartig zusammengesetzt. Auch die Instrumentation scheint fragmentiert; die Motive leuchten in winzigen Partikeln über den Orchestersatz verstreut auf. Es entsteht eine Art Klangfarbenskala mit pointillistisch anmutenden Farbwerten. Die klassische Aufteilung des Orchesters wird hier gewissermaßen auf den Kopf gestellt. Einzelne kleine Zellen werden zu einem Netz motivischer Strukturen verknüpft, die eine eigentümliche Nähe zum späten Schaffen Anton Weberns offenbaren. Dieses nicht nur innerhalb der französischen Musik revolutionäre Stück wurde bei der Uraufführung 1913 eher gleichgültig und auch ratlos aufgenommen. Der orchestrale Satz erschien befremdend und unverständlich. *Jeux* markiert den Beginn von Debussys Spätwerk, das er 1915 mit einer Reihe von Klavierwerken fortsetzte.

Als 1914 der Erste Weltkrieg begann, bedauerte er sehr, aus Gesundheits- und Altersgründen nicht an der nationalen Verteidigung Frankreichs teilnehmen zu können. In seinem Charakter traten nun deutlich chauvinistische Züge zutage:»Seit man Paris von allen diesen lästigen Ausländern gesäubert hat, sei es durch Erschießen, sei es durch Ausweisung, ist es augenblicklich ein reizvoller Ort geworden.« Der Krieg gab den Anstoß zu zwei Gelegenheitswerken der späten Jahre, die *Berceuse héroïque* für Klavier oder Orchester, zu Ehren Seiner Majestät Alberts I. von Belgien und seiner Soldaten, und eine Liedkomposition auf einen eigenen Text: *Noël des enfants qui n'ont plus de maison*, für den er eine schlichte Klavierbegleitung vorsah, denn »es darf kein Wort von dem Text verlorengehen, den die Raubgier unserer Feinde inspiriert hat«.

In den 1915 entstandenen *Six épigraphes antiques* für Klavier zu vier Händen, vor allem aber in den *Douze études* für Klavier gab Debussy die Tonalität zugunsten abstrakter Problemlösungen auf. Im Zentrum stehen nun Intervalle wie die Quarte, die ohne Rücksicht auf die traditionelle Funktionsharmonik zu Akkorden getürmt wird. Jede der Etüden ist einem kompositorischen Spezialproblem gewidmet, ähnlich wie in der Sammlung Chopins. Im zweiten Band findet sich eine Etüde der »Klänge und Klangfarben«, die die Bedeutung dieses Parameters unterstreicht. Andere behandelte Probleme sind »chromatische Fortschreitungen«, »kombinierte Arpeggien« oder auch »gegensätzliche Klangwerte«. Werke wie diese waren es, an die Komponisten wie Pierre Boulez, der sich ausdrücklich auf das Spätwerk Debussys berief, nach dem Zweiten Weltkrieg anknüpften und so der seriellen Musik neue Impulse verliehen.

In seinen letzten Lebensjahren hatte Debussy die Absicht, eine Reihe von sechs Sonaten für verschiedene Instrumente zu komponieren. Er konnte nur noch drei vollenden, die *Sonate für Violoncello und Klavier, die Sonate für Flöte, Viola und Harfe* und schließlich die *Sonate für Violine und Klavier*. Vor allem die Sonate für Flöte, Viola und Harfe erinnert mitunter an divertimentoartige Stücke der Frühklassik und nimmt somit den Neoklassizismus, wie ihn später die »Groupe des Six« pflegte, vorweg.

Bei der Uraufführung der Violinsonate im Mai 1917, bei der Debussy den Klavierpart spielte, trat er das letzte Mal öffentlich auf. Seit einer Krebsoperation im Jahr 1915, die ohne Erfolg geblieben war, fand Debussy nur noch selten die Kraft zum Komponieren. »Die Musik hat mich vollständig verlassen«, schrieb er im Oktober 1917. Claude Debussy starb am 25. März 1918 im Alter von 55 Jahren in Paris.

WERKE (Auswahl)

Invocation für Männerchor und Orchester (1883)
L'Enfant prodigue. Kantate für Sopran, Tenor,
    Bariton und Orchester (1884)
Deux romances für Gesang und Klavier (1884)
Printemps. Symphonische Suite für Orchester und
    Chor (1886/87)
La Damoiselle élue. Kantate für Sopran, Mezzo-
    sopran, Chor und Orchester (1887/88)
Ariettes oubliées für Gesang und Klavier (1887/88)
Cinq poèmes de Charles Baudelaire für Gesang
    und Klavier (1887/89)
Petite Suite für Klavier vierhändig (1888/89)
Fantaisie pour piano et orchestre (1889)
Suite bergamasque für Klavier (1890–1905)
Trois mélodies für Gesang und Klavier (1891)
Fêtes galantes für Gesang und Klavier. Erstes Heft
    (1892)
Prélude à l'après-midi d'un faune für Orchester
    (1892/94)
Trois chansons de Bilitis für Gesang und Klavier
    (1892/97)
Pelléas et Mélisande. Lyrisches Drama in fünf
    Akten (1892–1902)
Streichquartett g-Moll (1893)
Les nocturnes. Symphonisches Triptychon für
    Orchester und Chor (1893/99)
Pour le piano (1896–1901)
Estampes für Klavier (1903)
La Mer. Drei symphonische Skizzen (1903/05)
Rhapsodie für Saxophon und Klavier (1903/05)

Fêtes galantes für Gesang und Klavier. Zweites
    Heft (1904)
Deux Danses für Harfe und Streichorchester
    (1904)
Images für Klavier. Erstes Heft (1905)
Images für Orchester (1906/12)
Children's Corner für Klavier (1906)
Images für Klavier. Zweites Heft (1907)
Douze Préludes für Klavier. Erstes Heft (1910)
Trois Ballades de François Villon für Gesang und
    Klavier (1910)
Douze Préludes für Klavier. Zweites Heft (1910/13)
Le Martyre de Saint-Sébastien. Bühnenmusik für
    Soli und Orchester (1911)
Syrinx für Flöte solo (1912)
Jeux. Ballett (1912)
Khamma. Ballett (1912)
Trois poèmes de Stéphane Mallarmé für Gesang
    und Klavier (1913)
La Boîte à joujou. Ballett (1913)
Berceuse heroïque für Klavier oder Orchester
    (1914/15)
Six épigraphes antiques für Klavier vierhändig
    (1914/15)
Sonate für Violoncello und Klavier (1915)
En blanc et noir für zwei Klaviere (1915)
Douze études für Klavier. Erstes Heft (1915)
Douze études für Klavier. Zweites Heft (1915)
Noël des enfants qui n'ont plus de maison für
    Kinderchor (1915)
Sonate für Flöte, Viola und Harfe (1916)
Sonate für Violine und Klavier (1916/17)

EDISSON DENISSOW

»Mir bedeutet die Farbe sehr viel, und ich
habe überhaupt das Gefühl, daß ich bei Malern mehr gelernt habe als bei vielen Komponisten. Die Klangfarbe hat in meinen Werken keine dekorative Funktion – ich mag in
der Kunst nichts Dekoratives oder Illustrati-
ves –, sondern sie erfüllt inhaltliche und
ausdrucksmäßige Aufgaben.«

Wenn Edisson Denissow über seine Musik spricht, kommt immer die Klangfarbe mit

ins Spiel. Wer Begriffe wie »Klangfarben-bruch« oder »Farbfleck« als ästhetische Kategorien auf seine Werke anwendet, dem ist die Farbe ein zentrales Mittel kompositorischen Ausdrucks. Das belegen auch Werktitel wie *Malerei, Aquarelle* oder *Zeichen in Weiß*. Farbe und Lyrik durchziehen als Inspirationsquellen sein gesamtes musikalisches Schaffen. Sie sind die tragenden Pfeiler, die jenseits aller stilistischen Tendenzen und Entwicklungen die kompositorische Welt Denissows ausmachen.

Geboren am 6. April 1929 im sibirischen Tomsk als Sohn eines Ingenieurs und einer Ärztin, hatte Edisson Denissow zunächst nichts mit Musik im Sinn. Bis zu seinem 15. Lebensjahr konnte er nicht einmal Noten lesen. Das Spiel auf Mandoline, Gitarre und Klarinette brachte er sich selbst bei. Nach der Schulzeit studierte Denissow zunächst bis 1951 Mathematik an der Universität seiner Heimatstadt. Nebenher nahm er Klavierunterricht und entwarf erste Kompositionen, die er 1949 keinem Geringeren als dem damals unter Berufsverbot stehenden Dmitri Schostakowitsch zur Beurteilung schickte. Dieser erkannte sein Talent und sorgte dafür, daß Denissow als Kompositionsschüler am Moskauer Konservatorium aufgenommen wurde. Ab 1956 lehrte er dort selber Komposition und musikalische Analyse, ab 1961 zusätzlich Instrumentation.

Seine frühen, zumeist in den späten fünfziger Jahren entstandenen Werke weisen noch deutliche Einflüsse Bartóks und Strawinskys auf. Sie schöpfen ihr Material aus der Folklore, die Denissow, ähnlich wie seine kompositorischen Vorbilder, in einem strengen, thematisch verdichteten Satz mit eigenen Elementen verbindet. Schon im *Trio für Violine, Klarinette und Fagott* oder in den *Bagatellen* für Klavier fällt neben der folkloristischen Ausrichtung der große Reichtum von Klangfarben auf, der auch für seine späteren Arbeiten kennzeichnend werden sollte. Bald erkannte Denissow die Notwendigkeit, sich von seinen kompositorischen Vorbildern, neben den Genannten vor allem von dem Übervater Schostakowitsch, zu lösen. Damit setzte eine schöpferische Krise ein. »Ich wollte mich selbst finden. In dieser Zeit habe ich über vieles nachgedacht, habe sehr viel Musik analysiert und selbst sehr wenig komponiert. 1965 entstanden im ganzen Jahr nur sechs Minuten Musik! Sechs Minuten – das ist wenig! Dies hing damit zusammen, daß ich zu dieser Zeit sehr viele Analysen erarbeitet und zahlreiche Artikel geschrieben habe. Doch bin ich auf diese Weise auch als Komponist selbständiger geworden.«

Erstes kompositorisches Ergebnis dieser neuen Selbständigkeit ist die 1964 entstandene Kantate *Die Sonne der Inkas* für Sopran und elf Instrumente auf Texte der chilenischen Dichterin Gabriela Mistral. Denissow widmete sie sicher nicht zufällig dem von ihm verehrten Pierre Boulez, denn sie weist eine Reihe von Ähnlichkeiten mit dessen *Le Marteau sans Maître* auf. Kennzeichnend ist hier das Zusammenwirken von serieller Technik und tonaler Sprache. Stabilisierende Tendenzen wechseln dabei mit prozeßorientierten, wobei die mit ungeraden Zahlen numerierten Instrumentalsätze zur formalen Verfestigung tendieren, die zwischengeschalteten Vokalsätze dagegen zu improvisationsartigen Rezitationsweisen. Vokale und instrumentale Sätze bewegen sich damit in unterschiedliche Richtungen, bevor im letzten Satz beide Tendenzen miteinander verschmolzen werden.

Das kompositorische Vorbild für die Werke der sechziger Jahre ist in erster Linie Anton Webern. Das zeigt sich etwa in den *Drei Stücken für Violoncello und Klavier*. Sie sind durch die Verwendung derselben Zwölftonreihe miteinander verbunden, die aber kein strenges Ordnungsprinzip impliziert. Vielmehr zeigt sich in diesen drei Stücken, was sich später zu einem typischen Stilmerkmal Denissows entwickeln sollte: die Koexistenz streng determinierter Strukturen und deren allmählicher Auflösung. Dieses Prinzip wird in der 1968 entstandenen *Ode für Klarinette, Schlagzeug und Klavier* konsequent fortgesetzt: Ordnung und vermeintliches Chaos, serielle Organisation und Auflösungstendenzen existieren hier nebeneinander. Das Stück endet mit einem kantablen Solo der Klarinette, begleitet von gezupften Klaviersaiten und zaghaften Einsprengseln des Schlagzeugs. Der wachsende Stellenwert des melodischen Elements in den späteren Werken Denissows kündigt sich hier bereits an.

Daß Denissows Werke nicht den Vorgaben des sozialistischen Realismus entsprachen, wurde spätestens mit diesem Werk offenbar. Er hatte in den folgenden Jahren mit schweren Angriffen und Behinderungen zu kämpfen, die bis zu zeitweiligem Aufführungsverbot reichten. Vermutlich war dies der Grund, warum sich Denissow die sechziger Jahre hindurch auf Kammermusik konzentrierte, die unter diesen Umständen noch am ehesten im Konzertsaal aufgeführt werden konnte.

In den Werken der siebziger Jahre strebte Denissow eine freiere Behandlung der musikalischen Parameter an. Die Struktur wird lichter und zarter, das Melodische gewinnt an Bedeutung. Vor allem aber wendet sich Denissow jetzt dem großen Apparat zu. »Nachdem ich etwa zehn Jahre nur im kammermusikalischen Bereich gearbeitet

hatte, wollte ich gern Musik für große Besetzung schreiben. Vielleicht hatte ich mich in den Genres der Kammermusik auch irgendwie erschöpft, und ich glaube, daß die nachfolgenden Orchesterwerke geglückt sind. Die gelungenste Arbeit ist vielleicht *Malerei* für großes Orchester von 1970. Dort ist – wenn auch auf einer anderen, breiteren Ebene – das verwirklicht, worum ich mich zuvor in der Kammermusik bemüht hatte.«

Inspiriert wurde Denissows *Malerei* von Bildern des sowjetischen Malers Boris Birger. In diesen Bildern steigern sich die Farben des Hintergrunds vom äußeren Rand zum Mittelpunkt hin. Im Zentrum werden dann die Konturen bestimmter Figuren sichtbar. Ähnlich aufgebaut ist auch die Komposition Denissows. Es ist ein dichtes Geflecht einzelner Linien, die sich überlagern, durchkreuzen und zu immer neuen farblichen Wirkungen ergänzen, ein polyphones Netz von bis zu 36, an einer Stelle sogar 62 Stimmen. Die Einsätze gestaltet Denissow unmerklich, so daß sich die Klangfarben nur allmählich verändern und jeder Eindruck einer musikalischen Zäsur vermieden wird. Als eine Art Kontinuum weist der mikropolyphone Satz komplexe rhythmische Unterteilungen auf, um diese unmerklichen Übergänge zu realisieren.

In den späten siebziger und achtziger Jahren wandte Denissow sich der Form des Solokonzerts zu. Dies geschah weniger aus eigenem Antrieb, sondern vielmehr, weil befreundete hochrangige Interpreten wie etwa der Geiger Gidon Kremer oder der Flötist Aurèle Nicolet ihn darum gebeten hatten. »Das Solokonzert kam sogar für mich selbst unerwartet. Unerwartet deshalb, weil ich das Solokonzert als solches eigentlich nie gemocht habe. Sogar die Solokonzerte Mozarts, den ich sonst so sehr verehre, mag ich nicht sonderlich. Um so sonderbarer ist es, daß ich mich nun selbst so intensiv einem

Genre zugewandt habe, das eigentlich gar nicht mein Fall ist.« Bei dem 1975 entstandenen viersätzigen *Flötenkonzert* umrahmen zwei Adagios zwei schnellere Sätze, ein Allegro und einen Choral, in den Denissow sein eigenes Monogramm mit eingewoben hat. Bewußt sind Kopf- und Finalsatz in langsamem, ruhigem Tempo gehalten. Denissow entwickelte in jenen Jahren eine ausgesprochene Vorliebe für leise Töne: »Es ist einfach so, daß ich in den letzten Jahren immer mehr ruhige Musik geschrieben habe, warum, weiß ich nicht. Es ist jedenfalls so, daß ich alle besonders wesentlichen Dinge, die ich zu sagen habe, nicht laut, sondern leise sage … Ich war lauter Musik einfach müde. Offensichtlich geht es ja anderen Komponisten auch so, und doch ist es eine ganz subjektive Angelegenheit. Mozart, Mahler, Schubert – die allerwichtigsten Dinge haben sie mit leiser Musik gesagt.«

Im Zentrum vieler seiner Werke aus den achtziger Jahren stehen religiöse Themen. Der Bogen dieser Kompositionen reicht von einem *Requiem* aus dem Jahr 1980 bis zu seiner *Historie de la Vie et de la Mort de notre Seigneur Jésus Christ* vom Anfang der neunziger Jahre. 1986 konnte er der Premiere seiner Oper *L'Écume des Jours* nach Boris Vian in Paris beiwohnen, und wenige Jahre später erhielt er die Erlaubnis, frei zu reisen. Schon immer verspürte er eine besondere Vorliebe für die französische Kultur und die französische Sprache. 1990 hielt er sich für längere Zeit in Paris auf, um am musikalischen Forschungsinstitut IRCAM zu arbeiten. Im gleichen Jahr wurde er kurzzeitig stellvertretender Generalsekretär des sowjetischen Komponistenverbandes. Auf seine Initiative ging auch die Wiedergründung der 1932 aufgelösten »Assoziation für zeitgenössische Musik« zurück.

In den neunziger Jahren setzte sich Denissow intensiv mit seinen kompositorischen Vorbildern auseinander. Er vollendete das *Lazarus*-Fragment Franz Schuberts und ergänzte Claude Debussys Opernfragment *Rodrigue et Chimène*.

Der ausgebildete Mathematiker Denissow benutzte beim Komponieren keine mathematischen Modelle. Vielmehr betonte er die intuitive Seite seines Schaffens: »Ich muß sagen, daß ich oft erst später, im nachhinein, mit Verwunderung merke, was ich gemacht habe.« Intuition und Strukturalismus, offene Form und dichtes Gewebe sind die Pole, zwischen denen sich die Musik von Edisson Denissow bewegt.

1994 wurde er nach einem Autounfall in einer Pariser Klinik behandelt und lebte von da an in seiner Wahlheimat Frankreich. Er starb am 24. November 1996 in Paris.

WERKE (Auswahl)

Sinfonie C-Dur (1955)
Trio für Violine, Klarinette und Fagott (1957)
Sonate für zwei Violinen (1958)
Bagatellen für Klavier (1960)
Variationen für Klavier (1961)
Sinfonie für zwei Streichorchester und Schlagzeug (1962)
Konzert für Flöte, Oboe, Klavier und Schlagzeug (1963)
Die Sonne der Inkas für Sopran und Ensemble (1964)
Crescendo e diminuendo für Cembalo und zwölf Streicher (1965)
Klagen für Sopran, Klavier und drei Schlagzeuger (1966)
Fünf Geschichten vom Herrn Keuner für Tenor und Ensemble (1966)
Drei Stücke für Violoncello und Klavier (1967)
Herbst für dreizehn Solostimmen (1968)
Ode für Klarinette, Schlagzeug und Klavier (1968)
Streichtrio (1969)
D-S-C-H für Klarinette, Posaune, Violoncello und Klavier (1969)
Silhouetten für Flöte, zwei Klaviere und Schlagzeug (1969)

Malerei (Peinture) für Orchester (1970)

Herbstlied für Sopran und Orchester (1971)

Canon in memoriam Igor Strawinsky für Flöte, Klarinette und Harfe (1971)

Konzert für Violoncello und Orchester (1972)

La vie en rouge für Gesang und fünf Instrumente (1973)

Konzert für Klavier und Orchester (1974/75)

Zeichen in Weiß für Klavier (1974)

Aquarelle für 24 Streicher (1975)

Konzert für Flöte und Orchester (1975)

Konzert für Flöte, Oboe und Orchester (1978)

Requiem für Soli, Chor und Orchester (1980)

L'Écume des Jours. Lyrisches Drama in drei Akten (1981)

Konzert für Fagott, Violoncello und Orchester (1982)

Kammersinfonie (1982)

Confession. Ballett in drei Akten (1984)

Tableaux de Paul Klee für Bratsche und Ensemble (1985)

Konzert für Viola und Orchester (1986)

Konzert für Oboe und Orchester (1986)

Les Quatre Filles. Oper in sechs Bildern (1986)

Sinfonie für großes Orchester (1987)

Les Cloches dans le Brouillard für Orchester (1988)

Points et Lignes für zwei Klaviere zu acht Händen (1988)

Konzert für Klarinette und Orchester (1989)

Konzert für Gitarre und Orchester (1991)

Oktett für Bläser (1991)

Vier Stücke für Streichquartett (1991)

Kyrie. Hommage à Mozart für Chor und Orchester (1991)

Sur la Nappe d'un étang glacé für neun Instrumente und Tonband (1991)

Histoire de la Vie et de la Mort de notre Seigneur Jésus Christ für Soli, Chor und Orchester (1992)

Morgentraum für Sopran, Chor und Orchester (1993)

Konzert für Flöte, Vibraphon, Cembalo und Streicher (1993)

PAUL DESSAU

»Musik schreiben ist nicht leicht. Hinter einer Spieldauer von fünfzehn Minuten steht vielleicht ein halbes Jahr Arbeit. Komponieren ist eine harte Sache, eine ›mathematische Arbeit‹. Es geht nicht darum, etwas zu schreiben, das der Bequemlichkeit der Menschen entspricht. Musik ist geistige Anspannung, nicht bequemer Genuß. Das Schaffen neuer Musik – zeitgenössischer Musik –, solcher, die unser sozialistisches Leben widerspiegelt, kann nicht bequem sein, denn gefordert ist eine eindeutige Stellungnahme zu den Fragen unserer Zeit.«

Paul Dessau sah sich als politisch aktiven Künstler. Spätestens seit Ende der zwanziger Jahre stand er dem Kommunismus nahe. Nach der Machtübernahme der Nationalsozialisten verstärkte er, der jüdischen Glaubens war, zunehmend sein politisches Engagement, und es war für ihn nach dem Ende des Zweiten Weltkrieges klar, in welchem Teil Deutschlands er leben wollte. Dessau ging in die DDR und wurde dort zu einem der führenden und anerkanntesten Komponisten.

Paul Dessau wurde am 19. Dezember 1894 in Hamburg als Sohn eines Zigarrenarbeiters geboren. Im Alter von sechs Jahren erhielt er ersten Geigenunterricht, als Elfjähriger trat er erstmals solistisch auf. In diesem Alter begann er auch mit ersten Kompositionsversuchen. Von 1910 bis 1912 besuchte er das Klindworth-Scharwenka-Konservatorium in Berlin. Da sein Lehrer Florian Zajic der Meinung war, seine Hände seien für das Geigenspiel ungeeignet, brach er die Ausbildung ab und beschloß, eine Karriere als Kapellmeister einzuschlagen. Zunächst fand er eine Stelle als Korrepetitor am Hamburger Stadttheater, wenig später wechselte er als Operettenkapellmeister nach Bremen. Gleichzeitig nahm er Privatunterricht in Komposition sowie in Klavier- und Partiturspiel. Seine Kapellmeisterlaufbahn wurde durch den Ersten Weltkrieg jäh unterbrochen; Dessau wurde Soldat. 1919 ging er als

Assistent von Otto Klemperer nach Köln und von dort 1925 nach Berlin, wo er erster Kapellmeister an der Städtischen Oper wurde. In dieser Zeit entstanden die ersten gültigen Kompositionen, so etwa ein *Concertino* für Solovioline, Flöte, Klarinette und Horn, das stilistisch ähnliche Techniken wie etwa zeitgleiche Werke von Paul Hindemith oder Erwin Schulhoff aufweist. Neobarocke und neoklassizistische Einflüsse sowie Anklänge an die jüdische Folklore prägen den musikalischen Satz. Mit dem *Concertino* begann Dessaus Karriere als Komponist. Für dieses Werk wurde er 1925 mit dem Preis des Musikverlages Schott ausgezeichnet. Auch die im darauffolgenden Jahr entstandene *1. Sinfonie* zeigt harmonisch neoklassizistische Züge, mit den für die Zeit typischen harmonischen Schärfen und einem zuweilen auch aggressiven Gestus. Thematisch greift die erste Sinfonie auf die auch von Arnold Schönberg vertonte synagogale Musik *Kol nidre* zurück. Dazu äußerte sich Dessau: »Die ersten siebzig Takte meiner kleinen Sinfonie tragen das Thema in einer starken, entsentimentalisierten Form vor. Fast heroisch, ja trotzig sollen diese langen Einleitungstakte wirken. Im letzten Satz verarbeitete ich dann das Zitat noch einmal im Allegrotempo. Der Mittelsatz ist eine große Variation, eine Art Passacaglia – ich kam ja von Bach her.«

Neben seiner Kapellmeistertätigkeit widmete sich Dessau in den späten zwanziger Jahren vor allem der Filmmusik. Er vertonte eine Reihe von Zeichentrickfilmen Walt Disneys. Die Arbeit für den Film, so betonte er wiederholt, war ihm eine wichtige Schulung: »Natürlich mußte man in diesen Filmen präzise auf die einzelnen Szenen eingehen. Ganz genau sogar. Das hat mir, obwohl diese Musik wirklich keine große Sache war, später beim Komponieren sehr geholfen. Ich mußte in einer Nacht einfach, so etwas finde ich sehr wichtig, zehn Minuten Musik fertig machen. Das ist eine ganze Menge. Später, nach Aufkommen des Tonfilms, schrieb ich auch umfangreiche Filmmusiken. Ich erinnere mich an die großen Bergfilme mit Fanck und Trenker. Das waren riesengroße Partituren.«

In der Nachfolge von Hindemiths Kinderstück *Wir bauen eine Stadt* wandte sich Dessau auch pädagogischer Musik zu. 1930 schrieb er *Das Eisenbahnspiel*, das der Komponist ein »Lehrstück für Kinder« nannte. Wenig später folgten *Tadel der Unzuverlässigkeit* und die *Kinderkantate*, die von Kinderchören des Arbeitersängerbundes aufgeführt wurden. Auch später hat sich Paul Dessau immer wieder musikpädagogisch betätigt, da ihm die Arbeit mit Kindern und dem kompositorischen Nachwuchs besonders am Herzen lag.

In der sich weiter zuspitzenden politischen Atmosphäre während der letzten Jahre der Weimarer Republik engagierte sich Dessau immer eindeutiger im sozialistischen Lager. Nach der Machtübernahme durch die Nationalsozialisten emigrierte der Komponist zunächst nach Paris. Hier schrieb er vornehmlich politisch und jüdisch-religiös engagierte Werke wie das Oratorium *Haggadda*, Psalmen und Lieder, unter denen die *Thälmannkolonne* zu den populärsten Stücken zählt. Daneben begann sich Dessau mit der Zwölftontechnik Schönbergscher Prägung zu beschäftigen. Er nahm Unterricht bei dem in Paris lebenden Webern-Schüler René Leibowitz und erarbeitete erste Werke in dieser Technik wie die *Zwölftonversuche* für Klavier und verschiedene Lieder. Dennoch überwiegen in jenen Jahren die politisch motivierten Arbeiten in Form von Gebrauchsmusik, die sich mit der Situation in Europa (*An die Armeen Europas*), dem Spanischen Bürgerkrieg oder aktuellen Ereignissen (*Zeitungsbericht über den Tod von Rudolf Claus*) auseinandersetzen. In Paris vertonte Dessau auch erstmals Texte von Bertolt Brecht, den er bereits in den zwanziger Jahren flüchtig kennengelernt hatte. Zu den Hauptwerken dieser Zeit zählt die Kantate *Les Voix* auf ein Gedicht von Paul Verlaine, die in zwei Fassungen existiert. Die frühere Version schrieb er für Stimme und zwei Klaviere, die spätere für großes Orchester. Aus aktuellen politischen Gründen ergänzte Dessau den Text des Dichters um eine Passage, die über den Krieg berichtet. Der Anlage des Textes entsprechend wählte der Komponist die Form einer Variationsreihe.

Mit Beginn des Zweiten Weltkrieges übersiedelte Dessau nach New York, wo er zunächst seinen Lebensunterhalt weitgehend mit der Komposition von Filmmusiken bestreiten mußte. Nach einer Begegnung mit Brecht beschloß er, nach Kalifornien umzusiedeln. Als erste große gemeinsame Arbeit mit Brecht entstand das *Deutsche Miserere* (1944–47). Daß bereits Hanns Eisler den Text *O Deutschland, bleiche Mutter* in seiner *Deutschen Sinfonie* vertont hatte, war Dessau zu diesem Zeitpunkt nicht bekannt. Brecht wurde fortan für ihn zu einer Art Mentor, dem er fast bedingungslos vertraute: »Von besonderer Bedeutung war Brechts politischer Einfluß, den er auf mich ausübte. Und zwar sowohl durch seine Stücke als auch durch Gespräche. In seinem Haus in Santa Monica gab es ja nur politische und künstlerische Gespräche – was freilich nicht zu trennen ist, bei mir nicht und bei Brecht schon gar nicht. Ein immer wiederkehrendes Thema war dabei die Situation in Deutschland und unsere Rückkehr.« Neben Eisler wurde Dessau zu Brechts zweitem Hauskomponisten. Er schrieb Lieder zu *Mutter Courage und ihre Kinder* und zu *Der gute Mensch von Sezuan*. Weitere gemeinsame Projekte planten sie für die Zeit nach dem Kriege, denn sowohl Brecht als auch Dessau

wollten wieder nach Deutschland zurückkehren.

Nach der Kapitulation Deutschlands
blieb Paul Dessau zunächst noch in den
Vereinigten Staaten. Erst 1948 kam er nach
Europa zurück und ließ sich im darauffolgenden Jahr in Ost-Berlin nieder. Als erste
größere Arbeit schrieb er dort die Oper *Die
Verurteilung des Lukullus*, die auf Brechts
Hörspiel *Das Verhör des Lukullus* basiert. Mit
diesem Stück begann Dessaus Opernproduk-
tion, die sich über die nächsten dreißig
Jahre erstreckte. Auf den *Lukullus* folgten
1959 *Puntila*, ebenfalls nach Brecht, 1969
Lanzelot, 1973 *Einstein* sowie 1979 *Leonce
und Lena* nach dem gleichnamigen Bühnenstück von Georg Büchner. Die Kritiker des
Lukullus warfen Dessau »Formalismus« und
»bürgerliche Dekadenz« vor. Da der Komponist fest auf dem Boden des sozialistischen
Systems stand, lenkte er ein und arbeitete
die Oper mehrfach um. Dessau empfand die
Aussprache mit den Machthabern, wie er
sich ausdrückte, als »hilfreich«. »Wie sich der
Genosse Pieck damals väterlich um mich
sorgte ... wird mir unvergeßlich bleiben.«

Dessau avancierte neben Hanns Eisler
schon bald zum wichtigsten Vertreter der
zeitgenössischen Musik im Osten Deutschlands. Als bekennender Sozialist stand er
treu zum Regime und stellte die Gesell-
schaftsordnung der DDR auch in den Jahren
des Stalinismus nicht in Frage. Ein wenig
naiv klingt es deshalb schon, wenn Dessau
bekennt: »Eine wirklich echte gesellschaftliche Basis erhielt meine Arbeit freilich erst
in der Deutschen Demokratischen Republik.
War (sie) bisher von Zufälligkeiten, Willkür-
lichkeiten und einem unsicheren Hin und
Her beeinflußt, so gibt unsere junge Republik mit ihrem Schwung und ihrer Beseelt-
heit uns Künstlern neuen Mut, neue Kraft
und vor allem unserem Schaffen und Leben
einen neuen Inhalt, den es zu formen gilt.«

Wolf Biermann, der für seine geschliffe-
nen und oft auch provozierenden Formulierungen bekannte Liedermacher, schätzte
den Komponisten viele Jahre nach dessen
Tod einmal als »privilegierte Brecht-Mumie«
und als »besonders devoten Parteikünstler«
ein. In der Tat geriet Paul Dessau nie in größere Konflikte mit den Herrschenden und
genoß durch die Rückendeckung Brechts
eine herausragende Stellung im Musikleben
der DDR. Doch trotz seiner den Sozialismus
verherrlichenden Parteilieder, Märsche und
Festmusiken zu offiziellen Anlässen war er
kein bloßer Staats- oder Parteikomponist.
Vor allem in seinen Opern und den großen
Instrumentalwerken, etwa den zwischen
1955 und 1973 entstandenen *Orchestermusi-
ken Nr. 1–4*, entwickelte er eine musikalische
Sprache, in der er zu neuartigen formalen
Konstellationen und Ausdruckscharakteren
fand. Gleichzeitig setzte er sich in den Or-
chestermusiken auch mit der musikalischen
Tradition auseinander, die für ihn ein wichtiger Bezugspunkt blieb. In der Orchestermusik 3, *Lenin* überschrieben, zitiert er den
langsamen Satz aus Beethovens *Appassio-
nata* und instrumentiert ihn in der Art Anton Weberns, dessen Bearbeitung des »Ricercar« aus Johann Sebastian Bachs *Musikalischem Opfer* hier Pate gestanden hat. Auch
die vierte und letzte Orchestermusik ist in
gewisser Hinsicht Musik über Musik: »In der
Orchestermusik Nr. 4 habe ich die Bachsche
Toccata fast wörtlich übernommen und sie
mir so weit bearbeitet, wie die traditionelle
Sprache mit der heutigen zu verschmelzen
ist. Die ungeheure Aktivität dieser Musik
Bachs hat mich angeregt, so etwas zu machen. Das interessierte mich so stark, daß
ich mich ein halbes Jahr lang damit beschäftigt habe. Diese Bachsche Musik hat für
mich sehr viel Zeitgenössisches in sich,
ich fand nichts Besseres. Und ich suche mir
immer gern das Beste aus.«

1954 heiratete Dessau in dritter Ehe die Regisseurin Ruth Berghaus und zog an den Stadtrand Berlins, nach Zeuthen, wo in der Folge eine Künstlerkolonie entstand, zu der größtenteils Komponisten zählten. Immer wieder und mit großem Engagement setzte sich Dessau, der ab 1959 auch als Professor an der Berliner Hochschule für Musik unterrichtete, für die Arbeiten der jüngeren Komponistengeneration ein. Vor allem die von der DDR-Führung am heftigsten angegriffenen Musiker wie Friedrich Goldmann, Reiner Bredemeyer oder Friedrich Schenker wurden von ihm gefördert.

Hoch geehrt starb Paul Dessau am 28. Juni 1979 im Alter von 84 Jahren in Königswusterhausen bei Berlin. Um die Zukunft seiner Musik war ihm offensichtlich nicht bange, denn er sah sie in engem Bezug zur musikalischen Tradition: »Ich möchte keine andere Musik schreiben als eine, die alle angeht: mögen heute auch noch nicht alle – das kann man nicht verlangen – bereits so weit vorgebildet sein, ihr zu folgen und sie zu rezipieren. Das wird noch eine Weile dauern. Schostakowitsch hat einmal sehr richtig gesagt: ›Um neue Musik zu lieben, muß man sie richtig hören können.‹ Der Schlüssel hierzu ist – ich sage es immer wieder – die Kenntnis der Werke unserer Klassiker. Aus ihnen kann man lernen, die Zeitgenossen besser zu begreifen.«

WERKE (Auswahl)

Concertino für Solo-Violine mit Flöte, Klarinette und Horn (1924)
Sinfonie in einem Satz (Sinfonie Nr. 1) (1926)
Streichtrio (1927)
Das Eisenbahnspiel. Lehrstück für Kinder (1930/31)
Tadel der Unzuverlässigkeit. Lehrstück für Kinder (1930/31)
Kinderkantate (1931/32)
Streichquartett Nr. 1 (1932)
Sinfonie Nr. 2 (1934)
Kampflied der schwarzen Strohhüte für Gesang und Klavier (1936)
Die Thälmannkolonne für Gesang und Klavier (1936)
Haggadda. Oratorium in hebräischer Sprache für Soli, Chor, Kinderchor und Orchester (1936)
An die Armeen Europas für Gesang und Klavier (1936)
Zeitungsbericht über den Tod von Rudolf Claus für Gesang und Klavier (1936)
Zwölfton-Versuche für Klavier (1937)
Guernica für Klavier (1938)
Les Voix für Gesang und Klavier (1940), Fassung für Gesang, Klavier und Orchester (1941)
Streichquartett Nr. 2 (1942)
Lied einer deutschen Mutter für Gesang und Klavier (1943)
Streichquartett Nr. 3 (1943/46)
Vier Lieder des Glücksgotts für Tenor und Gitarre (1943/47)
Deutsches Miserere für Soli, Chor, Kinderchor, Orchester, Orgel und Trautonium (1944/47)
Mutter Courage und ihre Kinder. Schauspielmusik (1946)
Der gute Mensch von Sezuan. Schauspielmusik (1947)
Streichquartett Nr. 4 (1948)
Die Verurteilung des Lukullus (1. Titel: Das Verhör des Lukullus). Oper in zwölf Szenen (1949)
Aufbaulied der FDJ für Gesang und Klavier (1949)
Das Zukunftslied für Gesang und Klavier (1949)
Appell für Soli, Sprecher, Chor, Kinderchor und Orchester (1951/52)
Die Erziehung der Hirse. Musikepos für Bariton, Sprecher, Chor, Jugendchor und Orchester (1952)
Sozialistische Festouvertüre für Orchester (1953)
Lilo Herrmann. Melodram für Sprechstimme, kleinen gemischten Chor und Ensemble (1953)
Sonatine für Klavier (1955)
Orchestermusik Nr. 1 (1955)
In memoriam Bertolt Brecht für Orchester (1957)
Puntila. Oper in 13 Bildern und einem Epilog (1957/59)
Appell der Arbeiterklasse für Alt, Tenor, Sprecher, Chor und Orchester (1961)

Requiem für Lumumba für Sopran, Bariton,
  Sprecher, Chor und Instrumente (1963)
Bach-Variationen für großes Orchester (1963)
Quadrodramma für vier Violoncelli, zwei Klaviere
  und Schlagzeug (1965)
Geschäftsbericht für Soli, Sprecher, Chor und
  Instrumente (1966/67)
Orchestermusik Nr. 2 »Meer der Stürme« (1967)
Orchestermusik Nr. 3 »Lenin« (1969)

Lanzelot. Oper in 15 Bildern (1969)
Bearbeitung von fünf Kanons aus dem »Musikali-
  schen Opfer« von Johann Sebastian Bach
  (1971)
Einstein. Oper (1971/73)
Orchestermusik Nr. 4 (1973)
Zement. Schauspielmusik (1973)
Drei kleine Stücke für Flöte solo (1974)
Leonce und Lena. Oper (1976/79)

HANNS EISLER

»Die moderne Musik führt, wie kaum eine
andere Kunst, ein Scheindasein, das nur
noch künstlich aufrechterhalten werden
kann. Die Zersetzung der bürgerlichen Kultur
drückt sich am stärksten von allen Künsten
in der Musik aus. Trotz aller technischen
Finessen läuft sie leer, denn sie ist ideenlos
und gemeinschaftslos. Eine Kunst, die ihre
Gemeinschaft verliert, verliert sich selbst.

Das Proletariat wird sich mit der Erfahrung und den Kunstmitteln der Bourgeoisie eine neue Musik erst erschaffen müssen.«

Diese Äußerung Hanns Eislers aus dem Jahre 1927 macht deutlich, daß es dem Komponisten vor allem um eine Musik ging, die nicht länger sich selbst genug war, sondern die aktiv am politischen Klassenkampf beteiligt sein sollte: Musik nicht als Selbstzweck, sondern im Dienst der politischen Idee des Kommunismus. Gleichzeitig waren diese Worte auch gegen seinen ehemaligen Lehrer Arnold Schönberg gerichtet, der Eislers politisches Engagement entschieden ablehnte. Heute gilt Eisler als einer der wenigen, die konsequent Musik und Politik miteinander verbanden und damit bewiesen, daß Musik im Dienst einer weltanschaulichen Idee keineswegs zu einer bloß funktionalen und unselbständigen Äußerungsform herabsinken muß.

Geboren wurde Hanns Eisler am 6. Juli 1898 als Sohn eines österreichischen Philosophen in Leipzig. 1901 zog die Familie nach Wien, wo Eisler das staatliche Gymnasium besuchte und erste kompositorische Versuche unternahm. 1916 wurde er zum Kriegsdienst eingezogen und mehrfach verwundet. Noch während des Krieges begann er sein ehrgeiziges Oratorienprojekt *Gegen den Krieg*, das unvollendet blieb. Es entstanden erste Lieder, die noch deutlich den Einfluß von Brahms erkennen lassen. Nach

Ende des Krieges und einem kurzen Intermezzo am Wiener Konservatorium wurde Eisler Privatschüler von Arnold Schönberg, bei dem er bis 1923 blieb. Bereits während seiner Studienjahre leitete er Wiener Arbeiterchöre und wirkte als Lehrer im Verein für volkstümliche Musikerziehung. Mit der *Klaviersonate* op. 1, seinem kompositorischen Gesellenstück, und den *Sechs Liedern* op. 2 entstanden 1922 seine ersten vollgültigen Werke. Bereits die Klaviersonate offenbart einen stilistischen Ansatz, der für nahezu sein gesamtes Schaffen bis etwa Mitte der zwanziger Jahre charakteristisch bleibt: eine freie Atonalität, wie auch Schönberg sie vor seiner Entwicklung der Zwölftontechnik gepflegt hatte, eine Vorherrschaft polyphoner Linienführung verbunden mit einer kleingliedrigen Motivik und Rhythmik. Formal orientiert sich Eisler zumeist an klassischen Formen und Gattungen, wie Variation, Sonaten- oder Liedform. Dadurch gelingt es ihm, das kleinteilige Material zu bündeln und in wiedererkennbare Strukturen zu fassen.

Nach Abschluß seiner Studien bei Schönberg 1923 blieb Eisler zunächst in Wien. In *Palmström* op. 5 und der *Klaviersonate* op. 6 arbeitete er erstmals mit der von Schönberg entwickelten Zwölftontechnik. 1925 erhielt er den Musikpreis der Stadt Wien. Wenige Monate später zog Eisler nach Berlin, wo er eine Stelle am Klindworth-Scharwenka-Konservatorium antrat. In Berlin nahm er Kontakt zur Kommunistischen Partei auf. Sein Engagement für den Sozialismus führte Ende der zwanziger Jahre zu einer scharfen Kontroverse mit seinem Lehrer Schönberg. Nachdem in einem Briefwechsel die unterschiedlichen Standpunkte dargelegt worden waren und beide auf ihren Positionen beharrten, kam es zu einem vorübergehenden Bruch. Eisler verstärkte fortan seine Arbeit für die Partei. Er schrieb Beiträge für die »Rote Fahne« und wirkte in der Agitpropgruppe »Das rote Sprachrohr« mit. Ab 1928 hielt er auch Vorträge an der Marxistischen Arbeiterschule (MASCH). Während dieser Zeit entstand hauptsächlich Gebrauchsmusik wie das Agitpropspiel *Hallo, Kollege Jungarbeiter, Auf den Straßen zu singen* und verschiedene Bühnenmusiken. Mit der *Ballade vom Soldaten* vertonte Eisler 1928 erstmals einen Text von Bertolt Brecht, mit dem im darauffolgenden Jahr eine lebenslange Zusammenarbeit begann.

Die Begegnung mit dem Sänger Ernst Busch führte zu ersten gemeinsamen Auftritten bei Massenveranstaltungen. In den letzten Jahren der Weimarer Republik komponierte Eisler eine Reihe von schlagkräftigen Kampfliedern wie *Der rote Wedding*, das *Kominternlied* oder das *Stempellied*. Die musikalische Sprache, die Eisler hier entwickelt, fällt durch unverbraucht wirkende Intervalle auf und ist durch eine synkopisch-unregelmäßige, aber gleichzeitig schlagkräftige Rhythmik gekennzeichnet. Polyphone Stimmzüge überlagern sich zu einem dichten Gewebe, bei dem signalartige Motive, häufig vom Text abgeleitet, den Ausgangspunkt bilden.

1930 kam in der Berliner Philharmonie das gemeinsam mit Brecht geschriebene Lehrstück *Die Maßnahme* zur Uraufführung. Die intensive Zusammenarbeit mit dem Dichter schlug sich in unterschiedlichen Projekten nieder. Schon seit 1927 hatte Eisler, zunächst durch die Vermittlung Schönbergs, auch für den Film komponiert. 1931 schrieb er die Musik zu *Kuhle Wampe oder Wem gehört die Welt*, zu dem Brecht das Drehbuch geliefert hatte. Hierfür komponierte er auch das berühmte *Solidaritätslied*. Im darauffolgenden Jahr wurde der Film in der zugespitzten politischen Situation der späten Weimarer Republik von der Filmprüfstelle in Berlin verboten, weitere Chorkompositionen Eislers wurden beschlagnahmt.

Sein letztes in Berlin vollendetes Werk war *Spartakus 1919*, das ebenfalls auf einen Text von Brecht zurückgeht.

Eisler stellte seine Kampfmusiken in den Dienst des »Sieges der proletarischen Revolution«. Für ihn hatten die herkömmlichen ästhetischen Kategorien ausgedient und mußten durch neue ersetzt werden: »Es wird erst dann eine moderne Musik geben können, wenn es einen neuen modernen Stil gibt, der allgemeine Verbindlichkeit hat und nützlich für die Gesellschaft ist. In einer Zeit, in der die moderne Musik kein Publikum mehr hat, sondern nur privat gefördert wird, kann ein Komponist machen was er will. Er kann komponieren wie Czerny, mit einigen falschen Bässen eine Art ›Schule der Ungeläufigkeit‹. Er kann Brahms mittels der 12-Ton-Technik kopieren oder sich aufs Klavier setzen und behaupten, so drücke er sein inneres Wesen aus. Da alle diese drei Methoden ebenso nutzlos wie unverkäuflich sind, ist der Unterschied nur gering. Auch in der Ästhetik finden wir die gleiche Anarchie. Es gibt heute in der Musik keinen ästhetischen Wertmaßstab mehr, denn der Unterschied schön oder unschön ist auch ein Privaterlebnis und eine Geschmacksfrage geworden. Das hat ein moderner Komponistentypus zur Kenntnis zu nehmen. Die Begriffe ›schön‹ oder ›nicht schön‹, die vor 50 Jahren noch so eine Rolle gespielt haben, sind veraltet. Sie sagen über den Wert nichts mehr aus und müssen deshalb durch die neuen Begriffe ›nützlich‹ oder ›unnützlich‹ ersetzt werden.«

Als Hitler im Januar 1933 an die Macht kam, hielt sich Eisler zufällig in Wien auf. Er kehrte nicht nach Berlin zurück, sondern führte in den folgenden Jahren ein unruhiges Exilleben zwischen Prag, Moskau, Paris, Spanien und New York, wo er vorübergehend an der New School for Social Research unterrichtete. Während einer Eisenbahnfahrt 1937 nach Prag schrieb Eisler eine Sonate für Violine und Klavier, die er im Untertitel ›Reisesonate‹ nannte. Das Werk ist streng zwölftönig gehalten, wozu Eisler anmerkte: »Es ist notwendig, darauf hinzuweisen, daß auf Grund der Reihenordnung des musikalischen Materials der Phantasie und Erfindungskraft des Komponisten keine engeren Grenzen gesetzt sind als in der alten Tonalität. Auch hier handelt es sich nicht um musikalische ›Mathematik‹, sondern um künstlerisches Produzieren.« Hauptwerke jener Zeit waren das *Lenin-Requiem* auf einen Text von Brecht und die *Deutsche Sinfonie*. In diesen großformatigen Werken setzte er nun auch die Zwölftontechnik wieder ein. Dabei versuchte er, das »Kampfmusik«-Konzept auf große musikalische Formen und den sinfonischen Apparat zu übertragen. Gegenüber den Kampfliedern der frühen dreißiger Jahre wird die Faktur hier differenzierter und der Kunstanspruch offensichtlicher. Allerdings ging Eislers Vorhaben, insbesondere mit der *Deutschen Sinfonie*, »Schönberg vom Kopf auf die Beine zu stellen, nämlich auf den Boden unserer sozialen Verhältnisse mit ›historischen‹ Massenkämpfen um eine neue Welt«, nicht restlos auf. Es blieb eine Kluft zwischen dem offensichtlichen Kunstanspruch und der von Eisler immer wieder proklamierten Massenwirksamkeit.

Als 1939 sein zeitlich begrenztes Besuchervisum in den Vereinigten Staaten nicht verlängert wurde, ging Eisler vorübergehend nach Mexiko, ein Vorgang, den er im darauffolgenden Jahr wiederholte. In Amerika beschäftigte er sich intensiv mit Filmmusik. Es entstand unter anderem die Musik zu dem Dokumentarfilm *Regen*. Das daraus ausgekoppelte Quintett *14 Arten, den Regen zu beschreiben* widmete Eisler später Arnold Schönberg zu dessen 70. Geburtstag. Das Werk spricht eine völlig andere musikalische Sprache als die Kampflieder aus der Zeit der Weimarer Republik. Es ist zwölftönig gearbeitet und verbindet die reihentechnische Konstruktivität mit einem fast melancholischen Ton und einem eher zurückgenommenen Gestus. Verschiedene musikalische Stile stehen fortan im Schaffen Eislers nebeneinander, eine Technik, die sein gesamtes weiteres Schaffen bestimmt.

1942 siedelte der Komponist von New York an die amerikanische Westküste über. Hier traf er Brecht wieder, womit erneut eine intensive Zusammenarbeit begann. Erstes kompositorisches Ergebnis war das *Hollywooder Liederbuch*, in dem Eisler Texte von Brecht, aber auch anderer Autoren wie Friedrich Hölderlin vertonte. Heute gilt es als einer der wichtigsten Beiträge zur Gattung des Liedes im 20. Jahrhundert. Die biegsame, gleichsam sprechende Melodik und der häufig tonale, aber zwölftönig organisierte Satz haben oft geradezu bekenntnishaften Charakter. Hinzu kommt in vielen Liedern ein elegischer Ton, der Eislers tiefe Verwurzelung in der deutschen Liedtradition seit Schubert dokumentiert.

In Hollywood avancierte Eisler bald zu einem gefragten Komponisten für die dortige Filmindustrie. 1944 und 1945 wurden seine Musiken zu den Filmen *Hangmen Also Die* und *None but the Lonely Heart* sogar für den Oscar nominiert. Gemeinsam mit Theodor W. Adorno schrieb Eisler das Buch *Composing for the Films*, in dem er seine theoretischen und praktischen Erfahrungen mit der Komposition von Filmmusik zusammenfaßte. In Kalifornien kam es auch zu einem Wiedersehen mit Arnold Schönberg.

1946 klagte der amerikanische Geheimdienst Eislers ebenfalls in den Vereinigten Staaten lebenden Bruder Gerhard der Sowjetspionage an. Hanns selber wurde wenig später in die beginnende antikommunistische Kampagne verwickelt, mehrfach verhört und schließlich 1948 trotz zahlreicher, auch internationaler Proteste sowie einer Petition, die immerhin Thomas Mann und Albert Einstein unterzeichnet hatten, ausgewiesen. Nach einem vom Eisler-Komitee organisierten Abschiedskonzert in der New Yorker Town Hall reiste der Komponist nach Wien. In der Folge pendelte Eisler zunächst zwischen Wien und Berlin, bis er sich 1949 endgültig in Ost-Berlin niederließ. Für die Feiern zum 200. Geburtstag von Goethe in Weimar komponierte er die *Rhapsodie* für großes Orchester mit Sopran-Solo auf Worte aus Goethes *Faust II*. Seine Vertonung des Gedichts *Auferstanden aus Ruinen* von Johannes R. Becher wurde am 5. November 1949 zur Nationalhymne der DDR erklärt.

In der DDR versuchte Hanns Eisler noch einmal einen Neuanfang, wobei er insbesondere daran arbeitete, die Errungenschaften der proletarisch-revolutionären Musik der zwanziger Jahre wiederzubeleben. Doch gelang es ihm nicht, an den Ton jener Werke anzuknüpfen. Seine *Tucholsky-Lieder* aus dem Jahre 1956 sind eher ein satirischer, mit Zitaten und Allusionen spielender Nachklang der Arbeiten aus den zwanziger Jahren. Eisler, der 1950 eine Meisterklasse an der Akademie der Künste übernahm und noch im gleichen Jahr mit dem Nationalpreis erster Klasse ausgezeichnet wurde, gehörte zu den repräsentativen Persönlichkeiten des Musiklebens in der DDR. Das schützte ihn aber nicht vor den Zurechtweisungen des Systems: Das von ihm verfaßte Libretto zu einer geplanten »Faust«-Oper wurde vom Zentralkomitee der SED auf das schärfste kritisiert. Darüber kam es 1953 zu heftigen Diskussionen in der Presse und an der Akademie der Künste, bis schließlich Ulbricht persönlich eingriff und den Operntext verurteilte. Eisler resignierte und zog sich zunächst für längere Zeit nach Wien zurück. »Ich habe nun aber keine Hoffnung, den für

mich lebenswichtigen Impuls, Musik zu schreiben, anderswo zu finden als in der Deutschen Demokratischen Republik«, schrieb er rückblickend.

Geehrt und vielfach ausgezeichnet, konnte Eisler in der DDR dennoch nicht an seine frühen Erfolge anknüpfen. Er experimentierte mit Modellen einer neuen Volkstümlichkeit, wie in den *Neuen Deutschen Volksliedern* und einer neuen Klassizität. Diese Konzepte sind wohl nur teilweise geglückt. Betrachtet man den Werkkatalog jener Jahre, stehen vor allem Arbeiten für den Film und fürs Theater, später auch für das Fernsehen im Zentrum. Nur am Rande entstanden vereinzelte Lieder oder Kammermusikwerke.

1959, mehr als zwanzig Jahre nach ihrer Entstehung, gelangte in der Berliner Staatsoper die *Deutsche Sinfonie* zur Uraufführung, ein Ereignis ersten Ranges in der DDR. Für die Aufführung hatte Eisler dem Werk den ersten Teil seiner Kantate *Bilder aus der Kriegsfibel* als Epilog angefügt. Im darauffolgenden Jahr erlitt er in Wien einen Herzinfarkt, was einen längeren Krankenhaus- und Erholungsaufenthalt nötig machte. Mit den *Ernsten Gesängen* für Bariton und Streichorchester schrieb er 1962 sein letztes gewichtiges Werk. Es setzt sich aus einem »Vorspiel und Spruch«, sechs Liedern sowie einem Epilog zusammen. Die Texte stammen von Friedrich Hölderlin, Berthold Viertel, Giacomo Leopardi, Helmut Richter und Stephan Hermlin. Die Orchestergesänge gehen zum Teil auf frühere Klavierlieder zurück, die Eisler instrumentierte, veränderte und bearbeitete. Die Singstimme steht deutlich im Vordergrund, auf deren möglichst intensive Wirkung der gesamte musikalische Satz hin konzipiert ist. Einige Sätze sind in freier Atonalität gehalten, andere dagegen einfach tonal. Einen Tag nach der Fertigstellung der Partitur erklärte der Komponist: »Ich liebe

Widersprüche. Und der Widerspruch ist gewiß auch in meiner letzten Arbeit – zwischen den ›Ernsten Gesängen‹ und der jetzigen Situation. Aber ich glaube, wir müssen über die Vergangenheit nachdenken. Wer die Zukunft haben will, muß die Vergangenheit bewältigen. Er muß sich reinigen von der Vergangenheit, um klar und sauber in die Zukunft zu blicken.«

Am 6. September 1962, kaum mehr als drei Wochen nach Vollendung des Werkes, starb Hanns Eisler an einer erneuten Herzattacke in Berlin. Am 12. September wurde er dort auf dem Dorotheenstädtischen Friedhof in unmittelbarer Nähe von Bertolt Brecht und Helene Weigel beigesetzt.

WERKE (Auswahl)

Sonate für Klavier Nr. 1 op. 1 (1922/23)
Sechs Lieder für Gesang und Klavier op. 2 (1922/23)
Vier Klavierstücke op. 3 (1923)
Divertimento für Bläserquintett op. 4 (1923)
Palmström op. 5. Studien über Zwölftonreihen für eine Sprechstimme und kleines Ensemble (1924)
Sonate für Klavier op. 6 (1924)
Tagebuch des Hanns Eisler. Eine kleine Kantate für vier Singstimmen, Violine und Klavier op. 9 (1926)
Zeitungsausschnitte. Liederzyklus für hohe Stimme und Klavier op. 11 (1925/26)
Hallo, Kollege Jungarbeiter. Agitpropspiel (1928)
Auf den Straßen zu singen für Chor und kleine Trommel(n) op. 15 (1928)
Tempo der Zeit. Kantate für Alt und Baß, Sprecher, gemischten Chor, Bläser und Schlagzeug op. 16 (1929)
Balladenbuch für Gesang und kleines Orchester op. 18 (1929/31)
Die Maßnahme. Lehrstück von Bertolt Brecht für Tenor, drei Sprecher, Chor und kleines Orchester op. 20 (1930)
Suite Nr. 1 für Orchester op. 23 (1930)

Solidaritätslied für Gesang und Klavier op. 27 Nr. 1 (1931)
Suite für Orchester Nr. 2 op. 24 (1931)
Kuhle Wampe. Filmmusik, daraus: Suite für Orchester Nr. 3 op. 26 (1931)
Kleine Sinfonie op. 29 (1932)
Klavierstücke für Kinder op. 31 (1932)
Suite für Orchester Nr. 4 op. 30 (1932)
Suite für Orchester Nr. 5 op. 34 (1933)
Spartakus 1919 für Gesang und Klavier (1933)
Die Rundköpfe und die Spitzköpfe. Bühnenmusik (1934)
Le grand jeu für Orchester op. 40 (1934)
Sonatine für Klavier op. 44 (1934)
Kalifornische Ballade für Solostimme, gemischten Chor und Orchester op. 47 (1934)
Ballade von der Judenhure Marie Sanders für Gesang und Klavier (1935)
Gegen den Krieg. Thema und Variationen für gemischten Chor (1936)
Die Römische Kantate für Gesang, zwei Klarinetten, Viola und Violoncello op. 60 (1937)
Kantate auf den Tod eines Genossen für eine Frauenstimme und kleines Ensemble op. 64 (1937)
Sonate für Violine und Klavier (Reisesonate) (1937)
Deutsche Sinfonie für Soli, zwei Sprecher, Chor und Orchester op. 50 (1937)
»Lenin«-Requiem für Solostimme, gemischten Chor und Orchester (1937)
Fünf Orchesterstücke (1938)
Nonett Nr. 1 (1939)
Suite für Septett Nr. 1 op. 92a (1940)
Nonett Nr. 2 (1941)
Vierzehn Arten, den Regen zu beschreiben. Quintett (1941)
Hollywooder Liederbuch für Gesang und Klavier (1942)
Hangmen Also Die. Filmmusik (1943)
Sonate für Klavier Nr. 3 (1943)
None but the Lonely Heart. Filmmusik (1944)
The Spanish Main. Filmmusik (1945)
Septett Nr. 2 (1947)
Ouvertüre zu einem Lustspiel (1948)
Rhapsodie für großes Orchester mit Sopran-Solo nach Worten aus Goethes »Faust II« (1949)
Auferstanden aus Ruinen, Nationalhymne der DDR (1949)

Neue deutsche Volkslieder (1950)
Kinderlieder nach Gedichten von Bertolt Brecht
  (1950)
Frauenschicksale. Filmmusik (1952)
Johann Faustus. Oper (1952)
Winterschlacht. Bühnenmusik (1954)
Herr Puntila und sein Knecht Matti. Filmmusik
  (1955)
Die Tage der Commune. Bühnenmusik (1956)

Tucholsky-Lieder für Gesang und Klavier (1956/59)
Die Teppichweber von Kujan-Bulak. Kantate
  (1957)
Bilder aus der Kriegsfibel. Kantate für Soli,
  Männerchor und Orchester (1957)
Geschwader Fledermaus. Filmmusik (1958)
Schwitzbad. Bühnenmusik (1958/59)
Ernste Gesänge für Bariton und Streichorchester
  (1961/62)

MANUEL DE FALLA

»Meine Vokation ist so stark geworden, daß
ich sogar Angst habe. Die Illusionen, die sie
in mir erweckt, sind weit größer als das,
was ich mich für befähigt halte, zu leisten.
Ich spreche nicht von der Technik, denn ich
weiß, daß mit der Zeit und mit dem Studium
die Technik jedem mittelmäßig begabten
Musiker zugänglich ist. Hingegen ist es die
Inspiration im wahren und höchsten Sinne
des Wortes – diese geheimnisvolle Kraft,

ohne die, wie wir nur zu genau wissen, man nichts wirklich Nützliches schaffen kann –, deren ich mich nicht für fähig halte. Ohne die mächtige Hilfe meiner religiösen Überzeugung hätte ich niemals den Mut gehabt, einen Weg einzuschlagen, dessen größter Teil von Finsternis bedeckt ist.«

Dieser Brief des jungen Manuel de Falla offenbart die Grundzüge seiner kompositorischen Arbeit: die Selbstverständlichkeit der Technik, der Glaube an die Inspiration als die zentrale Schaffensquelle, das Vertrauen auf Gott und vor allem die Zweifel an seiner eigenen Begabung. Dem entsprechen lange Arbeitsphasen an den einzelnen Stücken und ein schmaler Werkkatalog. Nur etwa zwanzig Werke umfaßt sein Œuvre, das aber seinen Ruhm als wahrscheinlich bedeutendster spanischer Komponist der ersten Jahrhunderthälfte begründete.

Geboren wurde Manuel de Falla y Matheu am 23. November 1876 in Cadiz. Der Kaufmannssohn erhielt ersten Klavierunterricht von seiner Mutter und war später Kompositionsschüler von Alejandro Odero und Enrique Broca. Um seine Ausbildung zu vervollständigen, ging er 1897 nach Madrid, wo er ein reguläres Klavierstudium absolvierte. Am Konservatorium gewann er dort gleich mehrere Preise. Dennoch entschied sich Manuel de Falla gegen eine Virtuosenkarriere und wandte sich statt dessen dem Komponieren zu. Die wichtigsten Impulse erhielt er durch den Komponisten und Musikwissenschaftler Felipe Pedrell, bei dem er zwischen 1902 und 1904 Privatunterricht nahm. »Ich für meinen Teil möchte behaupten, daß ich dem Unterricht von Pedrell und den gewaltigen Anregungen, die ich aus seinen Werken schöpfte, meine künstlerische Entwicklung verdanke«, resümierte de Falla rückblickend. Für sein Verständnis von Harmonie wurde das Buch *L'acoustique nouvelle* von Louis Lucas die wichtigste Quelle. Das von Lucas entwickelte Konzept einer aus den Obertönen hergeleiteten Harmonisierung diente de Falla in vielen seiner späteren Arbeiten als theoretische Grundlage.

Seine ersten Kompositionen entstanden in der Zeit, als er bei Pedrell Unterricht hatte. Doch erst mit der 1905 vollendeten Oper *La vida breve* (»Das kurze Leben«) nach einem Libretto von Carlos Fernández Shaw fand de Falla zu einer eigenständigen musikalischen Sprache. Charakteristisch für dieses Werk sind Elemente der andalusischen Volksmusik. So bildet der »Canto jondo«, der sich durch Einflüsse der byzantinisch-orientalischen Musik, Elemente des jüdischen Synagogen-Gesangs und der Musik der Zigeuner, die sich im 15. Jahrhundert in Andalusien niedergelassen hatten, auszeichnet, in verschiedenen Szenen die Grundlage des musikalischen Satzes. Hinzu kommen in dieser Oper Olé-Rufe, Kastagnetten und verschiedene ungewohnte Tonleitern, die zum Teil auf die Kirchentonarten zurückgehen und das spanische Idiom verstärken. Mit *La vida breve* gewann Manuel de Falla 1905 in einem Kompositionswettbewerb in Madrid den ersten Preis. Zu einer Aufführung kam es zunächst allerdings nicht. 1907 ging er, wie viele andere spanische Komponisten auch, nach Paris, wo er sich bald mit Claude Debussy, Maurice Ravel und Paul Ducas anfreundete. »Ohne Paris wäre ich in Madrid begraben geblieben, vergessen und an ein armseliges Dasein gebunden, von Stundengeben mühsam lebend. Der Konzertpreis hinge dann als Familienerinnerung an der Wand, und die Partitur der nicht aufgeführten Oper läge in einem Schrank«, bekannte er rückblickend.

Auf den Rat Debussys hin gliederte er die ursprünglich einaktige Szenenfolge von *La vida breve* in zwei Aufzüge und straffte den Schlußteil der Oper. Die Instrumentation veränderte de Falla mehrfach. Unter dem Einfluß der französischen Impressionisten traten neue stilistische Errungenschaften hinzu, wie sie auch für die Werke Debussys charakteristisch waren: parallele Akkordketten, Ganztonleitern und bitonale Passagen. Insbesondere das Intermezzo am Schluß des ersten Aktes, »Abenddämmerung und Einbruch der Nacht über Granada«, in dem der Komponist auch textlose Singstimmen einsetzt, vermittelt ein impressionistisches Klangbild, das an Debussys *Nocturnes* erinnert. Spanische Folklore, impressionistische Techniken sowie Anklänge an den italienischen Verismo verschmolz de Falla in diesem Werk zu einer eigentümlichen und unverwechselbaren Sprache.

Das erste in Paris vollendete, noch in Madrid begonnene Werk waren die *Cuatro piezas españolas* (»Vier spanische Stücke«). In diesen Stimmungsbildern von spanischen Landschaften verwendete de Falla ebenfalls Volksmusik seiner Heimat. Mit den direkten Zitaten aus der Volksmusik unterscheidet sich sein Kompositionsstil von dem seines Landsmanns Isaac Albéniz, der zeitgleich an seinem Zyklus *Iberia* im Stil spanischer Volksmusik arbeitete, ohne direkt zu zitieren. Auch in diesen 1909 vollendeten Landschaftsbildern findet sich wieder die für de Falla typische Mischung von spanischem Idiom und impressionistischem Gestus. Einfachheit, klare Stimmführung und Expressivität sind hier als Grundzüge seines Stils

schon unverkennbar ausgeprägt. Noch französischer muten die ebenfalls 1909 entstandenen *Tres melodias* (»Drei Melodien«) nach Texten von Théophile Gautier an. Der Einfluß Debussys läßt sich hier in vielen Details nachweisen, was der Komponist später selbst als fatal empfand. 1912 komponierte de Falla die *Siete canciones populares españolas* (»Sieben populäre spanische Lieder«), die zu seinen bekanntesten Werken zählen. Hier leitet er den Klavierpart aus der Melodielinie ab und entwickelt dadurch trotz einfachster Wendungen ein polyphones Stimmengeflecht.

In seinem nächsten größeren Werk, *Noches en los jardines de España* (»Nächte in spanischen Gärten«) für Klavier und Orchester lehnte sich Manuel de Falla besonders eng an die Sprache Debussys an. Bereits der Titel erinnert an Klavierstücke Debussys wie *Jardins sous la pluie* oder *La soirée dans Grenade*. Beim Hauptmotiv des ersten Satzes hat wieder der andalusische Canto jondo als Modell gedient. Aus einer kurzen Keimzelle entfaltet de Falla mit Hilfe einer ausgeklügelten Variantentechnik das gesamte musikalische Material dieses Satzes und erzielt so den Eindruck großer thematischer Geschlossenheit. Das Klavier übernimmt in diesem Werk keine solistische Funktion, ihm kommt lediglich in einzelnen Passagen eine tragende Rolle zu. Spanische Gitarren- und Kastagnettenklänge werden imaginiert, und selbst das Zigeunerkolorit aus Bizets Oper *Carmen* wird – nicht ohne Augenzwinkern – bemüht. De Falla vollendete die Partitur 1915 in Spanien, wohin er zu Beginn des Ersten Weltkrieges zurückgekehrt war. Im gleichen Jahr entstand auch *El amor brujo* (»Der Liebeszauber«), zunächst als Bühnenwerk für eine Tanztruppe und 14 Musiker. Später fertigte der Komponist davon verschiedene Konzertversionen an, bis es dann 1925 als Ballett in Paris zur Uraufführung kam. Für diese endgültige Version hatte de Falla die gesprochenen Worte und einige musikalische Nummern gestrichen. Die verbleibenden Musikstücke setzte er noch einmal neu für Orchester. Als zentraler Parameter erscheint der Rhythmus, hier deutlich von der andalusischen Gitarrenmusik inspiriert. Impressionistische Effekte finden sich in diesem Werk kaum mehr. Lediglich in der »Pantomima« des zweiten Bilds erinnern einzelne Elemente noch an die Musik Debussys und Ravels, was nicht weiter verwundert, da dieser Abschnitt ursprünglich für die *Noches en los jardines de España* bestimmt war.

In seinem Ballett *El sombrero de tres picos* (»Der Dreispitz«) arbeitete de Falla mit ähnlichen Techniken wie in *El amor brujo*, allerdings ohne tragische Töne. Der eher heiter-humoristische Inhalt, der zunächst als Pantomime geplant war, basiert auf Motiven aus dem *Don Quichotte* von Cervantes. Auch dieses Werk erfuhr nach der Uraufführung 1917 in Madrid eine grundlegende Umarbeitung, diesmal auf Wunsch des Ballettimpresarios Sergej Diaghilew. Als Ballett hatte *El sombrero de tres picos* schließlich in London Premiere; Pablo Picasso war für Bühnenbild und Kostüme verantwortlich. Neben den folkloristischen Elementen tauchen hier erstmals auch neoklassizistische Wendungen auf, die auf den Einfluß der Musik Igor Strawinskys hindeuten.

Mit seiner 1919 für Arthur Rubinstein komponierten *Fantasia baética* (»Andalusische Fantasie«), de Fallas bedeutendstem Klavierwerk, schuf er noch einmal eine Hommage an seine andalusische Heimat. Doch der Ton fällt schroffer als in den früheren Werken aus. Harsche Wendungen lassen den Satz trotz aller Virtuosität fast spröde erscheinen. Harmonisch dominieren hier zwei Kirchentonarten, der phrygische und der äolische Modus, die in der spanischen Musik häufig anzutreffen sind.

Nach dem Tod seiner Eltern zog Manuel de Falla zusammen mit seiner Schwester nach Granada. Dort lernte er den Dichter García Lorca kennen, mit dem er 1922 einen Canto-jondo-Wettbewerb organisierte. Für Lorcas Marionettentheater arrangierte er Volkslieder sowie einzelne Sätze spanischer Renaissancemusik. Vor diesem Hintergrund schrieb de Falla sein nächstes wichtiges Werk, *El retablo de Maese Pedro* (»Meister Pedros Puppenspiel«), in dem er noch einmal auf Cervantes' *Don Quichotte* zurückgriff. An Stelle des folkloristischen Kolorits bestimmen hier Anspielungen auf spanische Renaissance- und Barockmusik das Klangbild. Diesen Weg setzte de Falla wenig später mit dem *Concerto für Cembalo* fort, in dem seine musikalische Sprache noch härter wirkt. Das ›Orchester‹ besteht lediglich aus fünf Instrumenten. Hier findet die Hinwendung de Fallas zum Neoklassizismus ihre deutlichste Ausprägung.

Bedingt durch gesundheitliche – de Falla litt an Tuberkulose – und psychische Probleme, entstanden in der Folge nur noch kleinere Arbeiten. Der Komponist, der auch die spanische Sektion der »Internationalen Gesellschaft für Neue Musik« gegründet hatte, floh vor den Unbilden des spanischen Bürgerkriegs nach Argentinien. Hier nahm er die Arbeit an seinem bereits in den zwanziger Jahren begonnenen großangelegten Oratorium *La Atlántida* (»Atlantis«) für Solisten, Chor und Orchester auf Texte des spanischen Dichters Jacunto Verdaguer wieder auf. Das Stück thematisiert den Mythos von der im Meer versunkenen Insel Atlantis sowie die Missionierung und Eroberung Amerikas. Katalanische Sagenwelt und griechische Mythologie, Katholizismus und amerikanische Eroberungsgeschichte werden textlich miteinander verknüpft und bilden ein eigentümliches Konglomerat. Lediglich den Prolog konnte der Komponist selbst noch vollenden. Er weist scharfe Kontraste auf und erinnert in manchen Passagen lebhaft an die Musik des Mittelalters. Sein Schüler Ernesto Halffter hat später aus dem vorhandenen Material eine aufführbare Fassung zusammengestellt, die 1976, dreißig Jahre nach dem Tod des Komponisten, in Luzern vorgestellt wurde.

Manuel de Falla starb am 14. November 1946 im argentinischen Alta Gracia.

WERKE (Auswahl)

La vida breve (Das kurze Leben). Oper in zwei Akten (1904/05)

Cuatro piezas españolas (Vier spanische Stücke) für Klavier (1907/08)

Tres melodias (Drei Melodien) auf Verse von Théophile Gautier für Gesang und Klavier (1909)

Siete canciones populares españolas (Sieben volkstümliche spanische Lieder) für Gesang und Klavier (1914)

Noches en los jardines de España (Nächte in spanischen Gärten) für Klavier und Orchester (1909/15)

El amor brujo (Liebeszauber). Ballett mit Gesang in einem Akt (1915)

El corregidor y la molinera (Der Corregidor und die Müllerin). Mimische Farce in zwei Teilen (1917)

El sombrero de tres picos (Der Dreispitz). Ballett in zwei Teilen (1919)

Fuego fatuo (Irrlicht). Komische Oper über Themen von Chopin (1918/19)

Fantasía baética (Andalusische Fantasie) für Klavier (1919)

Homenaje (Widmung) für Gitarre (1920)

El retablo de Maese Pedro (Meister Pedros Puppenspiel). Oper für Sänger, Marionetten und Orchester (1919/22)

Psyché. Szene für Mezzosopran, Flöte, Harfe, Violine, Viola und Violoncello (1924)

Concerto für Cembalo, Flöte, Oboe, Klarinette, Violine und Violoncello (1923/26)

Soneto a Córdoba für Singstimme und Harfe (1927)

Balada de Mallorca auf ein Thema Chopins für gemischten Chor a cappella (1934)

Pour le tombeau de Paul Dukas für Klavier (1935)

Pedrelliana für Orchester (1938)

La Atlántida (Atlantis). Oratorium für Soli, Chor und Orchester. Fragment

MORTON FELDMAN

»Ich hatte einmal eine Unterhaltung mit
Karlheinz Stockhausen, in der er sagte: ›Sie
wissen, Morty, daß wir nicht im Himmel
leben, sondern hier unten auf der Erde.‹ Er
fing an, auf den Tisch zu schlagen und
sagte: ›Ein Klang existiert so oder so oder
so.‹ Er war überzeugt, daß er mir die Wirklichkeit zeigte. Dieses Schlagen war als Hinweis auf seine Behandlung der Klänge die
einzige Realität, an die ein Komponist sich
halten kann. Stockhausen glaubte tatsächlich, daß Zeit etwas wäre, das er manipulie-
ren und nach Gutdünken aufteilen könne.
Offengestanden langweilt mich dieser Umgang mit der Zeit. Ich bin kein Uhrmacher.

Ich bin an Zeit in ihrem unstrukturierten Zustand interessiert. Das heißt, mich interessiert, wie dieses wilde Tier im Dschungel, nicht im Zoo lebt. Mich interessiert die Art, wie Zeit existiert, bevor wir unsere Klauen hineinschlagen, unsere Ideen und Vorstellungen.«

Mit dieser Aussage macht Morton Feldman nicht nur einen grundlegenden Unterschied zwischen der europäischen und der amerikanischen Kompositionsästhetik der fünfziger Jahre deutlich, er offenbart damit auch einige der zentralen Kategorien seines musikalischen Denkens. Vor allem zwei Punkte haben den Komponisten zeitlebens beschäftigt: der Umgang mit der Zeit und die Befreiung des Klangs. »Klänge, die atmen« war eine der Utopien, die er in seinen Werken realisieren wollte. Während die Serialisten um Karlheinz Stockhausen und Pierre Boulez in den fünfziger Jahren vor allem daran interessiert waren, »wie die Zeit vergeht« – so lautet der Titel eines Aufsatzes von Stockhausen aus jener Zeit –, war es bei Feldman die Art, wie die Zeit existiert, die sein Komponieren bestimmte. Feldman ließ den Klängen Zeit. Ihretwegen ging er sogar geradezu verschwenderisch mit ihr um. Er war davon überzeugt, daß der

Ton erst im Ausklingen seinen Charakter entfalte, weshalb sich seine Kompositionen häufig an der Grenze der Hörbarkeit bewegen. Die meisten seiner Werke gehen über das pianissimo nicht hinaus. So zwingt er den Hörer dazu, jeder noch so kleinen Klangbewegung nachzulauschen.

Geboren wurde Morton Feldman am 12. Januar 1926 als Sohn jüdischer Eltern in New York. Der Vater, der seine Kindheit noch in Rußland verbracht hatte, eröffnete in der neuen Heimat ein Geschäft mit einer Kleider-Dampfpresse, in dem Feldman bis zu seinem 40. Lebensjahr gelegentlich mitarbeitete. Mit zwölf Jahren erhielt er ersten Klavierunterricht bei einer ehemaligen Schülerin Ferruccio Busonis. Wenig später folgten erste eigene Kompositionsversuche, kurze, von Alexander Skrjabin beeinflußte Klavierstücke. Ab 1941 studierte Feldman Komposition bei Wallingford Riegger, drei Jahre später bei Stefan Wolpe. Wolpes Unterricht bestand aus ausgedehnten Diskussionen über Musik, weniger wichtig erschienen ihm die handwerklich-praktischen Fragen. 1949 lernte Morton Feldman in New York John Cage kennen. Damit begann eine für die Entwicklung der amerikanischen Musik der fünfziger Jahre entscheidende Zusammenarbeit. Cage gab Feldman Vertrauen zu seinen eigenen Ideen und ermutigte ihn, seine informellen Konzeptionen umzusetzen.

Feldman und Cage hatten sich während eines Konzertes von Dimitri Mitropoulos kennengelernt. Beide waren von dessen Interpretation der Sinfonie op. 21 von Anton Webern so überwältigt, daß sie unmittelbar nach der Aufführung, noch während des Konzertes, den Saal verließen und sich in der leeren Vorhalle begegneten. Sie tauschten ihre Eindrücke aus, und Cage verabredete sich spontan mit dem damals 24jährigen Feldman. Fortan verkehrte dieser regelmäßig in jenem Haus an der Grand Street, in dem Cage damals lebte und arbeitete. Hier lernte er auch all jene bildenden Künstler kennen, die später für seine Arbeit außerordentlich wichtig werden sollten: Philip Guston, Robert Rauschenberg, Jasper Johns und Mark Rothko. Langjährige Freundschaften verbanden ihn mit Willem de Kooning und dem Lyriker Frank O'Hara. Vor allem die Maler des abstrakten Expressionismus beeinflußten Feldmans Arbeit. Im New York der vierziger Jahre hatte sich mit der »artist's community« eine Szene von Malern, Tänzern, Dichtern und Komponisten gebildet, die sich in Clubs, Bars oder privaten Zirkeln trafen. In dieser Atmosphäre fand Feldman zu einem neuen kompositorischen Ansatz.

Standen seine ersten Arbeiten, etwa die *Illusions* für Klavier von 1949 noch unter dem Einfluß der experimentellen Arbeiten seines Lehrers Stefan Wolpe, so entwickelte er jetzt einen deutlich abstrakteren Ansatz. Angeregt von der Malerei jener Zeit, schuf er die ersten graphischen Partituren. Mit *Projection 1* für Violoncello solo legte Feldman 1950 eine der ersten unbestimmten und graphischen Partituren der Musikgeschichte vor. Etwa gleichzeitig arbeitete er an John Cages *Project for magnetic tape* mit. Erste Tonbandstücke entstanden, eine Praxis, die Feldman später allerdings nicht fortgesetzt hat. Der Kreis um Cage und Feldman erweiterte sich bald noch um Christian Wolff, den Sohn eines aus Leipzig stammenden, emigrierten Verlegers, und Earle Brown. Dieser lockere Zusammenschluß der Künstler wurde häufig als »New York School« bezeichnet, obwohl der traditionelle Begriff der ›Schule‹ dafür eigentlich zu eng gefaßt

ist. Wenig später kam noch der Pianist David Tudor dazu, den Feldman bereits seit seiner Studienzeit bei Stefan Wolpe kannte. Er führte im Freundeskreis auch erste Arbeiten Feldmans aus dieser Zeit auf.

Feldman komponierte eine ganze Reihe von Werken, meist für solistische Instrumente, in denen er nicht mehr die exakten Tonhöhen, sondern nur noch die Lagen fixierte (»hoch«, »mittel«, »tief«). Dauer und Anordnung der Klänge werden innerhalb eines gegebenen Rahmens dem Interpreten überlassen. Feldmans Interesse galt schon damals nicht der eigentlichen musikalischen Entwicklung, sondern dem Klang in der Zeit. »Was ich anstrebe, ist eine Klangwelt von mehr Unmittelbarkeit und Direktheit. Meine Absicht war nie, zu ›komponieren‹ im Sinne der gebräuchlichen Praktik, sondern die Klänge in die Zeit zu projizieren, die frei sind von jeder ›Retorica compositiva‹.«

John Cage war unbestritten der musikalische Kopf und Wortführer dieses New Yorker Komponistenkreises der fünfziger und sechziger Jahre. Sein Schaffen bildete für Feldman zeitlebens eine Art Gegenpol, an dem er sich rieb. Noch wichtiger aber war für ihn die Auseinandersetzung mit der zeitgenössischen Malerei. Musik und Malerei standen sich in seinen Augen sehr nahe: »Eine Musik, die eine Oberfläche hat, konstruiert die Zeit. Mein Interesse an der Oberfläche ist das Thema meiner Musik. In diesem Sinne könnte man meine Kompositionen mit einer Zeit-Leinwand vergleichen. Ich bemale diese Leinwand mit Musikfarbe.«

Neben seinen graphisch notierten Werken hat Feldman in den fünfziger Jahren häufig auch die herkömmliche Schreibweise angewendet. In *Intermission VI* etwa von 1953 verteilt er die Elemente der Komposition auf dem Notenblatt. Der Interpret bestimmt von Fall zu Fall den Verlauf des Stükkes. So wie Feldman lediglich die Tonlagen festlegt, läßt er auch die genaue Dauer der Klänge offen. Bei allen unterschiedlichen Ansätzen ging es ihm stets darum, eine Balance zwischen seiner Notation und dem durch die Interpreten realisierten Klang zu finden. Ende der sechziger Jahre kehrte Feldman dann endgültig zur traditionellen Notation zurück. Er verwendete kleinräumige rhythmische Muster (patterns), die entfernt Ähnlichkeiten zur sogenannten »minimal music« aufweisen. Diese Muster schichtete er übereinander. Dabei arbeitete er mit unsymmetrischen Modellen sowie Phasenverschiebungen und erzielte damit eine changierende, bewegte Klangoberfläche.

Anfang der siebziger Jahre verbrachte Feldman als Stipendiat des Deutschen Akademischen Austauschdienstes eine längere Zeit in Berlin. Während dieses produktiven Aufenthalts komponierte er einige großformatige Orchesterwerke, durch die er allmählich auch in Europa zur Kenntnis genommen wurde. In die Vereinigten Staaten zurückgekehrt, übernahm er einen Lehrstuhl an der State University of New York in Buffalo. Dort entstanden der größte Teil seiner *Instruments*-Serie und 1977 auch seine einzige Oper *Neither* auf einen Text von Samuel Beckett. Um diese Zeit begann Feldman, sich für orientalische Teppiche zu interessieren. Bestimmte Unregelmäßigkeiten in den Mustern anatolischer Nomadenteppiche übertrug er auf seine kompositorischen Modelle, wodurch er mit leicht gegeneinander verschobenen »patterns« das Regelmäßige der Strukturen aufbrach.

Ende der siebziger, Anfang der achtziger Jahre komponierte Feldman immer umfangreichere Werke. Er schrieb vornehmlich Kammermusikstücke, die bis zu drei, vier oder gar fünf Stunden dauern. Diese Kompositionen waren für einen festen Kreis von Interpreten bestimmt und sind häufig Freunden und früheren Weggenossen gewidmet:

John Cage, Christian Wolff, Philip Guston oder Samuel Beckett. Den großen Umfang seiner späten Partituren erläuterte er einmal so: »Meine ganze Generation hielt sich an die 20- bis 25-Minuten-Stücke. Das war unsere Uhr. Wir alle kannten sie und wußten mit dieser Uhr umzugehen. Sobald man aber einsätzige 20- bis 25-Minuten-Stücke hinter sich läßt, entstehen andere Probleme. Bis zu einer Stunde Dauer denkt man über die Form nach, doch nach eineinhalb Stunden zählt der Umfang. Form ist leicht – das ist einfach die Gliederung von Dingen in Teile, doch der Umfang ist eine andere Angelegenheit. Man muß das ganze Stück überblicken – dazu bedarf es einer erhöhten Art der Konzentration. Vorher waren meine Stücke wie Objekte; jetzt sind sie wie sich entwickelnde Dinge.«

In Feldmans letzten Kompositionen steht der einzelne Klang im Mittelpunkt. Dessen Innenleben ist er kompromißlos wie vielleicht kein anderer nachgegangen. »Ich wollte Klänge als Metaphern gestalten, damit sie so frei sein können, wie ein Mensch es sein könnte. Das war meine Vorstellung von Klang, sie hat sich auch nicht verändert. Klänge sollen atmen, sie sollten nicht für eine bestimmte Idee benutzt werden.«

Im Juni 1987 heiratete Morton Feldman die Komponistin Barbara Monk. Wenige Monate später, am 3. September, starb er im Alter von 61 Jahren in seinem Haus in Buffalo.

WERKE (Auswahl)

Only für Stimme solo (1946)
Illusions für Klavier (1949)
Projection I für Violoncello solo (1950)
Two Intermissions für Klavier solo (1950)
Extensions I für Violine und Klavier (1951)
Intersection I für großes Orchester (1951)
Intersection II für Klavier solo (1951)
Intermission V für Klavier (1952)

Extensions IV für drei Klaviere (1952)
Intermission VI für Klavier (1953)
Eleven Instruments (1953)
Piano Pieces für Klavier (1955)
Atlantis für großes Ensemble (1959)
Durations I (1960)
Structures für Orchester (1960/62)
Two Pieces für Klarinette und Streichquartett
  (1961)
Chorus and Instruments (1963)
De Kooning für Violine, Violoncello, Horn, Schlag-
  zeug und Klavier (1963)
The King of Denmark für Schlagzeug solo (1964)
Two Pieces für drei Klaviere (1966)
In Search of an Orchestration für Orchester (1967)
On Time and the Instrumental Factor für Orche-
  ster (1969)
The Viola in my Life I für Viola und Ensemble
  (1970)
The Viola in my Life II für Viola und Ensemble
  (1970)
The Viola in my Life III für Viola und Klavier
  (1970)
Rothko Chapel für Sopran, Alt, gemischten Chor,
  Viola, Schlagzeug und Celesta (1971)
The Viola in my life IV für Viola und Orchester
  (1971)
Chorus and Orchestra I (1971)
Voice and Instruments für Sopran und Orchester
  (1972)
Voices and Instruments für Chor und Ensemble
  (1972)
Pianos and Voices für fünf Klaviere und fünf
  Frauenstimmen (1972)

Cello and Orchestra (1972)
For Frank O'Hara für kleines Ensemble (1973)
String Quartet and Orchestra (1973)
Instruments I für kleines Ensemble (1974)
Four Instruments (1975)
Piano and Orchestra (1975)
Orchestra (1976)
Oboe and Orchestra (1976)
Instruments III für Flöte, Oboe/Englischhorn und
  Schlagzeug (1977)
Neither. Oper in einem Akt für Sopran und Orche-
  ster (1977)
Flute and Orchestra (1977/78)
Why Patterns? für Flöte, Klavier und Schlagzeug
  (1978)
String Quartet I (1979)
Violin and Orchestra (1979)
The Turfan Fragments für Orchester (1980)
Bass Clarinet and Percussion (1981)
Three Voices für drei Soprane oder Sopran und
  Tonband (1982)
String Quartet II (1983)
Crippled Symmetry für Flöte, Klavier/Celesta und
  Schlagzeug (1983)
For Philip Guston für Flöte, Klavier/Celesta und
  Schlagzeug (1984)
For Stefan Wolpe für Chor und zwei Vibraphone
  (1986)
Coptic Light für Orchester (1986)
For Christian Wolff für Flöte und Klavier/Celesta
  (1986)
Samuel Beckett, Words and Music. Music for a
  Radio play (1987)
For Samuel Beckett für großes Ensemble (1987)

GEORGE GERSHWIN

»Es ist schwer, zu bestimmen, welche bleibenden Werte der Jazz in ästhetischer Hinsicht hervorgebracht hat, weil das Wort Jazz
für mindestens fünf, sechs verschiedene
Formen von Musik benutzt wird. Tatsächlich
ist er ein Konglomerat vieler Dinge. Er
besitzt ein wenig vom Ragtime, vom Blues,
vom Klassizismus und von den Spirituals.
Im Grunde ist er eine Rhythmusfrage ...
Jazz ist das Ergebnis der in Amerika aufge-
speicherten Energie. Er ist eine sehr energi-

sche Musik, ungestüm, lärmend, ja sogar vulgär. Eins ist gewiß: Der Jazz hat dem Land Amerika einen bleibenden Wert beigesteuert, in dem Sinn nämlich, daß er uns selbst Ausdruck verliehen hat. Er ist eine original-amerikanische Leistung, die von Dauer sein wird, vielleicht nicht als Jazz, doch in dieser oder jener Form wird sie der künftigen Musik ihr Gepräge geben.«

Elemente des Jazz nahm George Gershwin in vielen seiner Werke auf. Wohl gerade deshalb galt seine Musik schon zu Lebzeiten des Komponisten als typisch amerikanisch. Seine populären Songs fanden weite Verbreitung, und auch mit seinen wenigen sinfonischen Werken eroberte er bald die Konzertsäle in Amerika wie in Europa. Kein anderer Komponist aus den Vereinigten Staaten hatte zuvor einen solchen Bekanntheitsgrad erreicht wie er.

George Gershwin, der eigentlich Jacob hieß, von seinen Eltern aber von Beginn an George genannt wurde, kam am 26. September 1898 als Sohn russischer Einwanderer in Brooklyn (New York) zur Welt. An die ersten musikalischen Eindrücke als Sechsjähriger hat Gershwin sich später oft erinnert: »Ich stand vor einer ›penny arcade‹ und hörte einem automatischen Klavier zu, das Rubinsteins ›Melodie in F‹ herunterklimperte. Ich war wie angewurzelt von dem eigentümlichen Reiz dieser Musik. Ich kann diese Melodie nicht mehr hören, ohne mich in der

125th Street zu sehen, barfuß, in Baumwollhosen, und begierig diese Musik trinkend.« Daneben beeindruckten ihn vor allem die Klänge einer Jazzband, die bisweilen in einem Klubhaus in Harlem auftrat und der er vom Bürgersteig aus lauschte. Vollends brach seine Leidenschaft für die Musik durch, als sich die Familie ein Klavier anschaffte. Fortan war Gershwin, der die Schule nur ungern besuchte, von diesem Instrument kaum noch zu trennen. In Charles Hambitzer fand er einen verständnisvollen Lehrer, der ihn nicht nur im Klavierspiel unterwies, sondern ihm vor allem die Musik der Romantik, aber auch Werke der Moderne, etwa Debussys, nahebrachte. Er unterrichtete seinen Schüler zudem in den Grundzügen von Formenlehre, Kontrapunkt und Harmonielehre. Systematischen Kompositionsunterricht aber hat Gershwin nie erhalten. Noch in den dreißiger Jahren spielte er mit dem Gedanken, Unterricht bei namhaften Komponisten zu nehmen. Bezeichnend hierfür ist die Anekdote, die von der Begegnung mit Igor Strawinsky überliefert ist. Auf die Frage Gershwins, ob der russische Komponist ihn als Schüler annehmen wolle, stellte Strawinsky die Gegenfrage, was Gershwin denn jährlich verdiene. Als dieser ehrlich mit »etwa einhundert- bis zweihunderttausend Dollar« antwortete, soll Strawinsky entgegnet haben, dann schiene es ihm sinnvoller, er würde Unterricht bei Gershwin nehmen. Seine mangelhafte Ausbildung empfand Gershwin zeitlebens als Makel. Stets war er deshalb bestrebt, sein Image zurechtzurücken: Er wollte nicht nur als Komponist von Unterhaltungsmusik gelten, sondern als Schöpfer großer sinfonischer Werke Anerkennung finden.

Trotz des klassisch-romantischen Repertoires, das er durch seinen Lehrer Hambitzer kennenlernte, galt seine Vorliebe der populären amerikanischen Musik. Sein Idol war

Irving Berlin, dem der Fünfzehnjährige mit ersten Songs nachzueifern versuchte. *Since I found you* war der Titel seines ersten, nie veröffentlichten Liedes. Spätestens seit diesem Zeitpunkt stand für Gershwin fest, daß er Musiker werden wollte. Den Besuch der Handelsschule brach er ab. Sein erstes Geld verdiente er sich als Pianist in einem Musikverlag in der Tin Pan Alley in New York, wo nahezu alle bedeutenden Musikverlage ihren Sitz hatten. Hier mußte er den ganzen Tag über die neuesten Schlager spielen, um für das Verlagsprogramm zu werben. »Song Plugging« wurde diese Tätigkeit genannt, die sich nicht nur auf die Verlagsgebäude erstreckte, sondern auch auf Gartenlokale und andere Vergnügungsstätten. Seinen Alltag im Musikverlag beschrieb Gershwin später so: »Die verschiedensten Leute kamen herein und veranlaßten mich, ihnen ›Gott sende dich zurück zu mir‹ vorzuspielen, in sieben Tonarten! Chorsängerinnen benutzten die Gelegenheit, hinter meinem Rücken zu verschnaufen. Einige der Kunden behandelten mich wie Dreck. Andere waren ganz reizend.« In der Tin Pan Alley machte sich Gershwin mit den Werken der Komponisten vertraut, die er besonders mochte: Irving Berlin und Jerome Kern.

Neben seiner Tätigkeit im Verlag nahm er weiterhin Unterricht bei Hambitzer. Unter anderem setzte er sich mit Bachs *Wohltemperiertem Klavier* auseinander. Außerdem studierte er einige Monate lang Instrumentation und Analyse bei Edward Kilenyi, mußte jedoch aus Zeitmangel den Unterricht schließlich abbrechen. Noch 1923 versuchte er, die Lücken in seiner handwerklichen Ausbildung bei Rubin Goldmark, einem Kompositionsschüler Dvořáks, zu schließen.

Da sein Arbeitgeber sich an der Veröffentlichung seiner eigenen Songs nicht interessiert zeigte, versuchte es Gershwin bei anderen Verlagen. 1916 gelang es ihm, eines

seiner Lieder für das Honorar von fünf Dollar herauszugeben. Noch im gleichen Jahr fand erstmals eines seiner Lieder Aufnahme in eine Broadway-Show. Als sich die ersten Erfolge einstellten, kündigte der achtzehnjährige Gershwin seine Stellung, um sich ganz dem Komponieren zu widmen. In den folgenden Jahren schrieb er vor allem Songs für verschiedene Shows. Sein erster großer Hit war das Lied *Swanee* (1919), von dem innerhalb eines Jahres mehr als zwei Millionen Schallplatten verkauft wurden. Nicht nur in Amerika, sondern auch in Europa avancierte dieser Song zu einem Bestseller.

Gershwin war nun ein gefragter Komponist. In den folgenden Jahren arbeitete er hauptsächlich für den Broadway-Produzenten George White. Er schrieb die Musik zu fünf außerordentlich erfolgreichen Bühnenproduktionen, insgesamt mehr als vierzig Lieder, unter denen vor allem *Somebody loves me* und *I'll build a Stairway to Paradise* große Popularität erlangten. Als erste freie, d. h. nicht an einen Auftraggeber gebundene Arbeit entstand 1922 die einaktige Oper *Blue Monday*. Das Milieu der Schwarzen, in dem sie spielt, wird durch Elemente des Jazz charakterisiert. In nur fünf Tagen schrieb er die Partitur nieder. Der Premiere im August 1922 im New Yorker Globe-Theatre war allerdings nur mäßiger Erfolg beschieden. Dennoch zählte Gershwin inzwischen zu einem der erfolgreichsten Broadway-Komponisten. Auch aus Europa erhielt er nun Aufträge. So schrieb er unter anderem die Musik zu einer kompletten Revue für ein Londoner Theater.

Die Arbeit für Musicals nahm zeitlebens den größten Teil seiner kompositorischen Tätigkeit in Anspruch. In der kleinen Form des Songs konnte er sich musikalisch am leichtesten ausdrücken. Gattungen wie Sinfonie oder Konzert scheute er wohl vor allem deshalb, weil er sich seiner handwerklichen Mängel, seiner fehlenden theoretischen Ausbildung und seiner nur rudimentären Kenntnis der großen Formen bewußt war. Als Paul Whiteman, der Leiter des New Yorker Palais Royal Orchestra, bei ihm ein sinfonisches Werk im Jazz-Idiom bestellte, lehnte er zunächst ab:»Ich bleibe lieber bei meinen Liedern.« Dennoch setzte er sich mit dieser Idee auseinander, und seine musikalischen Vorstellungen konkretisierten sich. Gershwin wählte die vergleichsweise freie Form der Rhapsodie.»Ich hörte sie gleichsam als musikalisches Kaleidoskop Amerikas – unseres ungeheuren Schmelztiegels, unseres unvergleichlichen nationalen ›Pep‹, unserer Blues, unserer großstädtischen Unrast.« Gershwin konzipierte sein Werk für Soloklavier und sinfonisch besetzte Jazzband. Auf Anregung seines Bruders Ira, der zu seinen wichtigsten Ratgebern zählte, fügte er dem fertigen Werk noch einen vorwiegend melodisch geprägten Mittelteil ein. Der damaligen Arbeitsteilung in der Musikbranche Amerikas entsprechend, hatte Gershwin lediglich eine Klavierfassung abzuliefern, die er auf vier Notensystemen erstellte. Das Orchestrieren besorgten andere, in diesem Fall Ferde Grofé, der für die Arrangements des Whiteman-Orchesters zuständig war. Gershwin, der sich der besonderen dramaturgischen Funktion des Anfangs seiner Komposition bewußt war, wählte ein gleichsam signalartiges Glissando der Klarinette über mehr als zwei Oktaven. Diese auffahrende Geste verdeutlichte sogleich die ungewöhnliche musikalische Sprache dieses Werkes. Bei der Uraufführung der *Rhapsody in Blue*, wie das Stück schließlich genannt wurde, im Februar 1924 spielte Gershwin selbst den Solopart. Es wurde ein überwältigender Erfolg. Der große Reichtum an Klangfarben, die fesselnde Rhythmik, vor allem aber die eingängigen Melodien, die Einflüsse Liszts und Tschai-

kowskys verraten, trafen genau den Puls der Zeit. Die Mischung von sinfonischem Gestus und Elementen einer volkstümlichen, dem Jazz entlehnten Musiksprache erschien vielen als typisch amerikanisch. Damit galt Gershwin als Wegbereiter einer eigenständigen musikalischen Sprache der Neuen Welt.

Im gleichen Jahr wie die *Rhapsody in Blue* hatte auch das Musical *Lady, be Good* am Broadway Premiere. Die Liedtexte hatte erstmals Gershwins Bruder Ira geschrieben, der diese Arbeit auch für die folgenden Werke übernahm. Mit Fred und Adele Astaire standen ihm ausgezeichnete Interpreten für seine Songs zur Verfügung. Das Stück brachte es auf 184 Vorstellungen und wurde von Presse und Publikum enthusiastisch gefeiert.

Im Auftrag des Dirigenten Walter Damrosch, dem Leiter der New York Symphony Society, komponierte George Gershwin 1925 sein *Concerto in F* für Klavier und Orchester. Diesmal übernahm er die Orchestration selbst. Da er sich über die klanglichen Wirkungen seines Werkes nicht im klaren war, mietete er für einen Nachmittag das Globe-Theatre sowie ein Orchester und überprüfte auf diese Weise seine Instrumentation, bevor er die fertige Partitur bei Damrosch ablieferte. Die Uraufführung im Dezember 1925 in der Carnegie Hall mit den New Yorker Sinfonikern und Gershwin am Klavier festigte seinen Ruf als den eines unkonventionellen und genuin amerikanischen Komponisten. Die Mischung von populärem Ton und sinfonischer Form bestimmt die Komposition. Gershwin orientiert sich an den großen romantischen Klavierkonzerten von Grieg, Liszt und Tschaikowsky. Formal arbeitet er mit Reihungsformen und verzichtet damit auf die für die klassisch-romantische Tradition typische Sonatenhauptsatzform. Doch gerade mit der Unbekümmertheit seiner musikalischen Sprache und mit der ungewöhnlichen rhythmischen und melodischen Gestaltungsweise gelingt ihm hier die Verschmelzung verschiedener musikalischer Welten. Aus Unterhaltungsmusik und sinfonischer Tradition entsteht etwas durchaus Neuartiges.

Wenn die Musicals, für die Gershwin die Musik schrieb, in New York abgelaufen waren, wurden sie häufig in England gespielt. Das machte den Komponisten auch in Europa zunehmend bekannter. Nachdem er sich bereits 1923 kurze Zeit in Europa aufgehalten hatte, beschloß er 1928, eine längere Reise durch die wichtigsten europäischen Städte zu unternehmen. In diesen sechs Monaten lernte er eine Reihe von Komponisten persönlich kennen: Darius Milhaud, Francis Poulenc und Sergej Prokofjew in Paris sowie Franz Lehár, Emmerich Kálmán und Alban Berg in Wien. In Europa reifte auch der Plan zu einem neuen sinfonischen Werk, das Gershwin schließlich *An American in Paris* überschrieb. Nach seiner Rückkehr in die Vereinigten Staaten äußerte er sich in einem Interview zu seinem neuen Stück: »Dieses neue Werk – eigentlich ein rhapsodisches Ballett – ist sehr frei komponiert, es ist die modernste Musik, die ich bisher schrieb. Der Eröffnungsteil ist in typisch französischem Stil entwickelt, in der Art von Debussy und den ›Sechs‹, obwohl die Themen alle original sind. Es ist meine Absicht, die Eindrücke eines amerikanischen Reisenden wiederzugeben, der durch Paris schlendert, der auf den Straßenlärm hört und die französische Atmosphäre in sich aufnimmt. Wie in meinen anderen Orchesterwerken habe ich mich dabei nicht bemüht, irgendeine bestimmte Szene in Musik zu setzen. Die Rhapsodie ist nur in einem allgemein impressionistischen Sinne programmatisch, so daß jeder Hörer in die Musik hineindeuten kann, was ihm seine Einbildungskraft nur alles ausmalen mag.« Auch hier bedient sich

Gershwin einer freien formalen Anlage. Der Satz wirkt dichter und bunter als in den früheren konzertanten Werken. Mitunter schichtet er Motive übereinander, entwickelt musikalische Gedanken parallel und arbeitet mit ungewöhnlichen harmonischen Wendungen, wie er sie vielleicht in den neoklassizistischen Arbeiten der »Groupe des Six« kennengelernt hatte. Die Partitur sieht neben dem gewohnten Instrumentarium auch Saxophone sowie Autohupen in vier verschiedenen Tonhöhen vor. Für Aufführungen in den Vereinigten Staaten ließ Gershwin diese extra aus Paris importieren. Die außerordentlich erfolgreiche Uraufführung seines dritten sinfonischen Werkes fand im Dezember 1928 in der Carnegie Hall statt. Walter Damrosch dirigierte diesmal die New Yorker Philharmoniker.

Wenn George Gershwin nicht gerade komponierte – und er komponierte eigentlich fast immer –, trieb er leidenschaftlich gerne Sport. Außerdem sammelte er zeitgenössische Kunst und malte auch selbst. Seine Bilder, darunter ein berühmtes Selbstbildnis mit Frack und Zylinder vor einer Staffelei, aber auch ein eindrucksvolles Porträt Arnold Schönbergs, das in Gershwins Todesjahr 1937 entstand, verraten eine außerordentliche Begabung auch auf diesem Gebiet. Er plante sogar eine Ausstellung seiner Gemälde, die aber erst nach seinem Tod zustande kam.

Nach *An American in Paris* wandte Gershwin sich wieder dem Musical zu. Doch die Werke, die jetzt entstanden, unterschieden sich deutlich von den früheren, eher belanglosen Sujets. Nun schrieb er politische Satiren mit deutlichen Anspielungen auf die aktuelle Politik. *Strike up the Band* (1930) geißelt die Profitgier der Großindustrie als wahre Ursache des Krieges. Die Songtexte stammten auch diesmal von Gershwins Bruder Ira. Noch deutlicher bezog *Of Thee I Sing* (1931) Stellung, das Gershwin als sein bestes Musical überhaupt bezeichnet hat. Hier werden die korrupten Umstände eines Präsidentschaftswahlkampfes dargestellt, und in der unruhigen Zeit der Weltwirtschaftskrise war dieses Thema außerordentlich aktuell. Das Werk erlebte allein am Broadway mehr als 400 Vorstellungen, bevor es seinen Siegeszug durch die amerikanische Provinz antrat. Als erstes Musical überhaupt wurde *Of Thee I Sing* mit dem begehrten Pulitzer-Preis ausgezeichnet.

Mit der 1932 in Boston uraufgeführten *Second Rhapsody,* auch diesmal wieder für Klavier und Orchester, versuchte Gershwin vergeblich, an den großen Erfolg seiner *Rhapsody in Blue* anzuknüpfen. Das Werk fiel deutlich blasser als sein sinfonischer Erstling aus. Das Ursprüngliche und Temperamentvolle seiner ersten Rhapsodie bleibt unerreicht. Statt dessen versucht Gershwin, das musikalische Geschehen durch traditionelle kompositorische Techniken zu legitimieren. Die große sinfonische Form, wenn sie nicht aus der Spontaneität freier Schöpfungen hervorging, war Gershwins Sache nicht. So hat das Stück auch nie den Bekanntheitsgrad seiner frühen konzertant-sinfonischen Werke erreicht.

George Gershwin war musikbesessen, schöpferische Pausen kannte er nicht. Auch die wenigen Reisen, die er sich gönnte, konnten ihn nicht von seiner Musik ablenken. Während eines Erholungsurlaubs in Kuba 1932 faßte er unter dem Eindruck der dortigen Volksmusik den Plan zu einer Konzertouvertüre, den er unmittelbar nach seiner Rückkehr umsetzte. Die kubanische Folklore fand hier ihren Niederschlag in Rumba- und Habanerarhythmen sowie in der Verwendung einer Vielzahl ungewöhnlicher Schlag- und Geräuschinstrumente. Die Rhythmen werden mit ausladenden, zum Teil sehr lebhaften Melodien und raffinierten Instrumentationseffekten kombiniert. Das ursprünglich »Rhumba« überschriebene Werk nannte Gershwin später *Cuban Overture.*

1933 schrieb er neben der Musik zu weiteren Musicals das kurze Variationswerk über ein eigenes Lied *I Got Rhythm* für Klavier und Orchester. Er spielte es wiederholt während einer mehrwöchigen Konzertreise zu Beginn des Jahres 1934. In dem hochvirtuosen, pianistisch anspruchsvollen Stück erscheint das Thema, der Refrain des Liedes, in immer neuen Gestalten, so daß der Bezug zum Original jederzeit präsent bleibt.

Im gleichen Jahr nahm Gershwin die Arbeit an seiner einzigen abendfüllenden Oper, *Porgy and Bess,* auf. Der Plan ging auf ein Projekt Mitte der zwanziger Jahre zurück, aber der Komponist hatte sich lange Zeit gescheut, ein so großdimensioniertes Werk in Angriff zu nehmen. Nicht zuletzt auf Drängen des Autors, der inzwischen auch andere Angebote zur Vertonung seines Stoffes erhalten hatte, ging Gershwin schließlich ans Werk. Fast zwei Jahre hindurch beschäftigte ihn seine Oper, bis er schließlich im September 1935 die Partitur abschloß. Diesmal erschien ihm seine Arbeit vollkommen gelungen; er äußerte sich begeistert nach der ersten Probe: »Ich halte die Musik für so wunderbar, daß ich wirklich nicht glaube, daß ich sie schrieb.« Die Uraufführung dieser wie *Blue Monday* im Milieu der Schwarzen angesiedelten Oper im September 1935 in Boston wurde ein riesiger Erfolg für Gershwin. Der Dirigent Serge Kussewitzky, der als Zuhörer an diesem Abend anwesend war, sprach von einem »großen Fortschritt in der amerikanischen Opernentwicklung«. Auch die New Yorker Premiere im Monat darauf begeisterte das Publikum. Widerstand gegen das Werk erhob sich in den Kreisen, die jede Emanzipation der Schwarzen ablehnten, was an manchen Orten eine Aufführung zu Lebzeiten des Komponisten verhinderte. Trotzdem trat das Werk bald seinen Siegeszug über die Bühnen der Welt an. Gershwin selbst verstand *Porgy and Bess* als Volksoper: »Als ich an der Musik zu arbeiten begann, entschloß ich mich, kein originales Volksmusikmaterial zu gebrauchen, weil die Musik aus einem Guß sein sollte. Deshalb schrieb ich meine eigenen Spirituals und Volkslieder. Diese sind aber dennoch Volksmusik – und folglich ist *Porgy and Bess*, da auch in der Form opernhaft, eine Volksoper.«

Bereits 1930, als Gershwin die Musik zum Film *Delicious* komponiert hatte, stand er in Kontakt mit der Filmindustrie Hollywoods. Nach der Premiere von *Porgy and Bess* zog er an die amerikanische Westküste, um sich verstärkt der Arbeit für das neue Medium zu widmen. Gershwin ließ sich in Beverly Hills nieder, wo er sich eine geräumige Villa mit Swimmingpool und Tennisplatz mietete. Zu seinen Nachbarn zählte auch Arnold Schönberg, mit dem Gershwin regelmäßig Tennis spielte. Trotz des unterschiedlichen Naturells achteten sich die beiden Komponisten, die jenseits der differierenden ästhetischen Vorstellungen ausgesprochen freundschaftlich miteinander verkehrten. In Hollywood schrieb Gershwin zunächst die Musik zu zwei Filmen mit Fred Astaire in der Titelrolle, *Shall We Dance* und *A Damsel in Distress*. Anschließend beauftragte ihn Samuel Goldwyn mit der Musik zu seinem Leinwandspektakel *The Goldwyn Follies*. Es war die letzte Arbeit, die Gershwin noch vollenden konnte. Der Pomp und Glamour der Filmindustrie Hollywoods behagten ihm nicht; er plante seine Rückkehr nach New York. Basierend auf der Volksmusik Amerikas, wollte er sich dort den klassischen Gattungen von Sinfonie und Streichquartett zuwenden. Doch dazu kam es nicht mehr. Anfälle von Bewußtlosigkeit, heftige Kopfschmerzen und Bewegungsstörungen legten den Verdacht auf einen Gehirntumor nahe. Im Alter von nur 38 Jahren starb George Gershwin nach einer Gehirnoperation am 11. Juli 1937 in Hollywood. Noch wenige Stunden vor seinem Tod hatte ihn die altehrwürdige »Accademia di Santa Cecilia« in Rom als ersten Amerikaner zum Ehrenmitglied ernannt.

Kein Geringerer als Arnold Schönberg würdigte nach Gershwins Tod dessen Werk in einem Nachruf: »George Gershwin war einer jener seltenen Musiker, für die Musik nicht ein Produkt mehr oder weniger großer Geschicklichkeit ist. Musik war für ihn die Luft, die er atmete, die Speise, die ihn nährte, der Trank, der ihn erfrischte. Musik war das, was sein Gefühl erweckte, und Musik war das Gefühl, das er ausdrückte. Unmittelbarkeit dieser Art ist nur großen Männern zu eigen, und es kann kein Zweifel darüber bestehen, daß er ein großer Komponist war. Was er vollbrachte, kam nicht nur der amerikanischen Musik zugute, sondern es war ein Beitrag zur Musik der ganzen Welt.«

WERKE (Auswahl)

Rialto Ripples für Klavier (1917)
La-La-Lucille. Musical-Comedy (1919)
Lullaby für Streichquartett (1919)
Figured Chorale für Klarinette, zwei Fagotte, zwei Hörner, Violoncello und Kontrabaß (1921)
A Dangerous Maid. Musical-Comedy (1921)
Blue Monday. Oper in einem Akt (1922)
The Rainbow. Musical-Comedy (1923)
Rhapsody in Blue für Klavier und Jazzband (1924)
Lady, Be Good. Musical-Comedy (1924)
Concerto in F für Klavier und Orchester (1925)
Three Preludes für Klavier (1926)
Strike Up The Band. Musical-Comedy, 1. Fassung (1927)
An American in Paris für Orchester (1928)
Treasure Girl. Musical-Comedy (1928)
Girl Crazy. Musical-Comedy (1930)

Strike Up The Band. Musical-Comedy, 2. Fassung
(1930)
Of Thee I Sing. Musical-Comedy (1931)
Delicious. Filmmusik (1931)
Second Rhapsody für Klavier und Orchester
(1932)
Song Book für Klavier (1932)
Cuban Overture für Orchester (1932)

»I Got Rhythm«. Variationen für Klavier und Orche-
ster (1934)
Porgy and Bess. Oper in drei Akten (1935)
Catfish Row. Sinfonische Suite aus »Porgy and
Bess« (1936)
A Damsel In Distress. Filmmusik (1937)
Shall We Dance. Filmmusik (1937)
The Goldwyn Follies. Filmmusik (1938)

PHILIP GLASS

»Meine Musik ist nicht wie die von Xenakis
oder Cage, die von den meisten nicht verstanden wird. Es ist eine Musik, die sie fast
verstehen, und dann doch oft scheitern. Ich
habe einen neuen Weg gefunden, Musik
wieder schwierig zu machen.«

Aus diesen selbstbewußten Worten
spricht der Erfolg. Philip Glass zählt zu den
bekanntesten Komponisten der neuen Musik

überhaupt. Mehr noch als seinen minimalistischen Mitstreitern Steve Reich oder Terry Riley gelang es ihm, die »minimal music« mit der Pop-Kultur zu verbinden und breite Hörerschichten für seine Musik zu begeistern. Ob die New Yorker Carnegie Hall oder den Rock-Tempel »The Bottom Line« – Philip Glass füllt mühelos jeden Saal. Dabei trugen hervorragende Interpreten wie das Kronos Quartett oder der Geiger Gidon Kremer maßgeblich dazu bei, seine Werke in den Konzertsälen heimisch zu machen.

Philip Glass kam am 31. Januar 1937 in Baltimore im Staate Maryland zur Welt. Im Alter von acht Jahren besuchte er das Peabody Conservatory, mit zehn spielte er zum ersten Mal in einem Orchester mit. Später studierte er zunächst an der Universität von Chicago, dann an der renommierten New Yorker Juilliard School of Music. Sein Œuvre umfaßte schon vor seinem Examen bereits über 70 Werke, die auch aufgeführt worden waren. »Ich war ein Musterschüler«, erklärte Glass später. »Ich lernte, die Musik meiner Lehrer zu komponieren, und erhielt dafür immer nur die besten Noten.« Nach Abschluß seiner Studien und ersten Auszeichnungen ging Philip Glass für einige Zeit nach Paris, um dort bei Nadia Boulanger, einer der populärsten Kompositionslehrerinnen jener Jahre, zu studieren. Dort wurde er erstmals mit der Zwölftontechnik konfrontiert und lernte die seriellen Arbeiten der europäischen Avantgarde kennen. Die Begegnung mit dieser Musik verunsicherte ihn zunächst, doch schon bald erkannte er, daß solche Konzepte für ihn kein kompositorischer Ansatz sein konnten. Nach seinen anfänglichen Erfolgen brach Glass mit seiner musikalischen Vergangenheit. Auslösendes Moment war Mitte der sechziger Jahre die Bekanntschaft mit Ravi Shankar, mit dem er bei einem Filmmusikprojekt zusammenarbeitete. Durch ihn lernte er den Tabla-Virtuosen Alla Rakha kennen, bei dem er anschließend auch Unterricht nahm. Die Begegnung mit der Musikkultur Asiens veranlaßte ihn, alle früheren Kompositionen zu vernichten. Auf Reisen durch Nordafrika, vor allem aber durch Indien lernte er die dortigen Musikkulturen kennen. Die meditativen Strukturen und repetitiven Muster bildeten von da an die Grundlage seines eigenen musikalischen Stils. Dieser Horizont ermöglichte ihm, die Traditionen der akademischen Schule zu verlassen und sich musikalische Welten zu erschließen, die in der sogenannten »ernsten Musik« bis dahin kaum eine Rolle gespielt hatten. Trotz seiner Hinwendung zu asiatischen Musikkulturen stuft Philip Glass seine Musik als genuin amerikanisch ein und vergleicht sie diesbezüglich sogar mit dem Jazz eines Ornette Coleman.

Parallel zur asiatischen Musik lernte Philip Glass die »minimal art« kennen, eine Strömung der bildenden Kunst, deren Formensprache auf essentielle geometrische Elemente reduziert ist und auf jegliche überflüssig erscheinende Zutat verzichtet. Diese Kunstrichtung hat seinen Kompositionsstil beeinflußt, auch wenn Glass selber den Begriff des ›Minimalismus‹ für seine Musik nicht gelten läßt und statt dessen von einer repetitiven Musik spricht.

Etwa zeitgleich zu seinen ersten Werken im neuen Stil gründete Philip Glass sein eigenes Ensemble, ein eigenes Aufnahmestudio kam bald hinzu. Seine formal äußerst einfachen Werke jener Zeit, die in Einzelaspekten entsprechenden Tendenzen der

Pop- und Rockmusik ähneln, machten ihn innerhalb kurzer Zeit zu einem der populärsten Vertreter der repetitiven Musik. Glass konzentrierte sich auf immer schlichtere Muster. Die Stücke werden zunehmend ereignisloser und länger. Dabei ging es Glass in erster Linie darum, als Einzelereignis die minimale Veränderung der musikalischen Struktur möglichst deutlich hervorzuheben. Der Höhepunkt dieser Entwicklung war 1974 mit der *Music in Twelve Parts* mit einer Aufführungsdauer von mehr als vier Stunden erreicht. Doch machten ihn derart extreme Werke keineswegs zum Außenseiter, im Gegenteil: Die psychedelische, fast hypnotisch-berauschende Wirkung seiner Musik traf insbesondere auch bei Jugendlichen auf große Resonanz. Zu einer Zeit, da Asien-Trips und Marihuana-Konsum zum Pflichtprogramm gehörten, hatten nicht nur Bands wie »The Doors« Hochkonjunktur, sondern auch die repetitiven Strukturen der Musik von Philip Glass.

Die große Resonanz in der jugendlichen Subkultur bezieht sich aber nur auf einen Teil seiner Werke. Ab 1976 eroberte er auch die Opernhäuser – und das weltweit. Sein Bühnenerstling *Einstein on the Beach* avancierte innerhalb kurzer Zeit zu einer der meistgespielten zeitgenössischen Opern überhaupt. Der Premiere im französischen Avignon 1976 folgten in kurzem Abstand Aufführungen in zahlreichen Städten Europas und der Vereinigten Staaten. Ein Grund für den phänomenalen Erfolg dieses Musiktheaterprojekts lag sicher in der Zusammenarbeit mit dem Kultregisseur Robert Wilson. Trotzdem überrascht, daß ausgerechnet ein Werk, das mit vielen Traditionen des Musiktheaterbetriebs bricht, eine solch weite Verbreitung finden konnte. Eine Handlung im eigentlichen Sinn gibt es nicht. Vielmehr haben Philip Glass und Robert Wilson Bild-Klang-Architekturen gestaltet. Es wird kein zusammenhängender Text gesungen, sondern Tonleitern, Figurationen und Generalbaßlinien auf Silben und Zahlen, so daß sich ein feines Netz von sich wiederholenden Schleifen und rhythmischen »patterns« ausbreitet. Die Struktur der Oper beschrieb Robert Wilson einmal folgendermaßen: »*Einstein* besteht aus vier Akten und fünf Interludien. Es gibt drei visuelle Themen, die je dreimal wiederkehren: ein Zug, ein Gerichtshof und eine Raum-Zeit-Maschine über einem Feld. Beim ersten Mal sieht man den Zug perspektivisch von vorne, beim zweiten Mal sieht man ihn von hinten, er entfernt sich und es ist Nacht, es ist eine andere Zeit und ein anderer Raum. Bei der dritten Wiederholung ist der Zug ein Haus, das dieselben Perspektivlinien hat wie der Zug, als man ihn zuletzt sah. Das zweite Thema ist ein Gerichtshof, in dessen Mitte ein großes Bett steht. Bei der Wiederholung gibt es nur noch einen halben Gerichtshof und ein halbes Bett, die andere Hälfte der Bühne ist ein Gefängnis – also wiederum eine andere Zeit und ein anderer Raum. Beim dritten Mal gibt es nur noch das Bett, und das Bett fliegt davon. Das dritte Thema ist ein Feld mit Tänzern, und über den Tänzern schwebt eine Raum-Zeit-Maschine, es ist eine Uhr. Beim zweiten Mal ist die Maschine größer, und beim dritten Mal sind wir im Innern dieser Maschine.«

Philip Glass hat die Musik zu *Einstein on the Beach* durchkomponiert. Die Partitur sieht Chor, Vokalsolisten, elektronische Orgel, Solovioline und Holzbläser vor. Den musikalischen Satz bestimmt eine Abfolge von Mustern, Kreisbewegungen und Schleifen. Der große Erfolg seines Erstlingswerkes für das Musiktheater ermutigte Philip Glass zu weiteren Arbeiten in diesem Genre. Nach dem Tanzstück *Dance* entstand die Oper *Satyagraha*, die Erlebnisse des indischen Philosophen und Politikers Mahatma Gandhi reflektiert. Passend dazu schrieb Glass das Werk in Sanskrit. Mit dem einige Jahre später entstandenen *Akhnaten* faßte Glass diese beiden Werke zu einer fast Wagnersche Dimensionen erreichenden Trilogie zusammen.

Daß in seinen musiktheatralischen Werken Dramatik, Handlung und zusammenhängender oder verständlicher Text fehlen, wurde als Ausdruck einer neuartigen Ästhetik rezipiert, der es ähnlich wie der »Grand Opéra« des 19. Jahrhunderts neben der Musik vor allem um Bilder und Tableaus geht. Ganz in diesem Sinne hat Philip Glass dazu geäußert: »Es kommt nicht darauf an, was es bedeutet, sondern daß es bedeutungsvoll ist.«

Der Erfolg seiner Werke liegt möglicherweise in der Konzentration auf kleinste musikalische Prozesse. In einer immer gleiche Muster und Kreise repetierenden Struktur wird jede kleinste Veränderung nicht nur zum dramatischen Ereignis, sondern auch zum leicht nachvollziehbaren Wechsel in der musikalischen Textur. Neue harmonische wie rhythmische Wendungen erscheinen als Ausbruch aus der exponierten Grundhaltung.

Dieser fließende, allmählich changierende musikalische Satz eignet sich bestens, um filmische Schnitte oder Überblendungen musikalisch umzusetzen. Das erfolgreiche Konzept des nahezu statischen Musiktheaters ließ sich auch in der Filmmusik umsetzen. So überrascht es nicht, daß sich Glass in den neunziger Jahren vor allem cinematographischen Projekten zuwandte. Nach drei Filmen von Jean Cocteau entstanden die Opern *Orphée*, *La Belle et la Bête* und schließlich *Les Enfants Terribles*.

In den vergangenen Jahren tendierte Philip Glass immer stärker zu Multimedia-Konzepten. Auch wenn er seine musikalische Sprache inzwischen in Richtung tonaler Strukturen ausgedehnt hat, Kadenzierungen funktionaler Harmonik zu den Grundpfeilern seiner Ästhetik gehören und viele seiner Werke die Grenze zur Banalität längst überschritten haben, zählt er doch zu den Komponisten des 20. Jahrhunderts, die nicht nur eine außerordentliche Breitenwirkung, sondern auch Eingang in die Programmgestaltung traditioneller Sinfoniekonzerte gefunden haben. Wie auch immer man zu ihr stehen mag: die Musik von Philip Glass, und das ist keine Selbstverständlichkeit für einen zeitgenössischen Komponisten, ist mehrheitsfähig geworden.

WERKE (Auswahl)

Piece for Chamber Orchestra (1965)
Streichquartett Nr. 1 (1966)
In Again Out Again für zwei Klaviere (1967)
Strung Out für elektrisch verstärkte Violine (1967)
Two Pages für elektrisches Klavier (1968)
How Now für Klavier oder Ensemble (1968)
Music in Contrary Motion für Ensemble (1969)
Music in Similar Motion für Ensemble (1969)
Music in Fifths für Ensemble (1969)
Music with Changing Parts für Ensemble (1970)
Music in Twelve Parts für Ensemble (1971/74)
Another Look at Harmony für Ensemble (1975)
Einstein on the Beach. Oper in vier Akten (1975/76)
Fourth Series, Part 1–4 für wechselnde Besetzungen (1977/79)
North Star. Filmmusik (1977)
Modern Love Waltz für Klavier (1978)
Dance für Ensemble (1979)
Satyagraha. Oper in drei Akten (1980)
A Madrigal Opera für sechs Stimmen, Violine und Viola (1980)
Music in Similar Motion für Kammerorchester (1981)
Glassworks für Ensemble (1981)
Habeve Song für Sopran, Klarinette und Fagott (1982)
the CIVIL warS. Oper in einem Prolog und drei Szenen (1983)

Glass Pieces für Orchester (1983)
The Olympian für Chor und Orchester (1984)
The Juniper Tree. Oper in zwei Akten (1984)
Streichquartett Nr. 2 (1984)
Akhnaten (Echnaton). Oper in drei Akten (1984)
Streichquartett Nr. 3 (1985)
The Making of the Representative for Planet 8.
    Oper in drei Akten (1985/86)
In the Upper Room. Tanzstück (1986)
Konzert für Violine und Orchester (1987)
The Light für Orchester (1987)
The Fall of the House of Usher. Kammeroper in
    zwei Akten (1988)
1000 Airplanes on the Roof. Science-fiction music
    drama (1988)
Streichquartett Nr. 4 (1989)
The Canyon für großes Orchester (1989)
Itaipu für Chor und Orchester (1989)

Hydrogen Jukebox. Oper (1990)
White Raven. Oper (1991)
Streichquartett Nr. 5 (1991)
The Voyage. Oper mit einem Prolog, drei Akten
    und einem Epilog (1992)
»Low« Symphony für Orchester (1992)
Orphée. Oper (1993)
Sinfonie Nr. 2 (1994)
Sinfonie Nr. 3 (1994)
La Belle et la Bête. Oper (1994)
Concerto für Saxophonquartett (1995)
Les Enfants Terribles. Oper (1996)
Heroes Symphony für Orchester (1996)
Marriages Between Zones Three, Four and Five.
    Oper (1996)
Days and Nights in Rocinha für Orchester (1997)
The Truman Show. Filmmusik (1997)
Monsters of Grace. Musiktheater (1998)

VINKO GLOBOKAR

»Sehr schnell, etwa 1972/73, verlor ich das
Vertrauen in Werke, wo man nur das Klangmaterial strukturiert. Ich hatte das Bedürfnis
nach etwas Wichtigerem als die Musik
selbst. Etwas, das mit dem Leben zu tun
hat: soziale, politische, psychologische Probleme, vielleicht auch Poesie. Da ich Musiker bin – und nicht Fotograf oder Schriftsteller –, versuche ich als solcher, an jene Pro-

bleme heranzugehen. Das alltägliche Leben ist aber zu ephemer, doch kann man aus dem, was man sieht, ein Extrakt ziehen, wesentliche Gedanken und Probleme aufgreifen, die viel umfassender sind, die fast mit Ritualen oder Mythologie zu tun haben, die eine Konstante des Lebens darstellen.«

Vinko Globokar will die menschlichen Probleme in seiner Musik thematisieren, die Musik nicht als keimfreie Zone verstanden wissen, sondern als integralen Bestandteil des Lebens. Globokar bezieht Stellung mit seinen Werken, ob zu Themen wie Emigration, Folter oder ganz allgemein Herrschaftsmechanismen. »L'art pour l'art« ist seine Sache nicht. Vielmehr will er mit seiner Musik aufrütteln und bewegen. Dabei kommt ihm seine Doppelrolle als Komponist und Interpret zugute. Denn so kann er selber zeigen, wie er seine Werke verstanden wissen will.

Vinko Globokar, gebürtiger Slowene, kam am 7. Juli 1934 im französischen Anderny zur Welt. Als er dreizehn Jahre alt war, ging die Familie zurück nach Slowenien und ließ sich in Ljubljana nieder. Globokar begann seine Laufbahn als Jazzmusiker. Mit 21 Jahren kehrte er nach Frankreich zurück und studierte Posaune am Pariser Conservatoire. Anschließend absolvierte er ein Kompositions- und Dirigierstudium bei dem Webern-Schüler René Leibowitz sowie bei André Hodeir und Luciano Berio. Seine musikalische Karriere begann zunächst als Interpret. Als der führende und experimentierfreudigste Posaunist seiner Generation brachte er zahlreiche Werke zur Uraufführung, so etwa von Kagel, Stockhausen, Andriessen und vielen anderen. Neben seinen Soloauftritten spielte er in vielen verschiedenen Formationen mit anderen Musikern zusammen. Erst durch ihn – das läßt sich heute rückblickend sagen – spielt die Posaune als Soloinstrument eine herausragende Rolle in der neuen Musik.

1966 kam Globokar mit einem Stipendium der Ford Foundation nach Berlin, wo sein erstes großes Orchesterwerk uraufgeführt wurde. Zu dieser Zeit war er längst ein gefragter Virtuose und galt als Spezialist für die vertrackten Schwierigkeiten des Posaunenspiels. Die Erkenntnisse des Instrumentalisten Globokar bilden denn auch den Ausgangspunkt seiner eigenen Werke, in denen häufig die Situation des spielenden Musikers, seine physischen und psychischen Erfahrungen im Umgang mit dem Instrument thematisiert werden. Vinko Globokar gehörte in den sechziger Jahren zu den Gründern der Improvisationsgruppe »New Phonic Art«, und die psychologischen Prozesse, die sich bei jedem Zusammenspiel mehrerer Musiker ergeben, fließen in seine Arbeit ein. Globokar versteht das Instrument im ursprünglichen Sinn als Erweiterung, als verlängerten Arm des menschlichen Körpers und bezieht deshalb in vielen Werken auch die menschliche Stimme mit ein. Alles, was der Instrumentalist lautlich ausdrücken kann, jede Interaktion mit anderen Musikern, wird Thema des instrumentalen Spiels. Insofern setzt sich Globokars Musik immer auch mit zwischenmenschlichen Beziehungen auseinander.

1967 wurde Globokar Dozent an der Musikhochschule in Köln, später erhielt er am gleichen Institut eine Professur. Das Klima der Kölner Szene – hier lebten und arbeiteten damals unter anderem Bernd Alois Zimmermann, Karlheiz Stockhausen mit seinem Kreis, Mauricio Kagel und die Gebrüder Kontarsky – wirkte außerordentlich anregend. In diesem Umfeld begann Globokar, sich stärker dem Komponieren zuzuwenden. Die Themen seiner Musik sind konstant und haben sich seit seinen kompositorischen Anfängen kaum verändert. Zentral ist das Thema der Kommunikation, realisiert etwa in der Komposition *Ausstrahlungen* für zwanzig Musiker und einen Solisten aus dem Jahre 1971. In diesem Stück bilden die Musiker einen geschlossenen Kreis, so daß jeder jeden sehen kann. Der Solist, der hier auch als musikalischer Leiter fungiert, übernimmt eine Reihe von Aufgaben: Er hat eine vorgegebene Musik zu spielen, kann aber gleichzeitig einige graphisch notierte Teile seinen Vorstellungen entsprechend frei gestalten. Er dirigiert das Ensemble und bewegt sich innerhalb des Kreises, um mit seinem Instrument, das nicht festgelegt ist, Klangmuster vorzugeben, die dann nach bestimmten Regeln von den anderen Mitspielern ausgestaltet werden. Für den synchronen Ablauf der Musik sind alle Beteiligten gemeinsam verantwortlich. Über Einsatz und Schluß verständigen sie sich untereinander durch Zeichen. Das klingt nach Basisdemokratie und nach typischen Verfahrensweisen der siebziger Jahre, was es in gewisser Weise auch sein will. Globokar gehört zu der Generation, die 1968 aufbegehrte. Viele Forderungen der damaligen Zeit hat er in seiner Musik aufgegriffen.

In einem seiner Hauptwerke – in *Laboratorium* – hat er vor allem neue Spieltechniken und Ausdrucksformen entwickelt. Die Sammlung von insgesamt 55 Kompositionen entstand zwischen 1973 und 1985 und umfaßt ein Stück für zehn Spieler, zwei für neun, drei für acht und so weiter bis schließlich zehn Stücke für jeweils ein Solo-instrument. Die Reihenfolge der Werke liegt nicht fest. Allerdings gehört jedes Stück einer von sechs Kategorien bzw. Forschungsbereichen an: Ein erster Bereich setzt sich mit »spiel- und instrumentaltechnischen Untersuchungen« auseinander, ein zweiter widmet sich »gestischen Untersuchungen«, ein dritter ist mit »manuelle Untersuchungen von Klangquellen« überschrieben. Ein vierter beschäftigt sich mit den »Beziehungen zwischen Instrument und menschlicher Stimme«, ein fünfter analysiert das »Verhalten der Musiker zueinander und untereinander«, und ein sechster schließlich thematisiert die »Beziehungen der Musiker zum Publikum«. Für jeden dieser Komplexe hat Globokar mehrere Stücke, Anweisungen oder auch Versuchsanordnungen vorgelegt. Dabei ist das musikalische Geschehen je nach Aufgabenstellung unterschiedlich exakt fixiert. Lediglich das Schlußstück des Zyklus, mit »Überraschung« betitelt, ist von den beteiligten Musikern gemeinsam zu erfinden. Im Prinzip versteht sich *Laboratorium* als Kompendium musikalischer Problemlösungen, in dem die Klänge von Stimme und Instrument minutiös erforscht und erweitert werden. Damit umreißt dieser Zyklus bereits den Kern von Globokars kompositorischer Arbeit, denn ähnliche Themen und Fragestellungen bestimmen auch seine übrigen Kompositionen wie zum Beispiel den Zyklus *Discours*. In *Discours II* für fünf Posaunen oder Posaune und Tonband (1967/68) werden Artikulationsformen und Klangfarben vokaler und instrumentaler Aktionen gemischt. In *Discours VIII* für Bläserquintett (1989) kommen musiktheatralische und damit auch soziale Aspekte ins Spiel. In Abschnitten wie »Zwei Leute streiten sich« oder »Drei Personen ermahnen eine vierte« verbinden sich das instrumentale und vokale Geschehen in Sprache und Musik zu einer imaginären Handlung.

Ein zentrales und für Globokar typisches Werk aus den achtziger Jahren ist *Hallo, do you hear me?* für gemischten Chor, Jazzband und großes Orchester. Bei der Uraufführung, die im Rundfunk direkt übertragen wurde, befand sich das Orchester in einem Konzertsaal in Helsinki, der Chor in Stockholm und die Jazzcombo in Oslo. Die Dirigenten verständigten sich über eine telefonische Standleitung. »Das Werk«, schreibt der Komponist, »basiert auf dem Grundmodell der Kommunikation: Senden einer Botschaft, Empfang und Reaktion. Die Botschaften haben drei verschiedene musikalische Inhalte: stereotype Musik (komponiert im Stil von . . .), persönliche Musik von mir selbst erdacht, und unvorhersehbare Musik, die beispielsweise dadurch zustande kommt, daß jeder Klangkörper in einem anderen Tempo agiert, so daß bei gleichzeitiger Wiedergabe der drei Komponenten das Ergebnis natürlich nicht gesteuert, sondern zufällig ist. Hinzu kommen drei Möglichkeiten der Reaktion auf die gesendeten Botschaften: entweder stimmt die Reaktion mit der Botschaft voll und ganz überein (Spiegel) oder die ankommende Botschaft trifft auf Vorbehalte oder Widerspruch oder die Übertragung ist gestört, die Botschaft erreicht den Empfänger nicht, dann hat die Reaktion (die keine mehr ist) nichts mehr mit der Botschaft gemein.«

Globokar, der in den siebziger Jahren die Abteilung Stimme und Instrument am Pariser Forschungsinstitut IRCAM leitete und heute in Berlin lebt, ist ein außerordentlich vielseitiger Komponist. In seinen politisch engagierten Werken bezieht er eindeutig Stellung: In *Un jour comme un autre* verarbeitete er einen authentischen Bericht über Haft und Folter einer Türkin. In seinem Triptychon *Les Emigrés* setzte er sich mit dem Problem von Fremdheit und Emigration auseinander, einem Thema, das Vinko Globokar vertraut ist. Die Sprechstimme berichtet im »Miserere« überschriebenen ersten Teil: »Ich wurde am 7. Juli 1934 in Anderny, Frankreich, geboren. Mit 13 ging ich nach Jugoslawien, mit 21 kehrte ich nach Frankreich zurück, mit 30 ging ich nach Deutschland, mit 42 zurück nach Frankreich, zwischendurch ein Jahr in die USA. Überall bin ich ein Fremder. Gezeichnet: Vinko Globokar.«

WERKE (Auswahl)

Plan für einen Zarb-Spieler und vier Mitwirkende (1965)
Voie für drei Chöre, Orchester und Sprecher (1966)
Fluide für neun Blechbläser und drei Schlagzeuger (1967)
Traumdeutung. Psychodrama für vier Chöre und vier Instrumente (1967)
Discours II für fünf Posaunen oder Posaune und Tonband (1968)
Étude pour Folklora I für 19 Solisten (1968)
Correspondences für vier Solisten (1969)
Concerto grosso für fünf Solisten, 23 Spieler, Chor, Amateurchor und Tonband (1969/75)
La Ronde für eine beliebige Zahl von Melodieinstrumenten (1970)
Ausstrahlungen für einen Solisten und 20 Spieler (1971)
Atemstudie für Oboe (1972)
Vendre le vent für Kammerensemble (1972)
Echanges für einen Blechbläser (1973)
Vorstellung für einen Solisten und Film (1973)
Toucher für einen sprechenden Schlagzeuger (1973)
Laboratorium für elf Musiker (1973/85)
Discours IV für drei Klarinettisten (1974)
Das Orchester für Orchester (1974)
Un jour comme un autre. Szenen für Sopran und Kammerensemble (1975)
Caroussel für vier Sänger, 16 Instrumentalisten und Akteure (1976)
Standpunkte für Soli, ein Instrumentalisten-Kollektiv, Chor und Orchester (1977)

La tromba è mobile für ein oder mehrere Blasorchester und Schlagzeug (1979)

Der Käfig für Orchester und einen improvisieren-
den Solisten (1980)

Discours V für vier Saxophone (1981)

Discours VI für Streichquartett (1982)

Introspection d'un tubiste für Tuba, Elektronik,
Tonband, Beleuchtung und szenische Bewegungen (1983)

Corporel für einen Schlagzeuger auf seinem
Körper (1984)

Les Émigrés. Triptychon

1. Miserere für Orchester, fünf Erzähler und Jazz-
trio (1982)

2. Réalités/Augenblicke für fünf Sänger, Tonband,
Film und Diapositiv-Projektion (1984)

3. Sternbild der Grenze für Mezzosopran, Bariton,
fünf Sänger und ein Orchester von 18 Musikern (1985)

Hallo, do you hear me? für Orchester, gemischten
Chor, Jazzquintett und Tonband (1986)

Discours VII für Blechbläserquintett (1987)

Kolo für gemischten Chor und Posaune solo
(1988)

Discours VIII für Bläserquintett (1989)

Kvadrat für vier schlagzeugspielende Musiker
(1989)

L'Armonia drammatica für Orchester, gemischten
Chor und sieben Solostimmen (1987/90)

Eisenberg für 16 Musiker (1990)

Prestop für Klarinette und Elektronik (1991)

Labour für Orchester (1992)

Élégie balkanique für Flöte, Gitarre und Schlagzeug (1992)

Discours IX für zwei Klaviere (1992/93)

Blinde Zeit für sieben Musiker (1993)

Dialog über Erde für Schlagzeug (1994)

Dialog über Feuer für Kontrabaß (1994)

Dialog über Luft für Akkordeon (1994)

Dialog über Wasser für akustische und elektrische
Gitarre (1994)

Letters für Sopran und fünf Instrumente (1994)

Masse, Macht und Individuum für Orchester und
vier Solisten (1995)

SOFIA GUBAIDULINA

»Meine Entwicklung ist kontinuierlich verlaufen. Ich habe das Gefühl, als würde ich
ständig meine Seele durchwandern: Einerseits ist es immer dasselbe, andererseits
sind es gleichsam immer wieder neue Blätter, wie in der Natur. Ich sehe keinen allzu
großen Unterschied zwischen meinen früheren und späteren Werken; die konzeptionelle
Grundlinie ist geblieben ... So gehe ich in

gleicher Richtung weiter im Labyrinth meiner Seele und finde immer irgend etwas Neues: Hier habe ich etwas gefunden, dort etwas anderes. Doch insgesamt bleibt mein Weg immer der gleiche . . .«

Wenn Sofia Gubaidulina von einer kontinuierlichen Entwicklung spricht, meint sie in erster Linie ihre persönliche Haltung gegenüber der Musik. Das Verhältnis von Intuition und Rationalität, von Materialbewußtsein und Mystik, hat als Konstante ihre musikalische Sprache geprägt, auch wenn sich ihre Kompositionstechnik im Lauf der Jahre deutlich verändert hat. Religion, Literatur und Philosophie gehören zu den entscheidenden Inspirationsquellen für ihr Schaffen. In fast allen Werken weist eine Dimension über das rein Musikalische hinaus, und sie ist das eigentliche Anliegen von Gubaidulina.

Geboren wurde Sofia Asgatowna Gubaidulina am 24. Oktober 1931 in Tschistopol in der Autonomen Tatarischen Sowjetrepublik. Durch ihren Großvater, einen islamischen Geistlichen, war ihre Kindheit stark religiös geprägt. Nach der Schulzeit absolvierte sie eine musikalische Ausbildung in den Fächern Komposition und Klavier am Konservatorium in Kasan. 1954 ging sie nach Moskau, wo sie bei Nikolai Pejko, einem Schüler von Dmitrij Schostakowitsch, studierte. Anschließend lebte sie als freischaffende Komponistin in Moskau. Schon

früh wurden ihre Werke von der offiziellen Kulturadministration als zu düster kritisiert und die Distanz ihrer Arbeiten zu den Maximen des sozialistischen Realismus beklagt. Schostakowitsch kannte derlei Maßnahmen zur Genüge, war er doch selbst häufig genug Gegenstand einer solchen Kritik gewesen. »Komponieren Sie weiter auf Ihrem falschen Weg«, riet er ihr als Vorsitzender einer Prüfungskommission, und er vor allem wurde ihr Leitbild in jenen Jahren: »Er war für mich äußerst wichtig, als Mensch, als Musiker, als Komponist. Er war eine Persönlichkeit, ohne die ich damals vielleicht gar nicht hätte leben können. Seine Art und Weise zu leben war für mich Orientierung.« Sofia Gubaidulina kam den Forderungen der Kulturbürokratie nicht nach, was zur Folge hatte, daß ihre Werke nur selten aufgeführt und zögerlich gedruckt wurden. Ihren Lebensunterhalt bestritt sie weitgehend mit Kompositionen für Filme.

Erste Werke entstanden in den späten fünfziger Jahren, darunter ein *Vokalzyklus auf Gedichte von Michail Prischwin* für Sopran und Orchester, der 1957 in Moskau uraufgeführt wurde. Erst die Arbeiten aus den sechziger Jahren, die sie nach Abschluß ihrer Studien am Moskauer Konservatorium komponierte, zeigen einen ausgeprägten eigenen Stil. Dazu zählen neben den *Etüden für Harfe, Kontrabaß und Schlagzeug* von 1965 – schon hier zeigt sich Gubaidulinas Neigung zu ausgefallenen Besetzungen – vor allem die beiden vokalsinfonischen Hauptwerke dieser Epoche: die *Nacht in Memphis* für Mezzosopran, Männerchor und Kammerorchester auf altägyptische Texte sowie die Kantate *Rubaijat* auf Texte persischer Dichter für Bariton und Kammerensemble. Bereits in diesen Werken offenbart sich Gubaidulinas Vorliebe für symbolträchtige Lyrik, der sie mit einem dichten, oft ausgesprochen polyphonen und mit Zahlensymbolik unterlegten Satz zu entsprechen sucht.

Sofia Gubaidulina vertrat immer wieder die Ansicht, daß es auch jenseits des eisernen Vorhangs möglich gewesen sei, zeitgenössische Musik westlicher Prägung kennenzulernen, auch wenn es nicht der herrschenden Ästhetik des sozialistischen Realismus entsprochen habe, diese »dekadenten, westlichen Techniken« aufzugreifen. Sie jedoch schenkte solchen ästhetischen Beschränkungen keine Beachtung, was ihr viele Feinde auch im Komponistenverband verschaffte. Relativ unbekümmert verwendete sie schon in ihren Werken der sechziger Jahre Zwölftonstrukturen und serielle Ansätze. Dennoch unterscheiden sich ihre Werke jener Zeit deutlich von westlichen Kompositionsweisen. Gubaidulina erklärt das so: »Dadurch, daß die neue sowjetische Musik in den fünfziger und sechziger Jahren lange Zeit von der internationalen musikalischen Entwicklung isoliert war, ging sie ihre eigenen Wege und nahm die ihr spezifischen Züge an. In jedem beliebigen anderen Land hat die zeitgenössische Musik heute in vielem einen internationalen Charakter, unsere hingegen wandte sich ihren eigenen Quellen zu, suchte nach tieferen Wechselbeziehungen zwischen Vergangenem und Gegenwärtigem, arbeitete an der philosophischen Seite des musikalischen Schaffens. Unsere Musik ist weniger konkret in der Wiedergabe der Atmosphäre zeitgenössischen Lebens, sie ist eher zeitlos.«

Ihre philosophische Grundlage fand Gubaidulina in einem durch und durch religiösen Lebensgefühl, das in der deutschen Mystik des späten Mittelalters wurzelt. Als zentrale Figur entdeckte sie für sich schon früh Meister Eckehart, der um 1300 den großen Systematikern der Hochscholastik und ihrer Gelehrsamkeit den Blick nach innen und die individuelle Frömmigkeit entgegensetzte.

Dieser Blick ins »Labyrinth ihrer Seele« wurde für Gubaidulina zur Grundhaltung ihrer religiösen und musikalischen Weltanschauung.

Seit den frühen siebziger Jahren offenbart sich der religiöse Bezug in ihren Werken immer deutlicher. »Die Religion ist das Wichtigste im Leben des Menschen überhaupt. In unserem Jahrhundert besteht die Gefahr, daß wir die Religion verlieren … Es gibt sehr große, tiefgehende Gefahren bei uns wie im Westen. Aber was gibt es schon, das die Bedürfnisse der Menschen befriedigen könnte. Ich glaube, daß die Kunst in dieser Situation die Hauptrolle spielt. Sie könnte ein wenig verändern, vielleicht kann sie sogar den Menschen helfen, neue Wege zu finden.« Gubaidulina will mit ihren Werken eine Nähe zu Gott herstellen. Dazu wählt sie unterschiedliche Wege. Musikalisch kennt sie kaum Beschränkungen. Sie beherrscht das Vokabular des 20. Jahrhunderts und verwendet serielle Elemente ebenso wie tonale Passagen. Sie arbeitet mit Klangflächen und Glissandi, schreibt moderne Spieltechniken vor oder greift auf Instrumente aus der Volksmusik zurück. Die Titel ihrer Kompositionen: *In Croce*, *Offertorium*, *Laudatio pacis*, *Alleluja*, *Introitus*, *De profundis* oder *Sieben Worte* belegen ihr inniges Verhältnis zur christlichen Tradition. Für das Religiöse versucht sie in ihren Werken eine musikalische Entsprechung zu finden: »Ich strebe dahin, die religiöse Symbolik in die musikalische Struktur selbst hineinzusetzen.« Und so finden sich motivische Strukturen etwa in Form eines Kreuzes, Modelle aus der barocken Figurenlehre und vor allem immer wieder Zahlensymbolik in ihren Werken. Ihre musikalischen Vorbilder sieht sie in Johann Sebastian Bach und Anton Webern. Das Verhältnis von Tradition und Moderne in ihrem Werk hat sie einmal so beschrieben: »Als ideal betrachte ich ein solches Verhältnis zur Tradition und zu neuen Kompositionsmitteln, bei dem der Künstler alle Mittel – sowohl neue als auch traditionelle – beherrscht, aber so, als schenke er weder den einen noch den anderen Beachtung. Es gibt Komponisten, die ihre Werke sehr bewußt bauen, ich zähle mich dagegen zu denen, die ihre Werke eher ›züchten‹. Und darum bildet die gesamte von mir aufgenommene Welt gleichsam die Wurzeln eines Baumes und das daraus gewachsene Werk seine Zweige und Blätter. Man kann sie zwar als neu bezeichnen, aber sie sind eben dennoch Blätter, und unter diesem Gesichtspunkt sind sie immer traditionell, alt.«

Eines der zentralen Werke Gubaidulinas ist das Violinkonzert *Offertorium* von 1980, das durch das Engagement des Geigers Gidon Kremer die Komponistin auch international bekannt machte. *Offertorium* bezeichnet jenen Teil der katholischen Liturgie mit den dazugehörenden Meßgesängen, in dem Brot und Wein als symbolisches Opfer dargebracht werden. Dieses liturgische Opfer verwandelt Sofia Gubaidulina in ein musikalisches. Dazu greift sie auf das berühmte königliche Thema aus Bachs *Musikalischem Opfer* zurück. Das Motiv der Opferung wird hier in das musikalische Thema hinein verlagert, wie es die Komponistin erläutert: »In jeder Variation kommt es zu einer allmählichen Verkürzung des Themas durch Weglassen des Anfangs- und Schlußtons. Dabei wird das jeweils verbleibende Schlußintervall der Themendurchläufe akzentuiert. Diese akzentuierten Intervalle beeinflussen die Entwicklung der jeweils folgenden Episode. So erweist sich der Formverlauf als völlig abhängig von den Eigenschaften des Themas. Das Thema selbst verkürzt sich allmählich, es scheint zu verschwinden. Die Mittelvariation hat nur noch einen Ton. Im Blick auf den Titel des Werkes läßt sich

sagen: das Thema opfert sich, es bringt sich selbst als Gabe dar.« Die Instrumentation des Violinkonzertes knüpft an Anton Weberns Orchestration des *Musikalischen Opfers* an, erscheint aber segmentierter und noch punktueller. Gubaidulina verfährt kompositionstechnisch großzügiger als Webern in seinen miniaturartigen Gebilden. Sie steckt weite Räume ab und tastet sich behutsam an das Tonmaterial heran. Der Satz wirkt üppiger und klanglich breiter gefächert.

Zu ihrer Arbeitsweise hat sich Sofia Gubaidulina ausführlich geäußert: »Bei der Komposition eines Werkes mache ich zunächst eine Konzeption. Daran arbeite ich sehr lange und zunächst ohne genaue Notation. Wichtig sind für mich die Verhältnisse der Formen zueinander. Ich habe ein gutes Formgefühl für Proportionen zwischen Zeitmaßen. Diese gelten für mich wie wirkliche Materialien und verwandeln sich dann erst in konkrete Klänge. Ich habe diesen inneren Vorgang bei fast allen meinen Arbeiten beobachtet: Zuerst gibt es die Konzeption und dann allmählich verwandeln sich die Probleme in Klänge, nicht umgekehrt.«

Innerlichkeit und Expressivität bilden im Werk von Sofia Gubaidulina keine Widersprüche, sie bedingen einander sogar. In einer ihrer wichtigsten Kompositionen *Stunde der Seele* von 1974 treffen die äußere und innere Welt unmittelbar aufeinander. Das für Schlagzeug, Mezzosopran und großes Orchester geschriebene Werk geht auf ein gleichnamiges Gedicht von Marina Zwetajewa zurück. Die symbolistischen Verse sind eine Anrufung der Seele zu nächtlicher Stunde. Sofia Gubaidulinas differenzierte Klangdramaturgie stößt hier an die Grenze zur Musiktheatralik. Etwa in der Mitte des Werkes verweisen Zitate von Straßen- und Trinkliedern, ähnlich wie bei Gustav Mahler, auf die Banalität des Daseins. Am sinnfälligsten zu ver-

stehen ist vielleicht das Zitat jener Marsch-
musik, die in den dreißiger und vierziger
Jahren zu Beginn der sowjetischen Wochen-
schauen gesendet wurde. Gegen diese Elemente der äußeren Welt behauptet sich die
innere, indem sie sich – in der Kadenz des
Solo-Schlagzeugs – konsequent jeder Melodie verschließt. Erst gegen Ende des Werkes
setzt die Gesangsstimme ein und trägt die
Verse Marina Zwetajewas in einer schlichten Kantilene vor. Dazu gesellen sich zarte
Laute des Tschangs, eines alten usbekischen
Saiteninstruments. Seine fünftönige, zeitlos
volkstümlich anmutende Melodie formt einen Epilog, der in die instrumentale Sphäre
zurückführt. Die Komponistin hat die *Stunde
der Seele* später aufgrund neuer Erfahrungen
mit improvisierter Musik mehrfach umgearbeitet.

Sofia Gubaidulina, die seit Anfang der
neunziger Jahre in der Nähe von Hamburg
lebt, gründete Mitte der siebziger Jahre zusammen mit den Komponisten Viktor Suslin
und Wjatscheslaw Artjomow eine Improvisationsgruppe, die, angeregt durch westliche
Ideen wie etwa der »Intuitiven Musik« Karlheinz Stockhausens, versuchte, zumeist auf
Instrumenten aus der Volksmusik, neue Formen zu finden und die Tiefe der Klänge
auszuloten. Diese Improvisationen führten
Sofia Gubaidulina zu einem neuen Umgang
mit der Zeit. Zeitproportionen im weitesten
Sinn wurden nun zum entscheidenden Kom-
positionsproblem. Das gilt insbesondere
für die Werke der achtziger und neunziger
Jahre: *Gerade und ungerade* für sieben
Schlagzeuger, die Sinfonie *Stimmen . . . Verstummen* und die *Hommage à T. S. Eliot*.
Zum Thema »Zeit« nahm Gubaidulina einmal folgendermaßen Stellung: »Das wichtigste Ziel eines Kunstwerkes ist meiner Ansicht nach die Verwandlung der Zeit. Der
Mensch hat diese verwandelte andere Zeit –
die Zeit des Verweilens der Seele im Geisti-

gen – in sich. Doch kann sie verdrängt werden durch unser alltägliches Zeiterleben, in
dem es keine Vergangenheit und keine Zukunft, sondern lediglich das Gleiten auf
dem schmalen Grat einer sich unablässig
bewegenden Gegenwart gibt. Die Aktivie-
rung der anderen, essentiellen Zeit kann nur
im Kunstwerk stattfinden.«

WERKE (Auswahl)

Die Phazelie. Sechs Lieder für Sopran und Orche-
    ster (1956)
Klavierquintett (1957)
Chaconne für Klavier (1963)
Sonate für Klavier (1965)
Fünf Etüden für Harfe, Kontrabaß und Schlagzeug
    (1965)
Sonate für 14 Schlaginstrumente (1966)
Nacht in Memphis. Kantate für Mezzosopran,
    Männerchor und Kammerorchester (1968)
Rubaijat. Kantate für Bariton und Kammerensem-
    ble (1969)
Musikalisches Spielzeug. Klavierstücke für Kinder
    (1969)
Concordanza für Kammerensemble (1971)
Streichquartett Nr. 1 (1971)
Märchenpoem für Orchester (1971)
Rosen. Fünf Romanzen für Sopran und Klavier
    (1972)
Stufen für Orchester (1972)
Stunde der Seele für großes Blasorchester und
    Mezzosopran (1974)
Laudatio pacis. Oratorium für Soli, Sprecher, zwei
    Chöre und Orchester in neun Sätzen (1975)
Konzert für Fagott und tiefe Streicher (1975)
Punkte, Linien und Zickzack für Baßklarinette und
    Klavier (1976)
Konzert für Sinfonieorchester und Jazz Band
    (1976)
Stunde der Seele für Schlagzeug, Mezzosopran
    und großes Orchester (1976)
Misterioso für sieben Schlagzeuger (1977)
Im Anfang war der Rhythmus für sieben Schlag-
    zeuger (1977)
De Profundis für Bajan solo (1978)

Introitus. Konzert für Klavier und Kammerorchester (1978)

In Croce für Violoncello und Orgel (1979)

Garten von Freuden und Traurigkeiten für Flöte, Harfe und Viola (Sprecher ad libitum) (1980)

Offertorium. Konzert für Violine und Orchester (1980/86)

Perception für Sopran, Bariton und sieben Streichinstrumente (1981/86)

Sieben Worte für Violoncello, Bajan und Streicher (1982)

Hommage à Marina Zwetajewa für Chor a cappella (1984)

Quasi Hoquetus für Viola, Fagott (oder Violoncello) und Klavier (1984/85)

»Stimmen ... Verstummen ...«. Sinfonie in zwölf Sätzen (1986)

Hommage à T. S. Eliot für Sopran und Oktett (1987/91)

Ein Walzerspaß nach Johann Strauß für Sopran und Oktett (1987)

Streichquartett Nr. 2 (1987)

Streichquartett Nr. 3 (1987)

Trio für Violine, Viola und Violoncello (1988)

Pro et Contra für großes Orchester (1989)

»Jauchzt vor Gott« für gemischten Chor und Orgel (1989)

Alleluja für gemischten Chor, Knabensopran, Orgel und großes Orchester (1990)

Aus dem Stundenbuch für Violoncello, Männerchor, Sprecherin und Orchester (1991)

Gerade und ungerade für sieben Schlagzeuger (1991)

»Und: Das Fest ist in vollem Gang« für Violoncello und Orchester (1993)

Jetzt immer Schnee für Kammerchor und Kammerensemble (1993)

Streichquartett Nr. 4 mit Tonband (1993)

In Erwartung für Saxophonquartett und sechs Schlagzeuger (1994)

Zeitgestalten für Orchester (1994)

Galgenlieder für Mezzosopran, Kontrabaß und Schlagzeug (1996)

Ritorno perpetuo für Cembalo (1997)

Im Schatten des Baumes für Koto, Baß-Koto, Cheng und Orchester (1998)

KARL AMADEUS HARTMANN

»Dann kam das Jahr 1933, mit seinem
Elend und seiner Hoffnungslosigkeit, mit ihm
dasjenige, was sich folgerichtig aus der Idee
der Gewaltherrschaft entwickeln mußte, das
furchtbarste aller Verbrechen – der Krieg. In
diesem Jahr erkannte ich, daß es notwendig
sei, ein Bekenntnis abzulegen, nicht aus
Verzweiflung und Angst vor jener Macht,
sondern als Gegenaktion. Ich sagte mir, daß
die Freiheit siegt, auch dann, wenn wir vernichtet werden – das glaubte ich jedenfalls
damals. Ich schrieb in dieser Zeit mein
erstes Streichquartett, das Poème sympho-

nique *Miserae* und meine erste Symphonie mit den Worten von Walt Whitman: ›Ich sitze und schaue aus auf alle Plagen der Welt und auf alle Bedrängnis und Schmach‹ ...«

Das Jahr 1933 markiert die entscheidende Zäsur im Schaffen von Karl Amadeus Hartmann. Der von den Nationalsozialisten als »entartet« gebrandmarkte Künstler sah für sich den einzigen Ausweg in einer Art innerer Emigration. Kompositorisch verstummte er äußerlich für viele Jahre in dem totalitären System. Er durchdachte seine Position von Grund auf neu und schuf fortan, zunächst für die Schublade, ein großdimensioniertes Werk, das mit dem Schlagwort »Bekenntnismusik« zwar ungenau, aber doch zutreffend umrissen scheint.

Karl Amadeus Hartmann wurde am 2. August 1905 als Sohn eines Malers in München geboren. Seine Mutter führte ihn früh an Musik und Literatur heran. Von seinem Vater übernahm er die humanistische, politisch links orientierte Grundhaltung, die sein gesamtes Leben und Schaffen prägte. Im Alter von zehn Jahren begann er, zunächst autodidaktisch unter dem Eindruck der Wolfsschluchtszene aus Webers *Freischütz*, zu komponieren. »Die Eindrücke von Weber und Schumann, später von Straussens *Salome* und *Elektra* bestimmten meine ersten Kompositionsversuche.« In den Jahren nach dem Ersten Weltkrieg besuchte Hartmann zunächst die Lehrerbildungsanstalt in Pasing. Doch schon bald zog es ihn stärker zur Musik. So schrieb er sich 1924 an der Akademie für Tonkunst in seiner Heimatstadt ein. Er studierte Posaune und Klavier und nahm Kompositionsunterricht bei Joseph Haas, einem der konservativeren Lehrer an der Münchner Hochschule. Hartmanns eher auf die musikalische Moderne ausgerichtete Haltung entsprach nicht den Vorstellungen seines Lehrers, weshalb er 1929 das Kompositionsstudium vorzeitig abbrach. Nur im Fach Posaune legte er 1931 sein Examen ab. In jenen Jahren interessierte sich Hartmann für alles, was als modern galt, und verarbeitete diese Eindrücke in seinen frühen Kompositionen: »Die Epoche der zwanziger Jahre drückte meinem Leben den Stempel auf. In München gab es im Publikum Zirkel – es waren wenige –, die für neue und neueste Kunst aufgeschlossen waren. Futurismus, Dada, Jazz und anderes verschmolz ich unbekümmert in einer Reihe von Kompositionen. Ich schlug mich nacheinander zu verschiedenen Strömungen, die sich in jenen erregenden Jahren ebenso schnell an der Spitze der Moderne ablösten wie heute.«

1928 rief Hartmann eine Konzertreihe mit ins Leben, die von der Künstlervereinigung »Die Juryfreien« in München organisiert wurde. Dort wurden auch einige seiner frühen Werke uraufgeführt. Zu den Kompositionen dieser Jahre zählen eine *Jazz-Toccata und Fuge* für Klavier, die *Toccata variata* für zehn Blasinstrumente sowie eine komisch-phantastische Kammeroper in fünf Teilen mit dem Titel *Wachsfigurenkabinett* nach einem Libretto von Erich Bormann. Diese Werke brachten ihm den Ruf eines Enfant terrible der Münchner Musikszene ein. Relativ unbekümmert verbindet er hier Elemente des Neobarock, der Neuen Sachlichkeit und der zeitgenössischen Tanzmusik. Trotzdem hatte Hartmann das Gefühl, noch keine eigene musikalische Sprache gefunden zu haben. Die Arbeit mit Idiomen des Jazz und der Unterhaltungsmusik der zwanziger Jahre befriedigte ihn auf Dauer nicht: »Alle meine damaligen Kompositionen vernichtete ich später.« Nicht zuletzt deshalb nahm er ab 1931 Privatunterricht bei Hermann Scherchen, der sein musikalisches Weltbild entscheidend prägte. Hartmann versicherte immer wieder, daß er Scherchen sowohl sein musikalisches Handwerk als auch seine eigene musikalische Sprache verdanke. Erste kompositorische Ergebnisse dieses Reifeprozesses zeigten sich im *Konzert für Trompete und Blasorchester*, das später Eingang in die *5. Sinfonie* fand.

Die Machtübernahme durch die Nationalsozialisten bewirkte eine radikale Wende in der Karriere des jungen Komponisten. Der nun als »entartet« eingestufte Hartmann kam einem Aufführungsverbot seiner Werke zuvor, indem er selbst das Spielen seiner Werke in Deutschland untersagte. Erfolge – wenn auch bescheidene – verbuchte er jetzt nur noch im Ausland, etwa bei den Festen der Internationalen Gesellschaft für neue Musik in Prag und London oder bei vereinzelten Aufführungen in der Schweiz. Sein *1. Streichquartett* erhielt 1933 bei einem Kompositionswettbewerb in Genf den ersten Preis. Finanziell brachte ihm seine kompositorische Tätigkeit kaum etwas ein. Im wesentlichen sicherte die Familie seiner Frau den Lebensunterhalt bis zum Ende des Zweiten Weltkriegs.

Hartmann blieb in Deutschland, wenn auch ohne Hoffnung auf eine Karriere als Komponist. Der Dramaturg und langjährige Freund Hartmanns Max See erinnerte sich später: »Als ich 1935 für längere Zeit nach München zurückkehrte, fand ich Hartmann völlig gewandelt. Aus dem einstigen musikalischen ›Enfant terrible‹, das sich in Burlesken und Persiflagen austobte, war ein

Pathetiker geworden ... Der Weg eines symphonischen Bekenntnismusikers war vorgezeichnet.« Als überzeugter Gegner des Nationalsozialismus fand Hartmann in München kaum eine Möglichkeit, mit anderen über seine Arbeit zu sprechen. Nur die Musik blieb ihm als einziges, wenn auch einseitiges Kommunikationsmittel in jenen Jahren. Dies erklärt auch die autobiographischen Elemente in seinen Werken.

Im 1939 entstandenen *Concerto funèbre*, einem viersätzigen Violinkonzert, umrahmen zwei Choräle als Zeichen der Zuversicht in einer dunklen Zeit die Binnensätze: »Ich wollte all das niederschreiben, was ich dachte und fühlte.« Das Hauptwerk der dreißiger Jahre, die Oper *Simplicius Simplicissimus* basiert auf Grimmelshausens Roman aus der Zeit des Dreißigjährigen Krieges, die für Hartmann auffällige Parallelen zu seiner eigenen Zeit aufwies. Der Einzelne, der hilflos den sich vor seinen Augen abspielenden Greueln ausgeliefert ist, war das Thema, das Hartmann zutiefst bewegte. Dazu komponierte er eine kontrastreiche Musik, die vom Bänkelsang bis zum Choral reicht und Charaktere vorstellt, die »die Erregung, aus der sie entsprungen sind, nicht verleugnen können«.

Anfang der vierziger Jahre ging Hartmann für einige Zeit nach Wien. Dort nahm er bei Anton Webern Unterricht, ohne sich jedoch von dessen Kompositionsmethode beeinflussen zu lassen. Zeitlebens blieb ihm die Zwölftontechnik fremd. Sie paßte nicht in sein kompositorisches Konzept, das den musikalischen Ausdruck ins Zentrum stellte. Schon die Titel der in den Kriegsjahren entstandenen Werke sprechen für sich: *Sinfonia tragica, Sinfoniae dramaticae, Klagegesang*. In seiner Klaviersonate *27. April 1945* – das Datum markiert die Befreiung des Konzentrationslagers Dachau – verarbeitete er auch Zitate revolutionärer Lieder, etwa der *Inter-*

nationale. In diesem Werk setzte sich Hartmann zum letzten Mal direkt mit konkreten Situationen und politischen Zuständen auseinander. In der veränderten politischen Situation nach Kriegsende erschienen ihm seine bis dahin entstandenen Arbeiten als zu konkret und zu eindeutig auf die Zustände während des Nationalsozialismus ausgerichtet. Er zog deshalb fast alle bisherigen sinfonischen Arbeiten zurück und begann sie umzuarbeiten. Sein Hauptinteresse galt nun der Gattung der Sinfonie. In dichter Folge entstand für dieses Genre ein halbes Dutzend Werke, in die viele seiner früheren Arbeiten Eingang fanden. Aus der *Sinfonia tragica* und dem *Klagegesang* schuf er die *3. Sinfonie.* Auch die zweite Sinfonie, schlicht mit *Adagio* überschrieben, paßte Hartmann den veränderten Bedingungen an. Das ausladende, einsätzige Werk eröffnet die große Reihe weiterer Adagiosätze, die typisch für Hartmanns späten Stil sind. Er selbst hat betont, daß vor allem die langsamen Sätze sein Lebensgefühl widerspiegelten.

Auch die zwischen 1951 und 1953 entstandene sechste Sinfonie greift auf ein früheres Werk zurück, die *Esquisses Symphoniques,* die Hartmann 1938 unter dem Eindruck der Lektüre von Émile Zolas Künstlerroman *L'Œuvre* geschrieben hatte. Der Held dieses Romans ist ein Maler, der sich durch seine künstlerische Kompromißlosigkeit in finanzielle Not und völlige soziale Isolation treibt und sich schließlich erhängt. Auch hier hat Hartmann mittelbar sein eigenes Schicksal thematisiert, wie die autobiographischen Züge belegen: »Ich habe versucht, die dunkle Tragödie mit allen Schönheiten und besonders mit all den Schrecklichkeiten, die wahren Künstlern widerfahren, darzustellen.« In der endgültigen Fassung, der *6. Sinfonie,* hat Hartmann später den direkten Bezug zur literarischen Vorlage aufgege-

ben und durch die Umstellung der Sätze zu verwischen versucht.

Als politisch unverdächtiger und zugleich angesehener Komponist wurde Karl Amadeus Hartmann nach dem Zweiten Weltkrieg mit der Programmgestaltung der musica viva-Konzerte in München beauftragt. Er entwickelte diese Konzertreihe zu einem der wichtigsten und offensten Foren für zeitgenössische Musik der Nachkriegszeit. Ab 1953 leitete er außerdem die deutsche Sektion der Internationalen Gesellschaft für Neue Musik. Unter den jüngeren Komponisten beriefen sich vor allem Hans Werner Henze und Luigi Nono auf ihn. Sie hielten ihm auch die Treue, als sein sinfonisches Œuvre in der Hochzeit des seriellen Komponierens innerhalb der Szene der neuen Musik ins Abseits zu geraten drohte.

Hartmann vollendete insgesamt acht Sinfonien. Trotz schwerer Krankheit ließ seine Schaffenskraft auch in den letzten Lebensjahren nicht nach. Schon seit längerem hatte er sich mit den Dramen des französischen Schriftstellers Jean Giraudoux befaßt. Anfang der sechziger Jahre begann er, einige Passagen aus dessen Stück *Sodom und Gomorrha* in Musik zu setzen. Die von ihm gewählten Szenen, vertont für Bariton und Orchester, warnen vor den Exzessen des Überflusses, vor der Ausbeutung und der Zerstörung der Umwelt. Sie vermitteln ein fast apokalyptisches Szenario, das auch einen drohenden Atomkrieg thematisiert. Vollenden konnte Hartmann die Komposition nicht mehr. In der Partitur fehlen die letzten neun Zeilen, die aber ohnehin gesprochen werden sollten. Karl Amadeus Hartmann starb am 5. Dezember 1963 im Alter von 58 Jahren in München.

In gewisser Hinsicht rettete Hartmann, wie später auch Hans Werner Henze, die sinfonische Tradition in Deutschland in die zweite Jahrhunderthälfte hinüber. Als ab

Ende der siebziger Jahre weder eine bestimmte Ästhetik noch eine verbindliche musikalische Sprache der Avantgarde das Musikleben beherrschten und die Gattung Sinfonie ab etwa 1970 eine Renaissance erlebte, wurde auch dem Schaffen Hartmanns wieder größeres Interesse entgegengebracht. Dabei kamen neben den Sinfonien auch die Urfassungen vieler Werke aus den dreißiger und vierziger Jahren wieder – oder erstmals – öffentlich zur Aufführung.

Hartmanns kompositorisches und ästhetisches Credo trifft auf sein gesamtes Œuvre zu: »Ich will keine leidenschaftslose Gehirnarbeit, sondern ein durchlebtes Kunstwerk mit einer Aussage. Es braucht nicht verstanden zu werden in seinem Aufbau oder seiner Technik, sondern es soll verstanden werden in seinem Sinngehalt, der gleichwohl verbal nicht immer formuliert werden kann.«

WERKE (Auswahl)

Sonate für Violine solo Nr. 1 (1927)
Jazz-Toccata und Fuge für Klavier (1928)
Wachsfigurenkabinett. Komisch-phantastische Kammerspieloper in fünf Teilen (1928/30)
Burleske Musik für Bläser, Klavier und Schlagzeug (1931)
Tanzsuite für Bläserquintett (1931)
Sonatine für Klavier (1931)
Toccata variata für zehn Blasinstrumente (1931/32), verschollen
Sonate für Klavier Nr. 1 (1932)
Streichquartett Nr. 1 »Carillon« (1933)

Miserae. Sinfonische Dichtung für Orchester (1933/34)
Simplicius Simplicissimus. Drei Szenen aus seiner Jugend. Oper (1934/35)
Kammerkonzert für Klarinette, Streichquartett und Streichorchester (1935)
Friede Anno '48 für Sopransolo, vierstimmigen gemischten Chor und Klavier (1936/37)
Sinfonie Nr. 1 (Versuch eines Requiems) nach Worten von Walt Whitman für eine Altstimme und Orchester (1937)
Lamento. Kantate nach Gedichten von Andreas Gryphius für Sopran und Klavier (1937)
Esquisses Symphoniques für Orchester (1937/38)
Concerto funèbre für Solo-Violine und Streichorchester (1939)
Sinfonia tragica (1940)
Sinfoniae dramaticae. Sinfonischer Zyklus: Sinfonische Ouvertüre für Orchester (1942), Sinfonische Hymnen für großes Orchester (1943) und Sinfonische Suite »La Vita Nova« für Orchester und Sprecher (1943, verschollen)
Sinfonie »Klagegesang« (1944/47)
Sonate 27. April 1945 für Klavier (1945/46)
Streichquartett Nr. 2 (1945/46)
Adagio (Sinfonie Nr. 2) für großes Orchester (1946)
Sinfonie Nr. 3 für großes Orchester (1948/49)
Sinfonie Nr. 4 für Streichorchester (1947)
Sinfonie concertante (Sinfonie Nr. 5) für Orchester (1950)
Sinfonie Nr. 6 für großes Orchester (1951/53)
Konzert für Klavier, Bläser und Schlagzeug (1953)
Konzert für Bratsche mit Klavier begleitet von Bläsern und Schlagzeug (1955)
Fuge – Scherzo für Schlagzeugorchester (1956/57)
Sinfonie Nr. 7 für großes Orchester (1957/58)
Sinfonie Nr. 8 für großes Orchester (1960/62)
Gesangsszene zu Worten aus »Sodom und Gomorrha« von Jean Giraudoux für Bariton und Orchester (1963)

ROMAN HAUBENSTOCK-RAMATI

»In der Kunst gibt es immer eine Spannung
zwischen Realismus und Abstraktion. Zu
abstrahieren ist viel schwieriger, als in realistischen, in konkreten, in naturgebundenen
Kategorien zu denken. Heute hat Realismus
schon dadurch, daß wir das Kino und die
Photographie haben, keinen Sinn. Etwas
Existierendes nachzuahmen ist nicht die
Ursache der Kunst. Umgekehrt: wir machen
etwas, was nicht existiert. Ich war immer
neugierig. Ich habe immer gesagt: Am An-

fang ist der Fehler. Wenn alles fehlerlos ist, dann geschieht nichts. Es fängt an, wenn ich einen Fehler gemacht habe. Dann versuche ich das zu ›korrigieren‹. Daraus entsteht dann etwas. Du mußt diesen Punkt finden, wo dich etwas irritiert.«

Zeitlebens hat Roman Haubenstock-Ramati das Abstrakte als Herausforderung begriffen. Die Suche nach neuen musikalischen Formen und Ausdrucksmöglichkeiten sowie die Fragen der zeitgenössischen Notation haben ihn sein ganzes Leben hindurch beschäftigt. Stark beeinflussen ließ er sich von bestimmten Stilrichtungen der bildenden Kunst. Daneben hat er selber gemalt und gezeichnet, was seine musikalische Ästhetik, die immer auch von optischen Figurationen ausgeht, wesentlich mitprägte.

Geboren am 27. Februar 1919 in Krakau, besuchte Roman Haubenstock-Ramati in den dreißiger Jahren zunächst das Konservatorium seiner Heimatstadt, wo er Unterricht in Geigenspiel und Musiktheorie erhielt. Nach dem Abitur studierte er an der Krakauer Universität Musikwissenschaft und Philosophie. Anschließend wurde er zum Komponisten an der Musikhochschule in Lemberg ausgebildet. Dort lernte er die Werke Anton Weberns kennen, die ihm eine neue musikalische Welt eröffneten.

Der Beginn des Zweiten Weltkriegs unterbrach abrupt die Karriere des jungen Komponisten. Als Geiger wirkte er ab 1942 in einer Militärkapelle der in der Sowjetunion aufgestellten polnischen Exilarmee. Nach dem Krieg ging er zum Rundfunk. Bei Radio Krakau leitete er die Musikabteilung und arbeitete als Redakteur und Kritiker. Hier entstanden erste zwölftönige, von Anton Webern beeinflußte Kompositionen, in denen er zumeist auf eine thematische Verarbeitung verzichtete.

1950 ging Roman Haubenstock-Ramati nach Israel. Dort lehrte er an der Musikakademie in Tel Aviv und engagierte sich für den Aufbau der Staatlichen Musikbibliothek, deren Direktor er 1952 wurde. In dieser Zeit, vor allem nach den *Bénédictions* für Sopran und neun Instrumente, beschäftigte er sich mit Modellen der dynamisch-geschlossenen Form. Die Uraufführung der *Bénédictions* während der Donaueschinger Musiktage 1954 brachte Roman Haubenstock-Ramati den ersten größeren, auch international ausstrahlenden Erfolg.

1957 ging er für einige Zeit nach Paris, studierte bei Pierre Schaeffer und setzte sich intensiv mit der dort in Blüte stehenden »musique concrète« auseinander. Außerdem lernte er in der französischen Hauptstadt Bilder des abstrakten Expressionismus kennen, vor allem Jackson Pollocks »Action Painting«. Auch mit den bahnbrechenden »Mobiles« von Alexander Calder kam er hier erstmals in Kontakt. Diese Anregungen aus der Sphäre der bildenden Kunst wurden zur Grundlage seiner eigenen kompositorischen Arbeit.

Ende der fünfziger Jahre – Haubenstock-Ramati war inzwischen Lektor der Wiener »Universal Edition« – entwickelte er neuartige Notationsformen für seine Werke. Zum einen schuf er musikalische Mobiles, etwa im *Mobile for Shakespeare* für Stimme und sechs Spieler aus dem Jahr 1958, andererseits rein graphische Formen, die erst durch die Interpretation musikalisch umgesetzt werden. Zudem entstanden reine, nicht zur Aufführung bestimmte Graphiken. Mit diesen Partituren zählte Roman Haubenstock-Ramati zu den ersten europäischen Komponisten, die nicht länger in herkömmlichen Systemen notierten, sondern nach neuen Wegen suchten. Seine Erkenntnis, »daß etwas Neues auch anders ausschauen muß als das Nicht-Neue«, führte ihn zu graphischen Strukturen, die die gegensätzlichen Prinzipien von Wiederholung und Variation in sich vereinten. »Ich habe seit 1958 versucht, aus der Antinomie ›gleich – anders‹, oder wie es in der Musik heißt, aus ›Wiederholungen und Variationen‹, die zwar nicht additiv, also nacheinander, aber gleichzeitig nebeneinander verwendet werden können, eine neue Form zu entwickeln. Diese Konzeption basiert auf einem ordnenden Prinzip, das als ›die ständige Variation durch die ständige Wiederholung‹ beschrieben werden kann.« Meist sind es schachbrettartig angeordnete Felder, die auf verschiedene Weise ›durchwandert‹ werden können. Diese dynamische Komponente seiner Graphiken hebt seine Arbeiten von den Bildern seiner malenden Idole ab: »Meine Vorbilder sind Klee und Kandinsky, und da liegt auch die Grenze zwischen Malerei und Musik. Ich habe einmal – ein bißchen im Spaß – gesagt, daß ich mich wundere, warum man den Kandinsky nicht spielt. Aber Kandinsky ist wirklich nicht zu spielen, weil bei ihm das Bewußtsein der Zeit fehlt. Es ist ein Bild auf einen Blick. Man kann da schauen, wie er das gemacht hat, aber man kann nicht wandern. Bei meinen Werken muß man wandern, und jeder wird einen anderen Weg gehen.« Dieses graphisch-aleatorische Moment unterscheidet die frühen Werke Roman Haubenstock-Ramatis von denen seiner Zeitgenossen, zumindest in Europa.

Innerhalb der Avantgarde-Szene sorgten seine neuartigen Notationsformen für Aufsehen. Während der Donaueschinger Musiktage 1959 kam es zu einer ersten von ihm organisierten Ausstellung graphischer Partituren und damit zur ersten Präsentation graphisch notierter Musikwerke überhaupt.

In den sechziger Jahren gehörte Roman Haubenstock-Ramati zu den Leitfiguren der Szene der neuen Musik in Europa. Er unterrichtete an verschiedenen Universitäten in Europa, Nord- und Südamerika und lehrte regelmäßig als Gastdozent bei den Darmstädter Ferienkursen. Das ehrgeizigste Projekt dieser Zeit, seine Oper *Amerika*, basiert auf dem Romanfragment von Franz Kafka. Die Uraufführung fand 1966 an der Deutschen Oper Berlin statt und eskalierte zu einem handfesten Skandal innerhalb der jüngeren Operngeschichte. Der Grund dafür lag aber weniger in der Musik als vielmehr im offen bekundeten Unwillen der Beteiligten. Mehr als ein Vierteljahrhundert später fand die Oper in der Grazer Inszenierung von 1992 die Akzeptanz des Publikums und der Kritik.

Neben Franz Kafka setzte sich der Komponist vor allem mit Samuel Beckett und James Joyce auseinander. Vor allem Joyces *Ulysses* und sein kryptisches Spätwerk *Finnegans Wake*, hinterließen deutliche Spuren in seinem Werk, wie etwa in seinen *Poetics* – Zyklen von 1972. Die graphischen Notationen bestehen jeweils aus sechs bis acht Blättern, die mit beliebig vielen Spielern einzeln, aber auch simultan gespielt werden können. Es sind Kompositionen, so Haubenstock-Ramati, »in denen ich die Freiheit am weitesten vorangetrieben habe. Für mich ist ›Finnegans Wake‹ das Ende des normalen Romans, die Zerstörung der Semantik, der Sprache, also fast schon ein Abgesang auf die semantische Struktur eines poetischen, romanartigen Werkes. Und ich denke, diese Zyklen, *Poetics*, sind quasi ein Abgesang auf die musikalische Notation im traditionellen Sinne.«

Doch Haubenstock-Ramati hielt nicht an einer einmal gefundenen Notationsform fest, er experimentierte weiter. In seinem Orchesterwerk *Tableau* von 1967 veranschaulichen die jeweils rechten Seiten der Partitur den graphisch notierten Gesamtablauf für den Dirigenten, auf den linken Seiten sind zentrale Stellen detailliert nach Einzelstimmen wiedergegeben. Musikalische Graphiken versteht Haubenstock-Ramati nicht nur als Notationsform musikalischer Zusammenhänge. Für ihn beinhalten sie auch ästhetische Qualitäten: »Das grundsätzlich Neue unserer Epoche«, so formulierte er bereits 1962, »die Spontaneität der Kunst, tendiert zum Resultat: das Kunstwerk direkt mit der Idee zu verbinden. Geschieht es teilweise in einem sonst ausgearbeiteten musikalischen Werk, so haben wir es mit einer mehr oder weniger begrenzten Aleatorik zu tun. Wird sie integral angewandt oder gefordert, so führt das, vom kompositorischen Standpunkt gesehen, zu graphischen Notationen, die auf der Basis der Mehr- und Vieldeutigkeit der Aufzeichnung diese Spontaneität lenken oder – was mir als das Wesentlichste erscheint – diese Spontaneität provozieren, wie es im Falle der musikalischen Graphik geschieht.«

Von 1973 bis zu seiner Emeritierung 1989 war Roman Haubenstock-Ramati Professor für Komposition an der Wiener Musikhochschule. Gleichzeitig leitete er das Studio für Elektroakustik und experimentelle Musik. In den achtziger Jahren wandte sich Haubenstock-Ramati erneut der Komposition von Mobiles zu. Er schrieb zwei großangelegte Zyklen, zum einen *Mirrors* für bis zu 16 Klaviere, zum anderen Anfang der neunziger Jahre *Nouvoletta I–VII* für unterschiedliche kammermusikalische Besetzungen. Zudem setzte er sich in den neunziger Jahren verstärkt mit elektronischer Musik auseinander. Als Ergebnis liegt eine Reihe von Ton-bandstücken vor, die er auch in Versionen für Tonband und improvisierendes Soloinstrument ausarbeitete.

1990 wurde Haubenstock-Ramati zum Direktor des Klangforum Wien ernannt. Dieses Ensemble, das von seinem Schüler Beat Furrer gegründet worden war, widmet sich ausschließlich der Musik des 20. Jahrhunderts. Nachdem es relativ still um den Komponisten geworden war, wurden in den frühen neunziger Jahren eine ganze Reihe seiner Werke zur Aufführung gebracht und auf CD veröffentlicht.

Am 3. März 1994, kurz nach seinem 75. Geburtstag, starb Roman Haubenstock-Ramati in Wien. Bis zuletzt befand er sich auf der Suche nach neuen kompositorischen Ansätzen. Die Idee einer sogenannten »imaginären Musik« versuchte er in seinem letzten Orchesterstück *Invocations* zu verwirklichen: »Imaginäre Musik, die in imaginärer Zeit geschieht; die Zeit, die durch sich selbst gleichzeitig entsteht. Ein imaginärer Klang anstelle eines vollen Orchesterklanges in meinen Werken der letzten Jahre: ein Klang, der zuerst durch eine Orchesterverdünnung zu 14 charakteristischen Gruppen mit 48 Spielern entstand, um weiter zur kammermusikalischen Besetzung von 20 und nun 16 Spielern reduziert zu werden. Es bleibt das Essentielle des Orchesterklangs ohne Tutti, ohne Fortissimo, ohne Dramatik des crescendo und ohne das wehmütige ritardando; eine eben neue, zarte, hauchdünne, von dem Raster der Uhr befreite Musik, deren Klangstruktur in immer neuen, unwiederholbaren, vertikalen Konstellationen sich selbst suchend findet.«

WERKE (Auswahl)

Bénédictions/Blessings für Sopran und neun
 Instrumente (1951/60)
Concerto für Cembalo und Orchester. Recitativo
 ed Aria (1954)
Les symphonies de timbres für Orchester (1957)
Petite musique de nuit. Mobile für Orchester
 (1958)
Séquences für Violine und Orchester in vier
 Gruppen (1958)
Mobile for Shakespeare für Stimme und sechs
 Spieler (1958)
Interpolation. Mobile für Flöte (1959)
Jeux 6. Mobile für sechs Schlagzeuger (1960)
Vermutungen über ein dunkles Haus für drei
 Orchester, zwei davon auf einem vorher zu
 produzierenden Tonband (1962/63)
Amerika. Oper in zwei Teilen (1962/64)
Klavierstücke (1963/65)
Jeux 4. Mobile für vier Schlagzeuger (1966)
Tableau I für Orchester (1967)
Symphonie »K« für Orchester (1967)
Comédie. Anti-Oper in einem Akt für zwei Frauen
 und einen Mann und drei Spieler (1967)
Divertimento für Schauspieler, Tänzer und/oder
 Mimen und zwei Schlagzeuger (1968)
Catch I für Cembalo (1968)
Rounds für sechs Spieler (1969)
Alone II für Ensemble (1969)
Tableau II für Orchester (1970)
Madrigal für gemischten Chor a cappella
 (1970)
Tableau III für Orchester (1971)

Konstellationen. Mixed media, 25 graphische
 Blätter (1971)
Poetics I für James Joyce (1972)
Poetics II für James Joyce (1972)
Kreise für Sprechstimme und Schlagzeug (1972)
Concerto a tre für Klavier, Posaune und Schlag-
 zeug (1972)
Streichquartett Nr. 1 (1973)
Concerto per archi (1975)
Streichquartett Nr. 2 (1977)
Polyphonien für ein, zwei, drei oder vier Orche-
 ster, ein Live-Orchester und Tonbandaufnah-
 men (1978)
Ulysses. Poème choréographique für Tonband
 (1979)
Nocturnes I für Orchester (1981)
Nocturnes II für Orchester (1982)
Sonate für Klavier (1983)
Cantando für Flöte, Schlagzeug, Harfe, Klavier,
 Celesta/Cembalo und Violoncello (1984)
Mirrors/Miroirs I. Mobile für 16 Klaviere (1984)
Enchaîné für Saxophonquartett (1985)
Streichtrio Nr. 2 (1985)
Imaginaire für Orchester (1986/87)
Beaubourg musique für Orchester (1988)
Invocations für Kammerorchester (1990)
Tenebrae I. Luigi Nono in memoriam für Tonband
 (1991)
Morendo für Tonband (1991)
Nouvoletta I. Mobile für Flöte, Klavier, Schlagzeug
 und Violoncello (1992)
Nouvoletta VI. Mobile für Flöte, Schlagzeug,
 Celesta/Cembalo (1992)
Equilibre. Musik für neun Solisten (1993)

HANS WERNER HENZE

»Alles bewegt sich auf das Theater hin und
kommt von dort her zurück.«

Dieser Satz des jungen Komponisten
Hans Werner Henze hat bis heute für sein
Schaffen Gültigkeit. Das Theater, vor allem
aber die Oper, steht in seinem Œuvre im
Vordergrund. Obwohl er in den mehr als
50 Jahren seines kompositorischen Wirkens
für nahezu alle Gattungen geschrieben hat,
vom Lied bis zur Sinfonie, vom Streichquartett bis zum Oratorium, bilden seine Werke

für das Musiktheater unbestritten den Grundpfeiler seiner Arbeit. Diese Vorliebe für die Musikdramatik zeigt sich in verschiedenen Facetten. Schon früh entwickelte er eine persönliche Musiksprache, die im Laufe seiner kompositorischen Tätigkeit eine Reihe ästhetischer Wandlungen erfahren hat: vom Neoklassizismus der frühen Werke über seine politisch engagierte Musik der sechziger und siebziger Jahre bis hin zu den neueren, wieder stärker an der Tradition des 18. und 19. Jahrhunderts orientierten Arbeiten. Allen diesen unterschiedlich motivierten Schaffensphasen ist jedoch die Affinität zur Musikdramatik gemeinsam, was auch für die Gattungen der reinen Instrumentalmusik gilt.

Geboren wurde Hans Werner Henze am 1. Juli 1926 als ältestes von sechs Kindern eines Dorfschullehrers in Gütersloh. Bereits im Alter von zwölf Jahren begann er erste Klavierstücke zu komponieren. Seine frühen Versuche charakterisierte er später so: »Die Musik, die ich vor meiner musikalischen Ausbildung schrieb, war frei, auch von Nachahmungen alter Klangwelten, ungefügt, angefüllt mit allen sichtlichen Zeichen von Nicht-Wissen … Aber von Anfang an hatte ich eine Sehnsucht nach dem vollen, wilden Wohlklang, den ich später in bestimmten Werken der Neuen Musik vorfand, und der das war, was mir in meinem kleinen, abgeschlossenen westfälischen Bauerndorf, in dem ich aufwuchs, als Musik vorgeschwebt hatte.« Wegen schlechter Leistungen mußte Henze vorzeitig die Schule verlassen. 1943 begann er ein Musikstudium an der Staatsmusikschule in Braunschweig, wo er die Fächer Klavier, Musiktheorie und Schlagzeug belegte (Schlagzeug deshalb, weil er im Studentenorchester der Hochschule mitspielen wollte). Hier kam er erstmals mit Musik des 20. Jahrhunderts in Berührung. Er hörte Kompositionen von Hindemith und Strawinsky, außerdem heimlich Werke der in Deutschland damals verbotenen Komponisten, die von der BBC gesendet wurden. Die Abende verbrachte er regelmäßig im Theater oder im Konzert. Vor allem die Oper hatte es ihm angetan, und er nutzte jede Gelegenheit, um möglichst das ganze Repertoire kennenzulernen. Stark beeindruckte ihn vor allem eine Aufführung von Frank Martins Oratorium *Le vin herbé*.

1944 wurde Henze zunächst zum Arbeitsdienst und wenig später zum Militärdienst eingezogen. Es kam zu einer schweren Auseinandersetzung mit dem Vater, dessen nationalsozialistische Überzeugung der Sohn nicht teilen konnte. Jede ruhige Stunde nutzte der junge Henze, um zu komponieren. Er schuf Lieder, etwa auf Texte von Trakl, den Henze sehr schätzte, aber auch frühe Instrumentalwerke. Nach dem Krieg kehrte er nach Westfalen zurück, arbeitete für kurze Zeit als Korrepetitor am Stadttheater Bielefeld und begann 1946 ein Kompositionsstudium bei Wolfgang Fortner in Heidelberg. Nebenbei machte er von der Möglichkeit Gebrauch, im Archiv des Südwestfunks in Baden-Baden zeitgenössische Werke kennenzulernen. Vor allem die Werke Strawinskys und Messiaens beeindruckten ihn stark. Beim Südwestfunk lernte Henze auch Heinrich Strobel kennen, der dort der Musikabteilung vorstand und dem jungen Komponisten erste Kompositionsaufträge erteilte. Henze schrieb das *Concertino* für Klavier und Blasorchester mit Schlagzeug und das *1. Violinkonzert*.

1946 fanden in Darmstadt erstmals die Internationalen Ferienkurse für Neue Musik statt, an denen Henze bis 1952 regelmäßig teilnahm. Dort wurde im September 1946 sein *Kammerkonzert* für Flöte, Klavier und Streicher als erste seiner Kompositionen öffentlich uraufgeführt. Formal stand ihm dafür das barocke Concerto grosso Modell. Das Werk zeigt deutliche Einflüsse der Musik Paul Hindemiths, mit der Henze sich intensiv beschäftigt hatte. Vor allem dessen Spielmusiken aus den dreißiger Jahren sind in dem dreisätzigen Werk deutlich herauszuhören. Der mit »Rezitativ und Arie« überschriebene Mittelsatz trägt jedoch schon die persönliche Handschrift Henzes, vor allem in der melodischen Erfindung. Die Premiere in Darmstadt wurde mit viel Beifall aufgenommen, woraufhin der Mainzer Musikverlag Schott spontan beschloß, Henze als Autor unter Vertrag zu nehmen.

Im Jahr darauf entstand unter anderem sein *1. Streichquartett*, ein Werk heiteren Charakters mit zwei langsamen Sätzen, einem sehr kantablen und einem kanonisch angelegten. Dazu äußerte sich Henze rückblickend: »Vorherrschend in diesen ersten Stücken ist die Manier der deutschen Spielmusik zwischen Hindemith und Fortner, aber der geneigte Hörer mag leicht hier und da einige weitere Einflüsse bemerken; fast sind es Zitate, so offensichtliche, daß es unnötig scheint, sie aufzuzählen. Alles, was damals meine neugierigen Ohren erreichte, wurde eingefangen, einbehalten, schlug sich nieder, verursachte etwas, löste etwas aus ... Aber es gibt eben auch in diesem ersten Quartett, will mir scheinen, neben den vielen Konventionalitäten und Formalismen wohl auch immer wieder einmal etwas in den Ansätzen Persönliches. Wer meine Entwicklung verstehen will, die Herkunft meiner heutigen Schreibweise benennen, die Herkunft ihrer Melodik, Syntax, meines

Formgefühls, tut gut daran, meine Musik von ihren Anfängen her zu betrachten, von ihren schwierigen, ungeschulten, aber lebenslustigen Sprech- und Gehversuchen her.«

Erstaunlich, wie sich der junge Komponist gleich den gewichtigsten Gattungen Streichquartett, Oper, Konzert und Sinfonie zuwandte. Zu ihnen zählen viele seiner zentralen Werke. 1947 schrieb Henze seine neoklassizistisch geprägte *1. Sinfonie* sowie das *Violinkonzert*, in dem er erstmals eine Zwölftonreihe benutzte. Im Violinkonzert löste sich Henze endgültig von seinen Vorbildern Hindemith und Fortner. Formale Modelle des Barock oder der Klassik vermeidet er hier und findet zu einer eigenen Sprache, einem mosaikartigen Stil, der sich durch kurze aneinandergereihte Episoden auszeichnet, ohne in formale Beliebigkeit zu verfallen.

Mit ähnlichen Techniken arbeitete Henze auch in der Konzertarie *Der Vorwurf* auf einen Text Franz Werfels sowie dem *Chor gefangener Trojer*, die beide 1948 entstanden. Im gleichen Jahr machte ihn Leibowitz während der Internationalen Ferienkurse in Darmstadt mit der Zwölftontechnik Schönbergscher Prägung bekannt. Diese Kompositionsmethode übernahm Henze bald, setzte sie aber stets relativ frei und undogmatisch ein. Zu den ersten Werken, in denen Henze die neue Technik anwandte, zählen die *Variationen* für Klavier. Hier bildet eine unisono vorgetragene Reihe den thematischen Ausgangspunkt für die Variationen. Bereits in der Kantate *Whispers from Heavenly Death* auf ein Gedicht von Walt Whitman hatte er zuvor mit dodekaphonen Techniken experimentiert. Vorerst als Klavierlied konzipiert und erst später für Singstimme und acht Instrumente gesetzt, exponiert er auch hier die Reihe zunächst als thematisches Gebilde.

Sein Kompositionsstudium in Heidelberg brach Henze nach der Uraufführung seiner ersten Sinfonie ab und zog zunächst nach Göttingen. Es folgten unruhige, rastlose Jahre. In Konstanz wurde er von Hans Hilpert für ein neugegründetes Kammerballett engagiert, das nur kurzen Bestand hatte. Etwa zur gleichen Zeit erarbeitete er sein erstes Werk für die Bühne, *Das Wundertheater*. Diesen Einakter konzipierte er allerdings nicht für Sänger, sondern als eine »Oper für Schauspieler«, die zur Musik sprechen. Die komödiantische Posse dreht sich um drei Schausteller, die die Bevölkerung eines ganzen Dorfes zum besten halten. Henze komponierte eine Reihe von in sich abgeschlossenen Szenen. Diese musikalischen Charakterstücke sind fast durchgehend zwölftönig gearbeitet. Dabei verzichten sie nicht auf dur-moll-tonale Harmonik, sondern versuchen vielmehr beides miteinander zu verbinden. Die Uraufführung fand im Mai 1949 in Heidelberg statt. Ein Jahr später hatte das Werk an der Städtischen Oper in Berlin Premiere. Doch Henze war mit der Inszenierung nicht einverstanden, und so kam es zu einer öffentlichen Auseinandersetzung zwischen dem jungen Komponisten und dem Berliner Intendanten. Trotz des Achtungserfolgs seines *Wundertheaters* gelang es Henze deshalb zunächst nicht, im Berliner Musikleben Fuß zu fassen. Viele Pläne zerschlugen sich, und Henze war bitter enttäuscht. Er beging einen Selbstmordversuch, konnte aber gerettet werden.

Für die Spielzeit 1950/51 engagierte ihn das Wiesbadener Staatstheater als Hauskomponist. In dieser Zeit begann Henze mit der Arbeit an seiner ersten richtigen Oper *Boulevard Solitude*, die auf dem Roman *Geschichte des Chevalier des Grieux und der Manon Lescaut* von Antoine-François Prévost basiert. Henze kannte damals die ebenfalls nach dieser Vorlage komponierten Opern von Puccini und Massenet noch nicht, weshalb er unbekümmert ans Werk gehen konnte. Die Geschichte um die Liebe eines Adeligen zu einer Prostituierten mit tragischem Ausgang gestaltete er als lyrisches Drama. Dazu griff er auf herkömmliche Verfahrensweisen des Musiktheaters zurück: buffoneske Partien, Rezitativ und Arie sowie die Gliederung in geschlossene Nummern, die teils durch orchestrale Zwischenspiele miteinander verbunden werden. Zunächst bot Henze ohne Erfolg seinen Opernerstling verschiedenen Bühnen an. Schließlich fand sich die Oper in Hannover dazu bereit, die Uraufführung 1952 zu übernehmen. Die erfolgreiche, auch international beachtete Premiere begründete Henzes Ruhm als eines der wichtigsten Opernkomponisten der zweiten Jahrhunderthälfte.

Im gleichen Jahr hatte auch seine Ballettpantomime *Der Idiot* während der Berliner Festwochen Premiere. Die Tänzerin und Choreographin Tatjana Gsovsky hatte das Libretto aus Zitaten des Romans von Dostojewski zusammengestellt und zu Monologen zusammengefaßt. Zum Erfolg des Stückes trug nicht zuletzt der Darsteller der Uraufführung, Klaus Kinski, bei. Später tauschte Henze die Dostojewski-Montagen gegen Gedichte von Ingeborg Bachmann aus, die in ihrem ersten Lyrikband *Die gestundete Zeit* 1953 veröffentlicht worden waren.

Mit *Boulevard Solitude* und *Der Idiot* hatte Henze endgültig sein Können als Komponist, insbesondere für die Bühne, unter Beweis gestellt. Gleichzeitig entfernte er sich mit seiner musikalischen Sprache von der Avantgarde jener Jahre. Das serielle Denken, wie es in den Hochburgen der Avantgarde Darmstadt und Donaueschingen propagiert und gleichsam zum Dogma erhoben wurde, lag ihm nicht. Die Kluft zwischen seinem Schaffen und den Vorstellungen der Serialisten erreichte schließlich ihren Höhepunkt bei der Uraufführung der *Nachtstücke und Arien* auf Gedichte von Ingeborg Bachmann. In seiner Autobiographie erinnerte sich Henze: »Mit dieser Musik hatte ich wohl die extremste Gegenposition zur sogenannten Darmstädter Schule erreicht, und so nimmt es denn auch nicht weiter wunder, daß bei der von Gloria Davy gesungenen und von Hans Rosbaud glänzend dirigierten Uraufführung am 20. Oktober 1957 drei Vertreter des anderen Extrems, Boulez, Nono (mein Freund, der Gigi!) und Stockhausen demonstrativ schon nach den ersten Takten von ihren Plätzen aufsprangen und den Saal verließen. So entwanden sie sich den Schönheiten meiner jüngsten Bemühungen. Das Kopfschütteln über meine kulturellen Entgleisungen wollte an diesem Abend überhaupt kein Ende mehr nehmen.«

Doch nicht erst 1957, sondern bereits zu Beginn der fünfziger Jahre war diese Differenz offen zutage getreten. Henze sah sich plötzlich isoliert und von der Avantgarde-Szene abgeschnitten. Sein Festhalten an traditionellen Gattungen wie Sinfonie, Oper und Konzert schien nicht in die Zeit zu passen. Hinzu kamen seine homosexuellen Neigungen, die im Deutschland der Nachkriegszeit nicht toleriert wurden und ständig einen Stein des Anstoßes bildeten. Henze zog die Konsequenzen aus dieser Situation und übersiedelte 1953 nach Italien, wo er seitdem lebt. Er ließ sich zunächst in Ischia nieder und arbeitete an seiner nächsten großen Oper *König Hirsch*. Das Libretto schrieb Heinz von Cramer nach dem gleichnamigen Schauspiel von Carlo Gozzi. Auch in diesem Werk orientierte sich Henze am Modell der traditionellen Oper. Die Zwölftontechnik nimmt hier nur einen untergeordneten Stellenwert ein. Vorherrschend ist ein opulenter, beinahe rauschender Orchestersatz. Henze verwendet herkömmliche Formtypen und realisiert mit ihnen eine wuchernde, schillernde und zum Teil geradezu kaleidoskopartig bunte musikalische Sprache. Auch die Länge des Werkes fiel zunächst entsprechend großzügig aus. Mit einer Spieldauer von über fünf Stunden erreicht das Werk nahezu Wagnersche Dimensionen. Zum Thema dieses Bühnenwerkes merkte Henze an: »Im ›König Hirsch‹ geht es um einen Tyrannen, der die Menschen quält und drangsaliert. Es herrscht ein Belagerungszustand. Am Schluß gelingt es, durch das Wiedererscheinen des weißen Hirsches diesen Diktator zu töten und das Land zu befreien.« Deutliche Anspielungen auf die jüngere deutsche Vergangenheit sind in diesem Stück nicht zu übersehen. Wiederholt betonte Henze, wie sehr ihn die Zeit des Nationalsozialismus geprägt habe. Die radikal zusammengestrichene Version, in der *König Hirsch* 1956 in Berlin uraufgeführt wurde und die mit einem Skandal endete, veranlaßte den Komponisten, 1963 selbst eine kürzere und praktikablere Fassung zu erarbeiten, die unter dem Titel *Il Re Cervo oder Die Irrfahrten der Wahrheit* im gleichen Jahr in Kassel Premiere hatte.

Von Ischia übersiedelte Henze 1956 nach Neapel. Als nächstes größeres Werk vollendete er das Ballett *Undine*, das – choreographiert von Frederick Ashton – 1957 in London uraufgeführt wude. Auch in diesem Stück orientierte sich der Komponist an den klassischen Formen des Balletts. Henze arbeitete hier mit Leitmotiven. Anders als im *König Hirsch* ist das Orchester bewußt klein gehalten, um Tourneen nicht zu erschweren. Schon bald nach der Uraufführung und Gastspielen in Moskau und New York avancierte *Undine* zu einem der meistgespielten Werke der neueren Ballettliteratur.

Während einer Tagung der Gruppe 47, eines Zirkels von Literaten im Nachkriegsdeutschland, hatte Henze 1952 die Dichterin Ingeborg Bachmann kennengelernt. Damals begann eine intensive Freundschaft, die zur Zusammenarbeit bei mehreren Werken führte. Neben den *Nachtstücken und Arien* zählen dazu in erster Linie die Opern *Der Prinz von Homburg* und *Der junge Lord*, zu denen die Dichterin die Libretti schrieb. Den *Prinz von Homburg*, der auf das gleichnamige Schauspiel von Heinrich Kleist zurückgeht, gestaltete Henze als strenges, klein besetztes Kammerspiel. Im *Jungen Lord* steht die Opera buffa in all ihren Facetten Pate. Der burleske Charakter dieser Partitur und die Hinwendung zur komischen Oper trugen Henze viel Kritik ein. Von einem »Werk der Selbstaufgabe« und der »Ansammlung von Gemeinplätzen« war die Rede. Dennoch nahm das Publikum die Oper ausgesprochen gut auf.

Auch die Oper *Elegie für junge Liebende* auf ein Libretto von W. H. Auden und Chester Kallman war ein voller Erfolg. Nach der Uraufführung in Schwetzingen wurde das Stück noch im gleichen Jahr von mehreren europäischen Bühnen nachgespielt. Wie *Der Prinz von Homburg* versteht sich die *Elegie* vom Charakter her eher als Kammeroper mit nur klein besetztem Orchester. An die Stelle der Einteilung in Nummern treten hier jeweils durchkomponierte ganze Szenen. Auch in dieser Oper arbeitete Henze traditionell mit Leitmotiven und charakterisierte die Hauptpersonen der Handlung durch ein ihnen zugeordnetes Instrumentarium.

1961 übernahm Henze eine Meisterklasse für Komposition am Salzburger Mozarteum. Sein ständiges Engagement für die Jugend und seine Förderung junger Komponisten bildeten fortan einen zentralen Pfeiler seines Wirkens. Er unterrichtete an verschiedenen Hochschulen und gründete mit Foren wie dem »Cantiere Internazionale d'Arte« in Montepulciano und der Münchner Biennale für zeitgenössisches Musiktheater Institutionen, die vor allem der Förderung von Laien

und des künstlerischen Nachwuchses verpflichtet waren. Auch in seinem eigenen Schaffen finden sich zahlreiche Werke für Kinder oder Laienmusiker.

Ein Hauptwerk der sechziger Jahre ist die Opera seria *Die Bassariden* nach der Tragödie *Die Bakchen* des Euripides. Das Libretto stammte wieder von Auden und Kallman. Henze selbst verwies auf die Nähe dieses Werkes zu Alban Bergs *Wozzeck*, auch Fragmente aus der fünften Sinfonie Gustav Mahlers werden zitiert. Den Einakter gliederte er in vier sinfonische Sätze und verwandte dabei traditionelle Formen wie Sonatensatz, Scherzo oder Fuge. Das Thema, der Konflikt zwischen Natur und Kultur, personifiziert durch die Figuren von Dionysos und Pentheus, steht vor dem Hintergrund der Erfahrungen des 20. Jahrhunderts. Mit den *Bassariden* legte Henze erstmals ein großes, durchkomponiertes Musikdrama vor, das damit einen Wendepunkt innerhalb seines Schaffens markiert.

Die Ausdrucksmöglichkeiten für das Musiktheater erschienen Henze danach zunächst erschöpft. Er wandte sich nun vor allem der Instrumentalmusik zu. Gleichzeitig begann die zunehmende Politisierung der Gesellschaft durch Notstandsgesetze und Vietnamkrieg auch sein musikalisches Denken zu beeinflussen: »Ende der sechziger Jahre beschäftigte mich die Frage ›Was tut die Musik in der Revolution?‹ in starkem Maße. Ich bin ja auch in erster Linie nach Kuba gegangen, um mich nach den Zusammenhängen zu erkundigen in einem Land, in dem ein gesellschaftspolitischer und soziokultureller Prozeß tatsächlich stattfand. Seitdem weiß ich, wie es dort in Kuba mit der Musik bestellt ist. Ich weiß nun mit Bestimmtheit, daß es sinnlos ist, von revolutionärer Musik zu sprechen, wenn man gleichzeitig Vorstellungen von einer politischen Revolution im Kopf hat.«

Henze betonte um diese Zeit, für ihn existiere keine Trennung zwischen Kunst und politischem Denken. Seine Werke der späten sechziger und siebziger Jahre – der Komponist hatte inzwischen ein Haus in Marino bei Rom bezogen, wo er seitdem lebt – setzen sich deshalb auch viel deutlicher als die früheren Kompositionen mit der politisch-gesellschaftlichen Wirklichkeit auseinander. Als vielleicht wichtigstes Resultat dieser neuen Ästhetik ist das Dokumentar-Oratorium *Das Floß der Medusa* auf ein Libretto von Ernst Schnabel anzusehen, das mit Collagen aus dem Tagebuchbericht eines Überlebenden beim Untergang der Fregatte ›Medusa‹ arbeitet. Der Text schildert, wie die sogenannte bessere Gesellschaft sich in Sicherheit bringt und Seeleute, Frauen und Kinder auf einem improvisierten Floß ihrem Schicksal überläßt. Henze selbst nannte Géricaults Gemälde »Das Floß der Medusa« als Inspirationsquelle für den monumentalen Stil dieses Werkes. Das dem Andenken Che Guevaras gewidmete Stück war damals politisch von solcher Brisanz, daß die Uraufführung in Hamburg nicht zustande kam, weil sich die Musiker zu spielen weigerten.

Auch in anderen Werken jener Zeit, etwa der Show *Der langwierige Weg in die Wohnung der Natascha Ungeheuer,* dem Rezital *El Cimarrón* oder den gemeinsam mit Edward Bond gestalteten »Actions of music« *We come to the river* äußert sich das politische Engagement Henzes, das sich in neuen kompositorischen Techniken wie Simultanszenen, Stil- und Genrezitaten, Einflüssen der Volks- und Unterhaltungsmusik oder konkreten Klängen niederschlug. Dies sind vielleicht die experimentellsten, gleichzeitig aber auch am meisten zeitgebundenen Arbeiten Henzes, die heute nur noch selten zu hören sind. Diesen Weg gab Henze später auf.

In seinem nächsten größeren Werk für das Musiktheater, *Die englische Katze,*

knüpfte er wieder verstärkt an traditionelle Opern-, ja sogar Operettenkonventionen an. Überhaupt läßt sich in den achtziger Jahren eine erneute Hinwendung zu überlieferten Gattungen beobachten. Mit seiner 1969 auf Kuba komponierten *6. Sinfonie* hatte er noch »ein Bekenntnis zur Revolution ablegen« und »die Unmöglichkeit, heute noch Sinfonien zu machen« darstellen wollen. Doch mit diesem Werk erreichte Henze in seinem sinfonischen Schaffen einen Wendepunkt, vielleicht sogar das Ende einer Sackgasse. So verwundert es nicht, daß er sich von dieser Gattung zunächst abwandte und erst 15 Jahre später wieder eine Sinfonie vorlegte. Das – häufig politisch motivierte – Musiktheater stand in jenen Jahren im Vordergrund. Henzes *7. Sinfonie* von 1983/84 ist eine Auseinandersetzung mit der sinfonischen Tradition des 19. Jahrhunderts. Nicht zufällig wählte er hier die Schreibweise »Symphonie«, denn, so merkte er an, »sie sollte gehört werden im Sinne meiner vorausgegangenen Beschäftigung mit der Sonatenform und dem deutschen symphonischen Stil, ausgehend von unserem klassischen Kanon von Schönheit und sich an diesem orientierend.«

Wurzelt die schwergewichtige Siebte vor allem in der Tradition der deutschen Romantik, so bildet die *Achte* (1992/93) gewissermaßen deren italienisches Gegenstück. Bezeichnenderweise hat Henze hier auch die italienische Schreibweise *Sinfonia* eingesetzt. »Es ist kein tragisches oder düsteres Stück wie die Siebte, sondern ein Sommerstück und basiert auf drei Szenen aus Shakespeares *Sommernachtstraum.*«

Sein vorerst jüngstes sinfonisches Werk, die *Neunte,* die neben dem Orchester auch einen Chor vorsieht und den Roman *Das siebte Kreuz* von Anna Seghers zur Vorlage hat, zählt Henze selbst zu seinen wichtigsten Arbeiten: »Meine neunte Sinfonie befaßt sich mit der deutschen Heimat – so, wie sie sich mir dargestellt hat, als ich ein junger Mensch war, während des Krieges und schon zuvor. Sie entstand in Jahren intensiven Umgangs mit dem Thema und war auch bezüglich der künstlerischen Anstrengung das Extremste, was ich je erlebt habe. Was in dieser Sinfonie geschieht, ist eine Apotheose des Schrecklichen und Schmerzlichen. Sie ist eine Summa summarum meines Schaffens, eine Abrechnung mit einer willkürlichen, unberechenbaren, uns überfallenden Welt.«

Hans Werner Henze ist ein außergewöhnlich produktiver Komponist. Seinen mehr als 30 Werken für das Musiktheater und den neun Sinfonien stehen unzählige groß- und kleinbesetzte vokale oder instrumentale Werke zur Seite. Den Bezug zur musikalischen Tradition hat Henze nie preisgegeben. »Alle meine Musik ist Bemühen um Form, um Ordnungen. Auch das dramatische Mißlingen einer Form ist ein Ausdruck, ist Komponiertes, das etwas belegt. Ich glaube, die Probleme Sonate – Fuge werden immer wieder als Frage auf uns zurückkommen und auf Beantwortung bestehen.«

WERKE (Auswahl)

Kammerkonzert für Flöte, Klavier und Streicher (1946)
Concertino für Klavier und Blasorchester mit Schlagzeug (1947)
Sinfonie Nr. 1 (1947)
Streichquartett Nr. 1 (1947)
Konzert für Violine und Orchester Nr. 1 (1947)
Chor gefangener Trojer für gemischten Chor und großes Orchester (1948)
Das Wundertheater. Oper in einem Bild (1948)
Der Vorwurf. Konzertarie für Bariton, Trompete, Posaune und Streichorchester (1948)
Whispers from Heavenly Death. Kantate für Singstimme und acht Instrumentalisten (1948)
Sinfonie Nr. 2 (1949)
Variationen für Klavier (1949)
Sinfonie Nr. 3 (1949/50)
Konzert für Klavier und Orchester Nr. 1 (1950)
Boulevard Solitude. Lyrisches Drama in sieben Bildern (1951)
Der Idiot. Mimodram mit Szenen aus Dostojewskis Roman (1952)
Ode an den Westwind. Musik für Violoncello und Orchester (1953)
König Hirsch. Oper in drei Akten nach dem Drama von Gozzi (1953/56)
Sinfonie Nr. 4 (1955)
Quattro Poemi für Orchester (1955)
Undine. Ballett in drei Akten (1956/57)
Nachtstücke und Arien für Sopran und großes Orchester (1957)
Der Prinz von Homburg. Oper in drei Akten nach dem Schauspiel von Kleist, eingerichtet von Ingeborg Bachmann (1958/59)
Elegie für junge Liebende. Oper in drei Akten (1959/61)
Antifone für elf Solostreicher, Bläser und Schlagzeug (1960)
Sinfonie Nr. 5 (1962)
Los Caprichos. Fantasia per orchestra (1963)
Being Beauteous. Kantate für Koloratursopran, Harfe und vier Violoncelli (1963)
Ariosi für Sopran, Violine und Klavier zu vier Händen (1963)
Tancredi. Ballett in zwei Bildern (1964)
Der junge Lord. Komische Oper in zwei Akten von Ingeborg Bachmann nach Hauff (1964)
Die Bassariden. Musikdrama in einem Akt (1964/65)
Konzert für Klavier und Orchester Nr. 2 (1967)
Das Floß der Medusa. Oratorium für Sopran, Bariton, Sprechstimme, gemischten Chor, neun Knabenstimmen und Orchester (1968)
Versuch über Schweine für Sprechgesang und Orchester (1968)
Sinfonie Nr. 6 für zwei Orchester (1969)
El Cimarrón. Rezital für vier Musiker (1969/70)
Der langwierige Weg in die Wohnung der Natascha Ungeheuer. Show (1971)
La Cubana oder Ein Leben für die Kunst. Fernsehoper in fünf Bildern (1973)

Tristan. Préludes für Klavier, Tonbänder und
    Orchester (1973)
We come to the river. Handlungen für Musik
    (1974/76)
Katharina Blum. Konzertsuite für kleines Orchester
    (1975)
Streichquartett Nr. 3 (1975/76)
Royal Winter Music. First Sonata on Shakespearean
    Characters für Gitarre (1975/76)
Don Chisciotte della Mancha. Komische Oper
    (1976)
Streichquartett Nr. 5 (1976)
Orpheus. Eine Geschichte in sechs Szenen (1978)
Barcarola für großes Orchester (1979)
Pollicino. Märchen für Musik (1979/80)
Die englische Katze. Eine Geschichte für Sänger
    und Instrumentalisten (1980/83)
La Miracle de la Rose. Musik für einen Klarinetti-
    sten und 13 Spieler (1981)

Orpheus behind the Wire für gemischten Chor
    a cappella (1981/83)
Symphonie Nr. 7 (1983/84)
Liebeslieder für Violoncello und Orchester
    (1984/85)
An eine Äolsharfe. Musik für konzertierende
    Gitarre und 15 Instrumente (1985/86)
Das verratene Meer. Musikdrama in zwei Akten
    (1986/89)
Requiem. Neun geistliche Konzerte für Klavier,
    konzertierende Trompete und großes Orche-
    ster (1990/92)
Sinfonia N. 8 (1992/93)
Venus und Adonis. Oper in einem Akt
    (1993/95)
Knastgesänge. Drei Musiktheaterstücke für Pup-
    penspieler, Sänger und Instrumentalisten
    (1995)
Sinfonie Nr. 9 für Chor und Orchester (1997)

PAUL HINDEMITH

»Folgende ›Choralfuge‹ (mit allem Komfort:
Vergrößerungen, Verkleinerungen, Engfüh-
rungen, Basso ostinato) verdankt ihr Dasein
lediglich einem unglücklichen Zufall: Sie fiel
dem Komponisten ein. Sie bezweckt weiter
nichts als dies: sich stilvoll in den Rahmen
dieses Bildes zu fügen und allen ›Sachver-
ständigen‹ Gelegenheit zu geben, über die

ungeheure Geschmacklosigkeit ihres Schöpfers zu bellen. Hallelujah! – Das Stück muß in der Hauptsache von zwei Eunuchen mit ganz ungeheuer dicken Bäuchen getanzt (gewackelt) werden.«

Dieses Zitat, das sich in der Partitur zu Paul Hindemiths frühem und skandalträchtigem Werk *Das Nusch-Nuschi* findet, zeigt den Komponisten zu Beginn seiner musikalischen Laufbahn nicht nur frech und antibürgerlich, sondern verweist auch auf eine Portion Dadaismus und Witz. Seine Karriere als Komponist begann Paul Hindemith als Bürgerschreck, als Enfant terrible des Musikbetriebs. Er, der schließlich als Klassiker seine Entwicklung beendete, sah sich anfänglich als Vertreter der Moderne, als Statthalter der musikalischen Avantgarde. Diese Rolle hielt er allerdings nicht durch. Vielmehr wandte er sich spätestens seit den dreißiger Jahren von der Avantgarde ab, nicht zuletzt weil er der Meinung war, der Hörer könne Techniken wie Arnold Schönbergs Dodekaphonie nicht mehr nachvollziehen. Statt dessen entwickelte er in fortgeschrittenem Alter sein Ideal eines vorwiegend tonal gebundenen dreistimmigen Satzes und schlug damit eine kompositorische Entwicklung ein, die von Theodor W. Adorno als Hindemiths »fatale

Wendung zum Offiziellen« kritisiert wurde. Er, der ohne Zweifel zu den meistgespielten deutschen Komponisten des Jahrhunderts gehört, stand im Alter allein und isoliert neben den vorherrschenden musikalischen Strömungen der Zeit.

Paul Hindemith, der aus kleinbürgerlichen Verhältnissen stammte, wurde am 16. November 1895 in Hanau geboren. Der Vater, selbst ein begeisterter Zitherspieler, hatte für seinen Ältesten schon früh den Musikerberuf vorgesehen. Die Jahre bis zum Eintritt in die Schule verbrachte Hindemith bei seinen Großeltern. Danach unterrichtete ihn zunächst der Vater, der seinen Nachwuchs auch als »Frankfurter Kindertrio« in verschiedenen Dörfern seiner oberschlesischen Heimat auftreten ließ. Ersten systematischen Musikunterricht erteilte ihm wenig später Eugen Reinhardt und, nachdem die Familie 1905 nach Frankfurt umgezogen war, die Schweizer Geigerin Anna Hegner. Diese empfahl ihn einige Jahre später dem Konzertmeister im Frankfurter Opernorchester Adolf Rebner, bei dem Hindemith bis zu seinem Volksschulabschluß 1908 Privatstunden nahm. Anschließend studierte er in Frankfurt am Hoch'schen Konservatorium, wobei er sich in den ersten Semestern auf das Geigenspiel konzentrierte. Später belegte er auch die Fächer Kontrapunkt, Komposition und Dirigieren. Während des Kompositionsunterrichtes bei Arnold Mendelssohn und Bernhard Sekles entstanden erste Werke, die Hindemith zwar in sein Werkverzeichnis eintrug, aber nicht mit Opuszahlen versah, und die heute als verschollen gelten.

Zu dieser Zeit verstand sich Hindemith in erster Linie als Geiger und verdiente ab 1913 mit Anstellungen in verschiedenen Kurkapellen mühsam seinen Lebensunterhalt. Nach Beginn des Ersten Weltkrieges – der Vater fiel schon bald an der Westfront – fühlte Hindemith sich für seine Mutter und die Geschwister verantwortlich. Er gab privaten Geigenunterricht, konzertierte vor allem im südhessischen Raum und wurde Mitglied des Rebner-Quartetts, in dem er abwechselnd die zweite Geige und die Bratsche übernahm. Im September 1915 wurde Hindemith, erst 20 Jahre alt, erster Konzertmeister im Frankfurter Opernorchester.

In den folgenden Jahren schuf er die ersten vollgültigen Kompositionen, darunter das *Cellokonzert* op. 3 und die *Lustige Sinfonietta* op. 4. Folgt das *Cellokonzert* noch ganz dem Typus des Virtuosenkonzerts des 19. Jahrhunderts, so zeigt die zum Gedächtnis an Christian Morgenstern geschriebene *Sinfonietta* schon typische Züge seines Frühwerks. Parodie und Karikatur, die er auch in späteren Arbeiten einsetzt, werden hier erstmals exponiert. Das Fugato im ersten Satz betitelte er mit »Das große Lalula«, der zweite Satz ist »Zoologischen Merkwürdigkeiten« gewidmet. Uraufgeführt wurde die *Sinfonietta* zu Lebzeiten Hindemiths nicht, öffentlich gespielt wurde das Werk erstmals 1980. Als Höhepunkt seines frühen Schaffens hat Hindemith selbst die *Drei Gesänge für Sopran und großes Orchester* op. 9 bezeichnet. Hier arbeitete er mit dem größten orchestralen Apparat, den er je eingesetzt hat. Die vertonten Texte von Else Lasker-Schüler und Ernst Wilhelm Lotz zeigen charakteristische Ausprägungen des literarischen Expressionismus. Die Textwahl belegt, daß Hindemith die literarischen Strömungen seiner Zeit gut kannte. Kompositorisch haben hier Franz Schreker und Richard Strauss Pate gestanden. Mit dem spätromantischen Gestus dieser Orchesterlieder hatte Hindemith noch nicht seine eigene musikalische Sprache gefunden: »Um diese Zeit bin ich

herumgewackelt und wußte nicht, was los ist. Aber schließlich bleibt einem doch nichts übrig, als zu komponieren«, notierte er in seinem Werkverzeichnis.

1917 wurde Hindemith zum Militärdienst eingezogen und sein Regiment zunächst im Elsaß, wenig später in Flandern stationiert. Der Regimentsmusik zugeteilt, spielte er als Primarius in einem Streichquartett, mit dem er neben der klassisch-romantischen Literatur auch das Quartett Claude Debussys einstudierte. Angesichts des Krieges und der Bedrohung durch immer häufigeren Granatenbeschuß wurde die Musik für Hindemith zu einer existentiellen Erfahrung: »Wir fühlten aber hier zum ersten Mal, daß Musik mehr ist als Stil, Technik und Ausdruck persönlichen Gefühls. Musik griff hier über politische Grenzen, über nationalen Haß und über die Greuel des Krieges hinweg. Bei keiner anderen Gelegenheit ist es mir je mit gleicher Deutlichkeit klargeworden, in welcher Richtung sich die Musik zu entwickeln habe.« Auch an der Front komponierte Hindemith unablässig weiter. Unter anderem schrieb er das *2. Streichquartett* op. 10, Sonaten für Violine und Viola sowie einzelne Lieder.

Nach seiner Entlassung aus der Armee und dem Ende des Krieges konzentrierte Hindemith sich mehr und mehr auf das Bratschenspiel und entwickelte sich schon bald zu einem der führenden Instrumentalisten seiner Zeit. Im Juni 1919 veranstaltete er in Frankfurt einen Abend mit eigenen Kompositionen, die seinen Ruhm als Komponist begründeten. Vor allem aber mit der triumphalen Uraufführung seines *3. Streichquartetts* op. 16 während der »Donaueschinger Kammermusik-Aufführungen zur Förderung zeitgenössischer Tonkunst« 1921 fand Hindemith auch international den Anschluß an die Avantgarde. Eigens für diese Aufführung hatten sich vier Musiker, unter ihnen auch Hindemith, zusammengetan. Sie nannten sich Amar-Quartett und avancierten schon bald zu einer der wichtigsten Quartettformationen in Europa. Bis Ende der zwanziger Jahre gab das Amar-Quartett bis zu 130 Konzerte pro Spielzeit und berücksichtigte dabei insbesondere die zeitgenössische Musik: Werke von Schönberg und Webern, Strawinsky, Bartók und selbstverständlich von Hindemith selbst standen auf ihren Programmen.

Wie viele andere Komponisten seiner Generation war auch Hindemith fasziniert von der Unterhaltungsmusik seiner Zeit. »Können Sie auch Foxtrotts, Bostons, Rags und anderen Kitsch gebrauchen? Wenn mir keine anständige Musik mehr einfällt, schreibe ich immer solche Sachen«, ließ er 1920 den Schott-Verlag wissen. In anderen Werken parodierte er den Musikbetrieb, so etwa im »Repertorium für Militärmusik« *Minimax* oder in der *Ouvertüre zum ›Fliegenden Holländer‹, wie sie eine schlechte Kurkapelle morgens um 7 am Brunnen vom Blatt spielt.* Doch auch in seinen seriösen Werken hinterließ die Unterhaltungsmusik Spuren, so in der berühmten *Kammermusik Nr. 1*, in deren *Finale 1921* er einen Foxtrott von Wilm-Wilm zitiert. Aber der Bürgerschreck Hindemith hatte noch andere Mittel parat, um den herkömmlichen Musikbetrieb zu verstören. In der *Kammermusik Nr. 1* arbeitete er mit einem stark geräuschhaften Satz und ausgefallenen Instrumenten wie etwa Sirenen. Spielanweisungen wie »Wild. Tonschönheit ist Nebensache« oder »Betrachte das Klavier als eine interessante Art Schlagzeug und handle dementsprechend« bringen eine ganz und gar unromantische Musizierhaltung zum Ausdruck. Hindemith geht völlig bedenkenlos mit dem musikalischen Material um. Seine Sprache ist rauh. Dabei transformiert er häufig barocke Ostinato-Techniken zu fast maschinell sich abspulenden Sätzen.

Einen Bruch zwischen seinen frühen, noch während des Krieges entstandenen Werken und seinen neueren Kompositionen sah Hindemith nicht: »Ich habe mich gar nicht verwandelt, ich schreibe noch genau so leicht wie früher – zwischen meinen früheren und jetzigen Sachen ist nur ein gradueller, kein wesentlicher Unterschied … In meinem neuen Quartett (op. 16) und vor allem in den neuen Liedern (op. 18) ist mir zum ersten Male das gelungen, was ich schon immer wollte, aber nicht konnte.«

Der enge Bezug seiner Werke zu ihrer Entstehungszeit drückt sich auch in einer Reihe von Titeln aus, die explizit auf das Datum der Kompositionen verweisen, zum Beispiel *Suite 1922, Finale 1921.* Der große Erfolg seines *Streichquartetts* op. 16 in Donaueschingen, die spektakulären Aufführungen seiner beiden umstrittenen Einakter *Mörder, Hoffnung der Frauen* auf einen Text von Oskar Kokoschka und *Das Nusch-Nuschi* von Franz Blei, beide mit Bühnenbildern von Oskar Schlemmer 1921 in Stuttgart, und schließlich der dritte Einakter *Sancta Susanna* mit dem Text von August Stramm, im darauffolgenden Jahr in Frankfurt aufgeführt, etablierten Hindemith endgültig als Komponist. Er wurde als musikalischer Bilderstürmer gehandelt, der einen neuen Musikertypus repräsentierte: betont antiromantisch, frech und allem Neuen gegenüber aufgeschlossen. 1923 war Hindemith schließlich in der Lage, den Orchesterdienst zu quittieren, da ihm die monatlichen Zahlungen seines Verlages ein Auskommen garantierten. Im darauffolgenden Jahr heiratete er Gertrud Rottenberg, die jüngste Tochter des ersten Kapellmeisters der Frankfurter Oper. In den zwanziger Jahren nahm Hindemith aktiv an der Programmgestaltung der Donaueschinger Musiktage teil. 1924 sorgte er dafür, daß Werke Schönbergs, Weberns und Hauers aufgeführt wurden. Doch auch seine eigenen Arbeiten ließ er dort wiederholt zu Gehör bringen.

Unter dem Eindruck der ungeheuren Vielfalt der neuen Musik, die so unterschiedliche kompositorische Ergebnisse hervorbrachte, wurde sich Hindemith auch seiner Verantwortung als Komponist bewußt. An den Schott-Verlag schrieb er 1925: »Ich bin der festen Überzeugung, daß in den nächsten Jahren ein schwerer Kampf um die neue Musik anheben wird, die Vorzeichen dazu sind da. Es wird sich erweisen müssen, ob unsere heutige Musik und darunter auch die meinige fähig ist, weiterzubestehen. Ich glaube natürlich sicher daran, weiß aber ebenso gut, daß die Vorwürfe, die man der Mehrzahl der sogenannten modernen Musik macht, nur allzu berechtigt sind ... Ich bin der Ansicht, daß besonders in den nächsten Jahren größte Reinlichkeit in dergleichen Dingen unbedingt am Platze ist, und ich selbst will dazu tun, was ich kann, sie zu erreichen.«

Lange suchte Hindemith vergeblich nach einem geeigneten Opernlibretto. Der Plan, Brecht für eine Zusammenarbeit zu gewinnen, scheiterte.»Wenn ich einen Operntext hätte, würde ich in einigen Wochen die größte Oper herstellen«, schrieb der außerordentlich schnell produzierende Hindemith selbstbewußt. In *Cardillac*, einem Stoff, den Ferdinand Lion nach einer Novelle von E. T. A. Hoffmann als Libretto gestaltet hatte, fand er schließlich das Gesuchte. Die Geschichte um den Goldschmied Cardillac, der die Käufer seiner Schmuckstücke ermordet, weil er sich von seinen Kunstwerken nicht trennen kann, inspirierte Hindemith zu einer expressiven und gleichzeitig konstruktivistischen Partitur. Die Musik läßt sich als Zusammenfassung seiner kompositorischen Erfahrungen der vergangenen Jahre beschreiben. Hindemith verwendete hauptsächlich Formmodelle der absoluten Musik

für die einzelnen Nummern: Fugato, lyrisches Nachtstück, Passacaglia und Concertino. An manchen Stellen paßte er sogar die Worte des Textes der bereits komponierten Musik nachträglich an. Die expressionistisch geprägte Sprache des Librettisten und die sachliche, ohne Pathos und spätromantische Gesten auskommende Musik Hindemiths stehen in eigentümlichem Kontrast zueinander. Trotz einer fast streng architektonisch ausgerichteten Struktur gelingt es dem Komponisten, die dramatischen Szenen äußerst spannungsreich zu gestalten. Das gilt für die Behandlung der Singstimmen ebenso wie für die orchestrale Faktur.

1927 wurde Hindemith als Kompositionslehrer an die Berliner Hochschule für Musik berufen. Die pädagogische Tätigkeit ergänzte fortan sein kompositorisches Schaffen in idealer Weise. Erfahrungen als Lehrer weckten maßgeblich sein Interesse an Laienmusik in den späten zwanziger und dreißiger Jahren. Hindemith komponierte eine Reihe von Werken für die Laienmusikbewegung wie etwa den *Plöner Musiktag* oder das Spiel für Kinder *Wir bauen eine Stadt*. Ab 1930 unterrichtete er auch an der Volkshochschule in Berlin-Neukölln, für deren politisch meist links orientierte Hörerschaft er einige Stücke schrieb. Gleichzeitig bildete er sich autodidaktisch an nahezu allen Orchesterinstrumenten aus, woraus sich der später auch realisierte Plan entwickelte, eine Werkreihe von Sonaten für alle gebräuchlichen Instrumente zu erarbeiten. Auch neuen technischen Entwicklungen stand Hindemith sehr aufgeschlossen gegenüber. Er komponierte in Berlin für eines der ersten elektronischen Instrumente, das Trautonium, und hatte schon 1921 unter Pseudonym eine Orchesterpartitur für den Stummfilm komponiert (*In Schnee und Eis*). Den Möglichkeiten des Mediums Rundfunk versuchte er mit besonders darauf abgestimmten Konzeptionen gerecht zu werden und experimentierte mit einer grammophonplatteneigenen Musik, indem er Singstimmen und Xylophone mixte, die auf Tonträgern mit verschiedenen Geschwindigkeiten abgespielt wurden. Man könnte diese Produktionen in gewissem Sinne als Vorläufer der »musique concrète« betrachten.

Nachdem das Fürstenhaus in Donaueschingen seine Unterstützung der dortigen Musiktage eingestellt hatte, wurde das Festival nach Baden-Baden verlegt. Hier hatten 1929 zwei Werke Premiere, *Der Lindberghflug*, eine Zusammenarbeit von Brecht, Weill und Hindemith, sowie Brechts *Lehrstück* mit der Musik von Hindemith. Diese zwischen Rundfunkmusik, Oratorium und Laienmusik vermittelnden Werke versuchten neue Anstöße zu geben und die Zusammenarbeit mit neuen Medien zu entwickeln. Zum Bruch mit Brecht kam es im Jahr darauf, als Hindemith im Programmausschuß eine Aufführung des Lehrstücks *Die Maßnahme* von Brecht und Eisler ablehnte. Hindemith gewann daraufhin den Dichter Gottfried Benn für eine Zusammenarbeit bei seinem Oratorium *Das Unaufhörliche*. Mit diesem Werk wollte Hindemith das Bedürfnis nach ernster und großer Musik befriedigen. »Es scheint so, als ob jetzt allmählich wieder die Welle für ernste und große Musik käme«, notierte er während der Arbeit an diesem Werk.

Als Hitler 1933 an die Macht kam, glaubte Hindemith zunächst an ein baldiges Scheitern der Nationalsozialisten. Auch die Nachricht seines Verlages im April 1933, die Hälfte seiner Werke sei als ›kulturbolschewistisch‹ verboten worden, erschütterte ihn nicht sonderlich. Statt dessen schrieb er an einer neuen Oper, die – wie bereits »Cardillac« – die Rolle des Künstlers in der Gesellschaft thematisiert. Er arbeitete zunächst an der *Mathis-Sinfonie* und anschließend an der

Oper *Mathis der Maler*. Im März 1934 kam es zu der spektakulären Uraufführung der *Mathis-Sinfonie* durch die Berliner Philharmoniker unter Wilhelm Furtwängler. Dieser versuchte nur wenige Monate später in einem Zeitungsartikel, der Hindemiths Werke verteidigte, deren Verbot zu verhindern, allerdings ohne Erfolg: 1935 wurde Hindemith von seiner Lehrtätigkeit an der Berliner Hochschule beurlaubt, ein Jahr später erfolgte das offizielle Verbot seiner Werke. Hindemith konzertierte fortan häufiger im europäischen Ausland und in den Vereinigten Staaten. Nachdem er auch in der Ausstellung »Entartete Musik«, die die Nationalsozialisten 1938 in Düsseldorf veranstalteten, vertreten gewesen war, blieb als deutschsprachiges Uraufführungsland für die *Mathis*-Oper nur noch die Schweiz. Die Premiere im Mai 1938 in Zürich wurde ein überwältigender Erfolg für den in seiner Heimat verfemten Komponisten, der im gleichen Jahr in die Schweiz übersiedelte. Dort verfaßte er den letzten Teil seines Lehrbuches *Unterweisung im Tonsatz*, mit dem er seine Musik theoretisch fundieren wollte. Sein Lehrziel formulierte er folgendermaßen: »Kein eigenbrödlerisches modernes Tonsystem – dagegen scharfe Verurteilung aller leichtfertigen melodischen und harmonischen Experimente … Keine umstürzlerische Ablehnung früherer Satzweisen – dagegen Erweiterung des engen früheren Tonsatzsystems bis zur regelrechten Erfassung auch der entlegensten Klangverbindungen. Keine trostlose Sammlung unverständlicher und weltferner theoretischer Aufsätze – dagegen ein Buch lebendiger Praxis, verständlich für jeden ernsthaft an der Entwicklung der Satztechnik Interessierten.«

Vor dem Hintergrund seiner im Lehrbuch zusammengetragenen Überlegungen distanzierte sich Hindemith von vielen seiner früheren Werke. Insbesondere die provokativen Arbeiten aus den frühen zwanziger Jahren ließ er nicht mehr gelten. Im Zusammenhang mit der *Kammermusik Nr. 1* sprach er gar von »Zeit(un)geschmack«. Andere Werke, wie etwa den Liederzyklus *Das Marienleben*, überarbeitete er grundlegend, wobei er vor allem Melodik und Harmonik glättete. Auch die Werke anderer beurteilte Hindemith nun zunehmend kritisch. Über ein Konzert in Rom mit Werken von Busoni, Respighi, Ravel und Strawinsky schrieb er: »Ich bin sicher, man wird nach wenigen Jahren den Zugang zu diesen Dingen ohnehin nicht mehr finden, da sie sich in einer Richtung ausdehnen, der man nur nachfolgen kann, wenn man mit den musikhistorischen und sonstigen Voraussetzungen der Entstehungszeit und den persönlichen Eigenarten der Komponisten einigermaßen vertraut ist.«

Diese neue Ästhetik schlug sich in seinem 1935 vollendeten Bratschenkonzert *Der Schwanendreher* nieder, das sich fundamental von seinen früheren Konzerten für dieses Instrument unterscheidet. In dem programmatischen Vorwort zur Partitur notierte er: »Ein Spielmann kommt in frohe Gesellschaft und breitet aus, was er aus der Ferne mitgebracht hat: ernste und heitere Lieder, zum Schluß ein Tanzstück. Nach Einfall und Vermögen erweitert er als rechter Musikant die Weisen, präludiert und phantasiert. Dieses mittelalterliche Bild war die Vorlage für die Komposition.« Von Enfant terrible oder Bürgerschreck ist hier nichts mehr zu spüren. Hindemith entwickelte statt dessen ein musikantisches Ideal, dem er auch in seinen späteren Arbeiten treu blieb. Dieser neue Musikbegriff fand auch in der sich anschließenden großen Serie von Sonaten für fast sämtliche Instrumente seinen Niederschlag.

1940 emigrierte Hindemith in die Vereinigten Staaten. Er ließ sich zunächst in Buffalo nieder, wo er Kurse gab und Gastvorträge hielt. In Amerika schuf er ausgesprochen brillant instrumentierte Orchesterwerke, die sich häufig durch die Verwendung historischer Musikelemente auszeichnen. Das 1940 vollendete *Cellokonzert* enthält ein »Trio nach einem alten Marsch«, die *Sinfonischen Metamorphosen* nutzen Themen Carl Maria von Webers als Grundlage, das *Klavierkonzert* (1945) zitiert einen mittelalterlichen Tanz, und die *Sinfonia serena* nimmt Beethovens Geschwindmarsch auf. Kontrapunktische Techniken wie Fugen, Kanons und Ostinati spielen in diesen Werken eine wesentliche Rolle. Im Glanzstück dieser Zeit, dem Fugenzyklus *Ludus tonalis*, demonstriert er seine Satzkunst in einer Reihe von Klavierstücken. Trotz der kontrapunktischen Finessen haftet dem Zyklus etwas Akademisches an.

Parallel zu seiner kompositorischen Arbeit widmete sich Hindemith intensiv dem Studium alter Musik von Perotinus bis Bach. In Yale gründete er ein Collegium Musicum, mit dem er diese Werke aus der Zeit des Mittelalters bis zum Barock auch zur Aufführung brachte.

Nach dem Ende des Zweiten Weltkrieges wurden Hindemiths Kompositionen in Deutschland mit großem Erfolg aufgeführt. Die junge deutsche Avantgarde, die sich alljährlich zu den Ferienkursen in Darmstadt versammelte, stand dem immer eindeutiger auf konservativen Positionen beharrenden Hindemith aber bald skeptisch gegenüber. Während seiner ersten Europareisen nach dem Krieg 1947 und 1948/49 konnte sich Hindemith von dem lebhaften Interesse an seiner Musik überzeugen. Er zögerte deshalb nicht lange, als ihm in Zürich ein Lehrstuhl angeboten wurde, und nahm 1951 die Arbeit dort auf. Die Hindemiths lebten zurückgezogen am Genfer See. 1957 beendete er seine Lehrtätigkeit in Zürich, um sich ganz dem Komponieren und Dirigieren widmen zu können. Konzertreisen führten ihn durch ganz Europa, wo er alle wichtigen Orchester dirigierte. Außerdem unternahm er Tourneen durch Japan und Südamerika. Als Dirigent bevorzugte Hindemith herkömmliche Sinfoniekonzerte; Programme mit ausschließlich eigenen Werken lehnte er ab. Mit großem Engagement setzte er sich auch für die alte Musik und eine historische Aufführungspraxis ein.

In den fünfziger Jahren schrieb er nicht nur neue Werke, sondern revidierte auch viele ältere Kompositionen. Die spektakulärsten Umarbeitungen erfuhren die Opern *Cardillac* und *Neues vom Tage*. Die Musik wurde ›klassischer‹, harmonischer, was vor allem an einem völlig neu geschriebenen Akt des *Cardillac* deutlich wird. Auch das Libretto arbeitete Hindemith noch einmal um, wobei er die expressionistischen Sprachwendungen zu eliminieren versuchte. Die Stimmen gestaltete er nun sanglicher als in der Originalfassung. Lediglich den Orchestersatz beließ er weitgehend unverändert.

In dieser Zeit arbeitete Hindemith auch an einer neuen Oper über den Wissenschaftler Johannes Kepler. Wie bereits bei *Mathis der Maler* schrieb er zunächst eine Sinfonie *Die Harmonie der Welt*. In drei Sätzen versucht sie die Vorstellungen einer »Musica Instrumentalis«, einer »Musica Humana« und einer »Musica Mundana« (Sphärenharmonie) zu gestalten in Anlehnung an den spätantiken Philosophen Boethius. Die Sphärenharmonie realisierte er in Form einer höchst kunstvollen Struktur, mit Fugato und ausladender Passacaglia. In einem Werkkommentar merkte Hindemith dazu an: »Die Titel der Sätze beziehen sich auf die bei den Alten oft anzutreffende Einteilung der Musik in drei Klassen und wollen damit auf all die früheren Versuche hinweisen, die Weltenharmonie zu erkennen und die Musik als ihr tönendes Gleichnis zu verstehen.« Die an-

schließend konzipierte Oper *Die Harmonie der Welt*, die 1957 unter Leitung des Komponisten in München Premiere hatte, ist hinsichtlich der inhaltlichen Konzeption das vielleicht persönlichste Werk Hindemiths. Im Zentrum steht der Wissenschaftler Johannes Kepler und seine ambivalente Haltung gegenüber seiner Umwelt. Thematisiert wird die Stellung des Wissenschaftlers zwischen Rationalität und Aberglaube, Forscherdrang und politischem Handeln sowie zwischen Kaisertreue und der Gefolgschaft Wallensteins. *Die Harmonie der Welt* trägt deutliche Züge eines Spätwerks. Hindemith arbeitete hier mit Zitaten aus Volks- und Kunstmusik. Er ordnete verschiedene Zeitsphären neben- und übereinander an und erreichte so einen eigentümlichen Pluralismus in der historischen Perspektive.

Diese Gestaltungsweise prägte auch andere Spätwerke wie seinen letzten Einakter, *Das lange Weihnachtsmahl* nach Thornton Wilder, oder die Kantate *Mainzer Umzug* auf einen Text von Carl Zuckmayer, die von der 1000jährigen Mainzer Geschichte im Dialekt berichtet. Zu den großen Spätwerken gehören vor allem zwei Vokalwerke, die *Zwölf Madrigale nach Texten von Josef Weinheber* und sein letztes Werk, die *Messe* für gemischten Chor a cappella. Die gleichsam klassische Ästhetik seiner späten Jahre beschrieb der Komponist noch einmal im Vorwort zu den *Madrigalen*: »Ein Vokalstil muß gefunden werden, der sich grundsätzlich aller gesanglich-virtuosen Ausschläge, aller drastischen Konzertwirkungen, vor allem aber aller Instrumentalismen enthält. Damit schließen sich extreme Stimmlagen, individuelle Ausdrucksmanieren, Farbeffekte, eine ständig sprunghafte Melodik, die kleine Sekunde als harmonisches und die große Sept als melodisches Hauptmaterial aus; nichts darf geschrieben werden, das dem hingegebenen, nicht nach äußeren Wirkungen stre-

benden Miteinanderwirken einer Sänger-
gruppe störend entgegenwirken könnte.«

Am 12. November 1963 dirigierte Hindemith die erste Aufführung seiner *Messe* in
Wien. Zurück am Genfer See, erkrankte er
wenige Tage später und wurde schließlich
ins Frankfurter Marienkrankenhaus gebracht. Nach einer Reihe von Schlagan-
fällen starb Paul Hindemith dort am 28. Dezember 1963.

WERKE (Auswahl)

Streichquartett Nr. 1 D-Dur op. 2 (1915)
Konzert Es-Dur für Violoncello und Orchester op. 3
 (1915)
Lustige Sinfonietta d-Moll für kleines Orchester
 op. 4 (1916)
Drei Gesänge für Sopran und Orchester op. 9
 (1917)
Streichquartett Nr. 2 f-Moll op. 10 (1918/19)
Mörder, Hoffnung der Frauen. Oper in einem Akt
 op. 12 (1919)
Sonate für Bratsche solo op. 11 Nr. 5 (1919)
Drei Hymnen von Walt Whitman für Bariton und
 Klavier op. 14 (1919)
Das Nusch-Nuschi. Ein Spiel für burmanische
 Marionetten in einem Akt op. 20 (1920)
Streichquartett Nr. 3 C-Dur op. 16 (1920)
Kammermusik Nr. 1 mit Finale 1921 op. 24 Nr. 1
 (1921)
Streichquartett Nr. 4 op. 22 (1921)
In Schnee und Eis. Filmmusik (1921)
Sancta Susanna. Oper in einem Akt op. 21
 (1921)
Der Dämon. Tanz-Pantomime in zwei Bildern
 op. 28 (1922)
Das Marienleben nach Gedichten von Rainer
 Maria Rilke für Sopran und Klavier op. 27
 (1922/23), Neufassung 1936/48
Des Todes Tod für Frauenstimme, zwei Bratschen
 und zwei Violoncelli op. 23a (1922)
Die junge Magd. Sechs Gedichte von Georg Trakl
 für eine Altstimme mit Flöte, Klarinette und
 Streichquartett op. 23 Nr. 2 (1922)
Suite »1922« für Klavier op. 26 (1922)

Minimax. »Repertorium für Militärmusik« für
 Streichquartett (1923)
Kammermusik Nr. 2 für obligates Klavier und zwölf
 Soloinstrumente op. 36 Nr. 1 (1924)
Streichtrio Nr. 1 op. 34 (1924)
Konzert für Orchester op. 38 (1925)
Konzertmusik für Blasorchester op. 41 (1926)
Cardillac. Oper in drei Akten op. 39 (1926), Neu-
 fassung 1952
Hin und zurück. Sketch in einem Akt op. 45a
 (1927)
Kammermusik Nr. 5 für Solo-Bratsche und größeres
 Kammerorchester op. 36 Nr. 4 (1927)
Neues vom Tage. Lustige Oper in drei Teilen
 (1928/29), Neufassung 1953
Lehrstück. Bühnenwerk (1929)
Wir bauen eine Stadt. Spiel für Kinder (1930)
Das Unaufhörliche. Oratorium in drei Teilen für
 Soli, gemischten Chor, Knabenchor und
 Orchester (1931)
Philharmonisches Konzert. Variationen für Orche-
 ster (1932)
Plöner Musiktag (1932)
Sinfonie »Mathis der Maler« (1934)
Mathis der Maler. Oper in sieben Bildern
 (1934/35)
Der Schwanendreher. Konzert nach alten Volks-
 liedern für Bratsche und kleines Orchester
 (1935)
Sinfonische Tänze (1937)
Nobilissima Visione. Tanzlegende in sechs Bildern
 (1938)
Konzert für Violine und Orchester (1939)
Thema mit vier Variationen. Ballett (1940)
Sinfonie in Es (1940)
Konzert für Violoncello und Orchester (1940)
Ludus tonalis für Klavier (1942)
Sinfonische Metamorphosen über Themen von
 Carl Maria von Weber (1943)
Konzert für Klavier und Orchester (1945)
When Lilacs Last in the Door-Yard Bloom'd
 für Soli, gemischten Chor und Orchester
 (1946)
Sinfonia Serena (1946)
Konzert für Klarinette und Orchester (1947)
Apparebit repentina dies für gemischten Chor und
 zehn Blechbläser (1947)
Sinfonietta in E (1949)

Sinfonie »Die Harmonie der Welt« (1951)
Sinfonie in B für Blasorchester (1951)
Die Harmonie der Welt. Oper in fünf Aufzügen
    (1956/57)
Pittsburgh Symphony (1958)
Zwölf Madrigale nach Texten von Josef Weinheber
    für fünf gemischte Stimmen a cappella (1958)

Das lange Weihnachtsmahl. Oper in einem Akt
    (1960)
Marsch für Orchester über den alten »Schweizer-
    ton« (1960)
Mainzer Umzug für drei Singstimmen, gemischten
    Chor und Orchester (1962)
Messe für gemischten Chor a cappella (1963)

ADRIANA HÖLSZKY

»Wichtig ist die Spannung zwischen Innen
und Außen. Man nimmt immer von außen
und verarbeitet im Inneren, aber maßge-
bend ist diese Spannung und nicht die Information, die von außen kommt. Es ist gefährlich, seine eigene Weltanschauung zu
beschreiben, es geht eigentlich nur um
diese Spannung zwischen Innen und Außen,
diese Infragestellung und daß man die
Sachen nicht so nimmt, wie sie erscheinen.
Man muß hinter den Dingen suchen.«

So äußerte sich Adriana Hölszky 1988
in einem Gespräch. Dieses Suchen hinter
den Dingen, seien es Klänge, Texte oder
szenische Aktionen, steht im Zentrum ihres

künstlerischen Schaffens. Das Modell von Spannung und Entspannung greift in ihren Werken nicht. Vielmehr läßt sie die Spannung auf den unterschiedlichen formalen wie klanglichen Ebenen wirksam werden, über oder unter der Oberfläche, im einzelnen Klang ebenso wie im formalen Ablauf oder dem Umherschweifen der Klänge im Raum. Hölszkys Musik zeichnet sich durch ihren energetischen Charakter aus, weshalb sie treffenderweise häufig mit Attributen wie explosiv, brodelnd, bröckelnd, funkelnd oder fließend umschrieben wird.

Adriana Hölszky wurde am 30. Juni 1953 in Bukarest geboren. Im Alter von fünf Jahren erhielt sie von ihrer Tante ersten Klavierunterricht. Schon mit acht Jahren faßte sie den Entschluß, Komponistin zu werden. Erste Werke entstanden. An der Musikschule nahm sie später Unterricht in Harmonielehre und Kontrapunkt. Es folgte ein reguläres Kompositionsstudium in der Klasse von Stefan Niculescu an der Bukarester Musikhochschule. 1976 übersiedelte Adriana Hölszky mit ihrer Familie in die Bundesrepublik. In Stuttgart setzte sie ihre Studien bei Milko Kelemen und Erhard Karkoschka fort und schloß sie 1982 mit dem Diplom ab. Seitdem lebt und lehrt sie dort.

Die noch in Rumänien komponierten Werke ließ Adriana Hölszky später nicht mehr gelten. Ihr Werkkatalog beginnt eigentlich erst mit den in der Bundesrepublik entstandenen Arbeiten. Der *Monolog für Frauenstimme mit Pauke* aus dem Jahre 1977 läßt bereits latent ihre Neigung zur Musikdramatik erkennen. Folgende Situation wird kompositorisch ausgearbeitet: Eine Frau sitzt vor einer Pauke, die als Tisch dient, und liest eine Zeitung. Allmählich beginnt sie, einzelne, aus dem Zusammenhang gerissene Überschriften und Textfragmente vor sich hin zu lesen, und wird dabei zunehmend aufgeregter. Ihr Zustand steigert sich ins Absurd-Phantastische bis hin zur Trance. Die Vortragsbezeichnungen umspannen den gesamten Kosmos der Empfindungen: launisch, schmeichelnd, spöttisch, verzweifelt, tragisch, zügellos, ekelerregt. Alle perkussiven Aktionen, die mit den Händen oder Fingern auf der Pauke ausgeführt werden sollen, sind exakt in der Partitur notiert. Am Ende des Stückes wird die Zeitung schließlich zerrissen, ein Papierfetzen hochgeworfen und fallen gelassen. Die Szene löst sich gewissermaßen in Luft auf. Bereits mit diesem Werk machte die junge Komponistin auf sich aufmerksam. Experimentelles und Theatralik, Expressivität und Humor vermischen sich hier zu einer avancierten und spannenden szenischen Aktion. Den *Monolog* faßte Adriana Hölszky später mit zwei anderen Werken, ... *es kamen schwarze Vögel* und *Vampirabile* zu einer Trilogie zusammen. ... *es kamen schwarze Vögel* für fünf Sängerinnen mit Schlaginstrumenten greift auf einen alten osteuropäischen Volksliedtext zurück. Hölszky selbst nennt das Werk ein »Kaleidoskop von Farbreizworten, vokalen und perkussiven Klangaktionen, deren Quellen ständig ineinanderzufließen scheinen. Hier wurde das kultivierte Singen gemieden, es wurden die rauhen, gutturalen Klänge und die unterschiedlichsten Sprech- und Singarten verwendet, so daß dieser Komposition eine surrealistische Färbung anhaftet.«

Schon früh hatte sich Adriana Hölszky auch mit bildender Kunst beschäftigt. Zunächst schuf sie Aquarelle, aber etwa gleichzeitig zum *Monolog* entwickelte sie eine besondere Drucktechnik. Sie schnitzte Formen und Figuren in ein Holzbrett, auf das sie verschiedene Ölfarbenschichten auftrug. Durch die divergierenden Farbmischungen unterscheiden sich die Abdrucke in ihrer Farbkonstellation voneinander. Dieser experimentelle Umgang mit den Farben nimmt bei ihr einen ebenso wichtigen Stellenwert ein wie das Komponieren. So wie sie bei dieser Farbschichtentechnik zu immer wieder überraschenden Farbzusammenstellungen gelangt, so arbeitet sie auch in ihren musikalischen Werken mit Klangschichten, die sie übereinanderlegt. In *Space* für vier Orchestergruppen aus den Jahren 1979/80 überlagern sich sieben Zeitschichten. Dabei bilden die Streicher, eine Violin- und Kontrabaßgruppe, eher den klanglichen Hintergrund, während das eigentliche Geschehen den drei Bläsergruppen vorbehalten ist. Das Thema »Musik im Raum«, das in Hölszkys Schaffen eine zentrale Rolle spielt, wird hier erstmals umgesetzt. Die Komponistin spricht in diesem Zusammenhang von »Wanderklang«. Im Verlauf des Stückes überlappen sich einzelne Strukturen und entfalten so eine Art Polyphonie höherer Ordnung im Raum. Mikrointervalle und Glissandi verstärken dabei noch die Farbigkeit des Satzes. Das Orchester ist hier nicht in herkömmlicher Weise unterteilt, vielmehr wechseln die Konstellationen von einem Augenblick zum anderen. »Ich schreibe nicht für ein Orchester im klassischen Sinn, es gibt also keine Armee aus Holz oder Blech. Seit Boulez haben wir schließlich Erfahrungen mit heterogenen Gruppen. Man muß mit der Wanderung des Klanges arbeiten und mit dem Raum; wichtig sind ein neu auskomponierter Raum und eine Raumbewegung des Klanges. Die Idee ist, beim Komponieren in den unterschiedlichen Etappen des Stückes die Besetzung, die Formationen neu zusammenzusetzen.« Harsche Kontraste in Dynamik, Instrumentation, Farbe und Register bestimmen die Partitur. Ein fast nervöser, umherflatternder Gestus verbindet sich mit einem ausgeprägten Gespür für dramatische Momente. Immer wieder entwickeln sich unvertraute, fremdartige Klangskulpturen und -landschaften, die sich im Raum ausbreiten, sich zu kaskadenartigen Gebilden erweitern, aber auch verkümmern und absterben.

Adriana Hölszky, die schon bald nach ihrem Examen selbst unterrichtete, ließ sich immer wieder auch von der Literatur inspirieren. *Nouns to Nouns* für Violine solo liegt ein Gedicht von e. e. cummings zugrunde. Die Komponistin bezeichnet das Werk als Versuch, »die Übersetzung einer abstrakten literarischen Struktur in eine musikalische zu vollziehen, zum anderen der Etüde durch ein Diskontinuum von Klangfiguren eine neue Gestalt zu verleihen«. Dem aus sechzehn verschiedenen Buchstaben bestehenden Gedicht ordnet Hölszky vier unterschiedliche Bewegungstypen zu, die in immer neuen Konstellationen erscheinen.

Ihren endgültigen, auch internationalen Durchbruch erzielte Adriana Hölszky mit ihrem ersten Werk fürs Musiktheater, *Bremer Freiheit* nach einem Schauspiel von Rainer Werner Fassbinder. Dieses Werk, das Hans Werner Henze in Auftrag gegeben hatte, wurde 1988 anläßlich der Münchner Biennale für zeitgenössisches Musiktheater uraufgeführt. Die Komponistin will ihr Opus nicht als herkömmliche Oper verstanden wissen, sondern als Reise durch verschiedene Klanglandschaften. Die Instrumentation wechselt von Szene zu Szene. Kammerensemble, Chor a cappella, Sprechchor, großes Orchester, Zupforchester, Soli oder der Schlagzeugapparat finden hier als Klangfarben Verwendung. Sie werden, den jeweiligen Erfordernissen entsprechend, rein oder gemischt eingesetzt. »Singwerk auf ein Frauenleben« betitelte Hölszky ihren musiktheatralischen Erstling im Untertitel. Die Hauptperson Geesche Gottfried, die von ihrer Umwelt gepeinigt und unterdrückt wird, rächt sich auf ihre Weise. Nacheinander vergiftet sie die Menschen in ihrer unmittelbaren Umgebung: ihren ersten Mann, ihre Mutter, ihre Kinder, ihren Vater und noch viele andere. Als roter Faden zieht sich ein Choral durch die gesamte Partitur des Singwerks, der jedesmal nach einer Vergiftungsszene erklingt. Dem Libretto liegt ein authentischer Kriminalfall zugrunde, den Thomas Körner nach dem Schauspiel Fassbinders für das Musiktheater bearbeitet hat.

»Arbeiten mit dem Text heißt nicht Vertonung, sondern Musik schreiben, indem man den Text ›vergißt‹ und ihn neu komponiert. Er ist aufgelöst und dient als Baustein eines neuen Organismus.« Hölszky verfremdet das Vertraute, indem sie es unvermittelt in unbekannte Umgebungen stellt, oder sie kultiviert auf gleiche Weise das Banale, das sich so in einem künstlerischen Zusammenhang neu definiert. Immer wieder betonte sie das Spontane ihrer Kompositionsweise: »Ich gehe ins Wasser und habe kein Prinzip, wie ich darin schwimmen werde, und weiß auch nicht, auf welche Steine ich dort stoßen werde. Aber ich schaffe mir schon so etwas wie eine Grenze, bis zu der ich fliegen darf, an der ich mich reiben muß.«

In den Jahren 1989/90 schrieb sie *Jagt die Wölfe zurück* für sechs und wenig später *Karawane* für zwölf Schlagzeuger. Der Titel des ersten Stücks wandelt einen Vers aus dem Gedicht »Die gestundete Zeit« von Ingeborg Bachmann ab. Die sechs Schlagzeuger stehen in einer Art Bogen weit voneinander entfernt um das Publikum herum. Der Klangimpuls jagt dadurch buchstäblich mit hoher Geschwindigkeit durch den Raum. Hölszky schafft zumeist lineare, wellenartige Klangraumwanderungen und experimentiert auch mit unterschiedlichen Tempi. In *Kara-*

wane arbeitet sie mit ähnlichen Techniken. Der Satz ist allerdings noch dichter gefaßt, die innere Bewegtheit gesteigert.

Um die gleiche Zeit entstanden Werke für vielstimmigen Chor. Hölszky fächert den Klangraum noch weiter auf und arbeitet mit solistischen, in Gruppen gebündelten Stimmen. *. . . geträumt*, auf ein Gedicht Ingeborg Bachmanns, sieht einen 36stimmigen Chor vor. Im 1993 geschriebenen »Gemälde eines Erschlagenen«, auf einen Text von Jakob Michael Reinhold Lenz, sind sogar 72 Vokalisten vorgeschrieben, je 36 Frauen- und Männerstimmen, die sich als zwei unabhängige Klangräume überlagern und farblich ergänzen.

Diese primär räumliche Konzeption bestimmt auch ihr jüngstes Bühnenwerk. *Die Wände* nach dem Schauspiel *Les Paravents* von Jean Genet wurde 1995 mit großem Erfolg im Rahmen der Wiener Festwochen uraufgeführt. Die Komponistin treibt hier die Aufspaltung des musikalischen Satzes noch weiter und verteilt Sänger und Instrumentalisten über Bühne, Orchestergraben und Zuschauerraum. Als weitere Schicht dieses multidimensionalen Satzes kommen elektronische Klänge hinzu. An die Stelle der chronologischen Ordnung tritt die räumlich-zeitliche Verzahnung der instrumentalen und vokalen Teile. Die Titelpartie kommt dem 36stimmigen Chor zu. In diesem komplexen Klangraum werden verschiedene Schichten übereinander gelagert und ineinander verschachtelt, so daß auf höherer Ebene etwas Neues entsteht. »Sie müssen sich das vorstellen, als ob ein Architekt kein einzelnes Haus baut, sondern eine ganze Stadt . . . Und nun gerät diese ›Stadt‹ in Bewegung, und alle Bausteine sind durchsichtig.«

WERKE (Auswahl)

Byzantinische Struktur für Violine und Klavier
(1974)
Streichquartett (1975)
Constellation für Orchester (1975/76)
Monolog für Frauenstimme und Pauke (1977)
... es kamen schwarze Vögel für fünf Sängerinnen
mit Perkussion (1978)
Il etait un homme rouge für zwölf solistische
Frauenstimmen (1978)
Kommentar für Lauren für Sopran, acht Bläser
und Schlagzeug (1978)
Space für vier Orchestergruppen (1979/80)
Omaggio a Michelangelo für 16 solistische Stim-
men (1980)
Questions I für Sopran, Bariton, Violine, Violon-
cello und Klavier (1980)
Innere Welten I für Streichtrio (1981)
Innere Welten II für Streichquartett (1981/82)
Arkaden für zwei Flöten und Streichquartett
(1982)
Intarsien I für Flöte, Violine und Klavier (1982)
Decorum für Cembalo (1982/83)
Nouns to Nouns I für Violine solo (1983)
Sonett für Frauenstimme und zwei Gitarren (1983)
Klangwerfer für zwölf Streicher (1984/85)
Requisiten für neun Instrumentalisten (1985)
... und wieder Dunkel I für Schlagzeug und Orgel
(1985)
... und wieder Dunkel II für Schlagzeug und
Klavier (1986)
immer schweigender für vier achtstimmige Chor-
gruppen (1986)

Bremer Freiheit. Singwerk auf ein Frauenleben.
Oper (1987)
Vampirabile. Lichtverfall für fünf Sängerinnen mit
Percussion (1988)
Hängebrücken. Streichquartett an Schubert
(1989/90)
Jagt die Wölfe zurück für sechs Schlagzeuger
(1989)
Schweigentonzwei. Ein Projekt für Tänzer und
Schauspieler (1989)
Karawane für zwölf Schlagzeuger (1989)
Flöten des Lichts. Flächenspiel für eine Sängerin,
fünf Bläser mit Zusatzinstrumenten (1989)
... geträumt für 36 Frauenstimmen (1990)
Lichtflug für Violine und Orchester (1990)
Message für Mezzosopran, Bariton, Sprecher,
diverse Klangrequisiten und Live-Elektronik
(1991)
Segmente I für sieben Klangzentren (1991/92)
Segmente II für zwei Klangzentren (1992)
Gemälde eines Erschlagenen für 72 Vokalisten
(1993)
Die Wände. Musiktheater in drei Akten (1993/95)
An die Nacht für Orchester (1994)
Arena für Orchester (1995)
Cargo für großes Orchester (1995)
Der Aufstieg der Titanic für sechs Vokalisten,
Klangrequisiten, Zuspielband und Live-Elektro-
nik (1996/97)
Tragödia. Der unsichtbare Raum für 18 Instrumen-
talisten, Tonband und Live-Elektronik
(1996/97)
Wolke und Mond für Violoncello und Akkordeon
(1996)

HEINZ HOLLIGER

»Natürlich würde ich anders komponieren,
wäre ich kein ausübender Musiker – und
umgekehrt. Da gibt es direkte Wechselwirkungen. Werke, die andere Komponisten für
mich geschrieben haben, beeinflussen mich
hingegen kaum. Ich bekomme die Impulse
eher aus anderen Quellen. Das kann auch
wechselseitig sein, das ist ganz natürlich.
Auf der anderen Seite bin ich als Solist permanent mit extremen Herausforderungen
konfrontiert. Danach, wie etwa in den ›Gesängen der Frühe‹, fange ich wieder ganz
von vorne an. Dann tauchen plötzlich Dinge
auf, die ich sonst nie zu schreiben gewagt
hätte.«

Die Wechselwirkungen zwischen solistischem Musizieren und Komponieren reichen in Holligers kompositorisches Schaffen hinein, bestimmen aber nur selten das Werk. Dazu hat der Komponist Holliger in den vergangenen fast vier Jahrzehnten bereits eine zu eigenständige musikalische Sprache entwickelt.

Geboren wurde Heinz Holliger am 21. Mai 1939 im bernischen Langenthal in der Schweiz. Schon während seiner Schulzeit studierte er am Berner Konservatorium Oboe und Klavier sowie Komposition bei Sándor Veress. Anschließend setzte er seine Ausbildung in Paris und Basel fort, wo ihn vor allem Pierre Boulez entscheidend beeinflußte. Internationale Anerkennung erreichte Holliger zunächst als Oboist. Nachdem er im Alter von nur 20 Jahren den ersten Preis beim Internationalen Musikwettbewerb in Genf und zwei Jahre später den nicht weniger renommierten Musikwettbewerb der ARD in München gewonnen hatte, war er plötzlich einer der gefragtesten Solisten auf seinem Instrument. Eine internationale Karriere stand ihm offen. Schon sehr früh beschränkte sich Holliger nicht auf das Standardrepertoire, sondern nahm immer auch die Musik des 20. Jahrhunderts in seine Programme mit auf. Darüber hinaus forschte er in Bibliotheken und Archiven nach Werken für sein Instrument, um den Kanon der eher spärlichen Oboenliteratur zu erweitern: »Ich fühlte eine innere Notwendigkeit, nicht immer nur die Werke von Johann Nepomuk Hummel, Gaetano Donizetti oder die Bagatellen von Joseph Haas aufs Programm zu setzen, mit der eingeschobenen Hindemith-Sonate als absolutem Highlight. Ich suchte

nach mehr substantieller Musik. So durchstöberte ich die Archive und habe nun ganze Schränke von Mikrofilmen zu Hause, die ich noch nicht durchgesehen habe. Ich bräuchte drei Leben, um all das zu sichten und zu ordnen.«

Holliger konzertierte erfolgreich in aller Welt. Gleichzeitig versuchte er, die Spieltechnik seines Instrumentes zu erforschen und zu erweitern: Mehrklänge, Doppelflageoletts, Flatterzungen und Doppeltriller sind nur einige der Spezialitäten, die er zur Technik des Oboenspiels beisteuerte und die viele Komponisten seitdem vor allem dann aufgriffen, wenn sie für den Oboisten Holliger schrieben.

Der Komponist Holliger stand zunächst im Schatten seines Ruhmes als Solist. Seine ersten veröffentlichten Werke haben engen Bezug zur Literatur, wobei in erster Linie die Lyriker Georg Trakl und Nelly Sachs ihn inspirierten. 1960 schuf er die *Drei Liebeslieder* für Alt und Orchester auf Texte von Trakl, ein Jahr später *Elis* – Nachtstücke, die in Versionen für Klavier oder Orchester existieren, ebenfalls auf einen Text dieses Dichters. Erste Anerkennung als Komponist erntete Holliger mit dem Liederzyklus *Glühende Rätsel* für eine Altstimme und zehn Instrumentalisten auf Gedichte von Nelly Sachs. Die Uraufführung während der Donaueschinger Musiktage 1964 unter der Leitung von Pierre Boulez machte ihn erstmals einem größeren Publikum bekannt. Auch in seinem bedeutenden Bühnenwerk *Der magische Tänzer* bildet ein Text von Nelly Sachs den Ausgangspunkt der Komposition. Das Übergangsstadium zwischen Leben und Tod faszinierte vor allem den jungen Holliger, was sich in der Auswahl seiner Texte widerspiegelt. In späteren Jahren haben ihn in erster Linie Stücke von Samuel Beckett und Dichtungen Hölderlins zu musikalischen Werken angeregt.

Ein für Holliger besonders charakteristisches Werk ist *Pneuma* für Bläser, Schlagzeug, Orgel und Radios, das 1970 seine Uraufführung erlebte. Der bewußt gewählte Titel unterstreicht die entscheidende Rolle, die der Atem in vielen Werken des Holzbläsers Holliger spielt. In *Pneuma*, *Atembogen* oder *(t)air(e)* wird das Atmen auch strukturell bedeutsam. *Pneuma* gehört zur gleichen Werkgruppe wie *h* für Bläserquintett oder *Dona nobis pacem* für zwölf Singstimmen, die auf eine totale Durchorganisation der Tonhöhen verzichten und Geräusche und phonetische Elemente miteinbeziehen. Den Ausgangspunkt bildet das weiße Rauschen, wobei Holliger versucht, die gesamte Skala zwischen reinem Geräusch und komplexen Klangstrukturen auszuloten. Das stark besetzte Bläserensemble will Holliger als riesige atmende Lunge verstanden wissen. Die Instrumente dienen gewissermaßen als Mund, der die Atemgeräusche artikuliert. Der einzelne Ton tritt hinter die großangelegten Klang- und Geräuschkomplexe zurück. Dabei arbeitet Holliger mit neuesten instrumentalen Techniken, wie er selbst sie für die Oboe, Aurèle Nicolet für die Flöte und Vinko Globokar für die Posaune entwickelt hatten. Sie verlangen von den Interpreten die perfekte Beherrschung ihres Instruments.

In einigen seiner Werke ging es Holliger weniger um die klangliche Erscheinung als um die Veranschaulichung der extremen physischen und psychischen Bedingungen, unter denen diese Klänge entstehen, wie er selbst einmal bekannte. Auch wenn dies sicher zugespitzt formuliert war, bildet doch der physische Aspekt der Klangerzeugung eine Konstante in vielen seiner Werke.

In vielen seiner Kompositionen spielen Zahlen eine wichtige Rolle. Hier in *Pneuma* bestimmt die Vier nicht nur die Zahl der Instrumente pro Gruppe, sondern wirkt strukturbildend bis in die kleinsten Einheiten des Stücks hinein. Im Bläserquintett *h* ist es die Fünf, in *Dona nobis pacem* die Sechs und im *Siebengesang* für Oboe, Orchester, Singstimmen und Lautsprecher die Sieben, die das Geschehen ordnet und sich als strukturbildendes Moment wie ein roter Faden durch die verschiedenen Ebenen des Werks zieht.

In den siebziger und achtziger Jahren konzentrierte sich Holliger auf einen großangelegten Werkkomplex, der schließlich 1985 als *Scardanelli-Zyklus* uraufgeführt wurde. Schon in seiner Schulzeit hatte er geplant, Gedichte des späten Hölderlin zu vertonen. Der einsame Hölderlin im Tübinger Turm, eine Erscheinung zwischen Leben und Tod, und Robert Schumann in seinen letzten Jahren, die er in der Nervenheilanstalt in Endenich verbrachte, haben als zwei prägende Figuren in Holligers Denken auch Spuren in seinen Kompositionen hinterlassen. Über Hölderlins späte Gedichte notierte er: »Je näher man den äußerlich so einfachen, fast liedhaften Strophen in fünf- und sechsfüßigen Jamben und nur orthographisch reinen weiblichen Reimen tritt, desto mehr offenbaren sie ihren ›noli me tangere‹-Charakter. Die idyllisch in sich ruhende Natur und die darin sich bewegenden Menschen sind wie durch eine gläserne Wand vom Betrachter getrennt. Von ›sanffter Lüffte Rauschen‹ dringt nichts durch diese Wand in den schalltoten Raum. Das ›Glänzen der Natur‹ wird zum schmerzenden Blendstrahl, der durch die als Brennglas wirkende Wand stößt. Der ›still betrachtende Mensch‹ ist ein Ausgestoßener. Ihm wird die ›Ruhe der Natur‹ zur Todesstarre der Natur, die Stille zur Grabesstille – eine erstarrte, verstummte Idylle: eine wirkliche ›nature morte‹.« Diese Charakterisierung der späten Gedichte Hölderlins trifft auch auf Holligers eigene Musik zu.

Der *Scardanelli-Zyklus*, benannt nach einem Pseudonym, das der greise Dichter gern benutzte, besteht aus mehreren Teilen, die auch einzeln aufgeführt werden können: Einem Zyklus von zwölf Chorliedern a cappella, die Holliger zunächst unter dem Titel *Die Jahreszeiten* veröffentlicht hatte, den *Übungen zu Scardanelli* für kleines Orchester, *(t)air(e)* für Flöte solo und der *Turm-Musik* für Flöte, kleines Orchester und Tonband. Der gesamte Zyklus hat eine Aufführungsdauer von mehr als zwei Stunden. Vor allem die Chorsätze hielt Holliger schlicht und klar, der scheinbaren Einfachheit der Hölderlin-Verse entsprechend. Dazu schuf er in komprimierten Tonsätzen eine Musik von fast schneidender Kälte mit gleichsam kristallinen, oft blockhaften Strukturen. In der stark reduzierten musikalischen Sprache beschränkt sich Holliger hauptsächlich auf Kanontechniken und choralartige Abschnitte. Dabei kommt er zu ganz neuartigen Klangbildungen. Beispielsweise entstehen Oberton-Akkorde in extremen Stimmlagen über tiefsten Baßtönen, ein dreistimmiger Kanon in Ganz-, Halb- und Vierteltönen, in dem die Musik komprimiert erscheint, oder auch kanonische Strukturen, die gleichzeitig in verschiedenen Tempi ablaufen. Diese extrem introvertierte und erstarrte Musik gleicht einem klingenden Stilleben. Auffälligerweise greift Holliger hier auf eine Reihe von alten und sehr strengen Formen zurück: Choral, Chaconne und Kanon. Sie bilden das Gerüst dieser kühlen Musik, die aus weiter Ferne zu kommen scheint.

Nach Abschluß des *Scardanelli-Zyklus* beschäftigte sich Holliger verstärkt mit dem Thema »Musik über Musik«. 1986 bearbeitete er zwei späte Klavierstücke von Franz Liszt für großes Orchester. Ein Jahr später schrieb er die *Gesänge der Frühe* nach Schumann und Hölderlin für Chor, Orchester und Tonband, in denen er sich mit dem hym-nisch-erratischen Spätwerk dieses Komponisten auseinandersetzte.

Heinz Holliger trat vor allem in den letzten Jahren mehr und mehr auch als Dirigent nicht nur eigener Werke in Erscheinung. Besonders gern arbeitet er mit jungen Musikern wie dem »Ensemble modern« oder der »Jungen Deutschen Philharmonie« zusammen, daneben auch mit traditionellen Sinfonieorchestern. In seinen neueren Werken schlägt sich verstärkt seine schweizerische Herkunft nieder, so etwa in dem Liederzyklus *Beiseit* auf Texte des frühen Robert Walser. Die Besetzung mit Countertenor, Klarinette, Kontrabaß und Akkordeon entspricht – abgesehen vom Solopart – der Standardbesetzung der Schweizer Volksmusik. Holliger enthüllt das Abgründige, das Brüchige und vor allem das Gefühl der Leere in den Texten von Walser. Dabei greift er, ähnlich wie Alban Berg in seinem *Wozzeck*, häufig auf alte Formen zurück: Kanon, Passacaglia, Walzer oder Melodram. In seinem Werk *Alb-Chehr. Geischter- und Älplermusig for d Oberwalliser Spillit* zeigt Holliger sich von noch einer anderen Seite. Hier stilisiert er Schweizer Volksmusik und Gesänge von der Alp und durchsetzt sie mit improvisatorischen Elementen und avantgardistischen Einlagen. Damit gelingt ihm eine Synthese von Volks- und Kunstmusik. Das Sperrige der Musik aus abgelegenen Gebirgstälern der Schweiz gewinnt in Verbindung mit Techniken der zeitgenössischen Musik neuartigen Reiz.

Heinz Holliger ist ein Allround-Musiker. Seine Werke sind komplex strukturiert und zugleich äußerst klar aufgebaut. Nicht nur instrumententechnische Neuerungen verdankt ihm das 20. Jahrhundert. In seiner musikalischen Sprache realisiert er Expressivität mit avantgardistischen Mitteln, ohne die Tradition zu negieren. Werke wie der *Scardanelli-Zyklus* stehen beispiellos in der Musikgeschichte. Zudem begreift Holliger, ob als

Solist, als Dirigent, als Lehrer oder als Komponist, Musik als Ausdruck reiner Humanität. Diese humanistische Grundhaltung zieht sich wie ein roter Faden durch sein kompositorisches Lebenswerk.

WERKE (Auswahl)

Sechs Lieder auf Gedichte von Christian Morgenstern für Sopran und Klavier (1956/57)
Drei Liebeslieder nach Gedichten von Georg Trakl für Altstimme und Orchester (1960)
Schwarzgewobene Trauer. Studie für Sopran, Oboe, Violoncello und Cembalo (1961/62)
Elis. Drei Nachtstücke für Klavier oder Orchester (1963)
Der magische Tänzer. Zwei Szenen für zwei Sänger, zwei Tänzer, zwei Schauspieler, gemischten Chor, Orchester und Tonband (1963/65)
Glühende Rätsel. Liederzyklus für eine Altstimme und zehn Instrumentalisten (1964)
Siebengesang für Oboe, Orchester, Singstimmen und Lautsprecher (1966/67)
»h« für Bläserquintett (1968)
Dona nobis pacem für zwölf Singstimmen a cappella (1968/69)
Pneuma für Bläser, Schlagzeug, Orgel und Radios (1970)
Studie über Mehrklänge für Oboe (1971)
Streichquartett (1973)
Atembogen für Orchester (1974/75)
Die Jahreszeiten für gemischten Chor a cappella (1975/79)
Scardanelli-Zyklus für Flöte, kleines Orchester, Tonband und gemischten Chor (1975/85)
Come and Go. Kurzoper in drei Akten (1976/77)

Übungen zu Scardanelli für kleines Orchester und Tonband (1978/85)
Not I. Monodram für Sopran und Tonband (1978/80)
(t)air(e) für Flöte solo (1980/83)
Trema. Version für Violoncello solo (1981)
Ad marginem für Kammerorchester und Tonband (1983)
Engführung für Kammerorchester (1983/84)
Der ferne Klang für Kammerorchester und Tonband (1983/84)
Schaufelrad für Kammerorchester und 4–5 Frauenstimmen ad libitum (1983/84)
Turm-Musik für Flöte, kleines Orchester und Tonband (1984)
Lieder ohne Worte II. Sieben Stücke für Violine und Klavier (1985/94)
Tonscherben. Orchester-Fragmente in memoriam David Rokeah (1985)
Zwei Liszt-Transkriptionen für großes Orchester (1986)
Gesänge der Frühe nach Schumann und Hölderlin für Chor, Orchester und Tonband (1987)
What Where. Kammeroper in einem Bild (1988)
Duo II für Violine und Violoncello (1988/94)
Quintett für Klavier und vier Bläser (1989)
Beiseit. Zwölf Lieder nach Gedichten von Robert Walser für Countertenor, Klarinette, Akkordeon und Kontrabaß (1990/91)
Ostinate funebre für kleines Orchester (1991)
Alb-Chehr. Geischter- und Älplermusig for d Oberwalliser Spillit für Sprecher, kleinen Chor ad libitum und Kammerorchester (1991)
Zwei Lieder nach Gedichten von Georg Trakl für Altstimme und großes Orchester (1992/93)
(S)irató. Monodie für großes Orchester (1992/93)
Konzert für Violine und Orchester (1993/95)
Sonate (in)solit(air)e für Flöte solo (1995/96)
Schneewittchen. Oper nach Robert Walser (1998)

ARTHUR HONEGGER

»Das Komponieren von Musik ist mit der Arbeit eines Architekten oder eines Geometers zu vergleichen. Man schlägt sich dabei mit Stimmen und Instrumenten, also mit Dingen herum. Und die Inspiration? Wenn man darauf warten wollte, so könnte man sehr wohl sein ganzes Leben warten. Am besten ist es daher, sich frohen Mutes an die Arbeit zu setzen wie der Möbelschreiner an seine

Werkbank. Die großen Komponisten gingen auch nicht anders vor. Es kümmerte sie nicht, ob sie ihre Werke für die Ewigkeit schrieben oder nicht. Mozart, Haydn, Bach arbeiteten auf Bestellung ... Von diesem Standpunkt aus betrachtet, hat der Tonfilm die Musik günstig beeinflußt. Er hat sie von der Ästhetik, vom Snobismus, der sie umgab, befreit. Wir sind wieder Handwerker geworden.«

Wie viele seiner Generationsgenossen verstand Arthur Honegger sein kompositorisches Metier zunächst als Handwerk. Den in seinen Augen übertriebenen Kunstanspruch der Spätromantik und die Genieästhetik des 19. Jahrhunderts lehnte er ab. Er strebte eine zuhörernahe, im alltäglichen Leben angesiedelte Musik an, die Kunst und Leben miteinander verknüpfen sollte. Deshalb schrieb er wie selbstverständlich nicht nur für die großen Gattungen Sinfonie, Oper und Oratorium, sondern beschäftigte sich auch mit der Operette und mit angewandter Musik für die neuen Medien Film und Rundfunk. Aus dem gleichen Grund lehnte Honegger alle extrem avantgardistischen Strömungen ab. Die Kommunikation mit dem Zuhörer war ihm zu wichtig, als daß er sie aufs Spiel gesetzt hätte. Vielmehr wollte er mit seiner Musik ein möglichst breites Publikum erreichen.

Geboren wurde Oscar Arthur Honegger am 10. März 1892 als Sohn Schweizer Eltern in der französischen Hafenstadt Le Havre. Dort und später in Zürich wuchs er auf, wo er zwischen 1909 und 1911 das Konservatorium besuchte. Hier reifte auch sein Entschluß, eine Laufbahn als Musiker anzustreben. »Der Direktor dieses Instituts, Friedrich Hegar, ein Freund von Brahms, interessierte sich für mich und bestimmte meinen Vater, mir zu erlauben, die unsichere Laufbahn eines Komponisten einzuschlagen. Die väterliche Einwilligung war heroisch – ich sage dies in vollem Ernst –, denn mein Vater hatte vier Kinder und war mithin bereit, während langer Jahre, vielleicht während meines ganzen Lebens, für mich aufzukommen.« Nach der Ausbildung in Zürich ging Honegger zurück nach Le Havre, von wo aus er ein- bis zweimal pro Woche nach Paris fuhr, um das Konservatorium zu besuchen. Ein Schlüsselerlebnis für den 15jährigen war die Begegnung mit den Kantaten Bachs, die er in einer protestantischen Kirche in Le Havre hörte. Choräle und choralartige Melodien sowie polyphone Strukturen, die er aus Bachs Werken übernahm, bestimmten später viele seiner Werke.

1913 ließ sich Honegger endgültig in Paris in der Nähe der Place Pigalle nieder und studierte am Conservatoire neben Geige Kontrapunkt, Komposition und Dirigieren. Dort lernte er auch den Mitstudenten Darius Milhaud kennen, mit dem ihn eine lebenslange Freundschaft verbinden sollte. Gemeinsam mit anderen jungen Komponisten, unter ihnen Georges Auric, Germaine Tailleferre und Louis Durey, veranstaltete Honegger wöchentliche Konzerte im Théâtre du Vieux-Colombier, an denen auch Vertreter der Literatur und der bildenden Kunst wie Georges Braque, Pablo Picasso und Guillaume Apollinaire teilnahmen. Der Komponist und Sonderling Erik Satie gab schließlich der Gruppe ihren Namen: »Les Nouveaux Jeunes«, und umriß mit seiner Parole »Platz für die kommende Generation und für einheimische Musik, womöglich ohne Sauerkraut« die Zielsetzung dieser Veranstaltungsreihe. Als 1918 auch Jean Cocteau zu der Gruppe stieß, formulierte er programmatisch: »Einfachheit; Primitivität statt Raffinement; Kürze und Klarheit statt verschwommener Längen; Freilegen der Linie und des Rhythmus; Melodie statt Harmonie; Jazz, Satie, François Couperin anstelle von Beethoven, Wagner und Debussy – dies nur einige der Forderungen.«

Diese Künstlergruppe, die als »Groupe des Six« in die Musikgeschichte einging und zu der neben den Genannten noch Darius Milhaud und Francis Poulenc gehörten, verstand sich nicht als feste Formation mit einer gemeinsamen ästhetischen Zielsetzung, sondern eher als lockerer Zusammenschluß von Individualisten, die später musikalisch auch ganz verschiedene Wege gingen. Übereinstimmend lehnten sie lediglich die spätromantischen Ideale ab. 1920/21 stellten sie sich mit gemeinsamen Publikationen vor. In diesem Kreis fühlte sich Honegger nie richtig heimisch. Er machte keinen Hehl aus seiner Ablehnung gegenüber Erik Satie und stand der deutschen musikalischen Tradition als Schweizer sehr viel aufgeschlossener gegenüber als die jungen Franzosen.

Sein erster großer Erfolg als Komponist stellte sich mit der Uraufführung des dramatischen Psalms *Le Roi David* 1921 in Mézières ein. Dieses Oratorium erzählt die Geschichte des Hirten David, der auszieht, den Riesen Goliath zu töten, und nach Sauls Tod unter dem Jubel des Volkes zum König gesalbt wird. Die Rolle des David, dessen Text wörtlich der Bibel entnommen wurde, teilte Honegger auf drei Solistenstimmen auf. Der Autor René Morax dichtete nur die Texte der Chöre hinzu, die die Stimme des Volkes wiedergeben. Insgesamt besteht das Werk aus 27 kurzen Musiknummern, in denen Honegger eine Fülle von Stimmungen und Emotionen aufleben läßt. Der ersten Fassung, die neben Chor und Solisten lediglich ein Instrumentalensemble von 17 Musikern vorsah, ließ Honegger zwei Jahre später eine Version für großes Orchester folgen. Stilbildend wirkte der Einfluß von Renaissance- und Barockmusik. Dabei gelingt es Honegger, Elemente des Wagnerschen Musikdramas mit solchen des barocken Oratoriums zu verschmelzen. Der archaische Text und die strenge Sprache korrespondieren mit einem musikalischen Satz, der mit einfachen, fast simplen melodischen und harmonischen Figuren arbeitet. Durch die Rolle eines Sprechers, ähnlich wie in protestantischen Oratorien, versucht der Komponist das dramatische Geschehen zu objektivieren und Distanz zu den auskomponierten Szenen zu schaffen. Der emotionale Gehalt der musikalischen Nummern spiegelt sich vor allem in dem breit gefächerten Einsatz der Singstimmen wider, der mit Flüstern, Murmeln, Hauchen oder Schreien die gesamte Breite des vokalen Ausdrucks abdeckt.

1923 begann Honegger mit der Arbeit an einem sinfonischen Triptychon, dessen erster Teil Weltruhm erlangte. Der Komponist setzt im *Mouvement symphonique Nr. 1 »Pacific 231«* die Fahrt einer Schnellzuglokomotive in musikalische Abstraktion um. Honegger, der Sport und Geschwindigkeit liebte, schuf hier nicht nur modellhaft den Typus der sogenannten »Maschinenmusik«, sondern zugleich eine Art Programmusik, die traditionelle sinfonische Techniken mit

Phänomenen der Moderne verknüpfte. »In Wahrheit verfolgte ich in ›Pacific‹ eine sehr abstrakte und ideelle Vorstellung, indem ich einer mathematischen Erhöhung des Rhythmus Ausdruck verlieh, während dessen sich der Satz selbst aber verlangsamt.« Was wie eine Verherrlichung von Kraft und Geschwindigkeit anmutet, erweist sich strukturell als Choralfantasie barocken Typs.

Den zweiten Teil dieses Triptychons aus dem Jahre 1928 widmete Honegger seiner Lieblingssportart, dem Rugbyspiel. Auch hier ging es ihm nicht um eine programmatische Schilderung im herkömmlichen Sinn: »Ich mag Fußball, doch spricht Rugby mein Gehör besser an. Rugby dünkt mich direkter, spontaner, naturnaher als Fußball ... Der wildere, unvermitteltere, heftigere, ungeordnetere Rhythmus von Rugby inspiriert mich stärker ... In meiner Dichtung gibt es nichts Beschreibendes zu suchen. Durch meine Sprache als Musiker möchte ich einfach die Aktion und die Reaktion, den Rhythmus und die Farbe eines Spiels ausdrücken.« Die Furcht, als Programmusiker mißverstanden zu werden, veranlaßte Honegger schließlich, den dritten und letzten Teil dieses Zyklus schlicht mit *Mouvement symphonique Nr. 3* zu überschreiben.

Mit *Judith* vollendete er 1925 seine erste Oper, die ebenso wie seine oratorischen Werke Formmodelle aus der Barockzeit aufgreift. Pate stand hier die Opera seria, die Honegger mit modernen kompositorischen Techniken zu einer individuellen musikalischen Sprache verband. Gerade in der Verschmelzung archaischer und moderner Elemente liegt das Charakteristische von Honeggers Kompositionsstil, der bei einem breiteren Publikum Anklang fand. Bewußt bediente er sich vorwiegend antiker Stoffe für seine Opern und Oratorien, da die Strenge der Texte seiner musikalischen Diktion entgegenkam.

1927 heiratete Honegger die Pianistin Andrée Vaurabourg, die später zu einer der wichtigsten Interpretinnen seines Klavierwerks wurde. Obwohl er für nahezu alle musikalischen Gattungen komponierte, galt sein Hauptinteresse doch der Arbeit an den großen Formen wie Oper und Oratorium. 1927 hatte in Brüssel seine Oper *Antigone* Premiere, der Jean Cocteaus Bearbeitung des Dramas von Sophokles zugrunde liegt. Hier versucht Honegger mit der Betonung von schwachen Silben und unüblichen Rhythmen eine neue, noch intensivere Art von Deklamation zu verwirklichen: »Als wichtigstes Ausdrucksmittel werde ich ein ganz eigenartiges Konzept der Prosodie wählen ... Als ich die Musik zu ›Antigone‹ schrieb, sagte ich mir manchmal: Wenn ich diesen Text auf die herkömmliche Weise in Musik setze, dann verliert er sein Profil, seine Kraft ... Das Entscheidende im Wort ist nicht der Vokal, sondern der Konsonant; dieser spielt die Rolle einer Lokomotive, die das ganze Wort hinter sich herschleppt. Will man in unserer Zeit ein Drama kunstgerecht vorbringen, so müssen die Konsonanten das Wort in den Zuschauerraum hinaustragen. Jedes Wort trägt seine eigene Melodie. Verleiht man dem Wort nun eine Melodie, die der eigenen entgegen läuft, dann hindert man es am Davonfliegen und es stürzt auf die Bühne ab. Diese Anwendung der Prosodie wird in der ›Antigone‹ auf die Spitze getrieben.« Die sonst in seinem Tonsatz vorherrschenden Quarten und Quinten ersetzte er in der *Antigone* durch dissonantere Intervalle, insbesondere Sekunden und Septimen. Die scharfe Harmonik und die komplexe Satzstruktur rücken dieses Werk, das der Komponist selbst als seinen wichtigsten Beitrag zum Musiktheater ansah, schon fast in die Nähe der Zweiten Wiener Schule um Arnold Schönberg, mit der Honegger ansonsten wenig Berührung hatte. Beim Publikum kam dieser eher avantgardistische Ansatz der Oper nicht gut an, die spezielle Ausprägung und Intensität der musikalischen Sprache stieß auf wenig Verständnis. Es blieb bei einem Achtungserfolg für den Komponisten.

1931 komponierte Honegger, der häufig auch als Dirigent wirkte, seine *1. Sinfonie* anläßlich des 50jährigen Bestehens des Boston Symphony Orchestra. Im gleichen Jahr hatten auch zwei wichtige Bühnenwerke Premiere, das Oratorium *Cri du monde* (»Der Welten Schrei«), das die politischen und sozialen Konflikte im Frankreich der zwanziger Jahre thematisierte, und das Ballett-Monodram *Amphion*. Bereits im Jahr zuvor hatte Honegger mit seinem Erstling, der Operette *Les Aventures du Roi Pausole* (»Die Abenteuer des Königs Pausole«), das Gebiet der leichten Muse betreten. Die Uraufführung am 12. Dezember 1930 im Théâtre des Bouffes-Parisiens brachte ihm seinen größten Bühnenerfolg und erlebte dort nahezu 500 Aufführungen. Über 400 weitere Aufführungen folgten in anderen Städten Frankreichs. Honegger zeigte hier, wie geschickt er sein musikalisches Handwerk verstand, und komponierte ganz im Sinne des Genres eine leichte, unmittelbar verständliche Musik. Auch seine Werke für Film und Rundfunk berücksichtigen die spezifischen Möglichkeiten und Anforderungen des jeweiligen Mediums. Zur Filmmusik äußerte er einmal: »Sie fällt mir ziemlich leicht, da ich über die nötige Technik verfüge, um rasch eine Orchesterpartitur zu schreiben ... Wenn man mir ein Drehbuch zu einem Film vorlegt, fällt mir – auch wenn ich den Eindruck habe, der Plan werde nie ausgeführt – sehr rasch die Musik ein, die zu der oder jener Stelle paßt.«

Honeggers wahrscheinlich bekanntestes Werk neben *Pacific 231* ist das 1934/35 entstandene dramatische Oratorium *Jeanne d'Arc au Bûcher* (»Johanna auf dem Schei-

terhaufen«) auf einen Text des französischen Dichters Paul Claudel. Die persönliche Bekanntschaft mit diesem Autor führte zu einer fortgesetzten intensiven Zusammenarbeit beim Oratorium *La Danse des Morts* (»Der Totentanz«) und bei der Schauspielmusik zu Claudels Theaterstück *Le soulier de satin* (»Der seidene Schuh«). »In jedem Werk, bei dem ich das Vergnügen hatte, mit Claudel zusammenzuarbeiten, gab er mir den musikalischen Aufbau der Partitur, Szene um Szene, um nicht zu sagen, Zeile um Zeile an.« Speziell zu *Johanna auf dem Scheiterhaufen* meinte er: »Die ganze musikalische Umgebung ist vorhanden, die Partitur steht, und der Komponist braucht sich bloß noch führen zu lassen.« Politische Brisanz erhielt *Johanna auf dem Scheiterhaufen* insbesondere während des Zweiten Weltkriegs, da das Werk als Symbol des Widerstands gegen die nationalsozialistische Besetzung Frankreichs verstanden wurde. Diesen aktuellen Bezug unterstrichen die Autoren 1944 noch durch einen ergänzenden Prolog, der unter anderem auch die Situation im damals geteilten Frankreich thematisierte.

Im Text für das Oratorium *Der Totentanz* verarbeitete Paul Claudel unmittelbar seine Eindrücke von den mittelalterlichen Basler Totentanzfresken, die er bei einem Besuch der Stadt gesehen hatte. »Ganz begeistert kam er zurück«, berichtete Honegger später. »In drei Tagen hatte Claudel einen Text geschrieben und las ihn mir vor.« Die Musik zum *Totentanz* fiel weniger düster aus, als der Titel vermuten läßt. »Zu Unrecht wird der Tod in einem traurigen Licht dargestellt. In diesen ›Totentänzen‹, wo sich die Menschen ihrer Kleider und ihrer Haut, also alles Belastenden, entledigt haben, herrscht völlige Ausgelassenheit.«

Trotz seines Pariser Wohnsitzes und seiner zahlreichen Reisen als Pianist, Dirigent und Dozent bewahrte sich Honegger eine lebenslange Affinität zu seiner Schweizer Heimat. Hier verbrachte er häufig seine Ferien und lernte auch den Dirigenten und Mäzen Paul Sacher kennen, der unter anderem die *Sinfonien Nr. 2* und *Nr. 4* in Auftrag gab. Die dazwischen komponierte *3. Sinfonie*, ein düsteres Werk mit dem Untertitel »Symphonie liturgique«, schrieb Honegger 1946 als Reaktion auf die Greuel des Zweiten Weltkrieges. In der *Vierten* schlug er dann wieder heiterere Töne an, was nicht zuletzt mit der Verarbeitung des volkstümlichen Liedes »Z'Basel an mim Rhy« im zweiten und den baslerisch-fastnächtlichen Melodien im letzten Satz zusammenhängt. Für Paul Sachers Collegium Musicum schuf er wenig später auch das *Concerto da camera* für Flöte, Englischhorn und Streichorchester.

Kurz nach Antritt einer Konzert- und Vortragsreise durch die Vereinigten Staaten erkrankte Honegger 1947 in New York an Angina pectoris, von der er sich nicht mehr richtig erholte. Der schlechte Gesundheitszustand ließ ihn verbittern und an seiner kompositorischen Fähigkeit zweifeln. So lehnte er auch zunächst Sachers Auftrag für eine *Weihnachtskantate* für den Basler Kammerchor ab. Erst nach längerem Zureden ließ er sich umstimmen und schrieb dazu an Paul Sacher: »Dodekaphonisch wird's nicht werden, denn die Verwendung von Volksliedern würde sich damit nicht gut vertragen, aber ich werde mein Bestes tun, damit das Ganze nicht zu senil oder kindisch wird und Dich nicht zu sehr enttäuscht. – Ich zähle auf Dein Mitdenken, das für mich immer ein Stimulans war, und auf die Hoffnung, mein Motor möchte nicht zu rasch seinen Dienst versagen.«

Die *Weihnachtskantate* wurde seine letzte abgeschlossene Komposition. Kurz danach starb Arthur Honegger am 27. November 1955 an einem Herzschlag in Paris.

WERKE (Auswahl)

Trois pièces für Klavier (1910)
Quatre Poèmes für Singstimme und Klavier (1914/16)
Prélude pour Aglavaine et Selysette für Orchester (1916/17)
Streichquartett Nr. 1 (1916/17)
Le Chant de Nigamon für Orchester (1917)
Sonate für Violine und Klavier Nr. 2 (1919)
Pastorale d'été für Orchester (1920)
Le Roi David. Oratorium für Soli, Chor und Orchester (1923)
Chant de Joie für Orchester (1923)
La Tempête. Schauspielmusik (1923)
Mouvement symphonique Nr. 1 »Pacific 231« für Orchester (1923)
Antigone. Oper in drei Akten (1924/27)
Judith. Oper (1925)
Judith. Oratorium für Soli, Chor und Orchester (1926)
Mouvement symphonique Nr. 2 »Rugby« für Orchester (1928)
Konzert für Violoncello und Orchester (1929)
Sinfonie Nr. 1 (1929/30)
Les Aventures du Roi Pausole. Operette in drei Akten (1929/30)
Cri du Monde. Oratorium für Soli, Chor und Orchester (1931)
Amphion. Ballett-Melodram (1931)
La Belle de Moudon. Operette in fünf Akten (1931)
Mouvement symphonique Nr. 3 (1932/33)
Jeanne d'Arc au Bûcher. Dramatisches Oratorium für Soli, Chor und Orchester (1933/35)
Semiramis. Ballett-Melodram in drei Szenen (1933)
Les Misérables. Filmmusik (1934)
Streichquartett Nr. 2 (1934/36)
L'Aiglon. Oper in fünf Akten (1936/37)
Streichquartett Nr. 3 (1936/37)
Le Cantique des Cantiques. Ballettmusik in zwei Akten (1937)
Les petites Cardinal. Operette in zwei Akten (1937)
La Danse des Morts. Oratorium für Soli, Chor und Orchester (1938)
Pygmalion. Filmmusik (1938)

Nicolas de Flue. Dramatisches Oratorium für Chor und Orchester (1939)
Sonate für Violine solo (1940)
Drei Psalmen für Singstimme und Klavier (1940/41)
Sinfonie Nr. 2 (1941)
Chant de la Libération. Kantate für Bariton, Chor und Orchester (1942)
Le grand Barrage für Orchester (1942)
Le soulier de satin. Schauspielmusik (1943)
Jour de fête suisse für Orchester (1943)
Chota Roustaveli. Ballettmusik (1945)
Morceaux de concours für Violine und Klavier (1945)

Sinfonie Nr. 3 »Symphonie liturgique« (1945/46)
Sinfonie Nr. 4 (1946)
Hamlet. Schauspielmusik (1946)
Les Démons de l'Aube. Filmmusik (1946)
Concerto da camera für Flöte, Englischhorn und Streicher (1948)
Sinfonie Nr. 5 (1950)
Suite Archaïque für Orchester (1950/51)
Toccata für Orchester (1951)
Monopartita für Orchester (1951)
Une Cantate de Noël. Oratorium für Bariton, Chor, Kinderchor und Orchester (1953)

KLAUS HUBER

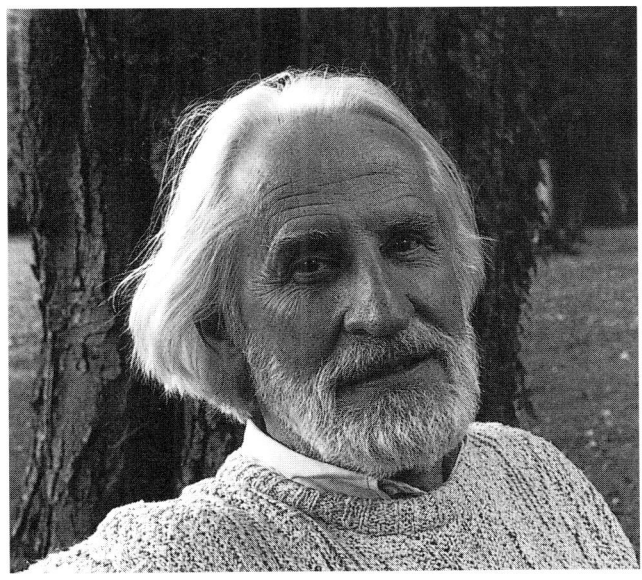

»›Musique pure‹ war und ist nicht meine Sache. Das autonome, niemandem als sich selbst verpflichtete Kunstwerk kann nicht das Ziel eines Künstlers sein, dessen Bewußtsein die konkreten Bedrohungen unserer Existenz Tag für Tag registriert. Ich finde es heute nicht mehr tragbar, auf eine idealere Zukunft hin hermetische Kunst zu machen. Für mich ist Komponieren eine äußerst komplexe, kritische, seismographisch genau empfindliche Äußerungsmöglichkeit von (nicht nur musikalischem) Bewußtsein heute und jetzt. Deshalb zögere ich nicht, meine Musik Bekenntnismusik zu nennen, sofern man bereit ist, darunter nichts Subjektivistisches zu verstehen ... Für mich ist Komponieren a priori ein Akt der Befreiung, der immer in die Zukunft gerichtet ist.«

Klaus Huber versteht sich als engagierter Komponist, der in seinen Werken Stellung bezieht. Die großen politischen Fragen unserer Zeit sind ihm ein zu wichtiges Anliegen, als daß er sie nicht auch in seinen Kompositionen thematisieren würde. Sein Protestantismus bestimmt sein Leben und Schaffen von Grund auf, wie es die Titel seiner Werke erkennen lassen: *Sonne der Gerechtigkeit*, *Erniedrigt – Geknechtet – Verlassen – Verachtet . . .*, *La Terre des Hommes*.

Geboren wurde Klaus Huber am 30. November 1924 in Bern. Nach dem Abitur folgte zunächst eine Ausbildung für das Lehramt. Nach kurzer Berufspraxis begann er ein Musikstudium am Zürcher Konservatorium, wo er den Kompositionsunterricht bei Willy Burkhard besuchte. Die Zeit als Geigenlehrer am Konservatorium von Zürich ab 1950 wurde unterbrochen von Studien bei Boris Blacher an der Hochschule für Musik in Berlin. Erste Erfolge konnte Huber Mitte der fünfziger Jahre mit zwei Uraufführungen während der Gaudeamus-Musikwoche, eines der wichtigsten Foren für Nachwuchskomponisten, in den Niederlanden verbuchen. Während der Weltmusiktage der Internationalen Gesellschaft für Neue Musik gelang ihm 1959 in Rom der internationale

Durchbruch mit seiner Kammerkantate *Des Engels Anredung an die Seele*. Huber selbst sprach von einer »ersten Durchbruchphase«. Die frühen Arbeiten zeichnen sich durch einen introvertierten Ton, eine eigenwillig angewandte Zwölftönigkeit und eine Religiosität aus, die über das Geistliche im engeren Sinn weit hinausgeht. Zu diesen Werken gehören die Vertonung eines Marienhymnus mit dem Titel *Quem terra*, das *Te Deum laudamus Deutsch* in der Übersetzung durch Thomas Müntzer und Michael Weiße und die fast meditative Kammerkantate *Auf die ruhige Nacht-Zeit* auf einen Text der Barockdichterin Catharina Regina von Greiffenberg. Schon hier fällt Hubers Hang zu biblischen oder barocken Texten auf. Das früheste von ihm als vollgültig erachtete Werk, eine *Abendkantate* von 1952, vertont einen Text von Andreas Gryphius. Die Vorliebe für meist kammermusikalische Besetzungen und für mystische Texte brachten ihm schon bald den Vorwurf ein, versponnen und weltfremd zu sein. Dagegen betonte Huber immer wieder, er habe sich vor der ihm grausam erscheinenden Schweizer Wirklichkeit nach innen geflüchtet.

Das Gegenstück zu den kleindimensionierten kammermusikalischen Werken und zugleich die erste großformatige Komposition im Werkkatalog von Klaus Huber ist das 1964 vollendete Oratorium *Soliloquia* für 5 Solisten, zwei Chöre und großes Orchester auf ein Gebet von Augustinus. Es eröffnet die vielen ausgedehnten Oratoriumskompositionen, die von da an das Zentrum von Hubers Schaffen bilden. Das Gesamtwerk stellt einen offenen Zyklus dar, dessen Teile auch einzeln aufgeführt werden können. In den auskomponierten Lobpreisungen Gottes stehen sich Hymnus und Meditation, ekstatischer Ausbruch und zurückgenommene Reflexion gegenüber. Bereits Hubers Umgang mit der Textvorlage offenbart eine äußerst strenge Formkonzeption, die sich über weite Strecken in Anlehnung an die Zahlensymbolik auf die Zahlen 3, 5 und 7 stützt. Zu dieser fast einstündigen Komposition wurde Huber durch ein mittelalterliches Tafelbild angeregt, das die Krönung Marias verbunden mit dem Weltbild des Christentums jener Zeit wiedergibt. In der Mitte der Erde ist Golgatha zu sehen, flankiert von Rom und Jerusalem, darunter die Hölle und darüber aufsteigend die sieben himmlischen Hierarchien.

Anfang der sechziger Jahre begann Hubers lange Tätigkeit als Kompositionslehrer, zunächst an der Musikakademie der Stadt Basel. Sein Ruf als Pädagoge war schon bald legendär. In den folgenden Jahrzehnten gingen viele heute renommierte Komponisten bei ihm in die Lehre. Ab 1973 unterrichtete er als Nachfolger von Wolfgang Fortner jahrelang Komposition an der Musikhochschule in Freiburg im Breisgau. Brian Ferneyhough, Wolfgang Rihm, André Richard und andere zählten dort zu seinen Schülern.

In Hubers Werken bestimmt der Inhalt die formale Anlage. »Es ist klar, daß in der Kunst Inhalt und Form nicht zu trennen sind. Ich meine aber, daß durch ausschließliche Konzentration auch des bedeutendsten kreativ-innovativen Geistes auf die formalen Aspekte nicht notwendig progressive Inhalte in sein Kunstwerk eintreten. Wohl aber, daß bei höchst bewußter künstlerischer Konzentration auf den Gehalt der Aussage notwendigerweise fortschrittliche formale Ideen sich im Kunstwerk entwickeln.« Dieser ästhetische Standpunkt schloß aus, daß Huber an einer der vorherrschenden ästhetischen Tendenzen der Nachkriegszeit partizipierte. Der Serialismus blieb ihm ebenso fremd wie der Minimalismus oder die sogenannte neue Einfachheit. Sein Ansatz war ein anderer, ein kommunikativer: »Eine der allgemein-sten Fragen, die immer wieder an einen Komponisten gerichtet werden, ist zugleich eine der verfänglichsten. ›Was bewegt Sie, Musikwerke zu schaffen?‹ Ich kann darauf ehrlich und spontan antworten: Weil ich Kommunikation durch das Medium der Musik suche. Weil ich etwas aussagen möchte, dessen Gehalt mir nur oder gerade durch Musik transportierbar erscheint. Wenn ich aber gründlicher sein will, dann muß ich bekennen: Zugrunde liegt der Glaube, daß Musik etwas existentiell Notwendiges, wenn auch nicht direkt Nützliches ist und daß dies immer so bleiben wird, solange wir das Prinzip Hoffnung nicht untergehen lassen, solange der Mensch nicht verstummt.«

In Hubers Werkverzeichnis halten sich Kammermusik und große Kompositionen für Soli, Chor und Orchester etwa die Waage. Dabei suchte er im Kammermusikalischen Ausgleich und Experimentierfeld für die Konzeptionen der Großform. In . . . *inwendig voller Figur* . . . für Chorstimmen, Lautsprecher, Tonband und großes Orchester aus den Jahren 1970/71 thematisiert Huber die Apokalypse. Texte aus der Offenbarung des Johannes verknüpft er hier mit einem Traumbericht Albrecht Dürers und Gesprächen der Bomberbesatzung über Hiroshima. Den Grundgedanken dieses Werkes bildet Hubers Überzeugung, daß »alles Apokalyptische im Herzen des Menschen seinen Anfang nimmt«. Er entwirft hier ein großangelegtes Panorama düsterer Visionen, die Betroffenheit geradezu herausfordern, die aufrütteln und erschüttern sollen. Was Huber in Hinblick auf sein Oratorium *Erniedrigt – Geknechtet – Verlassen – Verachtet* . . . formulierte, läßt sich auch auf dieses Stück übertragen: »Ich für meinen Teil versuche, in der Musik, die ich mache, das Bewußtsein meiner Zeitgenossen, meiner Brüder und Schwestern, die – wie wir alle – zu schlafenden Komplizen weltweiter Ausbeutung geworden sind, hier und jetzt zu erreichen, zu wecken. Und dies mit einem nicht geringeren Anspruch als dem: ihr Denken und Fühlen aufzubrechen, zu erschüttern. Und sei es vorläufig, blitzartig, für ein paar wenige Sekunden, die nicht mehr auszulöschen sind.«

An *Erniedrigt – Geknechtet – Verlassen – Verachtet . . .* hat Huber zwischen 1975 und 1982 gearbeitet und ein abendfüllendes Oratorium geschaffen, das er als »Passion des geschundenen Menschen« bezeichnete. Thematisiert werden hier menschliche Schicksale: der industriell ausgebeutete Gießereiarbeiter Florian Knobloch, die ums Überleben kämpfende schwarze Mutter in den Slums von Brasilien und der in totaler Isolation gehaltene amerikanische Strafgefangene George Jackson. Zu Beginn des Werkes prallen zwei Texturen aufeinander – die eine, pianissimo, an der Grenze der Hörbarkeit, die andere, fortissimo und fast an der Schmerzgrenze – mit denen Huber die zentralen Worte des gekreuzigten Christus zum Ausdruck bringt: »Mein Gott, warum hast Du mich verlassen?« Ziel und gleichzeitig Mittelpunkt der siebenteiligen Komposition ist der mit »Senfkorn« überschriebene fünfte Abschnitt, der die utopische Prophezeiung einer Welt des Friedens enthält. Huber hat hier Ernesto Cardenals Nachdichtung des 36. Psalms verwendet, dessen Gedichte über weite Strecken die Textgrundlage dieses Oratoriums bilden. Er strebt in diesem Werk eine möglichst enge Beziehung zwischen Text und Musik an. Das Wort soll nicht ›vertont‹, sondern so stark in die Musik integriert werden, daß der Inhalt völlig in der musikalischen Struktur aufgeht. Auf diese Weise wird die Musik gewissermaßen zum Sprechen gebracht. Dazu arbeitet Huber auch mit konkreten Klängen, mit Kettenrasseln oder marschierenden Militärtruppen, die vom Tonband zugespielt werden. Außer-

dem setzt er Filmsequenzen ein, die per Video in den Konzertsaal projiziert werden. Religiöses und Politisches verbinden sich hier miteinander. Die Ideen der christlichen Bergpredigt werden mit sozialistischen Utopien verknüpft. Nicht zufällig ist der Titel des Werkes dem Kommunistischen Manifest entlehnt.

Huber will sein kompositorisches Schaffen als eine »Ästhetik des inneren Widerstands« verstanden wissen, als klanglich umgesetzte Wahrnehmung des Spannungsfeldes zwischen subjektivem künstlerischem Empfinden und der Realität: »Je mehr Wirklichkeit in eine Kunst hineinbricht, desto eher ist sie imstande, Kriterien einer Ästhetik des Widerstands zu finden. Ich meine nicht, sich zu behaupten, aber sich irgendwie zur Wehr zu setzen.«

In den *Cantiones de Circulo Gyrante* von 1985, einer Raummusik für drei Gruppen und fünf Einzelspieler, konfrontiert Huber mystische Visionen der Hildegard von Bingen mit späten Gedichten Heinrich Bölls. Das Werk, das er zum Abschluß des Wiederaufbaus der im Zweiten Weltkrieg zertrümmerten romanischen Kirchen Kölns schrieb, bringt Bölls Text über die Zerstörung seiner Heimatstadt mit der Erinnerung an die kulturelle Blüte Kölns im Mittelalter in Verbindung. In der simultanen Raumkomposition erklingen beide Textschichten gleichzeitig: Bölls Text wird von einem Sprecher vorgetragen, die Visionen der Hildegard von Bingen werden von zwei Chorgruppen übernommen, die sich antiphonisch gegenüberstehen. Fünf Instrumentalisten, zwei Posaunisten und drei Schlagzeuger, sind im (Kirchen-)Raum plaziert und kommentieren das Geschehen auf einer weiteren Ebene, wobei direkte instrumentale Anspielungen den Text mitunter programmatisch unterstreichen. Trotz der Linearität der Texte, die Huber, etwa durch die Wiederholung besonders wichtiger Zeilen, aufzubrechen sucht, entsteht ein eher statischer, in sich kreisender Zustand, der immer wieder neue klangliche Facetten zeigt.

Hubers jüngste Kompositionen versuchen zwischen unterschiedlichen musikalischen Kulturen, Weltanschauungen und Religionen zu vermitteln. In Werken wie *Die Erde bewegt sich auf den Hörnern eines Ochsen* oder *Lamentationes de Fine Vicesimi Saeculi* konfrontiert er westliches Musikdenken mit orientalischem Musikverständnis. Arabische Maqam-Modelle dienen ihm als Ausgangspunkt für eine Art multikultureller Weltmusik auf hochartifiziellem Niveau. Zugrunde liegt der zutiefst christliche 1 Gedanke der Vermittlung zwischen den Weltkulturen und die Ablehnung eines gewissen Eurozentrismus. Ob dieser Ansatz Hubers sich behaupten und der Musik neue Wege weisen kann, wird die Zukunft entscheiden.

Komponieren versteht Huber als Ausdruck menschlichen Empfindens: »Solange es den Aufschrei gibt, das Stöhnen, Weinen … das Leiden, das sich mitteilen, sich befreien will – das Veränderung will –, solange es die emotionale Erschütterung im Lachen, in der Freude gibt, solange wird es immer eine Musik und immer wieder eine ›neue‹ Musik geben.«

WERKE (Auswahl)

Abendkantate für Baßstimme und kleines Ensemble (1952)
Concerto per la Camerata für sechs Instrumente (1954/55)
Quem terra für kleinen einstimmigen gemischten Chor, Soli und sechs Instrumente (1955)
Das Te Deum Laudamus Deutsch für gemischten Chor a cappella und Einzelstimmen (1955/56)
Inventionen und Choral für Orchester (1956)

Oratio Mechtildis. Kammersinfonie für Kammerorchester mit Altstimme (1956/57)
Des Engels Anredung an die Seele. Kammerkantate für Tenor, Flöte, Klarinette, Horn und Harfe (1957)
Terzen-Studie für Orchester (1958)
Auf die ruhige Nacht-Zeit für Sopran, Flöte, Bratsche und Violoncello (1958)
Moteti-Cantiones für Streichquartett (1962/63)
Soliloquia. Oratorium für fünf Solisten, zwei Chöre und großes Orchester (1959/64)
Alveare Vernat für Flöte und zwölf Solo-Streicher (1965)
James Joyce Chamber Music für Harfe, Horn und Kammerorchester (1966/67)
Tenebrae für großes Orchester (1966/67)
Kleine Deutsche Messe für Chor, Gemeinde, Orgel, Streichtrio und Harfe (1969)
Tempora. Konzert für Violine und Orchester (1969/70)
… inwendig voller Figur … für Chorstimmen, Lautsprecher, Tonband und großes Orchester (1970/71)
… ausgespannt … Geistliche Musik für Bariton, fünf Instrumentalgruppen, Lautsprecher, Tonband und Orgel (1972)
JOT, oder Wann kommt der Herr zurück. Dialektische Oper (1972/73)
Im Paradies oder Der Alte vom Berge. Fünf schematische Opernakte über einem großen Orchester (1973/75)
… ohne Grenze und Rand … für Viola und kleines Orchester (1976/77)
Sonne der Gerechtigkeit. Funktionale Musik für einen Gottesdienst (1979)
Erniedrigt – Geknechtet – Verlassen – Verachtet … für Soli, 16 Einzelstimmen, Chor, Orchester, Tonbänder, Mikrophone, Videotape und fünf Dirigenten (1975/82)
Cantiones de Circulo Gyrante für Soli, Chor und 14 Instrumentalisten (1985)
Spes contra Spem für fünf Singstimmen, fünf Sprecher/Schauspieler, großes Orchester, Tonbänder und digitale Zusatzgeräte (1986/89)
La Terre des Hommes für Soli, Sprecher und 17 Instrumentalisten (1987/89)
»… ruhe sanft …« In memoriam John Cage für vier Violoncelli und Stimme (1992)

Luminiscenza für Mandoline, Gitarre und Harfe (1992)

Lamentationes de Fine Vicesimi Saeculi für Orchester (1992/93)

Winter Seeds für Akkordeon (1993)

Die Erde bewegt sich auf den Hörnern eines Ochsen. Assemblage für vier arabische und zwei europäische Musiker mit Tonband (1992/94)

Kammerkonzert (Intarsi) für Hammerklavier und 17 Instrumente (1994)

Lamentationes Sacrae et Profanae ad Responsoria Iesualdi für sechs Solostimmen und Instrumente (1993/97)

Metanoia für große Orgel (1995)

A Prayer on a Prayer für Ensemble und Frauenstimme ad libitum (1996)

Umkehr – im Licht sein für Mezzosopran, Chor und kleines Orchester (1997)

Ecce Homines für Streichquintett (mit zwei Bratschen) (1998)

CHARLES IVES

»Der Verfasser erinnert sich, wie er als Junge einmal dem Musizieren einer Dorfkapelle lauschte, bei dem die Spieler in zwei oder drei Gruppen um den Dorfplatz herum aufgestellt waren. Die Hauptgruppe stand im Pavillon und spielte die Hauptthemen, während die übrigen diesen Themen von den umliegenden Dächern und Veranden herunter Variationen, Refrains etc. hinzufügten. Beim gespielten Stück handelte es sich, wenn ich mich recht erinnere, um eine für damalige Verhältnisse ziemlich ausschweifende Paraphrase über ›Jerusalem the Golden‹. Der Kapellmeister erzählte von einem Mann, der in der Nähe der Variationen wohnte und der beteuerte, es sei schöner, die Hymne durch die Variationen hindurch zu hören als umgekehrt. Andere, die um den Platz herum promenierten, stellten mit Überraschung fest, was für eine Vielfalt an interessanten klanglichen Effekten sich an den verschiedenen Orten ergab. Dem Verfasser selbst hat sich jedenfalls der Eindruck der Echostimmen des Gesangs und der Violinen auf den Dächern tief eingeprägt.«

Das berichtet Charles Ives in seinem Aufsatz »Die Musik und ihre Zukunft«. Alltägliche Erlebnisse, wie das hier beschriebene, haben Ives' musikalische Vorstellungen nachhaltig geprägt und ihn zu Verfahrensweisen geführt, die ihn zu einer zentralen Figur der neuen Musik in den Vereinigten Staaten werden ließen. Ob Polytonalität, Polyrhythmik oder Polyharmonik – Ives hat der Musik neue Möglichkeiten eröffnet und mit Modellen experimentiert, die erst durch sein Schaffen Eingang in die Musiksprache des 20. Jahrhunderts gefunden haben.

Charles Edward Ives kam am 20. Oktober 1874 in Danbury, einer kleinen Stadt in Neuengland, zur Welt. Sein erster Lehrer war sein Vater, ein Musikenthusiast mit kühnen Visionen neuer musikalischer Möglichkeiten, obgleich er selbst kein Komponist war. Ives erhielt eine gründliche musikalische Ausbildung. Sein Vater lehrte ihn vor allem, »seine Ohren zu gebrauchen ... und den Willen zu haben, für sich selbst zu denken und unabhängiger zu sein – mit anderen Worten, nicht zu sehr von Sitte und Herkommen abhängig zu sein«, wie er es in einer Anfang der dreißiger Jahre entstandenen autobiographischen Skizze formulierte.

Schon als Schüler begann Ives zu komponieren, zunächst hauptsächlich für die Militärkapelle seines Vaters, in der er auch als Trommler mitspielte. Die ersten Werke des Dreizehnjährigen waren ein *Schoolboy March* und ein *Holyday Quickstep*. Das erste erhaltene Lied, *Slow March* überschrieben, ist ein Grabgesang auf die Ivessche Hauskatze. Seine frühen Kompositionen waren vor allem Märsche und Tänze, wie sie das Alltagsleben einer kleinen amerikanischen Stadt prägten. Nach der Schulzeit studierte er an der Universität von Yale. Neben anderen Fächern belegte er hier auch musikwissenschaftliche Vorlesungen und praktische Kurse, ohne ein regelrechtes Musikstudium anzustreben. Bereits seit 1889 war Ives als Organist an verschiedenen Kirchen tätig, was er auch nach Abschluß seines Studiums beibehielt. Im Rahmen seines Organistenamtes brachte er gelegentlich auch eigene Kompositionen zur Aufführung. In Yale entstand 1898 seine *1. Sinfonie*, die Ives für seine Abschlußprüfung am College komponierte. Stilistisch ist sie noch ganz in der Tradition der Spätromantik gehalten. Die vier Sätze wurden von Ives mehrfach umgeschrieben, denn schon bei diesem Werk bereitete das klassische Formmodell dem jungen Komponisten Schwierigkeiten: »Die Sinfonie sollte in d-Moll stehen, aber das erste Thema lief durch sechs oder acht Tonarten, und so bat mich mein Professor um einen anderen ersten Satz.« Ives hielt später an seinem ursprünglichen Entwurf fest. Schon in diesem Frühwerk offenbart sich sein Hang, verschiedene Tonarten, später auch Rhythmen oder Melodien, miteinander zu kombinieren.

Im Sommer 1898 verließ er Yale und wurde Angestellter der Versicherungsfirma »Mutual Life Insurance Co.« in New York. Innerhalb kurzer Zeit gelang es ihm, im Geschäftsleben Fuß zu fassen. Spätestens ab 1910 galt er als einer der erfolgreichsten Agenten im Lebensversicherungsbereich an der amerikanischen Ostküste. Daneben war er in jenen Jahren auch als Komponist ausgesprochen produktiv. Er schrieb – allerdings eher für sich – ein Werk nach dem anderen. Auch nach seiner Heirat 1908 behielt Ives sein Doppelleben bei. Jede freie Minute nutzte er zum Komponieren: die Abende, Wochenenden, Feiertage und Urlaube. Ein gesellschaftliches Leben führte Ives kaum. Nur selten ging er ins Konzert oder in die Oper. Sein Leben verlief gleichmäßig und ohne außergewöhnliche Ereignisse. Die Sommer verbrachte das Ehepaar regelmäßig auf einem Landsitz in West Redding, die Winter in einer Wohnung in Manhattan, die Ives bis zu seinem Tod behielt.

Die typisch amerikanische Musik – Märsche, Ragtimes, patriotische Lieder, Tänze und vor allem Kirchenlieder und Choräle – spielt in Ives' Werk eine besondere Rolle. Darin unterscheidet er sich deutlich von seinen komponierenden Zeitgenossen, die sich vor allem an der klassisch-romantischen Tradition Europas orientierten. Wohl keine Form der amerikanischen Musik beeindruckte ihn mehr als die traditionellen amerikanischen Kirchenlieder. Sie bilden eine

Art Grundrepertoire, das er in vielen seiner Werke, oft in Form von Zitaten, aufgriff. In den *Ragtime Dances* aus den Jahren 1902–1904 etwa kombiniert er die Form des Ragtime mit religiösen Gesängen. Jeder der vier Tänze mündet in einen Chorus im Sinne von Refrains, die allesamt auf der Melodie der Hymne »I hear Thy Welcome Voice« aufgebaut sind. Derartige Verschränkungen unterschiedlicher musikalischer Quellen kennzeichnen viele seiner Werke. Die Gewohnheit, vorhandene Musik zu verwenden, führte ihn vor allem in späteren Kompositionen zu zwei neuartigen Techniken: der Collage und der sogenannten »Schichttechnik«. In dem Lied »The Things our Fathers Loved« von 1917 zitiert er sechs verschiedene volkstümliche Lieder, In »He is There« aus dem gleichen Jahr verwendet er nicht weniger als 13 verschiedene Melodien, die er teilweise auch gleichzeitig, also übereinandergeschichtet, einsetzt.

Eine ähnliche, allerdings sehr viel abstraktere Art der Schichtung liegt auch seinem vielleicht berühmtesten Werk *The Unanswered Question* aus dem Jahre 1906 zugrunde. Hier ordnet er drei Klangebenen nebeneinander an. Eine ruhige, den harmonischen Untergrund bildende Bewegung der Streicher wird mit dissonanten Einwürfen der Holzbläser und einer solistischen Trompetenstimme kombiniert.

Ives' Vorliebe für das gleichzeitige Erklingen heterogener Materialien führte ihn zu polyrhythmischen und polyharmonischen Strukturen. Doch auch mit Polytempik hat Ives experimentiert. In »Putnam's Camp« aus seinem *First Orchestral Set* wird derselbe traditionelle Marschrhythmus gleichzeitig in unterschiedlichen Geschwindigkeiten gespielt. Im frühen Satz »Lord of the Harvest« bringt Ives gleich drei metrische Ebenen ins Spiel.

Auch im Bereich der Form ging der Komponist eigenwillige Wege. So stellte er viele seiner kammermusikalischen Werke zu Sammlungen, sogenannten »Sets« zusammen, die von Theaterorchestern gespielt werden konnten. Zu deren Besetzung äußerte er sich folgendermaßen: »Sie war weder stereotyp noch dem Zufall überlassen. Sie hing ganz davon ab, welche Spieler und Instrumente gerade zur Verfügung standen. Die Größe dieser Orchester schwankte zwischen vier bis fünf und fünfzehn bis zwanzig Musikern, und in den kleineren Ensembles mußten die vier bis fünf Spieler oft die Arbeit von zwanzig übernehmen, ohne sich davon aus der Ruhe bringen zu lassen.« Die Instrumentation dieser »Sets« wechselt von Stück zu Stück. Ives ließ den Ausführenden die Freiheit, jedes Werk nach ihren speziellen Bedürfnissen zu arrangieren und auch die Reihenfolge den jeweiligen Gegebenheiten anzupassen. Das Modell der offenen Form fand Eingang in zahlreiche seiner Werke.

Ives komponierte unermüdlich. Er neigte dazu, vorläufige Ideen schnell niederzuschreiben und erst nach geraumer Zeit die gesamte Partitur fertigzustellen. So vergingen oft Jahre oder Jahrzehnte, bis ein Werk in seiner endgültigen Fassung vorlag. Nur selten ordnete Ives seine Skizzen oder Kopien, was nach seinem Tod die Datierung der einzelnen Werke enorm erschwerte.

Vor allem während des Ersten Weltkrieges setzte sich Ives neben seinem Beruf und dem Komponieren auch mit sozialen und politischen Fragen auseinander. Er verfaßte eine Schrift über Aufgabe und Zielsetzung des Versicherungswesens und veröffentlichte eine Reihe von politischen Pamphleten und offenen Briefen. Die enorme Belastung, die Tage mit bis zu 18 Arbeitsstunden mit sich brachte, führte 1918 zu einem schweren körperlichen und seelischen Zusammenbruch. Nach einem Herzinfarkt erholte sich Ives nur langsam und kehrte erst nach

einjähriger Pause ins Versicherungsgeschäft zurück. Auch für seine kompositorische Tätigkeit bedeutete dieser Zusammenbruch einen entscheidenden Einschnitt. Als Komponist konzentrierte Ives sich nun auf das Sichten und Ordnen des bislang entstandenen Materials. Viele Werke überarbeitete er, andere wurden vervollständigt. Erstmals präsentierte er jetzt seine Kompositionen auch der Öffentlichkeit. Auf eigene Kosten ließ er eine Reihe von musikalischen Essays drucken, in denen er seine eigenwilligen ästhetischen Vorstellungen darlegte. Gleichzeitig gab er 1921 auch seine zweite Klaviersonate *Concord, Mass., 1840–1860* heraus, die zum Meilenstein in der Klavierliteratur des 20. Jahrhunderts wurde. Ein Jahr später schließlich veröffentlichte er seine Sammlung der *114 Songs*, die er mit einem für seine musikalische Gedankenwelt grundlegenden Nachwort versah.

Bei der Musikkritik stießen seine Publikationen auf geringes Interesse, wenn nicht Ablehnung. Henry Cowell, ein anderer großer Neuerer der Musik in Amerika und quirliger Organisator, erkannte zuerst die Bedeutung der Ives'schen Musik. Er ließ in seiner Zeitschrift *New Music Quarterly* den zweiten Satz aus Ives' *4. Sinfonie* abdrucken und bewies damit ein gutes Gespür, denn die vierte Sinfonie zählt zu den eindrücklichsten und wichtigsten Werken im Œuvre von Charles Ives. Spätestens seit ihrer Uraufführung 1965 gilt diese zwischen 1910 und 1916 entstandene Komposition als der Inbegriff der amerikanischen Sinfonie schlechthin. Ives schrieb hier neben verstärktem Orchester auch eine umfangreiche Schlagzeuggruppe und gemischten Chor vor. Viele frühere Werke fanden Eingang in diese Sinfonie. Die ältesten stammten noch aus seiner Studienzeit in Yale. Kompositorisch faßt die Vierte in einer Art Credo die progressivsten und eindrucksvollsten musikalischen Techniken zusammen, die Ives in mehr als zwei Jahrzehnten des Experimentierens entwickelt hat. Auch hier findet sich wieder eine vielschichtige Anlage. Zwei, drei oder vier Ensembles liegen übereinander, jedes einzelne auf verschiedene Tonalitäten zentriert und in unterschiedlichen Taktarten und Tempi spielend. Die melodischen Linien sind eine Mischung aus Hymnen, Volksliedern und patriotischen Gesängen, von denen bisher mehr als dreißig identifiziert worden sind. Manchmal zitiert Ives direkt, manchmal werden die Vorlagen auch fragmentiert oder variiert übernommen. In einem Werkkommentar zu seiner vierten Sinfonie äußerte sich Ives: »Das ästhetische Programm des Werks ist die Frage des Menschengeists nach dem Was und dem Warum des Lebens. Dies ist vor allem der Sinn des ersten Satzes. Die drei folgenden Sätze sind die verschiedenen Antworten, die das Leben gibt.«

Ab 1922 konzentrierte er sich auf das Bearbeiten und Vollenden älterer Werke. Trotzdem blieb die 1915 begonnene Arbeit an seiner riesig dimensionierten *Universe Symphony* unvollendet. Seine letzte neue Komposition war das Lied *Sunrise* vom August 1926. Ives' Frau erinnerte sich später, daß ihr Mann bald danach »mit Tränen in den Augen herunterkam und sagte, er könne nicht mehr komponieren – nichts wolle mehr gelingen, nichts klinge mehr richtig«.

Gesundheitlich stark beeinträchtigt, gab Ives 1930 die Arbeit in seiner Versicherungsagentur auf und lebte zurückgezogen in New York und West Redding. Aufführungen seiner Musik, die in den vierziger und fünfziger Jahren vermehrt stattfanden, nahm er zwar zur Kenntnis, blieb ihnen aber meist fern. Als er 1947 für seine dritte Sinfonie den Pulitzer-Preis erhielt, mußte seine Frau diesen entgegennehmen. Charles Ives starb, 79 Jahre alt, am 19. Mai 1954 in New York.

Charles Ives war zeitlebens ein Einzelgänger. Seine Verdienste um die Musik des 20. Jahrhunderts, vor allem um eine eigenständige amerikanische Musik, sind erst spät gewürdigt worden. Sein kompositorisches Credo hat er einmal so formuliert: »Die Zukunft der Musik hängt weniger von der Musik selbst ab als vielmehr davon, inwieweit es ihr gelingt, den Wünschen und Idealen der Menschen zu entsprechen und sie zu fördern statt einzuengen, und inwieweit es ihr gelingt, mit den höchsten Dingen eins zu werden, welche die Menschheit vollbringt und erträumt. Oder um es andersherum auszudrücken: Was die Musik ist und was sie sein soll, ist vielleicht schon im Glauben des unbekannten Philosophen enthalten, der vor einem halben Jahrhundert sagte: ›Wie kann es überhaupt schlechte Musik geben? Alle Musik kommt ja vom Himmel. Wenn irgend etwas Schlechtes in ihr ist, dann muß ich selbst es hineingelegt haben – durch meine Ungeradlinigkeit und meine Beschränkungen. Die Natur erschafft Berge und Felder, der Mensch errichtet Zäune und Abgrenzungen.‹ Er ist der Wahrheit womöglich näher gekommen, als wir glauben wollen.«

WERKE (Auswahl)

Schoolboy March für Band (1886), nicht erhalten
Slow March für Gesang und Klavier (1888?)
Holiday quickstep für Orchester (1887)
Communion service für Chor a cappella (1890/91)
Variations on America (1891 oder 1892)
Experimental canticle phrases für Chor a cappella (1891 oder 1892)
Circus Band für gemischten Chor und Orchester (1894)
Sinfonie Nr. 1 (1895/98)
Streichquartett Nr. 1 (1896)
Calcium light night für zwei Klaviere, Bläser und Schlagzeug (1898/1907)

Ragtime Dances (1902/03)
Sinfonie Nr. 2 (1900/02)
Let There Be Light für Männerchor, Streicher und Orgel (1901)
Sonate für Klavier Nr. 1 (1901/09)
From the steeples and the mountains für Orchester (1901)
Sonate für Klavier Nr. 1 (1902/10)
Sonate für Violine und Klavier Nr. 1 (1902/08)
Scherzo für Streichquartett (1903)
Three places in New England (Orchestral Set Nr. 1) (1903/14)
Trio für Violine, Klarinette und Klavier (1903)
Major Andre Ouverture für Orchester (1903/04)
Sinfonie Nr. 3 (1904)
Holydays Symphony (1904/13)
Sonate für Klavier Nr. 2 »Concord, Mass., 1840–1860« (1904/15)
Three-Page Sonata für Klavier (1905)
The Unanswered Question für Orchester (1906)
Central Park in the Dark für Orchester (1906)
Orchestral Set Nr. 4 (1906/20?)
Sonate für Violine und Klavier Nr. 4 (1906/16)
Streichquartett Nr. 2 (1907/13)
Hallowe'en für Klavier und Streichquartett (1907?)
Sonate für Violine und Klavier Nr. 2 (1907/10)

Robert Browning Ouverture für Orchester (1908/12)
Orchestral Set Nr. 5 (1908/22?)
Three Places in New England (1908/14)
Sinfonie Nr. 4 (1909/16)
Hawthorne Ouverture für Orchester (1910?)
Universe Symphony. Fragment (1911/28)
The Innate für Klavierquintett (1911)
The last Reader für Stimme und Kammerorchester (1911)
Matthew Arnold Ouverture für Orchester (1912)
Orchestral Set Nr. 2 (1912/15)
December für Männerstimmen und elf Blasinstrumente (1912/13)
Sonate für Violine und Klavier Nr. 3 (um 1913/14)
In Re Con Moto für Klavierquintett (1913)
General William Booth's entrance into heaven für Gesang und Klavier oder Chor und Orchester (1914)
The majority für Chor und Orchester (1914)
Orchestral Set Nr. 3 (1919/26)
An Election für Chor und Orchester (1921)
114 Songs (1922 veröffentlicht)
Orchestral Set Nr. 6 (1922?)
Three Quarter-Tone Pieces für Klavier (1923/24)
Sunrise für Gesang und Klavier (1926)
Sonate für Klavier Nr. 3 (1926/27)

LEOŠ JANÁČEK

»Sprachmelodien sind der Ausdruck des Ge-
samtzustandes des Organismus und aller
Phasen der geistigen Tätigkeit, aus welcher
sie hervorgehen. Sie zeigen uns den blöden
und den vernünftigen Menschen, den schläf-
rigen und den geweckten, den müden und
frischen. Sie zeigen uns das Kind und den
Greis, Morgen und Abend, Licht und Finster-

nis, Sonnenglut und Frost, Einsamkeit und Geselligkeit. Die Kunst in der dramatischen Komposition ist, die Melodie der Sprache zu komponieren, hinter welcher wie durch einen Zauber sogleich das menschliche Wesen in einer gewissen Lebensphase erscheint.«

Wenn Janáček als eine entscheidende Voraussetzung seiner Musikdramatik die Sprachmelodie nennt, so ist dies durchaus wörtlich zu nehmen. Sie bildete eine der Grundlagen seines kompositorischen Schaffens und prägte als Ausgangspunkt der musikalischen Technik nicht nur sein musikdramatisches Œuvre, sondern auch seine Instrumentalwerke. Welche richtungweisende musikdramatische Funktion Janáček der Sprachmelodie zuerkannte, formulierte er einmal folgendermaßen: »Töne, der Tonfall der menschlichen Sprache, jedes Lebewesens überhaupt, hatten für mich die tiefste Wahrheit. Dies war mein Lebensbedürfnis. Sprachmelodien sammle ich seit 1879 – ich habe ihrer eine riesenhafte Literatur – wissen Sie, das sind meine Fensterchen in der Seele – und was ich betonen möchte: gerade für die dramatische Musik hat dies große Bedeutung.«

Leoš Janáček kam am 3. Juli 1854 als neuntes von 14 Kindern im nordostmährischen Dorf Hukvaldy zur Welt. Bereits als Kind erhielt er ersten Musikunterricht von seinem Vater, der als Lehrer und Organist tätig war. Im Alter von elf Jahren kam er als Stipendiat in das Augustiner-Kloster in Alt-Brünn, wo er seine musikalische Ausbildung, vor allem in Gesang und im Orgelspiel, vertiefen konnte. Von 1866 bis 1869 besuchte Janáček die deutschsprachige städtische Realschule in Brünn und anschließend die slawische Lehrerbildungsanstalt. Nach einem einjährigen Studium an der Orgelschule in Prag und der bestandenen Abschlußprüfung ging er zurück nach Brünn, wo er sich als Musiklehrer niederließ. Ein reguläres Kompositionsstudium hat Janáček nie absolviert. In den Konservatorien in Leipzig und Wien, die er in den Jahren 1879/80 besuchte, hielt es ihn nicht lange, er brach die Ausbildung vorzeitig ab. Statt dessen beschäftigte er sich intensiv mit psychologischen und ästhetischen Fragestellungen und las etwa die Schriften von Hermann von Helmholtz und Wilhelm Wundt.

In Brünn galt Leoš Janáček als Spiritus rector des Musiklebens. Er dirigierte verschiedene Chöre, trat als Pianist auf, schrieb Konzertkritiken und theoretische Schriften, gründete und leitete die Brünner Orgelschule, die damals den Charakter eines mährischen Konservatoriums hatte, und organisierte Konzerte. Seine kompositorischen Anfänge kamen eher zufällig zustande. Für seine Tätigkeit als Chorleiter schrieb er erste Sätze, um die von ihm geleiteten Ensembles mit neuer Literatur zu versorgen: geistliche Gesänge und Chöre auf Volksliedtexte, die sich vor allem an den Gesangstraditionen der heimischen Volksmusik orientierten. Vielen dieser Chöre fehlt ein durchgehendes Metrum. So zeigt der 1873 entstandene Männerchor *Unstete Liebe* eine völlig freie Takteinteilung sowie eine Vielzahl von Fermaten. Der fünf Jahre später geschriebene Gesang *Niemand entgeht dem Schicksal* kennt überhaupt keine Taktstriche. Der deklamatorische Satz orientiert sich in erster Linie an der Sprachmelodie des Textes.

Auch im Bereich der Harmonik ging Janáček schon damals ungewöhnliche Wege. Als er Antonín Dvořák, den er während seiner Prager Studienzeit kennengelernt hatte, einige seiner Chorkompositionen zusandte, antwortete dieser leicht irritiert: »Gleich als ich sie erhielt, habe ich sie einigemale fleißig durchgelesen und muß Ihnen aufrichtig gestehen, daß ich über manch eine Stelle, besonders was die Modulation betrifft, verblüfft war und mir keinen Rat wußte. Ich habe mich nicht gleich ans Klavier gesetzt, habe sie nicht gespielt, ich glaubte, daß ich mit dem bloßen theoretischen Auge die Sache doch vielleicht begreifen werde – aber als ich sie mir einmal, zweimal und zum drittenmal durchgespielt hatte – hat sich mein Ohr doch gewöhnt und ich sagte mir: Ja, es kann auch so sein, aber wir könnten darüber doch streiten.« Zu dieser Zeit schrieb Janáček auch erste Instrumentalwerke, die *Suite* für Streichorchester (1877) und ein Jahr später die *Idylle*, ebenfalls für Streicher. Janáček steht mit diesen Arbeiten noch ganz in der klassisch-romantischen Tradition. Schumann und vor allem Dvořák schimmern als kompositorische Vorbilder immer wieder durch. Weitere Arbeiten aus dieser Zeit hat der Komponist später vernichtet. Lediglich das 1880 entstandene *Tema con variazioni* für Klavier ließ er gelten und versah das seiner späteren Frau gewidmete Werk mit der Opuszahl 1. Diese Zählung gab er allerdings schon wenig später wieder auf.

Daß die achtziger Jahre kompositorisch nicht sonderlich ergiebig waren, hing vor allem mit Janáčeks organisatorischen Tätigkeiten zusammen. Neben seiner Arbeit als Musiklehrer, Konzertveranstalter und Chordirigent gründete er eine eigene Zeitschrift, die *Musikblätter*, die er vier Jahre hindurch auch redaktionell betreute. Hinzu kamen persönliche Schwierigkeiten mit seiner jungen, erst 16jährigen Ehefrau Zdenka, die er 1881 geheiratet hatte und die aus der deutschsprechenden Oberschicht stammte, während Janáček stolz auf seine slawische Herkunft war.

Mit seinen ersten Arbeiten für das Musiktheater, *Šárka* und *Der Anfang eines Romans*, aus den achtziger Jahren war er nicht zufrieden. Mehrere Tänze aus dieser zweiten Oper übernahm er später in sein Ballett *Rákos Rákoczy* und seine *Orchestersuite* op. 3. Der Komponist zog 1888 aus Brünn zurück in seinen Geburtsort Hukvaldy. Um diese Zeit begann er sich endgültig von der klassisch-romantischen Tradition zu lösen und seinen eigenen kompositorischen Weg zu suchen. Entscheidend trug dazu seine Auseinandersetzung mit der Volksmusik bei, die er in den folgenden Jahren sammelte und geradezu wissenschaftlich untersuchte. Seine gemeinsam mit dem Textsammler František Bartoš unternommenen Exkursionen erstreckten sich auf die Walachei, das südliche Schlesien, die mährisch-slowakische Grenzregion und die mährische Gegend der Lachei, aus der Janáček stammte. Viele Jahre bevor Bartók und Kodály die ungarisch-rumänische Folklore zu erforschen begannen, machte Janáček die Volksmusik seiner Heimat zur Grundlage seiner musikalischen Sprache und seiner »Theorie der Sprachmelodie«. Kompositorische Resultate seiner Forschungen waren Volksmusikadaptionen wie die *Mährischen Volkslieder* oder die *Lachischen Tänze*, die 1891 im Prager Nationaltheater aufgeführt wurden. Dennoch galt Janáček in Prag zunächst nicht als ernst zu nehmender Komponist. Man beurteilte ihn als mährische Provinzgröße, und sein Engagement für die heimische Folklore wurde eher mit Mißtrauen registriert. Nach den Lied- und Tanzsammlungen begann er, die neugewonnenen Erkenntnisse auch auf rein instrumentale Teile und Werke zu übertragen. In der Kantate *Amarus* wandte er erstmals die Ausdrucksmöglichkeiten der Sprachmelodie in Musikabschnitten ohne Text an. Janáček arbeitete hier mit additiven Prinzipien, indem er kleine motivische Einheiten miteinander verknüpfte und ihnen durch Variation und verschiedene Harmonisierungen expressive Qualitäten verlieh. Die Übereinanderschichtung verschiedener motivischer Strukturen führte zu einer »Polyphonie der Emotionen«, die bereits auf den Reifestil Janáčeks vorausweist.

Sein persönliches Idiom fand Janáček spätestens mit der Oper *Jenufa* nach einem Drama der Schriftstellerin Gabriela Preissová. *Jenufa* eröffnet die Werkreihe der großen Opern Janáčeks. 1894 hatte er mit der Arbeit begonnen, erst neun Jahre später lag die Partitur abgeschlossen vor. Der Erfolg der Oper blieb nach der Premiere 1904 in Brünn auf Mähren beschränkt, das Werk wurde in Prag oder gar im Ausland kaum wahrgenommen. Man mißverstand sie dort als reine Folklore-Oper, und deshalb lehnten die Bühnen in Prag und Wien zunächst eine Aufführung ab. Inzwischen ist *Jenufa* Janáčeks meistgespieltes Werk für das Musiktheater, was nicht zuletzt an der hochdramatischen und expressiven Sprache liegt. Die Geschichte um Ehre, Kindsmord, Eifersucht und Betrug spielt im ländlichen Milieu. Der deutsche Kurztitel *Jenufa* ist insofern irreführend, als nicht diese, sondern ihre Stiefmutter, die Küsterin, im Zentrum der Handlung steht, was der ursprüngliche Titel »Ihre Ziehtochter« zumindest andeutet. Mit diesem Werk schuf Janáček die erste tschechische Oper ohne Arien, eine »Oper in Prosa«, die

sich einerseits auf die Erforschung sprachmelodischer Verläufe stützt, andererseits insbesondere in den Chorszenen deutlich Bezug auf die heimische Volksmusik nimmt. Die Verbindung von Sprachmotivik und realistischer Milieuschilderung, der Einbruch der Außenwelt in die Kunstgattung Oper, aber auch die »couleur locale«, die in Form von mundartlichen Wendungen und folkloristischen Passagen im Hintergrund des Dramas steht, bilden eine neuartige Mischung, die als eine der ersten Literaturopern in die Musikgeschichte einging. Im Mittelpunkt der musikalischen Szenerie stehen die großen Monologe Jenufas und der Küsterin, in denen die hochexpressive Gestaltung das Individuelle und Subjektive der Personen unterstreicht. Der musikalische Realismus, den Janáček hier entwickelte, prägte auch seine späteren Opern und wurde gewissermaßen zu seinem Markenzeichen. Mit der Prager Erstaufführung 1916, zwölf Jahre nach der Uraufführung in Brünn, begann der Siegeszug dieses Werkes, das schon bald nach Smetanas *Verkaufter Braut* zur erfolgreichsten und am häufigsten gespielten tschechischen Oper avancierte. Die Wiener Premiere, zwei Jahre später in deutscher Sprache, festigte Janáčeks Ruhm und stellte ihn in die vorderste Reihe der Avantgarde-Komponisten jener Zeit.

Die Zeitspanne zwischen der Uraufführung von *Jenufa* und der Prager Premiere war von Schaffenskrisen und schweren Selbstzweifeln überschattet. Neben einigen Balladen für Männerchor schrieb Janáček hauptsächlich Klaviermusik. In der Sonate *1. X. 1905* nahm er Bezug auf den Tod eines Handwerkers, der während einer Demonstration für eine tschechische Universität in Brünn ums Leben gekommen war. Die Klavierzyklen *Auf verwachsenem Pfad* und *Im Nebel* sind intime Seelenschilderungen. Sie gleichen autobiographisch motivierten Momentaufnahmen, wie sie auch in viele andere seiner Werke eingeflossen sind. Das gilt auch für seine nächste Oper *Schicksal*, ein Künstlerdrama, das vor allem an dem recht unglaubwürdigen Libretto von Fedora Bartosowa krankte. Ein Sturz vom Balkon sowie ein Blitzschlag dienen als zentrale dramaturgische Bezugspunkte. Sie bilden eine eher bizarre Szenerie, die auch durch Janáčeks Musik nur bedingt aufgefangen werden konnte. Er komponierte hier in einem galanten Konversationsstil, der auf den mondänen Kurort verweist, in dem die Oper spielt. In manchen Passagen nimmt die Musik bereits Elemente der fünfzehn Jahre später komponierten Oper *Katja Kabanová* vorweg. Aufgeführt wurde *Schicksal* zu Lebzeiten Janáčeks nicht, erst 1958 kam das Werk auf die Bühne.

Die Arbeit an seinem nächsten musiktheatralischen Werk, der Satire *Die Ausflüge des Herrn Brouček* nach der Novelle von Svatopluk Čech, nahm Janáček 1908 auf. Fast zehn Jahre lang beschäftigte er sich mit diesem Stück, für das insgesamt acht verschiedene Autoren mit der Herstellung eines brauchbaren Librettos betraut wurden. Erst nach seinem kompositorischen Durchbruch mit *Jenufa* in Prag 1916 fand er die endgültige Form für die Partitur, indem er den ursprünglich geplanten Ausflug der Titelfigur zum Mond durch einen zweiten ins 15. Jahrhundert ergänzte. Den biertrinkenden Herrn Brouček konfrontiert er mit Künstlern und Intellektuellen auf dem Mond sowie den streitlustigen Hussiten des 15. Jahrhunderts, womit Janáček das Kleinbürgerliche des Protagonisten zur Schau stellen wollte. Das gelang ihm nur bedingt. Denn ohne seinen Willen entwickelte sich die Figur des Herrn Brouček zum Sympathieträger, dem gegenüber eher die weltfremden Künstler lächerlich wirkten. Die Geschichte schwankt zwischen Burleske und Tragödie. Diese Doppel-

bödigkeit spiegelt sich auch in der Musik wider. Sie weist zahlreiche ironisierende Momente auf und bedient sich auch Techniken der Collage, so daß Szenen oder Handlungsebenen dicht aufeinanderfolgen oder auch übereinandergeschichtet werden können. Janáček widmete das 1920 in Prag uraufgeführte Werk dem ersten Staatspräsidenten der Tschechoslowakei Tomás Masaryk.

Neben den Arbeiten fürs Musiktheater schuf der Komponist in jenen Jahren weitere Instrumentalwerke, darunter zwei Stücke für Violoncello und Klavier, eine Violinsonate und mit der Ballade *Des Spielmanns Kind* 1912 sein erstes Werk für großes Orchester. Häufig motivierten ihn literarische Vorlagen zu seinen Werken, so auch im Falle von Leo Tolstois Erzählung *Kreutzersonate*. Ursprünglich als Klaviertrio geplant, das allerdings Fragment blieb, fanden Teile der Partitur später Eingang in sein erstes Streichquartett. Einen der Höhepunkte seines Instrumentalschaffens stellt auch die in den Jahren des Ersten Weltkriegs entstandene Orchesterrhapsodie *Taras Bulba* nach Nikolaj Gogol dar, eine proslawische Hymne, in der Janáček mit scharfen Kontrasten, eigenwilligen Rhythmen und häufigen ostinaten Figuren arbeitet. Die Geschichte um einen Kosakenhauptmann, der beide Söhne verliert, gestaltete Janáček als eine Verherrlichung von Tapferkeit und Freiheit, ein Thema, das in den Kriegsjahren auch als Kommentar zum Zeitgeschehen aufgefaßt werden konnte.

Zur gleichen Zeit entstand der Liederzyklus *Tagebuch eines Verschollenen* für Alt, Tenor, drei Frauenstimmen und Klavier. Auch dieses Werk trägt deutlich autobiographische Züge. Es geht zurück auf die Begegnung mit der um 38 Jahre jüngeren Kamila Stösslová, der großen Liebe seiner späten Jahre, die nahezu alle seine Alterswerke beeinflußt oder mitbestimmt hat. Die großen Frauengestalten seiner letzten Opern prägte sie ebenso wie das mit *Intime Briefe* überschriebene zweite Streichquartett. In dem Zyklus *Tagebuch eines Verschollenen*, der, in vier Teile gegliedert, aus 21 Liedern und einem Klavierstück besteht, wird die Liebe eines Bauernburschen zu einer Zigeunerin erzählt, derentwegen er Haus und Hof verläßt. Janáček gestaltet diese erotische Geschichte mit einer bis dahin nicht gekannten motivischen Konzentration und neuen harmonischen Finessen. Das Werk hat die Form einer dramatischen Liedfolge, die der Komponist selbst mit szenischen Anweisungen versah.

Janáčeks nächste Oper, *Katja Kabanova*, entstand zwischen November 1919 und März 1921. Das Libretto, das der Komponist diesmal selbst eingerichtet hatte, basiert auf einem Drama des russischen Dichters Alexander Ostrowskij. Janáček straffte die Handlung – er strich nahezu die Hälfte des Textes –, ließ einige Randfiguren weg und schuf so ein äußerst wirkungsvolles Libretto. *Katja Kabanova*, darin Flauberts *Madame Bovary* ähnlich, ist die Geschichte einer liebenden Frau, die nach einem Ehebruch an den moralischen Vorstellungen einer kleinbürgerlichen Gesellschaft zugrunde geht. Janáček betont in seiner Fassung allerdings weniger die gesellschaftskritischen Aspekte der Vorlage, sondern konzentriert sich auf die Dramatik der Liebesgeschichte. Dabei spielen auch wieder autobiographische Momente, vor allem die Liebe zu Kamila Stösslová, eine wichtige Rolle. »Ich mußte eine große maßlose Liebe bei der Komposition dieser Oper kennenlernen ... Und Ihr Bild legte ich immer auf *Katja Kabanova*, wenn ich sie komponierte«, schrieb er 1922 an Kamila. *Katja Kabanova* ist nach *Jenufa* bis heute Janáčeks erfolgreichste Oper. Die musikalische Sprache ist hier von großer Einheitlichkeit. Janáček leitet charakteristische Sprachmelodien, aber auch den Orchestersatz aus nur

wenigen motivischen Keimzellen ab, so etwa aus einem triolischen Quartenmotiv, das bereits im Vorspiel exponiert wird und an den dramaturgischen Angelpunkten des Dramas wiederkehrt. Insbesondere die Partie der Katja, die im Zentrum der Oper steht, besticht durch ihre reiche und vielseitige musikalische Gestaltung, vor allem in den drei großen Monologen der Hauptdarstellerin, die in ihrem Lyrismus bei gleichzeitiger Rauheit des Klangs die vielleicht stärkste der Frauengestalten Janáčeks darstellt.

Die Oper *Das schlaue Füchslein*, die Janáček unmittelbar nach Vollendung der *Katja* komponierte, steht in der Musikgeschichte ohne Beispiel da. Sie spielt vorwiegend in der Natur und stellt das Schicksal einer Füchsin neben eine fast parallel verlaufende Liebesgeschichte in dörflicher Szenerie. Menschen und Tierwelt, Komisches, Tragisches und Märchenhaftes werden hier miteinander vermischt, weshalb diese Oper häufig als der »tschechische Sommernachtstraum« bezeichnet wurde. Janáček, der zeit seines Lebens nicht nur die Sprachmelodie der Menschen, sondern auch die der Tiere studierte, fühlte sich hier ganz in seinem Element. Der musikalische Satz erscheint noch differenzierter als in den früheren Opern. Den Wechsel zwischen der Tier- und der Menschenwelt, der die Parallelen veranschaulichen soll, gestaltet er durch instrumentale Zwischenspiele. Die musikalische Sprache wirkt ganz dem Sujet entsprechend impressionistisch märchenhaft.

Auch in seiner darauffolgenden Oper *Die Sache Makropulos* mischen sich tragische und komische Züge. Die Geschichte um eine mehr als 300 Jahre alte Schönheit, der es nicht vergönnt ist zu sterben, trägt sowohl groteske als auch makabre Züge. Die erschütternde Studie menschlicher Existenz, die auf einer Komödie von Karel Čapek basierte und von Janáček selbst als Libretto bearbeitet wurde, stellt wiederum eine Frauengestalt ins Zentrum der Handlung. Der musikalische Satz ist hier noch knapper gefaßt, die Dialogstruktur äußerst verdichtet und die Harmonik noch kühner als in den vorausgegangenen Werken.

Die Erfolge seiner Opern führten in den zwanziger Jahren zu regelmäßigen Einladungen zu den Musikfesten der Internationalen Gesellschaft für Neue Musik. Für seine Teilnahme an diesen Zusammenkünften 1924 in Salzburg, 1925 in Venedig und zwei Jahre später in Frankfurt schrieb er ganz unterschiedliche Werke wie das Bläsersextett *Jugend*, die *Kinderreime* für Kammerchor und Instrumente oder die beiden kammermusikalischen Klavierkonzerte. Höhepunkt und gleichzeitig Abschluß seines instrumentalen Schaffens bildet die 1926 vollendete *Sinfonietta*, die zu Beginn und am Schluß von festlichen Fanfaren umrahmt wird. Die Instrumentation wechselt von Satz zu Satz, die motivische Struktur erscheint extrem komprimiert. Nach der Uraufführung schrieb Janáček: »Ich habe den Eindruck, als sei es mir in meinem letzten Werk, in der ›Sinfonietta‹, am besten gelungen, mich so dicht wie möglich dem Gemüt des schlichten Menschen anzuschmiegen. Auf diesem Weg möchte ich weitergehen.« Die rhythmische Vitalität dieses Werkes, die reiche, kaleidoskopartige Motivik und der starke emotionale Gehalt finden im Schaffen Janáčeks nichts Vergleichbares. Einen ähnlichen Charakter zeigt die im gleichen Jahr entstandene *Glagolitische Messe*, die sich deutlich von traditionellen Vertonungen des Meßtextes unterscheidet: »Eine Musik, die Gott verehren soll, muß freudig bewegt sein. Ich habe darum alle Tonmalerei vermieden und jubelnde religiöse Chortöne angeschlagen. Drei Paar Pauken und reichlich verwendetes Blech im Orchester sollen diesen Ton noch um ein Bedeutendes beleben.«

Janáčeks letzte Oper, *Aus einem Totenhaus*, greift autobiographische Aufzeichnungen von Dostojewski aus einem sibirischen Straflager auf. Aus diesem Bericht wählte der Komponist vor allem Monologe aus, in denen jeweils eine Person ihre Erfahrungen und Erlebnisse schildert. Diese Schicksale stellte er nebeneinander und versah sie mit einer monolithischen, zum Teil äußerst dissonanten Musik. Damit schuf er keine Oper im herkömmlichen Sinn, sondern Erlebnisberichte mit protokollarischem Charakter und ungewohnter harmonischer Schärfe. In dieser Hinsicht wird sie nur noch von dem *2. Streichquartett* übertroffen, dem letzten Werk, das Janáček noch vollenden konnte. »Heute ist es mir gelungen, das Stück zu schreiben, in welchem die Erde bebt«, kommentierte er selbst dieses autobiographische Werk, das noch einmal um die Liebe zu Kamila Stösslová kreist. In seiner emotionalen Intensität zählt es zu den Höhepunkten der Streichquartettliteratur im 20. Jahrhundert.

Leoš Janáček starb am 12. August 1928 an den Folgen einer Lungenentzündung in Ostrava.

WERKE (Auswahl)

Unstete Liebe für Männerchor (1873)
Introitus für gemischten Chor und Orgel (1874)
Benedictus für Sopran und gemischten Chor mit Orgel (1875)
Suite für Streichorchester (um 1877)
Niemand entgeht dem Schicksal für Männerchor (1887)
Idylle für Streichorchester (1878)
Dumka für Violine und Klavier (1880)
Tema con variazioni für Klavier op. 1 (1880)
Šárka. Oper in drei Akten (1887/88)
Lachische Tänze für Orchester (1889/90)
Der Anfang eines Romans. Oper in einem Akt (1891)
Rákos Rákoczy. Ballett mit Gesang (1891)

Grünes habe ich gesät für gemischten Chor und Orchester (1892)

Mährische Volkspoesie in Liedern für Gesang und Klavier (1892/1901)

Herr, erbarme dich für Solo-Quartett, gemischten Doppelchor, Orgel, Harfe und Bläser (1896)

Jenufa. Oper in drei Akten (1894/1903)

Amarus. Lyrische Kantate für Soli, Chor und Orchester (1897/1906)

Auf verwachsenem Pfad. Zyklus von 15 Klavierstücken (1901/08)

Schicksal. Oper in drei Akten (1903/05)

Ave Maria für Tenor, gemischten Chor und Orgel (1904)

Sonate »1. X. 1905« für Klavier (1905)

Messe Es-Dur für gemischten Chor und Orgel (1907/08)

Die Ausflüge des Herrn Brouček. Oper in zwei Teilen (1908/17)

Märchen für Violoncello und Klavier (1910)

Droben auf der Höhe. Kantate für Männerchor und Orchester (1911)

Des Spielmanns Kind. Ballade für Orchester (1912)

Im Nebel. Vier Klavierstücke (1912)

Das ewige Evangelium. Legende für Soli, Chor und Orchester (1914)

Taras Bulba. Rhapsodie für Orchester (1915/18)

Tagebuch eines Verschollenen für Tenor, Alt und drei Frauenstimmen mit Klavier (1917/19)

Katja Kabanova. Oper in drei Akten (1919/21)

Blaník-Ballade. Sinfonisches Gedicht für Orchester (1920)

Mährische Volkslieder für Gesang und Klavier (vor 1922)

Das schlaue Füchslein. Oper in drei Akten (1921/23)

Die Sache Makropulos. Oper in drei Akten (1923/25)

Streichquartett Nr. 1 »Kreutzersonate« (1923)

Jugend. Suite für Bläsersextett (1924)

Concertino für Klavier und Kammerorchester (1925)

Capriccio für Klavier (linke Hand) und Kammerorchester (1926)

Glagolitische Messe. Kantate für Soli, gemischten Chor, Orchester und Orgel (1926)

Sinfonietta (1926)

Kinderreime für Kammerchor und Instrumente (1927)

Aus einem Totenhaus. Oper in drei Akten (1927/28)

Streichquartett Nr. 2 »Intime Briefe« (1928)

ANDRÉ JOLIVET

»Vom technischen Standpunkt ist es mein
Ziel, mich völlig vom tonalen Standpunkt zu
befreien, ästhetisch, der Musik ihr altes und
ursprüngliches Wesen als magischen und
beschwörenden Ausdruck der Religiosität
menschlicher Gemeinschaften zurückzugeben. So sollte die Musik eine tönende Manifestation in unmittelbarer Beziehung zum
kosmischen Weltsystem sein.«

Mit diesen knappen Worten umriß André
Jolivet 1938 sein musikalisches Weltbild,

das in unterschiedlichen Ausprägungen sein vielfältiges Schaffen bestimmt. Mystisch-religiöse Aspekte spielen in seinen ästhetischen Vorstellungen eine zentrale Rolle. Das kosmische Geschehen sollte sich in der Musik widerspiegeln und sie so auf einer höheren Ebene als universale Erscheinung der Weltordnung offenbaren. Diese Vorstellungen führten Jolivet zu einer eigenständigen Auseinandersetzung mit den vielfältigen musikalischen Traditionen und Phänomenen und resultieren in einer Sprache, die unverwechselbar erscheint und sich nur in seltenen Fällen mit vorherrschenden stilistischen Strömungen des 20. Jahrhunderts im Einklang befindet.

Geboren wurde André Jolivet am 8. August 1905 als Sohn eines Malers und einer Pianistin in Paris. Von der Mutter erhielt er den ersten Klavierunterricht. Im Alter von dreizehn Jahren komponierte er sein erstes Werk, die *Romance barbare*, zu dem er auch den Text selbst verfaßt hatte. Im darauffolgenden Jahr begann er Cello zu spielen und nahm bei Louis Feuillard Unterricht. Lange Zeit war der junge Jolivet gleichermaßen von bildender Kunst, Literatur und Musik angezogen. Als er sich schließlich zu einer Laufbahn als Musiker entschloß, rieten ihm seine Eltern, sich zunächst zum Lehrer ausbilden zu lassen, um finanziell abgesichert zu sein. Jolivet folgte ihrem Wunsch und unterrichtete von 1927 bis in die vierziger Jahre an verschiedenen Pariser Schulen. Nebenher setzte er seine musikalische Aus-

bildung bei dem Chordirigenten Paul Le Flem fort, der ihn in Kontrapunkt, Formen- und Harmonielehre unterrichtete. Le Flem machte ihn auch mit der Vokalpolyphonie des 15. und 16. Jahrhunderts vertraut. 1927 kam Jolivet durch einen Besuch Arnold Schönbergs in Paris erstmals mit atonaler Musik in Kontakt. Unter dem Eindruck dieser Werke sowie der Kompositionen Edgar Varèses, die er wenig später kennenlernte, entschloß er sich, seine Ausbildung durch Studien bei diesem Außenseiter des französischen Musikbetriebs fortzusetzen. Varèse vermittelte ihm in den frühen dreißiger Jahren seine zukunftsweisenden musikalischen Vorstellungen.

Einen ersten Niederschlag fand dieser Unterricht in dem 1934 komponierten *Streichquartett*, in dem Jolivet die traditionelle Funktionsharmonik aufgab und durch ungewöhnliche harmonische Strukturen ersetzte. Wegen seiner ungewohnten musikalischen Sprache war dem Werk nur wenig Erfolg beschieden. Ungeachtet dessen setzte Jolivet seinen Weg mit Kompositionen wie der Klaviersuite *Mana* (1935) oder der *Danse incantatoire* (1936) fort. »Mana« bedeutet, so Jolivet, »die Kraft, die uns in unsere vertrauten Fetische verfallen läßt«. Musikalisch stellt Jolivet sechs Kaminfiguren mit ihrem Fluidum vor. Ausgewählt hatte er dazu Objekte aus Eisendraht, Stroh und Kupfer, die Varèse seinem Schüler geschenkt hatte. Mit diesen Werken wollte er magische Kräfte und rituelle Funktionen wiederbeleben, wie sie seinem Verständnis nach die »ursprüngliche Musik« geprägt hatten. Die Einheit von Mensch, Schöpfer und Kosmos sollte duch die Musik als vermittelndes Medium wiederhergestellt werden. Dazu nutzte Jolivet in seinem Œuvre verschiedene Techniken und Traditionen. Einflüsse des Jazz finden sich ebenso wie solche außereuropäischer Musik oder des Neoklassizismus.

Als Olivier Messiaen den Klavierzyklus *Mana* kennenlernte, schrieb er dem ihm damals noch unbekannten Komponisten einen enthusiastischen Brief. Der Kontakt zu Jolivet führte 1935 zur Gründung der Komponistengruppe »Die Spirale«, die sich alsbald in »La Jeune France« umbenannte. Ihr gehörten auch Daniel Lesur und Yves Baudrier an. Die Gruppe hatte sich zum Ziel gesetzt, den Neoklassizismus in Frankreich zu bekämpfen und musikalische Ausdrucksbereiche wieder zu etablieren, die sie durch die zeitgenössische französische Musik gefährdet sahen.

In den späten dreißiger Jahren schrieb Jolivet eine Reihe von Arbeiten, in denen er seine mystisch-religiösen Vorstellungen umzusetzen versuchte. Dazu gehören die *Cinq incantations* für Flöte solo sowie *Cosmogonie* und *Cinq danses rituelles*, die sowohl in Fassungen für Klavier als auch für Orchester vorliegen. Trotz der eigenwilligen Ideen, die er seiner Musik zugrunde legte, fand Jolivet hier zu einer überzeugenden musikalischen Sprache. Der melodiöse Einfallsreichtum, die ungewöhnliche, oft packende Rhythmik und sein Gespür für klangfarbliche Effekte sicherten seinen Werken eine breite Akzeptanz beim Publikum, auch wenn der gedankliche Hintergrund des Komponisten vermutlich kaum wahrgenommen wurde. »In meinen früheren Werken habe ich mich damit beschäftigt, was hinter den Dingen steht, mit dem Unsichtbaren ... Es gibt keinen Zweifel darüber, daß meine Inspiration aus dem Bedürfnis entstanden ist, einen totalen Animismus auszudrücken.«

Anfang der vierziger Jahre gab Jolivet seine Stellung als Lehrer auf, um sich, zunächst mit Hilfe eines Stipendiums, ganz dem Komponieren zu widmen. Unter dem Eindruck der Katastrophen des Zweiten Weltkrieges veränderte er seine musikalische Sprache. Klarere Formen, eine konventionellere, modal gefärbte Harmonik sowie eine stärkere Orientierung am Neoklassizismus prägen die zwischen 1941 und Kriegsende komponierten Werke. Der esoterische Hintergrund der früheren Arbeiten spielt jetzt nur noch eine untergeordnete Rolle. Möglicherweise führte ihn in den schweren Zeiten des Krieges die Verbundenheit mit seinen Landsleuten zu einer einfacheren musikalischen Sprache. Denn auffälligerweise änderte Jolivet nach 1945 seinen Stil erneut und fand zu den komplexeren Strukturen seiner frühen Jahre zurück. Zu den während des Krieges entstandenen Arbeiten gehören *Les trois complaintes du soldat*, die ihn schon bald bei einem größeren Publikum bekannt machten, die »Opéra bouffe« *Dolorès*, das Ballett *Guignol et Pandore* und die *Poèmes intimes*, Liebeslieder auf eigene Texte.

Mit der 1945 komponierten Klaviersonate, die Jolivet dem Andenken des kurz zuvor verstorbenen Béla Bartók widmete, kehrte er zu der mystisch-religiös gefärbten musikalischen Sprache der Vorkriegszeit zurück. Das Werk besticht durch herbe Expressivität, die Jolivet mit klassizistischen Formen verband. In den darauffolgenden Werken erreichte er eine Synthese seiner eigenwilligen Harmonik und Rhythmik mit Tendenzen des Neoklassizismus. Zudem schrieb er eine unkonventionelle Instrumentation vor, in der dem differenziert eingesetzten Schlagzeugapparat tragende Bedeutung zukommt. Dies trifft auf das 1947 abgeschlossene *Konzert für Ondes-Martenot und Orchester* zu, dem ersten Werk, in dem Jolivet auch mit elektronisch erzeugten Klängen arbeitete, gilt aber auch für das im darauffolgenden Jahr entstandene *Concertino* für Trompete, Klavier und Streicher, in dem sich neoklassizistische Züge mit äußerst expressiver Melodik und neuartigen klanglichen Effekten mischen. In der undogmatisch gehandhaben Vielfalt der musikalischen Mittel erinnert das Werk an Praktiken Béla Bartóks.

Ab 1943 war André Jolivet als Dirigent an der Comédie Française tätig, deren musikalischer Leiter er von 1945 bis 1959 wurde. In dieser Zeit erarbeitete er eine Reihe von konzertanten Werken für verschiedene Instrumente. Dem *Klavierkonzert*, das bei der Uraufführung in Straßburg einen Skandal auslöste, folgten ein *Konzert für Harfe und Kammerorchester*, ein *Tripelkonzert für Fagott, Harfe, Klavier und Streicher*, das *2. Trompetenkonzert* sowie zu Beginn der sechziger Jahre zwei *Cellokonzerte* und ein *Violinkonzert*. In all diesen Werken strebte er eine Synthese unterschiedlicher Materialien an. Klänge arabischer Melismatik finden sich ebenso wie typische Figuren der Indianermusik Nordamerikas, modale Wendungen und rituelle Rhythmen afrikanischer Stämme. Diese Elemente führten zum Teil zu neuen Orchesterformationen, wobei das Schlagzeug stets einen besonderen Platz einnimmt. So arbeitet etwa das erste Cellokonzert mit 22 Schlaginstrumenten und vier Pauken, das zweite Trompetenkonzert sieht einen Apparat von 14 Perkussionsinstrumenten vor. Jolivets virtuoser Umgang mit den von ihm eingesetzten Mitteln weckte beim Publikum lebhaftes Interesse an seinen Werken, so daß es in den sechziger Jahren zu zahlreichen Aufführungen kam.

Zwischen 1962 und 1968 war André Jolivet Präsident der Concerts Lamoureux und gleichzeitig auch Berater der Direction Générale des Arts et des Lettres. 1966 übernahm er eine Kompositionsklasse am Pariser Conservatoire, die er bis 1970 leitete. In seinen letzten Lebensjahren propagierte er die Rückkehr zu einer erweiterten Modalität, ein lyrisches Idiom, das die Musik westlicher mit der primitiver Kulturen verbinden sollte. Jolivet war stets auf der Suche nach neuen Themen, technischen Mitteln und unge-

wöhnlichen musikalischen Ausdrucksmöglichkeiten. Wie sein Lehrer Varèse war er ein Einzelgänger. André Jolivet starb am 20. Dezember 1974 im Alter von 69 Jahren in Paris.

WERKE (Auswahl)

Suite für Streichtrio (1930)
Streichquartett (1934)
Trois Poèmes für Ondes Martenot und Klavier (1935)
Mana. Sechs Klavierstücke (1935)
Andante für Streichorchester (1935)
Danse incantatoire für Orchester (1936)
Cinq incantations für Flöte solo (1936)
Cosmogonie. Prélude für Orchester oder Klavier (1938)
Cinq danses rituelles für Orchester oder Klavier (1939)
Symphonie des danses für Orchester (1940)
Les trois complaintes du soldat für Gesang und Klavier oder Orchester (1940)
Ballet des étoiles. Marionettenspiel für neun Instrumente (1941)
Les quatre vérités. Ballett (1941)
Suite liturgique für Gesang und kleines Ensemble (1942)
Dolorès ou Le miracle de la femme laide. Opéra bouffe (1942)
Guignol et Pandore. Ballett (1943)
Poèmes intimes für Gesang und Klavier oder Kammerorchester (1944)
Étude sur des modes antiques für Klavier (1944)
Psyché für Orchester (1946)
Konzert für Ondes Martenot und Orchester (1947)
Concertino für Trompete, Klavier und Streicher (1948)
Hopi Snake Dance für zwei Klaviere (1948)
Konzert für Flöte und Streicher (1949)
Konzert für Klavier und Orchester (1949/50)
L'inconnue. Ballett (1950)
Konzert für Harfe und Kammerorchester (1952)
Sinfonie Nr. 1 (1953)
Epithalame für zwölf Solostimmen (1953)
Konzert für Fagott, Harfe, Klavier und Streicher (1954)

Konzert für Trompete und Orchester Nr. 2 (1954)
Suite transocéane für Orchester (1955)
La vérité de Jeanne. Oratorium für Soli, Sprecher, Chor und Orchester (1956)
Suite française für Orchester (1957)
Konzert für Schlagzeug und Orchester (1958)
Sonate für Flöte und Klavier (1958)
Sinfonie Nr. 2 (1959)
Adagio für Streicher (1960)
Sonatine für Flöte und Klarinette (1961)
Sinfonie für Streicher (1961)
Marines. Ballett (1961)
Konzert für Violoncello und Orchester Nr. 1 (1962)

Sinfonie Nr. 3 (1964)
Ariadne. Ballett (1964)
Le cœur et la matière. Kantate für fünf Solostimmen, Chor und Orchester (1965)
Konzert für Violoncello und Orchester Nr. 2 (1966)
Cérémonial. Hommage à Varèse für sechs Schlagzeuger (1968)
Mandala für Orgel (1969)
Songe à nouveau rêvé für Sopran und Orchester (1970)
Konzert für Violine und Orchester (1972)
Tombeau de Robert de Visée. Suite für Gitarre (1972)

MAURICIO KAGEL

»Es ist für meine Arbeitsweise sicher typisch, daß sich Thematik und Problemstel-
lung von Werk zu Werk ändern. Ich habe
noch keine Standardlösung gefunden, die
mir eine einheitliche Verwendung ohne
Rücksicht auf das jeweilige Vorhaben erlauben würde. Wenn ich konkretes Material ein-
setze, dann, um es in ein anderes Netz von
Entsprechungen zu bringen, nie als wort-
wörtliches Zitat. Bei Übertragungen solcher

Art gelingt es mir, fast abstrakte Ereignisse zu gestalten, die ich mir sonst nicht vorstellen könnte. Das Handwerk des Komponisten basiert unter anderem auf der Selbständigkeit des Absoluten, und absolute Musik ist der Höhepunkt der kompositorischen Kunst geblieben. Ich versuche nichts anderes, als solche Musik zum theatralischen Geschehen zu schreiben.«

Diese Äußerung Mauricio Kagels aus dem Jahre 1991 mag zunächst verblüffen. Als Hauptvertreter des »instrumentalen Theaters«, in dessen Werken das Außermusikalische oft mit Händen zu greifen ist, plädiert er für die absolute Musik und propagiert damit den Verzicht auf all die Elemente, die einen großen Teil seines eigenen Schaffens ausmachen. In der Tat ist Kagels Plädoyer nur vor dem Hintergrund seiner kompositorischen Umorientierung zu verstehen, die etwa zu Beginn der achtziger Jahre einsetzte und seine späteren Werke bestimmte. Auch wenn Kagel seit den fünfziger Jahren zu den entschiedensten und exponiertesten Vertretern der experimentellen Musik zählte, setzte er sich doch in seinen jüngsten Werken fast durchgängig mit den traditionellen Gattungen und Besetzungen auseinander.

In seinen frühen Werken stellte er sich die Aufgabe, das Phänomen Musik kritisch und innerhalb des Mediums zu reflektieren, also Musik über Musik zu schreiben, wobei er sich schon bald als einer der erfindungsreichsten und intellektuell geschliffensten Vertreter der Avantgarde auszeichnete.

Geboren am 24. Dezember 1931 in Buenos Aires, erlernte Kagel im Selbststudium eine Reihe von Instrumenten und studierte auch ohne direkte Anleitung Musiktheorie. Nachdem er die Aufnahmeprüfung am Konservatorium seiner Heimatstadt nicht bestanden hatte, belegte er an der Universität die Fächer Literaturgeschichte und Philosophie. Auch als Komponist war Kagel in erster Linie Autodidakt. Schon in jungen Jahren orientierte er sich an der musikalischen Avantgarde. Der damals in Argentinien vorherrschende Neoklassizismus hingegen interessierte ihn kaum. 1949 stieß Kagel zur Agrupación Nueva Música, die die Avantgarde im damaligen Argentinien um sich versammelte. Regelmäßig besuchte er deren Konzerte. Doch von Anfang an galt sein Interesse auch anderen Medien wie Theater, Literatur und besonders dem Film. 1950 zählte er zu den Mitbegründern der »Cinemathèque Argentine«, für die er erste Filmmusiken komponierte. Bereits Mitte der fünfziger Jahre hatte sich Kagel einen Ruf als Komponist in seiner Heimat erworben. Er galt als hochbegabt, wurde als Leiter der Kammeroper am Teatro Colón verpflichtet, arbeitete als musikalischer Berater an der Universität und als Redakteur für die Film- und Fotozeitschrift *nueva visión*.

Die ersten in sein Werkverzeichnis aufgenommenen Kompositionen waren ein

Chorwerk und zwei Orchesterstücke aus dem Jahre 1950. In seinem zwischen 1953 und 1957 noch in Argentinien entstandenen *Streichsextett* – eines der Werke, die Kagel auch später noch gelten ließ – setzte er sich mit der Musik Arnold Schönbergs auseinander. Schon in diesem Werk operierte Kagel mit ausgeklügelten und ungewöhnlichen Spieltechniken. Szenische Elemente und Freiräume für die Interpreten sind hier bereits angelegt, die dann in seinen späteren Werken in größerem Umfang auftreten.

Mit Hilfe eines Stipendiums kam Kagel 1957 nach Köln, wo er sich dauerhaft niederließ. In dieser Stadt, damals eine der Hochburgen der Avantgarde, in der unter anderem Karlheinz Stockhausen, Bernd Alois Zimmermann und György Ligeti lebten oder arbeiteten, machte der junge Südamerikaner schon bald auf sich aufmerksam. Bereits 1958 nahm er an den Darmstädter Ferienkursen teil, zunächst als Zuhörer, bald aber auch als Dozent. Das erste gewichtige Werk, das Kagel in seiner neuen Heimat vorlegte, war *Anagrama* für vier Vokalsolisten, Sprechchor und Kammerensemble aus den Jahren 1957/58. Kritisch setzt er sich hier mit den Formen des Serialismus auseinander. Die serielle Organisation der einzelnen Parameter überträgt Kagel auch auf den der Komposition zugrunde liegenden Text, einem lateinischen Palindrom. Gleichzeitig lockert er die Organisation der Tonhöhen, so daß die Laute expressive Qualitäten gewinnen können. Dadurch schafft er eine fast absurde Mischung aus strengster Konstruktion und musikalischer Expressivität mit theatralischen Zügen. Damit kritisiert Kagel die serielle Praxis gewissermaßen innermusikalisch, indem er in seinen Werken Aspekte musikalischer Techniken oder Traditionen aufgreift, um sie konstruktiv für sein eigenes Schaffen zu nutzen.

Hatte sich Kagel in *Anagrama* noch eines traditionellen musikalischen Satzes bedient, so geht er mit seinen Arbeiten der folgenden Zeit neue Wege durch die Hinwendung zum Musiktheater. Kagel dehnte den Begriff des Theatralischen auch auf instrumentale Werke aus, indem er den Vorgang des Musizierens selbst zum Gegenstand seiner Stücke machte. Die Erzeugung des Klangs, das Entstehen musikalischer Strukturen oder der spielerische Umgang mit ihnen werden zum musikalischen Gehalt. Das gilt etwa für *Match* für drei Spieler, zwei Cellisten und einen Schlagzeuger. Das Werk greift einen Traum auf, der Kagel angeblich wiederholt den Nachtschlaf raubte. Die Cellisten tragen eine Art Tennismatch aus. Im schnellen Wechsel reagieren sie aufeinander und wollen sich gegenseitig überlisten. Der Schlagzeuger versucht als Schiedsrichter dem Geschehen zu folgen, versagt nicht selten dabei und macht einen eher verwirrten Eindruck. Die instrumentale Aktion wird hier zum sportlichen Ereignis und erfährt damit eine völlig neue Deutung. Den Widerspruch von optischen Spielgesten und klanglichem Resultat baut Kagel bewußt auf und schafft so eine fast surreale Situation: Anspruch und Wirklichkeit des Musizierens klaffen auseinander. Witz bezeichnet aber nur eine Seite dieses Komponierens. Auf der anderen Seite steht die Reflexion musikalischer Phänomene. Gestik und Mimik werden vom Rand in das Zentrum des Musiziergeschehens verrückt, die Begleitumstände des Musizierens als Musik thematisiert und visualisiert. So können einzelne Laute, alltägliche Bewegungen oder ritualisierte Gebärden an Dramatik gewinnen und dadurch neue Hör- und Wahrnehmungserfahrungen ermöglichen.

Seinen internationalen Durchbruch erlebte Mauricio Kagel mit *Sur Scène*, das 1960 in Bremen Premiere hatte und maßgeblich das Modell des »instrumentalen Theaters« begründete. Kagels Erfolg vor allem in den sechziger Jahren hängt sicher nicht zuletzt mit der schon damals sich abzeichnenden Krise des seriellen Komponierens zusammen. Spätestens mit den Auftritten von John Cage in Europa war die serielle Welt aus den Fugen geraten, und auch andere Komponisten wie Karlheinz Stockhausen oder Pierre Boulez suchten nach neuen Konzeptionen. Kagels Weg einer Theatralisierung des Musikalischen bot einen neuen, erfrischenden und nicht zuletzt unterhaltsamen Ansatz. Absurd-komische Momente verbinden sich bei ihm mit dadaistischen und surrealistischen Motiven. Auch wenn seine Musik häufig zum Lachen verführte, war sie nie platt und stets mit einer zweiten, reflektierenden Ebene versehen. Das Kagelsche Konzept, das sich in den Grenzbereichen von Musik, Sprache, theatralischer Aktion und visuellen Eindrücken bewegte, kam bisweilen sogar völlig ohne Musik aus.

Ende der sechziger Jahre entwickelte er eine besondere Vorliebe für fremdartige, oft selbsterfundene Musikinstrumente, die er zum Gegenstand verschiedener Arbeiten machte. In Werken wie *Der Schall* und *Acustica* versammelt er ein reiches Spektrum von ungewöhnlichen Klangerzeugern, das von der Nadelgeige bis zu Gartenschlauch, Platten, Röhren oder Kinderspielzeug reicht. Auch hier spielt der visuelle Aspekt eine wichtige Rolle. Die Klangerzeugung wird anders erlebt, wenn man sieht, wie sich der Instrumentalist auf der Bühne mit dem Gartenschlauch abmüht, ein Aspekt, der bei der Übertragung im Rundfunk oder der Wiedergabe durch Tonträger verlorengeht. Das theatralische Moment ist ein wesentlicher Bestandteil dieser Werke.

In den siebziger Jahren wandte sich Kagel noch stärker visuellen Formen wie dem Musiktheater oder dem Film zu, aber auch das vielseitige Medium der Radiokunst erwies sich für seine Zwecke als äußerst brauchbar. Zu seinen wichtigsten Arbeiten für das Musiktheater zählt das 1971 an der Hamburgischen Staatsoper uraufgeführte *Staatstheater*. Auch hier entwickelte Kagel ein Konzept von Musik über Musik, indem er den Betrieb eines großen Opernhauses selbst zum Gegenstand des Stückes machte. Eine Handlung im herkömmlichen Sinn gibt es hier nicht. Vielmehr wird der Apparat selbst, nicht selten mit Witz, vorgeführt. Chorsänger dürfen sich als Solisten versuchen und Nicht-Tänzer als Ballettakteure agieren. Kagel ging es darum, das Konventionelle und Festgefahrene des traditionellen Opernbetriebs ad absurdum zu führen, und dies mit seinen eigenen Mitteln. Er beherrschte souverän die ausgeklügelte Dramaturgie, die vonnöten ist, um ein solches Spektakel nicht als bloße Clownerie aussehen zu lassen. Wie in den großformatigen Arbeiten für das Musiktheater fügt er auch in seinen Instrumentalwerken völlig disparate Materialien überzeugend zusammen.

Das musikalische Konsumverhalten des Bürgertums und den Heroenkult karikierte Kagel nirgends treffender als in seinem Film *Ludwig van*, den er zum 200. Geburtstag Beethovens 1970 herausbrachte. Der wiederauferstandene Beethoven verfolgt gewissermaßen durch die Kameralinse, wie man 200 Jahre nach seiner Geburt mit seinem musikalischen Erbe umgeht. Der hektische und oberflächliche Jubiläumsrummel wird der Lächerlichkeit preisgegeben und ins Kabarettistische verkehrt. Musikalisch besteht das Stück aus einer wilden Collage von Schnipseln aus Beethovens Werken. Diese Partikel werden übereinandergeschichtet und immer wieder neu miteinander kombiniert, so daß das Altbekannte sich zum Unerhörten wandelt.

Nach dem Beethoven-Film, vor allem aber in den achtziger Jahren setzte sich Kagel verstärkt mit unterschiedlichen musikalischen Traditionen auseinander, am nachdrücklichsten wohl in der 1980 entstandenen *Erschöpfung der Welt* und wenige Jahre später in der *Sankt-Bach-Passion*, geschrieben im Bach-Jahr 1985. *Die Erschöpfung der Welt* bezeichnete Kagel selbst als das Chefd'œuvre seiner akustischen Theologie. Der biblische Schöpfungsbericht wird hier gegen den Strich gebürstet. Kagel erzählt die Geschichte der Welt als eine des Scheiterns. Gott versagt, seine Schöpfungen mißlingen: »Am Ende erschöpfte Gott den Himmel und die Erde. Die Erde war wüst und öde. Smog lag auf der Urflut, und der Geist Gottes schwamm in den Abwässern ... Und Gott brachte die großen Seetiere um und alles Geflügel dazu. Und Gott sah, daß es gut war.« Gott ist gescheitert, seine Geschöpfe kommen um. Am Ende des oratoriumähnlichen Werkes senkt sich ein großer Fleischwolf vom Schnürboden herab und zermalmt die Betenden. Nirgends sonst hat Kagel ein ähnlich pessimistisches Weltbild entworfen.

Die *Sankt-Bach-Passion* für Soli, Chöre und Orchester erzählt den Lebensweg Bachs, indem sie ihn in die Passionsgeschichte Christi kleidet. Analog zur Matthäus-Passion schildert der Tenor in 33 Szenen die einzelnen Stationen, und wie in der Vorlage wird dieses Gerüst mit Arien, Chorälen und tumultartigen Volksszenen ausgestattet. Nicht ohne Ironie wird des großen Vorbilds gedacht. Die *Sankt-Bach-Passion* ist ein Beispiel für Kagels zunehmende Auseinandersetzung mit herkömmlichen Gattungen und Traditionen, hier der der Passion. Der Komponist spielt nicht länger mit den traditionellen Formen, sondern bedient sich ihrer. Ist die *Sankt-Bach-Passion* noch quasi von einem humoristischen Augenzwinkern begleitet, so strebte Kagel spätestens mit seinem

3. Streichquartett aus dem Jahre 1988 den ernsthaften Anschluß an die Gattungstradition seit Beethoven an. Die »absolute Musik« rückt in den Vordergrund. Sowohl die Gliederung in vier Sätze, deren Typen denen des klassischen Quartetts nahekommen, als auch die motivische Substanz lassen traditionelle Modelle durchscheinen. Auch die motivische Arbeit und eine tonale Elemente wieder zulassende Harmonik erinnern an klassische Vorbilder. Trotzdem gibt Kagel Verfahren wie Montage oder Collage nicht auf, aber sie sind modifiziert und in einen eher klassischen Satz integriert. In seinen zwischen 1992 und 1996 entstandenen *Etüden* für großes Orchester wird dieser Traditionsbezug noch deutlicher. Virtuos handhabt Kagel hier die gesamte Palette orchestralen Komponierens. Auch in der deutlich traditionelleren Anlage dieser Stücke steht Kagel zu seiner ästhetischen Maxime: »Meine Absicht war es immer, in meinen Stücken eine möglichst große Zahl von Situationen miteinander zu verknüpfen. Ich verlange von einem Kunstwerk, daß es unendlich viele Dimensionen ins Spiel bringt. Ich mag keine pädagogischen Werke, denn ich mißtraue der blanken Nutzanwendung. Ich ziehe es vor, Dinge zu machen, die so komplex sind, daß jeder zu ihnen ein ganz persönliches Verhältnis finden kann, und daß ich selber sie noch nach Jahren mit frischen Augen sehe.«

WERKE (Auswahl)

Variationen für gemischtes Quartett (1951/52)
Streichsextett (1953)
Anagrama für vier Vokalsolisten, Sprechchor und Kammerensemble (1957/58)
Transición II für Klavier, Schlagzeug und zwei Tonbänder (1958/59)
Sur Scène. Kammermusikalisches Theaterstück in einem Akt (1959/60)
Heterophonie für Orchester (1959/61)

Antithese. Spiel für Darsteller mit elektronischen und öffentlichen Klängen (1962)

Phonophonie. Vier Melodramen für zwei Stimmen und andere Schallquellen (1963)

Diaphonie I für Chor, Orchester und zwei Diapositivprojektoren (1964)

Match für drei Spieler (1964)

Musik für Renaissance-Instrumente (1965/66)

Camera obscura. Chromatisches Spiel für Lichtquellen und Darsteller (1965)

Die Himmelsmechanik. Komposition mit Bühnenbildern (1965)

Hallelujah für Stimmen (1967/68)

Staatstheater. Szenische Komposition (1967/70)

Der Schall für fünf Spieler (1968)

Unter Strom für drei Spieler (1969)

Acustica für experimentelle Klangerzeuger, Lautsprecher und zwei bis fünf Spieler (1969/70)

Ludwig van. Hommage von Beethoven (1969)

Tactil für drei (1970)

Probe. Versuch für ein improvisiertes Kollektiv (1971)

Exotica für außereuropäische Instrumente (1971/72)

1898 für Stimmen und Instrumente (1972)

Con voce für drei stumme Spieler (1972)

Kantrimusik. Pastorale für Stimmen und Instrumente (1973/75)

Chorbuch für Vokalensemble und Tasteninstrumente (1975/78)

Dressur. Schlagzeugtrio für Holzinstrumente (1976/77)

Variété. Concert-Spectacle für Artisten und Musiker (1976/77)

Die Erschöpfung der Welt. Szenische Illusion in einem Aufzug (1976/78)

Tango Alemán für Stimme, Violine, Bandoneon und Klavier (1977/78)

Aus Deutschland. Eine Liederoper in 27 Bildern (1977/80)

Vox humana? Kantate für Solo-Lautsprecher, Frauenstimmen und Orchester (1978/79)

Der Tribun für einen politischen Redner, Marschklänge und Lautsprecher (1978/79)

Zehn Märsche, um den Sieg zu verfehlen für Bläser und Schlagzeug (1978/79)

Finale mit Kammerensemble (1980/81)

Mitternachtsstück für Stimmen und Instrumente (1980/86)

Rrrrrrr …: 11 Stücke für Bläser, Kontrabässe und Schlagzeug (1981/82)

Sankt-Bach-Passion für Soli, Sprecher, Gesangs- und Sprechchöre, Knabenchor und Orchester (1981/85)

Der mündliche Verrat. Ein Musikepos über den Teufel für Erzähler und Ensemble (1981/83)

Fürst Igor, Strawinsky für Baßstimme und Instrumente (1982)

Intermezzo für Stimmen und Instrumente (1983)

Ein Brief. Konzertszene für Mezzosopran und Orchester (1985/86)

Quodlibet für Frauenstimme und Orchester (1986/88)

Musik für Tasteninstrumente und Orchester (1987/88)

…, den 24. xii. 1931. Verstümmelte Nachrichten für Bariton und Instrumente (1988/91)

Les idées fixes. Rondo für Orchester (1988/89)

Die Stücke der Windrose für Salonorchester (1988/94)

Liturgien für Soli, Doppelchor und großes Orchester (1989/90)

Opus 1.991. Konzertstück für Orchester (1990)

Konzertstück für Pauken und Orchester (1990/92)

Études für großes Orchester (1992/96)

Interview avec D. pour Monsieur Croche et Orchestre (1993/94)

»… nach einer Lektüre von Orwell«. Hörspiel in germanischer Metasprache (1993/94)

Orchestrion-Straat für Kammerensemble (1995/96)

ZOLTÁN KODÁLY

»Für mich ist es immer die Hauptsache
gewesen, den Ton meines Volkes hörbar
zu machen. Darum mußte ich mich immer
bemühen, die alten Lieder und Melodien zu
erforschen und zu versuchen, in ihrem Sinne
weiterzuarbeiten, das heißt, die alte Tradition fortzusetzen. Und ich wäre schon zufrieden, wenn ich als nicht unwürdiger Nachfolger der alten Komponisten gelten könnte,
die vor Jahrhunderten und Jahrtausenden
gelebt haben.«

Zoltán Kodály arbeitete an einer eigenständigen, nationalen Musik Ungarns. Dieser Idee widmete er sein Lebenswerk, als Komponist wie als Volksmusikforscher und Pädagoge. Neben Béla Bartók verlieh er der Musik seines Heimatlandes im 20. Jahrhundert die wichtigsten Impulse. Für ihn war es selbstverständlich, seine musikalische Sprache vor dem Hintergrund einer volksmusikalischen Tradition zu entwickeln, die er als Musikethnologe zusammengetragen und allgemein bekannt gemacht hatte: »Ohne Wurzeln ist Kunst überhaupt nicht möglich, und meiner Ansicht nach muß jede Kunst, wie auch die Geschichte lehrt, in einem nationalen Boden beheimatet sein. Wenn sie dann zu solcher Vollkommenheit entwickelt wird, daß sie trotz ihrer nationalen speziellen Eigenart auch für andere Völker verständlich ist, dann heißt das doch nicht, daß sie ohne Wurzeln auskäme.«

Geboren wurde Zoltán Kodály am 16. Dezember 1882 in Kecskemét, einem kleinen Städtchen südlich von Budapest im ungarischen Tiefland. Sein Vater, der als Beamter bei der ungarischen Eisenbahn arbeitete, war ein leidenschaftlicher Geiger, die Mutter spielte Klavier und sang. Neigung zum Instrumentalspiel zeigte Kodály in jungen Jahren kaum. »Ich habe zwar manchmal geklimpert, aber ich habe es vorgezogen, im Freien für mich allein zu singen, und zwar ohne Worte: Offenbar waren das meine ersten Kompositionen, die mir damals mehr Freude gemacht haben, als später welche Kompositionen auch immer. Erst mit zehn Jahren habe ich angefangen, Violine spielen zu lernen, bis dahin hatte man mich nicht dazu angehalten; und obwohl ich in etlichen Jahren so weit kam, Mendelssohns Violinkonzert zu spielen, habe ich auch später keine besondere Lust dazu gehabt ... Es war für mich nie die Hauptsache, ein Instrument zu spielen. Ich habe von Anfang an viel mehr komponiert als musiziert.« Die höhere Schule besuchte Kodály in Nagyszombat im Nordwesten Ungarns, wohin die Familie zog, nachdem der Vater zum Stationsvorstand befördert worden war. Autodidaktisch brachte er sich das Cellospiel bei, um gemeinsam mit Schulkameraden Quartette spielen zu können. Im Alter von fünfzehn Jahren komponierte er eine Ouvertüre für das Schulorchester, über deren Aufführung sogar die lokale Presse berichtete. Ein professionelles Orchester hatte Kodály bis dahin noch nicht gehört.

Nach der Schule ging er 1900 nach Budapest, wo er parallel an der Universität Sprachen und Literatur sowie an der Musikakademie Komposition studierte. Darin unterrichtete ihn Hans Koessler, ein angesehener Pädagoge, zu dessen Schülern auch Béla Bartók und Leó Weiner gehörten. 1904 schloß Kodály sein Kompositionsstudium mit dem Diplom ab, 1905 schrieb er mit dem *Adagio* für Violine und Klavier sein erstes Werk, das – noch ganz der spätromantischen Tradition verhaftet – sogleich größere Verbreitung fand. Jahre später, 1932, bemerkte Kodály dazu: »Es ist mein erfolgreichstes Werk. Kein Stück von mir wurde so oft gespielt; es gibt Rundfunkprogramme, die es auch heute noch jede Woche senden. Ich habe es aber in einer Zeit geschrieben, als ich vom Volkslied noch so gut wie nichts wußte, zumindest nicht mehr, als allgemein

bekannt war.« Das sollte sich schon bald ändern. Nach Abschluß seiner Studien an der
Universität in Budapest faßte Kodály den
Entschluß, die authentische Volksmusik seiner Heimat zu erforschen. Um diese Zeit
lernte er Béla Bartók näher kennen. Zwar
hatten sie gemeinsam an der Musikakademie studiert, dort aber keinen Kontakt miteinander gehabt. »Er war eine sehr zurückhaltende Persönlichkeit, selbst mit den Schülern seiner eigenen Klasse befreundete er
sich nicht … Da auch ich nicht eben gesel-
lig war und überdies zu vielseitig und zu
sehr beschäftigt, blieb mir keine Zeit für den
Umgang mit den Kollegen«, erinnerte sich
Kodály später. Um Arbeitsmaterial für seine
1906 eingereichte Dissertation »über den
Strophenbau im ungarischen Volkslied« zu
sammeln, reiste er 1905 nach Galánta, wo
er mehr als 150 Volkslieder aufzeichnete.
Ein Jahr später führte ihn eine zweite For-
schungsreise in den Nordwesten Ungarns.
Eine weitere mehrmonatige Studienreise
unternahm er nach der Uraufführung seines
Orchesterstücks *Sommerabend*, zunächst
hielt er sich in Berlin und anschließend längere Zeit in Paris auf. Vor allem die Begegnung mit den Werken Claude Debussys
wirkte sich auf sein eigenes Schaffen aus.
Als Nachklang auf diese Reise schuf er
1907 die *Méditation sur un motif de Claude
Debussy* für Klavier.

Kodály strebte eine eigenständige ungarische Kunstmusik auf der Basis der einheimischen Folklore an. Gemeinsam mit Bartók
unternahm er zahlreiche Reisen, um vor allem in den abgelegenen Regionen des Landes Volkslieder zu sammeln, aufzuzeichnen
und systematisch zu ordnen. »Wir haben das
Forschungsgebiet unter uns aufgeteilt, um
planmäßig arbeiten zu können«, erzählte
Kodály. »Von Zeit zu Zeit trafen wir zusammen, um das gesammelte Material zu vergleichen und uns die aufgezeichneten Lie-

der vorzuspielen.« 1907 wurde er als Professor an die Budapester Musikakademie berufen, wo er zunächst Musiktheorie, wenig
später auch Komposition unterrichtete. In
dieser Zeit schrieb er hauptsächlich Lieder
sowie Sammlungen kurzer Klavierstücke.
Sein erstes großes Werk, das 1909 vollendete
1. Streichquartett op. 2, basiert melodisch
vollständig auf Volksliedelementen. Auch
die wenig später entstandene *Sonate für Violoncello und Klavier* op. 4 knüpft mit ihren
pentatonischen Figuren, der Quartenmelo-
dik und dem improvisationsartigen Rubato-
Stil an die Folklore Ungarns an.

Da ihre Werke bislang nicht öffentlich
aufgeführt worden waren, entschlossen sich
Bartók und Kodály 1910, zwei gemeinsame
Abende mit ihren jüngsten Kompositionen
zu veranstalten. Bei dieser Gelegenheit wurden auch die ersten Streichquartette von
Bartók und Kodály gespielt, die in der musikalischen Welt Budapests allerdings auf
keine größere Resonanz stießen. In den Jahren vor dem Ersten Weltkrieg war Kodálys erstes Streichquartett im Ausland sehr viel häufiger zu hören als in seiner Heimat. Unterdes-
sen setzte er das Sammeln von Volksliedern
fort. 1912 unternahm er eine weitere For-
schungsreise, diesmal nach Siebenbürgen.
Insgesamt 3000 Volkslieder hatten Bartók
und Kodály schließlich zusammengetragen,
als sie sich entschlossen, diese Sammlung zu
veröffentlichen. Der Beginn des Ersten Weltkrieges machte diesen Plan zunichte, der
dann in den zwanziger Jahren wenigstens
teilweise verwirklicht werden konnte.

Bis 1920 schrieb Kodály ausschließlich
Lieder und kleinbesetzte Kammermusik. Zu
den wichtigsten Arbeiten dieser Jahre gehören das *Duo für Violine und Violoncello* op. 7
(1914), die *Sonate für Violoncello solo* op. 8
(1915), das *2. Streichquartett* op. 10 (1916/18)
sowie die 1919/20 komponierte *Serenade*
op. 12 für zwei Violinen und Bratsche. Die

Sonate für Cello solo sieht vor, daß die beiden unteren Saiten des Instruments um je einen Halbton tiefer gestimmt werden, womit sich ein neues harmonisches Spektrum eröffnet. Bartók äußerte dazu: »Das Werk weist keinerlei Ähnlichkeit mit anderen Werken dieser Art auf, am wenigsten aber mit Regers blasser Bach-Imitation. Die Ideenwelt dieses Werkes von Kodály ist vollkommen neuartig, seine Ausdrucksmittel sind die denkbar einfachsten. Und doch gab gerade die Problematik dieses Stückes dem Komponisten Gelegenheit, eine originelle und ungewohnte Stiltechnik zu schaffen, die überraschende, gesangartige Effekte hervorbringt, aber außer den Effekten leuchtet noch strahlend der innere musikalische Wert des Werkes.« Im zweiten Streichquartett erreichte Kodály die Verschmelzung seiner persönlichen musikalischen Sprache mit dem spezifischen Ton der ungarischen Volksmusik. Dabei werden die Volkslieder nicht länger direkt zitiert, vielmehr hat sich Kodálys musikalischer Ausdruck dem Tonfall der Folklore angenähert.

In der Zeit der Räterepublik nach Ende des Ersten Weltkriegs übernahm Kodály die stellvertretende Leitung der Musikakademie. Nach dem Sturz des Räteregimes wurde er von diesem Posten suspendiert und ein Disziplinarverfahren gegen ihn eingeleitet. Erst nach langwierigen Untersuchungen konnte er ab 1921 seine Tätigkeit an der Musikakademie wieder aufnehmen.

Zum 50. Jahrestag der Vereinigung von Buda, Óbuda und Pest zur ungarischen Hauptstadt Budapest komponierte Kodály den *Psalmus Hungaricus* (1923) für Tenorsolo, Chor und Orchester, der schon bald zu seinen bekanntesten und meistgespielten Werken zählte. Er vertonte hier den 55. Psalm mit einem hinzugefügten Kommentar des Dichters Mihály Kecskeméti Vég aus dem 16. Jahrhundert und schuf damit

ein großes dramatisches Fresco mit zwischengeschalteten lyrischen Episoden. Die zumeist pentatonische Melodik verknüpfte Kodály mit einer reichen und farbigen Harmonik. Einflüsse der klassischen Vokalpolyphonie finden sich in dieser Komposition neben solchen der Gregorianik und der Volksmusik. Mit diesem Werk, dem ersten orchestralen nach dem 1906 entstandenen *Sommerabend*, fand Kodály im In- und Ausland breite Anerkennung. Der *Psalmus Hungaricus* eröffnet die Reihe seiner Arbeiten für große Besetzung aus den zwanziger und dreißiger Jahren. 1927 folgten die *Marosszéker Tänze*, zunächst in einer Fassung für Klavier, drei Jahre später auch für Orchester. Das Stück basiert auf siebenbürgischer Tanzmusik und verbindet die Form des Rondos mit einer Variationenfolge. »Die ungarischen Tänze, die Brahms komponierte, sind typisch für das ›städtische‹ Ungarn von 1860. Sie beruhen größtenteils auf Werken von Autoren, die zu jener Zeit lebten. Meine ›Marosszéker Tänze‹ wurzeln in einer weit entfernten Vergangenheit, sie widerspiegeln ein Feenland, das längst verschwunden ist.« Stilistisch ähnlich sind auch die 1933 zum achtzigsten Jahrestag der Gründung der Budapester Philharmonischen Gesellschaft geschriebenen *Tänze aus Galánta*, obwohl die musikalische Sprache deutlicher auf die sinfonische Tradition des 19. Jahrhunderts verweist als in dem Vorgängerwerk.

Einen großen Teil seiner Vokalwerke widmete Kodály dem musikalischen Nachwuchs. 1925 hatte er im Vorfeld der Uraufführung des *Psalmus Hungaricus* einen Budapester Knabenchor gehört und war seitdem von diesem Klang so angetan, daß er sich bis in seine letzten Lebensjahre hinein mit großer Hingabe dem Komponieren pädagogischer Musik zuwandte. Als erste Stücke für dieses Genre schuf er die Chöre *Strohhans* und *Topfen der Zigeuner kaut*. Durch die Erkenntnis, »daß die Jugend in einer vollkommen musikalischen Verwahrlosung lebt, die schlimmer als Analphabetismus ist«, fühlte er sich geradezu verpflichtet, in diesem Punkt Abhilfe zu schaffen. Die Chormusik war immer ein Schwerpunkt im Schaffen Kodálys. Dazu schrieb er 1934: »Alle unsere Aufgaben lassen sich in einem einzigen Wort zusammenfassen: Erziehung. Diese aber soll gegenseitig sein. Der breiten Masse des ungarischen Volkes muß Gelegenheit gegeben werden, hohe künstlerische Musik kennen und lieben zu lernen, aber die Anhänger dieser Musik dürfen sich nicht in einem elfenbeinernen Turm verschließen. Sie müssen zur Kenntnis nehmen, daß es eine besondere ungarische musikalische Tradition gibt, deren Produkte in ihrer Art ebenso vollkommen sind, ebenso klare und hohe Kunst bedeuten wie die große musikalische Tradition des Westens. Dieses Ziel kann durch den Chorgesang erreicht werden, aber die Chorgesangbewegung kann ihre Aufgabe nur erfüllen, wenn sie als Kunst reorganisiert und neugeboren wird. Die Zukunft gehört dem gemischten Chor.«

Im Oktober 1926 fand im Budapester Opernhaus die Uraufführung von Kodálys erstem musikdramatischen Werk *Háry János* statt, einem Singspiel in fünf Abenteuern samt Vor- und Nachspiel. Das Werk wurde begeistert aufgenommen, und schon bald trat die außerhalb Ungarns nur selten gespielte Oper in Form einer *Konzertsuite* ihren Siegeszug durch die Konzertsäle der Welt an. Kodálys brillante Musik, die dem Sujet entsprechend zum Teil aus Volksliedbearbeitungen besteht, besticht durch ihre glänzende Instrumentation und ihren zupakkenden Charakter, gepaart mit Esprit und musikalischem Witz.

Ende der zwanziger Jahre konnte Kodály seine ersten Erfolge als Dirigent feiern, als er die Aufführung seines *Psalmus Hungaricus* unter anderem in Amsterdam, London und Leipzig leitete. Doch auch andere prominente Dirigenten nahmen sich verstärkt seiner Werke an: Willem Mengelberg, Arturo Toscanini, Ernest Ansermet, Wilhelm Furtwängler, Eugène Ormandy und Fritz Reiner. Kurze Zeit nach seinem Bühnenerstling legte Kodály sein zweites Singspiel, *Die Spinnstube*, vor. Schauplatz der Handlung ist ein kleines Dorf in Siebenbürgen, und dementsprechend sind originale Lieder aus dieser Gegend in die Partitur eingebaut. Auf Rezitative verzichtete Kodály in diesem Werk. Dafür finden sich in den sieben Szenen dieses Einakters insgesamt siebenundzwanzig meist für Chor gesetzte Lieder.

Anläßlich des 250. Jahrestages der Befreiung der Stadt Buda von den Türken komponierte er 1936 ein großangelegtes *Te Deum* für vier Solisten, Chor, Orgel und großes Orchester. Stilistisch knüpfte Kodály hier an seinen *Psalmus Hungaricus* an. Daneben sind auch Anklänge an die barocke Oratorientradition festzustellen, etwa in den ausgedehnten fugierten Abschnitten. Schon kurz nach der Uraufführung stand das Stück auch in England, der Schweiz, Norwegen und Italien auf dem Konzertprogramm.

1937 brachte Kodály die Bearbeitung eines alten ungarischen Volksliedes, *Der Pfau flog*, in einer Fassung für Männerchor heraus. Dazu verwendete er einen neuen, mit politischen Anspielungen gespickten Text des Dichters Endre Ady. Als ihn das Concertgebouw Orkest in Amsterdam zum fünfzigjährigen Bestehen des Orchesters um ein neues Werk bat, griff er auf dieses Lied zurück und erarbeitete einen großangelegten Variationszyklus über die alte Melodie. Einleitung und Finale umrahmen sechzehn Variationen, in denen Kodály das Thema in vielerlei Gestalt präsentiert und mittels kontrapunktischer Techniken in einen oft polyphonen Satz integriert. Ebenfalls als Auftragswerk schrieb er wenig später das *Concerto* für Orchester, ein Werk, das sich formal an das Modell des barocken Concerto grosso anlehnt. Hier lassen sich deutliche neoklassizistische Anklänge beobachten. Rückgriffe auf die Volksmusik Ungarns sucht man in diesem Stück vergeblich.

1940 gab der Komponist seine Lehrtätigkeit an der Budapester Musikakademie auf und wechselte an die Akademie der Wissenschaften, um die Veröffentlichung der geplanten Sammlung ungarischer Volksmusik vorzubereiten. Da Bartók angesichts der kriegerischen Ereignisse in Europa in die Vereinigten Staaten emigriert war, mußte Kodály die zeitintensive, systematische Aufarbeitung der gesammelten Lieder allein bewältigen. Die musikethnologische Tätigkeit und sein pädagogisches Engagement ließen ihm kaum noch Raum fürs Komponieren. Die *Missa brevis*, 1942 zunächst in einer Fassung für Orgel veröffentlicht und zwei Jahre später dann für sechs Solisten, Chor und Orchester bearbeitet, war eines seiner letzten großen Werke. Seinem letzten, 1948 in Budapest uraufgeführten Singspiel *Czinka Panna*, blieb der Erfolg verwehrt, weshalb es nach nur zwei Vorstellungen aus dem Spielplan genommen wurde.

In den späten vierziger und fünfziger Jahren unternahm Kodály ausgedehnte Konzertreisen, in denen er als Dirigent seine eigenen Werke vorstellte. Außerdem beteiligte er sich entscheidend am Wiederaufbau des ungarischen Musiklebens nach dem Krieg und übernahm eine Vielzahl von Ämtern. An Kompositionen schuf er in den letzten fünfzehn Jahren, abgesehen von einer *Sinfonie C-Dur* (1961), die er dem Andenken Arturo Toscaninis widmete, nur noch Chorwerke. Dagegen verfaßte er viele musikpädagogische Arbeiten. Mitten in den Vorbereitungen zu einer Auslandsreise starb Zoltán Kodály am 6. März 1967 in Budapest.

WERKE (Auswahl)

Ouvertüre d-Moll für Orchester (1897)
Assumpta est für Bariton, gemischten Chor und
    Orchester (1902)
Miserere für Doppelchor (1903)
Abend für Sopran und gemischten Chor (1904)
Adagio für Violine und Klavier (1905)
Sommerabend für Orchester (1906)
Ungarische Volkslieder für Gesang und Klavier
    (1906)
Méditation sur un motif de Claude Debussy für
    Klavier (1907)
Vier Lieder für Gesang und Klavier (1907)
Liederklang. 16 Lieder auf Volksliedtexte für
    Gesang und Klavier op. 1 (1907/09)
Streichquartett Nr. 1 op. 2 (1908/09)
Neun Klavierstücke op. 3 (1909)
Sonate für Violoncello und Klavier op. 4 (1909/10)
Verspätete Melodien für Gesang und Klavier op. 6
    (1912/16)
Zwei Gesänge für eine tiefe Männerstimme und
    Klavier oder Orchester op. 5 (1913/16)
Duo für Violine und Violoncello op. 7 (1914)
Sonate für Violoncello solo op. 8 (1915)
Fünf Lieder für Gesang und Klavier op. 9
    (1915/18)
Streichquartett Nr. 2 op. 10 (1916/18)
Alte ungarische Soldatenlieder für Orchester
    (1917)
Sieben Klavierstücke op. 11 (1917/18)
Serenade für zwei Violinen und Viola op. 12
    (1919/20)
Psalmus Hungaricus. Der 55. Psalm für Tenor,
    gemischten Chor, Kinderchor, Orchester und
    Orgel op. 13 (1923)
Drei Gesänge für Gesang und Klavier op. 14
    (1924/29)
Die Spinnstube. Singspiel auf Volksliedtexte in
    einem Akt (1924/32)
Zwei Kinderchöre nach ungarischen Volksliedern:
    Strohhans, Topfen der Zigeuner kaut (1925)
Háry János. Singspiel op. 15 (1925/27)
Háry-János-Suite für Orchester (1927)
Marosszéker Tänze für Klavier (1927), Orchesterfassung 1930
Fünf Tantum ergo für Sopran und Alt mit Orgel
    oder Harmonium (1928)

Bilder aus der Mátragegend nach ungarischen
Volksliedern für gemischten Chor (1931)
Vier italienische Madrigale für Frauenchor (1932)
Tänze aus Galánta für Orchester (1933)
Ave Maria für Frauenchor (1935)
Die Engel und die Hirten für fünfstimmigen
Frauenchor oder doppelten Kinderchor (1935)
Ode an Franz Liszt für gemischten Chor (1935)
Te Deum für vier Solisten, gemischten Chor, Orgel
und großes Orchester (1936)
Der Pfau flog für Männerchor oder gemischten
Chor (1937)
An König Stefan für Chor (1938)
Der Pfau flog. Variationen über ein ungarisches
Volkslied für Orchester (1938/39)

Concerto für Orchester (1939)
Stille Messe für Orgel (1942)
Schlachtgesang für doppelten gemischten Chor
(1943)
Missa brevis für Soli, gemischten Chor und Orche-
ster (1944)
Am Grab der Märtyrer für gemischten Chor und
Orchester (1945)
Czinka Panna. Singspiel (1946/48)
Der 50. Genfer Psalm (1949)
Epigramme für Gesang oder Soloinstrument mit
Klavier (1954)
Sinfonie C-Dur (1961)
Te Deum für gemischten Chor (1961)

ERNST KRENEK

»Wenn ich mein bisheriges Lebenswerk
betrachte, scheint mir, daß ich im wesentlichen von zwei Kräften bewegt werde, deren sichtbare Wirkungen einander häufig zu
widerstreiten scheinen. Frühzeitig in meiner
Laufbahn fühlte ich mich angezogen von der
Idee reiner, kompromißloser Schöpfung, unabhängig von den Strömungen des Tages,
ja vielfach diesen ausdrücklich entgegen-

gesetzt. Gleichzeitig empfand ich jedoch immer wieder die Versuchung, praktische Resultate ›in dieser Welt‹ zu erzielen. Ich glaube, daß die Spuren dieser einigermaßen gegensätzlichen Tendenzen sowohl in der Gesamtsumme meines Werkes als auch in seinen Einzelzügen beobachtet werden können.«

Was Ernst Krenek hier in seiner 1948 formulierten *Selbstdarstellung* beschreibt, charakterisiert sein gesamtes Schaffen. Die Gegensätze, Widersprüche und unterschiedlichen stilistischen Ansätze seines mehr als sieben Jahrzehnte umspannenden Œuvres, das permanente Changieren zwischen Konstruktion und Ausdruck, Freiheit und Reglement prägen die frühen, Anfang der zwanziger Jahre entstandenen Werke ebenso wie die letzten Arbeiten aus den späten achtziger Jahren. Dabei griff er, wenn auch oft zeitverzögert, alle wichtigen kompositorischen Strömungen des 20. Jahrhunderts auf: Konstruktivismus, Expressionismus, Dodekaphonie, Aleatorik und serielles Komponieren. Die Systemfremdheit erklärte er gewissermaßen zum System selbst. Gerade weil er viele verschiedene ästhetische Ansätze in seinem Schaffen verarbeitete, läßt er sich keiner dieser Richtungen wirklich

zuordnen. Vielmehr verband er die unterschiedlichen Methoden und Techniken zu einem eigenwilligen, aber nicht dogmatisch verhärteten Stil. Krenek eilte schon zu Lebzeiten der Ruf eines »Klassikers der Moderne« voraus, über den der Pianist Glenn Gould urteilte: »Alle reifen Werke Kreneks … sind aus einem Guß, durch ein einziges musikalisches Temperament zusammengehalten. Seine Arbeit tendiert zum Lyrischen, Elegischen und Euphorischen: Qualitäten, die diese einmalig großzügige, in sich ruhende, friedfertige Persönlichkeit prägen.«

Geboren am 23. August 1900 als Sohn eines Offiziers in Wien, studierte Krenek ab 1916 Komposition bei Franz Schreker in seiner Heimatstadt. Als dieser 1920 an die Staatliche Hochschule für Musik in Berlin berufen wurde, folgte ihm Krenek als Schüler nach. Unter dem Einfluß Schrekers sowie der jungen Avantgardeszene Berlins gab er die Tonalität, die seine frühesten Werke noch geprägt hatte, auf und wandte sich einer freien Behandlung des Dur-Moll-Systems zu. Dieses neue Idiom prägte auch die *Sinfonien Nr. 1–3*, die er zwischen 1921 und 1923 komponierte. Die Begegnung mit verschiedenen, insbesondere jüngeren Künstlerpersönlichkeiten ermutigten ihn zu seinem neuen stilistischen Ansatz: »Diese und andere junge Leute ließen mich alsbald mein angelerntes Vorurteil gegen radikal neue Musik abstreifen. Es wurde mir klar, daß, wenn ich wirklich so besonders und ungewöhnlich sein wollte, wie es augenscheinlich mein Ehrgeiz war, ich die Grenzen des gemäßigten Modernismus, in welchem ich erzogen worden war, würde weit hinter mir lassen müssen.« Vor allem die traditionellen Gattungen wollte er für sich nutzbar machen. In der Trias der frühen Sinfonien und in zwei sich am späten Beethoven orientierenden *Streichquartetten* fand Krenek schließlich zu seiner eigenen musikalischen Sprache: »Es zeigte sich deutlich, wie stark ich mich, in sehr kurzer Zeit, vom spätromantischen und quasi impressionistischen Stil meines Lehrers Franz Schreker entfernt hatte.«

Die *2.* der drei Sinfonien bricht mit nahezu allen musikalischen Konventionen. Die atonale Harmonik korrespondiert mit einer komplexen formalen Struktur, die zwar auf strukturellem und klanglichem Gebiet mit traditionellen Elementen arbeitet, diese aber durch konsequente motivisch-thematische Arbeit von der spätromantischen Kompositionsweise löst und in die Nähe zum Konstruktivismus rückt. Krenek beabsichtigte, sich mit dieser Trias in die Nachfolge des Sinfonikers Gustav Mahler zu stellen. Damit hatte er sich, wie er selbst einsah, überfordert, und in den folgenden zwanzig Jahren beschäftigte er sich nicht mehr mit der Gattung Sinfonie.

Im Berlin der zwanziger Jahre kam Krenek schon bald mit den Strömungen der damals aktuellen Unterhaltungsmusik in Berührung. Vor allem der Jazz begann eine wichtige Rolle in seinem Schaffen zu spielen. Charleston und andere Modetänze fanden Eingang in seine Kompositionen, und das Bunte der nebeneinanderstehenden Stile und Idiome prägte seine Arbeit in den darauffolgenden Jahren. Bei Werken wie dem 1927 entstandenen *Potpourri* für Orchester deutet dies schon der Titel an. Dieser polystilistische Ansatz ist auch in Kreneks großer Erfolgsoper jener Jahre, *Jonny spielt auf* zu spüren, die 1927 in Leipzig Premiere

hatte. Krenek selbst hatte das Libretto zu diesem Künstlerdrama verfaßt, das im Stil einer Zeitoper der zwanziger Jahre die großen Errungenschaften des technischen Zeitalters auf die Bühne bringt, vom Telefon und der Eisenbahn bis zum Auto. Die Musik versammelt ein Arsenal unterschiedlicher Techniken: Collage-Praktiken finden sich hier ebenso wie aktuelle Tanzmusik, der Ragtime steht neben sinfonischen und polyphonen Strukturen, Synkopen und Vorhalte dominieren die rhythmische Struktur. Die Grenzen zwischen ernster und unterhaltsamer Musik erscheinen fließend. Jedes stilistische Mittel ist Krenek recht, um effektsichere Pointen zu setzen und die Handlung plastisch zu illustrieren. Bis 1930 war *Jonny spielt auf* eines der meistgespielten Bühnenwerke überhaupt. Mehr als 450 Aufführungen fanden an gut einhundert Opernhäusern zwischen Königsberg und New York statt. Das Stück wurde in 18 Sprachen übersetzt und verschaffte Krenek eine finanzielle Grundlage, die es ihm in den folgenden Jahren erlaubte, allein von seinen Kompositionen zu leben. Mit diesem Werk hatte er die Lebensstimmung jener Jahre eingefangen und intuitiv den Zeitgeist getroffen.

Nachdem Krenek einige Jahre als Assistent an den Staatstheatern in Kassel und Wiesbaden gearbeitet hatte, ging er 1928 zurück nach Wien. Dort vollendete er verschiedene satirische Einakter, zu denen er wieder selbst die Texte geschrieben hatte. Die geistvollen, mitunter auch provokanten Kurzopern spiegeln den schrillen und exaltierten Charakter der Epoche wider, den Krenek mit einer witzigen, zum Teil auch karikierenden Musik zum Ausdruck brachte.

Nach dieser vorwiegend polystilistisch dominierten Phase wandte sich Krenek Ende der zwanziger Jahre wieder einem eher klassisch-romantischen Stil zu. Damit kehrte er sich deutlich von der überbordenden, unkonventionellen Sprache ab, die er vor allem in *Jonny spielt auf* verwendet hatte. In Werken wie den *Vier gemischten Chören* op. 47 nach Texten von Goethe oder dem fast neoromantischen, an Schubert gemahnenden *Reisetagebuch aus den österreichischen Alpen* orientierte er sich an der musikalischen Tradition seiner Heimat, wenn auch mit gelegentlichen ironischen Brechungen. Dieser neue Duktus bestimmte auch seine große Oper *Das Leben des Orest* aus den Jahren 1928/29.

Mit dem Werk Arnold Schönbergs setzte sich Ernst Krenek erst verhältnismäßig spät auseinander. Zunächst lehnte er dessen Methode der »Komposition mit zwölf nur aufeinander bezogenen Tönen« für sich ab. Dies änderte sich erst zu Beginn der dreißiger Jahre, als sich erneut eine stilistische Kehrtwendung in seinem Schaffen abzeichnete. Die 1931 publizierten *Gesänge des späten Jahres* sind seine ersten zwölftönigen Arbeiten. Die Dodekaphonie bestimmte auch seine Oper *Karl V.*, mit der sich Krenek in Zeiten des aufziehenden Nationalsozialismus zum Katholizismus bekennen und gleichzeitig von der Kulturpolitik des braunen Regimes distanzieren wollte. Zu der geplanten Uraufführung an der Wiener Staatsoper kam es aber nicht mehr. Seit 1933 galt Kreneks Werk in Deutschland als »entartet« und wurde mit Aufführungsverbot belegt. Auch in Wien war eine Oper in Zwölftontechnik nicht mehr vorstellbar. *Karl V.* hatte schließlich 1938 in Prag Premiere, kurz vor dem Einmarsch der deutschen Truppen in die tschechische Hauptstadt. Doch es waren nicht nur kompositionstechnische Aspekte, die die Uraufführung in Wien verhindert hatten. Auch die politischen und weltanschaulichen Momente der Oper paßten nicht in das Bild einer nationalsozialistischen Ästhetik.

Bereits 1937 war Ernst Krenek erstmals nach Amerika gereist. Ein Jahr später emigrierte der nun in seiner Heimat geächtete Komponist in die Vereinigten Staaten. Dort unterrichtete er an verschiedenen Universitäten. Als erstes Lehrwerk der von Arnold Schönberg praktizierten Zwölftontechnik erschien 1940 sein Lehrbuch *Studies in Counterpoint*. Während der dunklen Jahre des Zweiten Weltkriegs entstanden auch die Klagegesänge *Lamentatio Jeremiae Prophetae*. In diesem zwölftönig gehaltenen Werk zerlegt Krenek die Reihe in zwei Teile und bündelt sie zu komplexen polyphonen Strukturen. Zu diesen Gesängen hatten ihn unter anderem seine Beschäftigung mit dem gregorianischen Choral angeregt sowie Werke der frankoflämischen Schule, insbesondere von Johannes Ockeghem.

1947 ließ sich Krenek in Los Angeles nieder und unterrichtete an verschiedenen Institutionen. In den fünfziger Jahren war er auch wieder häufiger in Europa präsent. Während der Darmstädter Ferienkurse hielt er mehrfach Vorträge, veröffentlichte Aufsätze und übernahm Gastprofessuren. 1955 erhielt er den Preis der Stadt Wien; es war die erste offizielle Auszeichnung, die er in seiner früheren Heimat entgegennehmen konnte.

Krenek setzte sich zeitlebens mit neuen musikalischen Strömungen auseinander. So beschäftigte er sich auch mit dem seriellen Komponieren, wie es vor allem in Darmstadt zu Beginn der fünfziger Jahre propagiert wurde. Für seine eigenen Werke übernahm er diesen Ansatz allerdings erst, als die serielle Mode in Europa bereits wieder im Abklingen begriffen war. In seiner sinfonischen Zeichnung *Circle, Chain and Mirror* (»Kette, Kreis und Spiegel«) für großes Orchester aus den Jahren 1956/57 arbeitete er zum ersten Mal mit seriellen und aleatorischen Techniken. In dem wenig später vollendeten Ensemblestück *Sestina* bezog er auch die Anordnung des Textes in die serielle Organisation mit ein. In der Folge integrierte er außerdem elektronische Elemente in seine Arbeiten.

Auch wenn er sich den neuartigen Ansätzen seiner Kollegen nicht verschloß, blieb Krenek ein Einzelgänger, der zunehmend souverän und undogmatisch mit den verschiedenen Techniken umzugehen verstand. Er verweigerte sich den bloßen Moden. Wenn er neue Ansätze aufgriff, paßte er sie stets seiner individuellen musikalischen Sprache an. Vor allem im Spätwerk, in dem sich die Tradition in immer neuen Schattierungen vergegenwärtigt, führt das frühere Nacheinander der Stile zu einem Nebenoder Miteinander. Mit herkömmlichen Analysemethoden ist Kreneks Werken kaum gerecht zu werden. So verdankt etwa das 1985 entstandene und dem Andenken Alban Bergs gewidmete Streichtrio seine dramatischen Impulse dem Gegensatz zwischen kleinteiligen, fragmenthaften Segmenten und den daraus zusammengesetzten, großen Spannungsbögen, ohne daß sich eine stilistische Zuordnung zu einer bestimmten kompositorischen Methode vornehmen ließe.

1990 wurde ihm zum 90. Geburtstag eine umfassende Retrospektive im Rahmen des Festivals »Wien modern« gewidmet. Es war Kreneks letzter Besuch in seiner Heimatstadt, bevor er am 22. Dezember 1991 in Kalifornien starb.

WERKE (Auswahl)

Sonate für Klavier Nr. 1 Es-Dur op. 2 (1919)
Serenade für Klarinette, Violine, Viola und Violoncello op. 4 (1919)
Streichquartett Nr. 1 op. 6 (1921)
Sinfonie Nr. 1 op. 7 (1921)
Sinfonie Nr. 2 op. 12 (1922)
Sinfonie Nr. 3 op. 16 (1922)
Der Sprung über den Schatten. Komische Oper in drei Akten op. 17 (1922/23)

Konzert für Klavier und Orchester Nr. 1 Fis-Dur op. 18 (1923)
Concerto grosso Nr. 2 op. 25 (1924)
Sieben Orchesterstücke op. 31 (1924)
Der vertauschte Cupido. Ballett nach Rameau op. 38 (1925)
Jonny spielt auf. Oper in zwei Teilen op. 45 (1925/26)
Vier Lieder für gemischten Chor a cappella op. 47 (1926)
Ô Lacrimosa. Drei Lieder für Gesang und Klavier op. 48 (1926)
Der Diktator. Tragische Oper in einem Akt op. 49 (1926)
Das geheime Königreich. Märchenoper in einem Akt op. 50 (1926/27)
Potpourri für Orchester op. 54 (1927)
Schwergewicht, oder Die Ehre der Nation. Burleske Operette in einem Akt op. 55 (1927)
Monolog der Stella. Konzertarie für Sopran und Orchester op. 57 (1928)
Kleine Sinfonie op. 58 (1928)
Leben des Orest. Große Oper in fünf Akten op. 60 (1928/29)
Reisebuch aus den österreichischen Alpen. Liederzyklus für Singstimme und Klavier op. 62 (1929)
Thema mit 13 Variationen für Orchester op. 69 (1931)
Gesänge des späten Jahres für Singstimme und Klavier op. 71 (1931)
Kantate von der Vergänglichkeit des Irdischen für Sopran, gemischten Chor und Klavier op. 72 (1932)
Karl V. Bühnenwerk mit Musik in zwei Teilen op. 73 (1931/33)
Cefalo e Procri. Fabel in einem Prolog und drei Bildern op. 77 (1933/34)
Konzert für Klavier und Orchester Nr. 2 op. 81 (1937)
Symphonisches Stück für Streichorchester op. 86 (1938/39)
Tarquin. Drama mit Musik op. 90 (1940/41)
Lamentatio Jeremiae Prophetae für gemischten Chor a cappella op. 93 (1941/42)
Cantata for Wartime für Frauenchor und Orchester op. 95 (1944)
Symphonische Elegie »in memoriam Anton Webern« für Streichorchester op. 105 (1946)

Sinfonie Nr. 4 op. 113 (1947)

Sinfonie Nr. 5 op. 119 (1947/49)

Doppelkonzert für Violine, Klavier und Kammerorchester op. 124 (1950)

Medea. Dramatischer Monolog für Mezzosopran und Orchester op. 129 (1951/52)

Konzert für Violoncello und Orchester op. 133 (1953)

The Belltower (Der Glockenturm). Oper in einem Akt op. 153 (1955/56)

Circle, Chain and Mirror (Kreis, Kette und Spiegel). Sinfonische Zeichnung für Orchester op. 160 (1956/57)

Sestina für Sopran und neun Instrumente op. 161 (1957)

Ausgerechnet und verspielt. »Spiel«-Oper op. 179 (1961)

Der goldene Bock. Oper in vier Akten op. 186 (1962/63)

Der Zauberspiegel. Fernsehoper in 14 Bildern op. 192 (1963/66)

Perspectives für Orchester op. 199 (1967)

Das kommt davon, oder Wenn Sardakei auf Reisen geht. Oper in elf Szenen op. 206 (1967/69)

Static and ecstatic für Orchester op. 214 (1972)

Auf- und Ablehnung für Orchester op. 220 (1974)

They knew what they wanted für Sprecher, Oboe, Klavier, Schlagzeug und Tonband op. 227 (1977)

The Dissembler. Monolog für Bariton und Kammerorchester op. 229 (1978)

Im Tal der Zeit. Sinfonische Skizze für Orchester op. 232 (1979)

Konzert für Orgel und Orchester op. 235 (1982)

Streichtrio in zwölf Stationen op. 237 (1985)

Opus 239 für Horn und Orgel (1988)

Opus sine nomine für Soli, gemischten Chor und Orchester op. 238 (1988/89)

Sonate für Klavier Nr. 7 op. 240 (1988)

GYÖRGY KURTÁG

»Wir sind unschuldig daran, wenn irgend etwas gelingt, und genauso auch daran, wenn etwas nicht gelingt. Gelegentlich gehe ich mit dem Gefühl aus den Budaer Wäldern nach Hause, daß ich etwas ganz Großartiges gefunden habe – aber es ist nicht der Fall. Ein anderes Mal wird etwas in zwei Minuten geboren, an dem man nie mehr etwas ändern muß ... Andere Stücke hatten viele Veränderungen, und man mußte oft auf sie zurückkommen.«

Mit dieser Aussage charakterisierte György Kurtág seinen Schaffensprozeß, der neben ausgesprochen produktiven Phasen auch lang anhaltende Krisen aufweist. So feilte er zum Teil jahrelang an kleinsten Miniaturen seines überschaubaren Œuvres.

György Kurtág gilt heute, neben dem schon früh aus seiner Heimat ausgewanderten György Ligeti, als der wichtigste zeitgenössische Komponist Ungarns. Dabei hat er erst sehr spät auch internationale Anerkennung gefunden. Vielen, auch Kennern der Musikszene, ging es nicht anders als Pierre Boulez, der bei der ersten Durchsicht einer Partitur Kurtágs diesen für einen talentierten Nachwuchskomponisten hielt. Noch in den achtziger Jahren gestand er: »Die Musik von György Kurtág habe ich erst viel zu spät kennengelernt. Ich weiß nicht warum, infolge welcher unseligen Verkettung von Umständen – jedenfalls war sie mir bis in die letzten Jahre vollständig entgangen. Ich kannte keine Note, nicht einmal den Namen des Komponisten.« György Kurtág wurde erst als Mittfünfziger Ende der siebziger, Anfang der achtziger Jahre von der Musikszene wahrgenommen. Seine Werke avancierten innerhalb weniger Jahre zu einem Geheimtip und wurden von den international renommiertesten Ensembles für Neue Musik zur Aufführung gebracht.

György Kurtág kam am 19. Februar 1926 im damals zu Ungarn gehörenden Lugos zur Welt, einer Kleinstadt zwischen Temesvár und dem »Eisernen Tor«, die heute in Rumänien liegt. Mit fünf Jahren erhielt er ersten Klavierunterricht, den er schon zwei Jahre später wieder aufgab. Die Gymnasialzeit verbrachte er in Temesvár, wo er als Vierzehnjähriger den Instrumentalunterricht wieder aufnahm und erste Theorie- und Kompositionsstunden erhielt. Als erstes Werk schrieb er 1942 eine Suite für Klavier. Der poetisch-melancholische Titel des Kopfsatzes, »Als ob jemand käme«, nimmt sich auch aus heutiger Sicht wie ein Motto aus, das über vielen Werken Kurtágs stehen könnte.

Aus der rumänischen Provinz zog es den jungen Komponisten in die Großstadt. Bereits als Schüler hatte er im Rundfunk das *Violinkonzert* von Béla Bartók gehört. Ihn faszinierte diese Musik, die sich so deutlich von allem unterschied, was er bis dahin kannte. Nach dem Abitur 1945 überquerte Kurtág illegal die rumänisch-ungarische Grenze, um in Budapest bei dem aus den Vereinigten Staaten zurückerwarteten Béla Bartók Komposition zu studieren. Dort lernte er György Ligeti kennen, der mit der gleichen Absicht seine Heimat verlassen hatte. In der ungarischen Hauptstadt erreichte sie die Nachricht vom Tode Bartóks, woraufhin beide beschlossen, statt dessen in der Klasse von Sándor Veress zu studieren. Daran erinnerte sich Ligeti viele Jahre später: »Ich traf György Kurtág zum ersten Male im September 1945, als wir beide die Aufnahmeprüfung machten in Sándor Veress' Kompositionsklasse. Er war neunzehn, ich zweiundzwanzig. In jenen Tagen, nur wenige Monate nach Kriegsende, herrschte in Budapest eine große Knappheit an Lebensmitteln und Wohnungen; etwa dreiviertel aller Häuser der Stadt lag in Ruinen. Es gab in ganz Budapest kein verglastes Fenster, die leeren

Fensterrahmen waren mit Papier ausgefüllt, im besten Falle mit dünnen Holzbrettern vernagelt. Im Laufe des Herbstes, als es immer kälter wurde, mußte man die Fenster stets geschlossen halten, wodurch es auch tagsüber finster wurde. Es gab keinerlei Heizmaterial, die dicht mit Menschen gefüllten Wohnungen waren von bitterer Kälte durchweht. Doch nahmen wir die Härte des Alltags kaum zur Kenntnis: der Krieg war aus, und in der Stadt pulsierte das kulturelle und künstlerische Leben in aller Vielfalt und Buntheit. Das Ende der Nazi-Diktatur setzte einen intellektuellen Energieschub frei, die Künste blühten auf. Hungernd und frierend, doch mit ungeahntem Elan gingen die am Leben gebliebenen Schriftsteller und Künstler an die Arbeit. Kurtág und ich waren angezogen und beeinflußt von diesem intensiven künstlerischen und literarischen Leben. Trotz der schlimmen Erfahrungen während der Nazi-Zeit waren wir beide von jugendlichem Optimismus erfüllt, voller Hoffnung auf eine moderne ungarische Kultur. Beide waren wir Bartók-Anhänger und sahen in seiner Musik die Grundlage für eine weitere Entwicklung eines neuen, chromatisch-modalen musikalischen Idioms, das international sein sollte und dennoch in der ungarischen Tradition verwurzelt. Eine ganz spontane Freundschaft entstand zwischen Kurtág und mir in jener halben Stunde, in der wir mit klopfendem Herzen im Jugendstil-Korridor der Hochschule darauf warteten, in den Prüfungsraum gerufen zu werden. Ich fühlte, daß ich in Kurtág einen musikalischen Weggenossen gefunden hatte – so verwandt waren unsere Ansichten und so identisch unsere Vorstellungen eines neuen Musikstils.«

Die Freundschaft, die sie unmittelbar vor der Aufnahmeprüfung schlossen, dauert trotz ihrer unterschiedlichen kompositorischen Entwicklungen bis heute an. Auch nach Ligetis Flucht 1956 nach Österreich, seinem Umzug nach Köln und schließlich nach Hamburg riß der Kontakt nicht ab. Kurtág, der in den frühen fünfziger Jahren der Kommunistischen Partei Ungarns nahegestanden und neben Massenchören auch eine *Koreanische Kantate* komponiert hatte, blieb nach einem mißglückten Fluchtversuch zunächst in Ungarn. Doch die blutige Niederschlagung des Aufstandes, die Ligeti außer Landes getrieben hatte, stürzte Kurtág in ernste Selbstzweifel und eine verheerende Schaffenskrise.

1957/58 führte ihn ein Studienaufenthalt nach Paris, wo er Kurse bei Olivier Messiaen, Darius Milhaud und Max Deutsch besuchte und erstmals die Musik der Zweiten Wiener Schule kennenlernte. Doch auch hier wirkten die Ereignisse in seiner ungarischen Heimat nach und brachten sein kompositorisches Schaffen völlig zum Erliegen: »1956 ist die Welt für mich tatsächlich zusammengebrochen. Nicht nur die äußere Welt, sondern auch meine innere. Unzählige moralische Fragen tauchten auf, meine ganze Haltung als Mensch wurde in Frage gestellt. Ich bin damals ziemlich tief heruntergekommen. Früher hatte ich die Verantwortung für alles immer anderen in die Schuhe geschoben, und nun mußte ich erkennen, daß ich mich in mir selbst, in meinem Charakter getäuscht hatte. Komponieren konnte ich immer nur dann, wenn ich einigermaßen gut mit mir selber auskam, wenn ich akzeptieren konnte, wie ich war, wenn ich mich meiner Identität versichert hatte. In Paris empfand ich bis zur Verzweiflung, daß es in der Welt nichts Wahres gäbe, daß ich keinen Halt in der Wirklichkeit finden konnte.«

Marianne Stein, eine auf die Arbeit mit Künstlern spezialisierte Psychologin, konnte während dieser Krise entscheidenden Einfluß auf Kurtágs weitere künstlerische Entwicklung nehmen. Sie brachte ihn dazu, sich zunächst auf winzige Einheiten zu konzentrieren, kleine, überschaubare Komplexe zu erfinden und diese dann miteinander zu vernetzen. Kurtág schrieb später: »Ich begann aus Streichhölzern eckige Figuren zu formen. Es entwickelte sich eine Symbolwelt. Ich fühlte mich in einem regenwurmartigen Ungezieferzustand mit einem gänzlich reduzierten Menschsein ... Den Streichholzkompositionen gab ich auch einen Titel: ›Die Kakerlake sucht den Weg zum Licht‹.« Allmählich stabilisierte sich Kurtágs psychischer Zustand. Es entstand ein *Streichquartett* von fast Webernschen Dimensionen, das er ostentativ mit der Opuszahl 1 versah. In den folgenden, zunächst ebenfalls rein instrumentalen Werken, so etwa in den *Acht Klavierstücken* op. 3 oder den *Splittern* op. 6 c, vertiefte er die Komprimierung des Materials zu winzigen Formen.

Die auf das Äußerste reduzierte Form der Miniatur kennzeichnet Kurtágs Musik. Viele seiner Werke dauern nur einige Minuten, einzelne Sätze zum Teil nur wenige Sekunden. Hinzu kommt eine Vorliebe für kleine kammermusikalische und möglichst transparente Besetzungen. Schon die Titel vieler seiner Stücke – *Splitter, Fragmente, Zeichen, Sprüche* oder *Szenen* – dokumentieren die Neigung zur kurzen, chiffrehaften Formulierung. Auch seine größeren Arbeiten, wie etwa die fast einstündigen *Kafka-Fragmente*, bauen sich konsequenterweise aus einer Reihung solcher Miniaturen auf. Man hat Kurtág häufig einen latenten Hang zur Oper nachgesagt, der sich von seinem expressiven Umgang mit der menschlichen Stimme ableiten lasse, aber bislang deutet nur eine Reihe klein besetzter Vokalzyklen von eher lyrischem Charakter auf eine solche Neigung hin. Für die Bühne hat Kurtág bis heute nicht komponiert.

Zu diesen Vokalzyklen zählen die *Szenen aus einem Roman* aus den Jahren 1981/82,

die Kurtágs typischen Kompositionsstil aufweisen. Das verwendete Instrumentarium ist äußerst begrenzt: Neben der Sopranstimme setzt Kurtág lediglich Violine, Kontrabaß und Cymbal ein. Ganze Instrumentengruppen werden hier durch solistische Partien repräsentiert: Neben dem gläsernen Klang des Cymbal, eines ungarischen Nationalinstruments, treffen höchste und tiefste Lagen der Streicher aufeinander. In den *Szenen aus einem Roman* hat Kurtág fünfzehn Gedichte der russischen, jedoch in Ungarn lebenden Dichterin Rimma Dalos vertont. Sie schrieb für viele seiner Werke die Texte, von kleinen Stücken wie dem *Lebewohl* oder dem *Requiem für einen Freund* bis hin zu umfangreichen Liederzyklen wie den *Botschaften der verstorbenen R. W. Trussowa* oder den genannten *Szenen aus einem Roman*.

Ungewöhnlicherweise vertonte Kurtág die Gedichte nach dem russischen Original, einer Sprache, die von nichtrussischen Komponisten nur sehr selten berücksichtigt wird. Die Gedichte von Rimma Dalos umfassen in der Regel nur wenige Zeilen, manchmal lediglich einen einzigen Satz. In ihrer äußersten Verknappung entsprechen diese Vorlagen Kurtágs kompositorischem Naturell.

Die Beschränkung auf ein kleines, sehr heterogenes Instrumentarium ist für viele Werke Kurtágs bezeichnend. Trotz der extremen klanglichen Möglichkeiten kultiviert er in seiner Musik die Kunst der zarten Übergänge. Oft kontrapunktieren nur wenige Töne wie punktuelle Einsprengsel eine kurze Gesangslinie und unterstreichen, dramaturgisch eingesetzt, harmonisch die Phrase. Es gelingt Kurtág, mit dieser verhaltenen Musik emotionale Spannungsverhältnisse von größter Tragweite zu erzeugen und mit wenigen Noten ganze Abgründe auszuloten. Auch gelegentliche Anklänge an die Volksmusik seiner Heimat sind von dem persönlichen Stil Kurtágs gekennzeichnet. In seiner konsequenten Haltung ist der Komponist vielleicht der wichtigste Meister der kleinen Form nach Anton Webern.

Die Konzertprogramme seiner Musik gestaltet György Kurtág häufig selbst. Kleinformatige Werke montiert er zu Gruppen, die zusammenhängend gespielt werden sollen. Auf diese Weise ergeben sich aus den Miniaturen größere Einheiten von Stücken, die oft auch thematisch aufeinander bezogen sind.

György Kurtág, der lange Jahre als Professor an der Musikakademie in Budapest unterrichtete, gilt als Phänomen innerhalb des heutigen Musikbetriebs, denn seine individuelle Musiksprache wird von ganz verschiedenen Strömungen innerhalb der neuen Musik geschätzt. Minimalisten, Freunde experimenteller Musik oder Anhänger einer neuen Expressivität scheinen sich alle auf seine Musik einigen zu können. Wie eine imaginäre Klammer hält er die divergierenden Richtungen der Avantgarde zusammen. Der Komponist kommentiert lakonisch und bescheiden: »Manchmal gelingt es ganz zufällig, aus dem Nichts etwas Gutes zu schaffen. Aber sehr oft gelingt das eben nicht.«

WERKE (Auswahl)

Suite für Klavier zu vier Händen (1950/51)
Koreanische Kantate für Bariton, Chor und Orchester (1952/53)
Konzert für Bratsche und Orchester (1953/54)
Streichquartett op. 1 (1959)
Bläserquintett op. 2 (1959)
Acht Klavierstücke op. 3 (1960)
Acht Duos für Violine und Cymbal (oder Klavier) op. 4 (1960/61)
Zeichen für Viola op. 5 (1961)
Cinque Merrycate für Gitarre op. 6 (1962)
Die Sprüche des Péter Bornemisza. Concerto für Sopran und Klavier op. 7 (1963/68)
Erinnerung an einen Winterabend für Sopran, Violine und Cymbal op. 8 (1969)
Vier Capriccios für Sopran und Ensemble op. 9 (1969/70)
Splitter für Cymbal op. 6c (1973)
Vor-Spiele für Klavier (1973)
Lieder auf Gedichte von János Pilinsky für Baß und Kammerensemble op. 11 (1973/75)
Erinnerungsgeräusch. Sieben Lieder für Sopran und Violine op. 12 (1974/75)
In memoriam György Zilcz für zwei Trompeten, zwei Posaunen und Tuba (1975)
Botschaften der verstorbenen R. W. Trussowa für Sopran und Ensemble op. 17 (1976/80)
Hommage à András Mihály. Zwölf Mikroludien für Streichquartett op. 13 (1977/78)
Splitter für Klavier op. 6d (1978)
Omaggio a Luigi Nono für Chor a cappella op. 16 (1979)
Sieben Bagatellen für Flöte, Klavier und Kontrabaß op. 14d (1981)
Szenen aus einem Roman. 15 Lieder für Sopran, Violine, Kontrabaß und Cymbal op. 19 (1981/82)
Attila-József-Fragmente für Sopran solo op. 20 (1981/82)
Sieben Lieder für Sopran und Cimbalon (oder Klavier) op. 22 (1981)
Acht Dezső-Tandori-Chöre für gemischten Chor op. 23 (1981/84)
Kafka-Fragmente für Sopran und Violine op. 24 (1985)
Drei Lieder zu Gedichten von János Pilinsky für Sopran und Klavier op. 11a (1986)
Drei alte Inschriften für Sopran und Klavier op. 25 (1986)
Requiem für einen Freund für Sopran und Klavier op. 26 (1986/87)
Lebewohl für Sopran und Klavier op. 26/4 (1986/87)
... Quasi una fantasia ... für Klavier und Instrumentengruppen op. 27 Nr. 1 (1987/88)
Officium breve in memoriam Andreae Szervánszky für Streichquartett op. 28 (1988/89)
Hölderlin: An ... für Tenor und Klavier op. 29 (1988/89)
Grabstein für Stefan für Gitarre und Instrumentengruppen op. 15c (1989)

Doppelkonzert für Klavier, Violoncello und zwei
Kammerensembles op. 27 Nr. 2 (1989/90)
Ligature e Versetti für Orgel (1990)
Hommage à R. Sch. für Klarinette, Viola und
Klavier op. 15d (1990)
Samuel Beckett: What is the word für Alt (Rezita-
tion), Vokal- und Kammerensemble op. 30b
(1990/91)
Tamás Blum in memoriam für Viola (1992)

Lebenslauf für zwei Bassetthörner und zwei
Klaviere op. 32 (1992)
Sieben Stücke aus Rückblick für Trompete und
Kontrabaß (1993)
Stele für Orchester op. 33 (1994)
Messages/Botschaften für Orchester op. 34 (1996)
Zwei Lieder auf Gedichte von Ulrike Schuster für
Gesang und Klavier (1996)

HELMUT LACHENMANN

»Als ich 1966 in meinem Cellokonzert ›Notturno‹ erstmals Geräusche konsequent als musikalische Ausdrucksmittel eingesetzt habe, hatten bereits John Cage, Mauricio Kagel oder Dieter Schnebel mit Geräuschen beziehungsweise mit deformierten Instrumentalklängen Musik gemacht. Worin sich meine Praxis unterscheidet, ist die besondere Logik, die von den physikalischen Entstehungsvoraussetzungen ausgeht und die Geräusche so differenziert ausartikuliert und miteinander verbindet, wie man das sonst nur mit den Tönen macht. Ich habe 1963 in Köln in einem Kurs mit Aloys Kontarsky voller Begeisterung Schnebels ›Glossolalie‹ miteinstudiert, aber dabei begriffen, daß sich Musik aus Geräuschen zur surrealistischen Groteske verharmlosen kann. Wo bei anderen die Grenze zum Spaß sich verwischen konnte, wollte ich unmißverständlich Ernst machen.«

Dies bedeutete für Helmut Lachenmann zuallererst, Geräusche ernst zu nehmen und sie als gleichberechtigte Klangquellen neben den traditionellen Tönen gelten zu lassen. In seiner Musik wird das Geräusch weitgehend zum Träger der musikalischen Struktur. Mit dem Innenleben des Klangs rückte gleichsam das Ein- und Ausschwingen ins Zentrum seines Interesses. In seinen Werken der späten sechziger Jahre wurde der normal erzeugte Ton zum Sonderfall. Lachenmann definierte Schönheit als »Verweigerung von Gewohnheit« und entwickelte eine Poetik des Geräuschs. Mit einer neuartigen musikalischen Sprache, die er in Anlehnung an die mit konkreten Alltagsklängen arbeitende »musique concrète« »musique concrète instrumentale« nannte, wollte er eingeschliffene Hörgewohnheiten durchbrechen.

Helmut Friedrich Lachenmann, der am 27. November 1935 in Stuttgart geboren wurde, stammt aus einer Pfarrersfamilie. Er studierte von 1955 bis 1958 an der Musikhochschule seiner Heimatstadt Musiktheorie und Kontrapunkt bei Johann Nepomuk David und Klavier bei Jürgen Uhde. 1957 nahm er erstmals an den Darmstädter Ferienkursen teil, dem damals wichtigsten europäischen Zentrum zeitgenössischen Komponierens. Dort lernte Lachenmann Luigi Nono kennen und beschloß, als dessen Schüler nach Venedig zu gehen. Die Zeit bei Nono war vor allem für die ästhetische Entwicklung des jungen Komponisten von Bedeutung: »Nono hat mir den Geist nach vorne geöffnet. Ihm verdanke ich das Entscheidende. Ich war sein erster und lange Zeit einziger Schüler. Nach meiner Ankunft in Venedig hat er mich zunächst mit Literatur und Bildersammlungen der Futuristen versorgt, außerdem mit Partituren von alten und neuen Komponisten, alles zur Analyse. Dazu kamen serielle Übungen, die mir absolut unnütz erschienen und denen ich nur dadurch entrinnen konnte, daß ich selbst anfing zu komponieren. Aber wie? Ich fühlte mich in dieser Situation völlig überfordert, begriffsstutzig, wie gelähmt und total verlassen. Die Krisen waren schrecklich. Ich war nahe am Aufgeben, spielte mit dem Gedanken an andere Berufsziele. Ein Komponist ohne Musik! Nono selbst kam mir keinen Schritt entgegen, seine pädagogischen Manöver grenzten zuweilen an Grausamkeit. ›Heute mache ich ihn fertig‹, sagte er eines Morgens zu seiner Frau Nuria. Offenbar war sein Lehrer Scherchen ebenso mit ihm umgegangen. Zum Glück habe ich in meiner Ahnungslosigkeit alles richtig verstanden, habe – gezwungenermaßen – mir selbst verborgene Kräfte entwickelt, kreative und moralische. Moralische im Sinne des Durchhaltens selbst gegen die eigenen Zweifel.« Zwei Jahre blieb Lachenmann bei Nono. In dieser Lehrzeit entwickelte sich trotz aller Krisen eine lebenslange Freundschaft, die nicht zuletzt auch auf Nonos Schaffen zurückwirkte. Doch bis Lachenmann zu seiner eigenen musikalischen Sprache fand, vergingen noch Jahre.

Zu den ersten, noch während der Lehrzeit bei Nono entstandenen Werken zählt *Souvenir* für 41 Instrumente aus dem Jahre 1959. Die Partitur verlangt keine Geigen, 27 mittlere oder tiefe Streicher, jeweils sechs Flöten und Klarinetten sowie Klavier und Schlagzeug. Dieser außergewöhnliche Apparat, der erheblich von der Besetzung eines üblichen Sinfonieorchesters abweicht, trug vermutlich dazu bei, daß das Werk erst spät, 1994, uraufgeführt wurde. Streicher und Bläser sind symmetrisch auf der Bühne angeordnet, flankiert von Klavier und Schlagzeug. Lachenmann entwickelt ein Klangkontinuum in Form eines langgezogenen, punktuell auf die Instrumentengruppen verteilten Klangbandes. Er baut damit einen Komplex auf, dessen formale Gestalt durch die permanente Verschiebung innerhalb des Klangraums ständig neue Konturen annimmt. Lachenmann organisiert das Material seriell, verzichtet allerdings noch auf die ungewöhnlichen Spieltechniken, die seine Partituren ab den sechziger Jahren bestimmen.

Zwischen 1960 und 1973 lebte Helmut Lachenmann als freischaffender Pianist und Komponist in München. Daneben unterrichtete er an verschiedenen Institutionen. Seine ersten öffentlichen und beachteten Auftritte als Komponist fanden mit Uraufführungen seiner Werke bei der Biennale in Venedig

und den Darmstädter Ferienkursen 1962 statt. Drei Jahre später wurde sein Schaffen erstmals offiziell mit dem Kulturpreis für Musik der Stadt München gewürdigt.

Als sein Opus 1 im Sinne einer vollkommen entfalteten und ausformulierten eigenen Ästhetik betrachtet Lachenmann sein Schlagzeugstück *Intérieur I* von 1966. Hier findet sich seine charakteristische Tonsprache, die formale Struktur und expressiven Gestus miteinander zu verknüpfen weiß. Die Schlaginstrumente sind bei *Intérieur I* in Form eines großen Hufeisens angeordnet. Sie bilden so einen inneren Raum für den Interpreten wie auch für den Komponisten, der ihn immer wieder neu ausleuchtet. »Die Form«, so Lachenmann, »ergibt sich dabei als mehrschichtiger Abtastprozeß von überlagerten Anordnungen und daraus resultierenden Kombinationen und Beziehungen.«

In der von Lachenmann entwickelten »musique concrète instrumentale« verweisen alle Klänge auf die Umstände und Voraussetzungen ihres Entstehens. Der Prozeß des Tönens wird thematisiert und gleichzeitig als körperliche Erfahrung in das musikalische Geschehen mit eingebunden. Das trifft auf die großen sinfonischen Arbeiten der sechziger und siebziger Jahre ebenso zu wie auf die Kammermusik- und Solowerke. Besonders deutlich zeigt es sich in seinem bekanntesten und provokativsten Stück mit dem Titel *Pression* für einen Cellisten. Hier präsentiert er seine klanglichen Vorstellungen gewissermaßen in Reinkultur. Im Zentrum steht nicht das traditionelle Klangspektrum des Instruments, sondern das Drumherum: Korpus, Saitenhalter, Steg und Bogen. Auf ihnen werden die stark geräuschhaften Klänge erzeugt. Schabende, kratzende, quietschende oder schnarrende Töne bilden das Grundmaterial. Ihnen soll man anhören, unter welchen Bedingungen sie erzeugt werden. Sie bilden eine Art negativer Folie zu dem, was der Komponist einmal den »magisch versteinerten Vorrat des philharmonisch Überlieferten« genannt hat. Mit seinem Ansatz bricht Lachenmann die eingeschliffenen Hörgewohnheiten auf und fordert ein neues Hören, um die Schönheit musikalischer Kunstwerke adäquat erkennen zu können.

Expressivität und musikalischer Ausdruck sind zentrale Begriffe seiner Ästhetik. Beides soll von Traditionen befreit in neuen Formen verwirklicht werden. Nicht »hörig«, sondern »hellhörig« soll Musik machen: »Wenn Komponieren über das tautologische Benutzen bereits verfügbarer Expressivität hinausgehen und als schöpferischer Akt an jenes humane Potential erinnern soll, welches dem Menschen seine Würde als zur Erkenntnis fähigem und aus Erkenntnis heraus handlungsfähigem Wesen gibt, dann heißt Komponieren nicht nur nicht ›zusammensetzen‹, sondern schon eher ›auseinandernehmen‹, auf jeden Fall aber: ›sich auseinandersetzen‹ mit den Zusammenhängen und Bedingungen des musikalischen Materials (und des Hörens). Wie immer dieser Vorgang gesteuert sein mag, rational oder intuitiv: er allein löst das ein, was Schönberg unübertroffen formulierte: Höchstes Ziel des Künstlers: sich ausdrücken.«

Musik darf nicht zur konsumierbaren Ware verkommen. Dieser Grundgedanke bestimmt Lachenmanns Umgang mit der musikalischen Tradition, zum Beispiel in *Accanto – Musik für einen Soloklarinettisten mit Orchester* aus den Jahren 1975/76. Hier bezieht Lachenmann das Klarinettenkonzert von Mozart mehrfach gebrochen mit ein. Die klassischen Elemente erklingen als Zitate nicht im Orchester, sondern aus Lautsprechern. Zudem sind diese Phrasen so kurz, daß sie kaum als Zitate kenntlich werden. Mozarts Klarinettenkonzert bildet somit nur eine Schicht von vielen und wird mittels

unterschiedlicher Techniken in das orchestrale Gefüge eingebunden. Das Vertraute findet nur in negierter Form Eingang in den musikalischen Satz.

Die Phänomene des Ein- und Ausklingens spielen eine zentrale Rolle in Lachenmanns »musique concrète instrumentale«. In *Ausklang. – Musik für Klavier mit Orchester* ist der Titel Programm und kündigt die verschiedenen Varianten des Ausklingens von Klavier und Orchester und deren Verknüpfbarkeit an. Lachenmann entwickelt in diesem Stück einen Kosmos von Resonanzen, vom einfachen Klavierpedal und Klangverlängerungen bis zu äußerst differenzierten Echobildungen. Darin sieht der Komponist »einen fernen Nachklang des uralten Wunschtraums, die Schwerkraft zu überwinden«. Die Orchesterwerke Lachenmanns verstehen sich nicht als Rede an die Menschheit oder als bekenntnishafte Epen, wie so oft in der Geschichte dieser Gattung. Sie sind von »wehrloser Schönheit«, wie der Komponist sich einmal ausdrückte. Das gilt in besonderem Maße für *Ausklang*. Hier dominieren über weite Strecken leise Passagen annähernd kammermusikalischer Faktur. Die virtuose Zurschaustellung des orchestralen Apparates wird konterkariert und ein irritierendes Spiel mit den Gattungen Klavierkonzert und Sinfonie getrieben. Doch die Momente reflektierenden Innehaltens werden immer wieder durch gestische, markante Einwürfe unterbrochen. Lachenmann selbst nannte *Ausklang* einmal einen »Parcours von Situationen, die auseinander hervorgehen«, und tatsächlich sind die unterschiedlichen Abschnitte durch ein Netz innermusikalischer Beziehungen miteinander verknüpft.

Lachenmanns Erstlingswerk für das Musiktheater, *Das Mädchen mit den Schwefelhölzern* nach dem Märchen Hans Christian Andersens, ist ebenfalls seinem spezifischen

Idiom verpflichtet. Auch hier setzt er einen differenzierten im Raum verteilten Orchesterapparat ein und bevorzugt ungewohnte und unverbrauchte Spieltechniken. Die Premiere in der Hamburgischen Staatsoper 1997 wurde zu einem aufsehenerregenden musikalischen Ereignis, dem alle wichtigen Vertreter der neuen Musik beiwohnten. Sämtliche Vorstellungen im Großen Haus waren ausverkauft, ein Zeichen für die Bedeutung dieses Werkes und seines Schöpfers.

Lachenmanns Kompositionen wurde zu Unrecht immer wieder Kopflastigkeit und Intellektualismus vorgeworfen. Eine solche Kritik übersieht den sensibel-sinnlichen, fast zärtlichen Umgang mit dem Phänomen des Klangs, wodurch sich alle seine Werke auszeichnen. »Was ich will, ist immer dasselbe: eine Musik, die mitzuvollziehen nicht eine Frage privilegierter intellektueller Vorbildung ist, sondern einzig eine Frage kompositionstechnischer Klarheit und Konsequenz; eine Musik, zugleich als Ausdruck und ästhetisches Objekt einer Neugier, die bereit ist, alles zu reflektieren, aber auch in der Lage, jeden progressiven Schein zu entlarven: Kunst als vorweggenommene Freiheit in einer Zeit der Unfreiheit.«

WERKE (Auswahl)

Souvenir. Musik für 41 Instrumente (1959)
Fünf Strophen für neun Instrumente (1961)
Echo Andante für Klavier (1961/62)
Wiegenmusik für Klavier (1963)
Trio fluido für Klarinette, Viola und Schlagzeug (1966/67)
Intérieur I für einen Schlagzeugsolisten (1966)
Notturno (Musik für Julia) für kleines Orchester mit Violoncello solo (1966/68)

Consolation I für zwölf Stimmen und vier Schlagzeuger (1967)
Les Consolations für 16 Stimmen und Orchester (1967/78)
Consolation II für 16 Stimmen (1968)
Air. Musik für großes Orchester mit Schlagzeug-Solo (1968/69)
temA für Flöte, Stimme und Violoncello (1968)
Pression für einen Cellisten (1969/70)
Guero für Klavier (1970)
Dal niente (Intérieur III) für einen Solo-Klarinettisten (1970)
Kontrakadenz für großes Orchester mit Tonband (1970/71)
Gran Torso. Musik für Streichquartett (1971/72)
Klangschatten – mein Saitenspiel für 48 Streicher und drei Konzertflügel (1972)
Fassade für großes Orchester mit ad-hoc-Spielern, Synthesizer und Zuspielband (1973)
Schwankungen am Rand. Musik für Blech und Saiten (1974/75)
Accanto. Musik für einen Solo-Klarinettisten mit Orchester (1975/76)
Salut für Caudwell. Musik für zwei Gitarristen (1977)
Tanzsuite mit Deutschlandlied. Musik für Orchester mit Streichquartett (1979/80)
Ein Kinderspiel für Klavier (1980)
Harmonica. Musik für großes Orchester mit Solo-Tuba (1981/83)
Mouvement (– vor der Erstarrung) für Ensemble (1982/84)
Ausklang. Musik für Klavier mit Orchester (1984/85)
Staub für Orchester (1985/87)
Toccatina für Violine (1986)
Allegro sostenuto. Musik für Klarinette, Violoncello und Klavier (1986/88)
Tableau für Orchester (1988/89)
Streichquartett Nr. 2 »Reigen seliger Geister« (1989)
Das Mädchen mit den Schwefelhölzern. Musik mit Bildern, Musiktheater (1990/96)
»... Zwei Gefühle ...«. Musik mit Leonardo für zwei Sprecher und Ensemble (1991/92)

GYÖRGY LIGETI

»Ich verließ Ungarn einmal wegen meiner
prinzipiellen Ablehnung des totalitären Systems und zum anderen, weil ich mich als
Komponist in diesem System nicht entwikkeln konnte. Man durfte meine Stücke weder
aufführen noch publizieren. Der Übergang in
die westliche Kultur war für mich deshalb
nicht schwierig, weil ich in Köln in einen
Kreis kam, der mich bald akzeptierte; das

rettete mich vor der Isolation. Und zu verdanken habe ich das Stockhausen, Maderna, Boulez, Koenig und anderen.«

Als György Ligeti nach dem Aufstand in Ungarn 1956 seine Heimat verließ und nach einem kurzen Aufenthalt in Wien schließlich in Köln eintraf, war der Name des damals 33jährigen Komponisten hierzulande so gut wie unbekannt. Sein Ziel war zunächst das elektronische Studio des Westdeutschen Rundfunks. Nachdem Ligeti noch in Ungarn im Radio Karlheinz Stockhausens *Gesang der Jünglinge* gehört hatte, beschloß er, sich ebenfalls mit den Möglichkeiten elektronischer Musik vertraut zu machen. Die Begegnung mit Stockhausen und den übrigen Vertretern der Avantgarde, die sich damals vor allem in Köln sammelten, war folgenreich. Bereits seine erste elektronische Komposition *Artikulation* von 1958 ließ aufhorchen. Schon bald, spätestens nach der Uraufführung seines Orchesterstücks *Apparitions* bei den Weltmusiktagen in Köln 1960, zählte der Flüchtling aus Ungarn zu den wichtigsten Vertretern der Neuen Musik.

Geboren wurde György Ligeti am 28. Mai 1923 in dem siebenbürgischen Städtchen Dicsőszentmárton (rumänisch Tîrnăveni). Er ging in Klausenburg zur Schule, wo er 1941 sein Abitur machte. Eigentlich hatte er Physik studieren wollen, wurde aber an der Universität nicht zugelassen, weil er jüdischen Glaubens war. Ligeti besuchte daraufhin das Konservatorium in Klausenburg, wo er Orgel und Musiktheorie bei Ferenc Farkas, einem der damals renommiertesten Komponisten Ungarns, studierte. Außerdem nahm er privaten Kompositionsunterricht. Schon als Vierzehnjähriger hatte er mit ersten Kompositionsversuchen begonnen, zunächst im Stil Edvard Griegs. Seine erste veröffentlichte Komposition war das Lied *Kineret,* das 1941 in Budapest gedruckt wurde. Nach Ende des Zweiten Weltkrieges, in dem er noch zum Arbeitsdienst innerhalb der ungarischen Armee eingezogen worden war, ging er nach Budapest. Dort wurde Béla Bartók aus seinem Exil in den Vereinigten Staaten zurückerwartet, und bei ihm wollte Ligeti, wie übrigens auch György Kurtág, Komposition studieren. In Budapest erfuhr er von Bartóks Tod und beschloß daraufhin, bei Sándor Veress Unterricht zu nehmen. Bis 1949 dauerte das Studium an der Budapester Musikhochschule. Anschließend unternahm Ligeti eine ausgedehnte Reise durch Rumänien, wo er in der Tradition von Bartók und Kodály Volkslieder sammelte und aufzeichnete.

Von 1950 bis 1956 unterrichtete er als Dozent für Harmonielehre, Kontrapunkt und musikalische Analyse an der Hochschule in Budapest und verfaßte zwei Lehrbücher über klassische Harmonik, die bis heute in Ungarn verwendet werden. In jenen Jahren setzte sich Ligeti mit dem Schaffen der Zweiten Wiener Schule um Arnold Schönberg auseinander. Seine eigenen Werke aus dieser Zeit, vor allem Chorsätze, Klavierstücke und das *1. Streichquartett,* sind hauptsächlich von Bartók, aber auch von Alban Berg und Igor Strawinsky beeinflußt. Im kommunistischen Ungarn bestand für Ligeti kaum eine Möglichkeit, seine Werke aufzuführen. Selbst ein Teil der Kompositionen Béla Bartóks durfte damals nicht gespielt werden.

Lediglich die volkstümlicheren Stücke standen auf den Konzertprogrammen. Ligeti lebte und arbeitete nahezu abgeschnitten von den Tendenzen der Avantgarde in Westeuropa. Einzig westliche Rundfunksender, deren Empfang häufig durch die Zensur gestört wurde, boten die Möglichkeit, experimentelle Musik kennenzulernen.

1956 arbeitete Ligeti an dem Orchesterstück *Visionen*. Erstmals benutzte er hier Klangflächen und Cluster, wie sie später für viele Jahre seine Kompositionen bestimmen sollten. Zwar gilt die Partitur seit Ligetis Flucht 1956 aus Ungarn als verschollen, aber große Partien dieses Werkes fanden später Eingang in den ersten Satz seines 1959 bereits im Westen vollendeten Orchesterstücks *Apparitions*. Zunächst ließ er sich in Wien nieder, arbeitete in einem Musikverlag und ging wenig später auf Einladung Karlheinz Stockhausens nach Köln, wo er im Elektronischen Studio des Westdeutschen Rundfunks arbeitete. Mit *Glissandi* und *Artikulation* entstanden seine ersten Tonbandkompositionen, in denen Ligeti, ganz anders als in der fast klinisch reinen elektronischen Musik jener Zeit, imaginäre Szenen schuf, bei denen gesprochene Laute, keine Sinustöne, das Ausgangsmaterial bildeten. Doch auf Dauer vermochte das neue Medium Ligeti nicht zu fesseln: »Ich bin sehr schnell an die Grenzen dieser Möglichkeiten im elektronischen Studio gestoßen, und ich mag eigentlich den Lautsprecherklang nicht. Ich habe diese traditionelle Neigung, die akustischen Instrumente zu bevorzugen ... Daraufhin habe ich beschlossen, meine Erfahrungen im Studio mit dem, was ich gelernt oder unterrichtet habe, zu kombinieren. Das hat mich dann Ende der fünfziger, Anfang der sechziger Jahre zu neuartigen Orchesterstücken, das waren ›Apparitions‹ (1958/59) und ›Atmosphères‹ (1961), geführt. Auf diese Weise war das elektronische Studio unglaublich fruchtbar. Ich wäre ein ganz anderer Komponist, wenn mir diese zwei Jahre fehlen würden, die ich in Köln verbracht habe.« Die Arbeit im elektronischen Studio bildete in gewisser Weise die Voraussetzung für die folgenden Orchesterwerke. Zur elektronischen Komposition kehrte Ligeti später nicht mehr zurück.

Apparitions wurde 1960 in Köln, *Atmosphères* ein Jahr später während der Donaueschinger Musiktage uraufgeführt. Der spektakuläre Erfolg machte Ligeti gewissermaßen von einem Tag auf den anderen berühmt. Kompositorisch setzte er hier eine Idee um, die ihm bereits in Ungarn vorgeschwebt hatte: Eine statische und gleichzeitig in sich bewegte, schillernde Musik, die auf traditionelle Kategorien wie Melodik und Metrik vollständig verzichtet. Die Klangfarbe wird zum zentralen Parameter in Form von irisierenden Klangflächen, die durch eine kontrapunktische Binnenfaktur miteinander verschmolzen werden. Es gibt keine Themen oder Motive. »Das ist eine Musik, die den Eindruck erweckt, als ob sie kontinuierlich dahinströmen würde, als ob sie keinen Anfang hätte, auch kein Ende; was wir hören, ist eigentlich ein Ausschnitt von etwas, das schon immer angefangen hat und noch immer weiterklingen wird. Typisch für all diese Stücke ist: es gibt kaum Zäsuren, die Musik fließt also wirklich weiter. Das formale Charakteristikum dieser Musik ist die Statik.« Die Illusion der in sich bewegten Flächen erzeugt Ligeti in *Atmosphères* durch eine im einzelnen hörbar nicht nachvollziehbare Bewegung des bis zu 54stimmigen Satzes. Diese Mikropolyphonie hatte der Komponist bis ins kleinste Detail ausgearbeitet. Berühmt wurde *Atmosphères* auch dadurch, daß der Filmregisseur Stanley Kubrick die Musik als Klangkulisse für ein fahrendes Raumschiff in seinem Kultfilm *2001 – Odyssee im Weltraum* einsetzte. Die Struktur von

Atmosphères, so erklärte Ligeti einmal in einem Interview, stehe in Zusammenhang mit Bildern aus einem seiner frühesten Träume: Sein Kinderzimmer sei von riesigen Spinnennetzen durchzogen gewesen, in denen sich gespenstische Insekten verfingen, wodurch sich die Netze immer weiter verheddert hätten. Doch noch eine andere Vorstellung, die Idee einer mechanisch tickenden Musik, hatte ihn seit frühester Jugend verfolgt. Sie realisierte er kurze Zeit nach *Atmosphères* in seinem *Poème symphonique* für 100 Metronome. Auf unterschiedliche Geschwindigkeiten eingestellt, setzen sie sich zugleich in Bewegung. Da die schneller tickenden Metronome eher ablaufen, verschiebt sich der akustische Eindruck allmählich vom eher chaotischen Tutti des Beginns bis zum solistischen Ticken des letzten Metronoms. Abgesehen davon, daß Ligeti sich mit diesem Stück dem damals aktuellen Happening näherte, setzte er damit konsequent den Weg fort, den er mit seinen früheren Werken eingeschlagen hatte. Ligeti überträgt hier die Technik seiner Mikropolyphonie auf das Rhythmische und klammert die übrigen Parameter bewußt aus. Obwohl das *Poème symphonique* sich strukturell nicht so sehr von den früheren Arbeiten unterscheidet, wurde es doch anders rezipiert. Das Publikum fühlte sich bei der Uraufführung 1963 in Hilversum zum Narren gehalten und verkannte den ernsthaften Ansatz, den Ligeti hier verfolgte. Es kam zu einem regelrechten Skandal, der in üblen Beschimpfungen kulminierte.

Einen in seinem Schaffen neuartigen Weg beschritt György Ligeti mit *Aventures* und *Nouvelles Aventures*, die er zwischen 1962 und 1965 komponierte. In Annäherung an das imaginäre Theater entwickelte er eine Kunstsprache und bildete mit diesen Fantasielauten menschliche Verhaltensweisen nach. Grotesk überakzentuierte Mimik,

sinnlos erscheinende Aktionen und extreme Lautbildungen verbinden sich zu einer fast surrealen Szenerie. Dennoch sind diese »Mimodramen« höchst artifizielle Gebilde. Bis ins Detail durchkomponiert, erweisen sie sich als gestaltete Polyphonie von übereinandergeschichteten Ausdrucksgesten. Insgesamt sind es fünf imaginäre Dramen, die gleichzeitig ablaufen, sich verzahnen oder gegenläufig auseinanderstreben.

Den Höhepunkt dieser Schaffensperiode Ligetis bildet das 1965 vollendete *Requiem*. Polyphone Klangschichtungen, wie sie bereits seine früheren Orchesterwerke geprägt hatten, werden hier ins Extrem getrieben. So entfaltet sich etwa das »Kyrie« in einem äußerst raffiniert strukturierten 20stimmigen Satz. Jeweils vier untereinander kanonisch geführte Stimmen werden zu einer übergeordneten Linie gebündelt, die dann, gewissermaßen auf einer höheren Ebene, zu einer Fuge zusammenlaufen. Ähnlich komplex arbeitete Ligeti auch in den übrigen Sätzen dieses großangelegten Werkes.

In den späten sechziger Jahren, vor allem in dem Orchesterstück *Lontano* zeigt sich ein Wandel in seiner mikrotonalen Konzeption. Die Qualität Klangfarbe, bestimmendes Merkmal der bis dahin entstandenen Orchesterwerke, schlägt nun um in die Qualität Harmonik. Notiert hat Ligeti ein fast polyphones Gewebe, das vom Hörer jedoch als harmonische Abfolge wahrgenommen wird. Es gibt nicht einen harmonischen Wandlungsverlauf, sondern mehrere simultane Verläufe mit verschiedenen Geschwindigkeiten. Sie überlagern einander und erzeugen durch mannigfaltige Brechungen und Spiegelungen eine imaginäre Perspektive. »Hinter der Musik gibt es eine Musik und dahinter noch eine Musik, eine unendliche Perspektive, so wie wenn man sich in zwei Spiegeln sieht und eine unendliche Spiegelung entsteht.«

Ligeti, der bis 1969 in Wien und anschließend abwechselnd in Wien und Berlin lebte, nahm 1973 eine Professur für Komposition an der Hamburger Musikhochschule an und lebt seitdem in Hamburg und Wien. In die siebziger Jahre fällt die Arbeit an seiner ersten abendfüllenden Oper *Le Grand Macabre*, die 1978 in Stockholm uraufgeführt wurde. Hier präsentiert sich die Apokalypse als doppelbödige, surreale Groteske mit, so Ligeti, »einem Weltuntergang, der gar nicht wirklich stattfindet, dem Tod als Helden, der vielleicht nur ein kleiner Gaukler ist, der kaputten und doch glücklich gedeihenden, versoffenen, verhurten Welt des imaginären Breughellandes«. Für seine musikalisch-dramatischen Vorstellungen schien Ligeti dieser Stoff, der auf einem Drama von Michel de Ghelderode basiert, wie geschaffen: »›Le Grand Macabre‹ ist unsere heutige Welt, die auf einer anderen Ebene der Realität, auf der Ebene einer absurden Realität abgebildet ist.« Ligeti bewegt sich in dieser Oper auf dem schmalen Grat zwischen Parodie und tiefem Ernst und hält zwischen beiden eine Balance, die mehrdeutig bleibt und immer wieder umzuschlagen droht. Musikalisch verbindet der Komponist hier Kurioses wie Autohupen, Spieluhren und Türklingeln mit einer Reihe von ›Als-ob-Zitaten‹ in der Form von Anklängen an den gregorianischen Choral, an Rossini, Beethoven, aber auch an eigene Werke. In seiner Derbheit und Überzeichnung erinnert *Le Grand Macabre* an eine Abfolge niederländisch-flämischer Genreszenen, wie Hironymus Bosch sie hätte malen können. Nicht zufällig spielt die Oper im fiktiven Breughelland.

Zu Beginn der achtziger Jahre ist eine kompositorische Neuorientierung Ligetis zu beobachten. Mit dem 1982 entstandenen *Horntrio* begab er sich auf ein ganz neues Gebiet, insbesondere was die Behandlung von Rhythmik und Harmonik angeht. Die an

Brahms erinnernde Besetzung – Ligeti hat sein Werk dem deutschen Romantiker gewidmet –, aber auch die Orientierung des Tonsatzes an klassischen und romantischen Vorbildern trugen Ligeti den Vorwurf ein, die Avantgarde verraten zu haben. Daß er damit aber keine rückwärts gewandte Richtung einschlagen wollte, belegte Ligeti mit den anschließenden Werken, die wieder anderen kompositorischen Prinzipien folgten und das Horntrio isoliert in seinem Œuvre erscheinen lassen.

In den späten achtziger und frühen neunziger Jahren begann sich György Ligeti intensiv mit außereuropäischer Musik auseinanderzusetzen. An afrikanischer und asiatischer Schlagzeugmusik faszinierten ihn vor allem rhythmische Phänomene wie die Überlagerung verschiedener Pulse und Geschwindigkeiten. Diese Polymetrie, die neuartige Behandlung von Rhythmus und Metrum, bestimmt über weite Strecken sein gesamtes späteres Schaffen. Dieses Kompositionsprinzip, von Ligeti einmal als »Konzeption der generalisierten Hemiole« bezeichnet, prägt sowohl das in zwei Phasen entstandene und 1988 fertiggestellte *Klavierkonzert* als auch die Sammlung der *Études pour piano*, die, 1985 begonnen, bis heute 16 Nummern umfaßt. Hinzu kam in den vergangenen Jahren die verstärkte Auseinandersetzung mit äquidistanten, also nicht-temperierten Tonsystemen. Beeinflußt wurde sein spätes Schaffen auch durch die *Studies for Player Piano* von Conlon Nancarrow, die Ligeti überaus schätzt.

Trotz der zum Teil unterschiedlichen kompositorischen Ansätze in den verschiedenen Schaffensphasen sind die Ziele, die Ligeti in seiner Musik verfolgt, konstant geblieben. Im Zusammenhang mit seinem Klavierkonzert schrieb er: »In unserer Wahrnehmung geben wir das Verfolgen der einzelnen rhythmischen Sukzessionen bald auf, das zeitliche Geschehen erscheint uns als etwas Statisches, in sich selbst Ruhendes. Wenn richtig gespielt, also in richtiger Geschwindigkeit und mit richtiger Akzentuierung innerhalb der einzelnen Schichten, wird diese Musik nach einer gewissen Zeit ›abheben‹ wie ein Flugzeug nach dem Start: das rhythmische Geschehen, da zu komplex, um im einzelnen verfolgt zu werden, geht in ein Schweben über. Dieses Aufgehen von Einzelstrukturen in eine anders geartete globale Struktur ist eine meiner kompositorischen Grundvorstellungen: seit Ende der fünfziger Jahre, also seit den Orchesterstükken ›Apparitions‹ und ›Atmosphères‹, suche ich immer neue Lösungen, diese Grundidee zu realisieren.«

WERKE (Auswahl)

Magány (Einsamkeit) für gemischten Chor a cappella (1946)
Ballade und Tanz nach rumänischen Volksliedern für Schulorchester (1949/50)
Musica Ricercata. Elf Stücke für Klavier (1951/53)
Sechs Bagatellen für Bläserquintett (1953)
Streichquartett Nr. 1 (1954)
Glissandi. Elektronische Komposition (1957)
Artikulation. Elektronische Komposition (1958)
Apparitions für Orchester (1958/59)
Atmosphères für großes Orchester (1961)
Poème symphonique für 100 Metronome (1962)
Aventures für drei Sänger und sieben Instrumentalisten (1962)
Volumina für Orgel (1962)
Nouvelles Aventures für drei Sänger und sieben Instrumentalisten (1962/65)

Requiem für Soli, gemischte Chöre und Orchester (1965)
Konzert für Violoncello und Orchester (1966)
Lux aeterna für Chor a cappella (1966)
Lontano für großes Orchester (1967)
Etüde für Orgel Nr. 1 »Harmonies« (1967)
Continuum für Cembalo (1968)
Streichquartett Nr. 2 (1968)
Zehn Stücke für Bläserquintett (1968/69)
Ramifications für Streichorchester oder zwölf Solo-Streicher (1968/69)
Etüde für Orgel Nr. 2 »Coulée« (1969)
Kammerkonzert für 13 Instrumentalisten (1969/70)
Melodien für Orchester (1971)
Doppelkonzert für Flöte, Oboe und Orchester (1972)
Clocks and Clouds für zwölfstimmigen Frauenchor und Orchester (1972/73)
San Francisco Polyphony für Orchester (1973/74)
Le Grand Macabre. Oper in zwei Akten (1974/79)
Rondeau. Ein-Mann-Theater für einen Schauspieler und Tonband (1976)
Monument – Selbstporträt – Bewegung. Drei Stücke für zwei Klaviere (1976)
Drei Phantasien nach Friedrich Hölderlin für 16stimmigen Chor a cappella (1982)
Trio für Violine, Horn und Klavier (1982)
Magyar Etűdök (Ungarische Etüden) für 16stimmigen Chor a cappella (1983)
Études für Klavier. Erstes Heft (1985)
Konzert für Klavier und Orchester (1985/88)
Étude für Klavier VIII »Fem« (1988)
Nonesens-Madrigals für sechs Sänger a cappella (1988)
Étude für Klavier IX »Vertige« (1990)
Konzert für Violine und Orchester (1992)
Étude für Klavier XIII »Columna infinita« (1993)
Étude für Klavier XIV »Coloana fără sfârşit« (1993)
Étude für Klavier XVI »Pour Irina« (1997)

WITOLD LUTOSŁAWSKI

»1960 hörte ich einen Ausschnitt aus Cages Klavierkonzert, und diese wenigen Minuten waren Anlaß, mein Leben gründlich zu verändern. Oft nehmen Komponisten ja gar nicht die Musik wahr, die tatsächlich gespielt wird; sie dient ihnen nur als Impuls für etwas gänzlich anderes – für das Entstehen einer Musik, die einzig in ihrer Phantasie existiert. Es ist eine Art Schizophrenie – wir hören auf etwas und schaffen gleichzeitig etwas ganz anderes. Genauso erging es mir bei Cages Klavierkonzert. Während es meine Ohren beschäftigte, wurde mir plötzlich klar, daß ich eine Musik, völlig verschieden von meiner bisherigen, komponieren könnte: nicht voranschreiten zum Ganzen vom kleinen Detail aus, sondern umgekehrt beim Chaos anfangen und darin Zug um Zug Ordnung schaffen.«

Mit diesen Worten beschrieb Witold Lutosławski den Wendepunkt in seiner kompositorischen Laufbahn, ausgelöst durch die Musik von John Cage. Von da an war das kompositorische Element des Zufalls aus Lutosławskis Schaffen nicht mehr wegzudenken. Der von ihm so genannte »aleatorische Kontrapunkt«, mit dem er den gelenkten und exakt gesteuerten Zufall umschrieb, wurde zu einem Markenzeichen seines Komponierens und machte ihn zu einem der führenden Vertreter der neuen Musik Osteuropas.

Witold Lutosławski, geboren am 25. Januar 1913 in Warschau, erlebte schon als Kind die politischen Wirren dieses Jahrhunderts. Sein Vater, der im zaristischen Rußland am Aufbau polnischer Befreiungstruppen beteiligt war, wurde 1915 verhaftet und drei Jahre später als »Konterrevolutionär« in der Nähe von Moskau exekutiert. Die Mutter zog die drei Söhne allein groß. Bereits als Kind erhielt Lutosławski Musikunterricht, und im Alter von neun Jahren begann er mit ersten Kompositionsversuchen. Nach dem Abitur studierte er Klavier und Kom-

position am Konservatorium in Warschau. Mit den *Sinfonischen Variationen* entstand 1938 das erste, auch später noch vom Komponisten als vollgültig bezeichnete Werk. Der Beginn des Zweiten Weltkrieges mit dem deutschen Überfall auf Polen unterbrach die Karriere des jungen Pianisten und Komponisten. Nachdem die großen kulturellen Einrichtungen in Warschau zerstört oder geschlossen waren, bestritt Lutosławski seinen Lebensunterhalt durch pianistische Auftritte in Cafés. In dieser Zeit entstanden auch seine *Variationen über ein Thema von Paganini*, eine seiner bekanntesten Kompositionen, die er häufig zusammen mit Andrzej Panufnik im Café SiM spielte. Noch während des Krieges nahm er auch die Arbeit an seiner *1. Sinfonie* auf, die er erst 1947 beendete. Sie zählt als letztes Werk zur neoklassizistischen Periode seines frühen Schaffens. Einheitlichkeit, klassische Proportionen und der weitgehend traditionelle Aufbau der Sinfonie machen deutlich, daß Lutosławski seine eigene musikalische Sprache noch nicht gefunden hatte. Ein Jahr nach der Uraufführung 1948 wurde die erste Sinfonie als »formalistisch« verboten. Erst nach dem Tod Stalins 1953 und der Öffnung Polens in Richtung Westen lockerten sich die Maximen des »sozialistischen Realismus«, was zu einem Aufschwung innerhalb der zeitgenössischen Musikszene führte.

1956 gehörte Lutosławski zu den Mitbegründern des »Warschauer Herbstes«, des wahrscheinlich bedeutendsten Festivals für neue Musik im gesamten Ostblock, das sich bald zum Brennpunkt für die unterschiedlichen ästhetischen Richtungen in Ost- und Westeuropa entwickelte. Nicht zuletzt als Organisator dieses Festivals hat Lutosławski das Musikleben in Polen entscheidend mitbestimmt.

1954 vollendete er sein *Konzert für Orchester*. Ein Thema daraus wurde später als

Titelmelodie eines politischen Magazins im Zweiten Deutschen Fernsehen verwendet und dadurch zu einer der bekanntesten Passagen zeitgenössischer Musik. In den folgenden vier Jahren komponierte Lutosławski, abgesehen von einigen kleineren Vokalwerken, nichts mehr. In dieser Zeit begann er sich von den folkloristischen und neoklassizistischen Einflüssen zu lösen und entwickelte seine eigene, durch die Beschäftigung mit der Zwölftontechnik bestimmte musikalische Sprache.

Erstes kompositorisches Ergebnis dieses neuen Ansatzes war die zum 10. Todestag von Bartók bestellte, aber erst 1958 vollendete *Musique funèbre in memoriam Béla Bartók*. Sie stellt ein Schlüsselwerk im Schaffen Lutosławskis dar: »Für mich war das der Beginn einer neuen Schaffensperiode und das Ergebnis langen Experimentierens. Ich habe versucht, einen Komplex verschiedener Mittel zu einem neuen, ganz eigenen Stil zu verschmelzen. Dies war das erste Wort in dieser neugefundenen Sprache, aber sicher nicht das letzte.« Im Unterschied zu den früheren, an der Dur-Moll-Tonalität orientierten Werken, bildet nun ein zwölftöniger horizontaler Ablauf die Basis des gesamten Stücks. Als zentrale Intervalle treten dabei der Tritonus und die kleine Sekunde auf. Lutosławski entwickelt aus den vorliegenden Intervallen immer neue, sich nach und nach verdichtende Zusammenklänge, die schließlich in einem zwölftönigen Akkord kulminieren. Die *Musique funèbre* besteht aus vier, jeweils »attacca« ineinander übergehenden Abschnitten, in denen sich Spannung und Expressivität durch einen konsequent dynamisch-agogischen Aufbau und stets wachsende Besetzung allmählich steigern. Der ruhige Kanon zweier Violoncelli im »Prolog« führt über das unruhige gestische »Apogäum« bis zum spannungsgeladenen »Epilog«, in dem das Geschehen zu äußerster Dichte komprimiert erscheint.

Lehnt sich dieses Werk noch eher an die Bogenformen an, so sind die späteren Arbeiten Lutosławskis formal deutlich anders strukturiert. Die Modelle der Klassik und Romantik lassen sich auf seine Werke nur modifiziert übertragen: »In der klassischen Musik, vornehmlich bei Haydn, Mozart und ihren Zeitgenossen, war der Hauptsatz des Werkes immer der erste Satz; das Finale dagegen war ein leichterer, vorwiegend heiterer Abschluß. In der Spätromantik, in der Symphonik von Brahms, gab es dann zwei Hauptsätze: den ersten und den letzten. So oft ich Symphonien von Brahms hörte, hatte ich allerdings ein Gefühl der Ermüdung und Überanstrengung. Um diesen Eindruck auszuschließen, versuchte ich selbst etwas zu schreiben, was große formale Proportionen aufweist und zugleich doch vom Hörer als fortlaufende Einheit aufgefaßt werden kann. Dabei verfuhr ich umgekehrt wie die frühen Klassiker, indem ich das Schwergewicht des Werkes auf das Ende verlagerte: hier befand sich nun der Hauptsatz.« In den meisten Werken setzt Lutosławski ein zweiteiliges Modell ein mit »Einleitung« oder »Vorbereitung« und »Hauptsatz«. Diesem formalen Konzept blieb er von den ersten so angelegten Werken aus den frühen sechziger Jahren bis hin zu späten Arbeiten wie der *4. Sinfonie* treu, auch wenn er es im Laufe der Jahre immer weiter ausbaute und verfeinerte.

Zu den ersten Kompositionen, die Lutosławski nach dem Initialerlebnis mit dem Klavierkonzert von John Cage schrieb, zählten die *Jeux vénitiens*, die während des Festivals für zeitgenössische Musik in Venedig 1961 uraufgeführt wurden. Der Titel *Spiele* deutet darauf hin, daß Lutosławski in diesem Werk erstmals mit der Technik des »aleatorischen Kontrapunkts« arbeitete. Als ästhetische Kategorie bestimmt hier der Zufall einen Teil der Komposition und der

Werkstruktur. Die zufälligen Ausführungen der Interpreten sind vom Komponisten auf bestimmte Blöcke festgelegt und beschränken sich auf rhythmische Freiheiten. Hier spielen die Interpreten gewissermaßen ad libitum, »jeder, als ob er allein wäre«. Lutosławski stellt ähnliche aleatorische Partien zu größeren Passagen zusammen und schafft damit bewegte Klangfelder, die hinsichtlich Dynamik, Farbe und Artikulation vom Komponisten detailliert geplant sind. Das läßt den Interpreten Freiheiten, ohne die Werkstruktur als solche preiszugeben. Witold Lutosławski wandte seine besondere Technik der Aleatorik in vielen seiner folgenden Kompositionen an, die er als »Skulpturen aus flüssigem Material« bezeichnete.

Der Komponist sah sich eher in der Tradition Debussys als in der Schönbergs. Die starke und traditionelle Affinität Polens zur französischen Kultur schlug sich etwa in den *Trois poèmes d'Henri Michaux* aus dem Jahre 1963 nieder, einem seiner farbigsten Werke überhaupt. Auch hier konzentriert sich die begrenzte Aleatorik hauptsächlich auf die rhythmische Gestaltung der Einzelstimmen in größeren Klangblöcken, mit der Lutosławski expressive Effekte erzielt. Im ein Jahr später entstandenen *Streichquartett* faßte er dann seine Erfahrungen mit der Aleatorik zusammen und schrieb dazu: »Das vertikale Resultat der einander überlagernden vier Partien ist in diesem Werk nicht vollständig festgelegt, daher ist es auch unmöglich, es in der Partitur aufzuzeichnen ... Das Ziel meiner Bemühungen ist ein gewisses beabsichtigtes und durchaus konkretes klangliches, rhythmisches und expressives Resultat, das sich auf keine andere Weise erreichen läßt.« Obwohl nicht genau festgelegt, bleibt das Streichquartett doch stets erkennbar das gleiche Werk. Die klar strukturierte Gliederung in zwei Teile, einem Einführungsteil und einem Hauptteil, sowie

die polyphone Faktur der improvisierten Abschnitte fügen sich zu einem neuartigen Kontrapunkt in der Musik des 20. Jahrhunderts zusammen.

Formal beschritt Lutosławski in seiner *2. Sinfonie* ähnliche Wege wie in seinem Streichquartett. Im *Livre pour orchestre* schließlich differenzierte er sein zweiteiliges Formmodell, in dem er den Einleitungssatz in mehrere Abteilungen gliedert. Bei späteren Werken verfeinerte er diesen Ansatz noch weiter, etwa im *Konzert für Violoncello und Orchester* oder in der *Novelette* für Orchester. Wie immer der Formverlauf im einzelnen ausfällt, es läßt sich eine gleichbleibende Struktur feststellen, die aus Einleitung mit Hauptsatz besteht, den Kulminationspunkt etwa zu Anfang des letzten Drittels erreicht und häufig mit einem Epilog endet.

Das Spätwerk Lutosławskis zeichnet sich durch einen melodiebetonteren, kantilenenreichen Satz aus. Dazu gehört die zwischen 1988 und 1992 entstandene *4. Sinfonie*. Im Unterschied zu den früheren Sinfonien setzt die Vierte nicht mit lebhaftem Figurenspiel ein, sondern mit einer Kantilene der Klarinette über einer changierenden Klangfläche der Streicher. Die langsam sich entfaltenden Bögen werden dreimal von kontrastierenden Episoden unterbrochen. Dieses Aufeinanderprallen zweier musikalischer Welten erinnert entfernt an den Themendualismus der Sonatenform. Auch der zweite Satz – Ziel des ersten – verläuft in verschiedenen primär melodisch bestimmten Phasen, die sich zunehmend verdichten. Der Satz kulminiert in einer wuchtigen Akkordsäule, dem sich ein Epilog von drei Solo-Violinen anschließt.

Im Zentrum von Lutosławskis Musik steht das Verhältnis des Einzelnen zum Ganzen, des Individuums zur Masse. Diese Überlegungen führten ihn zu seinem Modell des

»aleatorischen Kontrapunkts«, das die Interpreten in die Gestaltung des Werkes mit einbindet.

Der Vater der Neuen Musik in Polen starb am 7. Februar 1994 in Warschau.

WERKE (Auswahl)

Sinfonische Variationen (1936/38)
Lacrimosa für Sopran, Chor und Orchester (1937/48)
Sinfonie Nr. 1 (1941/47)
Variationen über ein Thema von Paganini für zwei Klaviere (1941)
Konzert für Orchester (1950/54)
Herbst. Liederzyklus für Mezzosopran und Orchester (1951)
Frühling. Liederzyklus für Mezzosopran und Orchester (1951)
Kleine Suite für Orchester (1951)
Musique funèbre in memoriam Béla Bartók für Streichorchester (1954/58)
Jeux vénetiens für Kammerorchester (1961)
Trois poèmes d'Henri Michaux für Chor und Orchester (1961/63)
Streichquartett (1964)
Sinfonie Nr. 2 (1965/67)

Invention für Klavier (1968)
Livre pour orchestre (1968)
Konzert für Violoncello und Orchester (1969/70)
Präludien und Fugen für 13 Solo-Streicher (1970/72)
Les Espaces du Sommeil für Bariton und Orchester (1975)
Mi-parti für Orchester (1976)
Novelette für Orchester (1978/79)
Epitaph für Oboe und Klavier (1979)
Doppelkonzert für Oboe, Harfe, Streicher und Schlagzeug (1979/80)
Grave für Cello solo und Streichorchester (1981/82)
Sinfonie Nr. 3 (1981/83)
Chain 1 für Ensemble (1983)
Partita für Violine und Klavier (1984)
Partita für Violine solo und Orchester (1984/88)
Chain 2 für Violine solo und Orchester (1985)
Chain 3 für Orchester (1986)
Fanfare für CUBE für Horn, zwei Trompeten, Posaune und Tuba (1987)
Konzert für Klavier und Orchester (1988)
Sinfonie Nr. 4 (1988/92)
Prelude for G. S. M. D. für Orchester (1989)
Tarantella für Bariton und Klavier (1990)
Chantefleurs et Chantefables für Sopran und Orchester (1991)
Subito für Violine und Klavier (1992)

BRUNO MADERNA

»Zum Dirigieren bin ich eher zufällig gekommen. Zu dieser Zeit waren es lediglich Hans
Rosbaud und Hermann Scherchen, die neue
Musik dirigierten; alle anderen erklärten,
diese Musik sei unspielbar und nicht zu dirigieren. Der Dirigent mußte gleichzeitig Komponist sein, und – die Probleme der neuen
Musik kennend – diese dem Orchester vermitteln können. Ich erhielt Einladungen aus
Italien und Deutschland, auch wenn die Zu-
hörerschaft meist eher klein war. Daran hat
sich bis heute nichts geändert. Wenn Spezialisten wie Boulez oder ich in die Vereinig-

ten Staaten eingeladen werden, dann in erster Linie, um den Orchestern neue Musik zu vermitteln. Ich denke, es ist wichtig für einen Dirigenten, ein aktiver Komponist zu sein; das Dirigieren begann eigentlich erst durch Komponisten wie Mozart, Wagner und andere.«

Bruno Maderna gehört zusammen mit Pierre Boulez zu den großen Doppelbegabungen als Komponist und Dirigent. Zahlreiche wichtige Werke der neuen Musik hat er uraufgeführt, und sein Ruhm als Dirigent und Lehrer stellte zu seinen Lebzeiten den des Komponisten Maderna in den Schatten. Erst nach seinem Tod wurden seine eigenen Werke stärker wahrgenommen, aber sie sind bis heute im Konzertleben deutlich unterrepräsentiert geblieben.

Am 21. April 1920 in Venedig geboren, erhielt Bruno Maderna schon in jungen Jahren ersten Musikunterricht. Bereits im Alter von sieben Jahren trat er als Geiger auf, mit zehn spielte er in der »Happy Grossato Company« mit, einer Jazzband, die sein Vater leitete. Der Dreizehnjährige wurde der italienischen Öffentlichkeit als dirigierendes Wunderkind vorgestellt. Die Mutter starb früh, und nachdem dem Vater das Sorgerecht für den unehelichen Sohn entzogen worden war, nahm 1934 die reiche Veroneser Geschäftsfrau Irma Manfredi den jungen Musiker in ihre Obhut. Sie verhalf Maderna zu einer umfassenden musikalischen Ausbildung, zunächst auf privater Basis in Verona

und anschließend an der Musikakademie in Rom. Dort lernte er auch Gian Francesco Malipiero kennen, der ihn nachhaltig beeinflußte, indem er ihn an die alte Musik heranführte, die in Madernas Schaffen eine wichtige Rolle spielen sollte.

Während des Zweiten Weltkrieges wurde Maderna zur Armee eingezogen, wo er seinen musikalischen Aktivitäten weiterhin, wenn auch eingeschränkt, nachgehen konnte. Später schlug er sich auf die Seite der gegen die Faschisten kämpfenden Partisanen und wurde im Februar 1945 von der deutschen SS verhaftet. Ihm gelang die Flucht, und er blieb im Untergrund aktiv. Nach Ende des Krieges gründete er zusammen mit anderen Musikern die »Società Musicale Pietro Marconi« in Verona, ging aber bald nach Venedig, wo er am Konservatorium unterrichtete. Um seine Einkünfte aufzubessern, schrieb Maderna in den folgenden Jahren eine Reihe von Gelegenheitsarbeiten in Form von Hörspiel- und Schauspielmusiken und arrangierte Werke der alten Musik. Daneben arbeitete er an der von Malipiero betreuten Vivaldi-Gesamtausgabe mit, für die er insgesamt sechs Konzerte edierte.

1946 kam in Venedig seine *Serenade für elf Instrumente* zur Uraufführung. Der Stil dieses Werks ist ausdrücklich dem Neoklassizismus verpflichtet, wie Maderna selber in einem Werkkommentar ausführte: »Der Autor beabsichtigte, an die barocke und klassische Tradition der Kammerkonzerte und, in diesem besonderen Falle, an jene der Divertimenti, Serenaden und Freiluftmusiken anzuknüpfen. Im polyphonen Verlauf des musikalischen Satzes fließen Erinnerungen ans 17. Jahrhundert und keineswegs parodierte neoklassische Haltungen frei zusammen.« Auch in den folgenden Werken versuchte Maderna, innovative und traditionelle Techniken miteinander zu verbinden. So bezieht sich sein *Concerto per due pianoforti e strumenti* auf die *Sonate für zwei Klaviere und Schlagzeug* von Béla Bartók. Maderna verarbeitet das Material mit streng polyphonen, zumeist kanonischen Techniken, wie er sie aus der niederländischen Vokalpolyphonie kannte, zu einem durchchromatisierten Satz. Die dialektische Vermittlung von Tradition und Neuerung durchzieht Madernas gesamtes Schaffen wie eine Konstante und läßt sich noch in den letzten Werken aus den frühen siebziger Jahren aufzeigen.

Ende der vierziger Jahre lernte Maderna den Dirigenten Hermann Scherchen kennen, der ihn mit Arbeiten der Zweiten Wiener Schule um Arnold Schönberg bekanntmachte und ihm die Zwölftontechnik vermittelte. Der Einfluß Scherchens, der ein glühender Verehrer von Bachs »Kunst der Fuge« war, fand unmittelbar Ausdruck in Madernas *B.A.C.H.-Variationen*. Mit diesem ersten dodekaphon gehaltenen Werk führte sich der Komponist 1949 bei den Darmstädter Ferienkursen für neue Musik ein, dem damals wohl wichtigsten Forum für zeitgenössische Musik. Fortan war Maderna fast regelmäßig in Darmstadt vertreten, 1950 mit der von Scherchen dirigierten *Composizione no. 2 für Orchester*, deren erster Satz als Folge von Variationen gestaltet ist und auf eine der ältesten schriftlich überlieferte Melodien der Musikgeschichte zurückgreift. Auch hier zeigt sich deutlich Madernas Bestreben, Tradition und Moderne miteinander zu verbinden, denn er setzte in den Variationsfolgen die avanciertesten musikalischen Techniken ein. Mit diesen Vorstellungen unterschied sich Maderna deutlich von den wichtigsten Vertretern der »Darmstädter Schule«, Karlheinz Stockhausen und Pierre Boulez, die sich von der bisherigen Musiktradition verabschiedeten und einen totalen musikalischen Neubeginn propagierten. Auch in seinem 1954 vorgelegten Orchester-

werk *Composizione in tre tempi* schlug er einen eigenwilligen Weg ein, indem er ein kanonartiges Reihenkonzept auf der Grundlage von venezianischen Volksliedern konzipierte. Seine Eigenständigkeit wurde in Darmstadt respektiert. Als regelmäßig verpflichteter Dirigent der Ferienkurse leitete er zahlreiche Uraufführungen avantgardistischer Werke.

Maderna gehörte in den fünfziger Jahren zu den Wegbereitern der elektronischen Musik in Italien. 1955 gründete er zusammen mit Luciano Berio das »Studio di Fonologia«, das dem italienischen Rundfunk in Mailand angeschlossen war. Dort entstand mit der *Musica su due dimensioni* eines der ersten Werke, die instrumentale Klänge mit Live-Elektronik koppelten. In seinen rein elektronischen Kompositionen wie *Notturno*, *Syntaxis* oder *Continuo* erforschte er Ausdrucksmöglichkeiten bislang nicht verfügbarer Klänge in direktem Bezug zum konkreten musikalischen Material.

In den sechziger Jahren setzte sich Maderna intensiv mit musiktheatralischen Konzeptionen auseinander. Als erstes Ergebnis legte er das Hörspiel *Don Perlimplin* nach einem Text von Lorca vor. Hier überträgt er zum ersten Mal die Protagonistenrolle einer Flötenstimme. Diese Idee verwirklichte er auch in späteren Arbeiten, so in seinem zweiten musikdramatischen Werk *Hyperion*. *Hyperion* hat als offenes Werk bis zuletzt keine endgültige Gestalt gefunden. Eine Reihe von geschlossenen Partituren bilden das Grundgerüst (»Stele per Diotima«, »Dimensioni III« und »Aria«), die Maderna in unterschiedlichen szenischen Versionen, aber auch als Konzertsuite projektierte. Flöte und Oboe setzte der Komponist auch als Statthalter des Gesangs ein, der in Madernas Ästhetik eine entscheidende Rolle spielte, symbolisiert er doch in seinem Œuvre die verlorengegangene verbindliche musikalische Sprache, der Maderna mit seiner engen Bindung an die Tradition zeitlebens nachtrauerte. Diese Sehnsucht nach Gesang kommt vor allem in der Reihe von Konzerten für Flöte und Oboe zum Ausdruck, die, zwischen 1954 und Madernas Todesjahr 1973 entstanden, zu seinen besten und ausdrucksstärksten Werken zählen.

Maderna setzte schon relativ früh aleatorische Techniken in seinen Werken ein. In seinen späteren Konzerten kombinierte er den gelenkten Zufall mit einer expressiven Haltung, die in der Musik der sechziger und siebziger Jahre zumindest in Italien ohne Beispiel war. Kantabilität verstand er nicht als Beschwörung der musikalischen Vergangenheit, sondern als Zitat einer verlorengegangenen gemeinsamen Sprache. In diesem Sinne benutzte er sie als eine Ebene des mehrdimensionalen Satzes auch in seinem letzten Werk für das Musiktheater, der Nummernoper *Satyricon* nach Petronius, die 1973 im niederländischen Scheveningen Premiere hatte.

Es ist erstaunlich, daß Maderna trotz seiner umfangreichen Verpflichtungen als Dirigent in seinen späten Jahren kompositorisch noch produktiver war als in den vierziger und fünfziger Jahren. Er, der sich als einer der ersten analytisch mit dem Schaffen von John Cage auseinandergesetzt hatte, gab der Aleatorik in seinem späten Schaffen breiten Raum. Maderna sah in der Berücksichtigung des Zufalls keinen Verzicht auf die kompositorische Gestaltung, sondern eine Bereicherung der Form durch improvisatorische Elemente. In Werken wie *Serenata per un satellite* oder *Giardino religioso* erweist sich die Aleatorik als eine Quelle neuer gestalterischer Möglichkeiten, die die Tradition nicht negiert, sie aber mit den Möglichkeiten der musikalischen Avantgarde zu einer neuen, bisher unbekannten Klanglichkeit vereint. Eine neuartige Farbgebung erreicht er in seinen späten Kompositionen, indem er unterschiedliche Strukturen übereinanderschichtete.

1972 gewann Maderna mit seinem elektronischen Stück *Ages* den ersten Preis beim renommierten »Prix Italia«. 1974 wurde ihm postum der Beethoven-Preis der Stadt Bonn für sein Orchesterwerk *Aura* verliehen. Bruno Maderna, der zuletzt in Darmstadt gelebt hatte, erlag dort am 13. November 1973 einem Krebsleiden.

WERKE (Auswahl)

Serenade für elf Instrumente (1946)
Concerto für zwei Klaviere und Ensemble (1947/48)
B.A.C.H.-Variationen (Fantasia per due pianoforte) (1948)
Tre liriche greche für Sopran, Chor und Instrumente (1948)
Composizione no. 1 für Orchester (1949)
Studi per ›Il processo‹ di Kafka für Sopran, Sprecher und Orchester (1950)
Composizione no. 2 für Orchester (1950)
Musica su due dimensioni für Flöte und Tonband (1952/63)
Divertimento in due tempi für Flöte und Klavier (1953)
Improvisazione no. 2 für großes Ensemble (1953)
Composizione in tre tempi für Orchester (1954)
Konzert für Flöte und Orchester (1954)
Serenata II für Ensemble (1954/57)
Streichquartett (1955)
Notturno für Tonband (1956)
Syntaxis für Tonband (1957)
Continuo für Tonband (1958)
Konzert für Klavier und Orchester (1958/59)
Dimensioni no. 2 für Tonband (1960)
Honeyrêves für Flöte und Klavier (1961/62)
Serenata III für Tonband (1961)
Don Perlimplin. Radio-Oper nach Lorca (1962)
Konzert für Oboe und Orchester Nr. 1 (1962)
Hyperion. Musiktheaterprojekt (1963–69)
Le rire für Tonband (1964)
Dimensioni no. 4 für Flöte solo und Ensemble (1964)

Stele per Diotima für Violine, Klarinette, Baßklari-
nette, Horn und Orchester
Konzert für Oboe und Orchester Nr. 2 (1967)
Quadrivium für vier Schlagzeuger (1969)
Ritratto di Erasmo für Tonband (1969)
Serenata per un satellite für Ensemble (1969)
Grande Aulodia für Flöte, Oboe und Orchester
(1970)
Juilliard Serenade/Tempo libero II für Ensemble
(1970/71)

Ausstrahlung für Frauenstimme, Flöte, Oboe,
Orchester und Tonband (1971)
Venetian Journal für Tenor, Ensemble und Ton-
band (1971/72)
Ages für Tonband (1972)
Aura für Orchester (1972)
Biogramma für Orchester (1972)
Giardino religioso für kleines Orchester (1972)
Konzert für Oboe und Orchester Nr. 3 (1973)
Satyricon. Oper nach Petronius (1973)

GUSTAV MAHLER

»Meine beiden Symphonien erschöpfen den
Inhalt meines ganzen Lebens; es ist Erfah-
renes und Erlittenes, was ich darin niederge-
legt habe, Wahrheit und Dichtung in Tönen.
Und wenn einer gut zu lesen verstünde,
müßte ihm in der Tat mein Leben darin
durchsichtig erscheinen. So sehr ist bei mir
Schaffen und Erleben verknüpft, daß, wenn

mir mein Dasein fortan ruhig wie ein Wiesenbach dahinflösse, ich – dünkt mich – nichts Rechtes mehr mache könnte.«

Gustav Mahlers gesamtes Schaffen trägt bekenntnishafte Züge. In seinen Werken finden die Lebenserfahrung und Weltanschauung des Komponisten ihren unmittelbaren Ausdruck. Das geht aus den (später zurückgezogenen) Programmen zu den ersten vier Sinfonien ebenso deutlich hervor wie aus der Wahl der von ihm vertonten Gedichte oder seinen immer wieder belegten Äußerungen, daß der außermusikalische Inhalt die Form bestimme. Mahler sah in der Lebenserfahrung eine prinzipielle Voraussetzung für künstlerisches Schaffen. Er glaubte fest an einen Parallelismus zwischen Leben und Musik und bekannte, er habe »noch nie auch nur eine Note geschrieben, die nicht absolut wahr« sei.

Geboren wurde Gustav Mahler am 7. Juli 1860 in Kalischt, einem kleinen Dorf im böhmisch-mährischen Grenzgebiet. Wenig später übersiedelte die Familie in das benachbarte Iglau, ein kleines Städtchen, in dem Mahler seine Jugend verbrachte. Seine musikalische Begabung wurde früh erkannt. Schon als Sechsjähriger erhielt er ersten Klavierunterricht, wenig später wurde er auch in Harmonielehre unterwiesen. Als Zehnjähriger gab er sein erstes öffentliches Konzert im Iglauer Stadttheater. Er wechselte an das Neustädter Gymnasium in Prag, das er

schon bald wegen unzureichender Leistungen wieder verlassen mußte. Nach Iglau zurückgekehrt, besuchte er dort den Unterricht bis 1875. Der Vater eines Jugendfreundes, der von Mahlers musikalischem Talent fest überzeugt war, bewegte dessen Vater, ihm ein Musikstudium zu ermöglichen. Im Herbst 1875 wurde er in das Konservatorium in Wien aufgenommen. Dort erhielt er eine gründliche musikalische Ausbildung in Klavierspiel, Kontrapunkt, Harmonielehre, Komposition und Musikgeschichte. Erste Auszeichnungen brachte schon das folgende Jahr: Mahler gewann den ersten Preis beim Klavierwettbewerb des Konservatoriums; für die Komposition des ersten Satzes eines verlorengegangenen Klavierquintetts wurde ihm ebenfalls ein erster Preis zuerkannt. Zu seinen Kommilitonen in Wien zählte auch Hugo Wolf, mit dem sich Mahler bald anfreundete. Parallel zum Unterricht am Konservatorium nahm er Privatstunden und bestand 1877 das Abitur.

Nach Abschluß seines Studiums arbeitete Mahler zunächst als Musiklehrer. Mit Klavierstunden verdiente sich der angehende Kapellmeister notdürftig seinen Unterhalt. In dieser Zeit entstand das erste vollgültige Werk, *Das klagende Lied*, auf einen selbstverfaßten Text. Mit diesem Stück, das noch deutliche Einflüsse Webers und Wagners aufweist, bewarb sich Mahler um den Beethoven-Preis, allerdings ohne den erhofften Erfolg. Für den jungen Komponisten bedeutete dieses Werk dennoch ein Meilenstein in seiner kompositorischen Entwicklung: »Mein erstes Werk, in dem ich mich als ›Mahler‹ gefunden, ist ein Märchen für Chor, Soli und Orchester: Das klagende Lied! Dieses Werk bezeichne ich als opus 1«, schrieb er noch viele Jahre später.

Im Sommer 1880 arbeitete Mahler erstmals als Dirigent und erprobte sich damit in einem Fach, das damals noch nicht am

Konservatorium gelehrt wurde. Als Operettendirigent konnte er im Kurort Bad Hall erste Erfahrungen sammeln. Parallel dazu schrieb er an einer Oper mit dem Titel *Rübezahl*, die ihn einige Jahre lang beschäftigte. Schon während seiner Studienzeit hatte sich Mahler intensiv mit Opernplänen getragen, ohne eines der begonnenen Werke zu vollenden. Auch *Rübezahl* blieb Fragment und gilt heute als verschollen.

Da seine kompositorischen Arbeiten ihm keinen Erfolg einbrachten, entschloß sich Mahler, die Dirigentenlaufbahn einzuschlagen. Die weiteren Stationen des jungen Kapellmeisters waren Ljubljana, Olmütz und schließlich Kassel, wo er als Musik- und Chordirektor am königlichen Theater verpflichtet wurde. In Kassel blieb Mahler fast zwei Jahre lang. Dort entstand unter anderem mit den *Liedern eines fahrenden Gesellen* der erste große Zyklus von Orchesterliedern. Auch seine Bühnenmusik zu lebenden Bildern aus Scheffels Roman *Der Trompeter von Säckingen* kam dort erfolgreich zur Uraufführung. Material aus diesen beiden Werken übernahm Mahler später in seine erste Sinfonie.

Nach Auseinandersetzungen mit der Kasseler Intendanz wechselte er zunächst ans Deutsche Theater in Prag und wenig später ans Stadttheater Leipzig. Mit jedem neuen Amt erweiterten sich auch seine Möglichkeiten, sich als Dirigent den großen Werken der Musikgeschichte zu widmen. Allmählich erarbeitete er sich mit großem Ehrgeiz das Standardrepertoire. In Leipzig lernte er einen Enkel Carl Maria von Webers kennen, der ihn beauftragte, Webers fragmentarisch gebliebene Oper *Die drei Pintos* zu vollenden. Mahler nahm die Arbeit an. Die Uraufführung fand 1888 in Leipzig statt und wurde ein triumphaler Erfolg. Mit ihr gelang Mahler der internationale Durchbruch als Dirigent.

Im gleichen Jahr schloß er auch die Arbeit an seiner *1. Sinfonie* ab und berichtete im März nach Wien: »So! Mein Werk ist fertig ... Wie mit einem Schlag sind alle Schleusen in mir geöffnet.« Mit der ersten Sinfonie hatte Mahler endgültig seinen Weg gefunden. In der Spannung zwischen liedhafter Intimität und monumentaler Großform entwickelte er einen neuen sinfonischen Typus, der mit der dialektischen Form, wie sie sich bei Beethoven oder auch noch bei Brahms findet, nur noch wenig gemeinsam hat. Mahler gestaltete das Sinfonische gewissermaßen als »instrumentalen Roman«, als epische Form mit programmatischen Zügen. Bezeichnenderweise versah er seinen sinfonischen Erstling – nach einer Reihe anderer Titel, die er später verwarf – mit dem Beinamen *Der Titan*. Damit spielt er aber keineswegs auf das Riesenhaft-Übermenschliche der Titanen aus der antiken Sagenwelt an, sondern verweist vielmehr auf Jean Pauls gleichnamigen Roman, den Mahler schätzte und zu seinen Lieblingsbüchern zählte. Es ist der epische Grundzug, der diese beiden Werke miteinander verbindet. Mahler kommentierte später, seine Erste gebe das Lebensbild jenes Helden wieder, der dann in der *2. Sinfonie* zu Grabe getragen werde. Im vorausweisenden dritten Satz dieses Werkes, einer Art Trauermarsch, parodiert er den alten französischen Kanon »Frère Jacques«. Zum ersten Mal nimmt Mahler damit fremdes Material in sein Werk auf, ein stilistisches Mittel, das er später verstärkt einsetzte, wenn er zum Beispiel Naturlaute in seine Musik integrierte. Damit nahm er Tendenzen vorweg, die erst viel später in der Musik des 20. Jahrhunderts zur Entfaltung kommen sollten. Was etwa Charles Ives konsequent bis zur Form der Collage weiterführte, liegt hier mit der Konfrontation disparater musikalischer Elemente bereits in Ansätzen vor. Ob Vogelruf, Ländlerweisen, Fanfaren oder

Militärmusik, in Mahlers Musik repräsentieren sie das Alltägliche, auch das Banale, das seine Kunst mit dem Leben verbinden soll. Er überhöhte das Triviale und machte es so kunstfähig.

Dieses Verfahren trug ihm immer wieder den Vorwurf der Formlosigkeit ein. Max Reger etwa sprach vom »Arbeiten mit Affektmitteln äußerlicher Natur« und vom »Fehlen jeglichen Stils«. Eine solche Kritik übersieht aber die eigentliche Intention des Komponisten. Aufschlußreich erweist sich in diesem Zusammenhang eine Begebenheit, die Mahlers langjährige Vertraute Natalie Bauer-Lechner überlieferte: »Als wir nun Sonntags darauf mit Mahler denselben Weg gingen und bei dem Feste auf dem Kreuzberg ein noch ärgerer Hexensabbath los war, da sich mit unzähligen Werkeln von Ringelspielen und Schaukeln, Schießbuden und Kasperltheatern auch Militärmusik und ein Männergesangverein dort etabliert hatten, die alle auf derselben Waldwiese ohne Rücksicht aufeinander ein unglaubliches Musizieren vollführten, da rief Mahler: ›Hört ihr's! Das ist Polyphonie und da hab ich sie her ... Gerade so, von ganz verschiedenen Seiten her, müssen die Themen kommen und so völlig unterschieden sein in Rhythmik und Melodik (alles andere ist bloß Vielstimmigkeit und verkappte Homophonie): nur daß sie der Künstler zu einem zusammenstimmenden und -klingenden Ganzen ordnet und vereint.« Stilistischer Purismus lag Mahler zeitlebens fern. Er setzte ein möglichst breites Repertoire kompositorischer Ausdrucksmittel ein und wagte dabei die Nebeneinanderstellung verschiedenster musikalischer Welten.

Mahler hatte sich inzwischen einen beachtlichen Ruf als Dirigent erworben. 1888 wurde ihm die Direktion der Königlich-Ungarischen Oper in Budapest angetragen. Er nahm das lukrative Angebot an und blieb dort drei Jahre. Ein Schwerpunkt seiner Arbeit war, hier die Werke Richard Wagners auf die Bühne zu bringen. In Budapest kam schließlich auch seine erste Sinfonie zur Aufführung, die von der Kritik allerdings eher negativ beurteilt wurde. Johannes Brahms hörte dort eine von Mahler geleitete Vorstellung des *Don Giovanni*, die ihn so überzeugte, daß er sich später für Mahlers Berufung nach Wien einsetzte. Nach einem Intendantenwechsel kam es zu immer schärferen Kompetenzstreitigkeiten zwischen Mahler und dem neuen Amtsinhaber. Doch erfreute sich der Komponist inzwischen eines so guten Rufes, daß er nicht lange auf sein nächstes Engagement warten mußte. Ausgestattet mit einer großzügigen Abfindung, verließ er Ungarn 1891 und trat eine Stelle als erster Kapellmeister am Stadttheater Hamburg an. Sieben Jahre lang blieb er in der Hansestadt. Hier schuf er viele seiner großen Werke, von den Liedern aus der Sammlung *Des Knaben Wunderhorn* bis zur zweiten und dritten Sinfonie. In Hamburg hatte Mahler nun endlich auch Gelegenheit, sich in großem Maßstab als Dirigent für seine Zeitgenossen einzusetzen: Wagner, Bruckner, Tschaikowsky. Die Sommermonate verbrachte er mit Reisen und ausgedehnten Wanderungen. Im Sommer 1893 und von da an regelmäßig besuchte er von seinem österreichischen Feriendomizil aus den alten Johannes Brahms, der sich in jenen Jahren bis zu seinem Tod 1897 im benachbarten Bad Ischl zur Erholung aufzuhalten pflegte.

Mit seiner *3. Sinfonie* unternahm Mahler den Versuch, die Welttotalität klanglich zu fassen. »Nun aber denke Dir ein so *großes* Werk, in welchem sich in der Tat die *ganze* Welt spiegelt – man ist sozusagen selbst nur ein Instrument, auf dem das Universum spielt«, schrieb er im Hinblick auf diesen Entwurf. Ihm schwebte eine Art Schöpfungsgeschichte vor, die die Entstehung des Lebens und die Entwicklung zu immer höheren Stufen des Seins darstellen sollte, vom Pflanzenreich über das Tierreich zum Menschenreich und weiter über die Sphäre der Engel bis schließlich hin zu Gott, dem Inbegriff der Liebe. In Anspielung auf Nietzsche schrieb Mahler über den letzten Satz: »›Was mir die Liebe erzählt‹ ist ein Zusammenfassen meiner Empfindung allen Wesen gegenüber, wobei es nicht ohne tief schmerzliche Seelenwege abgeht, welche sich aber allmählich in eine selige Zuversicht: ›Die fröhliche Wissenschaft‹ – auflösen ... Über alles hin webt in uns die ewige Liebe – wie die Strahlen in einem Brennpunkt zusammenfließen.« Die programmatische Idee bestimmt noch stärker als in den vorangegangenen Sinfonien das Werk, das neben dem Orchester auch eine Altstimme, Frauen- und Knabenchor vorsieht. Zum allmählichen Erwachen der Natur im ersten Satz »Pan erwacht« und »Der Sommer marschiert ein« notierte Mahler auf dem Titelblatt der Reinschrift: »Zu weit von allem Gewesenen entfernt sich das, das kaum mehr Musik zu nennen, sondern nur ein mystischer, ungeheurer Naturlaut ist.« Die meisten Sätze seiner dritten Sinfonie bezeichnete Mahler selbst als Humoresken. Nur den vierten Satz und das Finale nahm er davon aus und charakterisierte sie mit »tiefstem Ernst«. Über den Schlußsatz und die Sinfonie insgesamt schrieb er an Anna Mildenberg: »Es soll damit die Spitze und die höchste Stufe bezeichnet werden, von der aus die Welt gesehen werden kann. Ungefähr könnte ich den Satz auch nennen: ›Was mir Gott erzählt!‹ Und zwar eben in dem Sinne, als ja Gott nur als ›Liebe‹ gefaßt werden kann. Und so bildet mein Werk eine alle Stufen der Entwicklung in schrittweiser Steigerung umfassende musikalische Dichtung. Es beginnt bei der leblosen Natur und steigert sich bis zur Liebe Gottes!«

Spätestens mit seinem Engagement in Hamburg zählte Mahler zu den gefragtesten europäischen Dirigenten. Zusätzlich zur Leitung des Stadttheaters übernahm er 1894 auch noch die Abonnementskonzerte. Dieses Arbeitspensum ließ ihm kaum noch Zeit zum Komponieren. Im Jahr darauf lud Richard Strauss ihn ein, in Berlin seine – noch unvollendete – zweite Sinfonie zu dirigieren. Die zur Aufführung gelangten drei Sätze wurden von der Kritik unterschiedlich beurteilt. In Berlin dirigierte Mahler in den folgenden Jahren gelegentlich eigene Werke, so etwa 1896 die *Lieder eines fahrenden Gesellen*, die erste Sinfonie und die *Todtenfeier*, eine frühe Fassung der zweiten Sinfonie. Nach und nach nahmen sich auch andere prominente Dirigenten seines Schaffens an, Mahlers Popularität als Komponist begann zu wachsen.

Nachdem es auch in Hamburg zu Querelen mit der Theaterleitung gekommen war, wurde er zunächst als Kapellmeister an die Wiener Hofoper engagiert, übernahm aber schon bald auch die künstlerische Direktion dieses neben Berlin wichtigsten deutschsprachigen Opernhauses. Um diese Stelle zu bekommen, war der ehrgeizige Mahler sogar vom Judentum zum Katholizismus übergetreten. Wenig später übernahm er neben der Leitung der Hofoper auch noch die Konzerte der Wiener Philharmoniker.

In seiner Wiener Zeit konnte Mahler nur in den Sommermonaten komponieren. 1901 bezog er erstmals seine Sommervilla am Wörthersee, wo er einige Lieder auf Texte Friedrich Rückerts komponierte und die ersten Sätze seiner *5. Sinfonie* skizzierte. Lied und Sinfonik bilden im Schaffen Mahlers Bereiche, die sich parallel entwickelten, mitunter aber auch überschnitten. Sind es in der Frühzeit vor allem Texte aus der Sammlung *Des Knaben Wunderhorn*, die er vertonte und gleichzeitig in seinen sinfonischen

Werken verarbeitete – der Sinfoniesatz erscheint hier gewissermaßen als »instrumentales Lied« –, so sind die Querverbindungen in der mittleren Phase des Mahlerschen Schaffens subtilerer Art. Mehr noch als die verwandte Motivik und die ähnliche Klangfarbe klingt der spezifische »Ton«, etwa der *Kindertotenlieder*, auch in den sinfonischen Arbeiten dieser Zeit an. Nicht mehr Lieder als ganze oder Liedteile bilden die Grundlage der Sinfoniesätze, vielmehr tauchen einzelne Liedfragmente oder Allusionen – meist vermutlich nicht einmal als Zitate gemeint – im musikalischen Satz auf. An die Stelle der Adaption von Liedmelodien tritt jetzt eine untergründige Materialgemeinschaft von Lied und Sinfonik. Vollends zur Einheit verschmelzen die beiden Gattungen schließlich in der dritten und letzten Schaffensphase Mahlers, vor allem im *Lied von der Erde*.

Gegen Ende des Jahres 1901 lernte Mahler Alma Schindler kennen, die er ein Jahr später heiratete. In Krefeld wurde 1902 seine dritte Sinfonie mit beachtlichem Erfolg uraufgeführt. Dort traf Mahler auch den niederländischen Dirigenten Willem Mengelberg, der sich später sehr für seine Werke einsetzte. Mahler vollendete seine fünfte Sinfonie, an der er wie an fast allen weiteren größeren Arbeiten in seinen Urlaubsquartieren gearbeitet hatte.

Zwischen 1901 und 1903 entstanden, eröffnet die Fünfte die Gruppe der mittleren Sinfonien. Gleich in mehreren Punkten unterscheidet sich diese Werkgruppe von den vorangegangenen sinfonischen Arbeiten: Die Sinfonien fünf bis sieben sind alle rein instrumental gehalten, sie verzichten fast vollständig auf die sinfonische Bearbeitung von Liedvorlagen und kommen ohne Programm aus. Deutlich treten eine polyphonere Schreibweise und eine Häufung kontrapunktischer Techniken hervor, die vermutlich auf Mahlers intensive Beschäftigung mit den Werken Johann Sebastian Bachs zurückzuführen sind. Das »Adagietto« aus der Fünften, seit Viscontis Film *Tod in Venedig* sicher der populärste Sinfoniesatz Mahlers, greift im Ton und in einzelnen musikalischen Wendungen seine Rückert-Vertonung »Ich bin der Welt abhanden gekommen« auf, ohne sie direkt zu zitieren. Auch hier läßt sich wieder die Materialgemeinschaft von Lied und Sinfonik beobachten.

1904 gründeten Alexander von Zemlinsky und Arnold Schönberg in Wien die »Vereinigung schaffender Tonkünstler«. Mahler wurde die Ehrenpräsidentschaft dieses Vereins angetragen, wodurch er in näheren Kontakt zu der Avantgarde-Szene Wiens kam. Nach der Uraufführung von Schönbergs Streichquartett op. 7 bemerkte er: »Ich verstehe seine Musik nicht, aber er ist jung; vielleicht hat er recht. Ich bin alt, habe vielleicht nicht mehr das Organ für seine Musik.« Richard Strauss berichtete er darüber: »Ich habe gestern das neue Schönbergsche Quartett gehört und einen so bedeutenden, geradezu imponierenden Eindruck erhalten, daß ich nicht umhin kann, Ihnen dasselbe für die Tonkünstlerversammlung von Dresden dringendst zu empfehlen.« Im gleichen Jahr schrieb Mahler das Finale der *6. Sinfonie* sowie die beiden Nachtmusiken der *7. Sinfonie*.

Mahlers Ruhm als Dirigent beschränkte sich nicht auf Wien allein, sondern ermöglichte ihm Konzertreisen durch ganz Europa, von Rom bis St. Petersburg, von Amsterdam bis Berlin. Bei diesen Gelegenheiten setzte er immer wieder auch eigene Werke aufs Programm. Als unbestrittene Höhepunkte seiner interpretatorischen Arbeit galten jedoch die Uraufführungen zeitgenössischer Opern oder neue Klassiker-Inszenierungen in Wien, wie beispielsweise der große Mozart-Zyklus im Jahr 1905.

Wiederholte feindselige Attacken in der Wiener Presse verleideten ihm mehr und mehr die Arbeit in der österreichischen Metropole. 1907 schloß er einen Vertrag mit der New Yorker Metropolitan Opera. Noch vor seiner Abreise starb seine älteste Tochter an einer Scharlach-Diphtherie. Bei ihm selbst wurde eine Herzerkrankung diagnostiziert, die ihn vor allem psychisch schwer belastete. Mit einer stürmisch gefeierten Aufführung seiner zweiten Sinfonie verabschiedete sich Mahler von Wien und brach nach New York auf. Die großzügigen Vertragsbedingungen mit der Metropolitan Opera, die lediglich die Anwesenheit von vier Monaten pro Jahr verlangten, ermöglichten ihm, sich in größerem Umfang dem Komponieren zu widmen. Zudem hatte er in New York sehr viel weniger Vorstellungen zu dirigieren als in Wien. Mahler genoß diese neugewonnene Freiheit. An Alexander von Zemlinsky schrieb er: »Ich lebe wahrhaftig in den Tag hinein, dirigiere, probiere, diniere, spaziere, wie es die Stundeneinteilung mit sich bringt, die meine Frau bei sich stehen hat ... Wir beide haben sehr großes Gefallen an diesem Lande gefunden.«

Die Winter verbrachte Mahler nun regelmäßig in New York, wo er neben seinen Terminen an der Met häufig auch Konzerte mit den New Yorker Philharmonikern dirigierte. Die Sommermonate verlebte er in Toblach in Südtirol. Hier entstand das Spätwerk Mahlers: 1908 *Das Lied von der Erde* und ein Jahr später die *9. Sinfonie*. *Das Lied von der Erde* bezeichnete Mahler in einem Brief an Bruno Walter als das Persönlichste, was er jemals gemacht habe. Diese Äußerung trifft allerdings ebenso auf die neunte und den Torso der zehnten Sinfonie zu, sind dies doch noch intimere und expressivere Werke als die Vokalsinfonie. Vor allem der Briefwechsel mit Bruno Walter aus den Jahren 1908 bis 1910 dokumentiert, daß

Mahler zu jener Zeit häufig unter schweren Depressionen, sogar Angstzuständen litt. Resignation und Abschied bilden denn auch die zentralen Themen seiner späten Werke.

Mit dem *Lied von der Erde* schuf Mahler eine eigentümliche Mischung aus orchestralem Liederzyklus und Sinfonie. Kurz zuvor hatte er einen Gedichtband von Hans Bethge kennengelernt, der alte chinesische Lyrik in modernen Nachdichtungen enthielt. Mahler war von diesen Texten sofort fasziniert. Insgesamt sieben Nachdichtungen Bethges zog er zu sechs Gesängen zusammen. Dabei stellte er einzelne Passagen nach seinen Bedürfnissen um, erweiterte die Gesänge oder schrieb auch ganze Verse neu. »Das Lied vom Jammer der Erde« wollte der damals häufig unter Depressionen leidende Mahler diesen Zyklus zunächst nennen, entschied sich aber später für die weniger wertende Formulierung *Das Lied von der Erde*. Expressive Ausbrüche stehen hier neben eher intim-verhaltenen Passagen. Das Kolorit ist nicht fernöstlich angehaucht, wie es damals Mode war, sondern zumeist dunkel-schwermütig. Die letzten Worte des fast halbstündigen Schlußsatzes »ewig, ewig« erscheinen wie ein beschwörender Abgesang angesichts des Todes.

Noch eindringlicher fällt die *9. Sinfonie* aus, die Mahler ein Jahr nach dem *Lied von der Erde* zunächst in großer Eile skizzierte. Bereits die Anordnung der Sätze ist hier außergewöhnlich. Zwei langsame Sätze umrahmen zwei eher rasche Teile. Damit ähnelt die Neunte in ihrer Disposition der sechsten Sinfonie von Peter Tschaikowsky. Bereits der Kopfsatz zeichnet sich durch extrem scharfe Kontraste aus. Lyrisch-liedhaften Passagen stehen aufgewühlt-leidenschaftliche Partien gegenüber, die an Expressivität in der Musik dieser Zeit ihresgleichen suchen. Die psychisch äußerst labile Situation Mahlers spiegelt sich auch in den Randbemerkungen wider, die er im Partiturentwurf dieses Satzes notiert hat: »O Jugendzeit! Entschwundene! O Liebe! Verwehte« und »Leb' wol! Leb' wol!« Der zweite Satz gleicht einer surrealen Tanzszene, in der sich Ländler- und Walzerstilisierungen abwechseln. Einer fast grellen Burleske im dritten Satz steht ein Adagio-Finale gegenüber, das in ein Zitat aus dem vierten der *Kindertotenlieder* mündet. Der Satz endet mit einer Verklärung der für Mahler damals alles andere als glücklich empfundenen Realität.

Durch die Beziehung seiner Frau Alma zu dem jungen Architekten Walter Gropius kam es zu einer schweren Ehekrise, die den Sommer des Jahres 1910 überschattete. Mahler konsultierte deshalb auch den Psychoanalytiker Sigmund Freud. Die Skizzen zu einer *10. Sinfonie* blieben unvollendet. Von den vorgesehenen fünf Sätzen dieses Werkes konnte Mahler keinen einzigen abschließen. Nur die ersten beiden Sätze stellte er annähernd fertig. Der musikalische Satz scheint stellenweise wie durchlöchert und auf seine Grundelemente reduziert. Was Theodor W. Adorno einmal als »Durchbruch« beim späten Mahler bezeichnete, findet sich hier in Reinkultur. Die nahezu schockartigen Ausbrüche aus dem kompositorischen Gefüge vollziehen sich mitunter in Form brutal wirkender vieltöniger Akkorde. Traditionelle Rhythmik, Melodik und Harmonik werden über weite Strecken außer Kraft gesetzt.

Mahlers riesig besetzte *8. Sinfonie*, die sogenannte *Sinfonie der Tausend*, kam im September 1910 in München zur Uraufführung. Viele Freunde und Bekannte waren eigens aus diesem Anlaß angereist. Die Aufführung dieses von Mahler als »Botschaft der Liebe in liebloser Zeit« bezeichneten Werkes wurde zum größten Erfolg seiner kompositorischen Laufbahn, vielleicht sogar seines Lebens.

Während seiner letzten Spielzeit in den Vereinigten Staaten stellte Mahler in New York seine vierte Sinfonie vor. Kurz darauf erkrankte er an einer schweren Infektion. Am 8. April 1911 schiffte er sich nach Europa ein, um sich zunächst in Paris behandeln zu lassen. Nach seiner Rückkehr in die österreichische Metropole starb Gustav Mahler am 18. Mai 1911 im Alter von 50 Jahren in einem Wiener Sanatorium.

In seiner Gedenkrede formulierte Arnold Schönberg: »Ich kämpfte hier für Mahler und sein Werk. Ich habe polemisiert, ich habe harte und scharfe Worte gegen seine Gegner gesagt. Ich weiß es, wenn er zuhörte, würde er lächelnd abwinken. Denn er ist dort, wo man nicht mehr Vergeltung übt. Aber wir, wir müssen doch weiter kämpfen, da uns die Zehnte noch nicht gesagt wurde.«

WERKE (Auswahl)

Das klagende Lied für Soli, gemischten Chor und Orchester (1878/98)
Lieder und Gesänge aus der Jugendzeit (1880/83)
Lieder eines fahrenden Gesellen für Gesang und Orchester (1883/85)
Sinfonie Nr. 1 D-Dur (1884/88)
Lieder und Gesänge aus der Jugendzeit (1888/92)
Zwölf Lieder aus »Des Knaben Wunderhorn« für Gesang und Klavier oder Orchester (1888/93)
Sinfonie Nr. 2 c-Moll für Sopran, Alt, gemischten Chor und Orchester (1887/94)
Sinfonie Nr. 3 d-Moll für Alt, Frauenchor, Knabenchor und Orchester (1895/96)
Zwei Lieder (1899)
Sinfonie Nr. 4 G-Dur für Sopran und Orchester (1899–1901)
Kindertotenlieder für Gesang und Orchester (1901/04)
Fünf Rückert-Lieder für Gesang und Orchester (1901/04)
Sinfonie Nr. 5 cis-Moll (1901/02)
Sinfonie Nr. 6 a-Moll (1903/04)

Sinfonie Nr. 7 e-Moll (1904/05)

Sinfonie Nr. 8 Es-Dur für drei Soprane, zwei Alt-stimmen, Tenor, Bariton, Baß, Knabenchor, zwei gemischte Chöre und Orchester (»Sinfonie der Tausend«) (1906/07)

Das Lied von der Erde für Alt, Tenor und Orchester nach chinesischen Gedichten in der Übertragung durch Hans Bethge (1907/08)

Sinfonie Nr. 9 D-Dur (1908/09)

Sinfonie Nr. 10 Fis-Dur. Fragment (1910)

FRANK MARTIN

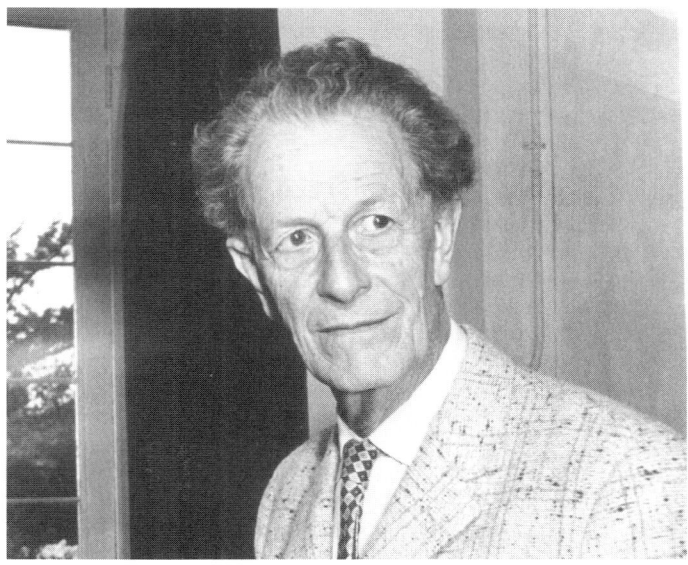

»Es gibt bei der Komposition Wollust und
sehr viel Angst, es gibt Geschenke vom
Himmel und Dinge, die, Note um Note, hart
und unter großer geistiger Anstrengung er-
rungen sind; es gibt auch eine Art Mathematik, wo die Werte durch Noten und die
Funktionen durch Tonarten ersetzt sind. Aber
was den grundsätzlichen Unterschied aus-
macht, ist, daß in der Musik das Ergebnis
Schönheit, in der Mathematik Wahrheit bedeutet. Die mathematische Wahrheit drängt
sich auf, ist indiskutabel; die Schönheit
aber, diese künstlerische Wahrheit, muß

überzeugen. Für den Künstler gibt es keinen andern Beweis des Gelingens als das Urteil der eigenen Sensibilität, als die Zustimmung des inneren Gefühls.«

Die Schönheit stand für Frank Martin im Vordergrund seines musikalischen Denkens. Das war auch einer der Gründe, weshalb er Arnold Schönbergs Weg in die Atonalität nicht folgte. Schönheit war für ihn ohne tonale Elemente undenkbar. Auch wenn er sich in den dreißiger Jahren die Organisation des Tonsatzes in Reihen zu eigen machte, hinderte ihn seine musikalische Ästhetik daran, der Tonalität den Rücken zu kehren. »Der partielle Gebrauch der Zwölftontechnik hat mir geholfen, mich aus den Fesseln erworbener Gewohnheiten und fertiger Formeln zu befreien. Wohin ich der Schule Schönbergs niemals folgen konnte, das war auf das Gebiet der Atonalität: dagegen wehrt sich mein ganzes musikalisches Empfinden. Gegenüber der Atonalität habe ich das gleiche Gefühl, wie vor einem Werk der Architektur, das der Schwerkraft nicht Rechnung trägt, wie vor einer Welt, in welcher es keine Vertikale, keine Horizontale gibt, wo selbst der rechte Winkel unbekannt ist. Denn letzten Endes läuft die Atonalität darauf hinaus, daß unter den Noten keine Hierarchie, es sei denn eine willkürliche, geduldet wird, daß somit jede musikalische Schwerkraft, jeder Unterschied zwischen unten und oben, somit auch jede Druckverteilung von leicht und schwer aufgehoben erscheint.«

Frank Martin wurde am 15. September 1890 als Sohn eines Pfarrers in Eaux Vives bei Genf geboren. Alle zehn Kinder der Familie spielten ein Musikinstrument. Gemeinsames Musizieren stand auf der Tagesordnung im heimischen Pfarrhaus. Martin entschied sich für das Klavier und begann als Neunjähriger mit ersten Kompositionen. Als er 1903 eine Aufführung von Bachs *Matthäus-Passion* besuchte, festigte sich sein Wunsch, die Musikerlaufbahn einzuschlagen. »Das war das größte musikalische Erlebnis meines Lebens, und von Anfang bis zu Ende war ich gewissermaßen nicht bei mir. Es war, als ob ich in den Himmel versetzt worden wäre, und als ich wieder zu mir kam, wußte ich nicht, in welchem Saal ich war. Eine solche Erfahrung habe ich nie mehr gemacht.«

Im Alter von 16 Jahren erhielt Frank Martin erstmals systematischen Musikunterricht. Als Privatschüler von Joseph Lauber studierte er Klavier, Harmonielehre und Komposition. Die deutsche und die französische Spätromantik beeinflußten ihn zunächst gleichermaßen, Richard Wagner ebenso wie César Franck. Daneben beschäftigte sich Martin auch mit Mathematik und Physik und begann auf Wunsch seiner Eltern ein Studium dieser Fächer, das er schon bald wieder abbrach. Erste Anerkennung als Komponist verschaffte ihm eine Aufführung der *Trois Poèmes Païens* für Bariton und großes Orchester 1911. Der Ausbruch des Ersten Weltkriegs unterbrach seine musikalische Karriere zunächst. Doch entstanden während seines Militärdienstes weitere Kompositionen, darunter die *Symphonie burlesque* für Kinderorchester und das abendfüllende Oratorium *Les Dithyrambes*, das 1918 beim Schweizer Tonkünstlerfest erstmals aufgeführt wurde. Bei dieser Gelegenheit lernte Martin den Dirigenten Ernest Ansermet kennen, der ihm die Werke des französischen Impressionismus, insbesondere von Claude Debussy und Maurice Ravel, nahebrachte. Die lebenslange Freundschaft, die sich aus dieser Begegnung entwickelte, machte Ansermet zu einem der nachhaltigsten Förderer der Musik Martins. Viele seiner Werke führte er in den folgenden Jahren und Jahrzehnten zum ersten Mal auf.

Nach dem Ersten Weltkrieg führte Martin ein unstetes Leben zwischen Rom, Paris und der Schweiz. 1921 schuf er mit den *Quatre Sonnets à Cassandre* auf Gedichte von Pierre de Ronsard das erste auch später noch von ihm als vollgültig anerkannte Werk. Der für diese Schaffensphase typische Stil einer strengen Linearität und einer modal bestimmten, häufig archaisch wirkenden Harmonik ist in diesem Zyklus bereits voll ausgeprägt. 1926 ließ sich Martin wieder in seiner Heimatstadt Genf nieder. Gemeinsam mit einigen Freunden gründete er die »Société de Musique de Chambre de Genève«, in der er als Pianist und Cembalist aktiv war und die er bis 1936 leitete. Daneben begann er seine langjährige Tätigkeit als Musikkritiker. In jenen Jahren beschäftigten ihn vor allem rhythmische Phänomene und Probleme, und dies veranlaßte ihn, sich mit der Rhythmik indischer und bulgarischer Folklore sowie der Volksmusik anderer Regionen auseinanderzusetzen. Kompositorisch schlugen sich seine Erfahrungen etwa in *Rhythmes* für großes Orchester und dem *Trio über irische Volkslieder* nieder: »Im Rhythmus habe ich

das Prinzip meiner musikalischen Form gesucht und in den rhythmischen Kombinationen das Mittel, meine Sprache zu bereichern.« Dabei interessierten ihn monodische Rhythmen nach antiker Manier ebenso wie polyrhythmische Modelle, wie er sie in orientalischer Volksmusik kennengelernt hatte.

1928 wurde er Dozent an dem von Émile Jacques-Dalcroze gegründeten Institut für rhythmisch-musikalische Erziehung. Dort unterrichtete er Improvisation und Rhythmustheorie. Zwei Jahre später wurde er Professor für Kammermusik am Genfer Konservatorium. Gemeinsam mit seiner zweiten Frau, der Tänzerin Irène Gardian, gründete er 1933 das »Technicum moderne de musique«, ein privates Institut, an dem neben Musik auch Tanz und Theater gelehrt wurde.

Seine eigene, unverwechselbare musikalische Sprache fand Frank Martin erst nach seiner Auseinandersetzung mit der Zwölftontechnik Arnold Schönbergs. Für ihn stellte die Dodekaphonie vor allem eine Bereicherung seiner melodischen Sprache dar, als Grundlage von harmonischen Strukturen übernahm er sie jedoch nicht. Die Reihenstruktur versah Martin häufig mit tonalen Elementen wie Dreiklangsketten. Die von Schönberg bevorzugten großen Intervallsprünge ersetzte er durch kleinere, oft sanglichere Tonfolgen. Martin erprobte diese neuen Möglichkeiten zunächst in den *Vier kurzen Stücken* für Gitarre solo, bevor er sie in seinem *1. Klavierkonzert* auf den großen sinfonischen Apparat übertrug. Das Soloinstrument wirkt hier eher in den Orchesterapparat eingebunden, als daß es durch virtuose Partien hervortritt. Polyphone Linienführung herrscht vor. Die zugrundeliegende Zwölftonreihe bestimmt nur partiell den musikalischen Satz. Erst in den darauffolgenden Kompositionen wird die Dodekaphonie in stärkerem Ausmaß zur Grundlage des Tonsatzes, wie Martin selbst erklärte: »Die Verwendung des Zwölftonsystems wird systematischer in der ›Rhapsodie‹, ›Musique de ballet‹ sowie in der ›Symphonie‹ betrieben, eine Verwendung, bei der es im Anfang nicht ohne recht große harmonische Härten abgeht. Die Kompositionen von 1938 und 1939 versuchen eine chromatische und dissonante Schriftart mit so wenig Härten wie möglich zu finden.«

Völlig ausgereift erscheint Martins musikalische Sprache in dem Oratorium *Le Vin herbé*, das zwischen 1938 und 1941 entstand. Dem Stück liegt die Sage von Tristan und Isolde in einer Novellenfassung von Joseph Bédier zugrunde, die Martin in einen Prolog, drei Kapitel und einen Epilog gliederte. »Im Frühjahr 1938 hatte ich gerade keine größere Komposition vor . . ., als Robert Blüm mit der Bitte an mich herantrat, für seinen Madrigalchor ein etwa halbstündiges Stück für zwölf Solostimmen und einige Instrumente zu schreiben. Ich nahm den Roman von Joseph Bédier wieder vor und sah sofort, daß ich nirgends einen Text fände, der meinen Absichten mehr entspräche.« Der Komponist arbeitet hier mit einer außergewöhnlichen Besetzung, die neben zwölf Solostimmen sieben Streicher und Klavier vorsieht. »Die Instrumente sollten, wenn nicht nebensächlich, so doch im Hintergrund bleiben, wie die Kulisse in einem Theaterstück.« Die zwölftönigen Themen beschränken sich zumeist auf einzelne Stimmen. Die Deklamation des Textes erfolgt häufig über rhythmischen Ostinati. Das Nebeneinander von reinen Dreiklängen und scharfen Dissonanzen verleiht dem Satz Farbigkeit und Transparenz. Zu diesem Werk, mit dem er erstmals auch international für großes Aufsehen sorgte, merkte er an: »Gleich im Prolog des ›Vin herbé‹ kommt ein Orgelpunkt im Baß vor und Akkorde, die sich um ihn drehen. Das ist eines der Prinzipien meiner Schreibweise, auf das ich immer wieder zurückkomme. Das ist kein Vorgehen, das ist die Grundlage meines Stils. Eine ausgehal-

tene Note wird ganz allein zu einer Melodie durch die Tatsache, daß diese Note bei sich modifizierender Harmonie eine immer größere Bedeutung bekommt, je weiter sich die sie umgebende Harmonie von ihr entfernt. Das ist meiner Meinung nach eines der wesentlichen Prinzipien der Musik und nicht nur meiner eigenen Schreibweise. In ›Le Vin herbé‹ habe ich zwei Zwölftonserien verwendet, und das auf verschiedene Art: als Melodie oder auch auf zwei oder mehrere Stimmen verteilt, aber immer mit Rücksicht auf die tonale Bedeutung. Die vollständige oder teilweise Verwendung von Serien verhindert das Zurückkommen auf die gleiche Note, bevor man die oder fast alle anderen Noten unserer chromatischen Leiter berührt hat.«

Nach Vollendung dieses Oratoriums wandte sich Martin verstärkt der geistlichen Musik zu. Mit *In Terra Pax*, *Golgotha* und *Pilate* schrieb er Kompositionen religiösen Inhalts, die zu den Hauptwerken seines gesamten Schaffens gehören. *In Terra Pax* komponierte er als Auftragswerk für den Rundfunk. Die Ausstrahlung war für den Tag der Beendigung des Zweiten Weltkrieges vorgesehen. Das Wissen um dieses bedeutsame Datum ließ Martin mit »leidenschaftlicher Überzeugung« an die Arbeit gehen. Ganz bewußt vermied er alle Pathetik und bemühte sich um einen ausgesprochen schlichten, fast asketischen musikalischen Satz. Mit seinem Passionsoratorium *Golgotha* schlägt er einen Bogen zurück zu Bachs *Matthäus-Passion*, einem seiner eindrücklichsten Jugenderlebnisse. Auffällige Analogien zu den Bachschen Passionen lassen sich mehrfach finden. Evangelistenworte und Chöre wechseln mit eher kontemplativen Abschnitten ab, für die Martin Texte von Augustinus benutzte. Ähnlich wie die Arien in Bachs Passionen geben sie Gelegenheit zur Meditation und zur emotionalen Kommentierung des Geschehens.

Neben der geistlichen Musik spielte auch die Instrumentalmusik, vor allem aber das Musiktheater eine zentrale Rolle in Martins Werken der fünfziger und sechziger Jahre. 1945 entstand mit der *Petite symphonie concertante* für Harfe, Cembalo, Klavier und zwei Streichorchester eine seiner bekanntesten Kompositionen überhaupt. Martin kombinierte hier eine neoklassizistische Anlage mit zwölftönigen Techniken und einer eigenwilligen, äußerst einprägsamen Rhythmik. Wenig später bearbeitete er dieses Erfolgsstück auch für großes Orchester.

Shakespeares Drama *Der Sturm* hatte Martin schon viele Jahre hindurch beschäftigt. Dieses Schauspiel hatte ihn bereits zu der 1937 entstandenen *Sinfonie* inspiriert. 1950 komponierte Martin einige der »Ariel-Gesänge« für Chor a cappella. Wenig später schrieb er mit *Der Sturm* sein erstes Werk für das Musiktheater, wobei er Friedrich Schlegels Übersetzung als Textvorlage benutzte. Anklänge an Jazz und Tango finden sich in diesem märchenhaften Lustspiel ebenso wie Monologe von fast Wagnerschen Dimensionen. Die Uraufführung 1956 in der Wiener Staatsoper wurde zu einem großen Erfolg und animierte Martin zu seinem zweiten Bühnenwerk *Monsieur de Pourceaugnac* nach Molière, das 1963 in Genf Premiere hatte.

Bereits 1956 war er mit seiner dritten Frau in das niederländische Naarden gezogen. Von hier aus ließ sich die Kompositionsklasse an der Kölner Musikhochschule bequemer leiten, die er 1950 übernommen hatte. Zu seinen Schülern zählte unter anderen auch Karlheinz Stockhausen. In Naarden bearbeitete er das Oratorium *Mystère de la Nativité*, das auf ein Passionsoratorium aus dem 15. Jahrhundert zurückgeht. In Anlehnung an mittelalterliche Mysterienspiele trägt das Werk auch musikdramatische Züge. Dementsprechend verlangte es, nach Mar-

tins Vorstellung, eine atmosphärisch dichte Inszenierung auf der Bühne.

Zu den Hauptwerken der späten Jahre gehören neben seinem einzigen *Streichquartett* auch das hochvirtuose *2. Klavierkonzert*, die rhythmisch vertrackten *Trois Danses* für Oboe, Harfe, Streichquintett und Streichorchester sowie das 1972 vollendete *Requiem*, dessen Uraufführung er ein Jahr später in Lausanne selber dirigierte. Die Auseinandersetzung mit dem Tod bestimmte viele seiner letzten Kompositionen, so auch die *Poèmes de la Mort* nach François Villon und *Polyptyque*, sechs Bilder aus der Leidensgeschichte Christi für Violine solo und zwei Streichorchester.

Das rhythmische Element übte immer eine besondere Anziehungskraft auf Martin aus. Davon zeugt eine Reihe von Instrumentalwerken, in denen er mit unterschiedlichen rhythmischen Modellen operierte. In der 1973 für Paul Badura-Skoda geschaffenen *Fantasie* für Klavier und Tanz ad libitum setzt sich der Komponist mit der Welt des Flamenco auseinander: »Ich fühlte mich schon seit mehreren Jahren von den reichen und komplexen Rhythmen der Flamenco-Kunst angezogen, in die ich von meiner Tochter Teresa eingeführt worden war, die sich dieser Kunst gewidmet hat. Mehr noch als von der Vielschichtigkeit und dem Reichtum dieser Rhythmen war ich fasziniert von ihrem Geist – dieser Mischung von Tragik, von Stolz gegenüber dem Schicksal und von Heiterkeit – den diese Kunst zum Ausdruck bringt.« Die Uraufführung dieses Werkes im August 1974 konnte Martin noch miterleben. Sein letztes Werk, *Et la Vie l'emporta* (»Und das Leben wird siegen«), blieb unvollendet.

Martin, der noch in seinen letzten Lebensjahren eine rege Konzerttätigkeit als Dirigent vorwiegend eigener Werke entfaltet hatte, starb nach kurzer Krankheit am 21. November 1974 in Naarden.

Sein Selbstverständnis als Komponist beschrieb der überzeugte Humanist Martin einmal so: »Sogar wenn man veranlaßt ist, Häßlichkeit auszudrücken, sollte die Kunst an und für sich so schön sein, daß diese Häßlichkeit dadurch wie verklärt wird. Denn die Schönheit trägt in sich eine Kraft, die unseren Geist befreit, was immer der Ausdruck sei, den sie verkörpert, und selbst wenn sie nichts ausdrückt, was sich eindeutig in Worte fassen ließe. Und wenn es nicht unbedingt Frieden und Trost ist, was der Künstler den andern Menschen bringen soll, so sollte es jedenfalls diese Befreiung sein, die die Schönheit in uns hervorbringt. Hier liegt, wie mir scheint, die wahre Verantwortung des Komponisten.«

WERKE (Auswahl)

Trois Poèmes Païens für Bariton und großes Orchester (1910)
Symphonie burlesque für Orchester nach Volksmelodien aus Savoyen (1915)
Les Dithyrambes für vier Solostimmen, gemischten Chor, Kinderchor und Orchester (1918)
Quatre Sonnets à Cassandre für Mezzosopran, Flöte, Viola und Violoncello (1921)
Messe für doppelten Chor a cappella (1922/26)
Trio über irische Volkslieder für Violine, Violoncello und Klavier (1925)
Rythmes. Drei sinfonische Sätze für großes Orchester (1926)
Vier kurze Stücke für Gitarre solo (1933)
Konzert für Klavier und Orchester Nr. 1 (1934)
Symphonie für großes Orchester (1936/37)
Le Vin herbé. Weltliches Oratorium für zwölf Solostimmen, sieben Streicher und Klavier (1938/41)
Ballade für Klavier und Orchester (1939)
Das Märchen vom Aschenbrödel. Ballett für Sopran, Mezzosopran, Alt, Tenor und kleines Orchester (1941)
Der Cornet nach Rainer Maria Rilke für Altstimme und kleines Orchester (1942/43)

Sechs Monologe aus »Jedermann« von Hugo von Hofmannsthal für Bariton und Klavier (1944)
Petite symphonie concertante für Harfe, Cembalo, Klavier und zwei Streichorchester (1944/45)
In Terra Pax. Oratorio breve nach biblischen Texten für fünf Solisten, zwei gemischte Chöre und Orchester (1944)
Golgotha. Passionsoratorium nach Texten aus der Bibel und von Augustinus für fünf Solisten, gemischten Chor, Orchester und Orgel (1945/48)
Konzert für sieben Bläser, Pauken, Schlagzeug und Streichorchester (1949)
Konzert für Cembalo und kleines Orchester (1951/52)
Der Sturm. Oper in drei Akten (1952/55)
Mystère de la Nativité. Weihnachtsoratorium für neun Solostimmen, kleinen gemischten Chor, Männerchor und großen gemischten Chor (1957/59)
Monsieur de Pourceaugnac. Lustspiel in drei Akten (1960)
Les Quatre Eléments. Symphonische Etüden für großes Orchester (1963/64)
Pilate. Oratorio breve für Bariton, Mezzosopran, Tenor, Baß, gemischten Chor und Orchester (1964)
Konzert für Violoncello und Orchester (1965/66)
Streichquartett (1966/67)
Magnificat für Sopran, Violine solo und Orchester (1967)
Konzert für Klavier und Orchester Nr. 2 (1968/69)
Maria-Triptychon für Sopran, Violine solo und Orchester (1968)
Trois Danses für Oboe, Harfe, Streichquintett und Streichorchester (1970)
Poèmes de la Mort für drei Männerstimmen und drei elektrische Gitarren (1969/71)
Requiem für vier Solostimmen, gemischten Chor, Orchester und Orgel (1971/72)
Polyptyque. Sechs Bilder aus der Leidensgeschichte Christi für Violine solo und zwei Streichorchester (1973)
Fantasie sur les rythmes flamenco für Klavier und Tanz ad libitum (1973)
Et la Vie l'emporta. Kammerkantate für Alt, Bariton, kleines Vokal- und Instrumentalensemble, unvollendet (1974)

BOHUSLAV MARTINŮ

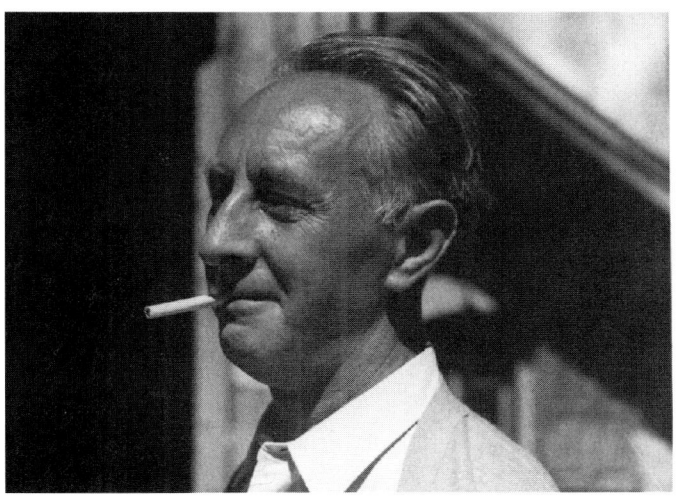

»Ich glaube, ich kann besser Musik schreiben als über sie zu schreiben. Ich mag es
nicht, den schöpferischen Prozeß gleichsam
unter ein Mikroskop zu legen, ein Werk zu
erklären, auf seine Moleküle zu schauen anstatt den Körper als Ganzes zu untersuchen.
Was mich betrifft, sollte ein Werk für sich
selbst sprechen und nicht als Ergebnis einer
Analyse. Ich denke nicht, daß es nötig ist,
das Publikum in ein Laboratorium zu führen,
wo es nichts versteht und wo der Künstler
manchmal selbst lange Zeit braucht, um die
Bedeutung seiner Werke zu erfassen.«

Bohuslav Martinů war kein Freund der
Analyse. Wichtig war ihm vor allem das

Musik-Machen, der schöpferische Prozeß. Er produzierte außerordentlich schnell und viel, so daß es schwierig ist, sich einen Überblick über sein Gesamtwerk zu verschaffen. Der größte Teil seiner Arbeiten wurde zu seinen Lebzeiten weder gedruckt noch aufgeführt. Doch das war Martinů auch nicht besonders wichtig. Ihm lag vielmehr daran, immer Neues zu schaffen. Die Tätigkeit des Komponierens empfand er als lebensnotwendig.

Geboren wurde Bohuslav Martinů am 8. Dezember 1890 in Polička an der böhmisch-mährischen Grenze. Er stammte aus kleinbürgerlichen Verhältnissen. Sein Vater war Schuster und in seiner Freizeit ein leidenschaftlicher Laienschauspieler, der häufig im Theater des kleinen Städtchens auftrat. Martinůs musikalische Begabung wurde früh erkannt. Im Alter von sieben Jahren erhielt er ersten Geigenunterricht vom örtlichen Schneider. Bereits als Kind begann er auch mit Kompositionsversuchen. Das erste Werk des Elfjährigen war ein *Die drei Reiter* überschriebenes Streichquartett. In Josef Vintr, dem Leiter des Liebhaberorchesters in Polička, fand er einen engagierten Pädagogen, der fortan seine musikalische Ausbildung übernahm. Bis zum Eintritt in das Prager Konservatorium komponierte er eine Fülle von Kammermusikwerken, die heute als verschollen gelten. In Prag studierte Martinů zunächst Violine, wurde aber 1910 wegen »unverbesserlicher Nachlässigkeit« vom Konservatoriumsbetrieb ausgeschlossen. Plötzlich auf sich allein gestellt, verfiel er einem wahren Schaffensrausch. Innerhalb kurzer Zeit schrieb er zwei großformatige Orchesterwerke, *La mort de Tintagiles* und *Der*

Todesengel, sowie zahlreiche Lieder, Klavierstücke und Kammermusikwerke. Die Prager Erstaufführung von Claude Debussys Oper *Pelléas et Mélisande*, die 1908 am Deutschen Theater stattfand, prägte sein weiteres kompositorisches Schaffen. Die Musik der französischen Impressionisten bestimmte maßgeblich seine folgenden Werke. Martinů fühlte sich zur Kultur Frankreichs hingezogen und vertonte 1913 auch erstmals französische Texte.

Die Jahre des Ersten Weltkrieges verbrachte Martinů fast ausschließlich in seinem Heimatort Polička, wo er ab 1916 an der Musikschule Violinunterricht gab. Neben der Musik des französischen Impressionismus hinterließ nun in stärkerem Maße auch die tschechische Volksmusik ihre Spuren in seinen Werken, so etwa in den *Fünf Polkas* für Klavier, dem Ballett *Der Schatten* und vor allem in der *Tschechischen Rhapsodie*, einer großen Chorkantate, die er unter dem Eindruck der nahenden Befreiung seiner Heimat im Frühjahr 1918 komponierte. Die Uraufführung dieses Werkes im Januar 1919 im Prager Smetana-Saal brachte ihm seinen ersten größeren Erfolg als Komponist. Der Einfluß der heimatlichen Folklore blieb für Martinů zeitlebens eine wichtige Inspirationsquelle, wie es noch die späten Werke aus den fünfziger Jahren belegen.

Als das Orchester des Prager Nationaltheaters eine Konzertreise nach Paris unternahm, konnte Martinů als Aushilfe mitfahren. Während dieses ersten Aufenthaltes im westlichen Ausland faßte er den Entschluß, zu einem späteren Zeitpunkt für länger in die französische Hauptstadt zurückzukehren. Zwischen 1920 und 1923 spielte er als zweiter Geiger in der Tschechischen Philharmonie. Gleichzeitig versuchte er, in der Kompositionsklasse von Josef Suk seine Lücken in Musiktheorie und Satztechnik zu schließen. Doch wie schon bei seinem früheren Besuch des Konservatoriums brach Martinů nach kurzer Zeit den Unterricht ab. Als er 1923 ein Stipendium des Unterrichtsministeriums für einen Aufenthalt in Paris erhielt, zeichnete sich eine Wende in seinem Leben ab. »Ich ging nach Frankreich, nicht etwa um dort meine Rettung zu suchen, sondern um meine Meinungen zu bestätigen. Ich suchte dort weder Debussy noch Impressionismus noch musikalischen Ausdruck, sondern die wahren Grundlagen der westlichen Kultur, die sich meiner Ansicht nach mit unserem eigenen nationalen Charakter weit besser vertragen als ein Irrgang von Vermutungen und Problemen«, womit er den deutschen Expressionismus meinte.

In Paris suchte Martinů zunächst Albert Roussel auf, um bei ihm Komposition zu studieren. Der Unterricht fand zweimal im Monat statt, erstreckte sich aber immerhin über einen Zeitraum von zwei Jahren. Warum seine Wahl ausgerechnet auf Roussel gefallen war, der zu dieser Zeit nicht gerade der musikalischen Avantgarde der französischen Hauptstadt angehörte, begründete Martinů so: »Was ich bei ihm suchte, war Ordnung, Klarheit, Maß, Geschmack, genauen, empfindsamen, unmittelbaren Ausdruck, kurzum: die Vorzüge der französischen Kunst, die ich stets bewundert habe, und die ich wünschte, inniger kennenzulernen.« Lehrer und Schüler verband bald eine enge Freundschaft. Auch gelang es Martinů während seiner Lehrzeit bei Roussel eine eigenständige musikalische Handschrift zu entwickeln. Zu den ersten vollgültigen Werken zählen *Half-Time* für Orchester, das *2. Streichquartett* und das Orchesterstück *La Bagarre*. Rhythmische Vitalität, polyphone Satzbilder und Polytonalität charakterisieren diese Werke, mit denen Martinů jetzt erstmals auch außerhalb seiner tschechischen Heimat Erfolg hatte. So kam das zweite Streichquartett unter anderem während des Festivals in Baden-Baden 1927 und ein Jahr später auf dem Fest der Internationalen Gesellschaft für Neue Musik zur Aufführung. *Half-Time* wurde in der Saison 1924/25 gleich zweimal in Prag gegeben. Für sein 1927 entstandenes *Streichquintett* erhielt er in den frühen dreißiger Jahren den renommierten Coolidge-Preis. Zur gleichen Zeit stellte das Boston Symphony Orchestra unter seinem Dirigenten Serge Koussevitzky mit *La Bagarre* erstmals ein Orchesterwerk Martinůs in den Vereinigten Staaten vor.

Die Sommermonate verbrachte der Komponist in den zwanziger Jahren fast regelmäßig bei seiner Mutter in der tschechischen Heimat. Hier komponierte er viele seiner großformatigen Werke wie das *1. Klavierkonzert*, den ersten Akt seiner Oper *Der Soldat und die Tänzerin*, das Ballett *On tourne* und das *Streichquintett*. Aber auch in Paris schuf Martinů Werk um Werk, von der abendfüllenden Oper bis zum jazzinspirierten Kammermusikwerk.

Vor allem in den späten zwanziger Jahren war der Einfluß des Jazz in seinen Kompositionen unübersehbar. Mit Arbeiten wie dem Pasticcio *La Revue de Cuisine*, dem Ballett *Schach*, dem *Sextett für Klavier und Bläser* oder der *Jazz-Suite* gelang es ihm, die Erfordernisse von Unterhaltungsmusik und seinen künstlerischen Anspruch in Einklang zu bringen. Ähnlich wie die Komponisten der »Groupe des Six« lehnte er die spätromantische Durchchromatisierung des Tonsatzes ab und stellte statt dessen Klarheit, lineare Strukturen und den Primat der Melodik in den Mittelpunkt. Martinů übertrug auch Techniken des Films wie Schnitt oder Montage auf seine Musik. In dieser Schaffensphase bewies er eine Vielseitigkeit, wie er sie später nicht mehr erreichte.

Neue Wege beschritt er auch mit dem Operntriptychon nach Libretti des surrealistischen Dichters Georges Ribemont-Dessaignes. Der skurrile Humor der literarischen Vorlagen kam Martinů entgegen, und innerhalb kurzer Zeit vollendete er zwei der drei Bühnenwerke, die Posse *Les Larmes du Couteau* sowie die abendfüllende Oper *Les trois Souhaits*. Da sich keine Aufführungsmöglichkeit bot, blieb der dritte Teil des Triptychons unvollendet. 1929 entstanden die experimentellsten Werke Martinůs, die sich durch eine kühne Modernität auszeichnen. Das gilt vor allem für die *Phantasie für zwei Klaviere* und das *3. Streichquartett*, die mit einem Reichtum an Dissonanzen sowie ungewohnten Intervallschritten aufwarten und keine eindeutige Bindung an die Tonalität mehr zeigen.

Diese experimentelle Phase hielt aber nicht lange an. 1930 begann er unter dem Eindruck des barocken Concerto grosso eine Reihe von Kompositionen, die in neoklassizistischer Manier den alten Formtypus mit neuem Inhalt versahen. Dazu gehören neben dem *1. Cellokonzert* die *Serenade* für Kammerorchester und das *Streichquartett mit Orchester*. Mit der Rückbesinnung auf die barocke Konzertform ging die erneute Auseinandersetzung mit der Volksmusik seiner Heimat einher, die in seinen ersten Pariser Jahren fast gar keine Rolle gespielt hatte. Ab 1929 mehrten sich die Werke mit tschechischen Sujets. Das gilt gleichermaßen für die Instrumentalmusik wie für die musikdramatischen Arbeiten. Der ursprüngliche Titel des kammermusikalischen Stücks *Les Rondes* lautete »Mährische Tänze«, Martinů änderte ihn erst später. Vor allem die große volkstümlich-tschechische Bühnentrilogie, die zwischen 1931 und 1936 entstand, ist ein Zeugnis für Martinůs wiedererwachtes Interesse an der heimatlichen Kultur. Daneben komponierte er auch genuin ›französische‹ Werke wie die Opern *Juliette* und *Alexandre bis*. Tschechische und französische Einflüsse halten sich in seinem Schaffen der dreißiger

Jahre die Waage. Die Oper *Juliette* lag ihm bis in seine letzten Lebensjahre besonders am Herzen. Ihre Uraufführung 1938 im Prager Nationaltheater brachte Martinů seinen letzten großen Erfolg in seiner Heimat, bevor das Land durch die Nationalsozialisten besetzt wurde.

1938 schrieb Martinů sein *Doppelkonzert* für Klavier, Pauken und zwei Streichorchester, ein Werk, das der Basler Dirigent und Mäzen Paul Sacher in Auftrag gegeben hatte. Er vollendete die Partitur in Sachers Landhaus auf dem Schönenberg, wo sich Martinů in den folgenden Jahren noch mehrmals aufhielt. Sacher, der Werke Martinůs bereits 1933 aufgeführt hatte, entwickelte sich zu einem der nachhaltigsten Förderer von dessen Musik und unterstützte den Komponisten auch finanziell in schwierigen Zeiten.

Zu Beginn des Zweiten Weltkrieges meldete sich Martinů sofort als Freiwilliger bei der tschechischen Exilregierung in London, wurde aber aus Altersgründen nicht eingezogen. Sein nationales Engagement brachte ihn in Gefahr, als die deutschen Truppen 1940 Frankreich besetzten. Martinů sah sich gezwungen, über Spanien und Portugal 1941 in die Vereinigten Staaten zu emigrieren. Fast sämtliche Partituren mußte er in Paris zurücklassen, lediglich vier neuere Arbeiten befanden sich beim Aufbruch nach Amerika in seinem Gepäck. In New York fühlte Martinů sich fremd, richtig heimisch wurde er in der neuen Umgebung nie: »Hier muß man immer weiter gehen, Block um Block, endlos, und je weiter man geht, je mehr zwingen einen die Gedanken und die einförmige Umgebung zum schneller und schneller Gehen, bis man aufhört zu denken und mit dem Zählen der Blocks beginnt: Nein, ich kann nicht behaupten, daß meine Erinnerungen aus New York nur glückliche sind.«

Die fremde Sprache erlernte Martinů, indem er englische Bücher las und täglich ins

Kino ging. Schlagartig berühmt wurde er in Amerika durch die Uraufführung seines *Concerto grosso* im November 1941 in Boston, wieder unter der Leitung Koussevitzkys. Spätestens bei einem Benefizkonzert zugunsten des Hilfsfonds für die Tschechoslowakei wurde klar, welche Bedeutung man ihm zuerkannte. Hier kamen Werke der »Unsterblichen der symphonischen Musik der Tschechoslowakei« zur Aufführung, und zu den so Gerühmten zählte neben Smetana, Dvořák und Janáček auch Martinů. Im Auftrag der Koussevitzky Foundation komponierte er seine *1. Sinfonie*, deren Uraufführung im November 1942 für den Komponisten zu einem triumphalen Erfolg wurde. Bis 1946 schrieb Martinů fortan jedes Jahr eine neue Sinfonie, die sein Renommé als Komponist in der Neuen Welt weiter festigten. Neben einer Reihe von konzertanten Werken entstand in Amerika auch das *Gedenkstück für Lidice*, jenes tschechische Dorf, das die Waffen-SS als Vergeltungsmaßnahme für das Attentat auf den nationalsozialistischen Statthalter Heydrich vernichtete, nachdem sie alle männlichen Einwohner erschossen hatte. Der in erster Linie programmatisch bedingte extrem dissonante und hochexpressive Gestus dieses Werkes zeigt allerdings eine eher untypische musikalische Sprache für die in Amerika entstandenen Werke. Anders als in seinen frühen Kompositionen tendierte Martinů hier zu einer lyrischen und auch einfacheren Diktion. Neben dem *Gedenkstück für Lidice* belegen viele andere Werke jener Jahre die enge Verbundenheit mit seiner tschechischen Heimat.

In den Vereinigten Staaten lernte Martinů den ebenfalls im Exil lebenden Albert Einstein kennen. Für den weltberühmten Physiker, der auf der Geige dilettierte, komponierte er seine *Five Madrigal Stanzas*, die Einstein auch tatsächlich spielte.

Nach Ende des Zweiten Weltkrieges trat Martinůs Musik bald den Siegeszug durch die europäischen Konzertsäle an. Auf dem Programm des ersten Pariser Konzertes nach der Befreiung stand auch ein Werk von Martinů. In der Tschechoslowakei wurden seine Werke jetzt häufiger gespielt. Dirigenten wie Ernest Ansermet, Rafael Kubelik und immer wieder Paul Sacher setzten sich energisch für seine Arbeiten ein. Das Prager Konservatorium bot ihm 1946 eine Professur für Komposition an, und Martinů plante, in die Tschechoslowakei zurückzukehren. Doch machte ein Sturz während seiner Unterrichtstätigkeit bei den Sommerkursen in Tanglewood, bei dem sich Martinů eine schwere Verletzung des Hörnervs zuzog, diese Vorhaben zunichte. In den folgenden Jahren litt er an ständigen Kopfschmerzen, Gleichgewichtsstörungen und einer starken Beeinträchtigung seines rechten Ohrs. Während dieser Zeit komponierte er vergleichsweise nur wenig. Martinů blieb zunächst in den Vereinigten Staaten, und nach der Machtübernahme der Kommunisten in seiner tschechischen Heimat war an eine Rückkehr dorthin für ihn nicht mehr zu denken.

Mit großem Beifall wurde sein in den dreißiger Jahren für den Rundfunk komponierter Einakter *Komödie auf der Brücke* bei der Bühnenpremiere 1951 in New York aufgenommen. Innerhalb weniger Monate avancierte das Werk zu einem Welterfolg, und die Kritiker des »New York Music Circle« wählten es zur besten Oper des Jahres. Es folgten zwei kurze Fernsehopern, die seinen Ruhm in Amerika untermauerten. Trotzdem zog es Martinů zurück nach Europa. Als letztes Werk in den Vereinigten Staaten komponierte er seine sechste Sinfonie *Fantaisies symphoniques*, die er später noch einmal überarbeitete.

Nach Aufenthalten in Belgien, Holland und Paris ließ sich Martinů im September

1953 in Nizza nieder. Hier schrieb er zwei seiner wichtigsten Werke, das Oratorium *Gilgamesch* und das Musikdrama *Griechische Passion*, das er gemeinsam mit dem griechischen Dichter Nikos Kazantzakis nach dessen gleichnamigem Roman *Der wiedergekreuzigte Christus* ausarbeitete. Immer wieder verbrachte er längere Perioden auf dem Landgut Paul Sachers, das ihm mit der Zeit zur zweiten Heimat wurde. Dort schuf er auch das *5. Klavierkonzert*, den Opernoeinakter *Ariadne* sowie große Teile der *Griechischen Passion*. Viele Werke der fünfziger Jahre stehen wieder im Zeichen der tschechischen Volksmusik. Daneben finden sich auch neoimpressionistische Anklänge, die an Claude Debussy erinnern.

Mehrfach erwog Martinů in dieser Zeit wieder die Rückkehr in seine Heimat, konnte sich aber nicht dazu entschließen, obwohl ihn aus der Tschechoslowakei eine Reihe von Kompositionsaufträgen erreichte. 1958 erkrankte er schwer an einem Krebsleiden. Das letzte Werk, das er noch vollenden konnte, waren die *Weissagungen des Jesaja*. Sein Gesundheitszustand verschlechterte sich rasch. Bohuslav Martinů starb am 28. August 1959 in Liestal bei Basel.

WERKE (Auswahl)

La mort de Tintagiles für Orchester (1910)
Der Todesengel für Orchester (1910)
Die Nacht. Ballett in einem Akt (1914)
Fünf Polkas für Klavier (1916)
Der Schatten. Ballett in einem Akt (1916)
Istar. Ballett in drei Akten (1918/22)
Tschechische Rhapsodie. Kantate für Bariton, gemischten Chor, Orchester und Orgel (1918)
Wer ist der Mächtigste der Welt? Ballett-Komödie in einem Akt (1922/23)
Half-Time für Orchester (1924)
Streichquartett Nr. 2 (1925)
Konzert für Klavier und Orchester Nr. 1 (1925)

Die Revolte. Ballett-Skizze in einem Akt (1925)
La Bagarre für Orchester (1926)
Der Soldat und die Tänzerin. Komische Oper in drei Akten (1926/27)
On tourne. Ballett in einem Akt (1927)
Streichquintett (1927)
La Revue de Cuisine. Jazz-Suite und Ballett in einem Akt (1927)
Jazz-Suite für kleines Orchester (1928)
Les Larmes du couteau (Die Tränen des Messers). Oper (1928)
Les trois Souhaits (Die drei Wünsche oder Von der Unbeständigkeit des Lebens). Film-Oper in drei Akten mit Vor- und Nachspiel (1928/29)
Streichquartett Nr. 3 (1929)
Phantasie für zwei Klaviere (1929)
Sextett für Klavier und Bläser (1929)
Schach. Jazz-Ballett in einem Akt (1930)
Les Rondes für Oboe, Klarinette, Fagott, Trompete, zwei Violinen und Klavier (1930)
Serenade für Kammerorchester (1930)
Konzert für Violoncello und Orchester Nr. 1 (1930)
Streichquartett mit Orchester (1931)
Les Jeux de Marie (Das Wunder Marias). Oper in vier Teilen (1933/34)
Die Stimme des Waldes. Funkoper in einem Akt (1935)
Die Komödie auf der Brücke. Funkoper in einem Akt (1935)
Das Theater hinter dem Zaun. Ballett-Oper in drei Akten (1935/36)
Juliette. Lyrische Oper in drei Akten (1936/37)
Alexandre bis. Opera buffa in einem Akt (1937)
Concerto grosso für Kammerorchester (1937)
Doppelkonzert für zwei Streichorchester, Klavier und Pauken (1938)
Sinfonietta giocosa für Klavier und Kammerorchester (1940)
Sinfonie Nr. 1 (1942)
Sinfonie Nr. 2 (1943)
Gedenkstück für Lidice für Orchester (1943)
Five Madrigal Stanzas für Violine und Klavier (1943)
Sinfonie Nr. 3 (1944)
Konzert für Violoncello und Orchester Nr. 2 (1944/45)
Sinfonie Nr. 4 (1945)

Sinfonie Nr. 5 (1946)
Konzert für Klavier und Orchester Nr. 3 (1947)
Intermezzo für großes Orchester (1950)
Fantaisies symphoniques (Sinfonie Nr. 6) (1951/53)
Die Hochzeit. Komische Oper in zwei Akten (1952)
Mirandolina. Komische Oper in drei Akten
    (1953/54)
Gilgamesch. Kantate für Soli, gemischten Chor
    und Orchester (1954/55)

Griechische Passion. Oper in vier Akten
    (1956/57)
Parabeln für großes Orchester (1957/58)
Konzert für Klavier und Orchester Nr. 5 (1957/58)
Ariane (Ariadne). Lyrische Oper in einem Akt
    (1958)
Estampes für Orchester (1958)
Weissagungen des Jesaja. Kantate für Soli, Männer-
    chor und Instrumente (1959)

OLIVIER MESSIAEN

»Ich weiß beim besten Willen nicht, ob ich
eine Ästhetik habe. Aber ich kann wohl sagen, daß meine Vorliebe einer farblich schil-
lernden, verfeinerten, ja wollüstigen (wohl-
gemerkt: nicht sinnlichen) Musik gehört, einer Musik, die Zartheit *und* Heftigkeit, Liebe
und Ungestüm kennt; einer Musik, die den
Hörer hin- und herwiegt, die sich aussingt
(Ehre gebührt der Melodie, der melodischen

Phrase!); einer Musik, die von frischem Blut belebt wird, deutliche Gesten kennt, einen zuvor nie gekannten Duft verströmt, einem ruhelosen Vogel gleicht; einer Musik in der Art von Kirchenfenstern, in denen Komplementärfarben in wirbelnde Bewegung geraten zu sein scheinen; einer Musik, die die Begrenzungen der Zeit und ihre Allgegenwart spürbar werden läßt, die von den Auferstandenen, den göttlichen und übernatürlichen Mysterien handelt; einer Musik, die einem ›theologischen Regenbogen‹ gleicht.«

Mit dieser Antwort auf eine Rundfrage zur kompositorischen Situation aus dem Jahre 1946 hat Olivier Messiaen seine musikalische Welt umfassend beschrieben. Es sind immer wieder dieselben Motive, die sein Œuvre von den Anfängen in den späten zwanziger und frühen dreißiger bis hin zu den letzten Werken Anfang der neunziger Jahre durchziehen: seine feste Verwurzelung im christlichen Glauben, seine Liebe zum Gesang der Vögel, die Lust an musikalischen Farben und ein freier, individueller Gebrauch von musikalischen Techniken. Aus diesen Elementen entwickelte Messiaen einen vielschichtigen und unverwechselbaren musikalischen Kosmos wie nur wenige Komponisten des 20. Jahrhunderts.

Geboren am 10. Dezember 1908 in Avignon als Sohn einer Schriftstellerin und eines Anglisten, entwickelte Olivier Messiaen schon als Kind eine Vorliebe für die Musik. Erstem Klavierunterricht folgte in den zwanziger Jahren eine umfassende musikalische Ausbildung am Pariser Conservatoire, die er in allen Fächern mit Auszeichnung abschloß. Ende der zwanziger Jahre begann er zu komponieren. Ab 1931 wirkte Messiaen über Jahrzehnte als Organist an der Kirche Sainte Trinité in Paris. Sein Orchesterwerk *Les Offrandes oubliées* brachte ihm Anfang der dreißiger Jahre einen ersten Erfolg als Komponist. Drei Jahre später vollendete er seinen großangelegten Orgelzyklus *La Nativité du Seigneur*, der später zu seinen bekanntesten Werken zählte. 1936 gründete er zusammen mit einigen anderen Komponisten, Yves Baudrier, André Jolivet und Daniel Lesur, die Gruppe »Jeune France«, die sich gegen den in Paris vorherrschenden Neoklassizismus wandte.

1939 wurde Messiaen zum Militär eingezogen. Zunächst diente er als Pionier, später als Krankenpfleger. 1940 wurde er bei Verdun gefangengenommen und in ein Lager in Görlitz deportiert. Während der einjährigen Gefangenschaft entstand das *Quatuor pour la fin du temps*, das »Quartett für das Ende der Zeit«. Messiaen ließ sich hier von der Apokalypse des Johannes inspirieren. Im Januar 1941 führte er das Stück selbst mit einigen Mitgefangenen vor rund 5000 Inhaftierten auf, mit einem Cello, dem eine Saite fehlte, und einem Klavier, dessen Tasten klemmten. »Nie hat man mir mit so viel Aufmerksamkeit zugehört«, erinnerte sich Messiaen später.

Zurück in Paris, unterrichtete Messiaen ab 1941 Harmonielehre am Pariser Conservatoire. Da ihm nicht erlaubt war, auch Komposition zu lehren, gründete er eine private Klasse. Erst nach 1947 konnte er auch am Conservatoire Komposition unterrichten. In den folgenden Jahren übte Messiaen eine große Anziehungskraft auf viele junge Komponisten aus, unter ihnen Pierre Boulez, Karlheinz Stockhausen und Iannis Xenakis. Anfang der fünfziger Jahre wurde seine Klavieretüde *Mode de valeurs et d'intensités* zum Ausgangspunkt der seriellen Musik, die alle musikalischen Parameter nach strengen Reihengesetzen ordnet. Diese Kompositionstechnik wurde in der Folgezeit insbesondere von Stockhausen und Boulez weiterentwickelt, Messiaen selbst interessierte sich nicht dafür.

Rhythmik, Harmonik und Klangfarbe prägen als Hauptfaktoren die Musik von Olivier Messiaen. Ihnen räumt der Komponist in seinem in den vierziger Jahren erschienenen Lehrbuch *Technique de mon langage musical* auch bei weitem am meisten Platz ein. Von den insgesamt 19 Kapiteln dieses Buches sind sechs dem Rhythmus und sieben der Harmonik gewidmet. Von der Form hingegen ist nur wenig die Rede. Auch spielen Kategorien wie thematische Arbeit oder Durchführung in Messiaens Musik so gut wie keine Rolle. Sie werden durch Elemente wie Sequenz, Wiederholung und Verkürzung ersetzt.

Die eigenwilligen und ungewohnten Rhythmen Messiaens greifen überwiegend alte indische Modelle auf. Seine Verwendung von Hindu-Rhythmen führt er auf das System der 120 Desi-tala (»Rhythmus aus verschiedenen Provinzen«) aus einem Standardwerk des indischen Gelehrten Sharngadeva aus der ersten Hälfte des 13. Jahrhunderts zurück. Von diesen insgesamt 120 Rhythmen verwendet Messiaen etwa ein Viertel in seinen Werken.

Für nahezu alle seine Kompositionen bildet die Religion die Grundlage: »Ich habe versucht, ein christlicher Musiker zu sein und von meinem Glauben zu singen, ohne daß

mir dies jemals gelungen wäre – zweifellos deshalb, weil ich dessen nicht würdig war.« Dieser christliche Hintergrund äußert sich in unterschiedlichen Erscheinungsformen. Neben der Liebe zu Gott steht die Liebe zu all seinen Kreaturen, die Messiaen in seinen Kompositionen vorstellt: die Menschen, die Tiere, die Natur, Himmel und Erde.

1948 vollendete Messiaen die *Turangalīla-Sinfonie* für Klavier, Ondes Martenot, ein elektronisches Instrument, und großes Orchester. Sie sei, so der Komponist, »ein Liebeslied, eine Hymne an die Freude. Gemeint ist aber nicht die bürgerliche und verhalten euphorische Freude eines ›honnête homme‹ des 17. Jahrhunderts, sondern die Freude, wie sie nur jemand empfinden kann, der sie inmitten des Unglücks erlebt hat, das heißt eine übermenschliche, überschäumende, blendende und alles Maß übersteigende Freude. Und die Liebe zeigt sich hier unter demselben Gesichtspunkt: die verhängnisvolle und unwiderstehliche Liebe, die alles transzendiert und sich über alles um sich herum hinwegsetzt; die Liebe, so wie sie durch den Liebestrank Tristans und Isoldes symbolisiert wird.« Tatsächlich bildet die Sinfonie zusammen mit den etwa gleichzeitig entstandenen Werken *Harawi* und *Cinq Rechants* eine Art Tristan-Trilogie, wobei die Sinfonie den Schwerpunkt dieser Werkgruppe bildet.

Hinsichtlich Aufführungsdauer und Besetzung gehört die *Turangalīla-Sinfonie* zu den großangelegten Werken Messiaens. Harmonisch operiert er hier mit den von ihm entwickelten »Modi«, den zentralen Elementen seines harmonischen und melodischen Denkens, wie er sie in seinem Buch *Technique de mon langage musical* erläuterte. Von den sieben Modi, die auf verschiedene Stufen transponiert werden können, spielen der zweite und dritte Modus die wichtigste Rolle. Da diese Harmonik nicht funktional ausgerichtet ist, erscheinen die harmonischen Prozesse bei Messiaen selten zielgerichtet, sondern eher statisch. Die *Turangalîla-Sinfonie* umfaßt zehn Sätze, vier zentrale zyklische Themen durchziehen das gesamte Werk. Messiaen arbeitete hier mit nicht-umkehrbaren Rhythmen, die, ob von links oder rechts gelesen, immer die gleiche Abfolge von Notenwerten aufweisen. Das Modell für diese festgefügten Gebilde hatte der Komponist der Äderung von Baumblättern nachempfunden. Die *Turangalîla-Sinfonie* markiert den Höhepunkt und gleichzeitig den Endpunkt von Messiaens früher Schaffensphase.

Vogelstimmen spielen schon in Werken aus den vierziger Jahren eine wichtige Rolle, so etwa im *Quatuor pour la fin du temps*. In den fünfziger Jahren bestimmen sie als charakterisierendes Merkmal seine Kompositionen. »Mein Umgang mit den Vögeln hat viele Leute zum Lachen gebracht, weil die Vögel für sie die ›kleinen Vögel‹ sind. Sie glauben, daß es niedere Tierarten sind, weil sie so klein sind. Das ist vollkommen idiotisch – außerdem gibt es auch einige sehr große Vögel. Ich habe begriffen, daß der Mensch viele Dinge gar nicht erfunden hat, sondern daß viele Dinge bereits um uns herum in der Natur existierten. Nur hat man sie nie wahrgenommen. Man hat viel geredet von Tonarten und Modi: die Vögel haben Tonarten und Modi. Man hat auch viel von der Teilung der kleinen Intervalle gesprochen – die Vögel singen diese kleinen Intervalle. Auch redet man seit Wagner viel von Leitmotiven: Jeder Vogel ist ein lebendiges Leitmotiv, weil er seine eigene Ästhetik und sein eigenes Thema hat. Man spricht weiter viel von aleatorischer Musik: das Erwachen der Vögel, wenn sie alle zusammen singen, ist ein aleatorisches Ereignis. Ich habe also die Vögel gewählt – andere den Synthesizer.«

Olivier Messiaen bezeichnete sich selbst als Ornithologen und verkehrte auch mit Vogelkundlern aus aller Welt. Bereits als Kind hatte er versucht, Vogelstimmen zu notieren. Vor allem in Werken der fünfziger Jahre werden Vögel zum eigentlichen Gegenstand der Musik und erscheinen auch im Titel. Als erstes einem Vogel gewidmetes Stück schrieb Messiaen 1951 *Le merle noir* für Flöte und Klavier. 1953 schuf er *Réveil des oiseaux* für Klavier und Orchester, zwei Jahre später *Oiseaux exotiques* für Klavier, elf Bläser und Schlagzeug. Schließlich veröffentlichte Messiaen 1958 seinen *Catalogue d'oiseaux*, einen großangelegten dreistündigen Zyklus für Klavier solo in sieben Heften. Messiaen widmete ihn seiner späteren Frau, Yvonne Loriod, die das Werk 1959 in der Pariser Salle Gaveau uraufführte. In der Partitur des *Catalogue* heißt es: »Vogelgesänge aus verschiedenen Regionen Frankreichs. Jeder einzelne Vogel wird in seinem Lebensraum vorgestellt und in seiner ihn umgebenden Landschaft mit dem Gesang der anderen Vögel dieser Gegend gezeigt.«

Messiaens Hinwendung zum Vogelgesang bringt aber auch die Schaffenskrise jener Jahre zum Ausdruck. Die aufkommende serielle Schule, die seine Etüde *Mode de valeurs et d'intensités* maßgeblich mit ausgelöst hatte, machte ihn nun plötzlich zum Außenseiter. Seine ehemaligen Schüler, Pierre Boulez und Karlheinz Stockhausen, zeigten nur wenig Verständnis für seine dem Seriellen ferne Ästhetik. Messiaen reagierte auf seine Weise. »In den dunklen Stunden, wenn meine Nutzlosigkeit mir auf brutale Weise offenbar wird, wenn alle musikalischen Sprachen: klassische, exotische, alte, moderne und ultramoderne mir zusammenzuschrumpfen scheinen … – was tun, wenn nicht sein wahres, vergessenes Gesicht wiederfinden irgendwo im Walde, in den Feldern, im Gebirge, am Meeresufer, inmitten der Vögel?«

Fortan sind Vogelstimmen aus Messiaens Werken nicht mehr wegzudenken. Noch in den späten Werken kehren sie als integrierter Bestandteil fast jeder Partitur wieder. Ob in dem großen Orchesterwerk *Des Canyons aux étoiles*, dem *Livre du Saint-Sacrement* für Orgel oder der großangelegten Vogelpredigt-Szene seiner einzigen Oper *Saint François d'Assise*, immer tauchen an zentralen Stellen Stimmen mitunter auch exotischer Vögel auf, denen der Komponist bis in entlegenste Gegenden der Erde nachreiste. Zu der 1983 vollendeten Oper schrieb sich Messiaen den Text selbst. Das Werk ist weder ein Musikdrama noch eine Oper im traditionellen Sinn. Messiaen nannte es im Untertitel »Scènes franciscaines«. Es ist eine Abfolge von acht Szenen, in denen Stationen aus dem Leben des heiligen Franziskus geschildert werden. Messiaen sieht ein riesig besetztes Orchester vor, darunter allein sieben Flöten und sieben Klarinetten. Die Musik besticht durch eine einprägsame Motivik, wobei dem Tritonus eine herausgehobene Funktion zukommt. Bestimmte Klangfarben sind hier an besondere Instrumentenkombinationen gebunden.

Das Spätwerk Messiaens steht ganz im Zeichen seiner persönlichen Religiosität. Ob in der durch den damaligen Intendanten der Pariser Opéra, Rolf Liebermann, angeregten Oper über Franz von Assisi, ob in dem primär auf der biblischen Apokalypse basierenden Orchesterwerk *Éclairs sur l'Au-delà* oder den großen Orgelzyklen der späten Jahre, immer bestimmt die Sehnsucht nach Gott, dem Himmel und der Heiligen Stadt maßgeblich seine Werke. Doch veränderte diese Verschiebung zum Religiösen hin nicht grundsätzlich seine musikalische Sprache. Sie scheint gegen Ende seines Lebens harmonischere und weichere Züge anzunehmen, vielleicht mitbedingt durch die Auseinandersetzung mit Mozart. Unverändert blieb aber der spezifisch Messiaensche Ton, der seine Werke einzigartig innerhalb der Musikgeschichte des 20. Jahrhunderts erscheinen läßt.

Am 27. April 1992 starb Olivier Messiaen im Alter von 83 Jahren in Paris.

WERKE (Auswahl)

Le Banquet eucharistique für Orchester (1928)
Préludes für Klavier (1928/29)
Les Offrandes oubliées. Méditation symphonique (1930)
Le Tombeau resplendissant für Orchester (1931)
L'Ascension. Méditations symphoniques (1932)
Apparition de l'église éternelle für Orgel (1932)
L'Ascension für Orgel (1933)
La Nativité du Seigneur. Neuf Méditations für Orgel (1935)
Poèmes pour Mi für Sopran und Klavier (1936)
O sacrum convivum für Chor oder Sopran und Orgel (1937)
Chants de Terre et de Ciel für Sopran und Klavier (1938)
Quatuor pour la fin du temps für Violine, Klarinette, Violoncello und Klavier (1940/41)
Trois petites Liturgies de la présence divine für 36 Frauenstimmen, Klavier, Ondes Martenot, Celesta, Vibraphon, drei Schlagzeuger und Streicher (1943/44)
Visions de l'Amen für zwei Klaviere (1943)
Vingt Regards sur l'enfant Jésus für Klavier (1944)
Harawi. Chant d'amour et de la mort für dramatischen Sopran und Klavier (1945)
Turangalîla-Sinfonie für Klavier, Ondes Martenot und Orchester (1946/48)
Cinq Rechants für Kammerchor (1948)
Quatre Etudes du rythme für Klavier (1949/50), darin: Mode de valeurs et d'intensités
Le merle noir für Flöte und Klavier (1951)
Livre d'orgue (1951)
Réveil des oiseaux für Orchester (1953)
Oiseaux exotiques für Klavier und Orchester (1955/56)

Catalogue d'oiseaux für Klavier (1956/58)

Chronochromie für Orchester (1959/60)

Sept Haïkaï. Esquisses japonaises für Klavier und kleines Orchester (1962)

Couleurs de la cité céleste für Klavier, Bläser und Schlagzeug (1963)

Et expecto resurrectionem mortuorum für Orchester (1964)

Méditations sur le Mystère de la Sainte Trinité für Orgel (1967)

La fauvette des jardins für Klavier (1970)

Des Canyons aux étoiles … für Klavier, Horn, Xylorimba, Glockenspiel und Orchester (1971/74)

Saint François d'Assise. Oper in drei Akten (1975/83)

Livre du Saint-Sacrement für Orgel (1984/85)

Petites Esquisses d'oiseaux für Klavier (1986)

Eclairs sur l'Au Delà für Orchester (1987/91)

Un sourire für Orchester (1989)

Concert à quatre für Flöte, Oboe, Klavier, Violoncello und Orchester (1990/91)

DARIUS MILHAUD

»Meine Eltern kamen zum Konzert nach Paris, und wir saßen zusammen in einer Loge.
Ich hatte mir niemals träumen lassen, daß
meine Musik aufreizend sein könnte, und
doch war das Publikum schon vor dem Ende
der Ouvertüre in Aufregung und gab seinen
Gefühlen durch den Ruf: ›Genug, genug!‹
Ausdruck. Man ahmte Tierlaute nach, was

wiederum Gegenmanifestationen mit Applaus und Bravos herausforderte, beides erleichterte nicht gerade das Hören der Ouvertüre. Ich sorgte mich schon für meine Fuge, in der die dauernde Benutzung von Blasinstrumenten Erstaunen erregen würde. Sie war für drei Trompeten und drei Posaunen geschrieben und war begleitet von einem Continuo von Kontrabässen und vier Fagotten gleichsam als Pedal. Ich hatte mich nicht geirrt, es brach ein unglaublicher Tumult beim Spielen der Fuge aus, eine wahre Schlacht, bei der Monsieur Franck, der Organist des Temple de la Victoire, von Durey geohrfeigt wurde. Das Orchester konnte man nicht mehr hören, das Spektakel wuchs, bis die Polizei erschien; sie räumte die Ränge ... Meine Eltern waren entsetzt; nicht daß sie den leisesten Zweifel an meinem Werk hatten, aber sie fürchteten für meine Zukunft. Ich selber fühlte Stolz. Diese spontane, aufrichtige und heftige Reaktion gab mir unermeßliches Vertrauen. Nur Gleichgültigkeit ist deprimierend, Begeisterung oder vehementer Protest bedeutet, daß ein Werk wirkt.«

Die Geschichte dieses Skandals aus dem Jahre 1920, die Darius Milhaud in seiner Autobiographie erzählt, darf nicht darüber hinwegtäuschen, daß er alles andere als ein musikalischer Provokateur war. Auch wenn es sich bei der *Deuxième suite symphonique* um ein für die Entstehungszeit ausgesprochen modernes Werk handelte, so arbeitete er doch auch hier mit traditionellen Formen. Daß sein Werk, im Programmheft mit dem Stichwort »Polytonalität« gekennzeichnet, einem eher konservativen Publikum offeriert wurde, mag zum Ausmaß des Skandals beigetragen haben. Es blieb nicht das einzige Mal in seinem Leben, daß Milhaud von Publikum und Musikkritik mißverstanden wurde.

Geboren am 4. September 1892 im französischen Aix-en-Provence, wuchs Darius Milhaud in einer jüdischen Familie auf. Seiner mediterranen Heimat fühlte er sich zeitlebens verbunden. »Ich bin ein Franzose aus der Provence und ein Jude der Religion nach«, lautet programmatisch der erste Satz seiner Autobiographie. Im Alter von sieben Jahren erhielt er ersten Geigenunterricht, als 13jähriger begann er mit ersten Kompositionsversuchen. Nach Abschluß seiner Schulausbildung studierte Milhaud am Pariser Conservatoire zunächst Violine, nach drei Jahren wechselte er zum Fach Komposition über. In den Kompositions- und Kontrapunktkursen seines Lehrers André Gédalges lernte er Arthur Honegger kennen, mit dem ihn eine lebenslange Freundschaft verband. Eine andere wichtige Bekanntschaft in jener Zeit war Georges Auric. Zu Milhauds Lehrern zählten außerdem Charles-Marie Widor und Vincent d'Indy, bei denen er Kompositions- und Dirigierunterricht nahm. Milhaud war ein begeisterter Anhänger der zeitgenössischen französischen Lyrik. Noch während seines Studiums entstanden zahlreiche Lieder nach Gedichten von André Gide, Francis Jammes und Paul Claudel. Besonders letzterem fühlte sich Milhaud freundschaftlich zugetan.

Als Claudel 1916 als französischer Botschafter nach Brasilien ging, nahm er den aus gesundheitlichen Gründen vom Kriegsdienst befreiten Freund als Sekretär mit nach Südamerika. Dort studierte Milhaud mit großem Interesse die Volksmusik dieses Landes, die er später in vielen seiner Werke kompositorisch verarbeitete, etwa in dem Ballett *L'homme et son désir*, den Tanzsuiten *Sausades do Brazil* oder auch in *Scaramouche* für zwei Klaviere. Die temperamentvollen Rhythmen der südamerikanischen Folklore fügen sich seiner musikalischen Sprache bruchlos ein. Zeitlebens spielte die Volksmusik auch anderer geographischer Regionen in Milhauds Schaffen eine wichtige Rolle, so etwa in der *Suite française* oder der *Suite provençale*. Der nordamerikanischen Folklore widmete er sich ebenfalls mit mehreren Kompositionen wie *Kentuckiana* oder *Carnaval à la Nouvelle-Orléans*.

1918 kehrte Milhaud nach Paris zurück und gehörte bald der literarisch-musikalischen Gruppierung um Erik Satie und Jean Cocteau an, die später als »Groupe des Six« in die Musikgeschichte einging. Zu ihr zählten neben Milhaud noch Georges Auric, Arthur Honegger, Germaine Tailleferre, Louis Durey und Francis Poulenc. Diesen losen Kreis etwa gleichaltriger Komponisten verbanden einheitliche ästhetische Vorstellungen, auch wenn die Mitglieder später musikalisch unterschiedliche Wege gingen. Übereinstimmend forderten sie eine neue französische Musik, bei der eine klare Linienführung und ein Primat der Melodik noch

vor der Harmonik ausschlaggebende Kriterien sein sollten. Diesen Vorstellungen kam Milhaud außerordentlich nah, denn seit der Kantate *Le retour de l'enfant prodigue* auf einen Text von André Gide bediente er sich eines melodiebestimmten Satzes, bei dem die klare, lineare Führung der Stimmen zur Überlagerung verschiedener Tonarten führte. Seinen ersten großen Erfolg konnte Milhaud 1919 mit der Ballett-Farce *Le bœuf sur le toit* feiern, eine Gemeinschaftsarbeit mit Jean Cocteau, in der er Motive brasilianischer Folklore zu einem schlagkräftigen und unterhaltsamen Satz verband.

Auch die verschiedenen Formen der Unterhaltungsmusik spielen in seinem Werk eine wichtige Rolle. So lernte er während eines Gastspiels von *Le bœuf sur le toit* Anfang der zwanziger Jahre in London erstmals Jazzmusik kennen. Wenig später traten auch in Paris erste Jazzkapellen auf. Diese Art von Musik faszinierte Milhaud nicht nur wegen der bezwingenden Rhythmik, sondern auch wegen der neuartigen Klangfarben. Die Motorik des Jazz schien ihm mit barocken Techniken verwandt.

Eine Kombination aus beiden Elementen bildet die Grundlage seines 1920 komponierten Balletts *La création du monde*. Die Handlung folgt einem afrikanischen Mythos, den Milhaud musikalisch mit Jazz- und Barockklängen gestaltet. Er legte das nur mit Soloinstrumenten besetzte Werk streng linear an. Erinnert der Anfang an die Einleitung einer Bachschen Kantate, so verweisen Saxophonklänge und schnarrende Glissandi im Blech auf die Welt des Jazz. Weiter enthält das Werk eine Fuge über ein Jazzthema und fulminante Schlagzeugpassagen sowie klangfarbliche Effekte, wie er sie im Jazz bewundert hatte.

Auch wenn er, wie eingangs erwähnt, mit seiner *Deuxième suite symphonique* einen handfesten Skandal heraufbeschworen hatte und auch die Uraufführung der *Cinq études* für Klavier und Orchester ein Jahr später mit einem Krawall endete, waren seine Werke nicht auf Provokation hin angelegt. Selbst seine Vertonung eines landwirtschaftlichen Kataloges, die bis heute in der Literatur mit dem Bild des Bürgerschrecks und Provokateurs Milhaud in Zusammenhang gebracht wird, beruht auf einem Mißverständnis, wie der Komponist in seiner Autobiographie schilderte:»Ich hatte Beschreibungen von Maschinen in Musik gesetzt, die aus einem Katalog stammten, den ich 1913 von einer landwirtschaftlichen Maschinenausstellung mitbrachte ... Die Schönheit dieser großen, farbigen Metallinsekten, der großartigen modernen Brüder von Pflug und Sichel, hatte mich so beeindruckt, daß mir die Idee kam, sie zu verherrlichen. Ich hatte ein paar Kataloge davon in irgendeiner Schublade aufbewahrt. Im Jahre 1919 stieß ich wieder darauf. Daraufhin komponierte ich eine kleine Suite für einen Sänger und sieben Soloinstrumente im Stil meiner kleinen Symphonien. Die Titel waren: die Mähmaschine, der Garbenbinder, die Egge, Sä- und Grabmaschine, der Drainage-Pflug, der Heuwender. Einige Monate später benutzte ich dieselben Instrumentengruppen zur Vertonung einiger köstlicher Gedichte von Lucier Daudet, die vom Katalog eines Blumengeschäfts beeinflußt waren: ›Catalogue de Fleurs‹. Nicht ein einziger Kritiker hat verstanden, was mich eigentlich dazu veranlaßt hatte, diese Werke zu komponieren, und daß sie aus demselben Geiste geschrieben waren, in dem einst Komponisten die Erntezeit, die Weinernte oder den ›Fröhlichen Landmann‹ gepriesen hatten, aus demselben Geist, aus dem heraus Honegger die Lokomotive glorifiziert hat und Fernand Léger die Maschinenwelt. Wann immer jemand meine Neigung für Ironie und Exzentrität beweisen wollte, hat er ›Machines agricoles‹

zitiert. Ich habe nie herauszufinden vermocht, warum vernünftige Menschen glauben können, daß ein Künstler seine Zeit mit der Absicht verbringen würde, ein paar Menschen zum besten zu haben, da doch mit dem Schöpfungsprozeß soviel bittere Qual verbunden ist.«

Milhaud konstatierte für sein gesamtes Schaffen keine besondere stilistische Entwicklung, sondern verglich es gelegentlich mit einem vielarmigen Fluß. Er komponierte außerordentlich schnell und viel, und wenn er mit einer seiner Werke nicht völlig zufrieden war, schrieb er lieber ein neues, anstatt es zu korrigieren oder zu modifizieren.

Rückblickend hob er vor allem die gemeinsam mit Paul Claudel realisierten Werke innerhalb seines Œuvres hervor. Dazu gehört auch die zwischen 1913 und 1922 entstandene *Orestie* nach Aischylos. Polytonale Akkorde oder Überlagerungen bestimmen hier den musikalischen Satz. Neuartig war eine nur von Schlagzeugklängen begleitete Sprechstimme, die den archaischen und somit dem Sujet angemessenen Charakter der Musik betonte.

Zu den wichtigsten gemeinsam von Milhaud und Claudel erarbeiteten Werken gehört ohne Zweifel die zweiaktige Oper *Christophe Colomb*, die 1928 entstand und zwei Jahre später in Berlin uraufgeführt wurde. Die musikalische Sprache zeigt hier einen weicheren und runderen Tonfall als in den früheren Werken. Symbolistische und expressionistische Züge vermischen sich in diesem an Richard Wagners Musikdramen orientierten Werk, in dem Milhaud auch mit Leitmotiven arbeitete. Die Oper sieht einen monumentalen Apparat vor: großen Chor, ein zweites, hinter der Bühne agierendes Orchester, Schauspieler und allein 45 Gesangssolisten. Außerdem werden im Verlauf des Werkes Filmsequenzen zugespielt. Dieser riesige Aufwand trug sicher dazu bei, daß das

Stück nach der Uraufführung fast 40 Jahre lang nicht wieder szenisch realisiert wurde. Statt dessen fanden gelegentlich konzertante Aufführungen statt.»›Christophe Colomb‹ war ein großer Erfolg und lief zwei Jahre. Man gab ihn später als Oratorium, was nicht schwer auszuführen ist, da jede Szene mit der darauffolgenden durch einen Erzähler verbunden wird.« Für die zweite szenische Produktion 1969/70 in Wuppertal und Graz unterzog Milhaud das Werk einer gründlichen Umarbeitung. *Christophe Colomb* ist sicher Milhauds wichtigstes Bühnenwerk. In keiner der späteren Opern, *Maximilien* (1930), *Bolivar* (1943) und *David* (1952) gelang es ihm, an die konzentrierte und vielfältige musikalische Sprache dieses Stücks noch einmal anzuknüpfen.

In den dreißiger Jahren stellte sich Milhaud kompositorisch immer neuen Herausforderungen. Unter dem Eindruck von Werken Hindemiths, den er schätzte und der ihn mehrfach zu dem von ihm in den zwanziger Jahren organisierten Festival nach Donaueschingen eingeladen hatte, schrieb er Musik für Kinder und komponierte auch für den Film. Zusammen mit Claudel realisierte er für die Pariser Weltausstellung 1936 ein großes Spektakel mit Licht- und Wassershow, die »Fête de la musique«. Ein weiterer Schwerpunkt in dieser Zeit waren Kantaten und Solokonzerte, die er zum Teil auch für ausgefallene Instrumente komponierte.

Die zwischen 1917 und 1923 entstandenen Miniatursinfonien waren eher klassizistische, kammermusikalisch gehaltene Stilübungen, in denen er vor allem der Melodik breiten Raum ließ, ohne an die gewichtige Tradition der Gattung anzuknüpfen. Erst Ende der dreißiger Jahre begann Milhaud noch in seiner französischen Heimat mit der Arbeit an einer Serie von großformatigen Sinfonien. Doch der größte Teil dieser sinfonischen Produktion entstand im Ausland.

Nach dem Einmarsch der deutschen Truppen wurde der Aufenthalt in Frankreich für den Juden Milhaud lebensgefährlich. Er, der zeitlebens gern gereist war, obwohl er eng mit seiner provençalischen Heimat verbunden war, sah sich nun gezwungen, zu emigrieren. Er floh über Portugal in die Vereinigten Staaten, wo man ihm eine Stelle als Kompositionslehrer am Mills College in Kalifornien anbot. Dort setzte er die Arbeit an seinen Sinfonien fort. Die 1946 entstandene *3. Sinfonie* ist eine Chorsinfonie, in deren viertem Satz Milhaud das »Te Deum« vertonte. Die *4. Sinfonie* vollendete er ein Jahr später als Auftragsarbeit zum 100. Jahrestag der Revolution von 1848. Die *8. Sinfonie* (1957) schließlich zeichnet ein musikalisches Porträt der Rhône und versteht sich gleichzeitig als eine Hommage an Milhauds südfranzösische Heimat. Später folgten noch vier weitere sinfonische Werke.

Nach Ende des Krieges kehrte Milhaud nach Frankreich zurück und verband seine Arbeit am Mills College fortan mit einer Professur am Pariser Conservatoire. Für das 3000jährige Jubiläum König Davids, das 1952 in Israel begangen wurde, komponierte er seine Oper *David*. Dazu reiste er nach Jerusalem, um sich mit der Atmosphäre und der Bevölkerung dieses Landes vertraut zu machen. Zeitlebens ließ er keine Gelegenheit aus, fremde Länder kennenzulernen. Er war imstande, auch während des Reisens zu komponieren und neue Eindrücke unmittelbar zu verarbeiten.

Aufgrund seiner schweren rheumatischen Beschwerden saß Milhaud schon relativ früh im Rollstuhl, dennoch bewältigte er ein enormes Arbeitspensum als Komponist und Dozent. So hatte er den Ehrgeiz, in der Anzahl seiner Streichquartette Beethoven zu übertreffen, was ihm schließlich mit 18 Werken für diese Gattung auch gelang. Einen Sonderfall bilden dabei die 1948/49 entstandenen *Quartette Nr. 14* und *15*, die sowohl einzeln als auch simultan gespielt werden können und die hohe polyphone Satzkunst Milhauds demonstrieren. Auch wenn er die Strömungen der neuen Musik nach 1950, vor allem das serielle Komponieren, bei seinen Schülern durchaus verständnisvoll respektierte, spielten sie für sein eigenes Schaffen keine Rolle. Das Modell der tonal geprägten Polytonalität blieb für seine Werke bestimmend.

Der unermüdlich produktive Milhaud, der trotz seiner Krankheit auch seine Verpflichtung am kalifornischen Mills College über die Pensionsgrenze hinaus bis 1971 aufrechterhielt, wurde zu seinem 70. Geburtstag sowohl in Frankreich wie auch an anderen Orten mit zahlreichen Aufführungen und Festivitäten geehrt. Anläßlich seines 80. Geburtstags 1972 feierte man ihn mit Veranstaltungen in Rom, Nizza, Aix en Provence, Brüssel und anderen Städten. Sein letztes Werk war die Kantate »Ani maamin, un chant perdu et retrouvé« für das israelische Musikfestival 1973.

Darius Milhaud, dessen Werkverzeichnis schließlich 443 Nummern aufwies, starb am 22. Juni 1974 in Genf.

WERKE (Auswahl)

La brebis égarée op. 4. Oper in drei Akten (1910/14)
Streichquartett Nr. 1 op. 5 (1912)
Suite für Klavier op. 8 (1913)
L'Orestie. Zyklus von drei Opern (Agamemnon op. 14, Les choéphores op. 24, Les euménides op. 41) (1913/22)
Le printemps für Violine und Klavier op. 18 (1914)
Kammersinfonie Nr. 1 »Le Printemps« op. 43 (1917)
Le retour de l'enfant prodigue. Kantate für fünf Gesangsstimmen und Orchester op. 42 (1917)
Streichquartett Nr. 4 op. 46 (1918)
L'homme et son désir op. 48. Ballett (1918)
Le bœuf sur le toit op. 58. Ballett (1919)
Deuxième suite symphonique op. 57 (1919)
Machines agricoles für Gesang und kleines Ensemble op. 56 (1919)
Cinq études für Klavier und Orchester op. 63 (1920)
Catalogue de fleurs für Gesang und Klavier op. 60 (1920)
Sausades do Brazil für Orchester op. 67b (1920/21)
Kammersinfonie Nr. 4 op. 74 (1921)
La création du monde op. 81. Ballett (1923)
Les malheurs d'Orphée op. 85. Oper in drei Akten (1924)
Esther de Carpentras op. 89. Komische Oper in zwei Akten (1925/27)
Christophe Colomb. Oper in zwei Akten op. 102 (1928)
Actualités op. 104. Filmmusik (1928)
Maximilien. Oper in drei Akten op. 110 (1930)
Konzert für Klavier und Orchester Nr. 1 op. 127 (1933)
Madame Bovary op. 128. Filmmusik (1933)
Les amours de Ronsard op. 132 für Chor und Ensemble (1934)
La sagesse für Soli, Sprecher, Chor und Orchester op. 141 (1935)
Suite provençale für Orchester op. 152c (1936)
Scaramouche für zwei Klaviere op. 165b (1937)
Cantate de la paix für Männer- und Kinderchor op. 166 (1937)
Médée. Oper in einem Akt op. 191 (1938)
Sinfonie Nr. 1 op. 210 (1939)
Vier Skizzen für Klavier op. 227 (1941)
Bolivar. Oper in drei Akten op. 236 (1943)
Sinfonie Nr. 2 op. 247 (1944)
Suite française für Orchester op. 248 (1944)
Streichquartett Nr. 12 op. 252 (1945)
Les cloches op. 259. Ballett (1945)
Kaddish. Prière pour les morts op. 250 für Kantor, gemischten Chor ad libitum und Orgel (1945)
Sinfonie Nr. 3 »Te Deum« op. 271 (1946)
Carnaval à la Nouvelle-Orléans für zwei Klaviere op. 275 (1947)
Sinfonie Nr. 4 »1848« op. 281 (1948)
Kentuckiana für zwei Klaviere op. 287 (1948)
Streichoktett op. 291 (1948/49), bestehend aus den Streichquartetten Nr. 14 und Nr. 15, die auch einzeln gespielt werden können

Streichquartett Nr. 18 op. 308 (1951)

Miracles de la foi für Sprecher, Tenor, Chor und kleines Orchester op. 314 (1951)

David. Oper in fünf Akten op. 320 (1952/53)

Sinfonie Nr. 5 op. 322 (1953)

Sinfonie Nr. 6 op. 343 (1955)

Sonatine für Klavier op. 354 (1956)

Sinfonietta op. 363 (1957)

Sinfonie Nr. 8 »Rhodanienne« op. 362 (1957)

La tragédie humaine op. 369 für Chor und Orchester (1958)

La branche des oiseaux. Ballett op. 374 (1958/59)

Fiesta. Oper in einem Akt op. 370 (1958)

Cantate de la croix de charité für Soli, Chor, Kinderchor und Orchester op. 381 (1959/60)

Sinfonie Nr. 12 »Rurale« op. 390 (1961)

Pacem in terris für Soli, Chor und Orchester op. 404 (1963)

Konzert für Cembalo und Orchester op. 407 (1964)

La mère coupable. Oper op. 412 (1964/65)

Quartett für Violine, Viola, Violoncello und Klavier op. 417 (1966)

Saint-Louis, Roi de France. Opernoratorium in zwei Teilen op. 434 (1970/71)

Ode pour Jerusalem für Orchester op. 440 (1972)

Bläserquintett op. 443 (1973)

CONLON NANCARROW

»Im vergangenen Sommer fand ich in einem
Pariser Grammophongeschäft die Platten
von Conlon Nancarrows Musik. Ich hörte sie
und war sogleich begeistert. Diese Musik ist
die größte Entdeckung seit Webern und
Ives, etwas Großes und Wichtiges für die
ganze Musikgeschichte. Seine Musik ist so
überaus originell, genußreich, vollendet konstruiert, aber gleichzeitig emotional. Für
mich ist es das Beste aller heute lebenden
Komponisten«, so äußerte sich György Ligeti
1981 mit enthusiastischen Worten über

einen Außenseiter, dessen Namen in den siebziger Jahren kaum jemand kannte. Erst 1980, als einige seiner Werke während der Ausstellung »Für Augen und Ohren« in der Berliner Akademie der Künste zur Aufführung kamen, wurde Nancarrow auch hierzulande einem größeren Publikum bekannt. Vom Geheimtip avancierte er zum Kult-Komponisten. So erreichte etwa das zweite Album seiner *Studies for Player Piano* in den achtziger Jahren sogar den sechsten Platz einer englischen Hitliste.

Jahrzehntelang hatte Nancarrow eher im Verborgenen an seinem Lebenswerk gearbeitet, den *Studies for Player Piano*, Studien für automatisches Klavier. Dem automatischen Klavier widmete er den größten und wichtigsten Teil seines Œuvres. In den *Studien* breitet Nancarrow mit mehr als 50 Stücken einen ganzen Mikrokosmos aus. In jeder dieser Studien versucht er ein bestimmtes kompositorisches Problem zu lösen.

Entdeckt und erstmals einer breiteren Öffentlichkeit bekannt gemacht hatte ihn 1960 John Cage, als er auf der Suche nach einer Begleitmusik zu einer Choreographie von Merce Cunningham war. Er lernte Musik von Nancarrow kennen, instrumentierte einige von dessen frühen Stücken für das Player Piano, und diese wurden mehrere Jahre hindurch von der Merce Cunningham Dance Company in vielen Orten Amerikas und auch in Übersee präsentiert. Trotzdem war die Resonanz zunächst bescheiden. Als Nancarrow 1962 ein Konzert organisierte, um seine Werke für das automatische Klavier vorzustellen, folgten, abgesehen von seinen Freunden, nur wenige seiner Einladung. Seit diesem Mißerfolg beließ er seine Instrumente im heimischen, schalldicht isolierten Studio in einem Vorort von Mexico-City, wo Nancarrow für sich arbeitete, ohne den Kontakt zur Öffentlichkeit zu suchen.

Am 27. Oktober 1912 in Texarkana im Staat Arkansas geboren, erhielt Conlon Nancarrow schon früh ersten Klavierunterricht. Später studierte er Musik in Cincinnati und Boston unter anderem bei Nicolas Slonimsky, Walter Piston und Roger Sessions. Sein erklärtes Lieblingsinstrument war die Jazztrompete. Er gehörte verschiedenen Jazz-Orchestern an und spielte mit Vorliebe die populäre Musik der zwanziger und dreißiger Jahre. Bessie Smith, Louis Armstrong und Fatha Hines zählten zu seinen musikalischen Vorbildern.

Daß er Musiker werden wollte, stand für Nancarrow schon sehr früh fest, aber seine Laufbahn war mit vielerlei Hindernissen versehen. In der Zeit der großen Depression in den USA arbeitete er zeitweise mit Hilfe eines staatlichen Arbeitsbeschaffungsprogramms als Dirigent in Boston, 1937 schloß er sich der Abraham-Lincoln-Brigade an und kämpfte im Spanischen Bürgerkrieg gegen die faschistische Regierung Francos. Nach Verwundung und Krankheit kehrte er zwei Jahre später zurück in die Vereinigten Staaten. Dort wurden ihm wegen angeblich kommunistischer Aktivitäten die Paßrechte entzogen. Als er wenig später zum Militärdienst einberufen werden sollte, setzte sich Nancarrow nach Mexiko ab, das damals vielen linken Intellektuellen Asyl gewährte. In Mexiko brachen seine Kontakte zur Szene der zeitgenössischen Musik in den Vereinigten Staaten fast vollständig ab. Fehlende Aufführungsmöglichkeiten und der Wunsch, sich vom Musikbetrieb unabhängig zu machen, führten Nancarrow schließlich zum Player Piano. Vermutlich hatte das Buch *New Musical Recources* von Henry Cowell entscheidenden Einfluß auf die Wahl dieses Instruments. Darin hatte Cowell das mechanische Klavier als das einzige Instrument bezeichnet, das in der Lage sei, komplexe Rhythmen und verschiedene, gleichzeitig ablaufende Tempi mit höchster Präzision zu realisieren.

Das Player Piano, ein automatisches Klavier, funktioniert mittels gelochter Papierrollen, die über einen perforierten Zylinder laufen. Die Lochung ermöglicht ein direktes Komponieren auf die Papierrollen. Dabei bestimmen die Löcher in der Horizontalen die Tonhöhen, die Löcher in der Vertikalen legen Dauer und Geschwindigkeit der Tonabläufe fest. Die Lautstärke wird durch Öffnungen an den Seiten geregelt, und selbst der Einsatz des Pedals läßt sich steuern. Mit diesem umfassend programmierbaren Instrument mußte der Komponist nicht mehr Rücksicht auf die technischen Möglichkeiten der Interpreten nehmen, die er bei seinen frühen Instrumentalwerken wie der *Toccata für Violine und Klavier* oder der *Sonatina* von 1941 als Beeinträchtigung seiner musi-

kalischen Vorstellungen erfahren hatte. Das Player Piano überwand die technischen Probleme und garantierte zugleich eine exakte Reproduktion der kompositorischen Vorgaben. »Ich war immer eingezwängt von den Grenzen der Spieler. Mit dem Player Piano tat ich genau das, was ich zu tun wünschte«, äußerte der Komponist später. Daß sich Nancarrow für das automatische Klavier entschied, hing sicher auch mit der damaligen Situation zusammen. Die elektronische Musik stellte in den vierziger Jahren noch keine ernst zu nehmende Alternative zur traditionellen Musik dar, ihre Möglichkeiten waren noch zu begrenzt. Nancarrow selbst erklärte im nachhinein, daß er sich zu einem späteren Zeitpunkt für das elektronische Medium entschieden hätte. So aber blieb er seinem Player Piano ein Leben lang treu. Trotz der technischen Grenzen dieses Instruments verstand er es, zahllose neue Möglichkeiten insbesondere auf den Gebieten von Rhythmus, Tempo und Metrik zu realisieren. Zudem bearbeitete er später auch seine frühen Instrumentalwerke für das Player Piano und nahm sie in die Reihe seiner *Studies* auf.

Nancarrow strebte in seinen *Studies* vor allem eine Polyphonie höherer Ordnung an. Die Überlagerung verschiedener Rhythmen, Metren und Tempi führte ihn zu einem neuen Umgang mit der musikalischen Zeit. Gleich die erste der *Studies*, um 1949 entstanden, weist in diese Richtung. Polyphone Strukturen, Fugen und Kanons spielen eine herausragende Rolle in seinem Œuvre. Hinzu kommen äußerst komplexe zeitliche Proportionen, mit denen Nancarrow experimentierte. Trotz aller konstruktivistischen Tendenzen besitzt seine Musik auch starke expressive Qualitäten. Rhapsodische Partien und phantastische Ausbrüche finden sich hier ebenso wie Swing oder Einflüsse des Jazz. Im Vordergrund stand jedoch die Arbeit mit verschiedenen Tempi: »Ich denke nicht an eine Linie, sondern an einen Katalog von temporalen Beziehungen. Die melodische Linie ist lediglich eine Krücke, um gewisse temporale Ideen zu realisieren.«

Die Kompositionen für das Player Piano verlangten konzentriertes und ausdauerndes Arbeiten. Zudem waren Korrekturen kaum möglich, ohne daß der gesamte Arbeitsprozeß wiederholt werden mußte. Zunächst entwarf Nancarrow ein rhythmisches Muster, anschließend legte er die Tonhöhen fest. Nachdem er das Stück notiert hatte, begann mit dem Stanzen der Rollen die praktische Umsetzung, die sich als äußerst zeitaufwendig erwies. Eine Musiksequenz von wenigen Sekunden erforderte etwa einen achtstündigen Arbeitstag.

Die *Studies* lassen sich in fünf Gruppen aufteilen, die mit der Zeit immer komplexer werden. Die erste Gruppe, die *Studies Nr. 1–12*, sind zum Teil noch tonal angelegt, weisen Einflüsse von Blues und Ragtime auf und arbeiten mit Ostinatitechniken. Mitunter fügte Nancarrow auch Bearbeitungen früher Instrumentalstücke ein. Die zweite Gruppe, die die *Nr. 13–19* umfaßt, zeigt einen wesentlich abstrakter gehaltenen Grundcharakter. Die Form des Kanons und die Arbeit mit unterschiedlichen Tempi treten hier in den Vordergrund. Die *Studies Nr. 20–29* bilden die dritte Werkeinheit, in denen Nancarrow mit allmählichen Tempiwechseln arbeitet. Auch in dieser Gruppe dominieren kanonische Formen. Nancarrow verwendete hier erstmals eine proportionale Notation, bei der die Tondauer durch die Länge eines waagrechten Strichs festgelegt wird. In der vierten Gruppe, den *Studies Nr. 31–37* setzt Nancarrow unter anderem irrationale Temporelationen ein, etwa die Wurzel aus 2 im Stück Nr. 33. In den meisten dieser Studien kehrte

Nancarrow wieder zur herkömmlichen Notation zurück. In den jüngsten Werken, ab der Studie *Nr. 40*, finden sich wieder verstärkt Einflüsse des Jazz. Rhapsodische Elemente fließen in die musikalische Sprache ein. Mit dem Zufall arbeitete Nancarrow erstmals in der Studie *Nr. 44*, die er als aleatorischen Kanon gestaltete. In einigen seiner späten Stücke kombinierte er das Player Piano mit einem zweiten Instrument dieser Art, wodurch sich neuartige Klangeffekte ergeben.

Bis zuletzt hat Nancarrow die Möglichkeiten seines Instruments erforscht und nach immer neuen Wegen gesucht, die musikalischen Probleme, die ihn interessierten, kompositorisch umzusetzen. Am 10. August 1997 starb er in seinem Haus in Mexiko.

WERKE (Auswahl)

Sarabande und Scherzo für Oboe, Fagott und Klavier (1930)
Toccata für Violine und Klavier (1935)
Prelude and Blues für Klavier (1935)
Septett (1940)
Sonatina für Klavier (1941)
Trio für Klarinette, Fagott und Klavier (1942)
Suite für Orchester (1943)
Piece Nr. 1 für kleines Orchester (1943)
Streichquartett (1945)
Tango für Klavier (1983)
Piece Nr. 2 für kleines Orchester (1985)
Streichquartett Nr. 3 (1987)
Two Canons for Ursula (1988)
For Ligeti für Player Piano (1988)
For Yoko für Player Piano (1992/93)
Contraption Nr. 1 für mechanisches, computergesteuertes, präpariertes Klavier (1992/93)
Studies for Player Piano Nr. 1–51 (seit Ende der vierziger Jahre, zum größten Teil nicht genau datiert), darunter:
Nr. 30 und 31 für präpariertes Player Piano
Nr. 40, 41 und 44 für zwei Player Pianos

LUIGI NONO

»Gerade die politische, finanzielle, wirt-
schaftliche, kulturelle, glaubensmäßige,
ideologische, einseitige Unterdrückung, die
um so ärger ist, je mehr sie sich als schlaue
Freizügigkeit tarnt, fordert meine tiefsten,
rebellischen Instinkte heraus, und ich werde
nie aufhören, dagegen zu kämpfen.«

So äußerte sich Luigi Nono 1987, drei
Jahre vor seinem Tod. Der Kämpfer Nono,
der politisch engagierte Intellektuelle, aber
auch der sensible Künstler registrierte früh

**Machtmechanismen, die er noch in den all-
täglichsten Phänomenen ausmachte. In gewisser Weise stellt sein Werk, jenseits aller
stilistischen Unterschiede und ästhetischen
Vorstellungen, einen Kampf gegen jede Art
von Repression und Unfreiheit dar. Auf diese
Mechanismen hat Luigi Nono in seinem
Schaffen unterschiedlich reagiert, zunächst
direkt und unverblümt, zuletzt mit leisen,
zarten Tönen, mit Klängen, die der Stille geradezu entrissen scheinen.**

Geboren wurde Nono am 29. Januar
1924 als Sohn eines Ingenieurs in Venedig.
Er entstammte einer alteingesessenen Patrizi-
erfamilie und wuchs in einem großbürgerlichen, kunstinteressierten Elternhaus auf. Mit
Musik hatte er zunächst nicht viel im Sinn.
Den Klavierunterricht empfand er eher als
lästige Pflicht. Nach dem Abitur studierte er
auf Wunsch seines Vaters Jura in Padua und
schloß diese Ausbildung 1946 ab. Parallel
dazu betrieb er musikalische Studien. Gian
Francesco Malipiero, ein Freund seines Vaters und Direktor des Konservatoriums in Venedig, vermittelte ihn an einen seiner Studenten, Raffaele Cumar. Später setzte Nono
den Unterricht bei Bruno Maderna fort.
Durch Malipiero und Maderna kam er erstmals mit alter Musik in Berührung. Malipiero war Herausgeber der Monteverdi-Ge-
samtausgabe und brachte seinen Studenten
die venezianische Musik der Renaissance
und des Frühbarock nahe. Mit Maderna studierte Nono auch die Musik der frankoflämischen Schule, die seine frühen Kompositionen entscheidend beeinflußte.
Folgenreich war die Begegnung mit dem
Dirigenten Hermann Scherchen, den Nono

1948 während eines Kurses in Venedig kennenlernte. Scherchen, der 1933 als Kommunist aus Deutschland in die Sowjetunion
geflohen war, wurde auch in politischer Hinsicht für Nono zu einer prägenden Persönlichkeit. Nono stand selbst dem Kommunismus nahe und wurde 1952 Mitglied der
Kommunistischen Partei Italiens. Nach dem
Dirigierseminar in Venedig folgte er der Konzerttournee Scherchens, der ihm einen Zugang zur Musik der Zweiten Wiener Schule
eröffnete: »Während seiner Reisen habe ich
mit ihm die deutsche Tradition kennen und
lieben gelernt. Wir machten sehr gründliche
Analysen von Schönberg und Webern. Diese
beiden Meister haben mich tief beeinflußt.
Ich bewundere Schönberg besonders, da er
alles einbezog, alles erreichte, was er erreichen wollte, in allen Richtungen.«

1950 besuchte Nono zum ersten Mal die
Darmstädter Ferienkurse, damals das Zentrum der musikalischen Avantgarde in Europa. Dort lernte er neben Karlheinz Stockhausen, Hans Werner Henze und Pierre
Boulez auch Edgar Varèse kennen, der ihn
tief beeindruckte. In Darmstadt kamen 1950
unter der Leitung von Hermann Scherchen
seine *Variazioni canoniche* zur Uraufführung,
mit denen Nono auch einem internationalen Publikum bekannt wurde. Die zwölftönig organisierte Komposition basiert auf der
Reihe, die Schönberg in seiner *Ode an Napoleon* op. 41 benutzt hatte, ein Werk, das
die Erschütterung über die Kriegsverbrechen
zum Ausdruck bringen sollte. Mit der formalen Anknüpfung an Schönbergs Werk nahm
Nono bewußt programmatisch Stellung. Der
Satz ist vorwiegend linear gehalten; leise
Töne herrschen vor. Tutti bilden eher die
Ausnahme. Das große Ensemble, das Nono
hier vorsieht, breitet ein dichtes Gewebe
von motivischen Zellen aus, die durch die
Instrumente wandern und mit anderen Linien und Figuren kontrapunktiert werden.

1954 lernte Nono während eines Konzertes von Scherchen Schönbergs Tochter Nuria kennen, die er ein Jahr später heiratete. Während der fünfziger Jahre besuchte er regelmäßig die Darmstädter Ferienkurse. In jenen Jahren bildeten sie für ihn ein Forum seiner Musik, wo eine Reihe seiner frühen Werke uraufgeführt wurden. Mit *Polifonica – Monodia – Ritmica* für sechs Instrumente und Schlagzeug konnte Nono seinen ersten durchschlagenden Erfolg verbuchen. Zur Zielsetzung dieses Stückes erklärte er in einem Brief an Hermann Scherchen: »Ich versuchte in diesem Werk, drei sukzessive Beziehungen zur Natur auszudrücken: in der ›Polyphonica‹, die auf einem originalen Neger-Rhythmus beruht, welchen mir Catunda [eine brasilianische Komponistin und Pianistin] während Ihres Kurses in Venedig gezeigt hat, ist es ein schrittweises sich der Natur Nähern, um mich – in der ›Monodia‹ – unmittelbar im Hören der Stille, der Gesänge, der Echos zu finden, die sie nahelegt und die mich zur Teilnahme an ihrem ursprünglichen Leben führen, und auf diese Weise erscheint in mir noch klarer der unzerstörbare Kraft-Rhythmus, der das Leben selbst ist.« Den ersten Teil des ersten Satzes gestaltete Nono äußerst kunstvoll als vierstimmigen Doppelkanon. Den anschließenden Indio-Rhythmus verarbeitete er in Form von Variationen. Der zweite Satz ist eine Monodie, ein Sologesang im klassischen Sinne, der von zwei Tom-Toms, trommelähnlichen Schlaginstrumenten, kontrapunktiert wird. Der dritte schließlich verwendet rhythmische Strukturen in der Form strenger Kanons.

Die Reihe der in Darmstadt uraufgeführten Werke setzte sich 1952 mit dem ersten Teil des *Epitaffio per Federico García Lorca* fort. 1954 folgte *La victoire de Guernica* und 1955 *Incontri per 24 strumenti*. Die zumeist zarten, klangsinnlichen und gleichzeitig expressiven Strukturen kamen häufig, selbst in seinem ersten Orchesterwerk *Composizione per orchestra* aus dem Jahre 1951, mit sehr begrenzten Mitteln aus. Das Orchester ist hier in Form verschiedener »Chöre« organisiert. Dem Werk lag ursprünglich ein Programm zugrunde, in dessen Mittelpunkt der von den Nationalsozialisten hingerichtete Prager Journalist Julius Fučík stehen sollte. In der Urfassung sah Nono deshalb auch zwei Singstimmen vor, gestaltete das Werk aber schließlich als reines Orchesterstück.

Mitte der fünfziger Jahre begann Nono sich von der sogenannten »Darmstädter Schule« abzuwenden, die ein streng serielles Komponieren propagierte. Sein Drang zur Expressivität vertrug sich schlecht mit den überwiegend abstrakten Methoden der Serialisten. Bereits 1953 hatte er während der Darmstädter Ferienkurse in einem Vortrag über Webern geäußert: »Ein großer Fehler und eine tiefgehende Gefahr wäre es, wenn man die kreative Kraft Weberns nur durch technische Schemata erfassen wollte, und wenn man seine Technik wie eine Rechentabelle auffassen wollte. Man muß vielmehr zu ergründen versuchen, warum und wie er diese Technik angewandt hat ... Trotz aller Spekulation und aller konstruktiven Momente liegt das Wichtige im Klang, in der rein akustischen Erscheinung und im klingenden Erlebnis der Musik.«

Das Hauptwerk dieser Zeit und vielleicht Nonos bekannteste Komposition überhaupt war *Il canto sospeso* für Sopran-, Alt- und Tenor-Solo, gemischten Chor und Orchester aus dem Jahre 1956. Nono vertonte hier Abschiedsbriefe von Widerstandskämpfern. »Die Botschaft jener Briefe der zum Tod verurteilten Menschen ist in mein Herz eingemeißelt wie in die Herzen aller derjenigen, die diese Briefe verstehen als Zeugnisse von Liebe, bewußter Entscheidung und Verantwortung gegenüber dem Leben und als Vorbild einer Opferbereitschaft und des Widerstandes gegen den Nazismus, dieses Monstrum des Irrationalismus, welches die Zerstörung der Vernunft versuchte ... Das Vermächtnis dieser Briefe wurde zum Ausdruck meiner Komposition.« Das Material ist streng organisiert. Nono entwickelte die seriellen Techniken weiter, die er zuvor in *Incontri* ausprobiert hatte, indem er sie seinem Bedürfnis nach Expressivität und Textaussage anpaßte. Stellenweise ordnet sich auch die Dynamik den seriellen Prinzipien unter. Die kompositorisch avancierte Technik steht jedoch ganz im Dienst des Ausdrucks der Vermittlung einer politischen Botschaft. Die gesellschaftliche Wirklichkeit bleibt nicht außen vor, sondern wird Bestandteil des Werkes. Damit wurde der Bruch mit der Darmstädter Schule unvermeidlich. Wenn Nono später erklärte »die Interpretation Weberns in Darmstadt habe ich immer als falsch empfunden«, so meinte er vor allem die Reduktion des Webernschen Œuvres auf das rein Strukturelle, das keinen Platz für Emotion und Ausdruck ließ. Letztere waren Nono aber zeitlebens äußerst wichtig. In seinem Vortrag »Geschichte und Gegenwart in der Musik von heute«, den er 1959 hielt, grenzte er sich von den seriellen Konzepten ebenso scharf ab wie von den Werken John Cages, der den Zufall als ästhetische Kategorie propagierte. Im Zusammenhang mit seinem 1958/59 entstandenen Orchesterwerk *Diario polacco '58* schrieb er: »Alle meine Werke gehen immer von einem menschlichen Anreiz aus: ein Ereignis, ein Erlebnis, ein Text unseres Lebens rührt an meinen Instinkt und an mein Gewissen und will von mir, daß ich als Musiker wie als Mensch Zeugnis ablege.«

Aufgrund dieser Überzeugung gewann das politische Engagement Nonos auch in seinen Werken zunehmend an Bedeutung. Zusammen mit Claudio Abbado und Mauri-

zio Pollini beteiligte er sich an dem pädagogisch-politischen Projekt »Musica/Realtà«. Häufig bereiste er nun die Staaten des Ostblocks, war regelmäßig in der DDR zu Gast, aber auch in Polen, der Tschechoslowakei oder in der Sowjetunion. Die Themen seiner oft programmatischen Werke kreisen um die Résistance, den Antifaschismus und den Spanischen Bürgerkrieg. In den Sechzigern schuf er eine Vielzahl von Kompositionen mit dezidiert politischem Inhalt. Den Beginn dieser Schaffensphase markiert sein erstes Bühnenwerk *Intolleranza*, das ihm schon bald den Vorwurf der kommunistischen Agitation eintrug. Die Uraufführung 1961 in Venedig geriet zu einem handfesten Skandal, ausgelöst durch italienische Neofaschisten, die Flugblätter verteilten, auf denen das sozialistische Engagement Nonos angegriffen wurde.

Zunehmend arbeitete der Komponist nun auch mit elektronischen Mitteln. Das Tonband entwickelte sich zu einem gleichberechtigten Element und spielt in vielen Kompositionen der sechziger und siebziger Jahre eine wesentliche Rolle. Nono konzentrierte seine Arbeit im elektronischen Studio zunächst auf dokumentarische Klänge, die er für seine Stücke vielfältig transformierte. 1964 entstand mit *La fabbrica illuminata* eine politische Kantate über die Arbeitsbedingungen von Schichtarbeitern in einem Walzwerk und die damit verbundenen gesellschaftlichen Implikationen. Dieses Stück führte Nono auch in Fabriken auf, um in der Form von Diskussionskonzerten mit der Arbeiterschaft ins Gespräch zu kommen.

1965 schrieb Nono für eine Aufführung des Theaterstücks *Die Ermittlung* von Peter Weiss eine Bühnenmusik für die Freie Volksbühne in Berlin. Aus den insgesamt elf Gesängen schuf er wenig später durch zusätzliches, bei der Bühnenmusik nicht verwendetes Material *Ricorda cosa ti hanno fatto in*

Auschwitz, eine Art Oratorium für die Opfer des Nationalsozialismus. In weiteren Werken jener Jahre setzte sich Nono mit dem Vietnamkrieg, der Studentenrevolte oder dem Sozialismus kubanischer Prägung auseinander. Den Abschluß dieser Epoche markiert sein zweites Bühnenwerk *Al gran sole carico d'amore* aus dem Jahre 1975. Nono erkannte wohl selbst, daß Agitprop mit avantgardistischen Mitteln nicht durchzusetzen war, als er schrieb: »›Intolleranza‹ war für mich Synthese dessen, was ich gemacht hatte, und Neubeginn zugleich gewesen. Und wenn man etwas Neues beginnt, braucht man immer Zeit, um zu studieren, was möglich ist ... In ›Al gran sole carico d'amore‹ wollte ich prüfen, was ich in der Vergangenheit gemacht habe, aber zugleich auch die Möglichkeit neuer Perspektiven.«

Schon mit ... *sofferte onde serene* ... für Klavier und Tonband, 1976 für Maurizio Pollini entstanden, deutete sich eine Wende in Nonos Schaffen an. An die Stelle großer Kontraste und dramatischer Gesten trat hier erstmals die Erforschung subtiler Klangnuancen. Es folgte eine fast dreijährige schwere Schaffenskrise, während der er als einziges Werk *Con Luigi Dallapiccola* für sechs Schlagzeuger und Live-Elektronik schrieb. Offenkundig wurde sein Stilwandel spätestens mit dem Streichquartett *Fragmente – Stille, An Diotima*, das 1980 in Bonn zur Uraufführung kam. Der Blick richtet sich nun auf das Innere des Klanges. Die Worte des Titels »Fragmente« und »Stille« charakterisieren recht genau dieses immer an der Grenze zum Verstummen stehende Werk. In der Partitur notierte Nono Fragmente, oft nur einzelne Worte aus Gedichten von Friedrich Hölderlin. Er faßte sie als eine Art inneres Programm auf, wie er im Vorwort darlegte: »Die Fragmente ... sollen in keinem Fall während der Aufführung vorgetragen werden – in keinem Fall als naturalistischer, pro-

grammatischer Hinweis für die Aufführung verstanden werden – aber in vielfältigen Augenblicken sind Gedanken schweigende ›Gesänge‹ – aus anderen Räumen, aus anderen Himmeln ... Die Ausführenden mögen sie ›singen‹ ganz nach ihrem Selbstverständnis, nach dem Selbstverständnis von Klängen, die auf die ›zarten Töne des innersten Lebens‹ hinstreben.«

Doch nicht nur Hölderlin diente ihm bei diesem Streichquartett als Inspirationsquelle. Mit weiteren musikalischen Anspielungen verweist Nono auf seine kompositorischen Vorbilder. Die Vortragsbezeichnung »mit innigster Empfindung« des späten Beethoven findet sich hier ebenso wie Zitate aus Werken Johannes Ockeghems oder Giuseppe Verdis. Höchste Konzentration bei gleichzeitiger Offenheit nach allen Seiten hin sowie äußerste Subjektivität kennzeichnen dieses Werk, das aus voneinander getrennten Klanginseln zu bestehen scheint. Nono selbst hat den Wandel seines kompositorischen Ansatzes, der hier erstmals spürbar wird, so begründet: »Nach dem ›Gran Sole‹ hatte ich das Bedürfnis, meine ganze Arbeit und mein ganzes Dasein als Musiker heute und als Intellektueller in dieser Gesellschaft neu zu durchdenken, um neue Möglichkeiten der Erkenntnis und des Schöpferischen zu entdecken. Manche Konzepte und Ideen sind abgestanden, heute ist es unbedingt nötig, die Phantasie so weit wie möglich in den Vordergrund zu stellen.« Nono hat immer bestritten, mit seinem Streichquartett einen grundsätzlich neuen Weg eingeschlagen zu haben. Es ist aber unübersehbar, daß *Fragmente – Stille, An Diotima* eher an das frühe Schaffen des Komponisten anknüpft und sich von den Werken der sechziger oder siebziger Jahre deutlich unterscheidet.

Die Arbeit an *Prometeo* bestimmt die frühen achtziger Jahre. Nono bezeichnete das großangelegte Werk als »Tragödie des

Hörens«. Hier findet seine verinnerlichte Haltung gegenüber dem Klang ihre deutlichste Ausprägung. In Zusammenhang mit dem Prometheus-Stoff äußerte Nono: »Mich interessiert heute der Prozeß der Erkenntnis viel mehr als das Resultat eines Prozesses. In der Zusammenarbeit mit einem jungen italienischen Philosophen versuche ich, ein Prozeßdenken zu entwickeln, die Entwicklung von Aischylos bis heute als Prozeß zu begreifen.« Es gibt keine Handlung oder Geschichte im *Prometeo*. Der von Massimo Cacciari zusammengestellte Text basiert auf unterschiedlichen Quellen griechischer, italienischer und deutscher Sprache, die Nono weiter fragmentierte oder auch ganz wegließ. Aus der geplanten »azione scenica« entwickelte er ein unsichtbares Theater, ein Drama ohne Handlung oder agierende Personen, das allein auf die Musikalisierung der Ideen setzt. Es ist eine Reise ins Innere und folgt darin der gleichen Intention wie das Streichquartett.

»Wanderer, deine Spuren sind der Weg und sonst nichts; Wanderer, es gibt keinen Weg, Weg entsteht im Gehen. Im Gehen entsteht der Weg, und schaust du zurück, siehst du den Pfad, den du nie mehr betreten kannst. Wanderer, es gibt keinen Weg, nur eine Kielspur im Meer.« Dieses Gedicht von Antonio Machado, wovon Nono eine abgewandelte, verkürzte Version als Inschrift auf einer Klosterwand im spanischen Toledo entdeckt und offensichtlich für mittelalterlich gehalten hatte, steht seit dem *Prometeo* wie ein Motto über den späten Werken Nonos. Insbesondere in seinen letzten Lebensjahren bestimmt das Motiv des Wanderns immer stärker sein Werk. Eine Reihe von Kompositionen führt den Wanderer, den »caminante«, sogar im Titel. Nono entwickelte sich immer mehr zu einem Fragenden. Es war ihm nicht mehr so wichtig, ein bestimmtes Ziel zu erreichen, entscheidend

war vielmehr das Aufbrechen ins Ungesicherte, der nach allen Seiten offene Weg des Wanderers, als den sich Nono selbst gerne bezeichnete. Dazu gehörte für ihn ein freigesetztes Denken, das jedem geschlossenen System mißtraut.

Das Wandern wurde für Nono zum Sinnbild seiner kompositorischen Existenz. Klänge begriff er nicht länger als etwas Fertiges, sondern als etwas, das erst entstand, indem er sie fragmentierte, bearbeitete und im Raum ausbreitete. Nono teilte den Klangkörper in verschiedene Ensembles auf und ließ ihn durch den Raum wandern. Dafür nutzte er verschiedene Möglichkeiten: Entweder ließ er den oder die Interpreten während des Stücks den Platz im Raum wechseln, oder er suggerierte das Wandern der Klänge durch zum Teil hochkomplexe Live-Elektronik. Letztere setzte er vor allem in seinen späten Werken ein. Mit diesen Experimenten verfolgte er die Absicht, die Grenzbereiche menschlichen Hörens zu erforschen und zu erweitern. »Das Ohr aufwekken, die Augen, das menschliche Denken, die Intelligenz. Das ist heute das Entscheidende«, so lautet sein Fazit Mitte der achtziger Jahre.

In diesen Jahren schuf Nono fast ausschließlich Kammermusikwerke für wechselnde Besetzungen, häufig unter Einbeziehung der Live-Elektronik und für Interpreten, die Nono seit langem kannte. Sparsame Strukturen und vor allem ein immer neues Erkunden des einzelnen Klangs und dessen Bewegung im Raum stehen nun vollends im Mittelpunkt von Nonos Interesse. Dieser kompositorische Ansatz zeigt sich in seinem letzten Orchesterwerk *No hay caminos, hay que caminar ... Andrej Tarkowskij* für sieben Orchestergruppen besonders deutlich. Der einzelne Ton wird fast permanent durch Veränderung von Lautstärke und Artikulationsart in Bewegung gesetzt. Durch den Einsatz von Mikrointervallen gelangt Nono zu einer Tiefenperspektive des Klanges, die das Element des Raumes in den zeitlichen Verlauf der Musik integriert. Das Gewebe der sieben Orchestergruppen wirkt in *No hay caminos ...* an vielen Stellen durchlöchert oder fragmentiert und zeigt damit typische Merkmale des späten Nono. Die gewollt ernüchternde Langsamkeit wirkt über weite Strecken ausgesprochen anstrengend.

Mit diesem sicher extremsten Werk nahm Nono kaum noch Rücksicht auf die Rezipierbarkeit seiner Musik. Jedes Mezzoforte kommt hier bereits einem Aufschrei gleich, jede erkennbare motivische Konstellation stellt einen Ausbruch dar. Nono dringt gewissermaßen in den einzelnen Ton ein. Anstatt der dramatisch-expressiven Geste spürt er der kaum wahrnehmbaren Veränderung nach. *No hay caminos, hay que caminar ... Andrej Tarkowskij* ist ein Spätwerk im emphatischen Sinne, vergleichbar den letzten Streichquartetten Beethovens oder Bachs »Kunst der Fuge«. Hier wird eine Bilanz gezogen, freilich ohne konkrete Ergebnisse. Das Suchen wird beim späten Nono zum eigentlichen Ziel des Komponierens. In einer Welt, in der das Hören zur Tragödie wird, ist der Wanderer der eigentliche Held. Das ist Nonos zum Teil auch bittere Erkenntnis, die den Schlüssel zu seinen späten und letzten Werken liefert.

Luigi Nono, der 1990 mit dem »Kunstpreis Berlin« die erste und einzige wichtige Auszeichnung in seinem Leben erhalten hatte, starb am 8. Mai 1990 in Venedig.

WERKE (Auswahl)

Variazioni canoniche sulla serie dell'op. 41 di Arnold Schönberg für Orchester (1949)
Polifonica – Monodia – Ritmica für sechs Instrumente und Schlagzeug (1950/51)
Composizione per orchestra (1951)
Epitaffio per Federico García Lorca für Soli, Sprechstimme, Sprechchor, gemischten Chor und Orchester (1951/53)
Due espressioni per orchestra (1953)
La victoire de Guernica für gemischten Chor und Orchester (1954)
Liebeslied für gemischten Chor und Instrumente (1954)
Incontri für 24 Instrumente (1955)
Il canto sospeso für Soli, gemischten Chor und Orchester (1955/56)
Composizione per orchestra n. 2: Diario polacco '58 (1958/59)
Omaggio a Vedova für Tonband (1960)
Intolleranza 1960. Azione scenica in zwei Teilen (1960/61)
Canti di vita e d'amore: Sul Ponte di Hiroshima für Sopran, Tenor und Orchester (1962)
Canciones a Guiomar für Sopran, sechsstimmigen Frauenchor und Instrumente (1962/63)
La fabrica illuminata für Gesangsstimme und Tonband (1964)
Die Ermittlung. Schauspielmusik (1965)
Ricorda cosa ti hanno fatto in Auschwitz für Tonband (1966)
Per Bastiana – Tai-Yang Cheng für Tonband und Orchester (1967)
Musica-Manifesto n. 1: Un volto, del mare für Singstimme, Sprechstimme und Tonband (1968/69)
Ein Gespenst geht um in der Welt für Sopran, gemischten Chor und Orchester (1971)
Como una ola di fuerza y luz für Sopran, Klavier, Orchester und Tonband (1971/72)
Al gran sole carico d'amore. Azione scenica in zwei Teilen (1972/74)
... sofferte onde serene ... für Klavier und Tonband (1976)
Con Luigi Dallapiccola für sechs Schlagzeuger und Elektronik (1979)
Fragmente – Stille, An Diotima für Streichquartett (1979/80)
Das atmende Klarsein für Baßflöte und kleinen Chor mit Live-Elektronik (1981)
Quando stanno morendo, Diario polacco n. 2 für Frauenstimmen, Flöte, Violoncello und Live-Elektronik (1982)

Omaggio a György Kurtág für Alt, Klarinette, Tuba und Live-Elektronik (1983)
Guai ai gelidi mostri für zwei Altstimmen, kleines Ensemble und Live-Elektronik (1983)
Prometeo. Tragedia dell'ascolto (1981/85)
A Carlo Scarpa, architetto, ai suoi infiniti possibili für Orchester mit Mikrointervallen (1984)
A Pierre. Dell'azzurro silenzio, inquietum für Baßflöte, Kontrabaßklarinette und Live-Elektronik (1985)

Caminantes ... Ayacucho für Mezzosopran, Flöte, kleinen und großen Chor, Orgel, drei Orchestergruppen und Live-Elektronik (1986/87)
Non hay caminos, hay que caminar ... Andrej Tarkowskij für sieben Orchestergruppen (1987)
La lontananza nostalgica utopica futura. Madrigale per più caminantes con Gidon Kremer für Violine (1988/89)
»Hay que caminar« sognando für zwei Violinen (1989)

CARL ORFF

»Elementare Musik ist nie Musik allein, sie ist mit Bewegung, Tanz und Sprache verbunden, sie ist eine Musik, die man selbst tun muß, in die man nicht als Hörer, sondern als Mitspieler einbezogen ist. Sie ist vorgeistig, kennt keine große Form, keine Architektonik, sie bringt kleine Reihenformen, Ostinati und kleine Rondoformen. Elementare Musik ist erdnah, naturhaft, körperlich, für jeden erlernbar und erlebbar, dem Kind gemäß.«

Was Orff hier in bezug auf die von ihm speziell für Kinder entwickelte Elementarmusik beschreibt, gilt nicht nur für seine musikpädagogischen Arbeiten, sondern auch für sein musikdramatisches Schaffen. Die enge Verbindung zwischen Musik, Sprache und Tanz, die Bevorzugung von Reihenformen, ja sogar der erdnahe, gleichsam naturhafte Charakter prägen den großen Teil seiner Bühnenwerke spätestens seit den 1937 uraufgeführten *Carmina Burana*, mit denen Orff seinen persönlichen und in der Musik des 20. Jahrhunderts einzigartigen musikalischen wie szenischen Stil gefunden hatte. Andere musikalische Strömungen seiner Zeit interessierten ihn nicht. Wichtig für sein Schaffen war vielmehr die Auseinandersetzung mit alter Musik sowie mit der Dichtung der Antike und des Mittelalters.

Geboren wurde Carl Orff am 10. Juli 1895 in München als Sohn einer alteingesessenen Offiziers- und Gelehrtenfamilie. Das Elternhaus war stark musisch geprägt: »Täglich spielten meine Eltern nachmittags oder abends vierhändig, allsonntäglich war nachmittags Klavierquintett oder abends Streichquartett. Überall Musik, an der ich zwar nicht teilnahm, die mich aber unbewußt berührte.« Im Alter von fünf Jahren erhielt er von der Mutter ersten Klavierunterricht und zeigte schon früh musikalische und literarische Interessen. Bereits als Schüler komponierte er erste Lieder und entwarf Puppenspiele. Der Konflikt zwischen der Schule und seiner immer ausgeprägteren Leidenschaft zu Musik und Theater führte dazu, daß er 1911 das Gymnasium vorzeitig verließ, um sich ganz der Musik zu widmen. Noch im gleichen Jahr erschien sein erstes gedrucktes Werk, *Eliland, ein Sang vom Chiemsee* op. 12 für Singstimme und Klavier auf Texte von Karl Stieler. Diesem Werk waren zahlreiche Lieder vorausgegangen, unter anderem auf Texte von Uhland, Lenau, Storm und Heine. Von Anfang an konzentrierte sich Orff ausschließlich auf textgebundene Musik. Reine Instrumentalwerke existieren, abgesehen von den Stücken für das Orff-Schulwerk, in seinem späteren Schaffen nicht.

1911 nahm Orff ersten systematischen Theorieunterricht. Wenig später wurde er an der Münchner Akademie der Tonkunst in die Kompositionsklasse von Anton Beer-Walbrunn aufgenommen, einem Schüler Rheinbergers. Während des Studiums setzte er sich intensiv mit der ein Jahr zuvor erschienenen »Harmonielehre« Arnold Schönbergs auseinander, von dessen *Kammersinfonie* op. 9 er sogar einen Klavierauszug erstellte. Vermutlich beeindruckten ihn in erster Linie die klare Haltung Schönbergs und dessen pädagogisches Engagement. Zu der musikalischen Sprache des Wieners fand er keinen Zugang. Anders verhielt es sich bei Claude Debussy, dessen Partituren Orff 1911 in einer Münchner Musikalienhandlung entdeckt hatte: »Stundenlang blieb ich vertieft und verstrickt in diese Lektüre. Dies war die Musik, die ich suchte, die mir vorschwebte, dies war die Musik, die mir so neu wie vertraut war, dies war der Stil, in dem ich mich ausdrücken konnte.« Orff arbeitete, ganz im Banne Debussys, an einem Musikdrama über ein japanisches Sujet, das er als eine Art Traumspiel für Tänzer, Sänger und Orchester gestalten wollte. Doch bald merkte er, daß er auf diesem Weg nicht vorankam, und vernichtete die Partitur. »Ich habe den ganzen dekadenten Dreck ins Feuer geschmissen«, ließ er einen Studienfreund wissen.

Von 1915 bis 1917 wirkte Carl Orff als Kapellmeister am Münchner Schauspielhaus. Er leitete Proben, korrepetierte und dirigierte auch hin und wieder. Im August 1917 wurde er zum Militärdienst eingezogen und bei einem schweren Artilleriegefecht verschüttet. Zurück in München, hatte er zunächst mit Sprachstörungen und zeitweiligem Gedächtnisverlust zu kämpfen. 1918 wurde er unter Wilhelm Furtwängler Kapellmeister am Nationaltheater in Mannheim. Dort schrieb er eine Schauspielmusik zu Georg Büchners *Leonce und Lena*. Orff orientierte sich in diesem Werk in erster Linie an der Musik von Richard Strauss. Die romantisch schwärmerischen Klänge verraten noch keinen eigenen Ton, sondern bleiben der Tradition des Fin de siècle verhaftet.

Nach einem Intermezzo als Kapellmeister in Darmstadt kehrte Orff 1919 nach München zurück, wo er zunächst Privatunterricht gab, gleichzeitig aber auch selbst noch Unterricht bei Heinrich Kaminski nahm. Hier begann er sich intensiv mit alter Musik zu beschäftigen, studierte Bach, Buxtehude, Pachelbel, vor allem aber die Werke Claudio Monteverdis. Dessen Musik war für Orff eine Art Offenbarung. In der Bayerischen Staatsbibliothek konnte er die autographe Partitur des *Orfeo* einsehen: »Hier lagen neue Grundrisse, hier war noch alles keimhaft und offen für jede Entfaltung, hier war ein neuer Anfang, den ich suchte und hier eher zu finden glaubte als bei einem hochentwickelten Spätstil. Hier hoffte ich einen neuen Weg zur Musikbühne zu erspüren, einen neuen gangbaren Weg, der mich weiterbringen konnte.« Er richtete gleich mehrere Werke Monteverdis für die Bühne ein, *Orfeo*, *Tanz der Spröden* und die *Klage der Ariadne*, die zwischen 1929 und 1940 auf verschiedenen deutschen Bühnen zu sehen waren.

1924 gründete er in München zusammen mit der Malerin und Schriftstellerin Dorothee Günther, mit der er bereits bei den Monteverdi-Projekten zusammengearbeitet hatte, die Günther-Schule für Gymnastik, Musik und Tanz. Orffs Ziel war die »Regeneration der Musik von der Bewegung, vom Tanz her«. Zu diesem Zweck entwarf er den Plan einer »elementaren Musikausübung«. Hier entstand seine Idee der Einheit von Musik und Tanz, der er später, in seinem kompositorischen Werk, noch die Sprache beigesellte. 1926 wurde der Schule ein Marimbaphon, ein xylophonartiges Schlaginstrument afrikanischer Herkunft, geschenkt, das sich für Orffs meist rhythmische Experimente als besonders geeignet erwies. In der Folge entwickelte er gemeinsam mit dem Instrumentenbauer Karl Maendler eine Reihe von speziell für seine Lehrmethode geeigneten Instrumenten: Stabspiele, Glockenspiele und Metallophone. Zum Orff-Instrumentarium gehörten aber auch Blockflöten, Fiedeln, Celli, Gamben, Gitarren, Lauten und Pauken. Als sich der Mainzer Schott-Verlag an den Experimenten Orffs interessiert zeigte, begann der Komponist seine Methode und Erfahrungen während des Unterrichts schriftlich auszuarbeiten und im *Orff-Schulwerk* (1930–35) zusammenzufassen. 1931 erschien die »Rhythmisch-melodische Übung«, die nach dem Zweiten Weltkrieg zum Kernstück des überarbeiteten ersten Bandes *Orff-Schulwerk. Musik für Kinder* wurde. Orffs Grundgedanke war die eigenschöpferische Entfaltung und der kreative Umgang mit Musik. Heute wird das *Orff-Schulwerk* auch erfolgreich in der Heil- und Sozialpädagogik angewendet.

Zu Beginn der dreißiger Jahre entstanden nach Texten von Bertolt Brecht und Franz Werfel Kantaten und Chorsätze, die Orff nach der Machtübernahme durch die

Nationalsozialisten wegen der verfemten Textdichter wieder zurückziehen mußte. Seiner Unterrichtsmethode wurde vorgeworfen, sie sei aus »artfremdem außereuropäischen primitiven Kulturschichten zusammengetragen worden«. Orff selbst konnte jedoch während der nationalsozialistischen Herrschaft publizieren, seine Werke unterlagen keinem Aufführungsverbot.

1937 kam mit den *Carmina Burana* sein bis heute berühmtestes und meistgespieltes Werk zur Uraufführung. Bereits sechs Jahre zuvor hatte er die erste Fassung der *Catulli Carmina* geschrieben, Lieder für Chor a cappella auf Gedichte des römischen Dichters Catull. 1934 lernte Orff die Liederhandschrift *Carmina Burana* aus Benediktbeuern kennen, die mittellateinisch-deutsche und lateinisch-französische Lieder und Gedichte aus dem 13. Jahrhundert enthält: »Beim Aufschlagen fand ich gleich auf der ersten Seite die längst berühmt gewordene Abbildung der Fortuna mit dem Rad. Darunter die Zeilen: ›O Fortuna, velut luna, statu variabilis‹. Bild und Wort überfielen mich.« In kürzester Zeit komponierte Orff eine Reihe von Gedichten dieser Handschrift. Dabei stützte er sich musikalisch vor allem auf die Erfahrungen, die er mit seinem *Orff-Schulwerk* gemacht hatte. Grundlagen des Satzes bilden einfache Formen wie Bordun und Ostinato. Zum Aufbau des Werkes, das er im Untertitel »Weltliche Gesänge für Soli und Chor mit Begleitung von Instrumenten und mit magischen Bildern« genannt hatte, merkte Orff an: »Ein besonderes Stilmerkmal der Carmina-Burana-Musik ist ihre statische Architektonik. In ihrem strophischen Aufbau kennt sie keine Entwicklung. Eine einmal gefundene musikalische Formulierung – die Instrumentation war von Anfang immer mit eingeschlossen – bleibt in allen ihren Wiederholungen gleich. Auf der Knappheit der Aussage beruht ihre Wiederholbarkeit und

Wirkung.« Mit den *Carmina Burana* hatte Carl Orff zu seinem ganz persönlichen Stil gefunden. So ließ er seinen Verleger nach der Uraufführung wissen: »Alles, was ich bisher geschrieben und was Sie leider gedruckt haben, können Sie nun einstampfen! Mit den ›Carmina Burana‹ beginnen meine gesammelten Werke.«

Anfang der vierziger Jahre dramatisierte er seine zehn Jahre zuvor entstandenen *Catulli Carmina* zu einer Art Madrigalkomödie. Er fügte Solostimmen für die Rollen Catulls und Lesbias hinzu und verwendete zum ersten Mal in seinem musikdramatischen Schaffen ein reines Schlagzeugorchester, das ihm besonders geeignet erschien, »den stile eccitato des hauptsächlich aus Exclamationen bestehenden Textes zu steigern und ein entsprechendes Klangfundament zu geben«. Die beiden Werke *Carmina Burana* und *Catulli carmina* ergänzte Orff zu Beginn der fünfziger Jahre um *Trionfo di Afrodite* zum *Trionfi, trittico teatrale*, das 1953 in Mailand Premiere hatte. In diesem Werk setzte er zum letzten Mal den gesamten Streicherapparat ein. Orff arbeitete hier noch stärker als bisher mit einstimmigen Haltetönen, die die frei verströmenden Melismen stützen und den musikalischen Zusammenhang herstellen. Archaisch anmutende Stilmittel verbindet er mit einer eher vortonalen, nicht dur-moll-orientierten Harmonik.

Parallel zu diesen an die Antike und das Mittelalter anknüpfenden Stücke komponierte er zwei andere Werkgruppen. Die erste umfaßt die Märchenstücke *Der Mond* und *Die Kluge. Der Mond. Ein kleines Welttheater*, uraufgeführt 1939 in München, geht auf ein Märchen der Brüder Grimm zurück, das von der Vergeblichkeit menschlichen Handelns erzählt. Auch hier finden sich in der musikalischen Behandlung des Textes die im Schulwerk dargestellten Prinzipien umgesetzt: »In der Unterwelt, in der es so weltlich zugeht, brechen immer wieder buranische Taberna-Klänge auf. Zwiefache, Gassenhauer und andere Tanzstücke, zum Teil wörtlich aus dem Schulwerk entnommen, sind über das ganze Werk verteilt.« Die Szenen werden durch einen Erzähler, der den Rahmen vorgibt, miteinander verbunden. *Die Kluge*, ebenfalls auf einem Märchen basierend, hat der Komponist musikalisch durchaus volkstümlich gehalten. Die überwiegend rhythmisch dominierte Sprache dieses Werkes ist mit Selbstzitaten, Gassenhauern und lyrischen Abschnitten durchsetzt. *Die Kluge* wurde 1943 in Frankfurt uraufgeführt und trat von dort ihren Siegeszug um die Welt an. Das Stück wurde in mehr als 20 Sprachen übersetzt und 1958 sogar in Japan gespielt.

Neben der Welt der Antike und des Mittelalters war Orff zeitlebens auch der Bezug zu seiner bayerischen Heimat äußerst wichtig. Dies führte zu der zweiten Werkgruppe, in altbayerischer Mundart gehalten, die er unter der Überschrift *Bairisches Welttheater* zusammenfaßte. Orff faszinierte der große Reichtum des Dialekts an Vokalen, der dem Komponisten neue Klangmöglichkeiten erschloß. Die Textgrundlage des ersten und bekanntesten Stücks dieser Werkgruppe, *Die Bernauerin* (1947), geht auf eine historische Legende aus dem 14. Jahrhundert zurück. Auch bei diesem Werk bildet die rhythmische Organisation der Sprache das kompositorische Gerüst. In der *Bernauerin* wechseln gesprochene mit musikalischen Szenen. Neu an dem Stück ist, so Orff, »daß hier die Sprache aus der Musik entsteht oder umgekehrt die Musik aus der Sprache erwächst, indem sie deren Klang und deren Sinn mit ihren eigenen Mitteln nachbildet«. Orff betrachtete die *Bernauerin* als Endpunkt seiner vorausgegangenen Entwicklung und als Ausblick auf musikdramatisches Neuland, das er wenig später mit seiner *Antigonae* betreten

sollte. Zu den übrigen Stücken dieser Werkgruppe gehören die Komödie *Astutuli* (1953) sowie ein Oster- und ein Weihnachtsspiel, die deutlich von mittelalterlichen Mysterienspielen inspiriert sind.

In den späten vierziger und fünfziger Jahren wandte sich Orff verstärkt der griechischen Tragödie zu. Zunächst komponierte er *Antigonae* (1949) auf den Text der Nachdichtung von Friedrich Hölderlin. Neben dem Gesang nehmen hier unterschiedliche Formen der Deklamation eine wichtige Rolle ein, Orff verlangte eine affektive, ›gesteigerte‹ Sprechweise. Das aus mehr als einhundert Instrumenten bestehende Orchester sieht auch sechs Klaviere vor, die zum Teil wie Schlaginstrumente eingesetzt werden, während die Melodik der Gesangsstimmen extrem stilisiert und auf große Einfachheit bedacht erscheint. Das kompositorische Ziel formulierte Orff so: »Jede Szene hat ihre eigene Klanggestalt. Die Musik folgt einem Grundgesetz der griechischen Tragödie, alles Hörbare sichtbar und alles Sichtbare hörbar zu machen.« Der 1949 uraufgeführten *Antigonae* folgte zehn Jahre später *Oedipus der Tyrann* (1959), ebenfalls in der Nachdichtung Hölderlins. Im Unterschied zu dem vorangegangenen Stück bleibt hier das gesamte Werk auf den Grundton c bezogen, ohne daß Orff die traditionelle Funktionsharmonik benutzt. Das Deklamatorische prägt die Gesangsstimmen noch viel stärker als in *Antigonae*, gesungen im herkömmlichen Sinn wird kaum noch. Diese Art des Musizierens leitete Orff aus der spezifischen Form des Stoffes ab: »Der tragische Weg des Oedipus, vom ›Schein‹ zum ›Sein‹, sein ständiges Fragen, Ausforschen, Verhören verlangte nach Bewegtheit des Dialogs, die zu einem Deklamationsstil in verschiedenen Formen des Rezitativs führte. Ob frei, ob rhythmisiert, ob über Klanggrund gesprochen wird, ob das gesprochene Wort sich bis zum Gesang steigert, bestimmt die jeweilige dramatische Situation.«

In den späten sechziger Jahren vertonte Orff den *Prometheus* des Aischylos in der griechischen Originalsprache, wobei er in der Betonung vom überlieferten Versmaß abwich. Mit einer traditionellen Vertonung hat Orffs *Prometheus* nichts mehr gemein. Durchführungsartige Abschnitte fehlen, das thematische Material wird nicht entwickelt, sondern eher statisch aneinandergereiht. Orff arbeitete mit Wiederholungen und Liegeklängen, Ostinati und verschiedenen Formen des Rezitativs. Das melodische Element ist auf wenige, meist kurze Wendungen zurückgedrängt. Die musikalische Sprache zeigt eine radikale Einfachheit, die schon fast introvertiert anmutet. Alles scheint hier archaisch, zurückgenommen, vergeistigt und auf das Allernotwendigste reduziert. Das gilt auch für Orffs letztes großes Werk *De temporum fine comoedia – Vigilia*, eine versöhnliche Version vom Weltuntergang, die 1973 in Salzburg Premiere hatte. Mit seiner asketisch in sich kreisenden Klangwelt konnte sich das Werk beim breiten Publikum nicht durchsetzen. Orffs großes Erfolgsstück blieben bis heute die *Carmina Burana*.

Carl Orff starb am 29. März 1982 in München. Er wurde in der Klosterkirche zu Andechs am Ammersee beigesetzt.

WERKE (Auswahl)

Frühe Lieder für Singstimme und Klavier (1911/21)
Tanzende Faune. Ein Orchesterspiel op. 21 (1914)
Der Sommernachtstraum. Schauspielmusik (Sechs Fassungen) (1917/62)
Des Turmes Auferstehung für zwei Männerchöre und Orchester (1921)
Entrata für fünfchöriges Orchester und Orgel (1928)

Veni creator spiritus. Kantate nach Texten von Franz Werfel für gemischten Chor, Klaviere und Schlaginstrumente (1930)
Der gute Mensch. Kantate nach Texten von Franz Werfel für gemischten Chor, Klaviere und Schlagzeug (1930)
Von der Freundlichkeit der Welt. Kantate auf einen Text von Bertolt Brecht für gemischten Chor, Klaviere und Schlaginstrumente (1930)
Orff-Schulwerk (1930/34)
Concento di voci für Chor a cappella (1930)
Vom Frühjahr, Öltank und vom Fliegen. Kantate auf einen Text von Bertolt Brecht für gemischten Chor, Klaviere und Schlaginstrumente (1931)
Carmina Burana. Cantiones profanae für Soli, gemischten Chor, Knabenchor und Orchester (1936)
Der Mond. Ein kleines Welttheater für Sprecher, Soli, gemischten Chor, Kinderchor und Orchester (1937/38)
Die Kluge. Die Geschichte von dem König und der klugen Frau für Soli und Orchester (1941/42)
Catulli Carmina. Ludi scaenici für Soli, Chor und Orchester (1942/43)
Die Bernauerin. Ein bairisches Stück für Soli, gemischten Chor und Orchester (1944/46)
Astutuli. Eine bairische Komödie für Soli, Chor und Orchester (1945/48)
Antigonae. Ein Trauerspiel des Sophokles von Friedrich Hölderlin für Soli, Chor und Orchester (1947/49)
Trionfo di Afrodite. Concerto scenico für Soli, Chor und Orchester (1950/53)
Comoedia de Christi resurrectione. Ein Osterspiel für Schauspieler, Soli, Chor, Knabenchor und Orchester (1955)
Die Sänger der Vorwelt. Elegische Hymne von Friedrich Schiller (1955)
Nänie und Dithyrambe nach Gedichten von Friedrich Schiller für gemischten Chor und Instrumente (1956)
Sunt lacrimae rerum. Cantiones seria für Chor a cappella (1956)
Oedipus der Tyrann. Ein Trauerspiel des Sophokles für Soli, Chor und Orchester (1957/59)

Ludus de Nato infante mirificus. Ein Weihnachts-
spiel (1959/60)
Prometheus. Tragödie des Aischylos für Soli, Chor
und Orchester (1967)
Stücke für Sprechchor (1969)
De temporum fine comoedia. Das Spiel vom Ende
der Zeiten – Vigilia für Soli, Sprecher, Chöre
und Orchester (1971/81)
Rota »sumer is icumen in«. Sommerkanon für
Chor und Instrumente (1972)
Sprechstücke für Sprecher, Sprechchor und Schlag-
werk (1976)

ARVO PÄRT

»Für mich liegt der höchste Wert der Musik
jenseits ihrer Klangfarbe. Ein besonderes
Timbre der Instrumente ist ein Teil der
Musik, aber nicht der wichtigste. Das wäre
meine Kapitulation vor dem Geheimnis der
Musik. Musik muß durch sich selbst existieren ... zwei, drei Noten. Das Geheimnis
muß da sein, unabhängig von jedem Instrument. Der gregorianische Gesang hat mir
gezeigt, daß hinter der Kunst, zwei, drei
Noten zu kombinieren, ein kosmisches
Geheimnis verborgen liegt.«

Arvo Pärt hat in den vergangenen Jahrzehnten einen Personalstil entwickelt, der
auf den ersten Blick nichts mit zeitgenössischer Musik gemeinsam hat. Dennoch er-

reicht er mit der fast minimalistischen Einfachheit seiner Partituren und der Rückbesinnung auf die Klangwelt des Mittelalters nicht nur Spezialisten der neuen Musik, sondern ein breites Publikum von Musikliebhabern aller Art.

Lange war die Musik der baltischen Staaten hierzulande so gut wie unbekannt. Zu Zeiten der Sowjetunion liefen alle Kontakte zum westlichen Ausland über die Zentrale in Moskau. Dort wurde bestimmt, welcher Interpret oder Komponist reisen und wer das Musikleben des riesigen Vielvölkerstaates offiziell repräsentieren durfte. Das Baltikum, schon immer in Konfrontation mit den als Besetzer empfundenen Russen stehend, hatte es dabei besonders schwer. Obwohl traditionell eng mit den kulturellen Zentren Mitteleuropas verwurzelt, waren Estland, Lettland und Litauen für Jahrzehnte von den dortigen künstlerischen Entwicklungen abgeschnitten. Doch diese Isolation, so schmerzhaft sie auch von den betroffenen Künstlern empfunden wurde, hatte nicht nur negative Seiten. Im Baltikum konnte sich so eine Musiksprache entwickeln, die eigenen, zumeist aus der Volksmusik abgeleiteten Gesetzmäßigkeiten gehorcht und mit Avantgardemusik westeuropäischer Prägung so gut wie nichts gemeinsam hat.

Vielleicht wäre die Musik der baltischen Länder im Westen noch länger unbekannt geblieben, hätte der Este Arvo Pärt nicht 1980 im Alter von 45 Jahren seine Heimat verlassen. Er emigrierte nach Westeuropa, hielt sich kurz in Wien auf und lebt seitdem in Berlin.

Arvo Pärt kam am 11. September 1935 in Paide zur Welt, einem kleinen Ort in der Nähe von Estlands Hauptstadt Tallinn. Nach der Schulzeit studierte er am Konservatorium in Tallinn Komposition bei Heino Eller. Erste Werke entstanden Ende der fünfziger Jahre, darunter eine Partita und zwei Sonatinen für Klavier. Sie sind im Stil einer gemäßigten Moderne gehalten und verzichten auf den Einsatz avantgardistischer Techniken, die damals in der Sowjetunion ohnehin verpönt waren. Einen ersten großen Erfolg konnte Pärt mit seinem Orchesterwerk *Nekrolog* verbuchen, das 1960 erschien und den Opfern der faschistischen Gewaltherrschaft gewidmet ist. Als erste serielle Komposition in Estland überhaupt basiert es auf Zwölftonreihen, wie sie die Komponisten der Zweiten Wiener Schule, Schönberg, Webern und Berg, entwickelt hatten. Von den offiziellen Behörden wurde dieser kompositorische Ansatz scharf kritisiert. Der Komponistenverband der UdSSR warf Pärt westliche Dekadenz vor, da sein Stil nicht den Forderungen eines sozialistischen Realismus entsprach. Entgangen war den offiziellen Stellen allerdings, daß sich Pärt in *Nekrolog* durchaus kritisch mit der Zwölftontechnik auseinandersetzte. Die sowjetischen Kulturbehörden beurteilten Pärts Werke ohnehin sehr unterschiedlich. Scharfe Kritik wechselte mit Lob oder sogar Förderung. Denn trotz der Verurteilung des Orchesterwerks *Nekrolog* erhielt er für seine etwa gleichzeitig entstandene Kantate *Meie aed* und das Oratorium *Maailma Samm* den ersten Preis beim Allunions-Wettbewerb 1962.

Nach Beendigung seines Studiums 1963 arbeitete Arvo Pärt als Tonmeister beim Rundfunk in Tallinn. Seine kompositorische Arbeit setzte sich in dieser Zeit intensiv mit der Avantgarde westlicher Prägung auseinander. Er entdeckte für sich das Stilmittel der Collage. In Werken wie der 1966 entstandenen *2. Sinfonie* verwendet er avanciertes Material in enger Verbindung mit Stilkopien oder Zitaten aus der alten Musik. Im dritten Satz dieser Sinfonie etwa nimmt er Bezug auf ein Klavierstück von Peter Tschaikowsky. An erster Stelle zitiert er aber die Werke von Johann Sebastian Bach, so etwa in der *Collage über B-A-C-H* (1964), die ausschließlich auf Bach-Zitaten aufgebaut ist. Für Pärt bedeutet Bachs Œuvre den Gipfel der Musikgeschichte schlechthin, den auch die Moderne nicht überbieten kann. Als Höhe- und Endpunkt dieser ersten Schaffensperiode entstand 1968 das *Credo* für Klavier, gemischten Chor und Orchester. Die Grundlage bildet hier das erste Präludium aus Bachs *Wohltemperiertem Klavier*. Vor diesem Hintergrund entwickelt Pärt sein religiöses und musikalisches Glaubensbekenntnis. Er verkürzt den traditionellen Messetext auf die zentralen Worte »Credo in Jesum Christum« und läßt ihnen das Gebot der Feindesliebe unmittelbar folgen: »Auge um Auge, Zahn um Zahn. Ich aber sage euch: daß ihr nicht widerstreben sollt dem Übel.« Den Klängen aus Bachs Präludium stellt Pärt massive Klangattacken und aggressive Ausbrüche gegenüber. Um den Kontrast möglichst scharf zu gestalten, setzt er avancierteste Techniken ein; zwölftönige Strukturen und aleatorische Abschnitte, die das Chaos symbolisieren. Die Zwölftonreihe

entwickelt Pärt dabei aus einer Folge reiner Quinten.

Daß ein so prononciert religiöses Werk in der atheistischen Sowjetunion überhaupt uraufgeführt werden konnte, bleibt eine erstaunliche Tatsache. Möglicherweise haben sich die zuständigen Behörden von den Bach-Zitaten blenden lassen. Die Uraufführung war ein solcher Erfolg, daß das Werk gleich anschließend wiederholt werden mußte. In Estland wurde dies als ein kulturelles Ereignis von großer Bedeutung empfunden. Die offiziellen Stellen aber fühlten sich provoziert und reagierten scharf mit Aufführungs- und Publikationsverbot.

Nach dieser Entscheidung gab Pärt 1967 seine Arbeit als Tonmeister beim Rundfunk auf und zog sich aufs Land zurück. Um seine Familie ernähren zu können, schrieb er Filmmusiken. Pärt begann sich neu zu orientieren, privat wie kompositorisch. Der getaufte Lutheraner trat zur russisch-orthodoxen Kirche über und beschäftigte sich eingehend mit dem gregorianischen Choral und der Ars nova des 14. Jahrhunderts. Die alte Musik wurde für ihn zum Ausgangspunkt neuer kompositorischer Überlegungen. 1973 schuf er mit der *3. Sinfonie* ein Werk des Übergangs und, wie Pärt sagt, »noch nicht das Ende meiner Leiden«. Jahrelanges Schweigen folgte. Pärt experimentierte mit einfachstem Tonmaterial und versuchte, Modelle des gregorianischen Chorals für sich nutzbar zu machen.

1976 kam es endlich zum entscheidenden Durchbruch. Pärt fand seinen Stil, den er »tintinnabuli«, nach dem lateinischen Wort für ›Glöckchen‹ benannte. »Tintinnabuli – das ist ein erstaunlicher Vorgang – die Flucht in die freiwillige Armut: die heiligen Männer ließen all ihren Reichtum zurück und gingen in die Einöde. So möchte auch der Komponist das ganze moderne Arsenal zurücklassen und sich durch die nackte Einstimmigkeit retten, bei sich nur das Notwendigste habend – einzig und allein den Dreiklang.« Wie bei einem Kreuzzeichen werden bei dieser Kompositionsmethode die Horizontale der Tonleiter mit der Vertikalen des Dreiklangs verknüpft. Dabei entstehen wechselnde, aber stabile Muster, die einen Zustand angespannter Ruhe erzeugen. Zwei Stimmen fügen sich zu einer untrennbaren Einheit zusammen.

Nachdem Pärt diesen neuen Ansatz für sich gefunden hatte, nahm auch seine Produktivität wieder zu. Innerhalb kurzer Zeit schuf er eine Reihe von Werken in diesem neuen Stil. In *Tabula rasa* etwa, einem Doppelkonzert für zwei Violinen, Streichorchester und präpariertes Klavier, kreist das musikalische Geschehen um einen Moll-Akkord. Kleine Schritte, minimale Veränderungen, wie unter einer Lupe betrachtet, herrschen hier vor und schärfen das Gehör für die Feinheiten des Tons, der Klangfarbe und der Dynamik. Pärts zugespitzter Ausspruch, es genüge, einen einzigen Ton schön zu spielen, findet hier seine musikalische Entsprechung.

Erprobt hatte Arvo Pärt seine neue Verfahrensweise zunächst an einem kurzen Klavierstück *Aliinale*. Später übertrug er sie dann auf großformatigere Werke, nach *Tabula rasa* vor allem auf den *Fratres*-Zyklus. Das musikalische Material beschränkt sich in diesem Stück fast ausschließlich auf einen a-Moll-Akkord und die harmonische d-Moll-Skala. Schlagzeugtakte setzen die Abschnitte von jeweils sechs Takten voneinander ab. Der Zentralton einer Stimme wandert von Abschnitt zu Abschnitt um je eine Terz tiefer. So bewegt sich das Stück gleichsam in Form einer Spirale im Tonraum nach unten. Über die ursprüngliche Fassung für Violine und Klavier schrieb Arvo Pärt drei Jahre später eine Reihe von Variationen. In einer weiteren Fassung für Kammerensemble kombinierte er diese Variationen mit der ursprünglichen Partitur. Die Version für Streichquartett wurde durch die Aufführungen des renommierten Kronos-Quartetts zu einem seiner populärsten Stücke überhaupt.

Seit Anfang der siebziger Jahre pflegte Pärt Kontakte zur Szene der alten Musik. Die ersten Werke im »tintinnabuli«-Stil wurden denn auch vom Ensemble Hortus Musicus bei den Tagen alter und neuer Musik in Tallinn uraufgeführt. Nach einer zeitweiligen Lockerung des Aufführungsverbots nahmen die Schikanen wieder zu, als die Musik Pärts im westlichen Ausland auf immer größere Resonanz stieß. 1979 wurde ihm nahegelegt, das Land zu verlassen. Mit dem Allernotwendigsten und einem Koffer voller Partituren traf Pärt wenig später mit seiner Familie in Wien ein, der ersten Station im Westen. Hier zögerte der Verleger Alfred Schlee nicht, ihn sogleich für die Universal Edition unter Vertrag zu nehmen. Wenig später übersiedelte Arvo Pärt mit Hilfe eines Stipendiums nach Berlin, wo er seitdem lebt.

1982 vollendete Pärt die Partitur seiner *Passio Domini nostri Jesu Christi secundum Joannem*. Die melodischen Stimmen gehen vom Einklang aus, werden allmählich aufgefächert und enden schließlich wieder im Einklang. Der pausendurchsetzte Satz hebt immer wieder an, um ohne jegliches Pathos gleichsam verinnerlicht die Leidensgeschichte Christi zu erzählen.

Auch die Kompositionen der letzten Jahre sind vorwiegend religiös bestimmt. Auf die *Johannes-Passion* folgten ein *Stabat mater*, das *Te Deum* und das *Miserere*, um nur die wichtigsten Werke zu nennen. 1990 schrieb Pärt aus Anlaß des 90. Deutschen Katholikentages seine *Berliner Messe*. Ein Höhepunkt seines Schaffens bildet *Litany* von 1994. Das Stück basiert auf den Gebeten des heiligen Johannes Chrysostomos, die in 24 kurzen Anrufungen von der menschlichen Schwachheit und Sündhaftigkeit handeln. Zum ersten Mal nach 23 Jahren schrieb Pärt hier wieder ein Werk für großes Sinfonieorchester, das er durch ein Vokalquartett und gemischten Chor ergänzte. *Litany* zählt zu seinen eindringlichsten Werken und erweist sich als Quintessenz seines gesamten bisherigen Schaffens.

Die Musik Arvo Pärts erlangte in den vergangenen Jahrzehnten Berühmtheit weit über die Grenzen der sogenannten ›ernsten‹ Musik hinaus. Pärt zählt heute zu den populärsten Komponisten zeitgenössischer Musik überhaupt. Die repetitiven, eingängigen Modelle seiner Werke haben Hochkonjunktur in einer Zeit, in der die Klangwelt des Mittelalters, die Pärt in vielen seiner Werke beschwört, neu entdeckt wird und sich immer größerer Beliebtheit erfreut.

WERKE (Auswahl)

Sonatine für Klavier op. 1 Nr. 1 (1958)
Partita für Klavier op. 2 (1958)
Sonatine für Klavier op. 1 Nr. 2 (1959)
Meie aed (Unser Garten). Kantate für Kinderchor und Orchester op. 3 (1959)
Nekrolog für Orchester op. 5 (1960)
Perpetuum mobile für Orchester op. 10 (1963)
Sinfonie Nr. 1 »Polyphone« (1963)
Diagramme für Klavier op. 11 (1964)
Musica Sillabica für zwölf Instrumente op. 12 (1964)
Quintettino für Bläser (1964)
Collage über B-A-C-H für Streicher, Oboe, Cembalo und Klavier (1964)
Pro et Contra. Konzert für Violoncello und Orchester (1966)
Sinfonie Nr. 2 (1966)
Credo für Klavier, Chor und Orchester (1968)
Sinfonie Nr. 3 (1971)
Aliinale (Für Alina) für Klavier (1976)

Trivium für Orgel (1976)
Pari Intervallo für Ensemble (1976)
An den Wassern zu Babel saßen wir und weinten für Sopran, Alt, Tenor, Baß und Instrumente (1976)
Arbos für Kammerensemble (1977)
Cantate Domino für Chor und Ensemble oder Orgel (1977)
Fratres für Ensemble (1977)
Missa Sillabica für Chor und Ensemble oder Orgel (1977)
Variationen für Klavier (1977)
Tabula rasa. Doppelkonzert für zwei Violinen, Streichorchester und präpariertes Klavier (1977)
Spiegel im Spiegel für Violine und Klavier (1978)
De Profundis für Männerchor, Orgel und Schlagzeug (1980)
Passio Domini nostri Jesu Christi secundum Joannem für Tenor- und Baßsolo, Vokalquartett, gemischten Chor, Orgel und vier Instrumente (1982)
Ein Wallfahrtslied für Bariton und Streichquartett (1984)
Te Deum für Chor und Orchester (1984/86)
Stabat Mater für Soli, Violine, Viola und Violoncello (1985)
Festina Lente für Streichorchester und Harfe (1988)
Sieben Magnificat Antiphonen für gemischten Chor (1988)
Miserere für Soli, Chor und Orgel (1989)
Magnificat für gemischten Chor (1989)
Berliner Messe für Soli oder Chor und Orgel oder Streichorchester (1990/92)
Beatus Petronius für zwei Chöre und Orgel (1990)
Silouan's Song für Streichorchester (1991)
Bogoroditse Dyevo für gemischten Chor (1992)
Trisagion für Streichorchester (1992)
Psalom für Streichquartett (1993)
Litany für fünf Solisten, Chor und Orchester (1994)
Memento Mori für gemischten Chor (1994/95)
I am the True Vine für gemischten Chor (1996)

KRZYSZTOF PENDERECKI

»Wichtiger als alles andere ist die Ein-
gebung, eigentlich ein Begriff aus dem
19. Jahrhundert, der uns heute überholt
erscheint; aber es bleibt doch immer dasselbe: man muß etwas zu sagen haben und
man muß es ausdrücken können; das heißt,
man muß eine gute Technik haben und eine
klare Vorstellung von dem Werk, einen Rahmen von musikalischen Ereignissen, dessen

Zwischenräume dann nur noch mehr oder weniger handwerklich auszufüllen sind.« Krzysztof Pendereckis Plädoyer für die Inspiration könnte als Motto über seinem gesamten Schaffen stehen, unabhängig von den großen Brüchen, die sein Œuvre in Form von unterschiedlichen stilistischen Ansätzen durchziehen. Sie ließen Penderecki in den vergangenen zwanzig Jahren zu einem der am meisten diskutierten Komponisten der zeitgenössischen Musik werden.

Geboren wurde Krzysztof Penderecki als Sohn eines Rechtsanwalts am 23. November 1933 in dem kleinen polnischen Städtchen Dębica. Als Kind erhielt er Geigen- und Klavierunterricht. Nach dem Abitur ging er nach Krakau, um zunächst Geige, Musiktheorie und Philosophie an der Universität zu studieren. Nach drei Jahren wechselte er an die Krakauer Musikhochschule, wo er ein reguläres Kompositionsstudium absolvierte. In dieser Zeit entstanden erste Werke, darunter eine Violinsonate, Lieder und *Drei Miniaturen für Klarinette und Klavier*, die neoklassizistische Anklänge aufweisen und sich stilistisch noch deutlich an Vorbildern wie Béla Bartók orientieren. Nach Abschluß seines Studiums unterrichtete Penderecki selbst Komposition an der Hochschule in Krakau. In diese Zeit fallen auch seine ersten kompositorischen Erfolge, als er mit drei seiner Werke bei einem Wettbewerb des polnischen Komponistenverbands sämtliche Preise erhielt. Dies bewog die Organisatoren, 1959 eines seiner Orchesterwerke auf das Programm des Festivals »Warschauer Herbst« zu setzen.

Der internationale Durchbruch gelang ihm mit der Uraufführung von *Anaklasis* für Streicher und Schlagzeuggruppen während der Donaueschinger Musiktage 1959. Von Presse und Publikum bejubelt, wurde die Komposition zur eigentlichen künstlerischen Sensation des Jahres. Der kraftvolle, gleichsam ungebändigte Charakter dieses Werkes stand im krassen Gegensatz zur seriellen Technik, die damals noch weitgehend als ästhetische Maxime der westeuropäischen Avantgarde galt. Der Erfolg war so durchschlagend, daß die Aufführung wiederholt werden mußte. Das Neuartige dieses Werkes liegt in dem primär geräuschhaften Gestus, der wie mit breitem Pinsel gemalt wirkt. Penderecki arbeitete hier mit Klangbändern, Clustern, Glissandi oder auch »bewegten Klangblöcken«, deren Innenleben melodisch aufgefächert erscheint. Diese Elemente bilden das Grundmaterial von Pendereckis Kompositionen der späten fünfziger und frühen sechziger Jahre. ›Sonorität‹ lautete das Schlagwort, das diese neuartigen Techniken subsumiert. Die Cluster erscheinen in verschiedenen Registern, verändern ihren Umfang oder verbinden sich mit einer melodischen Bewegung. So entstehen gleitende Klangbänder, die sich in Instrumentation, Klangfarbe und Artikulation unterscheiden. Die Werke dieser Jahre sehen häufig eine große Streicherbesetzung vor. Durch ungewöhnliche Artikulations- und Spieltechniken kommt Penderecki zu neuartigen Klangbildungen, die in ihrer Schärfe und Eindringlichkeit überraschend direkt wirken.

Das bekannteste Werk aus dieser Schaffensphase, *Threnos – den Opfern von Hiroschima*, wurde 1961 mit triumphalem Erfolg beim »Warschauer Herbst« uraufgeführt. Komponiert für 52 Solo-Streicher, bilden auch hier wieder unterschiedlichste Clusterstrukturen die Grundlage des Stücks. Penderecki setzte bestimmte und unbestimmte

Tonhöhen sowie eine Vielzahl von Spezial-effekten ein. So verband er etwa die jeweils höchsten Klänge eines Instruments zu nicht exakt festgelegten Klangballungen. Auf tradi-tionelle Melodik oder Harmonik verzichtete Penderecki in *Threnos* ebenso wie auf ein durchgängiges Metrum. Dadurch erzielte er eine klangliche und emotionale Intensität, die in der Musik dieser Jahre ihresgleichen suchte. Das Stück, das ursprünglich nach seiner Dauer den schlichten Titel *8'37* tra-gen sollte, steht am Anfang einer Serie von Instrumentalwerken, in denen Penderecki seine Clustertechnik weiter verfeinerte, aus-baute und eine Art Cluster-Kontrapunkt ent-wickelte. Er behandelte die Klangbänder nicht länger als statische Gebilde, sondern stellte sie zu individuellen Strukturen zusam-men, die er den verschiedenen kompositori-schen Techniken unterzog.

Mitte der sechziger Jahre wandte sich Penderecki der sinfonischen Großform zu. Sinfonie und Konzert, Oratorium und Oper standen nun im Zentrum seines Interesses. 1966 kam in Münster seine *Passio et mors Domini nostri Jesu Christi secundum Lucam* zur Uraufführung, eine großangelegte 80mi-nütige Passion für Sprecher, drei Solisten, Knabenchor, gemischten Chor und Orche-ster. Das einige Jahre zuvor entstandene »Stabat Mater« nahm er als zentralen Be-standteil in die Passion mit auf.

Die *Lukas-Passion* leitete den Beginn ei-nes neuen Schaffensabschnitts ein, in dem, anders als in den frühen Instrumentalkom-positionen, die Auseinandersetzung mit un-terschiedlichen musikalischen Traditionen Pendereckis Werke bestimmt. Ausgangspunkt und Vorbild der *Lukas-Passion* waren die großen Werke dieser Gattung von Johann Sebastian Bach. Ebenso wie bei Bach fin-den sich auch in seiner Passion narrative Abschnitte, dramatische Chorszenen, Solo-Arien und A-cappella-Psalmen. Das musikali-sche Material basiert auf zwei Reihen, deren letzte Töne die Buchstaben B-A-C-H bilden. Penderecki machte sich hier Kompositions-techniken der gesamten abendländischen Musik zunutze, vom mittelalterlichen Orga-num über die Motette, die Variation bis hin zu seriellen Methoden. Modales Denken steht neben choralartigen Passagen und Formen der Reihentechnik. Penderecki verschmolz die verschiedenen Modelle zu einer individuellen Sprache. Er stellte seine Musik in den Dienst einer Aussage, die weit über die Geschichte Christi hinausgeht. »Die Passion ist die Darstellung des Leidens und Todes Christi, aber gleichzeitig auch des Lei-dens und Todes in Auschwitz, die tragische Erfahrung der Menschheit in der ersten Hälfte des 20. Jahrhunderts. In diesem Sinn hat das Stück einen universellen Charakter, ähnlich wie mein früheres Stück ›Threnos – Den Opfern von Hiroschima‹.« Als unge-wöhnlich erwies sich vor allem die Synthese von avantgardistischen Techniken und Mo-dellen der musikalischen Tradition mit sa-kralen Inhalten. Klang und Geräusch stehen in diesem Werk gleichberechtigt nebenein-ander. Die Expressivität der musikalischen Sprache unterstreicht die dramatische Dar-stellung der Leidensgeschichte: »Es ist wie bei den mittelalterlichen Mysterienspielen, wo es keine außenstehenden Zuschauer gab, sondern alle emotional einbezogen waren.«

Die großen Formen bestimmten auch Pendereckis späteres Schaffen. Knüpfte die *1. Sinfonie* von 1972/73 noch in vielem an die frühen instrumentalen Werke an, so fin-den sich in ihr auch Elemente, die bereits auf die späteren sinfonischen Werke voraus-weisen. Zwar dominieren noch Clusterbil-dungen und Glissandi, aber die hier zu ver-spürende großzügigere formale Gestaltung und die kontrapunktische Durcharbeitung des Materials bestimmen später die *2. Sinfo-*

nie oder das *Violinkonzert*. Klassische Formen treten fortan in den Vordergrund, so etwa die Sonatenhauptsatzform, die als Modell für die zweite Sinfonie diente.

Für lang anhaltende Diskussionen sorgte vor allem die Uraufführung seines ersten Violinkonzertes 1976, in dem die Errungenschaften der frühen Jahre vergessen zu sein scheinen. Mit spätromantisch anmutendem Gestus, durchchromatisiertem Orchestersatz und einer Hinwendung zu expressiver melodischer Gestaltung ließ Penderecki Klanglandschaften entstehen, die an die Werke Richard Wagners oder Gustav Mahlers erinnern. Das Werk baut sich auf zwei stark kontrastierenden Motiven auf, die in fast klassischer Manier einander gegenübergestellt werden. Aus ihnen entwickelt der Komponist eine zwar frei strukturierte, gleichwohl deutlich nachvollziehbare Sonatenform. Der Ton ist eher lyrisch, verinnerlicht, wenn auch mit gelegentlichen dramatischen Passagen. Kantable Phrasen stehen im Vordergrund. Die blockhaft-kantige Struktur der frühen Werke mit ihren Glissandi und Clustern wird hier zugunsten eines zurückhaltend instrumentierten Satzes aufgegeben. Die Virtuosität des für das 19. Jahrhundert typischen instrumentalen Solokonzertes kommt hier ebenso zum Ausdruck wie Pendereckis Wille, an die Tradition der großen Violinkonzerte von Beethoven, Brahms und Berg anzuknüpfen.

Mit dieser Rückbesinnung auf die Klangideale der Spätromantik stand Penderecki Mitte der siebziger Jahre nicht allein. Ähnliche Entwicklungen ließen sich damals auch bei der jüngeren Generation beobachten, etwa bei Manfred Trojahn oder Hans-Jürgen von Bose. Dennoch wurde der Stilwandel Pendereckis besonders heftig diskutiert. Vor allem die Wortführer der Avantgarde und viele Anhänger seiner frühen Werke empfanden die stilistische Umkehr als Rückfall hinter den »Stand des Materials«, um eine zentrale ästhetische Kategorie des musikalischen Denkens von Theodor W. Adorno zu zitieren. Noch stärker ausgeprägt findet sich Pendereckis neuer kompositorischer Ansatz in der wenig später vollendeten Oper *Paradise lost* (1978), dem Papst Johannes Paul II. gewidmeten *Te Deum* (1980) und der etwa gleichzeitig entstandenen *2. Sinfonie*. Penderecki selbst kommentierte seinen ästhetischen Wandel so:bst bst »In Fragen der Musik bin ich gegen jede Orthodoxie. Ich bin weder ein Feind der Tradition, noch ein kritikloser Enthusiast der Avantgarde. Überhaupt liebe ich das Theoretische nicht. Der Schaffensakt läßt sich nicht auf einfache Formeln zurückführen. Nach meiner Meinung ist in unserem Jahrhundert genug experimentiert worden: mit atonalen Mitteln, mit aleatorischer Technik, mit Elektronik. Das habe ich alles hinter mir, es interessiert mich nicht mehr ... Musik muß einfach Ausdruck haben, nicht in irgendwelchen experimentellen Richtungen herumgeistern, am Publikum vorbei.«

Auch wenn spätestens mit dem Abschluß des *Cellokonzertes* 1982 wieder Elemente des ›frühen‹ Penderecki in seinen Werken auftauchen, bleibt der Gestus seiner Musik nach dem Violinkonzert spätromantisch. Auch in der 1989 zum 200. Jahrestag der Französischen Revolution geschriebenen *4. Sinfonie* bilden tonale Strukturen das Gerüst des musikalischen Satzes. Penderecki, der zunächst ein Oratorium geplant hatte, sich später aber für ein einsätziges Orchesterstück entschied, blieb der musikalischen Tradition verbunden. Das Werk orientiert sich in seiner formalen Anlage mit Exposition, Durchführung und Fuge an klassischen Modellen. Die sonoren Qualitäten treten hinter die Maximen von Klarheit und Expression zurück, die in den letzten Jahren Pendereckis Stil prägen. In seinen brillant instrumentierten Opern *Die schwarze Maske* (nach Gerhart Hauptmann, 1986) und *Ubu*

Rex (nach Alfred Jarry, 1991), vor allem aber in der *5. Sinfonie* herrscht ein elegischer Ton vor, der mit einem weitgehend tonal bestimmten spätromantischen Gestus deutliche Züge eines Alterswerks aufweist.

Pendereckis jüngste Werke sind geprägt von einer Rückbesinnung auf Tradition und christliche Wurzeln. Das gilt auch für sein großangelegtes *Credo* für fünf Solisten, Knabenchor, gemischten Chor und Orchester, das im Sommer 1998 uraufgeführt wurde. Der Komponist hat hier den Credo-Text der lateinischen Messe um acht Einschübe erweitert. Dabei bildet das »Cruzifixus«, die Anbetung des Kreuzes, das Zentrum des Werkes. Penderecki konzentriert sich hier, wie auch in seinen übrigen Arbeiten der vergangenen Jahre, auf traditionelle Techniken. Er will sein *Credo* in der langen Tradition der Meßvertonungen vom ausgehenden Mittelalter bis heute verstanden wissen. »Ich bin Christ und komponiere als Christ, und so schreibe ich ein weiteres großes geistliches Werk, wie schon viele zuvor. Unter den Komponisten unserer Zeit hat nur Olivier Messiaen so viel Musik auf geistliche Texte geschrieben. Dies ist meine Berufung!«

Penderecki, der seit langem auch als Dirigent eigener und fremder Werke um die Welt reist, ist nach Lutosławski der prominenteste Komponist Polens, in seiner Heimat sogar der unangefochtene Repräsentant der neuen Musik schlechthin. Daß sich die jüngere Generation eher an seinen frühen als an den späten Kompositionen orientiert, hat daran nichts geändert.

WERKE (Auswahl)

Sonate für Violine und Klavier (1953)
Drei Miniaturen für Klarinette und Klavier (1956)
Aus den Psalmen Davids für gemischten Chor, Saiteninstrumente und Schlagzeug (1958)
Emanationen für zwei Streichorchester (1959)
Anaklasis für 42 Streichinstrumente und Schlagzeuggruppen (1959/69)
Dimensionen der Zeit und der Stille für gemischten Chor, Streicher und Schlagzeuggruppen (1959/60)
Threnos – den Opfern von Hiroschima für 52 Streichinstrumente (1960)
Polymorphia für 48 Streichinstrumente (1961)
Fluorescences für großes Orchester (1962)
Passio et mors Domini nostri Iesu Christi secundum Lucam für Soli, Sprecher, drei gemischte Chöre, Knabenchor und Orchester (1965/66)
De natura sonoris Nr. 1 für großes Orchester (1966)
Dies Irae. Oratorium zum Gedächtnis der Ermordeten in Auschwitz für Soli, gemischten Chor und Orchester (1967)
Streichquartett Nr. 2 (1968)
Die Teufel von Loudun. Oper in drei Akten (1968/69)
Utrenja I, Grablegung Christi für Soli, zwei gemischte Chöre und Orchester (1969/70)
Utrenja II, Auferstehung Christi für Soli, zwei gemischte Chöre, Knabenchor und Orchester (1970/71)
De natura sonoris Nr. 2 für Orchester (1970)
Kosmogonia für Soli, gemischten Chor und Orchester (1970)
Partita für konzertierendes Cembalo, Gitarre, elektrische Baßgitarre, Harfe, Kontrabaß und Orchester (1971/72)
Canticum Canticorum Salomonis für gemischten Chor und Orchester (1970/73)
Sinfonie Nr. 1 (1972/73)
Magnificat für Baßsolo, sieben Männerstimmen, zwei gemischte Chöre, Knabenchor und Orchester (1973/74)
Konzert für Violine und Orchester (1976/77)
Paradise lost. Sacra Rappresentazione in zwei Akten (1976/78)
Sinfonie Nr. 2 (1979/80)
Te Deum für vier Solisten, zwei gemischte Chöre und Orchester (1979/80)
Polnisches Requiem für vier Solisten, gemischten Chor und Orchester (1980/84)
Konzert für Violoncello und Orchester Nr. 2 (1982)
Konzert für Viola und Orchester (1983)

Die schwarze Maske. Oper in einem Akt (1984/86)
Per Slava für Violoncello solo (1985/86)
Cherubinischer Lobgesang für gemischten Chor
a cappella (1986)
Der unterbrochene Gedanke für Streichquartett
(1988)
Sinfonie Nr. 3 (1988/95)
Adagio für Orchester (Sinfonie Nr. 4) (1989)
Ubu Rex. Opera buffa (1990/91)
Sinfonie Nr. 5 (1991/92)
Benedicamus Domino für fünf Männerstimmen
(1991/92)

Konzert für Flöte und Kammerorchester
(1992)
Metamorphosen. Konzert für Violine und Orchester Nr. 2 (1992/95)
Quartett für Klarinette und Streichtrio (1993)
Agnus Dei für Soli, gemischten Chor und Orchester (1995)
Serenade für Streichorchester (1996)
Seven Gates of Jerusalem für Soli, Sprecher, drei
gemischte Chöre und Orchester (1996)
Credo für fünf Solisten, gemischten Chor, Kinderchor und Orchester (1997/98)

ALLAN PETTERSSON

»Das Werk, an dem ich arbeite, ist mein
eigenes Leben, das gesegnete, das verfluchte: um den Gesang wiederzufinden,
den die Seele einst gesungen hat. Er entstand bei den kleinen Menschen, die nicht
an sich glaubten, die wie Hunde behandelt
wurden, Weiße wie Schwarze, für die das
Leben nur eine verfluchte Verpflichtung zum
Tod war. Trotzdem aber hatten sie Mitgefühl
mit den anderen, eine Kraft des Verlangens
erfüllte sie mit einem Glauben – und da

brach das Lied heraus, inbrünstig, flehend
... bis die Welt sie bat, die Schnauze zu
halten.«

Allan Pettersson sah den Ursprung der
Musik in Not und Leid, Erfahrungen, die sein
eigenes Leben prägten und seine zutiefst
pessimistische Weltsicht begründeten. Der
Komponist wuchs in ärmlichsten Verhältnissen auf, hatte selbst schwer mit den Widrigkeiten des Lebens zu kämpfen und erntete
zu seinen Lebzeiten nur wenig Anerkennung.

Geboren wurde Allan Pettersson am
19. September 1911 in Västra Ryd in der
schwedischen Provinz Uppland. Ein Jahr
nach seiner Geburt bezog die Familie eine
feuchte Kellerwohnung in den Elendsquar-
tieren von Stockholm, die zur Keimzelle für
Petterssons Leiden an einer schweren chronischen Arthritis wurde. Seine Kindheit
stand unter keinem guten Stern. Sein Vater,
ein gewalttätiger Alkoholiker, tyrannisierte
die Familie. Durch den Verkauf von Postkar-
ten ermöglichte sich der Zwölfjährige den
Erwerb einer ersten Geige. Selbst die Prügel
des Vaters konnten den jungen Pettersson
nicht von der Musik abhalten. Nach der
Schulzeit studierte er ab 1930 am Konservatorium in Stockholm Violine, Bratsche und
Musiktheorie. Erste Kompositionen schrieb
er zumeist für Violine oder Bratsche, aber
auch einige Lieder. Ein Stipendium ermöglichte es Pettersson, ab 1939 für ein Jahr
sein Bratschenstudium in Paris bei Maurice
Vieux fortzusetzen. Bald darauf wurde er
Mitglied im Orchester der Stockholmer Kon-
zertgesellschaft, den heutigen Stockholmer

Philharmonikern, und blieb dort bis 1951
unter Vertrag. Gleichzeitig nahm er Kompositionsunterricht bei Karl-Birger Blomdahl,
einem der renommiertesten schwedischen
Komponisten. 1949 entstand sein *1. Violinkonzert*, wenig später seine *1. Sinfonie*, die
unvollendet blieb. Anfang der fünfziger
Jahre ging Pettersson erneut nach Paris,
diesmal um Komposition zu studieren. Zu
seinen Lehrern zählte auch der Webern-
Schüler René Leibowitz, ein leidenschaftlicher Anhänger der Zwölftontechnik. Doch
die Begegnung mit dieser Kompositionsmethode hinterließ bei Pettersson keine Spuren. Rückblickend erinnerte er sich an den
Unterricht in Paris: »Die Zeit bei Leibowitz
war ein Drill. Er war radikal, behielt aber
die alten Formen bei. Gott, was habe ich
gearbeitet und geschliffen, aber am Schluß
hatte ich alle seine Theorien verinnerlicht.
Da kannte ich ihn und seine Gesetze. Erst
als mir diese Gesetze bekannt waren,
konnte ich sie verwerfen und mich von ihnen lossagen. Ich kann nicht so wie andere,
sonst gerate ich aufs Glatteis; ich muß so
schreiben können, wie ich will.«

Nach seinem Paris-Aufenthalt ließ sich
Allan Pettersson als freischaffender Komponist in Stockholm nieder. Etwa gleichzeitig
traten die ersten Anzeichen der chronischen
Arthritis auf, die ihn zunehmend behinderte
und wiederholt zu Krankenhausaufenthalten
zwang. Dessenungeachtet begann Pettersson
die Arbeit an seinem sinfonischen Lebenswerk. Außer einer Kantate, drei konzertanten Werken für Violine, Viola und drei Konzerten für Streichorchester konzentrierte er
sich auf diese Gattung. Geradezu mit Beses-
senheit komponierte Pettersson Werk für
Werk. »Wir müssen erfaßt sein vom heiligen
Wahn des Schaffens, von der Flucht aus
dem kalten Bewußtsein; es ist die Ekstase,
die den Komponisten befreien kann.« Von
den Strömungen der musikalischen Avant-

garde so gut wie unberührt, hielt er an der sinfonischen Tradition des 19. Jahrhunderts fest und entwickelte sie für sich weiter. Serielle Techniken, Aleatorik oder das elektronische Medium fanden keinen Eingang in seine kompositorische Welt. Die wichtigste Kategorie seiner Konzeption blieb stets der musikalische Ausdruck.

Von einigen wenigen Ausnahmen abgesehen, sind Petterssons Sinfonien einsätzig gehalten. Die monumentalen Gebilde mit einer Spieldauer bis zu einer Stunde berichten von Angst und Trauer, Anklage und Verzweiflung, sie sind in Musik verwandelte autobiographische Erfahrungen des Komponisten. »Kunst ist irrational, das läßt sich nicht verleugnen. Etwas birst in einem, und man beginnt zu singen. Das tun die Neger in der Sklaverei und die Soldaten im Krieg. Das trägt sie vorwärts, gibt ihnen Mut weiterzugehen. Wenn man den persönlichen Schrecken überwunden hat und Kunst daraus gemacht hat, dann wird es Botschaft.« So sind die sinfonischen Werke Petterssons nicht nur bekenntnishafte »Gesänge« eines an der Welt Leidenden, sondern auch »Botschaften«, die den Dialog suchen.

Bereits in der *2. Sinfonie* von 1952/53 ist ein Grundton von Klage und Trauer kaum zu überhören. Ihre enorme zeitliche Ausdehnung geht in erster Linie auf die allmählich fortschreitende Bewegung dieser Musik zurück. Kleinste motivische Strukturen werden wiederholt, erweitert und schließlich weiterentwickelt. Stehende Klangfelder wirken wie eine transparente Folie, durch die das melodisch-rhythmische Geschehen hervorscheint. Vor allem auf dem Gebiet der Klangfarbe geht Pettersson hier deutlich über das im 19. Jahrhundert Übliche hinaus. Flatterzungeneffekte der Holzbläser, Glissandi der Posaunen und der Einsatz eines großen Schlagzeugapparates sind instrumentationstechnische Besonderheiten, die er auch in

seinen späteren Sinfonien einsetzte. Der elegische Ton, der viele Abschnitte dieses Werkes durchzieht, bestimmt in noch stärkerem Maß die *Sinfonien Nr. 5–9.*

1964 garantierte der schwedische Staat Pettersson ein jährliches Einkommen, das ihn von den größten materiellen Sorgen befreite. Der Komponist schrieb eine Sinfonie nach der anderen, gleichwohl kamen seine Werke nur selten zur Aufführung. Außerhalb seiner schwedischen Heimat nahm ohnehin kaum jemand von ihm Notiz. Seinen größten Erfolg erlebte er 1968 mit seiner *7. Sinfonie.* Antal Doráti leitete in einem Jugendkonzert die Uraufführung, und bei dieser Gelegenheit wurde Pettersson vom jungen unvoreingenommenen Konzertpublikum stürmisch gefeiert. Es war das letzte Konzert, bei dem der gesundheitlich schon stark angegriffene Komponist noch anwesend sein konnte. In diesem Werk werden einfache Motivformeln aneinandergereiht, die sich kaum verändern. Diese minimalen, langsam wachsenden, insistierenden Strukturbildungen erzeugen eine für viele seiner Werke charakteristische Intensität. Das hier zugrundeliegende Gestaltungsprinzip verglich der Komponist einmal mit der »verwirrenden Logik der Natur«: »Wie ein zu Boden gekrümmter Strauch, dessen Wurzeln sich ausbreiten, trachtet er doch nach Sonne und Licht, obgleich er sich in der anderen Richtung entwickelt hat.«

1970 mußte Pettersson neun Monate lang im Krankenhaus behandelt werden. In dieser Leidenszeit schrieb er die *Sinfonien Nr. 10* und *11,* die einen neuen Schaffensabschnitt einleiten. Kennzeichnend dafür ist die extreme Komplexität der musikalischen Struktur dieser Werke, ein fast manisches Kreisen der motivischen Gebilde und ein auffallend ruhiger Gestus. Die Vermutung liegt nahe, daß diese Werkgruppe in besonderer Weise durch die fortschreitende Krankheit geprägt ist.

Petterssons Spätwerk umfaßt neben den *Sinfonien Nr. 14–16* und dem nur in Skizzen überlieferten Fragment einer *Nr. 17* auch das *2. Violinkonzert* und das *Bratschenkonzert*. All diese Werke komponierte er zwischen 1977 und 1980. Der Ton erscheint hier ausgeglichener und gelöster als in der vorigen Schaffensperiode. Es finden sich Klanginseln in ruhigen Tempi sowie lyrische Intermezzi, die den musikalischen Fortgang gleichsam sich selbst reflektierend innehalten lassen. Innerhalb der Binnenglieder führt dies zu starken Kontrasten, verleiht den Werken aber insgesamt ein aufgelockertes Klangbild.

Am 20. Juni 1980 starb Allan Pettersson in Stockholm. Auch nach seinem Tod blieb sein Œuvre umstritten. Die einen werfen ihm vor, die musikalischen Errungenschaften des 20. Jahrhunderts ignoriert und am spätromantischen Klangideal festgehalten zu haben. Für die anderen war er einer der größten Ausdrucksmusiker seiner Zeit und vielleicht der letzte Sinfoniker im emphatischen Sinn. Pettersson war ein Einzelgänger, ein Querdenker, der abseits des Musikbetriebes stand und deshalb von ihm auch nie richtig wahrgenommen wurde. Das Tragische seiner persönlichen Existenz spiegelt sich in seiner Musik wider, die zwar auf der Tradition der Spätromantik aufbaut, aber in ihrer Kompromißlosigkeit, ihrer emotionalen Radikalität und dem damit verbundenen schärferen Tonfall symptomatischer Ausdruck des 20. Jahrhunderts ist.

WERKE (Auswahl)

Zwei Elegien für Violine und Klavier (1934)
Sechs Lieder für Gesang und Klavier (1935)
Phantasie für Bratsche (1936)
Vier Improvisationen für Violine, Bratsche und Violoncello (1936)
Andante espressivo für Violine und Klavier (1938)
Romanze für Violine und Klavier (1942)
24 Barfußlieder für Gesang und Klavier (1943/45)
Lamento für Klavier (1945)
Fuge in E für Oboe, Klarinette und Fagott (1948)
Konzert für Violine und Streichquartett (Violinkonzert Nr. 1) (1949)
Konzert für Streichorchester Nr. 1 (1949/50)
Sinfonie Nr. 1 (1951)
Sieben Sonaten für zwei Violinen (1951)
Sinfonie Nr. 2 (1952/53)
Sinfonie Nr. 3 (1954/55)
Konzert für Streichorchester Nr. 2 (1956)
Konzert für Streichorchester Nr. 3 (1956/57)
Sinfonie Nr. 4 (1958/59)
Sinfonie Nr. 5 (1960/62)
Sinfonie Nr. 6 (1963/66)
Sinfonie Nr. 7 (1966/67)
Sinfonie Nr. 8 (1968/69)
Sinfonie Nr. 9 (1970)
Sinfonie Nr. 10 (1972)
Sinfonie Nr. 11 (1973)
Sinfonischer Satz (1973)
Sinfonie Nr. 12 für Chor und Orchester (1974)
Vox Humana für Soli, gemischten Chor und Streichorchester (1974)
Sinfonie Nr. 13 (1976)
Konzert für Violine und Orchester Nr. 2 (1977/78)
Sinfonie Nr. 14 (1978)
Sinfonie Nr. 15 (1978)
Sinfonie Nr. 16 für Alt-Saxophon und Orchester (1979)
Konzert für Viola und Orchester (1979)
Sinfonie Nr. 17. Fragment (1980)

FRANCIS POULENC

»Es gab gleichzeitig drei kubistische Maler: Picasso, Braque und Juan Gris. Etwa zur gleichen Zeit wirkten drei große atonale Komponisten: Schönberg, Berg und Webern. Kubismus und Atonalität waren für sie als Mittel der Expression so selbstverständlich wie das Atmen. Doch Kubismus oder Atonalität zum System zu erheben hieße, die Musik in ein Korsett zu zwängen. Ich für meinen Teil lehne das entschieden ab.«

Das kompositorische Werk von Francis Poulenc ist reich an unterschiedlichen stilistischen Ansätzen, den Boden der Tonalität hat er allerdings zeitlebens nicht verlassen. Als ordnungsstiftende Funktion war sie ihm zu wichtig, als daß er sie preisgegeben hätte, nur um zur Spitze der musikalischen Avantgarde seiner Zeit zu zählen. Obwohl er die Werke der Zweiten Wiener Schule um Arnold Schönberg bewunderte, vertrat er doch die Meinung, ein Komponist müsse seiner eigenen musikalischen Sprache folgen, und dies bedeutete für ihn selbst stets den Primat der Melodik. Francis Poulenc zählt insbesondere mit seinen Chorwerken zu den wichtigsten Vokalkomponisten des 20. Jahrhunderts.

Francis Jean Marcel Poulenc wurde am 7. Januar 1899 in Paris geboren. Ersten Klavierunterricht erhielt er im Alter von fünf Jahren von seiner Mutter, einer exzellenten Pianistin. Die Familie war streng katholisch, und Poulenc wurde an den besten katholischen Schulen von Paris ausgebildet. Im Alter von acht Jahren übernahm Boutet de Monvel, eine Nichte César Francks, seine musikalische Erziehung. Durch sie lernte er auch die Werke Claude Debussys kennen, die ihn stark beeindruckten. Ab 1915 unterrichtete ihn der spanische Pianist Ricardo Viñes, ein Freund der Familie. Er erkannte früh die große Begabung seines Schülers

und beeinflußte nachhaltig dessen ästhetische Vorstellungen. Poulenc betonte später immer wieder, er verdanke Viñes nicht nur seinen musikalischen Geschmack, sondern vor allem sein kritisches Urteil in Fragen der Kunst. Sein Lehrer führte ihn auch in die Kreise der zeitgenössischen Musik ein, wo er Komponisten wie Georges Auric, Louis Durey und vor allem Erik Satie kennenlernte, der damals als Wortführer der jungen Generation galt.

Seine ersten Klavierwerke schätzte Poulenc später als mittelmäßige Imitationen im Stile Debussys und Strawinskys ein. Den ersten bedeutenden Erfolg als Komponist konnte er mit seiner *Rapsodie nègre* verzeichnen, die 1917 in einem Konzert der Gruppe »Nouveaux Jeunes« uraufgeführt wurde. Bereits dieses Werk zeigt eine Reihe von Charakteristika, die typisch für das gesamte Schaffen Poulencs bleiben sollten. Da ist zum einen die Vorliebe für ungewöhnliche Besetzungen: die *Rapsodie nègre* sieht neben einer Baritonstimme Klavier, Streichquartett, Flöte und Klarinette vor. Zum anderen fällt der rasche Wechsel von sehr schnellen und sehr langsamen Tempi auf sowie die scharfen Kontraste zwischen den musikalischen Ausdrucksebenen. Vor allem aber die Transparenz des Satzes sowie eine gehörige Portion Humor durchziehen als Konstanten einen großen Teil seiner Werke bis hin zu späten Kompositionen aus den fünfziger Jahren. Die erfolgreiche Premiere der *Rapsodie nègre* machte auch Zeitgenossen wie Maurice Ravel, Igor Strawinsky und den Ballettimpresario Sergej Diaghilew auf den jungen Komponisten aufmerksam.

1918, kurz vor Ende des Ersten Weltkrieges, wurde Francis Poulenc zum Militär eingezogen. Nach wenigen Wochen an der Front leistete er seinen Wehrdienst als Stenotypist im Ministerium für Luftfahrt und konnte sich so schon bald wieder am musikalischen Leben der französischen Hauptstadt beteiligen. In den zumeist kurzen Werken, die er nun schrieb, folgte er dem mit der *Rapsodie* eingeschlagenen Weg. Die Stücke orientieren sich an der Unterhaltungsmusik der Zeit, an der Welt des Zirkus und der Music Halls. In den *Trois mouvements perpétuels* für Klavier und dem Liederzyklus *Le Bestiaire ou Cortège d'Orphée* auf Gedichte von Guillaume Apollinaire beschränkt sich Poulenc auf einen möglichst einfachen musikalischen Satz. Das Miniaturartige der Gedichte inspirierte ihn zu kleinen musikalischen Gebilden, bei denen zumeist ein einziger melodischer Einfall im Vordergrund steht, der häufig auch die Klavierbegleitung bestimmt. Diese sechs Lieder gehören zu den insgesamt 34 Vertonungen von Apollinaires Lyrik, deren spezifischer Ton Poulenc unmittelbar ansprach. Nach dem Besuch einer Dichterlesung notierte er: »Am wichtigsten war, ich hatte den Klang seiner Stimme gehört. Das Timbre von Apollinaires Stimme – wie seines gesamten Werks – war gleichzeitig melancholisch und fröhlich, und hin und wieder fand sich eine Andeutung von Ironie in seinen Worten.« Das Nebeneinander von Ausgelassenheit und Melancholie ist nicht nur für seine Vertonungen von Gedichten Apollinaires typisch, sondern charakterisiert auch viele andere Werke Poulencs.

In den Jahren 1921 bis 1924 studierte Poulenc privat Komposition bei Charles Koechlin. Während dieser Zeit stand er in engem Kontakt zu Komponisten wie Arthur Honegger, Darius Milhaud, Germaine Tailleferre, Louis Durey und Georges Auric. Gemeinsam gingen sie als die »Groupe des Six« in die Musikgeschichte ein. Obwohl sie später musikalisch unterschiedliche Wege beschritten, teilten sie doch in den frühen zwanziger Jahren einige ästhetische Vorstellungen. So forderten sie eine möglichst

große Transparenz des Satzes, die Betonung des Melodischen anstelle der Harmonik sowie eine Abkehr vom durchchromatisierten Klangideal der Spätromantik, wie es der Wortführer der Gruppe, Jean Cocteau, in seinem Manifest *Le coq et l'Arlequin* 1918 formuliert hatte. Diese Komponistengruppe galt damals als die musikalische Avantgarde Frankreichs. Die Mitglieder trafen sich regelmäßig zum gemeinsamen Abendessen, veranstalteten Konzerte und veröffentlichten mit dem *Album des Six* und dem Ballett *Les mariés de la Tour Eiffel* sogar zwei gemeinsame Werke. Zusammen mit Darius Milhaud reiste Poulenc Anfang der zwanziger Jahre nach Wien, wo dieser Alban Berg und Anton Webern kennenlernte. Sie besuchten außerdem Arnold Schönberg, dem sie ihre Werke vorspielten.

Mit seinem ersten großbesetzten Werk, dem Ballett *Les Biches*, gelang Poulenc 1924 der Durchbruch bei einem größeren Publikum. Die von Sergej Diaghilew für seine *Ballets Russes* in Auftrag gegebene Komposition gestaltete er als Tanzsuite ohne eigentliche Handlung. Es blieb vorerst das einzige Orchesterwerk im Œuvre des Komponisten. In den zwanziger Jahren schrieb er hauptsächlich Kammermusik, zumeist Lieder und Klavierstücke. Vor allem in seinen Liederzyklen *Chansons gaillardes*, *Poèmes de Ronsard* und *Airs chantés* gelangen ihm originäre Beiträge zu dieser Gattung. Das vielleicht bekannteste Werk dieser Schaffensphase ist das *Trio für Oboe, Fagott und Klavier*. Auch in diesem neoklassizistischen Stück bedient sich Poulenc einer ausgefallenen Besetzung. Die Außensätze dieses Divertimentos zeichnen sich durch ungezwungene Leichtigkeit aus und erinnern deutlich an die Klangwelt Haydns und Mozarts. Das spanische Idiom im abschließenden Rondo steht in Zusammenhang mit der Widmung des Werkes an seinen Freund Manuel de Falla. Der Komponist selbst schätzte dieses Werk wegen seiner Ausgewogenheit und formalen Geschlossenheit.

Von einer größeren Erbschaft kaufte Poulenc sich 1927 ein Landhaus an der Loire und widmete sich fortan ausschließlich dem Komponieren. Sein nächstes größeres Werk, das *Concert champêtre*, schrieb er für die polnische Pianistin und Cembalistin Wanda Landowska. Poulenc nimmt in diesem Stück Bezug auf die Musik der französischen Clavecinisten des 18. Jahrhunderts. Hier arbeitete er hauptsächlich mit freien Reihungsformen und orientierte sich weit mehr an der französischen Concerto-Tradition als an den konzertanten Werken der Spätromantik. Der galante Ton des Stücks, der auch seine übrigen Konzerte kennzeichnet, verzichtet weitgehend auf virtuose Effekte. In jähem Stimmungswechsel stehen Passagen ausgelassener Freude neben tief melancholischen Abschnitten.

Für sein Ende der zwanziger Jahre im Auftrag des Herzogpaars von Noailles entstandenes Ballett *Aubade* hatte der Komponist selbst das Szenario entwickelt. Das für die Bühne konzipierte Stück kann aber auch als Konzert für Klavier und Kammerorchester aufgeführt werden, denn die musikalische Substanz dominiert deutlich den programmatischen Aspekt. Bei der Uraufführung spielte der Komponist selbst den Klavierpart.

In den frühen dreißiger Jahren schrieb Francis Poulenc vor allem Lieder sowie den größten Teil seiner Werke für Klavier solo. Er trat nun häufig auch als Interpret seiner Arbeiten hervor, als Solist und als Liedbegleiter. Gemeinsam mit dem Bariton Pierre Bernac, für den er einen großen Teil seiner Lieder schuf, unternahm er ausgedehnte Konzertreisen.

In den dreißiger Jahren vollzog sich auch Poulencs Rückbesinnung auf den Katholizismus. Nach dem Tod eines engen Freundes, der bei einem Autounfall ums Leben gekommen war, unternahm er eine Marienwallfahrt nach Rocamadour. Unter diesem Eindruck wandte er sich der geistlichen Musik zu. Das erste religiös motivierte Werk, die *Litanies à la Vierge noire* für dreistimmigen Frauen- oder Kinderchor und Orgel, entstand unmittelbar nach seiner Wallfahrt. Anders als in den Werken der zwanziger Jahre greift Poulenc hier auf Stilmittel der Spätrenaissance zurück: archaisierende Quintparallelen, modale Wendungen und antiphonale Strukturen, in denen sich Anrufungen und Bittgebete beständig abwechseln. Seine Intention beschrieb er so: »In dieser Partitur habe ich versucht, die innige Frömmigkeit der Bauern auszudrücken, die mich an diesem heiligen Ort so beeindruckt hatte. Deshalb sollten die *Litanies* auch so einfach wie möglich interpretiert werden.« Auch in den folgenden Jahren komponierte Poulenc Chorwerke meist geistlichen Charakters, so etwa 1937 eine *Messe für gemischten Chor a cappella*, 1938/39 die *Quatre Motets pour un temps de pénitence* und 1941 ein *Salve Regina*. Zu den weltlichen Chorwerken dieser Zeit gehören die *Sept Chansons* nach Texten von Paul Éluard und Guillaume Apollinaire, in denen sich Poulenc mit der Madrigalkunst Claudio Monteverdis auseinandersetzte, die er wenige Monate zuvor kennengelernt hatte.

Das *Concerto pour orgue, orchestre à cordes et timpales* zählte der Komponist selbst zu seinen wichtigsten Werken: »Es ist kein ›Concerto da chiesa‹, aber durch die Beschränkung des Orchesterapparates auf Streicher und drei Pauken ist eine Aufführung in der Kirche zumindest möglich. Wenn man sich eine genaue Vorstellung von der Ernsthaftigkeit meiner Musik machen will, muß man – neben meinen religiösen Werken – dieses Konzert betrachten.« Poulenc orientiert sich hier an der barocken Form des Concerto. Diese brillante Hommage an Johann Sebastian Bach zählt zu den am häufigsten gespielten Werken des Komponisten.

Den finsteren Zeiten des Zweiten Weltkrieges setzte Poulenc mit den Chorwerken *Un soir de neige* und vor allem *Figure humaine* Dokumente des Humanismus und der Zuversicht entgegen. *Figure humaine*, eine Kantate in acht Teilen, vertont Texte von Paul Éluard, die Poulenc für Doppelchor a cappella setzte. Zusammen mit Pierre Bernac gab er auch während der Kriegsjahre Liederabende, spielte viele seiner Werke für die Schallplatte ein und schrieb Artikel über seine Musik oder diejenige befreundeter Komponisten. Während der Kriegsjahre blieb Poulenc in Frankreich. 1948 unternahm er gemeinsam mit Bernac eine erste Tournee durch verschiedene Städte der Vereinigten Staaten, die so erfolgreich ausfiel, daß sie diese Reisen in den folgenden Jahren fortsetzten. Eine rege Konzerttätigkeit entfaltete das Duo auch in Europa, bis die beiden Künstler 1959 das gemeinsame Konzertieren aufgaben.

Noch während der letzten Kriegsjahre hatte Poulenc die Arbeit an seiner zweiaktigen Oper *Les mamelles de Tirésias* (»Die Brüste des Tiresias«) nach dem gleichnamigen Schauspiel von Guillaume Apollinaire aufgenommen. Entsprechend dem absurden Inhalt – ein Mann setzt an einem Tag 40 000 Kinder in die Welt, nachdem sich seine Frau in einen Mann verwandelt hat – knüpft Poulenc in diesem grotesk-satirischen Werk an die musikalische Sprache seiner frühen Jahre an. Das Stück steht in der Tradition der französischen Opéra comique, wobei Poulenc aber auch Elemente der Unterhaltungsmusik spielerisch integrierte. Lieder wechseln mit gesprochenen Dialogen ab, nur selten erscheint das klassische Rezitativ. Jeden der beiden Akte beschließt eine

große Ensembleszene. Trotz der vielen komischen Einfälle und Effekte, mit denen dieses surrealistische Stück ausgestaltet ist, rutscht die Szenerie nie in banalen Klamauk ab. *Les mamelles de Tirésias* steht in gewisser Weise als Bindeglied zwischen dem kompositorischen Frühwerk und Poulencs späten Arbeiten.

In den fünfziger Jahren stehen die religiös motivierten Arbeiten im Zentrum seines Schaffens. Dazu gehören die *Quatre Motets pour le temps de Noël*, die Motette *Ave verum corpus* und ein *Stabat mater*, in dem Poulenc dem Chor erstmals ein großes Orchester zur Seite stellt. Das Werk entstand zum Gedenken an den im Jahr zuvor verstorbenen Maler und Bühnenbildner Christian Bérard. »Ich hatte zuerst an ein Requiem gedacht, fand aber diese Idee dann doch zu gewaltig. So kam ich auf die Idee eines Bittgebets, und der erregende Text des ›Stabat mater‹ schien mir ganz geeignet, um die Seele des lieben Bérard der Heiligen Jungfrau von Rocamadour anzuvertrauen.«

Neben den geistlichen Werken arbeitete der Komponist von 1953–56 vor allem an seiner zweiten großen Oper, den *Dialogues des Carmélites* (»Gespräche der Karmeliterinnen«) auf ein Libretto von Georges Bernanos. »Der weite Abstand zwischen den *Mamelles* und den *Carmélites* ist offensichtlich, aber man kennt mich schlecht, wenn man sich über meine Zusammenarbeit mit Bernanos wundert. Seine geistige Konzeption entspricht genau meiner Auffassung, und seine Heftigkeit korrespondiert vollkommen mit einer bestimmten Seite meines Wesens, ob es sich nun um Vergnügungen oder um Askese handelt.« Mit der Vertonung der Geschichte von den sechzehn Karmeliterinnen, die während der Französischen Revolution hingerichtet wurden, kehrte Poulenc zum Lyrismus romantischer Prägung zurück. Seine Faszination übertrug sich auf das Publikum und ließ die Oper zu einem Erfolg werden. Die Arbeit an diesem Werk nahm ihn völlig gefangen: »Ich arbeite wie ein Irrer, gehe nicht aus, sehe niemanden … Ich komponiere jede Woche eine Szene. Ich kenne mich selbst kaum noch. Ich bin so besessen von der Geschichte, daß ich zu glauben beginne, ich hätte diese Frauen gekannt.«

Als letztes großes Werk schrieb Poulenc ein *Gloria* für Sopran, gemischten Chor und Orchester. Was er über sein *Stabat mater* äußerte, trifft auch auf das spätere *Gloria* zu: »Ich versuche, einen Eindruck von Inbrunst zu geben und vor allem von Demut, der für mich schönsten Eigenschaft des Gebets. Meine Vorstellung von religiöser Musik ist im wesentlichen unmittelbar.« Auch die geistlichen Werke zeigen die für Poulenc so bezeichnende Synthese aus Ernst und Heiterkeit. So sagte er über den zweiten der insgesamt sechs Sätze des *Gloria*, er habe bei der Komposition an Gozzolis Fresken gedacht, auf denen die Engel die Zunge herausstrekken, und auch daran, wie er eines Tages ehrwürdige Benediktiner habe Fußball spielen sehen. Nach der Vollendung der sieben *Répons de ténèbres* schrieb er ein Jahr vor seinem Tod: »Zusammen mit dem *Gloria* und dem *Stabat mater* habe ich, glaube ich, drei gute geistliche Werke komponiert. Könnten sie mir doch einige Tage vom Fegefeuer ersparen, sofern ich gerade noch der Hölle entgehe.«

In seinem letzten Lebensjahr vollendete der Komponist noch eine Klarinetten- und eine Oboensonate. Francis Poulenc starb am 30. Januar 1963 in Paris an einem Herzversagen.

WERKE (Auswahl)

Rapsodie nègre für Bariton und Klavier, Flöte, Klarinette und Streichquartett (1917)
Trois mouvements perpétuels für Klavier (1918)

Sonate für Klavier zu vier Händen (1918)
Sonate für zwei Klarinetten (1918)
Le Bestiaire au Cortège d'Orphée. Sechs Lieder für Gesang und Klavier (1919)
Cocardes. Drei Lieder für Gesang und Klavier (1919)
Les Biches. Ballettsuite für Orchester (1923/40)
Promenades. Zehn Klavierstücke (1924)
Poèmes de Ronsard. Fünf Lieder für Gesang und Klavier (1924/25)
Chansons gaillardes für Gesang und Klavier (1926)
Trio für Oboe, Fagott und Klavier (1926)
Airs chantés für Gesang und Klavier (1927/28)
Concert champêtre für Cembalo oder Klavier und Orchester (1927/28)
Aubade. Concert choréographique für Klavier und 18 Instrumente (1929)
Huit Nocturnes für Klavier (1929/38)
Sextett für Klavier, Flöte, Oboe, Klarinette, Fagott und Horn (1930/40)
Quatre Poèmes für Gesang und Klavier (1931)
Konzert für zwei Klaviere und Orchester (1932)
Le bal masqué. Weltliche Kantate für Singstimme und Kammerorchester (1932)
Cinq Poèmes für Gesang und Klavier (1935)
Suite française für Klavier (1935)
Sept chansons für gemischten Chor a cappella (1936)
Litanies à la Vierge noire für Frauen- oder Kinderchor und Orgel oder kleines Orchester (1936)
Messe für gemischten Chor a cappella (1937)
Tel jour telle nuit für Gesang und Klavier (1937)
Concerto pour orgue, orchestre à cordes et timpales (Konzert für Orgel, Orchester und Pauken) (1938)
Quatre Motets pour un temps de pénitence für gemischten Chor a cappella (1938/39)
Banalités für Gesang und Klavier (1940)
Sonate für Violoncello und Klavier (1940/48)
Salve Regina für gemischten Chor a cappella (1941)
Sonate für Violine und Klavier (1942/43)
Figure humaine. Kantate für doppelten gemischten Chor a cappella (1943)
Un soir de neige. Kleine Kammerkantate für sechs Stimmen oder gemischten Chor a cappella (1944)

Les mamelles de Tirésias. Opera buffa in zwei
Akten und einem Prolog (1944)
Sinfonietta (1947)
Calligrammes für Gesang und Klavier (1948)
Konzert für Klavier und Orchester (1949)
Stabat mater für Sopran, gemischten Chor und
Orchester (1950)
Ave verum corpus für Frauenchor a cappella
(1952)
Quatre Motets pour le temps de Noël für gemisch-
ten Chor a cappella (1952)
Sonate für zwei Klaviere (1953)

Dialogues des Carmélites. Oper in drei Akten
(1953/56)
Le travail du peintre für Gesang und Klavier
(1956)
Sonate für Flöte und Klavier (1957)
Élégie für Horn und Klavier (1957)
Gloria für Sopran, gemischten Chor und Orchester
(1959/60)
Sept Répons de ténèbres für Sopran, gemischten
Chor und Orchester (1961/62)
Sonate für Klarinette und Klavier (1962)
Sonate für Oboe und Klavier (1962)

SERGEJ PROKOFJEW

»Vor allem muß große Musik geschrieben
werden, das heißt solche, in der sowohl die
Idee als auch die technische Gestaltung der
Größe unserer Epoche angemessen sind.
Eine derartige Musik soll vor allem uns
selbst auf den Wegen einer weiteren Entwicklung der musikalischen Formen vor-
wärtsbringen und auch dem Ausland unser
wahres Gesicht zeigen ... Die Musik, die
hier notwendig ist, möchte ich als ›leicht-

seriös‹ oder ›seriös-leicht‹ bezeichnen. Für diese Musik die erforderliche Sprache zu finden, ist nicht einfach. Sie soll vor allem melodisch sein, wobei die Melodie einfach und verständlich sein muß, ohne ins Hausbackene oder Triviale abzugleiten ... Das gleiche gilt für die Satztechnik und die Gestaltungsweise. Sie soll klar und einfach sein, aber nicht in Schablone verfallen. Die Einfachheit darf nicht die alte Einfachheit, sondern muß eine neue sein.«

Das Schaffen von Sergej Prokofjew läßt sich in zwei Phasen gliedern, eine frühe bis Ende der zwanziger Jahre, die vor allem durch eine Hinwendung zur musikalischen Avantgarde geprägt ist, und eine späte, die mit seiner Rückkehr in die Sowjetunion nach Jahren in den Vereinigten Staaten und Europa beginnt. Diese zweite Phase steht ganz im Zeichen der neuen Einfachheit, wie sie Prokofjew beschreibt. Bestimmt wird sie von einer zunehmenden Rückbesinnung auf die russische Musiktradition des 19. Jahrhunderts sowie von ästhetischen Vorstellungen des sozialistischen Realismus.

Geboren wurde Sergej Sergejewitsch Prokofjew am 23. April 1891 als Sohn eines Gutsverwalters in Sonzowka im Gouvernement Jekaterinoslaw in der Ukraine. Ersten Musikunterricht erhielt er von seiner Mutter, und bereits im Alter von sechs Jahren be-

gann er sich erste Lieder auszudenken. Im Winter pflegte die Familie regelmäßig nach Moskau zu reisen. Hier kam der junge Prokofjew mit Werken des Musiktheaters, Opern von Gounod, Borodin und Tschaikowsky in Berührung. Unter diesem Eindruck machte sich der Neunjährige daran, eine erste Oper, *Der Riese*, zu komponieren. Reinhold Glière, der gerade seine Ausbildung am Konservatorium in Moskau abgeschlossen hatte und die Sommermonate 1902 und 1903 bei den Prokofjews verbrachte, unterrichtete ihn schon früh in Komposition und Klavierspiel. 1904 bestand Prokofjew die Aufnahmeprüfung am Konservatorium in St. Petersburg, wo er Klavier und Komposition studierte. Er scheint ein sehr selbstbewußter Student gewesen zu sein, der keinen Respekt vor seinen Lehrern zeigte. Immer wieder äußerte er sich abschätzig über seine Professoren, zu denen Nikolaj Rimski-Korsakow, Anatoli Ljadow und Nikolaj Tscherepnin gehörten. Das Kompositionsstudium beendete er 1909 mit nur mäßigem Erfolg. Die von ihm eingereichten Arbeiten wurden überwiegend negativ beurteilt. Als Pianist gehörte er hingegen zur Spitze der jungen Generation. Bereits 1908 war Prokofjew öffentlich als Solist mit eigenen Werken aufgetreten. 1914 schloß er seine pianistische Ausbildung mit Auszeichnung ab.

Die Tradition der russischen Spätromantik interessierte den jungen Komponisten nicht. Auch die Ästhetik Skrjabins, damals der Inbegriff der musikalischen Moderne in Rußland, hinterließ keine Spuren in seinem Schaffen. Statt dessen fand Prokofjew vor allem in seinem Klavierwerk schon früh seine eigene musikalische Sprache, die nicht nur schrille Dissonanzen und ungewöhnliche Rhythmen, sondern auch musikalischen Humor, Spott und Ironie aufwies. In Werken wie den *Sarkasmen* für Klavier oder den *Visions fugitives* präsentierte er sich als Enfant terrible des russischen Musiklebens und als führender Vertreter der Avantgarde. Der Chromatik Skrjabins setzte Prokofjew in seinen frühen Werken eine mehrschichtige Diatonik entgegen, die sich auch in bitonalen Wendungen spiegelt. Scharfe Akzente, Synkopen, jagende Staccati und Sekundreibungen sowie eine jähe Dynamik bestimmen die Partituren.

Als erstes vollgültiges Orchesterwerk schrieb Prokofjew 1911/12 sein *1. Klavierkonzert.* Für ihn selbst war es »das erste mehr oder weniger reife Werk, insofern es sich darin um eine neue Klangidee und um eine Formänderung handelt. Einmal in bezug auf neue Zusammenklänge von Klavier und Orchester, formal in einer Wiederholung des Sonaten-Allegros nebst Einleitung nach der Exposition und am Ende, sowie im kurzen Andante, das sich vor der Durchführung eingeschlichen hat, und schließlich in der Durchführung selbst als Scherzo und dem Beginn der Reprise in Gestalt einer Kadenz. Allerdings kann man dieser Form den Vorwurf machen, daß das Konzert sozusagen zu einer Folge von einzelnen Episoden wird; aber diese Episoden standen untereinander in einem ziemlich engen Zusammenhang. Die Ausführung der Idee wurde besser als in den früheren Partituren.« Prokofjew spielte das Klavierkonzert zu seiner Abschlußprüfung am Konservatorium und erhielt dafür den Anton-Rubinstein-Preis, der mit der Schenkung eines Konzertflügels verbunden war. Anschließend gab er mit diesem Werk Konzerte in Moskau und St. Petersburg. Dadurch fand er zunehmend Anerkennung für seine Kompositionen, mit denen er sich an die Spitze der russischen Moderne stellte. In seinem *2. Klavierkonzert g-Moll* aus den Jahren 1912/13 setzte er verstärkt die neuartigen Mittel ein, die er in seinen Solowerken entwickelt hatte: einen dissonanzreichen hochvirtuosen Satz, der das

Streben nach unbedingter Originalität zeigt. Bei der Uraufführung 1913 in Pawlowsk führten die spannungsgeladene und äußerst dissonante Harmonik zu einem regelrechten Skandal, viele Zuhörer verließen den Saal, der Name Prokofjew war in aller Munde. In der Rolle des skandalträchtigen Modernisten fühlte Prokofjew sich durchaus wohl und tat alles, um diesem Ruf gerecht zu werden.

1913 unternahm er gemeinsam mit seiner Mutter eine Reise durch Europa und besuchte Frankreich, England und die Schweiz. Er lernte den Ballett-Impresario Sergej Diaghilew kennen und plante, mit ihm gemeinsam in Paris ein neues Ballett *Ala und Lolli* herauszubringen. Das Szenario entwarf Sergej Gorodezki, und Prokofjew begann unverzüglich mit der Komposition: »Im Maße, wie ich das szenische Gerüst erhielt, schrieb ich sofort die Musik. Ich war auf etwas Größeres aus. Strawinskys *Sacre du printemps* hatte ich im Konzert schon gehört, aber nicht verstanden. Wahrscheinlich suchte ich etwas Ähnliches für mich.« Handlungselemente wie archaische Tänze, Fruchtbarkeitsrituale und Sonnenanbetung scheinen in der Tat dem Werk Strawinskys verwandt. Das Sujet erwies sich ideal für Prokofjews harmonische Schärfen, seine kantige Rhythmik und die fast schroffe, sinnliche Klanglichkeit seiner musikalischen Sprache. Bei einem Treffen in Rom lehnte Diaghilew Prokofjews Musik zu *Ala und Lolli* allerdings ab. An Igor Strawinsky schrieb er: »Die Vorlage ist eine St. Petersburger Mixtur, gut für eine Mariinski-Produktion vor zehn Jahren. Wie er selbst sagt, ist die Partitur ›reine Musik, alle *Russizismen* vermeidend‹. Und genau das ist es: reine Musik, und ziemlich schlecht, so daß wir wieder von vorne anfangen müssen.« Prokofjew und Diaghilew einigten sich auf ein neues Projekt, das Ballett *Der Narr.* Aus der Musik zu *Ala und Lolli* stellte Prokofjew die *Skythische*

Suite zusammen, deren Uraufführung im Januar 1916 wieder mit einem handfesten Skandal endete. »Nach der Suite erhob sich im Saal der gleiche ungeheure Lärm wie nach der ersten Aufführung des zweiten Klavierkonzertes in Pawlowsk, nur daß hier die ganze Musikwelt von Petrograd vertreten war. Glasunow, den ich persönlich zu dem Konzert eingeladen hatte, geriet zum zweiten Male außer sich und stürzte, von dem Sonnenaufgang entsetzt, acht Takte vor dem Schluß aus dem Saal. ›Die Ausdrücke, in denen sich der Direktor des Konservatoriums über das neue Werk ausließ, waren nicht gewählt‹, bemerkten die Zeitungen. Der Mann an der Pauke hatte das ganze Fell seines Instrumentes durchgeschlagen, und Siloti versprach, es mir zum Andenken zuzuschicken.«

Auch wenn Prokofjew mit der Skythischen Suite, wie er selbst sagte, die Petersburger Tradition zum Teufel gejagt hatte, so wird die Rolle des Enfant terrible nur einer Seite seines Schaffens gerecht. Prokofjew lehnte die musikalischen Errungenschaften der Vergangenheit nicht durchweg ab. Die frühen Klaviersonaten enthalten auch Elemente der russischen Romantik, und mit seiner Symphonie classique (1916/17), die sich direkt auf das Werk von Joseph Haydn bezieht, schuf er eines der ersten neoklassizistischen Werke Rußlands, auch wenn er sich später von dieser Richtung distanzierte. Die Intention seiner Sinfonie erläuterte er wie folgt: »Wenn Haydn heute noch lebte, dachte ich, würde er seine Art zu schreiben beibehalten und dabei einiges Neues übernehmen. Solch eine Sinfonie wollte ich schreiben – eine Sinfonie im klassischen Stil.« Auch bei anderen Werken griff Prokofjew auf überkommene Formen zurück. In seiner berühmten Toccata für Klavier verband er das barocke Modell mit einem virtuosen, schlagzeugartigen Klaviersatz. Mit

der mechanischen Motorik und der skulpturalen Kantigkeit dieses Werkes, den nicht aufgelösten Dissonanzen und der unbekümmerten Frische schuf er etwas Neues, das mit der pianistischen Tradition, wie sie etwa Rachmaninow noch verkörperte, endgültig brach.

Ganz besonders am Herzen lag Prokofjew allerdings die Oper. Nach seinem Erstling Der Riese schrieb er allein bis zu seiner Aufnahme ins Konservatorium noch drei weitere musikdramatische Werke: Auf unbewohnten Inseln, Das Gelage während der Pest nach Puschkin und Undine nach de la Motte-Fouqué. Diaghilew hatte er mehrmals vergeblich für eines seiner Opernprojekte zu interessieren versucht. Trotzdem begann er im Herbst 1915 mit der Arbeit an der Oper Der Spieler nach Dostojewski, die erst mehr als zehn Jahre später in einer revidierten Fassung in Brüssel uraufgeführt wurde. In diesem Werk knüpfte Prokofjew an die Tradition der »Opéra dialogué« an. Der Komponist behielt den originalen Wortlaut der Dichtung fast unverändert bei und gestaltete ihn als durchkomponiertes Rezitativ mit ariosen Einblendungen. Ensemble- und Chorszenen fehlen, ebenso die traditionelle Gliederung in geschlossene Nummern.

Im Mai 1918 verließ Sergej Prokofjew seine russische Heimat und ging, nach einem kurzen Aufenthalt in Japan, in die Vereinigten Staaten. In den folgenden Jahren lebte er abwechselnd in den USA und Europa, zumeist aber in Paris. Große Wertschätzung erzielte er in der ersten Zeit vor allem als Pianist und Dirigent. Mit seiner satirisch-ironischen Oper Die Liebe zu den drei Orangen nach einem Text von Carlo Gozzi gelang ihm auch als Komponist der internationale Durchbruch. Entstanden war das Werk für die Chicago Opera Company. Prokofjew bediente sich hier eines einfacheren Idioms als in seinen früheren Werken: »Mit

Rücksicht auf den amerikanischen Geschmack wählte ich eine musikalische Sprache, die einfacher war als die im ›Spieler‹.« Die Zurücknahme der musikalischen Mittel hängt sicher auch mit der Art des Sujets zusammen, das der Commedia dell'arte nahesteht, nämlich die satirische Fassung einer alten Parabel über die Melancholie und das Lachen. Das Spielerische dieser Partitur, die auf harmonische und rhythmische Härten weitgehend verzichtet, der Witz und die skurrile Phantastik der Musik trugen entscheidend zum weltweiten Erfolg dieses Werkes bei.

Eine Reihe wichtiger Premieren brachte das Jahr 1921. In Paris wurde die *Skythische Suite* und wenig später das für Diaghilew geschriebene Ballett *Der Narr* vorgestellt. Gegen Jahresende führte Prokofjew in Chicago sein *3. Klavierkonzert* erstmals auf. Kurz darauf hatte die *Liebe zu den drei Orangen* Premiere. Diese Ereignisse begründeten seinen kompositorischen Ruf im westlichen Ausland. In Paris arbeitete Prokofjew in den zwanziger Jahren fast regelmäßig für Diaghilews Ballets Russes: Nach *Der Narr* folgten *Le pas d'acier* (»Der stählerne Schritt«), *Le fils prodigue* (»Der verlorene Sohn«) und *Sur le Borystène* (»Auf dem Dnjepr«). Stand *Der Narr* in seiner Verbindung von russischem Sujet mit raffinierter Rhythmik und Primitivismen Strawinskys *Petruschka* nahe, so zeigen die beiden letztgenannten Ballettkompositionen einen harmonisch wie rhythmisch einfacheren Satz. Die bitonalen Wendungen werden seltener, und Prokofjew arbeitete verstärkt mit diatonischen Modellen, die, anders als in den früheren Werken, nicht länger aus einer bewußten Ablehnung des durchchromatisierten Satzes erwachsen. Schon hier sind die ersten Anzeichen der neuen Einfachheit zu spüren, wie sie Prokofjew in dem eingangs zitierten Artikel später propagierte.

In den zwanziger Jahren entstand jedoch auch eine Reihe von Arbeiten, in denen Prokofjew die avantgardistischen Ansätze seiner Frühzeit wieder aufnahm, so etwa in der *2. Sinfonie*, in deren Finale er auch mit zwölftönigen Akkorden arbeitete. Die avancierte Harmonik erschwerte die Rezeption dieser Sinfonie, die der Komponist selbst als »ein kompliziertes Ding« bezeichnete. Trotzdem war Prokofjew von der verhaltenen Aufnahme des Werkes enttäuscht: »Es war vielleicht der einzige Fall, daß mir die Befürchtung kam, die Rolle eines Komponisten zweiten Ranges zu spielen.«

Sehr viel erfolgreicher war er mit anderen Kompositionen jener Jahre, die sich durch klare formale Gestaltung, provokante Formulierungen und musikalischen Witz auszeichnen. Zu diesen Werken zählen unter anderem die *5. Klaviersonate*, das *Quintett für Oboe, Klarinette, Violine, Viola und Violoncello* oder die *Ouvertüre für 17 Instrumente*, die Prokofjew später auch für Orchester bearbeitete. In den zwanziger Jahren entstand auch sein nächstes Werk für das Musiktheater, die Oper *Der feurige Engel* auf ein eigenes Libretto, die erst 1954 vollständig uraufgeführt wurde. Die Handlung spielt im deutschen Mittelalter. Den religiösen Fanatismus gestaltete Prokofjew in Form eines hochexpressiven und gleichsam überbordenden musikalischen Satzes. Der Kontrast zu seiner vorherigen Oper hätte nicht schärfer ausfallen können: »Nach den leichten und fröhlichen Orangen war es reizvoll, sich der in Leidenschaften verwickelten Renata anzunehmen. Auch das Umfeld des Mittelalters mit den reisenden Fausts und den verfluchenden Erzbischöfen war verlockend.« *Der feurige Engel* ist vielleicht Prokofjews modernstes Bühnenwerk überhaupt. Die geschlossene Bilderfolge inspirierte ihn zu Passagen von äußerster Expressivität. Er schuf einen harmonisch komplexen Satz, der bis an die Grenze zur Atonalität reicht. Vermutlich auch wegen der enormen Anforderungen an die Gesangsstimmen kam es zu Lebzeiten des Komponisten zu keiner szenischen Aufführung. Um die musikalische Substanz dieses Werkes zu retten, arbeitete Prokofjew deshalb die Oper zu seiner *3. Sinfonie* um, die er selber zu seinen wichtigsten Werken zählte.

Nach wechselnden Wohnsitzen ließ er sich 1929 wieder fest in Paris nieder. Ausgedehnte Konzertreisen führten ihn unter anderem nach Kanada, Kuba, in die Vereinigten Staaten und verschiedene europäische Länder. Durch den Erfolg seiner Werke finanziell abgesichert, verbrachte er die Sommermonate meist in gemieteten Villen oder Schlössern in Frankreich.

Ab 1927 hielt sich der Komponist wieder regelmäßig in der Sowjetunion auf. Dem ersten Besuch der UdSSR sah er mit gemischten Gefühlen entgegen, wie aus seinem Tagebuch hervorgeht: »Wieder und wieder kam uns der Gedanke: ›Das ist unsere letzte Gelegenheit umzukehren, noch ist es nicht zu spät. Nun gut, sollten wir es später vielleicht auch bereuen, und selbst wenn es eine Frage auf Leben und Tod ist, es muß sein!‹ ... Mit solchen Gedanken im Kopf stiegen wir in den Zug und fuhren der einschüchternden und furchteinflößenden UdSSR entgegen.« Die Reise wurde für Prokofjew zu einem triumphalen Erfolg, und so kehrte er in den folgenden Jahren in immer kürzeren Abständen in seine alte Heimat zurück. Vielleicht war es auch Heimweh, das ihn schließlich 1936 dazu bewog, sich wieder dauerhaft in der Sowjetunion niederzulassen: »Ich muß zurück. Ich muß mich wieder in die Atmosphäre meines Heimatbodens einleben. Ich muß wieder wirkliche Winter sehen und den Frühling, der ausbricht von einem Augenblick zum andern. Ich muß die russische Sprache in meinem

Ohr widerhallen hören, ich muß mit den Leuten reden, die von meinem eigenen Fleisch und Blut sind, damit sie mir etwas zurückgeben, was mir hier fehlt: ihre Lieder, meine Lieder.« In seiner Heimat fanden seine Werke weit mehr Beachtung als in Europa oder den Vereinigten Staaten. Das mag mit ein Grund für Prokofjews Rückkehr gewesen sein. So hatte das Kirow-Theater in Leningrad seit 1926 seine Oper *Die Liebe zu den drei Orangen* im Repertoire und beauftragte ihn auch mit der Komposition des Balletts *Romeo und Julia*. Zum anderen ging er offensichtlich davon aus, sein Schaffen ließe sich ohne weiteres mit der Doktrin des sozialistischen Realismus vereinbaren, was sich aber spätestens ab Ende der vierziger Jahre als Trugschluß erweisen sollte. Zunächst konnte Prokofjew jedoch große Erfolge verzeichnen. Dazu trugen das *2. Violinkonzert* und das sinfonische Märchen für Kinder *Peter und der Wolf* für Sprecher und Orchester bei, in dem Prokofjew die verschiedenen Handlungsträger durch einzelne Instrumente charakterisierte.

Viele Stücke dieser Periode orientierten sich an der herrschenden Ideologie. Prokofjew schrieb zahlreiche Massenlieder, Chöre, eine *Kantate zum 20. Jahrestag der Großen Sozialistischen Oktoberrevolution* nach Texten von Marx, Lenin und Stalin sowie einen *Trinkspruch* zum 60. Geburtstag Stalins. Avantgardistische Techniken, die sein Frühwerk bestimmt hatten, finden sich kaum mehr in diesen Werken, in denen er konsequent die Ästhetik des sozialistischen Realismus umsetzte. Dennoch war Prokofjew nicht bereit, sämtliche musikalische Errungenschaften preiszugeben und sich vollkommen dem Geschmack der Massen anzupassen. »Die Zeiten, in denen Musik für einen kleinen Kreis von Ästheten geschrieben wurde, sind vorbei. Jetzt stehen große Massen des Volkes ernster Musik von Angesicht zu Ange-

sicht wartend und fragend gegenüber ...
Aber das heißt nicht, sich dieser Zuhörer-
schaft anzupassen. Nachgiebigkeit birgt das
Element der Unaufrichtigkeit in sich, und
niemals ist daraus etwas Gutes hervorgegangen.« Und 1937 schrieb er: »In meinen in
diesem schöpferisch erfolgreichen Jahr geschriebenen Arbeiten war ich auf eine klare
und melodische Sprache aus. Gleichzeitig
aber war ich in keiner Weise bemüht, mich
mit allgemein bekannten harmonischen und
melodischen Wendungen zu schmücken.
Darin besteht eben die Schwierigkeit, in
einer klaren Sprache zu komponieren und
daß diese Klarheit nicht die alte, sondern
eine neue sein muß.«

Seit 1933 unterrichtete Sergej Prokofjew
Komposition am Moskauer Konservatorium,
wo unter anderen Aram Chatschaturjan und
Tichon Chrennikow zu seinen Schülern zählten. Ende der dreißiger Jahre wurde er für
einige Zeit zum stellvertretenden Vorsitzenden des Moskauer Komponistenverbands berufen und übte damit eine wichtige Funktion
innerhalb des russischen Musiklebens aus.

Seit der Rückkehr in seine Heimat
wählte Prokofjew in größerem Umfang russische Sujets nicht nur für seine Opern, sondern auch für Werke der angewandten Musik, die nun ein beträchtliches Maß seines
Schaffens ausmachten. Seine Oper *Semjon
Kotko* nach der Erzählung *Ich bin ein Sohn
des arbeitenden Volkes* von Walentin Kata-
jew gestaltete Prokofjew als Volksoper. Trotzdem blieb der Komponist seinem prosaarti-
gen, expressiven Stil der früheren Bühnenwerke treu. Dies löste bei der Uraufführung
1940 heftige Diskussionen aus, ohne daß
das Werk offiziell kritisiert wurde.

Prokofjew erhielt in der Sowjetunion
eine Vielzahl von Kompositionsaufträgen unterschiedlicher Art. Er schrieb die Musik zu
zwei Monumentalfilmen des Regisseurs Sergej Eisenstein, *Alexander Newski* und *Iwan*

der Schreckliche. Außerdem komponierte er
weitere Film- und Schauspielmusiken, zu
denen *Pique Dame, Hamlet, Die Partisanen
in den Steppen der Ukraine* und *Lermontow*
gehören. Viele Werke der frühen vierziger
Jahre reflektieren das Kriegsgeschehen jener
Zeit wie etwa *Sieben Kriegslieder und ein
Marsch*, die Orchestersuite *Das Jahr 1941*
mit den Sätzen »Nacht«, »Im Kampf« und
»Für die Völkerfreundschaft« sowie die *Ode
auf die Beendigung des Krieges*.

An dem Hauptwerk dieser Periode, der
Oper *Krieg und Frieden* nach Leo Tolstoi, arbeitete Prokofjew bis zu seinem Tod, ohne
eine letztgültige Fassung zu vollenden. Lediglich Teile der Partitur kamen in den späten vierziger Jahren konzertant zur Aufführung. Der Komponist gliederte die Handlung
in traditionelle Nummern, Arien, Ensemble-
szenen und Chöre. Teile des Werkes arbeitete Prokofjew später immer wieder um, was
ihm den Vorwurf einbrachte, er sei an der
Größe des Stoffes gescheitert. Noch gegen
Ende seines Lebens träumte er davon, dieses Werk, das er zu seinen wichtigsten
zählte, auf der Bühne zu sehen. Es war ihm
nicht vergönnt, eine vollständige Aufführung
seines Opus magnum zu erleben.

In den Kriegsjahren, aber auch unmittelbar danach, stand Prokofjew auf dem Gipfel
seines Ruhms. Mit Preisen und Auszeichnungen überschüttet, folgte Triumph auf Triumph. Mit Werken wie der *5. Sinfonie*, der
Alexander-Newskij-Musik und dem Ballett
Cinderella wurde er zum meistgespielten lebenden Komponisten Rußlands. Seine komische Oper *Die Verlobung im Kloster*, die 1946
am Kirow-Theater in Leningrad Premiere
hatte, verglich Dmitrij Schostakowitsch sogar
mit Verdis *Falstaff*. Doch trotz seiner erfolgreichen Arbeiten, für die er den Stalin-Preis
erhielt, war sein Schaffen nicht vor Angriffen
der Kulturbürokratie gefeit. 1948 wurde er
zusammen mit vielen anderen sowjetischen

Komponisten von der politischen Führung scharf kritisiert. In Form eines offenen Briefes an den Komponistenverband räumte Prokofjew Fehler ein und machte in den folgenden Werken deutliche Zugeständnisse an die Forderungen der Machthaber, indem er mit leichtverständlicher, ja trivialer Musik sich weiter auf nationale oder der Führung genehme Sujets konzentrierte.

Etwa zur gleichen Zeit wurde seine Frau Lina unter dem Verdacht der Spionage verhaftet und zu zwanzig Jahren Zwangsarbeit verurteilt. Diese Schläge setzten Prokofjew schwer zu. Verzweifelt versuchte er, 1947/48 seine Oper *Die Geschichte eines wahren Menschen* für die Bühne zu retten: »In meiner Oper habe ich versucht, so melodisch wie möglich zu sein und die Melodien so verständlich wie möglich zu machen. Mein erstes Anliegen im Porträt des Helden war es, das innere Leben eines Sowjetmenschen offenzulegen – seine Liebe für das Land, seinen sowjetischen Patriotismus.« Doch trotz dieser Erklärung blieb das Werk zu Lebzeiten des Komponisten unaufgeführt.

In seinen letzten Arbeiten bemühte Prokofjew sich geflissentlich, die Maximen des sozialistischen Realismus einzuhalten. Das zeigt sich in Werken wie der *7. Sinfonie* oder in der Suite *Winterliches Lagerfeuer* für Sprecher, Knabenchor und Orchester, die stilistisch an *Peter und der Wolf* anknüpfend eine winterliche Wanderung junger Pioniere schildert. Entsprechend schrieb er zu seinem sinfonischen Poem *Die Begegnung von Wolga und Don*, das er 1951 zur Eröffnung der Kanalverbindung zwischen diesen beiden Flüssen komponierte: »Bei der Arbeit denke ich an die unendliche Welt unserer beiden großen Ströme, höre ich im Geiste die Lieder, die über sie im Volk entstanden sind, die Verse, die unsere klassischen und heutigen Dichter ihnen gewidmet haben.

Ich bin bestrebt, die Musik der Dichtung sangbar und zu einem Spiegel der Schaffensfreude zu machen, von der heute unser ganzes Volk ergriffen ist.«

Sergej Prokofjew erholte sich nicht mehr von den Angriffen auf sein Schaffen durch die sowjetischen Kulturfunktionäre, er war in seinem Innersten verletzt und enttäuscht. Daran konnten auch die Feierlichkeiten zu seinem 60. Geburtstag im April 1951 nichts mehr ändern. Er starb am 5. März 1953 in Moskau, am gleichen Tag wie Josef Stalin.

WERKE (Auswahl)

Auf unbewohnten Inseln. Oper (Fragment) (1900/02)
Das Gelage während der Pest. Oper in einem Akt (1903)
Undine. Oper in vier Akten (1904/07)
Sonate für Klavier Nr. 1 f-Moll op. 1 (1907)
Sinfonietta A-Dur op. 5 (1909)
Träume. Sinfonische Dichtung op. 6 (1910)
Herbst. Sinfonische Dichtung op. 8 (1910)
Zwei Gedichte für Frauenchor und Orchester op. 7 (1909/10)
Konzert für Klavier und Orchester Nr. 1 Des-Dur op. 10 (1911/12)
Maddalena op. 13. Oper (1911/13)
Toccata für Klavier op. 11 (1912)
Sarkasmen für Klavier op. 17 (1912/14)
Konzert für Klavier und Orchester Nr. 2 g-Moll op. 16 (1913)
Skythische Suite (Ala und Lolli) für Orchester op. 20 (1914/15)
Visions fugitives für Klavier op. 22 (1915/17)
Der Spieler op. 24. Oper (1915/28)
Le Chout (Der Narr). Ballett in sechs Bildern op. 21 (1915/20)
Sinfonie Nr. 1 D-Dur »Symphonie classique« op. 25 (1916/17)
Konzert für Violine und Orchester Nr. 1 D-Dur op. 19 (1916/17)
Konzert für Klavier und Orchester Nr. 3 C-Dur op. 26 (1917/21)

Sieben, es sind ihrer sieben. Kantate für dramatischen Tenor, gemischten Chor und Orchester op. 30 (1917/18)

Die Liebe zu den drei Orangen. Oper in vier Akten und einem Prolog op. 33 (1919)

Der feurige Engel. Oper in fünf Akten op. 37 (1919/23)

Sonate für Klavier Nr. 5 C-Dur op. 38 (1923)

Trapez. Ballett in einem Akt (1924)

Quintett für Oboe, Klarinette, Violine, Viola und Violoncello op. 39 (1924)

Sinfonie Nr. 2 d-Moll op. 40 (1924/25)

Le pas d'acier (Der stählerne Schritt). Ballett in zwei Bildern op. 41 (1925/26)

Ouvertüre für 17 Instrumente op. 42 (1926)

Sinfonie Nr. 3 c-Moll op. 44 (1928)

Le fils prodigue (Der verlorene Sohn). Ballett in drei Szenen op. 46 (1928/29)

Sinfonie Nr. 4 C-Dur op. 47 (1930)

Streichquartett Nr. 1 h-Moll op. 50 (1930)

Sur le Borystène (Am Dnjepr). Ballett in zwei Bildern op. 51 (1930/31)

Konzert für Klavier und Orchester Nr. 4 (für die linke Hand) op. 53 (1931)

Konzert für Klavier und Orchester Nr. 5 op. 55 (1932)

Leutnant Kishe. Filmmusik (1933)

Konzert für Violoncello und Orchester e-Moll op. 58 (1934/38)

Konzert für Violine und Orchester Nr. 2 g-Moll op. 63 (1935)

Romeo und Julia op. 64. Ballett in vier Akten (1935/36)

Pique Dame op. 70. Filmmusik (1936)

Peter und der Wolf für Sprecher und Orchester op. 67 (1936)

Zum 20. Jahrestag des Oktober. Kantate für zwei gemischte Chöre, Orchester, Militärkapelle, Akkordeonorchester und Schlagzeug op. 74 (1936/37)

Lieder unserer Tage. Suite für Solisten, gemischten Chor und Orchester op. 76 (1937)

Alexander Newskij. Filmmusik (1938)

Hamlet. Schauspielmusik op. 77 (1938)

Alexander Newskij. Kantate für Mezzosopran, gemischten Chor und Orchester op. 78 (1939)

Zdrawitsa (Trinkspruch). Kantate zum Lob Stalins für gemischten Chor und Orchester op. 85 (1939)

Semjon Kotko. Oper in fünf Akten op. 81 (1939)

Sonate für Klavier Nr. 6 A-Dur op. 82 (1939/40)

Die Verlobung im Kloster. Lyrisch-komische Oper in vier Akten op. 86 (1940/41)

Cinderella (Aschenbrödel). Ballett in drei Akten op. 87 (1940/44)

Das Jahr 1941. Sinfonische Suite op. 90 (1941)

Streichquartett Nr. 2 F-Dur op. 92 (1941)

Lermontow. Filmmusik (1941/42)

Krieg und Frieden. Oper in fünf Akten op. 91 (1941/52)

Partisanen in der Steppe der Ukraine. Filmmusik (1942)

Iwan der Schreckliche. op. 116. Filmmusik (1942/46)

Ballade vom unbekannten Knaben. Kantate für Sopran, Tenor, Chor und Orchester op. 93 (1942/43)

Sinfonie Nr. 5 B-Dur op. 100 (1944)

Sinfonie Nr. 6 es-Moll op. 111 (1945/47)

Walzersuite op. 110 (1946)

Blühe, mächtiges Land. Kantate zum 30. Jahrestag der Großen Sozialistischen Oktoberrevolution op. 114 (1947)

Sonate für Klavier Nr. 9 C-Dur op. 103 (1947)

Die Geschichte vom wahren Menschen. Oper in vier Akten op. 117 (1947/48)

Das Märchen von der steinernen Blume. Ballett in vier Akten op. 118 (1948/53)

Winterliches Lagerfeuer. Suite für Erzähler, Knabenchor und Orchester op. 122 (1949/50)

Auf Friedenswacht. Oratorium für Mezzosopran, Alt, Sprecher, gemischten Chor, Knabenchor und Orchester op. 124 (1950)

Sinfonie concertante e-Moll für Violoncello und Orchester op. 125 (1950/52)

Festliches Poem (Die Begegnung von Wolga und Don) für Orchester op. 130 (1951)

Sinfonie Nr. 7 cis-Moll op. 131 (1951/52)

MAURICE RAVEL

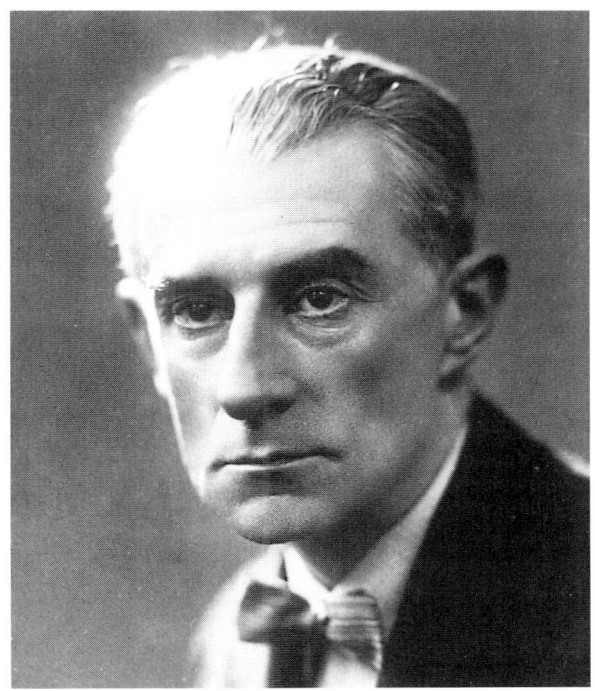

»Es wäre meiner Meinung nach sogar gefährlich für die französischen Komponisten,
systematisch die Produktion ihrer ausländi-
schen Kollegen zu ignorieren und so eine
Art nationaler Clique zu formieren: Unsere
derzeit so reiche Tonkunst würde unweiger-
lich degenerieren und sich in schablonen-
haften Formeln einschließen. Mich kümmert
es wenig, daß zum Beispiel Monsieur
Schönberg Österreicher ist. Er ist nichts-

destoweniger ein Musiker von hohem Wert, dessen überaus interessante Recherchen nicht allein auf einige Komponisten alliierter Länder, sondern sogar bei uns einen positiven Einfluß gezeitigt haben. Mehr noch: Ich bin ausgesprochen erbaut davon, daß die Herren Bartók, Kodály und ihre Schüler Ungarn sind und daß sie dies in ihren Werken so glutvoll zum Ausdruck bringen.«

Mit dieser Erklärung begründete Maurice Ravel seinen Entschluß, der »Nationalen Liga zur Verteidigung der französischen Musik« nicht beizutreten. Im Unterschied etwa zu seinem Landsmann Debussy, der in den Jahren des Ersten Weltkrieges unverhohlen chauvinistische Züge offenbarte, war Ravel zeitlebens kosmopolitisch eingestellt. Er war seiner Veranlagung nach ein Einzelgänger, der anders als Debussy nicht mit dem übermächtigen Vorbild Richard Wagners zu kämpfen hatte. Er entwickelte schon früh einen unverwechselbaren Personalstil, dem er bis zu seinen letzten Werken treu blieb. Stilistisch deutlich differierende Perioden lassen sich in seinem Werk nicht ausmachen. Seine späten Arbeiten tragen letztlich die gleiche Handschrift wie seine frühen Klavierwerke.

Geboren wurde Joseph-Maurice Ravel am 7. März 1875 in Ciboure im Departement Basses-Pyrénées als ältester von zwei Söhnen eines Ingenieurs. Seine Mutter stammte aus dem Baskenland, das Ravel selbst als seine eigentliche Heimat empfand. Kurz nach seiner Geburt zog die Familie nach Paris, wo er im Alter von sechs Jahren ersten Klavierunterricht erhielt. 1928 notierte er in einer autobiographischen Skizze: »Schon als Kind war ich für Musik empfänglich – für jede Art von Musik. Mein Vater, der in dieser Kunst sehr viel bewanderter war als die meisten Liebhaber, verstand es, meinen Geschmack zu lenken und frühzeitig meinen Eifer zu stimulieren.« Von 1889 bis 1895 besuchte er das Conservatoire in Paris, wo er Klavier studierte, ohne die für einen erfolgreichen Abschluß notwendige Auszeichnung zu erlangen. Hatte Ravel zunächst eine Virtuosenlaufbahn angestrebt, so beschränkte er sich später auf die Interpretation eigener Werke. 1889 begann er ein Kompositionsstudium bei Gabriel Fauré und André Gedalges. Schon wenig später entstanden die ersten Kompositionen: »Meine ersten, unveröffentlicht gebliebenen Werke stammen aus der Zeit um 1893 ... Die *Sérénade grotesque* für Klavier war deutlich von Emmanuel Chabrier beeinflußt, während die *Ballade de la reine morte d'aimer* unter dem Einfluß Saties stand. 1895 schrieb ich meine ersten Werke, die veröffentlicht wurden: das *Menuet antique* und die *Habanera* für Klavier. Ich glaube, daß dieses Werk im Keim mehrere Elemente enthält, die in meinen späteren Kompositionen charakteristisch hervortreten sollten.«

Mit Chabrier und Satie nennt Ravel die beiden Komponisten, die sein frühes Schaffen nachhaltig geprägt haben. Über Satie schrieb er noch 1928: »Er war eher ein Neuerer und ein Pionier – wenn nicht gerade ein Extremist – als ein Komponist unvergänglicher Meisterwerke ... Er nahm den

Impressionismus à la Debussy vorweg, ging durch ihn hindurch und war einer der ersten, der sich wieder von ihm entfernte.« Ihm widmete Ravel später das dritte seiner *Poèmes de Stéphane Mallarmé*.

Noch während seines Studiums bei Fauré komponierte er sein erstes Orchesterwerk, die Märchenouvertüre *Shéhérazade*, als Einleitung zu einer nie vollendeten Oper. In diesem Stück war der Einfluß von Werken russischer Komponisten (vor allem Rimski-Korsakows), aber auch Debussys deutlich zu spüren, was ihm nach der mißlungenen Uraufführung im Mai 1899 vorgeworfen wurde. Später distanzierte sich Ravel deutlich von diesem Frühwerk, nicht zuletzt, weil es »so viele Ganztonleitern enthält, daß mir für den Rest meines Lebens jeglicher Appetit darauf vergangen ist«. Im gleichen Jahr schrieb er sein erstes Klavierwerk, die *Pavane pour une infante défunte*, die die Fürstin von Polignac in Auftrag gegeben hatte. Diese Komposition avancierte sogleich zu einem der größten Erfolgsstücke in den Pariser Salons, in denen auch Ravel damals regelmäßig verkehrte. Auch von diesem Frühwerk nahm Ravel später Abstand, vor allem wegen der »armseligen« formalen Gestaltung und dem übermächtigen Einfluß von Chabrier.

1900 bewarb er sich vergeblich um den Rom-Preis, den der französische Staat als höchste Auszeichnung an junge Komponisten in Form eines mehrjährigen Aufenthaltes in der römischen Villa Medici vergab. Auch in den folgenden Jahren gelang es ihm nicht, die Jury von seinem Talent zu überzeugen. Seinen letzten Versuch unternahm Ravel 1905, schied aber bereits in der Vorrunde aus. Obwohl er inzwischen zu den bedeutendsten französischen Klaviermusikkomponisten seiner Generation zählte, wurden seine eingereichten Arbeiten, eine Fuge und eine Kantate, scharf kritisiert. Die Pariser Zeitungen publizierten daraufhin eine Serie von Artikeln, in denen nicht nur der »Fall Ravel« diskutiert, sondern der gesamte Konservatoriumsbetrieb offen angegriffen wurde. Der amtierende Direktor wurde daraufhin entlassen, und Gabriel Fauré übernahm dessen Posten.

Bereits 1901 komponierte Ravel mit *Jeux d'eau* eines seiner bekanntesten Klavierwerke. »Die *Jeux d'eau* ... bilden den Ursprung aller pianistischen Neuerungen, die man in meinem Œuvre hat bemerken wollen. Dieses Stück – angeregt vom Geräusch des Wassers und von den musikalischen Klängen, die man aus Springbrunnen, Wasserfällen und Bächen heraushören kann – beruht wie ein Sonatenhauptsatz auf zwei Motiven, ohne sich allerdings der klassischen Tonarten-Ordnung zu unterwerfen.« Auch wenn Ravels Bewunderung für Debussy offenkundig war, wehrte er sich gegen den immer wieder erhobenen Vorwurf, er ahme in seinen Klavierwerken nur dessen Stil nach. So schrieb er an den Musikkritiker Pierre Lalo: »Sie verbreiten sich recht ausführlich über eine ziemlich spezielle Schreibweise, deren Erfindung Sie Debussy zuschreiben. Die *Jeux d'eau* allerdings sind bereits Anfang 1902 erschienen, als es von Debussy lediglich das Triptychon *Pour le piano* gab: ein Werk, das ich leidenschaftlich bewundere, wie ich Ihnen wohl nicht zu sagen brauche, das aber rein pianistisch gesehen nicht sehr viel Neues gebracht hat.« Debussy und Ravel trafen sich gelegentlich in Konzerten, Salons oder bei anderen Veranstaltungen. Zweifellos haben sie sich gegenseitig beeinflußt, auch wenn Debussy das später bestritt. So behauptete er beispielsweise, Ravels *Habanera* nicht gekannt zu haben, obwohl er nachweislich sogar eine Kopie dieses Werkes erbeten und auch erhalten hatte.

1905 veröffentlichte Ravel die *Miroirs*, eine Sammlung von Klavierstücken, von der er selbst behauptete, daß sie »einen so bemerkenswerten Wendepunkt in meiner harmonischen Entwicklung markieren, daß sie selbst die bis dahin am innigsten mit meinem Stil vertrauten Musiker aus der Fassung brachten«. Sprechende Titel wie »Nachtfalter«, »Traurige Vögel«, »Eine Barke auf dem Ozean«, »Morgenlied des Narren« und »Das Tal der Glocken« evozieren in *Miroirs* Stimmungen, die Ravel musikalisch nachzeichnete. Eine eigentümliche Mischung von Sinnlichkeit und Konstruktion, von Klassizität und flirrender Klanglichkeit kennzeichnet seine Kompositionen. Die *Miroirs* wurden 1906 außerordentlich erfolgreich in Paris uraufgeführt, ebenso wie die kurz zuvor entstandene *Sonatine*. Der Verlag Durand nahm daraufhin Ravel exklusiv unter Vertrag, wodurch ihm regelmäßig monatliche Zahlungen zuflossen.

Nach diesen Klavierwerken arbeitete Ravel an einer Reihe von Vokalkompositionen, er schrieb die *Histoires naturelles*, die *Vocalise en forme d'habanera* oder auch die Verlaine-Vertonung *Sur l'herbe*. Als nächstes größeres instrumentales Werk entstand die *Rhapsodie espagnole* für zwei Klaviere, die er wenig später auch für Orchester bearbeitete. Den dritten Satz dieses Werkes, eine Habanera, hatte er bereits einige Jahre zuvor komponiert. Die opulente Klanglichkeit, die Ravel in diesem Werk entfaltete, sucht in ihrer ungewöhnlichen sinnlichen Instrumentation in der Musik jener Zeit ihresgleichen. Ravel legt hier kein pseudo-folkloristisches Virtuosenstück vor, sondern eine in der Konzentration auf ungewöhnliche Klangkombinationen durchaus neuartige und wegweisende Konzeption, die sich von den iberisch inspirierten Werken etwa von Saint-Saëns oder Rimski-Korsakow deutlich unterscheidet.

Das spanische Idiom hatte für Ravel, wie übrigens auch für Debussy, zeitlebens eine große Anziehungskraft. Zahlreiche seiner

Arbeiten sind von dem Ton der spanischen Musik geprägt, so auch sein erstes Bühnenwerk *L'Heure espagnole* (1907–09), über das Ravel schrieb: »Meine ziemlich ambitionierte Absicht war, die italienische opera buffa zu regenerieren. Dennoch ist das Werk nicht in der traditionellen Form konzipiert. Wie bei seinem direkten Vorläufer – Mussorgskys kongenialer Gogol-Adaption *Die Hochzeit* – handelt es sich bei *L'heure espagnole* um eine musikalische Komödie ... Der humoristische Esprit des Werkes ist rein musikalisch: das Lachen soll hier nicht, wie in der Operette, durch willkürliche und komische Akzentuierung der Worte erreicht werden, sondern durch das Ungewöhnliche der Harmonik, der Rhythmik, des melodischen Verlaufs oder der Orchestration.«
L'Heure espagnole gibt in Form einer erotischen Komödie Einblicke in das Leben einer spanischen Uhrmacherfrau. Dieses Sujet nutzte Ravel, um automatisches Spielzeug in den musikalischen Verlauf zu integrieren. Das Ticken und Schlagen der Uhren schichtete er polymetrisch übereinander, kombinierte es mit automatischen Trompeten, Marionetten und anderen Dingen und stellte es damit in seltsamen Kontrast zu den erotischen Momenten der Handlung. Der großen Farbigkeit des Orchesters steht der eigentümliche Deklamationsstil der Singstimmen gegenüber, der bei Kritik und Publikum auf wenig Verständnis stieß. Dem Werk war zunächst kein Erfolg beschieden, es wurde nach wenigen Vorstellungen von der Opéra Comique aus dem Spielplan genommen.

1908 komponierte Ravel mit *Gaspard de la nuit* einen Zyklus von drei Klavierstücken, der sich auf Prosagedichte von Aloysius Bertrand bezieht. Überraschend wirken hier die Kargheit des musikalischen Satzes und das Asketische der klanglichen Mittel. Deutlich zeigt sich das vor allem in dem »Der Galgen« überschriebenen Mittelsatz, in dem der ostinate Ton B, insgesamt 153mal ange-schlagen, quasi als Grundierung den musi-kalischen Satz zusammenhält. Ähnlich spar-sam und linear-kontrapunktisch gehalten erscheint später auch die zu Beginn der zwanziger Jahre komponierte *Sonate für Vio-line und Violoncello*.

Für ein Projekt von Sergej Diaghilews Bal-lets Russes schrieb Ravel in den Jahren 1909 bis 1912 das Ballett *Daphnis et Chloé*. Die Ar-beit zog sich aufgrund verschiedener Pro-bleme lange hin, so daß die Uraufführung erst 1912 stattfinden konnte. Da auch bei die-sem Werk der Erfolg ausblieb, zog sich Ravel zunächst enttäuscht aufs Land zurück. »*Daph-nis und Chloé* war für mich eine so ununter-brochene Tortur, daß mir vorerst jede Lust auf ein ähnliches Unternehmen vergällt ist«, schrieb er an den Direktor der Opéra. Sehr viel erfolgreicher war hingegen sein Klavier-zyklus für Kinder *Ma Mère l'Oye*, den er wenig später auch zur Orchestersuite umarbeitete.

Zu Beginn des Ersten Weltkrieges wollte Ravel für Frankreich in den Krieg ziehen, wurde aber, da er nur 1,58 m groß war und weniger als 50 Kilo wog, zunächst für un-tauglich befunden. 1915 gelang es ihm schließlich, als Kraftfahrer eingezogen zu werden. Seine Kriegsbegeisterung war schnell verflogen. »Mehr und mehr bin ich davon überzeugt, daß ich – selbst in Paris – nicht eher wieder werde arbeiten können, als bis diese Naturkatastrophe vorüber ist«, schrieb er 1916. Wenig später wurde er aus dem Militärdienst entlassen und kehrte nach Paris zurück. Die Erfahrungen des ersten Weltkrieges flossen unmittelbar in den Kla-vierzyklus *Le Tombeau de Couperin* ein, des-sen sechs Stücke Ravel jeweils einem im Kriege gefallenen Freund widmete. Formal nimmt der Komponist hier Bezug auf die französische Clavecinmusik des 18. Jahr-hunderts mit den Sätzen »Prélude«, »Fugue«, »Forlane«, »Rigaudon«, »Menuet« und

»Toccata«, die er zum Teil später auch für Orchester bearbeitete.

Für die Truppe von Diaghilew entstand in den Jahren 1919/20 *La Valse*, und zwar in mehreren Versionen, für Klavier solo, für zwei Klaviere und für Orchester. In der Parti-tur beschrieb er die Szene, die ihm dazu vorschwebte: »Durch wirbelnde Wolken hin-durch sind hier und da Walzer tanzende Paare erkennbar. Die Wolken zerstreuen sich nach und nach und geben den Blick auf ei-nen gewaltigen Saal frei, in dem sich eine Menschenmenge dreht. Allmählich wird die Bühne heller, bis im fortissimo der volle Glanz der Kronleuchter erstrahlt. Ein Kaiser-hof um das Jahr 1855.«

Als zweites zentrales Werk der frühen zwanziger Jahre entstand die Oper *L'Enfant et les sortilèges* (»Das Kind und die Zaube-reien«) nach einem Libretto von Sidonie-Ga-brielle Colette; er selber bezeichnete das Stück als »Fantaisie lyrique«. Realität, Phan-tasie, Humor und Traum verschmelzen hier zu einer eigentümlichen Mischung. Ein Kind, das eigentlich seine Schulaufgaben machen soll, beginnt in seinem Zimmer Tiere zu mißhandeln und Gegenstände zu zerstören. Plötzlich werden die Gegenstände lebendig und beginnen zu agieren. Lehn-stuhl und Sessel tanzen ein Menuett, die Scherben von Teekanne und Tasse singen im Duett, Tapetenfiguren klagen, und im Garten stellen sich die gequälten Tiere und Pflanzen dem Kind feindlich entgegen. Zau-berei, Humor und Alptraumhaftes durch-dringen sich. Erst als sich das Kind um ein verletztes Eichhörnchen kümmert, löst sich der Zauber. Der Ruf nach der Mutter been-det schließlich die unwirkliche Szenerie. Wie bereits in seinem ersten Bühnenwerk mied Ravel die herkömmlichen musikali-schen Ausdrucksformen der Gattung Oper und nannte die amerikanische Operette als Vorbild. Entsprechend setzte er Elemente aus der Pentatonik, dem Jazz und dem Ragtime ein. Die Melodik des Gesangs erscheint vor dem Hintergrund einer phantastischen, geräuschhaften Instrumentation. Magie und Traum motivieren in diesem Stück nicht nur die Handlung, sondern werfen zugleich ein bezeichnendes Licht auf die Mentalität ihres Schöpfers.

Die viersätzige *Sonate für Violine und Violoncello* widmete Ravel »à la mémoire de Claude Debussy«. Dazu bemerkte er: »Ich glaube, diese Sonate markiert einen Wendepunkt in meiner Entwicklung. Die Askese der Mittel ist darin bis an ihre äußersten Grenzen getrieben. Verzicht auf Harmonien, die dem Ohr schmeicheln; die Zusammenklänge mehr und mehr von melodischen Gegebenheiten bestimmt.« Scharfe Dissonanzen und eine zum Teil bitonale Stimmführung bestimmen hier den musikalischen Satz.

Um diese Zeit begannen sich die ersten Anzeichen seiner später chronischen Erkrankung zu zeigen. Er zitterte, konnte seine Handschrift nicht mehr sicher steuern, litt unter ständiger Schlaflosigkeit und wirkte häufig zerstreut. Die Ärzte verordneten ihm Ruhe, die Ravel sich aber nicht gönnte. Immer häufiger nahm er Einladungen zu Konzertauftritten oder Tourneen an. Bereits im Oktober 1920 war er für einige Zeit in Wien gewesen, wo er auch Arnold Schönberg kennengelernt hatte: »In Schönberg und seiner Schule finde ich gleichermaßen Romantisches und nüchterne Strenge. Romantisches, weil sie immer darauf aus sind, die alten Regeln zu sprengen. Nüchterne Strenge aufgrund der neuen Gesetze, die sie sich auferlegen, und weil sie der abscheulichen ›Aufrichtigkeit‹ mißtrauen, der Mutter aller redseligen und unvollkommenen Kunstwerke. Merkwürdig und schade, daß es zwischen ihrer Strömung und der unserer Musiker ziemlich unüberwindliche Schranken gibt.« Eigene Werke schuf er in jenen Jahren

kaum. Statt dessen orchestrierte Ravel Arbeiten von Claude Debussy (*Sarabande* und *Danse*) und Modest Mussorgskij (*Bilder einer Ausstellung*). Für eine amerikanische Mäzenin schrieb er 1925 nach der Uraufführung von *L'Enfant et les sortilèges* die *Chansons madécasses*, einen kleinen Liederzyklus. Dissonante Intervalle und eine ausgesprochen lineare Schreibweise sind die hervorstechendsten Merkmale. Unter Verwendung von streng kontrapunktischen Techniken erscheint der Satz äußerst verdichtet.

Nach einer großangelegten Amerikatournee in den ersten Monaten des Jahres 1928 begann Ravel mit der Arbeit an seinem bis heute bekanntesten Werk, dem *Boléro*. »Ein einsätziger Tanz, sehr langsam und ständig gleich bleibend, was die Melodie, die Harmonik und den (ununterbrochen von einer Rührtrommel markierten) Rhythmus betrifft. Das einzige Element der Abwechslung ist das Crescendo des Orchesters.« Das Stück, das ursprünglich den Titel »Fandango« tragen sollte und für die Tänzerin Ida Rubinstein geschrieben wurde, avancierte schon bald zu einem der populärsten Musikstücke überhaupt.

Ende der zwanziger Jahre komponierte Ravel mehr oder weniger parallel seine beiden Klavierkonzerte. Der Pianist Paul Wittgenstein, der im Ersten Weltkrieg seinen rechten Arm verloren hatte, bestellte bei ihm ein *Konzert für die linke Hand*. Gleichzeitig entstand das *G-Dur-Konzert*, das Ravel selbst spielen wollte, aber aus gesundheitlichen Gründen nicht mehr konnte. Über die unterschiedliche Anlage dieser beiden konzertanten Werke schrieb er: »Die Musik eines Solokonzertes muß meiner Meinung nach leicht und brillant sein und darf weder auf Tiefe noch auf dramatische Effekte abzielen ... Das einsätzige Konzert für die linke Hand ist ganz anders geartet. Es enthält viele Jazz-Elemente ... Eines der Charakteristika dieses Konzertes ist, daß sich nach dem ersten, im traditionellen Stil geschriebenen Teil ein plötzlicher Wechsel zum Jazz hin vollzieht. Erst danach merkt man, daß diese Jazz-Musik auf demselben thematischen Material beruht wie der Anfang.«

Noch während der Arbeit an den Klavierkonzerten verschlechterte sich Ravels Gesundheitszustand rapide. Durchblutungsstörungen des Gehirns verursachten ihm entsetzliche Schmerzen und brachten sein Schaffen bald zum Erliegen. 1932 schrieb er noch die drei Lieder *Don Quichotte à Dulcinée* für die Verfilmung dieses Stoffes durch Georg Wilhelm Pabst, die 1934 als letzte vollendete Komposition von Ravel uraufgeführt wurden. Zunehmend litt er unter Koordinationsschwierigkeiten, Sprachstörungen und kurzfristigen Gedächtnisverlusten. Alle ärztlichen Versuche, Besserung herbeizuführen, scheiterten. Ravel zog sich in sein Haus in Montfort-l'Amaury zurück, wo er einsam seine letzten Lebensjahre verbrachte. Er starb kurz nach einer Gehirnoperation am 28. Dezember 1937 im Alter von 62 Jahren.

Ravel verstand sich weniger als Neuerer, sondern vielmehr als Perfektionist, der seine musikalische Sprache zu vervollkommnen suchte. Sein Ziel war die möglichst präzise Formulierung: »Für meine eigene Arbeit des Komponierens halte ich eine lange Zeit des bewußten Reifens für notwendig; während dieser Zeit zeichnen sich nach und nach (und immer klarer) die Formen und das Fortschreiten ab, die das Werk als Ganzes später annehmen wird. So etwas kann Jahre dauern, ohne daß ich auch nur eine einzige Note zu Papier bringe, wonach aber die Niederschrift relativ schnell vonstatten geht. Viel Zeit kostet es aber auch, aus einem Werk alles herauszustreichen, was man für überflüssig halten könnte, und so vollkommen wie möglich die endgültige ›clarté‹ zu verwirklichen, die man angestrebt hat.«

WERKE (Auswahl)

Sérénade grotesque für Klavier (ca. 1893)
Menuet antique für Klavier (1895)
Habanera für zwei Klaviere (1895)
Ballade de la reine morte d'aimer für Klavier (1895)
Pavane pour une infante défunte für Klavier (1899)
Jeux d'eau für Klavier (1901)
Streichquartett (1902/03)
Shéhérazade für Gesang und Klavier (1903)
Sonatine für Klavier (1903/05)
Miroirs für Klavier (1904/05)
Cinq Mélodies populaires grecques für Gesang und Klavier (1904/06)
Introduktion und Allegro für Harfe, Flöte, Klarinette und Streichquartett (1905)
Histoires naturelles für Gesang und Klavier (1906)
L'heure espagnole. Oper (1907/09)
Vocalise en forme de Habanera für Gesang und Klavier (1907)
Sur l'herbe für Gesang und Klavier (1907)
Rhapsodie espagnole für Klavier zu vier Händen (1907)
Gaspard de la nuit für Klavier (1908)
Ma Mère l'Oye. Ballett (1910/11)
Daphnis et Chloé. Ballett (1909/12)
Trois Poèmes de Stéphane Mallarmé für Gesang und Klavier (1913)
Deux Mélodies hébraïques für Gesang und Klavier (1914)
Klaviertrio (1914)
Trois Chansons für Gesang und Klavier (1914/15)
Le Tombeau de Couperin für Klavier (1914/17)
La Valse. Poème chorégraphique (1919/20)
Sonate für Violine und Violoncello (1920/22)
L'Enfant et les sortilèges. Oper (1920/25)
Sonate für Violine und Klavier (1923/27)
Tzigane. Konzertrhapsodie für Violine und Klavier (1924)
Trois Chansons madécasses für Gesang und Klavier (1925/26)
Boléro für Orchester (1928)
Konzert für die linke Hand (1929/30)
Konzert für Klavier und Orchester G-Dur (1929/31)
Don Quichotte à Dulcinée für Gesang und Klavier (1932/33)

STEVE REICH

»Ich hatte zwei Tonbandgeräte mit je einer Bandschleife, auf denen nur die Worte des Negerpredigers Brother Walter ›It's Gonna Rain‹ aufgezeichnet waren. Beide Bandschleifen hatten exakt die gleiche Länge, und ich ließ sie auf beiden Maschinen mit der gleichen Geschwindigkeit laufen. Nach einiger Zeit ergab sich, daß die Maschinen nicht exakt liefen, die Information geriet allmählich außer Phase. Jeder Tontechniker wird bestätigen, daß es zwei Bandmaschinen, die völlig übereinstimmend laufen, nicht gibt. Ich erkannte jedoch in diesem technischen Defekt eine große Möglichkeit, meine ›patterns‹ kontinuierlich zu verändern. Später haben Art Murphy und ich versucht, diesen Vorgang der allmählichen Phasenverschiebung auf zwei Klaviere zu übertragen. Es entstand die Komposition *Piano Phase*.«

Das Modell der Phasenverschiebung, das Steve Reich hier erläutert, markiert zwar nicht die Geburtsstunde der sogenannten Minimal music – Terry Riley und La Monte Young hatten schon früher mit ähnlichen Verfahrensweisen gearbeitet –, beschreibt aber den zentralen Kompositionsansatz seines gesamten Œuvres. Die Beobachtung, die Reich 1965 in seinem New Yorker Studio machte und die zunächst wie eine bloße technische Anleitung erscheint, sollte zu einer der wichtigsten Stilrichtungen der neuen Musik im letzten Drittel des 20. Jahrhunderts werden. Aufgrund seiner intensiven Beschäftigung mit diesem Verfahren zählt Steve Reich zu den wichtigsten und flexibelsten Vertretern der repetitiven Musik. Seine Hinwendung zur Minimal music steht im Zusammenhang mit seiner Kritik an Serialismus und Aleatorik. Bei diesen damals innerhalb der neuen Musik vorherrschenden Richtungen vermißte er die Verbindung zwischen kompositorischem Prozeß und hörbarem Resultat.

Steve Reich wurde am 3. Oktober 1936 in New York geboren. Schon als Kind erhielt er ersten Klavierunterricht, im Alter von 14 Jahren spielte er Schlagzeug. Später begann er Philosophie zu studieren und beschäftigte sich intensiv mit den Werken von Ludwig Wittgenstein, bevor er sich dem Komponieren zuwandte. Zunächst nahm er Privatunterricht bei Hall Overton und studierte dann an der renommierten »Juilliard School of Music« in New York sowie am traditionsreichen Mills College im kalifornischen Oakland. Zu seinen Lehrern zählten dort unter anderem Darius Milhaud und Luciano Berio. Nach seinem Abschluß 1963 arbeitete Steve Reich häufig am San Francisco Tape Center. Zu Beginn seiner Laufbahn arbeitete Reich in San Francisco bei mehreren Projekten auch mit dem Filmemacher Robert Nelson zusammen.

Mitte der sechziger Jahre zog er nach New York und gründete dort sein eigenes Studio. In den Werken, die dort entstanden, knüpfte er an sein erstes Tonbandstück *It's Gonna Rain* an, verfeinerte allerdings zunehmend die dort verwendeten Techniken. Nachdem Reich seine Phasenverschiebungsmodelle erfolgreich auf herkömmliche Instrumente übertragen hatte, verzichtete er fortan auf den Einsatz elektronischer Geräte. Die nun folgenden Kompositionen ähneln sich in ihrer Struktur: Zwei oder mehrere Instrumente beginnen zusammen im Unisono. Eine fast unmerkliche Tempodifferenz erzeugt zunehmend rhythmische Verschiebungen, bis nach einiger Zeit alle Instrumente wieder die gleiche Phase erreichen und im Grundschlag übereinstimmen. Daraufhin kann das Geschehen, möglicherweise mit einem veränderten Grundmotiv, von vorn beginnen. Dieses Verfahren differenzierte Reich immer weiter. Durch den Einsatz mehrerer Instrumente erzielte er hochkomplexe Gitter von rhythmischen Strukturen. Doch sind dieser Art des Komponierens spieltechnisch relativ enge Grenzen gesetzt, da die unterschiedlichen Tempi, die die Interpreten zu realisieren haben, sich nicht unbegrenzt differenzieren lassen. Reich wandte sich daher wieder der Elektronik zu. Über ein Jahr lang arbeitete er an einem Gerät, das den Interpreten helfen sollte, komplexe Temporelationen innerhalb eines größeren Ensembles umzusetzen. Doch der Versuch schlug fehl. Mit den Werken aus dieser Phase, etwa *Slow Motion Sound*, erzielte Reich nicht den erhofften Effekt. Es war den Interpreten nicht möglich, den über Kopfhörer gegebenen Impulsen zu folgen und sich gleichzeitig in das Zusammenspiel mit den anderen Instrumentalisten einzufügen. Der eingeschlagene Weg erwies sich als Sackgasse, weshalb Reich sich neuen Verfahrensweisen zuwandte.

Bereits in den sechziger Jahren gründete er sein eigenes Ensemble: »Steve Reich and Musicians«, das bald auf die Größe eines Kammerorchesters anwuchs. Reich selbst war darin als Trommler, Marimbaphonspieler und Pianist aktiv. Mit dieser Gruppe hochspezialisierter Musiker gelang es ihm, seine Musik einem größeren Publikum bekannt zu machen. Der meditative, mitunter hypnotische Charakter dieser Musik traf in den späten sechziger und frühen siebziger Jahren den Nerv der Zeit, was zum großen Erfolg von Komponisten wie Steve Reich, Philip Glass oder Terry Riley beitrug. Letztlich standen die Techniken der Minimal mu-

sic auch bestimmten Verfahrensweisen der Popmusik nahe, und Steve Reich wußte um diese Zusammenhänge. »Manche Formen zur Zeit populärer modaler Musik – etwa klassische Musik aus Indien oder drogenorientierter Rock and Roll – schärfen unser Wahrnehmungsvermögen für winzige Klangdetails. Eben weil sie modal sind – hypnotisch dröhnend und repetitiv in sich kreisend bei konstantem tonalem Zentrum –, stellen sie natürlich eher solche Details in den Mittelpunkt des musikalischen Geschehens als etwa häufigen Tonartwechsel, Kontrapunkt oder andere spezifisch westliche Prozeduren.« Damit charakterisierte er auch treffend seine eigene Musik.

Im Sommer 1970 reiste Steve Reich nach Ghana, um in Accra am Institut für afrikanische Studien Trommeltechniken zu erlernen. Fortan nahm der Schlagzeugapparat eine zentrale Rolle in seinem Schaffen ein. »Meine Afrika-Reise bestätigte meine intuitive Erkenntnis, daß man mit ›akustischen‹ Instrumenten und Stimmen Musik von größerem Klangreichtum hervorbringen kann als mit elektronischen Instrumenten, und sie bestätigte meine natürliche Liebe fürs Schlagzeug.« Das gilt insbesondere für das 1971 veröffentlichte Stück *Drumming*, eines der zentralen Werke der Minimal music überhaupt. Reich sah hier vier Paar Bongotrommeln, drei Marimbas und drei Glockenspiele vor, außerdem Männer- und Frauenstimmen, Pfeifen und Piccoloflöte. Das eineinhalbstündige Werk beschließt Reichs Arbeit mit reinen Phasenverschiebungsprozessen. Zu Beginn von *Drumming* exponieren zwei Trommler das rhythmische Grundmodell des gesamten Stücks. Sie spielen einen einzigen Trommelschlag in einem Zyklus von zwölf Schlägen bei elf Pausen. Allmählich ersetzen zusätzliche Trommelschläge die Pausen, bis das Modell vollständig aufgebaut ist. Der Abbauprozeß verläuft entsprechend umgekehrt. Die Schläge verstummen einer nach dem andern, bis nur noch einer übrigbleibt. *Drumming* baut sich aus einem einzigen rhythmischen Grundmodell auf, nur Tonhöhe, Klangfarbe und Phasenstellung werden vielfach verändert. Das Werk gliedert sich in vier Abschnitte, die sich in erster Linie durch die Instrumentation voneinander unterscheiden. Im ersten Teil erklingen Bongotrommeln und Männerstimmen, im zweiten die Marimbas und Frauenstimmen. In der dritten Abteilung sind die Glockenspiele, Pfeifen und die Piccoloflöte zu hören, und im vierten Abschnitt kommen schließlich sämtliche Instrumente zum Einsatz. Die Instrumentation wechselt nicht abrupt, sondern eher unmerklich. Die Instrumente der zweiten Gruppe etwa verdoppeln zunächst die der ersten, bevor diese allmählich ausgeblendet werden. Auf diese Weise werden – bei gradueller Veränderung der Klangfarbe – Rhythmus und Tonhöhe beibehalten. Doch neben der bewährten Technik der Phasenverschiebung arbeitet Reich in *Drumming* auch mit neuen Verfahrensweisen. Erstmals verwendet er hier die menschliche Stimme, die als präzise Imitation des Instrumentalklangs in das musikalische Ensemble integriert wird. Und auch der graduelle Austausch von Schlägen und Pausen findet sich erstmals in *Drumming*, wird jedoch in späteren Werken noch häufiger eingesetzt.

Nach der Beschäftigung mit afrikanischen Trommeltechniken setzte sich Steve Reich auch mit der balinesischen Gamelan-Musik auseinander. Erstmals gliedert er die zeitliche Struktur durch eine Folge von Akkorden, die nicht im Sinne einer Funktionsharmonik organisiert sind, sondern lediglich ein Raster bilden, das den Ablauf der »patterns«, der rhythmischen Muster, regelt. Schon in *Six Pianos* aus dem Jahre 1973 hatte Reich mit harmonischen Zentren gear-

beitet und das in *Drumming* entwickelte Verfahren auf gestimmte Instrumente übertragen. Eine ähnliche Strukturierung liegt auch seiner 1976 entstandenen *Music for 18 Musicians* zugrunde, einem seiner populärsten Stücke. Das harmonische Geschehen erstreckt sich hier über elf Akkorde. In der gruppenweise organisierten Instrumentation finden sich etwa vier Klaviere, drei Marimbas und vier Frauenstimmen, die mit kleineren Instrumentengruppen kombiniert werden. Auch in diesem Stück arbeitet Reich wieder mit Überblendungstechniken, um möglichst gleitende Übergänge in der Klangfarbe zu erreichen und den rhythmischen Fluß nicht durch Besetzungswechsel zu stören.

Neben den frühen Tonbandexperimenten hatte Reich sich bis Mitte der siebziger Jahre auf Instrumentalmusik konzentriert. Sein Interesse galt in erster Linie der rhythmisch-harmonischen Organisation des Materials und der zunehmenden Verfeinerung seiner kompositorischen Techniken. Seine Beschäftigung mit der jüdischen Geschichte und dem hebräischen Kirchengesang veranlaßte ihn in den späten siebziger Jahren, sich für Textvertonungen zu interessieren. Nach einem Aufenthalt in Israel schuf er 1981 *Tehillim*, eine Vertonung von Psalmen der jemenitischen Juden für Stimmen und Kammerorchester. Zum ersten Mal komponierte Reich ein Werk auf der Grundlage zusammenhängender Texte. »Das ganze Stück«, so Reich, »mit seinen komplexen, sich ändernden Metren besteht letztlich aus Zweier- und Dreiereinheiten.« Obwohl er hier die Gemeinsamkeiten mit seinen früher entstandenen Werken betonte, unterscheidet nicht nur der Textbezug dieses Werk von seinen vorigen Arbeiten. Reich äußerte selbst, er habe sich in *Tehillim* stärker an traditionellen Satztechniken orientiert und einen »sehr bewußten Bezug zur westlichen Musik zwischen Haydn und Schönberg hergestellt, den ich bisher immer vermieden habe«.

Die Atombombenabwürfe des Zweiten Weltkrieges thematisierte er 1984 in *The Desert Music* für elektrisch verstärkten Chor und Orchester auf Texte des von ihm geschätzten Dichters William Carlos Williams. Einige dieser Gedichte vertonte er in einem stark akkordisch geprägten Satz. Die formbildende harmonische Struktur, Dreiklangsfiguren und eine funktionale Verwandtschaft der Akkorde verleihen der *Desert Music* einen eher traditionellen Charakter.

Seit den siebziger Jahren konzertiert Steve Reich mit seiner Musik und seinem Ensemble in den wichtigsten Zentren Europas und Amerikas. »Steve Reich and Musicians«, stets schwarz-weiß gekleidet und immer auswendig spielend, sind inzwischen zu einer Institution geworden. Zwischen den ersten Experimenten mit Tonbandschleifen und Reichs bislang letzter größerer Produktion, dem »Dokumentarischen Musik-Video-Theater« *The Cave* für Instrumentalisten und Videobildschirme (1993) liegt ein weiter Weg. Unverändert trifft auch auf seine neuesten Werke sein musikalisches Credo der sechziger Jahre zu: »Ich bin an wahrnehmbaren Prozessen interessiert. Ich möchte den Verlauf des Prozesses in der Musik von Anfang bis Ende hören können. Um intensives und detailliertes Zuhören zu erleichtern, sollte ein musikalischer Prozeß extrem graduell verlaufen. Einen graduellen musikalischen Prozeß zu spielen oder zuhörend zu verfolgen, ist ähnlich wie: eine Schaukel in Bewegung setzen und beobachten, wie sie allmählich zum Stillstand kommt ... eine Sanduhr umdrehen und zuschauen, wie der Sand langsam zu Boden rinnt ... seine Füße am Meer in den Sand stecken und zuschauen, hören und fühlen, wie die Wellen sie langsam eingraben.«

WERKE (Auswahl)

It's Gonna Rain für Tonband (1965)
Come out für Tonband (1966)
Piano Phase für zwei Klaviere (1967)
Violin Phase für vier Violinen oder Violine und Tonband (1967)
Slow Motion Sound. Konzeptstück (1967)
Pendulum Music für drei oder mehr Mikrophone, Verstärker, Lautsprecher und Ausführende (1968)
Four Organs für Orgeln und Maracas (1970)
Drumming für Schlagzeug, Stimmen, Pfeifen und Piccoloflöte (1970/71)
Clapping Music für zwei Musiker (1972)
Six Pianos für sechs Klaviere (1973)
Music for Mallett Instruments, Voices and Organ (1973)
Music for Pieces of Wood (1973)
Music for 18 Musicians (1974/76)
Music for a Large Ensemble (1978)
Octet (1979)
Variations for Winds, Strings and Keyboards (1979)
Tehillim für Stimmen und Ensemble (1980/81)
Mein Name ist ... für Tonband, Stimmen und Orchester (1981)
Vermont Counterpoint für elf Flöten (1982)
The Desert Music für Chor und Orchester (1984)
Sextett in fünf Sätzen für Schlagzeug und Keyboards (1984)
New York Counterpoint für Klarinette und Tonband (1985)
Electric Counterpoint für elektronisch verstärkte Gitarre und Tonband (1987)
Different Trains für Streichquartett oder Streicherensemble und Tonband (1988)
The Cave. Ein dokumentarisches Musik-Video-Theater für 24 Musiker und fünf Bildschirme (1993)
City Life für 17 Instrumentalisten (1995)
Proverb für drei Soprane, zwei Tenöre, zwei Vibraphone und zwei elektrische Orgeln (1995)

ARIBERT REIMANN

»Ich war 1956 zum erstenmal in Darmstadt, und als ich wegging, hatte ich ein ungutes Gefühl. Danach habe ich versucht, genauso zu komponieren, wie die das taten, und merkte sofort: Jetzt setze ich mir etwas auf, was ich nicht bin. Aber gerade aus dieser negativen Erfahrung habe ich viel gelernt.«

Als Aribert Reimann seine musikalische Laufbahn Ende der fünfziger Jahre begann, befand sich das musikalische Zentrum der neuen Musik in Darmstadt. Hier bei den internationalen Ferienkursen sowie bei den traditionsreichen Donaueschinger Musiktagen wurde entschieden, wer der musikalischen Avantgarde angehörte und wer nicht. Die serielle Musik erlebte hier ihren Höhepunkt. Wer dieser fast dogmatisch gehandhabten Vorgabe nicht folgte, der galt in den Augen der komponierenden Zeitgenossen als zweitrangig. Hans Werner Henze hatte das zu spüren bekommen, woraufhin er sich nach Ischia zurückgezogen hatte. Auch Aribert Reimann wäre es so ergangen, hätte er seine Werke in Darmstadt oder Donaueschingen präsentiert. Doch das wußte sein Lehrer Boris Blacher zu verhindern: »Das, was auf den Musikfesten passiert, sollte Sie nicht interessieren. Halten Sie sich an das, was nebenher geschrieben wird, nicht an diese Ghettokonzerte.« Reimann folgte dem Rat seines Lehrers. Sein Besuch in Darmstadt brachte ihn seiner eigenen musikalischen Sprache näher. Er lehnte für sich die serielle Musik ab und entwickelte einen Personalstil, der in erster Linie von der Stimme seinen Ausgang nimmt.

Geboren wurde Aribert Reimann am 4. März 1936 in Berlin. Er wuchs in einem traditionsreichen, musikalischen Elternhaus auf. Sein Vater war Hochschulprofessor und leitete in Berlin den Staats- und Domchor, seine Mutter eine prominente und geschätzte Gesangspädagogin und Oratoriensängerin. Schon in jungen Jahren erlernte Reimann das Klavierspiel, und bald unterstützte er seine Mutter bei ihrer Arbeit mit jungen Sängern. Sein erstes und entscheidendes Theatererlebnis entfachte bei dem Zehnjährigen seine Begeisterung für die Oper im Berliner Hebbel-Theater: »Ich habe damals den *Jasager* von Kurt Weill gesungen. Ich war ja damals im Domchor. Es gab ein Vorsingen – 1946, in den Trümmern von Berlin – und da fiel die Wahl auf mich. Ich mußte die Partie in zwei, drei Tagen lernen, was ich angeblich auch geschafft habe. Dann begannen die Proben. Diese Probenzeit: Zwei Monate im Theater mit Spielen, mit Singen, Darstellen. Die Luft der Bühne zu riechen. Und wenn man zehn und noch so klein ist, da ist ein Hebbel-Theater so groß wie die Staatsoper.« Die monatelange Probenarbeit weckte Reimanns Sinn für die neue Musik. So entstanden erste eigene kompositorische Versuche, vor allem Lieder.

1955, nach dem Abitur, begann Reimann ein Studium an der Berliner Musikhochschule. Bei Ernst Pepping und Boris Blacher nahm er Kompositionsunterricht, Otto Rausch bildete ihn als Pianist aus. Blacher beeinflußte seinen Schüler entscheidend: »Als ich zu Blacher kam, war ich wahnsinnig überfrachtet in meinen Stücken. Und er sagte als erstes zu mir: ›Was Sie lernen müssen, sind Pausen.‹ Und dann kam eben auch durch die Analyse die Begegnung mit den Stücken von Webern, die mich wirklich ungeheuer beeinflußt haben.« Neben Webern lehnt sich Reimann in seinen frühen Werken vor allem an das Espressivo von Alban Berg an. Da seine Mutter ihm geraten hatte, sich neben dem Komponieren ein zweites Standbein zu schaffen, schlug Reimann gleichzeitig die Pianistenlaufbahn ein. 1957 gab er sein erstes Konzert. Schon bald entwickelte er die Liedbegleitung zu seinem künstlerischen Schwerpunkt. Er konzertierte mit zahlreichen Sängerinnen und Sängern, unter ihnen Elisabeth Grümmer und Brigitte Faßbaender, Catherine Gayer und Dietrich Fischer-Dieskau, für die er auch einen großen Teil seiner Vokalwerke schrieb.

Sich als Komponist zu etablieren erwies sich hingegen als weniger einfach. 1958 schrieb er als eines seiner frühesten Werke das Ballett *Stoffreste* in Zusammenarbeit mit Günter Grass. Anfang der sechziger Jahre folgte ein *Klavierkonzert*, das Reimann selbst als Solist mit dem Berliner Philharmonischen Orchester unter Hans Werner Henze uraufführte. Danach schrieb er hauptsächlich Kammermusik und Lieder. Die *Fünf Gedichte von Paul Celan*, die Dietrich Fischer-Dieskau 1962 zur Uraufführung brachte, machten auf den jungen Komponisten aufmerksam. Er erhielt verschiedene Förderpreise und Auszeichnungen, darunter auch einen längeren Aufenthalt in der römischen Villa Massimo.

Aribert Reimanns große Liebe gilt dem Gesang. Konzentrierte er sich in den ersten Jahren seines Schaffens vor allem auf Liedkompositionen, so vollendete er mit *Ein Traumspiel* nach August Strindberg 1964 seine erste Oper. Schon hier zeigen sich Besonderheiten seiner Kompositionsweise. Er bevorzugte dunkle Farben, interessierte sich für große Themen und hatte als professioneller Liedbegleiter ein ausgeprägtes Gespür für die musikalische Umsetzung der Sprache. »Das hat mich von der ersten Oper, vom *Traumspiel* an, immer ungeheuer fasziniert, in eine Rolle zu schlüpfen und die eine Gesangsstimme anders zu schreiben als die andere, also die Menschen durch ihre Art des Singens lebendig zu machen. Das habe ich im *Traumspiel* noch nicht so beherrscht. Ich habe es versucht, und es hat sich dann immer mehr herauskristallisiert.«

Heiterer als sein Bühnenerstling erweist sich seine Märchenoper *Melusine* von 1970. Reimann wählte die dichterische Fassung des Expressionisten Yvan Goll und versah diese mit einer leichteren und freieren musikalischen Sprache als im *Traumspiel*. In der *Melusine* kündigt sich bereits der Ton an, mit dem der Komponist seit den siebziger Jahren seine größten Erfolge feiern konnte. Sein Gespür für dramatische Effekte und expressive Gestik bestimmt auch seine weiteren Werke für das Musiktheater.

Immer wieder hatte Dietrich Fischer-Dieskau Aribert Reimann auf *King Lear* von William Shakespeare aufmerksam gemacht. Mitte der siebziger Jahre, als Reimann inzwischen in Hamburg Professor für Liedgesang im 20. Jahrhundert war, nahm er die Komposition in Angriff. Die dramatisch zugespitzte Sprache, die bereits seine 1975 erschienenen *Variationen für Orchester* prägt, entwickelte er hier noch weiter. Mit der Uraufführung des *Lear* 1978 in München erzielte Reimann einen triumphalen internationalen Erfolg. Noch heute zählt das Werk neben den Opern von Alban Berg und den *Soldaten* von Bernd Alois Zimmermann zu den großen Stücken für das Musiktheater des 20. Jahrhunderts.

Die Techniken, die Reimann hier einsetzt, sind zwar nicht neu, werden aber virtuos in den Dienst der dramatischen Handlung gestellt. Ungemein differenziert fächert er die Klangfarben auf und entwickelt entsprechend den dramaturgischen Erfordernissen bewegte oder stehende Cluster von außerordentlicher Dichte oder Transparenz. Schon die Musik gibt klar und unmißverständlich die dramatische Aussage wieder, so daß es kaum noch des gesungenen Textes bedarf.

Im *Lear* konzentriert sich Reimann auf die dramaturgische Umsetzung minimaler Kernmotive oder Klangflächen. Mit den hochexpressiven und exakt modellierten Vokallinien vermittelt die Klang-Dramaturgie einen Eindruck von schicksalhafter Unerbittlichkeit. Reimann selbst bezeichnete den *Lear* später als »Quintessenz meines gesamten kompositorischen und musikalischen Denkens«. Kurz darauf veröffentlichte er die *Fragmente aus Lear*. In dem Extrakt aus den fünf instrumentalen Zwischenspielen und den drei Monologen des Titelhelden reiht er die Höhepunkte der Oper in verdichteter Form direkt aneinander.

Sein 1982 abgeschlossenes *Requiem* zeigt unverkennbare Verwandtschaft zur musikalischen Sprache des *Lear*. Das Werk reiht sich ein in die großen, ›klassischen‹ Stoffe, die Reimann bevorzugt. Auch seine späteren Opern greifen Themen der Weltliteratur auf. Die *Gespenstersonate* nach August Strindberg gestaltet Reimann zwar als Kammeroper, doch schon in *Troades* nach dem Drama des Euripides in der Fassung von Franz Werfel (1985) greift der Komponist wieder auf den großen Apparat zurück.

Sein bislang letztes Werk für das Musiktheater, *Das Schloß*, wurde 1992 in Berlin uraufgeführt. Es basiert auf dem gleichnamigen Romanfragment von Franz Kafka. Analog zur literarischen Vorlage dominieren hier dunkle und kalte Töne.

Trotz seiner großen Erfolge mit dieser Gattung versteht sich Reimann nicht als reiner Opernkomponist: »Ich kann nicht nur Opern komponieren. Ich muß dazwischen immer wieder Kammermusik schreiben und andere Stücke, Orchestermusik zum Beispiel. Ich brauche einfach lange Pausen.« Dementsprechend entstanden auch viele Instrumentalwerke, Kammermusik, Konzerte und Orchesterstücke, außerdem zahlreiche Lieder und Gesangsstücke, die vollgültig neben den Kompositionen für die Bühne stehen. Besonders in diesem Zusammenhang zu erwähnen ist seine große Affinität zur Musik Robert Schumanns, dessen späte *Maria-Stuart-Gesänge* er instrumentiert und dem er mit seinen *Sieben Fragmenten für Orchester in memoriam Robert Schumann* 1988 ein musikalisches Denkmal gesetzt hat. Bei seinen Liedern konzentriert er sich auf zwei unterschiedliche Arten von Texten. Zum einen zeigt er eine Vorliebe für die Lyrik der Klassik und Romantik, für die Gedichte etwa von Hölderlin, Lord Byron, der Günderrode oder Eichendorff. Zum anderen vertont er Dichtungen zeitgenössischer Autoren, unter denen Reimann die nahezu hermetischen Texte von Paul Celan und Sylvia Plath bevorzugt.

Seine musikalische Technik umschreibt Reimann mit dem Begriff der Variation: »Ich arbeite sehr nach dem Prinzip der Variation. Wenn etwas wiederkommt, muß es anders wiederkommen, der Begriff der Metamorphose spielt in meinem Komponieren eine große Rolle.« Der Gedanke der Weiterentwicklung kennzeichnet Reimanns Schaffen. Ihm genügt es nicht, erprobte und bewährte Lösungen und Verfahrensweisen lediglich auf eine neue Komposition zu übertragen. Zu groß erscheint ihm die Gefahr, in Klischees zu verfallen oder sich zu wiederholen. Variation bestimmt auch seine differenzierte musikalische Technik, die von kleinsten Einheiten ausgeht und diese immer wieder neu kombiniert und beleuchtet. In diesem Sinne ist Reimann, nach einem auf Alban Berg bezogenen Ausspruch von Theodor W. Adorno, ein »Meister des kleinsten Übergangs«, ohne den seine gleichzeitig intimen und expressiven Werke nicht denkbar wären.

WERKE (Auswahl)

Elegie für Orchester (1957)
Lieder auf der Flucht für Soli, gemischten Chor und Orchester (1957)
Stoffreste. Ballett in einem Akt (1958)
Klaviersonate Nr. 1 (1958)
Konzert für Violoncello und Orchester (1959)
Monumenta für Bläser und Pauken (1960)
Fünf Gedichte von Paul Celan für Bariton und Klavier (1960)
Kinderlieder für Sopran und Klavier (1961)
Konzert für Klavier und Orchester Nr. 1 (1961)
Canzoni e Ricercari per Flauto, Viola e Violoncello (1961)
Hölderlin-Fragmente für Sopran und Orchester (1963)
Ein Traumspiel. Oper in zwölf Bildern (1964)
Drei Sonette von William Shakespeare für Bariton und Klavier (1964)
Reflexionen für sieben Instrumente (1966)
Nachtstück für Bariton und Klavier (1966)
Engführung für Tenor und Klavier (1967)
Rondes für Streichorchester (1967)
Inane. Monolog für Sopran und Orchester (1968)
Loqui für Orchester (1969)
Melusine. Oper in vier Akten (1970)
Die Vogelscheuchen. Ballett in drei Akten (1970)
Zyklus für Bariton und Orchester (1971)
Konzert für Klavier und Orchester Nr. 2 (1972)
Variationen für Orchester (1975)
Six Poems by Sylvia Plath für Sopran und Klavier (1975)
Lear. Oper in zwei Teilen (1976/78)
Fragmente aus »Lear« für Bariton und Orchester (1976/78)
Nachtstück II für Bariton und Klavier (1978)

Variationen für Klavier (1979)
Unrevealed für Bariton und Streichquartett (1979/80)
Requiem für Soli, gemischten Chor und Orchester (1980/82)
Drei Lieder nach Gedichten von Edgar Allan Poe für Sopran und Orchester (1980/82)
Solo für Violoncello (1981)
Chacun sa Chimère. Poème visuel für eine Tenorstimme und Orchester (1981)
Die Gespenstersonate. Oper (1983)
Troades. Oper (1985)
Tre Poemi di Michelangelo für Bariton und Klavier (1985)
Neun Sonette der Louise Labé für Mezzosopran und Klavier (1986)
Trio für Violine, Viola und Violoncello (1987)
Ein apokalyptisches Fragment für Mezzosopran, Klavier und Orchester (1987)
Nacht-Räume für Klavier zu vier Händen und Sopranstimme (1988)
Sieben Fragmente für Orchester in memoriam Robert Schumann (1988)
Konzert für Violine, Violoncello und Orchester (1988/89)
Shine and Dark für Bariton und Klavier (linke Hand) (1989)
Entsorgt für Bariton solo (1989)
Das Schloß. Oper nach dem Roman von Franz Kafka (1990/92)
Lady Lazarus für Sopran solo (1992)
Eingedunkelt. Neun Gedichte von Paul Celan für Alt solo (1992)
Nightpiece für Sopran und Klavier (1992)
Neun Stücke für Orchester (1993)
Die Pole sind in uns für Bariton und Klavier (1995)

WOLFGANG RIHM

»Ich will bewegen und bewegt sein ... Alles an Musik ist pathetisch. Eines ist mir unumgänglich: direkte Rede, ich muß künstlerisch im Indikativ reden können. Für mich wird immer klarer, daß ich nicht komponiere, indem ich disponiere, sondern daß ich Zustände von Musik selbst ausdrücke, wenn ich etwas aufschreibe. Nicht etwas, das bereit steht und über das ich verfüge, sondern etwas, dem ich ausgeliefert bin.«

Mit diesen inzwischen berühmt gewordenen Worten umreißt Wolfgang Rihm seine musikalische Ästhetik. Er bekennt sich zum unverstellten, unmittelbaren Ausdruck und strebt eine direkte Klangrede im wörtlichen Sinn an. Mit seiner Musik möchte er kommunizieren und Emotionen vermitteln.

So selbstverständlich das Anliegen auch klingen mag, zum Zeitpunkt von Rihms ersten wichtigen Aufführungen zu Beginn der siebziger Jahre entsprach diese grenzenlose Subjektivität keineswegs der damals vorherrschenden Ästhetik, ging sie doch mit einer Rückbesinnung auf traditionelle Formen und Gattungen einher. Was in den fünfziger und sechziger Jahren geradezu verpönt war, erschien der jungen Generation wieder möglich: Sinfonien zu schreiben und an musikalische Traditionen anzuknüpfen. Wolfgang Rihm war nur einer von mehreren jüngeren deutschen Komponisten, die zu Beginn der siebziger Jahre mit der Ästhetik des Serialismus und Postserialismus brachen. Auch Manfred Trojahn, Hans-Jürgen von Bose, Volker David Kirchner oder Detlev Müller-Siemens und andere vertraten einen ähnlichen Standpunkt. Mit Schlagworten wie »Neo-Ex-pressionismus« und »Neue Einfachheit« wurden diese neuen Strömungen etikettiert. Rihm wurde bald zu dem erfolgreichsten und meistgespielten Komponisten dieser Generation. Seine zahlreichen Werke waren nicht nur in den Hochburgen der Avantgarde wie den Darmstädter Ferienkursen oder den Donaueschinger Musiktagen erfolgreich, sondern fanden auch den Weg in die traditionellen Aufführungsstätten der Opernhäuser und Konzertsäle.

Geboren wurde Wolfgang Rihm am 13. März 1952 in Karlsruhe. Durch die frühe Begegnung mit Malerei, Literatur und Musik gewann er Anregungen für seine ersten künstlerischen Versuche. Schon in jungen Jahren begann er zu komponieren, erste Lieder und Klavierstücke entstanden bereits Mitte der sechziger Jahre. Wenig später lernte er Werke der Zweiten Wiener Schule kennen. Unter diesem Eindruck instrumentierte er Schönbergs Klavierstücke op. 19. In seinen Werken jener Zeit lehnte er sich stilistisch an Anton Webern an. Während seiner Schulzeit erhielt er Unterricht von Eugen Werner Velte an der Musikhochschule seiner Heimatstadt. Später nahm er ein reguläres Kompositionsstudium auf, unter anderem bei Wolfgang Fortner, Karlheinz Stockhausen und Klaus Huber. Daneben studierte Rihm auch Musikwissenschaft bei Hans Heinrich Eggebrecht in Freiburg.

Im Alter von 22 Jahren trat er 1974 erstmals mit seinem Orchesterstück *Morphonie – Sektor IV* bei den weltweit beachteten Donaueschinger Musiktagen auf. Zwar löste der traditionell-sinfonische Gestus der frühen

Werke insbesondere in Avantgardekreisen heftige Diskussionen aus, was aber Rihms unaufhaltsamen Aufstieg zu einem der anerkanntesten deutschen Komponisten der zweiten Jahrhunderthälfte nicht bremsen konnte. Im Zusammenhang mit dem zwei Jahre später entstandenen *Dis-Kontur* für großes Orchester schrieb er: »Ich will jede Wohlerzogenheit aus der Kunst draußenlassen, das Wohlproportionierte geht momentan einfach nicht, das wäre Rückzug, fade Innerlichkeit. Ich will Innerlichkeit, aber meine, und bei mir innen ist es nicht so gemütlich.«

Sein Frühwerk beherrscht ein fast spätromantischer, von Brüchen und Eruptionen durchzogener Ton. In der direkten, beinahe schreienden Gestik zeigt sich sein unbedingtes Sich-ausdrücken-Wollen. Rihm bevorzugt einen plötzlichen, unerwarteten und unversöhnlichen Redegestus. Tonale Flecken stehen neben geräuschhaften Ausbruchsfiguren, theatralische Elemente neben eher lyrischen Passagen. Das *3. Streichquartett* von 1976 trägt den programmatischen Titel *Im Innersten*. Allein schon die Thematisierung eines Phänomens wie der Innerlichkeit war Mitte der siebziger Jahre bei vielen Vertretern der Avantgarde geradezu ein Tabu. Doch jenseits aller subjektivistischer Ich-Suche erforscht diese Reise in das Innerste des Klangs die Farben, Gesten und Proportionen der vier Streichinstrumente. »Ich habe eine Wunschvorstellung von Klang, der ganz seltsam zwischen Härte und Überschwang, dröhnender Kargheit und stählerner Üppigkeit, zwischen Schroffheit und glühender Sinnlichkeit angesiedelt ist. Es sind immer diese beiden Pole, die mich magisch anziehen, und ich suche das eine im anderen.«

Die Nähe seiner expressiven Ästhetik zur Epoche des Sturm und Drang manifestiert sich unter anderem in seiner Kammeroper *Jakob Lenz*. Ausgehend von Georg Büchners Erzählung nimmt sich Rihm der sensiblen, von seiner Umwelt unverstandenen und im Wahnsinn endenden Figur an. Dazu greift er mitunter auf traditionelle musikdramatische Idiome und Ausdrucksmittel zurück. Seit ihrer Uraufführung 1979 in Hamburg zählt *Jakob Lenz* zu den am häufigsten gespielten Kammeropern in Deutschland.

Weder im Bereich des Musiktheaters noch in der absoluten Musik hat Rihm jemals den Begriff des Werkes preisgegeben. Auch in seinen experimentellen Arbeiten hält er an einer geschlossenen Form fest. Schon während seiner Schulzeit versah er seine Kompositionen mit Opuszahlen. Auch wenn Rihm dieses Verfahren nicht konsequent durchgehalten hat, belegt es doch, daß er seine Werke nicht als offene Experimente, sondern als abgeschlossene Gebilde versteht.

Gleichzeitig favorisiert Rihm in vielen seiner Werke auch das unfertige, brüchige, nicht abgeschlossene Fragment als Textgrundlage oder als musikalische Form. Zersplitterte oder heterogene Textzusammenstellungen ersetzen seit Ende der siebziger, Anfang der achtziger Jahre die aus der Weltliteratur stammenden Vorlagen seiner textgebundenen Werke. Eine Schlüsselrolle spielt für Rihm in diesem Zusammenhang Antonin Artaud – beginnend mit dem abendfüllenden Poème dansé *Tutuguri* und kulminierend in der 1991 vollendeten Oper *Die Eroberung von Mexiko*. Hier hat Rihm, wie auch bei anderen Vertonungen der achtziger Jahre, seine Vorlage selbst aus verschiedenen Texten zusammengestellt und sie durch Fragmentierung auf wichtige Schlüsselbegriffe komprimiert.

Der zwischen 1982 bis 1987 komponierte, aus mehreren Teilen bestehende *Chiffre*-Zyklus markiert den Beginn einer neuen Schaffensperiode. Das narrative, bisweilen epische Espressivo seiner bisherigen Werke tritt hinter die Suche nach einer Zeichenhaftigkeit ursprünglicher Gesten zurück. »Die Stücke sind Versuche, eine Musiksprache zu finden, die frei ist von Verlaufs- und Verarbeitungsvorgaben. Es geht um freie Setzung des Einzelereignisses, unherbeigeführt, folgenlos im engen Sinne, freie Fortsetzung eines Imaginationsraumes. Suche nach Klangobjekten, nach Klangzeichen, einer Klangschrift.« Rihm versucht, seiner musikalischen Sprache eine semantische Dimension zu geben, und begreift Musik als Sprache, als Klangrede, nicht als Umsetzung von technisch-logischen oder doktringebundenen Vorgaben ins Klingende.

Seit den achtziger Jahren komponiert Rihm häufig Werkkreise oder -reihen. Über Jahre hinweg bildet er Gravitationszentren aus konzeptionellen oder philosophischen Vorstellungen, die seine umfangreiche Kenntnis der Geistes- und Kulturgeschichte reflektieren. Durch den mehrmaligen Perspektivenwechsel gelingt es ihm, verschiedene Bezüge und Inhalte erkennbar zu machen. Dieses Verfahren hat mit einem bloßen Überarbeiten von Werken nichts zu tun, sondern ähnelt vielmehr der Technik des »Übermalens«, bei der, ähnlich den Farbholzschnitten in der bildenden Kunst, lediglich die Grundstruktur erhalten bleibt.

Seit Anfang der neunziger Jahre setzt Rihm neue Schwerpunkte. »Seit einiger Zeit schon«, schreibt er im Frühjahr 1995, »spüre ich in mir den Wunsch wachsen, für meine Instrumentalmusik etwas zurückzugewinnen, das ich mit dem Begriff ›Fluß‹ bezeichnen könnte. Lange arbeitete ich auf das scharf isolierte und unverbundene musikalische Einzelereignis hin, und die Erfahrung dieses Hinarbeitens half mir Formen zu finden, die nicht einzig aus dem Ablauf ihrer Energien bestanden, sondern etwas vortrugen, das mir wie das Entstehen, Stauen und Umgestaltetwerden von Energiepartikeln er-

scheint. Vor dem Hintergrund dieser Erfahrung nun der Wunsch nach Fluß, Fließen, Strom, Strömung – vielleicht auch nach Flut, Flutung und Strudel.« Schon bei seinem *Bratschenkonzert* hatte Rihm sich von Richard Wagners Worten anregen lassen: »... den Faden spinnen, bis er ausgesponnen«. Dieses Konzept setzt er in seinem für Anne-Sophie Mutter geschriebenen Violinkonzert *Gesungene Zeit* um, in dem er die Idee des Strömens in das Fließen der Zeit projiziert.

Eine wichtige Rolle spielen eruptive Formprozesse, »Momente, in denen ich plötzlich gemerkt habe: Da treibt was. Ich habe das Ausbrechen eigentlich einfach als den Punkt erlebt, den ich suche.« Rihms Musik kann einerseits spontan ihre Richtung ändern, läßt andererseits aber deutliche prozessuale Formen erkennen.

Auch wenn Rihm in vielen seiner Werke an unterschiedliche musikalische Traditionen anknüpft, versteht er sich nicht als Traditionalist im engeren Sinne. »Wenn es eine Tradition gibt, der ich mich angehörig fühle, so ist es diese: Kunst als Freiheit zu verstehen, aus Freiheit entstanden und zu Freiheit verpflichtet.«

WERKE (Auswahl)

Drei Klavierstücke (1966/67)
Streichquartett Nr. 1 op. 2 (1970)
Symphonie Nr. 1 für großes Orchester op. 3 (1969/70)
Trakt für Orchester op. 11 (1971)
Morphonie (1972/...), Sektor IV für Orchester mit Streichquartett (1972/73)
Dis-Kontur für großes Orchester (1974)
Sub-Kontur für Orchester (1974/75)
Symphonie Nr. 2 für großes Orchester (1975)
Lichtzwang. Erste Musik für Violine und Orchester (1975/76)
Symphonie Nr. 3 für Soli, Chor und großes Orchester (1976/77)

Faust und Yorick. Kammeroper Nr. 1 (1976)
Streichquartett Nr. 3 »Im Innersten« (1976)
cuts and dissolves. Orchesterskizzen (1976/77)
Jakob Lenz. Kammeroper Nr. 2 (1977/78)
La musique creuse le ciel für zwei Klaviere und
    großes Orchester (1977/79)
Fünf Abgesangsszenen für Mezzosopran, Bariton
    und großes Orchester (1979/81)
Konzert für Bratsche und Orchester (1979/83)
Streichquartett Nr. 4 (1979/81)
Tutuguri. Poème dansé (1980/82)
Streichquartett Nr. 5 »Ohne Titel« (1981/83)
Schattenstück. Tongemälde für Orchester
    (1982/84)
Klangbeschreibung I für drei Orchestergruppen
    (1982/87)
Chiffre I für Klavier und sieben Instrumente
    (1982/83)
Fremde Szenen I–III. Versuche für Klaviertrio
    (1982/84)
Chiffre III für zwölf Spieler (1983)
Die Hamletmaschine. Musiktheater in fünf Teilen
    (1983/86)
Bild – eine Chiffre für neun Spieler (1984)
Chiffre V für 16 Spieler (1984)
Dies für Soli, Sprecher, Kinderchor, Sprechchor,
    gemischten Chor und großes Orchester
    (1984)
Abkehr für großes Orchester (1985)
Chiffre VI für acht Instrumente (1985)
Chiffre VIII für acht Instrumente (1985/88)
Andere Schatten. Musikalische Szene für Sprecher,
    Soli, Chor und Orchester (1985)
Oedipus. Musiktheater (1986/87)
Streichquartett Nr. 8 (1987/88)

Die Eroberung von Mexiko. Musiktheater
    (1987/91)
Schwebende Begegnung für Orchester (1988/89)
Dunkles Spiel für vier Schlagzeuger und Ensemble
    (1988/90)
Bruchstück »Die Vorzeichen« für Orchester
    (1988/89)
Kein Firmament für kleines Orchester (1988)
Frau/Stimme für Sopran und Orchester mit Sopran
    (1989)
Kalt. Oktett (1989/91)
abgewandt 2 für Ensemble. Musik in memoriam
    Luigi Nono, 3. Versuch (1990)
La lugubre gondola / Das Eismeer für zwei Orche-
    stergruppen und Klavier. Musik in memoriam
    Luigi Nono, 5. Versuch (1990/92)
Gesungene Zeit. Zweite Musik für Violine und
    Orchester (1991/92)
– et nunc für Orchester (1992)
Séraphin, Versuch eines Theaters, Instrumente/
    Stimmen/…, 1. Zustand (1993/94)
Séraphin, Versuch eines Theaters, Instrumente/
    Stimmen/…, 2. Zustand (1993/96)
Vers une symphonie fleuve I für Orchester
    (1994/95)
Vers une symphonie fleuve II für Orchester
    (1994/95)
Gejagte Form für Orchester (1995)
Nucleus für 13 Instrumentalisten (1996)
Pol, 2. Fassung für 13 Instrumentalisten (1996)
Ernster Gesang für Orchester (1996/97)
Responsorium für Frauenstimme und Ensemble
    (1997)
Styx und Lethe. Musik für Violoncello und Orche-
    ster (1997/98)

ERIK SATIE

»Was ziehen Sie vor: Musik oder Wurstwaren? Eine Frage, scheint es, die sich beim Hors d'œuvre stellen sollte. Vielerorts ist die vortreffliche, sanfte Stille durch schlechte Musik ersetzt worden. Die große Masse liebt es, zum Bier oder bei der Anprobe einer Hose falsche schöne Sachen zu vernehmen, dumme Refrains von vager Frömmigkeit anzuhören; sie scheint die Klänge der Bässe, Kontrabässe & anderer häßlicher Kinderflöten zu schätzen, ohne sich etwas dabei zu denken.«

Mit der provokativen Frage, ob Musik Wurstwaren vorzuziehen sei, drückt Satie nicht nur seine dadaistische Haltung aus, sondern äußert sich auch zum Stellenwert seiner Werke. Seine Musik sollte als Bestandteil des Alltags durchaus auch nebenbei gehört werden können, wie andere Geräusche, Gerüche und Farben. Dazu forderte er eine gute Musik mit entsprechenden Eigenschaften, die er als »Musique d'Ameublement« bezeichnete: »Die ›Musique d'Ameublement‹ ist industrieller Natur. Es herrscht die Sitte – die Gewohnheit –, bei Gelegenheiten Musik zu machen, wo die Musik *nichts zu suchen hat.* Da spielt man ›Walzer‹, Opern-›Phantasien‹ & ähnliches, zu einem anderen Zweck Geschriebenes. Wir nun möchten eine Musik einführen, die die ›nützlichen‹ Bedürfnisse befriedigt. Die Kunst hat da nichts zu suchen. Die ›Musique d'Ameublement‹ erzeugt Schwingung; sie hat keinen anderen Zweck; sie erfüllt dieselbe Rolle wie das Licht, die Wärme & *der Komfort* in jeder Form . . . Wer nie ›Musique d'Ameublement‹ gehört hat, kennt das Glück nicht. Ihr Schlaf wird schlecht sein, wenn Sie nicht vor dem Einschlafen etwas ›Musique d'Ameublement‹ gehört haben.«

Erik-Alfred Leslie Satie, der große Provokateur, Dandy und Dadaist sowie eine der skurrilsten Figuren der Musikgeschichte, wurde am 17. Mai 1866 in Honfleur in der Normandie geboren. Ersten musikalischen Unterricht erhielt er von dem Organisten seines Heimatortes, der ihn auch mit dem gregorianischen Choral vertraut machte. 1879 nahm er ein Musikstudium am Pariser Conservatoire auf, wurde aber wegen Faulheit drei Jahre später entlassen. Zu seinen ersten Werken zählen die *Ogives* für Klavier von 1886, zu denen Satie durch die intensive Beschäftigung mit der Architektur und der Musik des Mittelalters angeregt worden war. Diese Komposition, wie wenig später auch die *Sarabandes* und die *Trois Gymnopédies*, zeigen bereits die Eigentümlichkeiten seines Stils. Formmodelle des Chorals verbindet er mit einer Harmonik, die tonale und modale Elemente in sich vereinigt. Das musikalische Material setzt sich aus nur wenigen Grundzellen zusammen, die in einfache, häufig asymmetrische Wiederholungsstrukturen eingebunden werden. Die beinahe statische und jede Expressivität vermeidende Ausdruckshaltung steht in krassem Gegensatz zur romantischen Tradition und führt mitunter zu einer suggestiven, meditativen Grundstimmung.

Finanzielle Sorgen zwangen Satie dazu, 1888 als zweiter Pianist, später auch als Dirigent im Cabaret »Chat noir« am Montmartre aufzutreten. Hier komponierte er zahlreiche Chansons, Walzer und Märsche in einer Mischung aus Operettenmelodien, Schlagern und Gassenhauern. Etwa gleichzeitig schloß er sich dem Rosenkreuzerorden an, der sich in Verehrung des Mittelalters einen irrationalen Mystizismus auf die Fahnen geschrieben hatte. Für diese Sekte war Satie als Komponist und Kapellmeister tätig. In der Bühnenmusik *Le fils des étoiles* schlägt er einen fast rituellen Ton an. Die Kargheit des Satzes korrespondiert mit einer hauptsächlich aus Quartenschichtungen bestehenden Harmonik. Noch extremer stellt sich der Aufbau des berühmten Klavierstückes *Vexations* (»Quälereien«) aus der Sammlung *Pages mystiques* dar. Der kurze Satz besteht nur aus vier mit »Très lent« überschriebenen Zeilen, die 840mal wiederholt werden sollen. In zwei Zeilen des Stückes erklingt zunächst die Baßlinie allein, in den zwei folgenden wird sie mit Akkordstrukturen kombiniert. »Um dieses Stück 840mal hintereinander zu spielen, wird es gut sein, sich darauf vorzubereiten, in größter Stille und mit ernster Regungslosigkeit«, so die Anweisung von Satie dazu. Wiederholung verstand er nicht als Parodie, sondern als Bauprinzip, das er der Kunst des Mittelalters entlehnt hatte. Ein Ziel kennen seine Werke nicht. Sie beginnen an einem bestimmten Punkt und enden an einem anderen. Satie selbst scheint eine Aufführung der *Vexations* nie in Erwägung gezogen zu haben. Erst John Cage veranlaßte 1963 die Uraufführung, die fast 24 Stunden dauerte.

Satie nahm von Anfang an den Musikbetrieb nicht ernst. Seine Vorliebe für kryptische Titel, wie etwa die *Trois morceaux en forme de Poire* (»Drei Stücke in der Form einer Birne«), und ausgefallene Spielanweisungen wie »Wie eine Nachtigall mit Zahnschmerzen« machten ihn bekannt und trugen ihm den Ruf eines der witzigsten und skurrilsten Komponisten von Paris ein. Satie selbst hatte großes Vergnügen an diesen Erfindungen. Aufgrund seiner engen Beziehung zur Literatur nahm er zu allen möglichen Themen in zumeist kurzen Texten Stellung. Zu seiner literarischen Produktion gehören Aphorismen, ein Bühnenstück und viele satirische Kommentare sowie Texte zu seinen eigenen Klavierstücken. Ab 1912 veröffentlichte Satie seine kurzen Artikel in Zeitschriften, in denen er sich mit Kritikern seiner Werke oder mit dem etablierten Musikbetrieb auseinandersetzte.

1898 zog Erik Satie vom Montmartre in die Arbeitervorstadt Arcueil-Cachan, wo er bis zu seinem Tod wohnte. Statt im grauen Samtanzug wie bisher, ging er von da an stets im schwarzen Gehrock mit Melone,

Schirm und weißen Handschuhen aus. 1905 trat er, immerhin schon 39jährig, in die Schola Cantorum ein, wo er drei Jahre lang bei Albert Roussel Kontrapunkt studierte. Einige Jahre später besuchte er die Kurse für Analyse und Orchestration von Vincent d'Indy. Erst danach komponierte er wieder in größerem Umfang, zunächst eine Folge von Klavierstücken mit skurrilen Titeln und beigefügten Texten. Darin stellt er Floskeln der Cabaret- und Unterhaltungsmusik in neue Zusammenhänge und verleiht ihnen durch die Textpassagen eine neue, meist absurd-humoristische Dimension.

Spätestens ab 1910 gehörte Satie zu den bekanntesten Vertretern der Avantgarde in der französischen Metropole. Er war mit Claude Debussy und Maurice Ravel befreundet, der 1911 einige seiner Klavierstücke mit großem Erfolg aufführte. Darüber hinaus verkehrte er mit Igor Strawinsky, Pablo Picasso und Jean Cocteau. Satie erhielt nun immer häufiger Aufträge für Klavierstücke. Zunehmend wurde er selbst zum Gegenstand der Feuilletons, worauf er häufig mit eigenen Texten antwortete.

Sein endgültiger Durchbruch gelang ihm 1917 mit der Aufführung seines Balletts *Parade*, das in Gemeinschaftsarbeit von Satie, Picasso und Cocteau entstanden war und von der Truppe des russischen Ballettimpresarios Sergej Diaghilew getanzt wurde. Die Uraufführung dieses vorwiegend statisch angelegten Werkes, in dem Satie Alltagsgeräusche wie Schreibmaschinen, Signalpfeifen und Pistolenschüsse als Klangmaterial einbringt und sich erstmals auch mit dem Ragtime auseinandersetzt, endete in einem der größten Skandale der Musikgeschichte.

Guillaume Apollinaire hatte zum Programmheft von *Parade* einen Text beigesteuert, in dem er den »neuen Geist« betonte. Wenig später, 1918, erklärte Jean Cocteau in seinem Manifest *Le coq et l'Arlequin* Erik Satie zur führenden künstlerischen Gestalt der Nachkriegszeit. Dies veranlaßte eine Gruppe junger Komponisten, sich unter dem Namen »Groupe des Six« zusammenzuschließen: Georges Auric, Arthur Honegger, Francis Poulenc, Darius Milhaud, Louis Durey und Germeine Tailleferre. Ausdrücklich beriefen sie sich auf Satie, auch wenn dieser erklärte: »Es gibt keine Satie-Schule, der Satieismus wüßte nicht, wie er bestehen sollte, man träfe mich dort als Gegner ... Ich habe mich immer bemüht, durch die Form und durch den Inhalt mit jedem neuen Werk die Mitläufer in die Irre zu führen; das ist das einzige Mittel für einen Künstler, zu vermeiden, daß er das Haupt einer Schule, das heißt ›Aufpasser‹ wird.«

1917 schrieb Satie auch seine *Sonatine bureaucratique*, in der er den Neoklassizismus vorwegnimmt, wie ihn etwa Igor Strawinsky 1920 in *Pulcinella* entwickelte. Mit der Musik von Muzio Clementi machte Satie die musikalische Sprache der Klassik zur Grundlage seines Stücks.

Für eine Ausstellung in der Galerie Barbazange realisierte Satie 1920 gemeinsam mit Darius Milhaud erstmals seine Idee einer *Musique d'Ameublement*. Sie besteht aus drei kurzen musikalischen Phrasen, die endlos wiederholt werden sollen. Vorgestellt hatte sich Satie einen Ausstellungsgegenstand für das Ohr, eine Konzeption, die bereits seinen *Socrate*, ein Jahr zuvor entstanden, geprägt hatte. *Socrate* ging auf einen Auftrag der Prinzessin Polignac zurück. »Sinfonisches Drama mit Singstimme über Dialoge von Platon in drei Teilen« nannte Satie das Werk im Untertitel. Daß sein Komponieren keine humoristische Clownerie war, belegt eine Äußerung Saties im Zusammenhang mit dem *Socrate*, die die Ernsthaftigkeit seines Ansatzes deutlich macht: »Ich befasse mich mit dem Leben des Sokrates. Ich habe Bammel, vor diesem Werk zu versagen, das ich weiß und rein wie die Antike haben möchte.« Der Text,

Beschreibungen der Person Sokrates', wird hier ohne Emotion rezitiert; die stark sich zurückhaltende Musik läuft parallel zum Text, ohne auf ihn Bezug zu nehmen.

Schon 1919 wurde Saties Musik in der Dadaistenhochburg Zürich gespielt. Seit dem Skandal von *Parade* versuchten die Dadaisten, Satie für sich zu gewinnen. Als 1924 das Ballett *Relâche* uraufgeführt wurde, ernannte man Satie auch ›offiziell‹ zum Dadaisten. *Relâche* ist in Zusammenarbeit mit Francis Picabia entstanden. Das Ballett besteht aus einer Abfolge aneinandergereihter Bilder. Saties Musik gliedert sich in 22 einfach gehaltene Stücke, die aus vier- oder achttaktigen statischen Elementen bestehen. Die Abfolge von unzusammenhängenden Blöcken entspricht der Grundidee Picabias.

Nach der beim Publikum eher mit Unmut aufgenommenen Premiere von *Relâche* erkrankte Satie schwer. An weiteres Arbeiten war nicht mehr zu denken. Über Saties letzte Wochen berichtete Darius Milhaud später: »Nach dieser Erkrankung machte er es sich zur Gewohnheit, täglich nach Paris zu kommen und abwechselnd bei Derain, bei Braque oder bei mir seine Mahlzeiten einzunehmen. Er aß nur ganz leicht, wobei er gegen den Kamin gelehnt mit Mantel und Schirm dasaß, den Hut über die Augen gezogen. In dieser Haltung verblieb er unbeweglich und schweigend, bis es Zeit war, um seinen Zug nach Arcueil zu erreichen.«

Erik Satie starb am 1. Juli 1925 im Hospital Saint Joseph in Paris. Mit seinen Werken stellt er das Komponieren an sich in Frage, was ihn mit John Cage, einem anderen radikalen Vertreter der neuen Musik, verbindet. Als großer Bewunderer Saties hatte Cage dessen Werke in den Vereinigten Staaten überhaupt erst bekannt gemacht. Ihre Bedeutung formulierte er kurz und lakonisch so: »Die Frage ist nicht, ob Satie relevant sei. Er ist unerläßlich.«

WERKE (Auswahl)

Ogives für Klavier (1886)
Trois Mélodies für Gesang und Klavier (1886)
Trois Sarabandes für Klavier (1887)
Trois Gymnopédies für Klavier (1888)
Trois Gnossiennes für Klavier (1890)
Première pensée rose + croix für Klavier (1891)
Le fils des étoiles. Schauspielmusik (1891)
Uspud. Ballet chrétien à un personnage für
  Klavier (1892)
Pages mystiques für Klavier (1892/95)
Danses gothiques für Klavier (1893)
Messe des pauvres für Orgel (und Chor ad
  libitum) oder Klavier (1895)
Jack in the Box. Pantomime für Klavier (1899)
Le Piccadilly für Unterhaltungsorchester
  (1901)
Trois morceaux en forme de Poire à quatre
  mains avec une Manière de Commencement,
  une Prolongation du même, et un En Plus,
  suivi d'une Redite (Drei Stücke in der Form
  einer Birne) für Klavier vierhändig
  (1903)
Six pièces de la période für Klavier (1906/13)
Aperçus désagréable für Klavier (1908)
En habit de cheval für Orchester (1911)

Trois Préludes flasques (pour un chien) für Klavier
  (1912)
Chapitres tournes en tous sens für Klavier (1913)
Enfantines für Klavier (1913)
Choses vues à droite et à gauche für Violine und
  Klavier (1914)
Trois Poèmes d'amour für Gesang und Klavier
  (1914)
Sports et Divertissements für Klavier (1914)
Avant-dernières pensées für Klavier (1915)
Trois Mélodies für Gesang und Klavier (1916)
Sonatine bureaucratique für Klavier (1917)
Parade. Ballet réaliste in einem Bild für Orchester
  (1917)
Trois petites pièces montées für Gesang und
  Orchester (1919)
Socrate. Drame symphonique en trois parties avec
  voix (1919)
Trois nocturnes für Klavier (1919)
La belle excentrique. Ballett für Orchester (1920)
Musique d'Ameublement für Klavier, drei Klarinet-
  ten und Posaune (1920)
Quatre petites Mélodies für Gesang und Klavier
  (1920)
Ludions für Gesang und Klavier (1923)
Relâche. Ballet instantanéiste en deux actes für
  Orchester (1924)

GIACINTO SCELSI

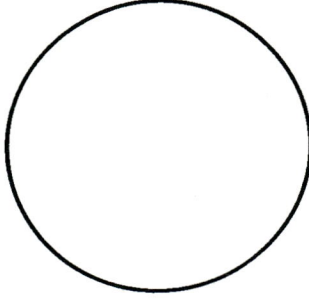

»Der Klang ist rund wie eine Kugel, aber wenn man ihn hört, scheint er nur zwei Dimensionen zu haben: Lage und Dauer – von der dritten, der Tiefe, wissen wir, daß sie existiert, aber sie entzieht sich uns gewissermaßen. Die hohen und tiefen Obertöne erwecken manchmal den Eindruck eines weiteren, vielfältigeren Klangs, jenseits jeder Dauer oder Lage, aber es fällt schwer, seine Komplexität zu erfassen. Und wie könnte man sie musikalisch aufzeichnen? Sicher, die Malerei hat die Perspektive entdeckt, welche Tiefe vortäuscht, aber bis heute, trotz Stereophonie und anderen Versuchen, sind wir in der Musik an die beiden Dimensionen der Lage und Dauer gebunden, und an das Vortäuschen einer wirklich kugelförmigen Dimension des Klangs.«

Diese Worte Giacinto Scelsis umreißen sein kompositorisches Konzept. Die Tiefe des einzelnen Klangs und seine perspektivische Auffaltung im musikalischen Raum bildeten das zentrale Thema seines Schaffens, dem Scelsi kompromißlos wie kaum ein anderer Komponist des 20. Jahrhunderts nachgegangen ist. Damit schuf er einen musikalischen Kosmos, der in der neuen Musik einzigartig dasteht.

Geboren als Giacinto Maria Scelsi, Conte di Ayala Valva am 8. Januar 1905 in La Spezia, entstammte er einer alten Adelsfamilie Süditaliens. Schon früh zeigte er ein außerordentliches Improvisationstalent am Klavier. Nach Studien in Rom in Harmonielehre und Komposition ging er 1935 nach Wien, wo ihn der Schönberg-Schüler Walter Klein mit der Zwölftontechnik vertraut machte. Weiteren Kompositionsunterricht erhielt er von Egon Köhler in Genf. Der finanzielle Rückhalt seiner Familie ermöglichte Scelsi, ein unabhängiges Leben zu führen. Meist hielt er sich außerhalb Italiens auf, in London, in der Schweiz und vor allem in Paris, wo er mit Salvador Dalí, Paul Éluard und Henri Michaux verkehrte. Seine frühen Werke sind von unterschiedlichen ästhetischen Ansätzen bestimmt: zunächst vom Bruitismus der Futuristen, später vom Klassizismus und nach seinen Studienjahren in Wien auch von der Dodekaphonie Schönbergscher Prägung. Daneben führten ihn ausgedehnte Reisen vor allem nach Asien

und Afrika. Insbesondere die Begegnung mit der Musik Asiens sollte für seine spätere kompositorische Entwicklung von Bedeutung werden. Eine schwere gesundheitliche und psychische Erkrankung zwang Scelsi Ende der vierziger Jahre zu einem mehrmonatigen Krankenhausaufenthalt. Er selbst hat diese Krise später auf die Arbeit mit den traditionellen kompositionstechnischen Verfahren insbesondere der Zwölftontechnik zurückgeführt. Scelsi therapierte sich mehr oder weniger selbst, indem er stundenlang einen einzigen Ton auf dem Klavier anschlug und dessen allmählichem Verklingen nachhorchte.

1952 kehrte Giacinto Scelsi endgültig nach Rom zurück. Er führte ein sehr zurückgezogenes Leben, veröffentlichte Lyrik in französischer Sprache und entwickelte, angeregt durch die Beschäftigung mit östlicher Philosophie, eine eigene Musiksprache, die den Klang als kosmische Kraft, als Energie verstand. Scelsi lehnte es ab, als Komponist bezeichnet zu werden, er verstand sich in erster Linie als Medium, mit dessen Hilfe Botschaften aus einer transzendentalen Wirklichkeit übermittelt wurden. In seinem musikalischen Schaffen konzentrierte er sich auf den einzelnen Ton und auf dessen energetische Entfaltung in Raum und Zeit. Auch in der schriftlichen Fixierung seiner Werke schlug Scelsi ungewöhnliche Wege ein. In der Regel hielt er seine Musik, die in Momenten meditativer Versenkung entstand, auf dem Tonband fest. Später benutzte er dazu ein sogenanntes »Ondiolina«, eine elektronische Apparatur, die es möglich machte, auch mikrotonale Abweichungen festzuhalten. Diese Aufzeichnungen ließ er dann von Mitarbeitern in herkömmliche Notenschrift übertragen, was ihm bald den Vorwurf des Dilettantismus eintrug. Doch es entsprach nicht seinem Selbstverständnis als Medium, die in intuitivem Improvisieren ent-

standene Musik, die er als »Botschaft« auf-
faßte, in Noten zurückzuübersetzen.

Ab 1953 komponierte er neben Solowerken für Klavier auch erste Stücke für Saiten-
und Blasinstrumente. Auf der Suche nach
der Tiefendimension der Klänge führte ihn
das lang anhaltende Umspielen eines einzelnen Klangs zu einer differenzierteren Wahrnehmung des Einzeltons mit kleinsten Abstufungen in Farbe, Dynamik und Tonhöhe.
Dies bezeichnete Scelsi mit der »Tiefe« des
Klangs, von der er immer wieder sprach.
Fast automatisch verlangte diese Konzeption
den Einsatz von Vierteltönen und Mikrointervallen. Die Dreidimensionalität des Klanges
bedurfte keiner harmonischen oder melodischen Entwicklungen. Der Ton allein ge-
nügte Scelsi, um seine »Botschaften« zu
realisieren.

Zu Scelsis zentralen Werken zählen die
Quattro pezzi su una sola nota von 1959. In
allen vier Stücken wird ein einziger Ton in
allen klanglichen Parametern beleuchtet.

Immer wieder ist Scelsi vereinfachend
als Ein-Ton-Komponist bezeichnet worden,
was im Hinblick auf einen großen Teil seines
Werkes auch zutrifft. In einigen seiner späteren Werke hat er allerdings auch andere
Konzeptionen benutzt. Vor allem hat er seine
meditativen Erforschungen des einzelnen
Klangs stets weiter differenziert. So ging er
etwa ab dem 1964 entstandenen *4. Streichquartett* dazu über, jede Saite des Instruments auf ein eigenes System zu notieren.
Das Quartett ähnelt damit einem Ensemblestück für 16 Saiten, wird doch jede wie ein
selbständiges Instrument mit eigenen Klangfarben behandelt. Es war deshalb nur folgerichtig, daß Scelsi drei Jahre später eine mo-
difizierte Fassung für elf Streicher realisierte,
die es den Interpreten erleichterte, diese differenzierten Strukturen umzusetzen.

Anfang der siebziger Jahre beginnen die
Werke Scelsis knapper und komprimierter

zu werden. Äußerliche Gesten und beleb-
tere Figuren finden sich jetzt kaum noch.
Alles wird zurückgenommen und in das
Innere des Klanges verlagert. Oft wird nur
noch das Intervall einer Sekunde durchmes-
sen. Damit verbindet sich ein immer stärke-
res energetisches Moment des Einzelklangs.
Wie bei einer Implosion scheint sich der
Ton nun nach innen zu entladen. Die äußerste Reduktion des Satzes entspricht dem
Höchstmaß an innerer Kraft.

Häufig hat Scelsi seine Werke nicht mit
genauen Instrumentationsangaben versehen.
So kann beispielsweise *Maknongan* aus dem
Jahr 1976 von einem beliebigen tiefen Instrument vorgetragen werden: Tuba, Kontrafagott, Baßklarinette, Kontrabaßsaxophon
oder auch von einer menschlichen Baßstimme. Das Stück erweist sich als meditative Versenkung in den Ton Gis. Dieser Ton
bildet das Zentrum, um das sich das Geflecht von feinsten Abstufungen und Diffe-
renzierungen entwickelt, die den Klang zum
Leben erwecken und ihn organisch pulsie-
rend erscheinen lassen.

Zu Scelsis letzten Kompositionen gehört
das 1984 vollendete *5. Streichquartett*, das er
seinem langjährigen, kurz zuvor verstorbenen Freund, dem Dichter Henri Michaux,
widmete. Das Stück, das nur sieben Minuten
lang ist, reduziert das musikalische Material
auf 43 Klangmomente, die um den Ton F
kreisen und ihn in immer neuen, oft cluster-
artigen Klangballungen beleuchten. Der
Zentralton bleibt das gesamte Stück hindurch präsent, ohne daß es zu Entwicklungen kommt. Das statische Geschehen ist auf
das Äußerste reduziert.

Mit den herkömmlichen Methoden musikalischer Analyse läßt sich Scelsis Werk
nicht beikommen. Thematische oder motivische Elemente fehlen ebenso wie Harmonik
und Kontrapunkt. Seine Werke haben mit ihrem archaischen Charakter etwas Zeitlos-

Sinnliches, das sich der Tradition der abendländischen Musik entgegenstellt. Techniken der europäischen Avantgarde lehnte Scelsi ab, was mit dazu führte, daß er zu Lebzeiten kaum Beachtung fand. Das änderte sich erst kurz vor seinem Tod in den achtziger Jahren, als im Zeitalter der sogenannten Postmoderne, die keine einheitliche musikalische Sprache mehr kannte, auch die Randphänomene der musikalischen Produktion wahrgenommen wurden.

Bis heute fällt es schwer, sich einen genaueren Überblick über Scelsis Œuvre zu verschaffen. Die Zahl seiner Kompositionen bleibt ebenso ungewiß wie die genaue Datierung einzelner Werke. Giacinto Scelsi war einer der großen Außenseiter in der Musik des 20. Jahrhunderts, der durch konsequentes Fortsetzen seines eingeschlagenen Weges Impulse vermittelte, die erst in den vergangenen Jahren zur Kenntnis genommen worden sind. Morton Feldman bezeichnete ihn einmal als den »italienischen Charles Ives«. Zeitlebens hat Scelsi vermieden, über seine Biographie und seine Werke zu sprechen oder sich fotografieren zu lassen. Giacinto Scelsi starb am 9. August 1988 im Alter von 83 Jahren in Rom.

Die Cellistin Frances-Marie Uitti, die mit Scelsi in seinen letzten Lebensjahren häufig zusammenarbeitete, beschrieb ihre erste Begegnung mit seiner Musik folgendermaßen: »Seine Musik hatte keine Melodie, keine Harmonie, keinen Rhythmus. Während ich mir einige Tonbänder anhörte, wurde mein Körper von einem seltsamen Gefühl durchzogen; ein Hitzegefühl kam in mir auf und mir schwindelte. Ein fast panisches Empfinden. Nie zuvor hatte ich eindringlichere Musik gehört.«

WERKE (Auswahl)

Rotative. Sinfonische Dichtung für drei Klaviere, Bläser und Schlagzeug (1929)
Sinfonietta für Orchester (1932)
Concertino für Klavier und Orchester (1934)
Suite Nr. 2 für Klavier (1934)
Preludio, Ariosa e Fuga für Orchester (1936)
Suite Nr. 6 für Klavier (1938/39)
Variationen für Klavier (1940)
Streichquartett Nr. 1 (1944)
Introduktion und Fuge für Streichorchester (1945)
La naissance du verbe für gemischten Chor und Orchester (1948)
Suite Nr. 8 für Klavier (1952)
Quattro illustrazioni für Klavier (1953)
Cinque incantesimi für Klavier (1953)
Suite Nr. 10 für Klavier (1954)
PWYLL für Flöte (1954)
Action music für Klavier (1955)
Trilogie für Violoncello (1957/65)
Tre canti popolari für gemischten Chor (1958)
I presagi für zehn Instrumentalisten (1958)
Streichtrio (1958)
Tre canti sacri für gemischten Chor (1958)
Quattro pezzi su una nota sola für Kammerorchester (1959)
HURQUALIA für großes Orchester und elektrisch verstärkte Instrumente (1960)
AION für Orchester (1961)
Streichquartett Nr. 2 (1961)
Nomos für zwei Orchester und Orgel (1963)
CHUKRUM für Streichorchester (1963)
Streichquartett Nr. 3 (1963)
ANAGAMIN für zwölf Streicher (1963)
YLIAM für Frauenchor (1964)
XNOYBIS für Violine (1964)
Streichquartett Nr. 4 (1964)
ANAHIT für Violine solo und 18 Instrumentalisten (1965)
OHOI für 16 Streicher (1966)
UAXUCTUM für gemischten Chor, Orchester und Ondes Martenot (1966)
Natura renovatur für elf Streicher (1967)
KO-THA für Gitarre (1967)
TKRDG für Männerchor, elektrische Gitarre und Schlagzeug (1968)
KONX-OM-PAX für gemischten Chor, Orgel und Orchester (1969)

Canti del capricorno für Stimme solo (1972)
PRANAM II für neun Instrumentalisten (1973)
Et maintenant c'est à vous de jouer für Violoncello und Kontrabaß (1974)
PFHAT für gemischten Chor, großes Orchester, Orgel und dinner bells (1974)
Streichquartett Nr. 5 (1974/85)

Manto für Stimme, Flöte, Posaune und Violoncello (1974)
Kshara für zwei Kontrabässe (1975)
Maknongan für ein beliebiges tiefes Instrument oder Baßstimme (1976)
KO-THA. Version für sechssaitiges Violoncello (1978)

DIETER SCHNEBEL

»Ich halte immer noch daran fest, daß es wichtig ist, daß Kunst Emanzipation und Befreiung ausdrückt. Aber: was mir inzwischen sicher genauso wie vielen anderen klar wurde – und was ich sogar von vielen anderen gelernt habe – ist eben dies: daß die Befreiungsprozesse im einzelnen Menschen doch sehr langsam vor sich gehen, und daß der Mensch dazu Hilfe braucht. Hilfe einerseits in Form von Vermittlung, indem man ihm Kunstwerke erklärt – wie man so einfach sagt ›nahebringt‹. Ich finde, man sollte wegkommen von Kunstdarbietungen in der Weise, daß wir Kunstwerke einfach dem Hörer vorsetzen: Da iß!«

Die Befreiung des Menschen und die Umgestaltung der Gesellschaft waren Ziele, die der junge Dieter Schnebel auch in seiner Musik thematisierte. Sie fanden Eingang in die Struktur seiner offenen und nicht selten von theologischem Gedankengut durchdrungenen Werke. Mit den Jahren ist diese Einstellung der Erkenntnis gewichen, daß dieses Ziel nicht allein durch eine künstlerische Konzeption zu erreichen ist. Der Wunsch nach gesellschaftlicher Veränderung blieb allerdings bestehen. Noch in den jüngsten Werken Schnebels, wie der 1998 uraufgeführten Oper *Majakowskis Tod – Totentanz*, ist er deutlich herauszuhören.

Geboren wurde Dieter Schnebel am 14. März 1930 in Lahr im Schwarzwald. Schon während der Schulzeit unternahm er erste Kompositionsversuche im klassisch-romantischen Stil. Nach dem Abitur absolvierte er zunächst eine Ausbildung zum Privatmusiklehrer. Anschließend studierte er Theologie, Philosophie und Musikwissenschaft an den Universitäten in Freiburg und Tübingen. 1955 promovierte er mit *Studien zur Dynamik Arnold Schönbergs*. Ab 1956 arbeitete er als Pfarrer, zunächst in verschiedenen Dörfern in der Pfalz, später in Kaiserslautern und Frankfurt.

Schon während seines Studiums hatte Dieter Schnebel den Musikwissenschaftler und Publizisten Heinz-Klaus Metzger kennengelernt, dem er unter anderem sein Wissen über das Werk Arnold Schönbergs und der Zweiten Wiener Schule verdankte. Außerdem hatte Schnebel in dieser Zeit regelmäßig die Darmstädter Ferienkurse besucht und war dort mit den wichtigsten Komponisten seiner Generation in Kontakt gekommen: Karlheinz Stockhausen, Luigi Nono, Pierre Boulez und anderen. Unter diesem Eindruck begann er 1953 wieder zu komponieren. Das erste von ihm noch heute anerkannte Werk war *Analysis* für Saiteninstrumente und Schlagzeug. Schnebel numerierte seine Werke nicht durch, sondern unterteilte sie in Werkgruppen. *Analysis* steht am Anfang seiner Reihe »Versuche«, die er bis in die sechziger Jahre fortführte. Dem Werk liegen serielle Techniken zugrunde, die Schnebel in einigen Parametern noch verfeinerte. So unterwarf er auch die Lautstärke und die zeitliche Struktur den seriellen Verfahrensweisen und schuf damit ein hochkomplexes Gebilde, das die gängigen Methoden der damaligen Avantgarde benutzte und gleichzeitig erweiterte. In dieser Zeit entstand auch sein erstes Orchesterwerk *Compositio*.

Zu den Hauptwerken aus Schnebels früher Schaffensphase zählt auch sein Chorwerk *dt 31.6* für zwölf Vokalgruppen. Mit dieser Komposition etablierte er sich als einer der fortschrittlichsten Vertreter zeitgenössischer Sakralmusik. Obwohl inhaltlich religiös-christlich orientiert, setzt Schnebel hier Techniken ein, die weit über die bisherige kirchliche Musikpraxis hinausgehen. Die Texte werden nicht auf herkömmliche Weise gesungen, sondern geflüstert, geschrien oder schauspielerisch umgesetzt. Die Kombination von religiöser Thematik und avanciertesten musikalischen Mitteln kennzeichnet viele seiner Arbeiten, von den frühen Werken bis hin zu seiner großangelegten *Dahlemer Messe* aus den achtziger Jahren. Mit *dt 31.6* löste sich Schnebel von den rein seriell ausgerichteten Arbeiten der sogenannten »Darmstädter Schule« und beschritt seinen eigenen Weg, der seit der Begegnung mit den Werken von John Cage in den späten fünfziger Jahren vermehrt offene Formen und aleatorische Elemente aufweist.

Neben seinen kompositorischen Arbeiten machte sich Schnebel in diesen Jahren auch als Musiktheoretiker einen Namen. Angeregt durch seine Beschäftigung mit den Werken Karlheinz Stockhausens, gab er dessen Schriften heraus und äußerte sich in zahlreichen Publikationen zu Tendenzen zeitgenössischen Komponierens, später nahm er außerdem häufig Stellung zu musikwissenschaftlichen Fragen der klassisch-romantischen Epoche.

Auf die Serie der »Versuche« folgten die »Projekte«. Als erstes Werk dieser Gruppe schrieb Schnebel 1959 *Das Urteil* nach der Erzählung von Franz Kafka für denaturierte Instrumente, naturierte Singstimmen und sonstige Schallquellen. Mit diesem Werk näherte Schnebel sich dem instrumentalen Theater an. Die Anzahl der Ausführenden gab er nicht genau vor. Zum Teil sind die Akteure fest im Raum positioniert, zum Teil aber auch mit theatralischen Aktionen beschäftigt. Das Thema »Musik im Raum« wird zum bestimmenden Bestandteil der Dramaturgie. Dementsprechend sind die Ausführenden auf langen oder kurzen, geraden oder krummen Linien angeordnet. Sie geben die Klänge langsam oder rasch weiter, so daß der Eindruck entsteht, die Musik bewege sich im Raum. Tonhöhen, Rhythmen oder harmonische Prozesse bleiben hier offen. Nicht näher bestimmt, werden die Klangcharaktere nur in ihren Extremen festgelegt. »Weder Anzahl noch Art der Instrumente und Singstimmen sind vorgeschrie-

ben. Die Anzahl (oder Auswahl) sollte jedoch ausreichen, um im Schallfeld des Stücks extreme Schallenergie zu erzeugen. Die Art (oder Auswahl) der Schallerzeuger mag sich nach Vorhandenem oder Intendiertem richten.«

Die Freundschaft mit Komponistenkollegen wie Mauricio Kagel, Sylvano Bussotti und Nam June Paik sowie die aufkommende Fluxus-Bewegung hinterließen in den Werken dieser Periode ihre Spuren. Das gilt insbesondere für das Hauptwerk dieses Schaffensabschnitts, die *glossolalie* für Sprecher und Instrumentalisten aus den Jahren 1959/60. Den Aufbau dieser »Zungenreden« beschrieb Dieter Schnebel wie folgt: »Die Definition des Stückes ist auf 29 Blättern (Materialpräparationen) fixiert. Jede Präparation definiert einen besonderen Prozeß (zum Beispiel ›kontraste‹, ›verwicklungen‹, ›fortsetzungen‹, ›einfälle‹, ›oppositionen‹ etc.) mit Hilfe von möglichen Parameterwerten des verwendeten Materials. Material ist zum einen Gesprochenes aller Art, das losgelassen und als Musik genommen wird, zum anderen vielfältiges Instrumentalspiel, das gewissermaßen redet: Melodien fremder Sprachen, Polyphonien erregter Diskussion, hochtrabende, auch nichtssagende instrumentale Phrasen. Derartiges soll sich begegnen, ineinandergeraten, sich abstoßen.« Zu der ungewöhnlichen Konzeption dieses Werkes merkte er an: »Das Material von *glossolalie* enthält so zahlreiche Möglichkeiten, daß es nicht geraten schien, in der Komposition gleich ein en detail fixiertes Stück anzusteuern. Daher der Versuch, die Musik zunächst bloß zu definieren, das heißt, ihre Verläufe zu umschreiben, ohne schon ihren Inhalt genau zu fixieren; also vorzugehen wie in der Mathematik, wenn man eine Aufgabe allgemein löst und dabei mit Buchstaben als allgemeinen Zahlen arbeitet, für die man nachher eine ganze Reihe bestimmter

Werte einsetzen kann. Durch solche Definition ihrer Materialien wurde die Musik zu *glossolalie* mehr projektiert denn kompositorisch ausgearbeitet, weshalb außerordentlich viele und verschiedenartige Realisationen dieses Projekts möglich sind – jetzt und in Zukunft.« Wenig später legte der Komponist seine *glossolalie* in einer ausgearbeiteten Version für 3–4 Sprecher und ebenso viele Instrumentalisten vor. Damit präsentiert er das Material in einer »vierteiligen Quasi-Sinfonie«. Sprecher und Instrumentalisten reflektieren das eben Vergangene und das aller Wahrscheinlichkeit nach noch zu Erwartende. Die Partitur sieht zahllose Sprachen und Schriften vor, verwendet Zitate aus alltäglichen und klassischen Texten, benutzt älteste und modernste Notationen und fixiert alle Schritte und Gesten der szenischen Darbietung.

Noch deutlicher zeigen sich die Einflüsse der Fluxus-Bewegung in *nostalgie* von 1962, das der Werkgruppe »Modelle« angehört. *nostalgie* ist ein Solo für einen Dirigenten ohne Orchester. Die graphisch gestaltete Partitur zeichnet Dirigierbewegungen, die gestische Musik ohne Klänge erzeugen. Gleichzeitig nimmt Schnebel mit diesem Werk den Starkult großer Dirigenten aufs Korn. Aufgeführt wurde *nostalgie* beim Fluxus-Festival in Wiesbaden 1962. In die gleiche Richtung zielt auch das *concert sans orchestre* von 1964 für einen Pianisten und Publikum, bei dem das Publikum den Part des Orchesters übernehmen soll.

Seit 1963 arbeitete Schnebel als Religionslehrer in Frankfurt am Main. Hier entstand auch *ki-no*, eine Nachtmusik für Projektoren und Hörer. In Analogie zu seiner gestischen Musik entwirft Schnebel nun das Panorama einer optischen Musik; in bestimmten Rhythmen werden Dias und Filme auf mehrere Leinwände projiziert, und sie erzeugen ein polyphones Lichtspiel, bei dem sich die Musik im Kopf des Hörers ein-

stellen soll. Einige Zeit später konzipierte Schnebel mit *Mo-No* eine Musik zum Lesen, die er als eine Art Buchfassung von *ki-no* verstanden wissen wollte. »Dieses Lese- und Bilderbuch bietet weder Literatur noch aufs Blatt gebannte Kunst fürs Auge. Vielmehr ist *Mo-No* eine Musik zum Lesen; genauer: Musik für einen Leser. Die Lektüre des Buches will im Kopf des Lesers Musik entstehen lassen, so daß er, im Lesen allein – mono – zum Ausführenden von Musik wird, für sich selbst Musik macht.«

1970 zog Schnebel nach München, wo er an einem Schwabinger Gymnasium Religion unterrichtete. Hier begann er mit der Ausarbeitung seiner *Maulwerke*, bei denen die zum Teil elektronisch verstärkten Artikulationsorgane im Mittelpunkt stehen. Schon die Titel aus dieser Werkgruppe machen deutlich, um was es hier geht: »Atemzüge«, »Kehlkopfspannungen & Gurgelrollen«, »Zungenschläge und Lippenspiel«. Schnebel bezeichnet die *Maulwerke* als eine »psychoanalytische Musik«, da die Artikulation nicht nur Organe bewege, sondern auch psychische Emotionen auslöse. 1972 gründete er an seiner Schwabinger Schule eine Arbeitsgemeinschaft »Neue Musik«, mit der er ein umfangreiches Repertoire zeitgenössischer Werke erarbeitete und öffentlich aufführte. Im Zusammenhang mit dieser Tätigkeit entstand ab 1973 der Werkkomplex »Schulmusik«, mit dem Schnebel eine Musik für Laien und Lernende schrieb, um diesen Zugang zur zeitgenössischen Musik zu eröffnen.

In die siebziger Jahre fällt auch der umfangreiche Zyklus der »Bearbeitungen«, in dem Schnebel versucht, das »innere Leben« einiger Werke von Bach, Beethoven, Schubert, Wagner oder Webern neu zu erschließen. So setzt er etwa Beethovens *Klaviersonate* op. 10 Nr. 3 für Schlagzeug oder einen Contrapunctus aus Bachs *Kunst der Fuge* für Stimmen. Dieser Werkkomplex weist auf

Schnebels intensivere Beschäftigung mit der musikalischen Tradition hin. In der mit »Tradition« überschriebenen Gruppe von Kompositionen, die ab 1975 entstand, geht es Schnebel explizit darum, »das Drängende und Lebendige in den ehrwürdigen Formen und Inhalten des Vergangenen aufzuspüren und dynamisch zu neuer Gegenwart und Zukunft zu führen. Gemeint ist eine neue Musik, welche Linien zum Vertrauten zieht und ebenso die Grenzen des Vertrauten in unbekanntes Terrain erweitert.« Traditionelle Formen bestimmen häufiger die seit Mitte der siebziger Jahre entstandenen Kompositionen, wie etwa die großangelegte *Dahlemer Messe* für vier Solostimmen, zwei gemischte Chöre, Orchester und Orgel, die Schnebel dem Andenken Martin Niemöllers, Dietrich Bonhoeffers und Karl Barths gewidmet hat. Sie wurde 1988 in der Dahlemer Jesus-Christus-Kirche in Berlin uraufgeführt. In der ökumenisch geprägten Messe greift Schnebel eine Vielzahl von unterschiedlichen Traditionen auf, von protestantischen Chorälen und kanonischen Techniken des 15. Jahrhunderts bis hin zum gregorianischen Choral.

Seit 1976 unterrichtet Schnebel an der Hochschule der Künste in Berlin experimentelle Musik und Musikwissenschaft. Zwischen 1987 und 1992 schrieb er die fast zweieinhalb Stunden dauernde *Sinfonie X* für großes Orchester, Altstimme, Live-Elektronik und Tonband. Sie hat zwei Teile, die durch eine auskomponierte Konzertpause voneinander getrennt sind. Schnebel versteht sie als Entwurf, der trotz seines Finales unabgeschlossen ist und sich in Form eines Work in progress noch ergänzen läßt.

Nach der Auseinandersetzung mit den Gattungen Messe und Sinfonie arbeitete er an der Oper *Majakowskis Tod,* die 1998 in Leipzig uraufgeführt wurde. In drei Szenen werden Episoden aus dem Leben des Dichters und Revolutionärs Majakowski erzählt, in einer tribunalartigen Lesung vor einem unwilligen Publikum, einer Liebesszene mit der Frau eines Schriftstellerkollegen und schließlich dem testamentarischen Vermächtnis. Der Tod Majakowskis leitet dann zum zweiten Teil der Oper, einem großangelegten Totentanz, über. Die Revolution muß scheitern, da die Menschen für ihre Konsequenzen noch nicht reif genug sind – so Schnebels Botschaft in diesem musikdramatischen Werk. Vielleicht bleibt die Musik auch deshalb hier eher kommentierend zurückhaltend.

Trotz der intensiven Beschäftigung mit den traditionellen Gattungen hat Schnebel seinen experimentellen Ansatz nicht aufgegeben. Immer wieder entstehen neue Werke für das von ihm in Berlin gegründete Ensemble »Die Maulwerker«. In seinen großen Werken verschmelzen Momente und Formen traditioneller Musik mit modernsten Techniken zu einer eigenen, häufig von den ›letzten Dingen‹ handelnden Musiksprache. Insofern gilt Schnebel als ein Komponist, der sich seiner theologischen Wurzeln immer bewußt blieb und sich als Vertreter einer aussterbenden Zunft für die zeitgenössische avantgardistische Kirchenmusik engagiert.

WERKE (Auswahl)

Analysis für Saiteninstrumente und Schlagzeug (1953)
Stücke für Streichquartett (1954/55)
Fragment für Kammerensemble und Stimme ad libitum (1955)
Compositio für Orchester (1955/56)
dt 31.6 für zwölf Vokalgruppen (1956/58)
Für Stimmen (. . . missa est) für fünf Sopran-, vier Alt-, vier Tenor- und fünf Baßstimmen, die nacheinander »dt 31.6«, »amn« und »:! (madrasha 2)« aufführen (1956)
amn für sieben Vokalgruppen (1958/67)
:! (madrasha) für drei Chorgruppen (1958/68)
raum – zeit y für eine unbestimmte Anzahl von Instrumentalisten (1958)

Das Urteil. Raummusik für denaturierte Instrumente, naturierte Singstimmen, sonstige Schallquellen und Publikum (1959)

glossolalie für Sprecher und Instrumentalisten (1959/60)

Glossolalie 61 für 3–4 Sprecher und 3–4 Instrumentalisten (1960/61)

réactions für (1) Instrumentalisten und Publikum (1960/61)

visible music I für einen Dirigenten und einen Instrumentalisten (1960/62)

espressivo. Musikdrama für einen Klavieristen (1961/63)

nostalgie. Solo für einen Dirigenten (1962)

ki-no. Nachtmusik für Projektoren und Hörer (1963/67)

lectiones für vier Sprecher und Zuhörer (1964/74)

concert sans orchestre für einen Pianisten und Publikum (1964)

fall < > out. Passion für einen Vokalisten und Publikum (1965)

anschläge – ausschläge. Szenische Variationen für drei Instrumentalisten (1965/66)

Choralvorspiele für Orgel, Nebeninstrumente und Tonband (1966/69)

Maulwerke für Artikulationsorgane und Reproduktionsgeräte (1968/74)

MO-NO. Musik zum Lesen (1969)

Choralvorspiele für Orgel, zwei Spieler mit Nebeninstrumenten, Tonband, Verstärker und Posaunenchor (1969)

Hörfunk-Radiophonien I–V. Komponiertes Hörspiel auf Tonband (1969/70)

Gehörgänge. Für Radioapparate, Schallplattenspieler, Kassettenrecorder und Ensembles (1972)

Bach-Contrapuncti für Stimmen (1972/76)

Webern-Variationen für beliebige Instrumente (1972)

Schulmusik für räumliche Stimmen und Instrumente (1973/79)

Orchestra für mobile Musiker (1974/77)

In motu proprio. Kanon à 7 für gleichartige Instrumente (1975)

B-Dur-Quintett für Streichquartett und Klavier (1976/77)

Handwerke-Blaswerke für drei oder mehr archaische und exotische Instrumente (1977)

Diapason. Kanon à 13 für ungleichartige Instrumentalgruppen (1977)

Schubert-Phantasie für geteiltes großes Orchester (1977/78)

Pan für einen Flötisten und Begleitinstrument ad libitum (1978)

Thanatos – Eros für großes Orchester und Stimmen (1979/82)

Körper-Sprache. Organkomposition für drei bis neun Ausführende (1979/80)

Wagner-Idyll für Kammerensemble (und Stimme) (1980)

Memento. Moralische Meditation für Stimme und melodisch-harmonisch-rhythmisches Accompagnement (1982)

Jowaegerli. Allemannische Worte und Bilder mit vokalen und instrumentalen Klängen und mit Schlagwerk (1983)

Sinfonie-Stücke für Orchester (1984/85)

Missa. Dahlemer Messe für vier Solostimmen, zwei gemischte Chöre, Orchester und Orgel (1984/87)

Lauten – Geste – Laute für ein bis vier Darsteller (1984/88)

Beethoven-Symphonie für Kammerensemble (1985)

Mahler-Moment für Streicher (1985)

Sinfonie X für großes Orchester, Altstimme, Live-Elektronik und Tonband (1987/92)

Monotonien für Klavier und Live-Elektronik (1988/89)

Chili. Musik und Bilder zu Kleist für drei Sprecher, Solistenquartett und Kammerensemble (1989/91)

Motetus I für zwei gemischte Chöre a cappella (1989/93)

Janáček-Moment für Orchester (1992)

Museumsstücke für acht Darsteller (1992)

Languido für Baßflöte und Live-Elektronik (1993)

Kaschnitz-Gedichte für Altstimme und Klavier (1994)

inter für kleines Orchester (1994)

Zwischenstücke für Kammerensemble (1994)

Worte, Töne, Schritte für Sprechstimme und Instrumente (1996/97)

Ricercar (Motetus II) für zwei gemischte Chöre a cappella (1998)

Majakowskis Tod – Totentanz. Oper in zwei Teilen (1995/98)

ALFRED SCHNITTKE

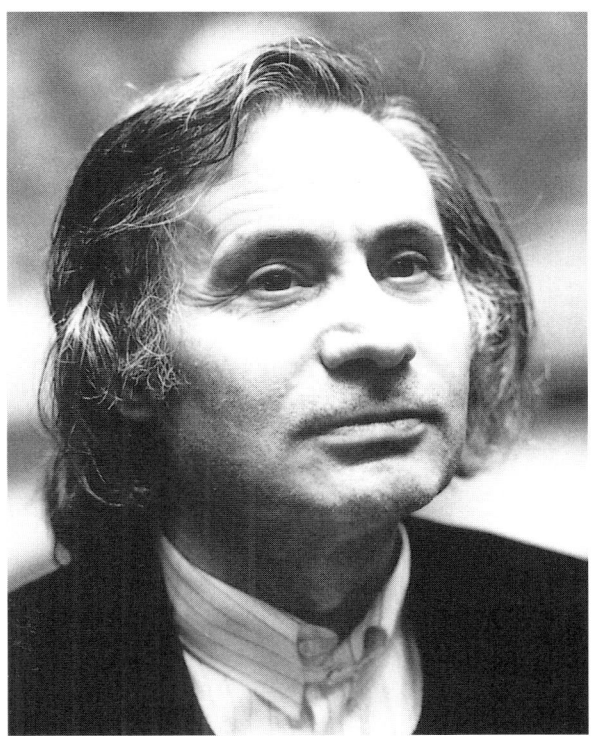

»Schon fast dreißig Jahre wiederholt sich
derselbe Traum: ich komme in Wien an –
endlich, endlich, es ist unsagbares Glück,
es ist eine Rückkehr in die Kindheit, es ist
die Erfüllung ... dann wache ich auf in
Moskau oder woanders mit klopfendem Herzen und bitterem Schuldgefühl der Ohnmacht, weil mir die Kraft für die letzte
kleine Anstrengung fehlt, die mich für im-

mer in der geträumten Vergangenheit festbannen könnte.«

Dieser Traum scheint in Wirklichkeit ein Trauma gewesen zu sein. Drei Jahre lang hatte der jugendliche Schnittke nach dem Zweiten Weltkrieg in Wien gelebt, bevor er zurück nach Moskau ging, wo ihn eine andere, weniger erfreuliche Welt erwartete. So deckt sich die Sehnsucht nach der verlorenen Kindheit mit der Sehnsucht nach einem Leben in Freiheit und Würde.

Geboren am 24. November 1934 in Engels in der damaligen Wolgadeutschen Republik, hatte es Schnittke mit seiner Familie nach dem Krieg ins russisch besetzte Wien verschlagen. Der Vater, ein in Frankfurt am Main geborener Jude, arbeitete dort als Korrespondent einer deutschsprachigen Zeitung, die Mutter als Deutschlehrerin. Hier, in der Stadt Mozarts und Schuberts, erhielt Alfred Schnittke ersten Klavierunterricht und fand seinen Weg zur Musik. Zurück in Moskau, besuchte Schnittke ab 1949 eine Musikfachschule, wo er zum Chordirigenten ausgebildet werden sollte. Hier erlernte er sein musikalisches Handwerk: Harmonielehre, Kontrapunkt und Formanalyse. Von 1953 bis 1958 studierte er dann Komposition am Moskauer Konservatorium. Als früheste gültige Komposition schrieb er 1957 sein später revidiertes *1. Violinkonzert*. Seine musikalische Sprache bewegt sich hier noch in traditionellen Bahnen, was unter anderem damit zusammenhängt, daß es in der Sowjetunion jener Jahre kaum Gelegenheit gab, neue Musik westlicher Prägung kennenzulernen. »Die einzige Möglichkeit, etwas zu hören, waren zufällig noch existierende Aufnahmen von

Schönberg im Konservatorium. Auf diese Weise hörte ich 1953 und 1954 zum ersten Mal *Pierrot lunaire* oder das zweite Streichquartett. In diesen Jahren durften Schönberg, Bartók oder Strawinsky nicht öffentlich gespielt werden, aber auch die achte oder neunte Sinfonie von Schostakowitsch nicht.« In seinen folgenden Werken näherte sich Schnittke der Programmusik an. So befaßte er sich in den großbesetzten Kompositionen wie dem *Nagasaki-Oratorium* oder den *Liedern von Krieg und Frieden* mit dem Kriegsgeschehen. 1961 trat Alfred Schnittke dem sowjetischen Komponistenverband bei. Kurze Zeit später wurde er als Lehrer für Instrumentation und Komposition an das Moskauer Konservatorium berufen.

In den sechziger Jahren begann sich die sowjetische Kulturpolitik allmählich Richtung Westen zu öffnen. Bei dem alljährlich stattfindenden Festival für neue Musik, dem »Warschauer Herbst«, waren nun auch Kompositionen etwa von Karlheinz Stockhausen oder Luigi Nono zu hören. Als Nono 1963 die Sowjetunion besuchte, lernte er auch Alfred Schnittke kennen, der sich später erinnerte: »Zu dem, was wir machten, verhielt sich Nono sehr kritisch, aber es war nicht diese offizielle Kritik und deshalb nicht erniedrigend. Seine Kritik hat mir geholfen, und unser Kontakt blieb bis zum Ende bestehen. Durch Luigi Nono entstanden außerdem Kontakte zu Komponisten wie Pierre Boulez oder Henri Pousseur, die uns Noten, Schallplatten und Tonbänder schickten. Das gab uns die Möglichkeit zu einer Entwicklung. Es war eine zweite Schule, die wir nach dem Konservatorium durchliefen.« Schnittkes Werke der sechziger Jahre zeigen eine deutliche Öffnung hin zu avantgardistischeren Mitteln. Die Tonbänder und Partituren aus dem Westen hinterließen ihre Spuren in seiner musikalischen Technik. Vor allem das *2. Violinkonzert* und das *1. Streich-*

quartett belegen seine Beschäftigung mit seriellen Techniken, was die kommunistische Kulturbürokratie wie auch die konservative Fraktion im Komponistenverband kritisch verfolgte. Das 1966 entstandene erste Streichquartett wurde von den offiziellen Kulturgremien als ein »mehr experimentelles als wertvolles Opus« bezeichnet, das nicht zu »den Errungenschaften sowjetischer Musik« zu zählen sei. Urteile dieser Art erschwerten die Aufführungen seiner Werke. Zudem wurden seine Kompositionen vom Kulturministerium nicht gekauft und gedruckt, so daß Schnittke nicht von seinen Arbeiten leben konnte. Wie vielen anderen Komponisten im Ostblock, die nicht das Wohlwollen ihres Staates genossen, blieb Schnittke nur die musikalische Brotarbeit übrig. Zu mehr als 70 Filmen schrieb er bis 1984 die Musik, die für ihn aber auch positive Aspekte beinhaltete: »Durch diese Filmarbeit hatte ich ständigen Kontakt mit Orchestern und Regisseuren, die mir keine Klischees zuteilten und mir dadurch die Möglichkeiten zu einer Weiterentwicklung gaben.«

Die entscheidende Wende brachte das Jahr 1968, in dem Schnittke das erste Werk schuf, in dem er seine Ideen einer polystilistischen Musik verwirklichte. Die theoretischen Grundlagen dieser von ihm neu entwickelten Technik veröffentlichte er fünf Jahre später in einem Aufsatz. Dabei stützte er sich im Wesentlichen auf die Elemente von Zitat und Allusion: »Die Polystilistik ist nichts von mir Erfundenes, nichts Individuelles. Es ist das Zusammenwirken von verschiedenen stilistischen Bereichen, ein Zusammenwirken von verschiedenen Zitaten aus ganz verschiedenen Musiken. Es gibt aber auch Quasi-Zitate, die wie Zitate scheinen, aber keine sind. In allen Fällen ist es eine Zulassung von eigener Musikwelt und gespiegelter, objektiv existierender Musikwelt.«

Sein erstes im neuen Idiom der Polystilistik gehaltenes Werk war die 1968 entstandene *2. Violinsonate*. Schnittke nennt sie im Untertitel »Quasi una sonata«, er bezeichnete sie wiederholt als einen »Bericht über die Unmöglichkeit einer Sonate«. Unmittelbar nach Abschluß dieser Komposition begann Schnittke sein polystilistisches Konzept auf die sinfonische Form zu übertragen. Die große, 80minütige *1. Sinfonie* in vier Sätzen markiert den eigentlichen Beginn von Schnittkes kompositorischem Schaffen, obwohl er das Werk zunächst als »Un-Sinfonie« ausgab, was er später revidierte: »Es ist ein Versuch, die inzwischen von der Musikentwicklung zerstörte Sinfonie (mit dramatischer Sonatenform, ›Jahrmarkts-Scherzo‹, philosophierendem Adagio und erlösendem Finale) aus Resten und Brocken wieder aufzubauen, dabei die fehlenden Flächen mit neuen ersetzend ... Außer vielen klassischen Zitaten (Ludwig van Beethoven, Chopin, Strauß, Grieg, Tschaikowsky, Dies irae, Gregorianische Choräle, Haydn) stammt das Material von mir (auch das banale – es sind meist Fragmente aus Film- und Theatermusik von mir).«

Die Sinfonie beginnt mit einem merkwürdigen Prolog. Zunächst bleibt das Podium leer. Ein Jazz-Trompeter tritt auf, und erst nach und nach nehmen die vor sich hin spielenden Musiker Platz, bis sich ein wahrer Klangtumult aufgebaut hat. Applaus begleitet den anschließenden Auftritt des Dirigenten. Am Ende des Werkes zitiert Schnittke eine kurze Passage aus Joseph Haydns *Abschiedssinfonie*. Dazwischen liegt eine bunte und bisweilen grelle Collage aus Musik aller Zeiten und Stile, von Beethovens fünfter Sinfonie bis hin zu Märschen und Tanzsätzen. Diese tollkühne, riesenhafte Architektur nimmt durch das häufige Zitieren der mittelalterlichen *Dies-irae*-Sequenz einen Zug ins Endzeitliche an, weshalb Schnittke seine erste Sinfonie auch als eine »Komposition im Angesicht der Apokalypse« bezeichnete.

Die Uraufführung der ersten Sinfonie fand 1973 im entlegenen Gorki unter der Leitung des Widmungsträgers Gennadi Roschdestwenski statt und wurde zu einem musikpolitischen Ereignis von Rang. Monatelang stritt die sowjetische Fachpresse darüber, ob es sich um eine »Anti-Sinfonie«, einen bloßen Klamauk oder einen destruktiv-zerstörerischen Angriff auf die Gattung handele. Für Schnittke stellte seine erste Sinfonie »ein großes Fragezeichen um die Lebenschancen der Sinfonie-Form« dar, das er selbst auflöste, indem er seinem Erstling eine Reihe weiterer Sinfonien folgen ließ. Sie bilden den Mittelpunkt seines vielseitigen Schaffens.

In seiner 2. Sinfonie, einer Verbindung von Sinfonie und Messe, setzte sich Schnittke zum einen mit der Religion auseinander, verstand sie zum anderen aber auch als eine Hommage an Anton Bruckner. Mit Zitaten von Bach bis Kagel gestaltete Schnittke seine 3. Sinfonie als Streifzug durch die deutsche Musikgeschichte.

Eine zentrale Stellung nimmt die 1984 entstandene 4. Sinfonie ein, in der wieder liturgisch-religiöse Elemente im Vordergrund stehen. Ein Jahr zuvor war Schnittke zum katholischen Glauben konvertiert. In der Komposition treffen drei Linien des Christentums mit ihrer gemeinsamen Quelle, dem Alten Testament, aufeinander. Schnittke arbeitete weniger mit Zitaten als mit stilistischen Anverwandlungen, wobei er alle Themen in Tri- und Tetrachorden anordnete und kanonisch verarbeitete. Dabei setzte er eine Fülle musikalischer Techniken ein, vom »Zeichengesang« der Ostkirche über den jüdischen Synagogengesang und das protestantische Kirchenlied bis zum gregorianischen Choral. In dem »Coro« überschriebenen Schlußteil fügen sich alle musikhistorischen Linien zusammen, gleichsam um die jahrhundertealte Spaltung der Kirche aufzuheben und die unterschiedlichen Konfessionen zusammenzuführen. Da dieses Vorhaben Utopie bleiben muß, geht die Musik im Dröhnen von Glocken und Gongs unter.

Alfred Schnittkes polystilistischer Ansatz ist immer wieder als bloßes Recycling der Musikgeschichte kritisiert worden, das auf den Wiedererkennungseffekt setzt. Doch seine Intention zielte in eine andere Richtung. Das seriell organisierte Material ergab ihm eine zu flächige Struktur, bei dem er die räumliche Wirkung der Musik vermißte. So führte ihn das Fehlen von Nähe und Ferne zu seinem neuen Ansatz. Von Beliebigkeit sind seine collagierten Werke jedenfalls ebenso weit entfernt wie die Arbeiten Bernd Alois Zimmermanns aus den späten sechziger Jahren.

Nach einem schweren Schlaganfall 1985 – wochenlang lag Schnittke im Koma und schwebte zwischen Leben und Tod – komponierte er unermüdlich weiter. In der 5. Sinfonie von 1988 setzte er sich mit der Klangwelt von Gustav Mahler auseinander. Sie markiert einen weiteren Höhepunkt seiner polystilistischen Technik.

Nachdem Schnittke Anfang der neunziger Jahre deutscher Staatsbürger geworden war, übernahm er eine Professur für Komposition an der Hamburger Musikhochschule. Er begann sich für das Musiktheater zu interessieren, das ihm ein großes Anwendungsgebiet für seine polystilistische Kompositionsweise eröffnete. Schon jahrzehntelang hatte Schnittke sich mit dem Plan einer Faust-Oper befaßt. Zunächst schrieb er die Faust-Kantate »Seid nüchtern und wachet ...«, die später den dritten Akt der Oper darstellen sollte. Danach beschäftigte er sich mit der Erzählung Das Leben mit einem Idioten des russischen Dichters Viktor

Jerofejew. Im Zentrum der Handlung steht ein Ehepaar, das sich gezwungen sieht, einen aus dem Irrenhaus entlassenen ›Idioten‹ bei sich aufzunehmen. Das Zusammenleben mit dem vermeintlich ›sanften‹ Wowa (Lenins Kosename) entwickelt sich bald zu einem spannungsgeladenen Dreiecksverhältnis und führt zu überraschenden hetero- und homosexuellen Situationen, die sich in heftigen Aggressionen verdichten. Der Idiot tötet schließlich die Frau mit einer Geflügelschere, treibt den Mann in den Wahnsinn und fährt am Ende wie ein Heiliger in den Himmel auf. Dieser Stoff ermöglichte Schnittke, eigene politische Erfahrungen im Sozialismus aufzuarbeiten. In Form einer surrealen Groteske, die in einer langen russischen Tradition seit Gogol steht, wird hier der sowjetische Alltag als absurde Farce beschrieben. Bezeichnenderweise verlieh der Regisseur der Uraufführung, Boris Pokrofski, dem Idioten Lenins Züge, und bewußt zitierte Schnittke revolutionäre Kampflieder wie die *Internationale* oder *Brüder, zur Sonne, zur Freiheit*. Mit allen Registern seines polystilistischen Ansatzes gelang es ihm, Jerofejews absurde Parabel in einen brillanten Totentanz durch die Musikgeschichte umzusetzen. Die dichte kaleidoskopartige Partitur versah er mit witzigen, bissigen Elementen, ohne den schmalen Grat zwischen purem Klamauk und musikalischem Chaos zu verlassen. Die Uraufführung 1992 in Amsterdam wurde zu einem grandiosen Erfolg, so daß die Presse fast einhellig von einem der wichtigsten Opernereignisse der letzten Jahrzehnte sprach.

In der Folge komponierte Alfred Schnittke weitere Werke für das Musiktheater. 1995 hatte *Gesualdo* an der Wiener Staatsoper Premiere, im gleichen Jahr kam auch die *Historia von D. Johann Fausten*, an der Schnittke länger als ein Jahrzehnt gearbeitet hatte, in Hamburg zur Uraufführung.

Doch konnte der Komponist aus gesundheitlichen Gründen der Premiere nicht beiwohnen.

In den vergangenen Jahren nahm die Stille zunehmend Raum in den Werken Schnittkes ein. Immer vernehmlicher wird ein melancholischer und elegischer Ton. So steht eine Komposition wie die bereits 1979 komponierte *Stille Musik* für Violine und Violoncello in schärfstem Kontrast zu der sinnlich-zupackenden Musik seines Opernerstlings und verweist damit gleichzeitig auf die Grenzen musikalischen Ausdrucks überhaupt. Viele späte Werke lassen einen ähnlichen Duktus erkennen.

Alfred Schnittke gilt heute als einer der erfolgreichsten zeitgenössischen Komponisten, was eine Fülle von CD-Einspielungen und Aufführungen seiner Werke belegen. Aber der Erfolg kam für ihn spät und erst nach jahrzehntelanger Arbeit ohne öffentliche Resonanz.

Alfred Schnittke starb nach langer, schwerer Krankheit am 3. August 1998 in Hamburg.

WERKE (Auswahl)

Konzert für Violine und Orchester Nr. 1 (1957/62)
Nagasaki. Oratorium für Mezzosopran, gemischten Chor und Orchester (1958)
Lieder von Krieg und Frieden. Kantate für Sopran, gemischten Chor und Orchester (1959)
Konzert für Klavier und Orchester (1960)
Drei Gedichte von Marina Zwetajewa für Mezzosopran und Klavier (1965)
Streichquartett Nr. 1 (1966)
Konzert für Violine und Orchester Nr. 2 (1966)
Pianissimo für Orchester (1968)
Konzert für Oboe, Harfe und Streicher (1971)
Labyrinthe. Ballett in fünf Episoden für Kammerorchester (1971)
Sechs Klavierstücke (1971)
Sinfonie Nr. 1 (1972)
Klavierquintett (1972/76)

Der gelbe Klang. Szenische Komposition für Panto-
mime, Instrumentalensemble, Sopran und
gemischten Chor (1974)
Requiem für Soli, gemischten Chor und Ensemble
(1975)
Moz-Art für zwei Violinen (1975/76)
Concerto grosso Nr. 1 für zwei Violinen, Cembalo,
präpariertes Klavier und Streicher (1977)
Konzert für Violine und Kammerorchester Nr. 3
(1978)
Sinfonie Nr. 2 »St. Florian« für Soli, Kammerchor
und Orchester (1979)
Stille Musik für Violine und Violoncello (1979)
Konzert für Klavier und Streicher (1979)
Streichquartett Nr. 2 (1980)
Passacaglia für Orchester (1980/81)
Sinfonie Nr. 3 (1981)
Concerto grosso Nr. 2 für Violine, Violoncello und
Orchester (1981/82)
Seid nüchtern und wachet. Kantate für Soli,
gemischten Chor und Orchester (1983)
Streichquartett Nr. 3 (1983)
Konzert für Violine und Orchester Nr. 4 (1984)
Sinfonie Nr. 4 für Soli, Chor und Kammerorchester
(1984)
Ritual für Orchester (1984/85)
Skizzen. Ballett in einem Akt (1985)
Konzert für Viola und Orchester (1985)
Peer Gynt. Ballett in drei Akten (1986)

Konzert für Violoncello und Orchester (1986)
Quasi una Sonata für Violine und Kammer-
orchester (1987)
Klaviersonate Nr. 1 (1987)
Concerto grosso Nr. 4 (Sinfonie Nr. 5) für Violine,
Oboe und Orchester (1988)
Streichquartett Nr. 4 (1989)
Monolog für Viola und Streichorchester (1989)
Konzert für Violoncello und Orchester Nr. 2
(1990)
Klaviersonate Nr. 2 (1990/91)
Das Leben mit einem Idioten. Oper in zwei Akten
(1990/91)
Agnus Dei für zwei Soprane, Frauenchor und
Orchester (1991)
Sinfonie Nr. 6 (1992)
Hommage à Grieg für Orchester (1992)
Concerto grosso Nr. 6 für Violine, Klavier und
Streichorchester (1993)
Sinfonie Nr. 7 (1993)
Quartett für Schlaginstrumente (1993)
Sinfonie Nr. 8 (1993/94)
Für Liverpool für Orchester (1994)
Konzert zu Dritt für Violine, Viola, Violoncello,
Streichorchester und Klavier (1994)
Gesualdo. Oper in sieben Szenen (1994)
Historia von D. Johann Fausten. Oper in drei
Akten (1983/94)
Sinfonie Nr. 9 (1995/97)

ARNOLD SCHÖNBERG

»Mit den Liedern nach George ist es mir
zum ersten Mal gelungen, einem Ausdrucks-
und Formideal nahezukommen, das mir seit
Jahren vorschwebt. Es zu verwirklichen, ge-
brach es mir bis dahin an Kraft und Sicherheit. Nun ich aber diese Bahn endgültig
betreten habe, bin ich mir bewußt, alle
Schranken einer vergangenen Ästhetik
durchbrochen zu haben; und wenn ich auch

einem mir als sicher erscheinenden Ziele zustrebe, so fühle ich dennoch schon jetzt den Widerstand, den ich zu überwinden haben werde; fühle den Hitzegrad der Auflehnung, den selbst die geringsten Temperamente aufbringen werden, und ahne, daß selbst solche, die mir bisher geglaubt haben, die Notwendigkeit dieser Entwicklung nicht werden einsehen wollen. Deshalb erschien es mir angebracht, durch die Aufführung der Gurre-Lieder, die vor acht Jahren keine Freunde fanden, heute aber deren viele besitzen, darauf hinzuweisen, daß nicht Mangel an Erfindung oder an technischem Können, oder an Wissen um die anderen Forderungen jener landläufigen Ästhetik mich in diese Richtung drängen, sondern daß ich einem inneren Zwange folge, der stärker ist als Erziehung; daß ich jener Bildung gehorche, die als meine natürliche mächtiger ist als meine künstlerische Vorbildung.«

Mit der Komposition der *George-Lieder* op. 15 (1908/09) verließ Arnold Schönberg den traditionellen Boden der Tonalität, die nahezu 300 Jahre lang als Fundament abendländischen Komponierens gedient hatte. Wenn Schönberg von einem inneren Zwang spricht, dem er gehorchte, so zog er damit die folgerichtige Konsequenz aus der spätromantischen Musik, die die funktionale Harmonik bis zur Unkenntlichkeit erweitert hatte. Mit seinem völligen Verzicht auf das funktionsharmonische Gerüst eröffnete Schönberg der Musik neue Möglichkeiten. Auch wenn zeitgleich andere Komponisten mit verschiedenen Modellen experimentierten, um den Boden der Tonalität zu verlassen, war Schönbergs Weg in die Atonalität doch ohne Zweifel der folgenreichste, ohne den die Musikgeschichte des 20. Jahrhunderts vielleicht anders verlaufen wäre.

Arnold Schönberg ist immer wieder treffend als konservativer Revolutionär bezeichnet worden. Stets sah er sich als Fortführer der großen deutschen Musiktradition und verstand auch den Schritt in die Atonalität nicht als Bruch mit der musikalischen Vergangenheit, sondern als differenzierte Bereicherung der bis dahin verfügbaren Möglichkeiten.

Geboren wurde Arnold Schönberg am 13. September 1874 als ältestes von drei Kindern in der Leopoldstadt, dem zweiten Wiener Stadtbezirk, in dem noch im vorigen Jahrhundert hauptsächlich Juden wohnten. Er entstammte kleinbürgerlichen Verhältnissen. Sein Vater betrieb gemeinsam mit seiner Frau ein kleines Schuhgeschäft. Die musikalische Begabung des Sohnes, die sich schon früh zeigte, wurde von seinen Eltern nicht besonders gefördert. Im Alter von acht

Jahren lernte er Geige spielen und begann mit ersten Kompositionsversuchen. Er ahmte Opernarien oder Militärmusik nach, die damals in Wiens öffentlichem Leben überall zu hören waren. Nach dem Tod des Vaters brach er im Alter von sechzehn Jahren den Besuch der Realschule ab und arbeitete als Angestellter in einer Privatbank. Als das Unternehmen einige Zeit später Konkurs anmeldete, beschloß er Musiker zu werden, was zu ernsten Auseinandersetzungen innerhalb der Familie führte.

Schönberg, der sich auf das Cellospiel konzentriert hatte, trat in das Dilettantenorchester »Polyhymnia« ein, das Alexander von Zemlinsky leitete: »Wir waren alle musikhungrig und jung«, erzählt letzterer, »und musizierten recht und schlecht, jede Woche einmal, drauflos. Nun, solche Vereine hat es immer wieder gegeben; das war nichts Ungewöhnliches. Jedoch, an dem einzigen Cellopult saß ein junger Mann, der ebenso feurig wie falsch sein Instrument mißhandelte (das übrigens nichts Besseres verdiente – es war von seinem Spieler um sauer ersparte drei Gulden am sogenannten Tandelmarkt in Wien gekauft), und dieser Cellospieler war niemand anderer als Arnold Schönberg.« Zemlinsky, der nur wenige Jahre älter war als Schönberg, blieb sein einziger Lehrer. Er unterrichtete Schönberg jedoch nicht systematisch. Vielmehr erörterten sie handwerkliche Fragen und führten ausgiebige ästhetische Diskussionen. »Ich war zu der Zeit, als ich mit Zemlinsky bekannt wurde, ›Brahmsianer‹. Seine Liebe galt sowohl Brahms wie Wagner, und in kurzer Zeit wurde ich gleichermaßen ein überzeugter Anhänger beider. Kein Wunder daher, daß die Musik, die ich damals komponierte, den Einfluß beider Meister widerspiegelte, zu dem noch eine Spur von Liszt, Bruckner und vielleicht auch Hugo Wolf hinzukam.«

Ein geregeltes Musikstudium hat Schönberg nie absolviert. Als Autodidakt eignete er sich durch immensen Fleiß und große Ausdauer das Repertoire der klassisch-romantischen Tradition an und erweiterte durch Analysen der großen Werke von Bach bis Brahms seine musikalischen Kenntnisse. Zemlinsky und Schönberg verband schon bald eine enge Freundschaft. Der Ältere beriet ihn auch bei seinen ersten Kompositionen, zu denen das *Streichquartett D-Dur* von 1897 gehört. Schönberg knüpft hier in der dichten motivischen Arbeit an die Sprache von Johannes Brahms an. Der spätromantische Gestus charakterisiert auch seine frühen Lieder, die er zwischen 1898 und 1900 unter den Opuszahlen 1 bis 3 veröffentlichte. Hier wird neben den Einflüssen von Brahms und Wagner erstmals auch der pathetische Ton des Fin de siècle hörbar.

Um sein Auskommen zu sichern, übernahm Schönberg 1895 eine Stelle als Chordirigent beim Metallarbeitersängerbund in Stockerau, einem Vorort Wiens. In dieser Zeit entstand mit dem Streichsextett *Verklärte Nacht* sein erstes größeres Werk. Das Stück geht auf ein Gedicht von Richard Dehmel zurück, in dem eine Frau während eines nächtlichen Spaziergangs ihrem Geliebten gesteht, daß sie ein Kind von einem anderen erwartet. Dehmels expressive, pathetische Sprache inspirierte Schönberg zu einer hochdramatischen Dichtung im Sinne der Programmusik; er komponierte ein nachtstückartiges Tableau, das sich in einem großangelegten Spannungsbogen entfaltet. Die Harmonik des durchchromatisierten Satzes verweist deutlich auf Wagners musikalische Sprache. Das Hauptthema, das Schönberg aus kleinsten Motivpartikeln entwickelt, durchzieht in außergewöhnlicher Dichte das zwischen Kammermusik und sinfonischer Dichtung angesiedelte einsätzige Werk.

1901 heiratete Schönberg die Schwester seines Freundes, Mathilde von Zemlinsky. Wenig später zog das junge Paar nach Berlin, wo Ernst von Wolzogen den Komponisten als Kapellmeister an sein »Buntes Theater« engagiert hatte. Dort mußte Schönberg vor allem Werke der leichten Muse einstudieren, steuerte aber auch selbst heitere, chansonartige »Brettl-Lieder« bei. In Berlin lernte er Richard Strauss kennen, der sich sehr für den jungen Komponisten einsetzte und ihm sogar ein Stipendium vermittelte. Strauss war es auch, der Schönberg auf das Drama *Pelleas und Melisande* von Maurice Maeterlinck aufmerksam machte. Schönberg plante zunächst, dieses Thema als Oper zu gestalten, entschied sich aber schließlich für eine sinfonische Dichtung. »Mahler und Strauss waren auf der musikalischen Szene erschienen, und ihr Kommen wirkte so faszinierend, daß jeder Musiker sofort, ob pro oder contra, eine Position bezog. Ich war damals dreiundzwanzig Jahre alt, leicht empfänglich und begann, in der Größe der von Mahler und Strauss gegebenen Vorbilder, symphonische Dichtungen in einem, nicht unterbrochenen Satz zu komponieren. Eine davon, die ich nicht vollendete, war *Hans im Glück* (nach Grimm). Höhepunkte dieser Periode waren *Verklärte Nacht* und *Pelleas und Melisande*.« Mit der formalen Gestaltung von Maeterlincks Dichtung stellte sich Schönberg in die Tradition, die Franz Liszt mit seiner Klaviersonate h-Moll begründet hatte. Er wählte eine Mischform aus Elementen eines Sonatenhauptsatzes (Exposition, Durchführung, Reprise und Coda), und einzelner Sonatensätze (Allegro, Andante, Scherzo und Finale). Trotz des spätromantischen Gestus kam *Pelleas* beim Wiener Premierenpublikum nicht an, was sicher mit an der außerordentlichen Länge dieses Werkes lag.

Auf Dauer befriedigte Schönberg die Arbeit in Berlin nicht. Das seichte Niveau der einzustudierenden Werke war ihm zuwider. 1903 ging er zurück nach Wien, wo er sich als Kompositionslehrer niederließ. Zu seinen Schülern gehörten Alban Berg und Anton Webern, die ihm in allen Entwicklungsschritten nacheiferten und auch persönlich nahestanden. Sie unterstützten Schönberg, wo sie nur konnten, und trugen dazu bei, seine Außenseiterrolle im Wiener Musikleben erträglich zu machen. Schönberg seinerseits sah sich und seine Schülerschaft als Kern einer musikalischen Gegenkultur. »Unterschätzen Sie nicht die Größe des Kreises, der sich um mich bildet. Er wird wachsen durch die Wißbegierde einer idealistischen Jugend, die sich mehr durch das Geheimnisvolle angezogen fühlt als durch das Alltägliche«, äußerte er 1930 in einer Diskussion beim Berliner Rundfunk.

In Wien lernte er Gustav Mahler kennen, der als Hofoperndirektor in der Donaumetropole wirkte. Obwohl Schönberg dessen Arbeiten zunächst nicht sehr schätzte, begeisterten ihn Mahlers Interpretationen als Dirigent. Auf diesem Weg wurde mit der Zeit aus Bewunderung uneingeschränkte Anerkennung auch von Mahlers Musik. Oft nahm Schönberg lange Reisen auf sich, um bei Uraufführungen von Mahlers Werken anwesend zu sein. Gemeinsam mit Zemlinsky gründete er den »Verein der schaffenden Tonkünstler«, dessen Ehrenvorsitz sie Mahler antrugen. Ziel des Vereins war es satzungsgemäß, »der Musik der Gegenwart in Wien eine ständige Pflegestätte zu bereiten und das Publikum in fortlaufender Kenntnis über den jeweiligen Stand des musikalischen Schaffens zu halten«. Neben Werken von Strauss und Mahler kam in diesem Rahmen *Pelleas und Melisande* zur Uraufführung, bevor der Verein nach nur einer Spielzeit seine Aktivitäten aus finanziellen Gründen einstellen mußte.

Als nächste umfangreichere Komposition mit großer Besetzung schrieb Schönberg die *Gurrelieder* nach Texten von Jens Peter Jacobsen. 1901 hatte er die Partitur bereits abgeschlossen, lediglich der Schlußchor und die Instrumentation standen noch aus. Aufgrund zahlreicher Unterbrechungen lag das vollständige Werk aber erst 1911 vor. Als es schließlich 1913 erstmals aufgeführt und zu einem der größten Erfolge seiner kompositorischen Laufbahn wurde, hatte Schönberg, der mit den *Gurreliedern* noch ganz in der Tradition von Wagner und Strauss steht, kompositorisch längst einen anderen Weg eingeschlagen.

Den Höhepunkt seiner ersten Entwicklungsphase erreichte Schönberg nach eigener Aussage mit der *Kammersinfonie* (1906). Nach den riesig besetzten Werken der vergangenen Jahre – die *Gurrelieder* erfordern etwa 600 Chorsänger, sechs Solisten, einen Sprecher und ein Orchester von etwa 150 Musikern – wandte er sich kleineren, eher kammermusikalischen Besetzungen zu. So sieht die *Kammersinfonie* lediglich 15 Soloinstrumente vor, darunter nur fünf Streicher. Auch mit einer Länge von nur 20 Minuten setzt das Werk sich deutlich von den zuvor entstandenen Arbeiten ab. »Die Länge der früheren Kompositionen war einer der Züge, die mich mit dem Stil meiner Vorgänger, Bruckner und Mahler, verbanden, deren Symphonien oft die Dauer einer Stunde überschritten. Ich war es leid geworden – nicht als Zuhörer, aber als Komponist –, Musik von solcher Länge zu schreiben.« Doch nicht die relativ kurze Spieldauer zeichnet das Werk aus, sondern die harmonische Grundlage. Sie besteht nicht aus Dreiklangsschichtungen, sondern aus Quartenakkorden zusammen mit Ganztonakkorden, die auch die melodische Grundsubstanz bilden. Obwohl Schönberg als Grundtonart E-Dur vorschreibt, stößt er mit diesem Werk an die Grenzen der Tonalität und gibt sie zumindest ansatzweise schon preis. Die Urauffüh-

rung im Januar 1907 in Wien führte zu einem der vielen Skandale, die Schönbergs Werke auch in den folgenden Jahren immer wieder auslösten.

Noch einen Schritt weiter ging Schönberg mit seinem *2. Streichquartett fis-Moll*. Die Tonartenbezeichnung führt hier fast schon irre, denn im letzten, »Entrückung« überschriebenen Satz gibt er den Bezug auf die Grundtonart bereits auf. Zu den Versen Stefan Georges, die mit den programmatischen Worten »Ich fühle luft von anderen planeten« beginnen und von einer begleitenden Gesangsstimme vorgetragen werden, läutete Schönberg eine neue musikgeschichtliche Epoche ein. »Die Entwicklung hat dazu gedrängt. Am meisten vielleicht hat Richard Strauss ein Verdienst hieran und Gustav Mahler. Aber auch Debussy und Max Reger, ja auch Pfitzner haben kräftig vorgestoßen. Ich habe den letzten Schritt getan und ich habe ihn konsequent getan.« Die Uraufführung mit der Sopranistin Maria Gutheil-Schoder und dem Rosé-Quartett endete auch diesmal in tumultartigen Szenen.

Die von Journalisten aufgebrachte Bezeichnung ›atonal‹ war zunächst abwertend gemeint. Schönberg benutzte diesen Begriff nicht, sondern sprach von der »Emanzipation der Dissonanz«. Die atonale Schreibweise, die seine Schüler Webern und Berg sogleich übernahmen, prägte auch die übrigen Werke dieses Schaffensabschnitts, der mit dem letzten der *Klavierstücke* op. 11 begann. *Fünf Orchesterstücke* op. 16 und der großangelegte Liederzyklus *Das Buch der hängenden Gärten* auf Gedichte von Stefan George folgten. In den *Orchesterstücken*, die sich aus kurzen motivischen Zellen in äußerst dichter Faktur entwickeln, übertrug Schönberg erstmals seinen neuen kompositorischen Ansatz auf den großen sinfonischen Apparat. Im dritten dieser Stücke wird zudem – ein Novum in seinem Œuvre – die

Klangfarbe zum dominierenden Parameter, hinter den Harmonik und Melodik zurücktreten. Nahezu der gesamte Satz basiert auf einem fünftönigen Akkord, der in wechselnden farblichen Schattierungen präsentiert wird und durch die Instrumentengruppen des Orchesters wandert. »Der Wechsel der Akkorde hat so sacht zu geschehen, daß gar keine Betonung der einsetzenden Instrumente sich bemerkbar macht, so daß er lediglich durch die andere Farbe auffällt.«

In dieser häufig als expressionistisch bezeichneten Phase war Schönberg verstärkt auch als Maler aktiv. Er schuf eine Reihe von Selbstporträts, vor allem aber sogenannte »Visionen«. »Malen bedeutet für mich in der Tat dasselbe wie Komponieren«, schrieb er. Wassily Kandinsky, mit dem Schönberg damals befreundet war, charakterisierte seine Bilder so: »Auf das objektive Resultat verzichtend, sucht er nur seine subjektiven ›Empfindungen‹ zu fixieren und braucht dabei nur die Mittel, die ihm im Augenblicke unvermeidlich erscheinen. Nicht jeder Fachmaler kann sich dieser Schaffensart rühmen.« Um 1912 gab Schönberg die Malerei auf und fertigte später nur noch gelegentlich Zeichnungen in Tusche und Bleistift an.

1911 publizierte er bei der Wiener Universal Edition mit seiner Harmonielehre seine jahrelang praktizierte Unterrichtsmethode. Dieses theoretische Werk widmete er Gustav Mahler. In der Einleitung formulierte er: »Wenn es mir gelingen sollte, einem Schüler das Handwerkliche unserer Kunst so restlos beizubringen, wie das ein Tischler immer kann, dann bin ich zufrieden. Und ich wäre stolz, wenn ich, ein bekanntes Wort variierend, sagen dürfte: Ich habe den Kompositionsschülern eine schlechte Ästhetik genommen, ihnen dafür aber eine gute Handwerkslehre gegeben.« Tatsächlich steht Schönbergs Harmonielehre in enger Verbindung zu seiner Unterrichtstätigkeit, vermittelt aber auch Einblicke in die ästhetischen Vorstellungen des Komponisten.

In der atonalen Phase bereitete ihm das Stiften musikalischer Zusammenhänge in ausgedehnteren Instrumentalwerken Probleme. Außer den *Fünf Orchesterstücken* op. 16 und den aphoristischen, meist nur wenige Takte umfassenden *Sechs kleinen Klavierstücken* op. 19 schrieb er in dieser Periode ausschließlich textgebundene Werke. Hier fiel es ihm am leichtesten, den musikalischen Fortgang ohne Einsatz der traditionellen Funktionsharmonik durch den Text zu legitimieren. Deutlich wird das vor allem in den Bühnenwerken, in dem Monodram *Erwartung* und dem Drama mit Musik *Die glückliche Hand*. Im Vordergrund stehen hier psychische Prozesse, die musikalisch ausgeleuchtet werden. Der klangliche Verlauf bildet seismographisch die Gedankenwelt der Protagonisten ab. Die Form setzt sich gleichsam in der Art eines Psychogramms aus einer Reihung von Momentaufnahmen zusammen. In *Die glückliche Hand* strebte Schönberg zudem eine Art expressionistisches Gesamtkunstwerk an, in dem sich Text, Bilder, Aktion, Licht und Musik gegenseitig ergänzen sollten.

Da ihm Wien keine ausreichende Lebensgrundlage bieten konnte, zog Arnold Schönberg im Herbst 1911 erneut nach Berlin, wo er am Sternschen Konservatorium unterrichtete. Das erste größere Werk, das er in Berlin vollendete, war *Pierrot lunaire* für Sprechstimme und fünf Instrumentalisten auf Gedichte von Albert Giraud, den er für die Sängerin Albertine Zehme komponierte. Die Besetzung der insgesamt 21 Nummern variiert von Stück zu Stück. Die Tonhöhen der Sprechstimme hat Schönberg in der Partitur genau angegeben und im Vorwort erläutert: »Die in der Sprechstimme durch Noten angegebene Melodie ist (bis auf einzelne besonders bezeichnete Ausnahmen) nicht zum Singen bestimmt. Der Ausführende hat die Aufgabe, sie unter guter Berücksichtigung der vorgezeichneten Tonhöhen in eine Sprechmelodie umzuwandeln.« Erstmals seit Beginn der atonalen Periode griff Schönberg im *Pierrot lunaire* wieder auf geschlossene Formen wie Passacaglia, Walzer, Barkarole und verschiedene kanonische Techniken zurück. Das Werk avancierte schon bald zu einem Erfolgsstück. Als Dirigent seiner Werke wurde er nun gelegentlich auch ins Ausland eingeladen. Schönberg gastierte nach der Berliner Premiere mit dem Stück in vielen deutschen Städten und präsentierte es auch in Prag und Wien. Lange Zeit blieb der *Pierrot* sein bekanntestes Opus.

1915 wurde Schönberg zum Militärdienst eingezogen, was ihm das Komponieren in den nächsten Jahren unmöglich machte. Seine Schüler, vor allem Webern und Berg, ließen nichts unversucht, um seine Entlassung aus der Armee zu erreichen, und hatten schließlich 1917 auch Erfolg. In den folgenden Jahren widmete sich Schönberg in erster Linie der Arbeit an seinem geplanten Oratorium *Die Jakobsleiter*, das nie vollendet wurde. An Richard Dehmel, den er zunächst als Textautor gewinnen wollte, schrieb er: »Ich will seit langem ein Oratorium schreiben, das als Inhalt haben sollte: wie sich der Mensch von heute, der durch den Materialismus, Sozialismus, Anarchie durchgegangen ist, der Atheist war, aber sich doch ein Restchen alten Glaubens bewahrt hat (in Form von Aberglauben), wie dieser moderne Mensch mit Gott streitet (siehe auch: ›Jakob ringt‹ von Strindberg) und schließlich dazu gelangt, Gott zu finden und religiös zu werden. Beten zu lernen!« Den Text zur *Jakobsleiter* schrieb Schönberg schließlich selbst. Bis 1922 arbeitete er an diesem monumentalen Werk – eine größere Besetzung

war nie zuvor realisiert worden –, legte die unvollendete Partitur jedoch schließlich zur Seite und nahm die Arbeit erst 1944 wieder auf, ohne das Stück je abzuschließen.

Mit seiner *Kammersinfonie* op. 9 begründete Schönberg 1918 eine neue Aufführungspraxis. In zehn öffentlichen Proben studierte er das Stück ein, ohne daß eine offizielle Aufführung folgte. Damit wollte er die Schranke überwinden, die das breite Publikum von der zeitgenössischen Musik trennte, und zugleich eine qualitativ hochwertige Aufführung dieses Werkes sicherstellen, über das er 1914 geschrieben hatte: »Die ist mein Schmerzenskind, eine meiner allerbesten Sachen und bis jetzt (wegen schlechter Aufführungen!!) noch recht unverstanden.«

Der »Verein für musikalische Privataufführungen«, 1918 von Schönberg gegründet, sollte diesem Mißstand abhelfen und der neuen Musik ein Forum, unabhängig von Publikumsgeschmack und Presse, bieten. Über die Zielsetzung des Vereins schrieb Alban Berg in einem Werbeprospekt: »Der Verein hat den Zweck, Arnold Schönberg die Möglichkeit zu geben, daß er seine Absicht, Künstlern und Kunstfreunden eine wirkliche und genaue Kenntnis moderner Musik zu verschaffen, persönlich durchführe.« Die Auswahl der präsentierten Werke besorgte Schönberg selbst, dem mit Berg, Webern und einigen anderen sogenannte »Vortragsmeister« zur Seite standen. Bis zu dreißig Proben wurden angesetzt, um neue Literatur einzustudieren. Häufig wurden die Werke auch wiederholt. Um das Publikum nicht im Vorfeld abzuschrecken, blieb das Konzertprogramm bis zuletzt geheim. Applaus oder Unmutsäußerungen waren ebenso verboten wie Rezensionen in der Presse. Der Verein, der sich schon bald wachsender Beliebtheit in Wien erfreute, brachte es bis 1921 auf 117 Konzerte, in denen 154 neue Werke aufgeführt wurden. Zwei Jahre nach der Gründung stand erstmals eine Komposition von Schönberg selbst auf dem Programm. Die Auflösung des Vereins 1921 war in erster Linie durch die Inflation und die allgemeine Wirtschaftsmisere in Österreich bedingt.

1921 entwickelte Schönberg eine Kompositionsmethode, mit der er nach eigenen Worten »die Vorherrschaft der deutschen Musik für die nächsten hundert Jahre sichern« wollte. Diese Methode, die er »Komposition mit zwölf nur aufeinander bezogenen Tönen« nannte, sollte die traditionelle Funktionsharmonik ersetzen: »Der Komponist erfindet eine Reihe, in der alle zwölf Töne vorkommen. Hierbei ist oft eine kleine Nachhilfe aus technischen Gründen nötig, welche ungefähr der Arbeit entspricht, welche Brahms von einem guten Komponisten forderte: daß er sein Thema mit Rücksicht auf später zu erwartende Gestaltungen so modifiziere, wie es die Entwicklung verlangt. Die zugrunde gelegte Zwölftonreihe, erfunden also und nachkonstruiert auf dieselbe Weise, auf die jeder vorsorgliche Komponist, der Hirn und Gewissen besitzt, es immer getan hat, diese Reihe also vollbringt nun die Leistung einer Tonleiter und gleichzeitig die eines Motives. Das heißt: Wie aus der Tonleiter die Melodien gebildet wurden, so auch hier. Wie aus der Tonleiter die Akkorde gebildet wurden, so auch hier.« Neben der Grundreihe, die auf alle Stufen der chromatischen Tonleiter transponiert werden kann, finden auch die Umkehrung der Reihe, der Krebs und die Krebs-Umkehrung Anwendung. Ansonsten, so Schönberg lakonisch, werde komponiert wie bisher.

In den *Fünf Klavierstücken* op. 23 (1920/1923) und in der *Serenade* für Bariton und sieben Instrumente op. 24 (1920/23) wandte Schönberg zum ersten Mal seine neue Methode an. Das erste vollständig dodekaphone Werk war die *Klaviersuite* op. 25

(1921). Bezeichnenderweise bestehen die frühen zwölftönigen Arbeiten meist aus einer Reihe von Tanzsätzen. Sie bezeugen die Bindung an die Tradition, die Schönberg in melodisch-harmonischer Hinsicht preisgegeben hatte. Auch hier zeigt sich wieder die für ihn typische Mischung von Traditionsbewußtsein und musikalischer Erneuerung.

Nach dem Tod seiner Frau 1923 heiratete Schönberg im darauffolgenden Jahr Gertrud Kolisch, die Schwester seines Schülers Rudolf Kolisch. 1926 übernahm er als Nachfolger Ferruccio Busonis eine Professur für Komposition an der Preußischen Akademie der Künste in Berlin. In den Verhandlungen mit dem preußischen Kultusministerium hatte er erreicht, daß er nur sechs Monate pro Jahr zum Unterricht verpflichtet war und sich in der restlichen Zeit seinem kompositorischen Schaffen widmen konnte. In Berlin vollendete er die *Suite* op. 29 sowie das *3. Streichquartett*, in denen Schönberg wie in den früheren dodekaphonen Arbeiten auf traditionelle Formmodelle zurückgriff. 1928 übertrug er seine Methode in den *Variationen für Orchester* op. 31 erstmals auf den sinfonischen Apparat. Einer Introduktion folgen das Thema sowie neun Variationen, die sich in Rhythmus, Klang und Instrumentation deutlich voneinander unterscheiden. An drei Stellen zitiert Schönberg das B-A-C-H-Motiv, eine Huldigung an Bach, dem er, so Schönberg selbst, sein kontrapuntisches Denken verdanke. In der Tat arbeitete Schönberg in den *Variationen* mit einer Vielzahl strenger kontrapunktischer Techniken. Damit lieferte er gleichsam den Beweis, daß die »Komposition mit zwölf nur aufeinander bezogenen Tönen« keineswegs als Negation der musikalischen Tradition zu verstehen sei, sondern als deren Fortsetzung. Das Werk, das 1928 vom Berliner Philharmonischen Orchester unter Wilhelm Furtwängler uraufgeführt wurde, kam beim konservativen

Publikum der Berliner Philharmonie nicht an. Erst als Hans Rosbaud es in einem Gesprächskonzert mit Schönberg im Rundfunk in Frankfurt wiederholte, stieß es auch auf positive Resonanz.

Wenig Erfolg war auch der einaktigen Oper *Von heute auf morgen* beschieden, die 1930, ebenfalls in Frankfurt, Premiere hatte. Als »Zeitoper« vertonte Schönberg hier eine Ehekomödie, die seine Frau Gertrud unter Pseudonym geschrieben hatte. Der komödiantische Stoff lag Schönberg nicht. So wurde das auf einer einzigen Zwölftonreihe basierende Werk schon nach wenigen Vorstellungen abgesetzt. Der noch heute ein wenig naiv anmutende Wunsch, »daß man meine Melodien kennt und nachpfeift«, erfüllte sich jedenfalls nicht.

Der aufkommende Nationalsozialismus veranlaßte Schönberg, der als Jude geboren und später evangelisch getauft war, sich intensiv mit dem Judentum und der Idee eines eigenständigen jüdischen Staates auseinanderzusetzen. An Alban Berg schrieb er 1930: »Was ich jetzt schreiben werde, weiß ich noch nicht. Am liebsten eine Oper; ich habe zwar Pläne, sogar zu einem eigenen Text und habe auch an Werfel gedacht, dessen Roman (den Du mir geschenkt hast …) mir sehr gut gefallen hat. Glaubst Du, würde der zusammen mit mir etwas machen? Denn bei meiner vorigen Oper habe ich auch fest mitgearbeitet. Vielleicht aber mache ich *Moses und Aron*.« Für *Moses und Aron* schrieb Schönberg den Text schließlich selbst. Er entwarf ein Ideendrama, das den Widerspruch zwischen Geist und Wort, Idee und Tat thematisiert, personifiziert in Moses, der als Sprecherrolle angelegt ist, und Aron, einem lyrischen Tenor. Wie die *Jakobsleiter* blieb auch dieses zentrale Werk Fragment. Schönberg komponierte lediglich die beiden ersten Akte. Der dritte Teil blieb ohne Musik, obgleich der Komponist bis zu seinem Lebensende hoffte, das Werk noch vollenden zu können. Es ist bezeichnend, daß Schönberg immer dann kompositorisch scheiterte, wenn er philosophische oder weltanschauliche Fragen in seinen Werken aufwarf.

Zwei Monate nach der Machtübernahme durch die Nationalsozialisten im Januar 1933 verkündete Max von Schillings, Präsident der Preußischen Akademie der Künste, auch in dieser Institution »müsse mit dem jüdischen Einfluß gebrochen werden«. Schönberg ließ sich daraufhin sofort beurlauben und emigrierte einige Wochen später zunächst nach Frankreich, wo er offiziell zum jüdischen Glauben zurückkehrte. Zeitweilig war er sogar entschlossen, seine gesamte Kraft in den Dienst der Religion zu stellen. »Ich halte das für wichtiger als meine Kunst, und ich bin entschlossen – wenn ich für solche Tätigkeit geeignet bin – nichts anderes mehr zu machen, als für die nationale Sache des Judentums zu arbeiten.« Im Oktober 1933 verließ Schönberg Frankreich und reiste in die Vereinigten Staaten, wo man ihm eine Lehrtätigkeit in Boston in Aussicht gestellt hatte. Nach Aufenthalten in New York, Boston und Chautauqua ließ er sich 1934 in Los Angeles nieder.

In Amerika schrieb er die tonal gehaltene, pädagogisch motivierte *Suite* für Streichorchester, die Schönberg nicht mit einer Opuszahl versah. Ab 1935 unterrichtete er zunächst an der University of Southern California, später an der größeren University of California, zuletzt sogar als Professor. Als wichtigste Arbeiten jener Jahre schuf er das 1936 vollendete *Violinkonzert* op. 36 und das *4. Streichquartett*. In beiden Werken wandte Schönberg seine Methode souveräner, aber auch weniger dogmatisch an als in seinen frühen dodekaphonen Arbeiten. Im Dezember 1936 und Januar 1937 führte das Kolisch-Quartett alle seine vier Streichquartette erfolgreich auf. Dennoch zeigte sich der Komponist mit der mangelnden Anerkennung seines Schaffens in den Vereinigten Staaten unzufrieden: »Offen gesagt, ich bin sehr enttäuscht, daß sich nicht Kreise der Gesellschaft für mein Tun interessieren; daß nicht gewürdigt wird, was ich für das künftige musikalische Kulturniveau der Stadt leiste.«

1938 komponierte Schönberg im Auftrag des Rabbiners Jakob Sonderling sein *Kol nidre* für Rabbi, Chor und Orchester. Dabei griff er Motive der jüdisch-liturgischen Melodie auf, ohne sie als Ganzes zu verwenden. Auf die zwölftönige Organisation des Materials verzichtete er in diesem Werk und bewegte sich harmonisch im Umkreis von g-Moll. Dem eigentlichen Gebet stellte Schönberg eine Einleitung voran, die, vom Rabbiner gesprochen, es partiell aus dem gottesdienstlichen Rahmen herauslöst. Schönbergs Wunsch, seine Komposition möge sich reformierend auf den jüdischen Gottesdienst auswirken, erfüllte sich nicht.

In den folgenden drei Jahren kam sein Schaffen beinahe zum Erliegen. Erst 1941/42 entstanden mit den *Variationen über ein Rezitativ* für Orgel, der *Ode an Napoleon Buonaparte* und dem *Klavierkonzert* op. 42 drei Werke, die stilistisch erheblich differieren. Sein erstes Orgelwerk legte Schönberg ohne Registrierungsangaben als Particell vor, da ihm während der Komposition der Variationen keine Orgel zur Verfügung stand. Die *Ode an Napoleon Buonaparte*, ein Haßgesang Lord Byrons auf den französischen Diktator, war von Schönberg auf das nationalsozialistische System Hitlers gemünzt. Es ist ein programmatisches Stück von großer emotionaler Intensität. Trotz zwölftöniger Struktur baute Schönberg hier wieder tonale Elemente ein, da die verwendete Reihe durchaus Dreiklänge und Kadenzen zuläßt. Die Sprechstimme steht mit ihrem Text eindeutig im Vordergrund. Dem instrumentalen

Apparat, Klavier und Streichquartett, kommt hingegen vorwiegend untermalender und auch illustrierender Charakter zu. Das *Klavierkonzert* vereint ebenfalls tonale und dodekaphone Techniken. Die vier Abschnitte dieses Werkes versah Schönberg mit programmatischen Titeln: »Das Leben war so leicht«, »Plötzlich brach Haß aus«, »Eine ernste Situation« und »Doch das Leben geht weiter«. Uraufgeführt wurde das Klavierkonzert 1944 vom Schönberg-Schüler Eduard Steuermann in New York.

Nach seiner altersbedingten Entlassung aus dem Universitätsdienst war Schönberg wieder auf die Einnahmen aus privatem Kompositionsunterricht angewiesen, da seine Pension lediglich 38 Dollar betrug. Im August 1946 erlitt er einen Herzinfarkt und konnte nur durch eine Injektion direkt ins Herz gerettet werden. Dieses traumatische Erlebnis thematisierte er in seinem *Streichtrio* op. 45, das stark protokollarische Züge seiner Krankengeschichte aufweist.

Der Bericht eines polnischen Juden über die Geschehnisse im Warschauer Ghetto inspirierte Schönberg zu der in ihrer Art einzigartigen Kantate *Ein Überlebender aus Warschau* für Sprecher, Männerchor und Orchester. Eine Gruppe jüdischer Gefangener wird von den Nazis zusammengetrieben und erschlagen. Nur einer, scheinbar tot, überlebt das Massaker und hört, wie eine andere Gruppe Gefangener im Angesicht des Todes plötzlich laut den Gott Israel anruft und preist. Diese gespenstische Szenerie gestaltete Schönberg in einem nur acht Minuten langen Stück von existentieller Erschütterung. Den Text stellte er dazu selbst zusammen, verteilt auf drei Ausdrucksebenen, die sich an den drei Sprachen orientieren, in denen der Text abgefaßt ist. Die Kommandos des Feldwebels werden deutsch wiedergegeben, die Worte des Erzählers englisch und die Anrufung Gottes hebräisch. Schönberg vollendete die Komposition in nur zwei Wochen, worin sich seine innere Erregung, seine Solidarität mit den Opfern und seine emotionale Erschütterung widerspiegelt.

Der fast blinde und schwerkranke Komponist arbeitete zuletzt an *Moderne Psalmen* auf eigene Texte, die sich als Gebete und Zwiesprachen mit Gott verstehen. Die letzten von ihm komponierten Worte lauteten: »Und trotzdem bete ich.« Arnold Schönberg starb am 13. Juli 1951 im Alter von 76 Jahren in Los Angeles.

WERKE (Auswahl)

Streichquartett D-Dur (1897)
Zwei Gesänge für Bariton und Klavier op. 1 (1897/98)
Vier Lieder für eine Singstimme und Klavier op. 2 (1899)
Sechs Lieder für eine mittlere Singstimme und Klavier op. 3 (1899/1903)
Verklärte Nacht für Streichsextett op. 4 (1899)
Gurrelieder für Soli, Sprecher, Chor und Orchester o. op. (1900/11)
Pelleas und Melisande. Sinfonische Dichtung für Orchester op. 5 (1903)
Acht Lieder für Gesang und Klavier op. 6 (1903/05)
Streichquartett Nr. 1 d-Moll op. 7 (1905)
Sechs Lieder für Gesang und Klavier op. 8 (1904)
Kammersinfonie Nr. 1 für 15 Soloinstrumente op. 9 (1906)
Streichquartett Nr. 2 fis-Moll mit Gesang op. 10 (1907/08)
Drei Klavierstücke op. 11 (1909)
Zwei Balladen für Gesang und Klavier op. 12 (1907)
Friede auf Erden für gemischten Chor a cappella op. 13 (1907)
Zwei Lieder für Gesang und Klavier op. 14 (1907/08)
Fünfzehn Gedichte aus »Das Buch der hängenden Gärten« von Stefan George für eine Singstimme und Klavier op. 15 (1908/09)

Fünf Orchesterstücke op. 16 (1909)
Erwartung. Monodram für Sopran und Orchester op. 17 (1909)
Die glückliche Hand. Drama mit Musik op. 18 (1908/13)
Sechs kleine Klavierstücke op. 19 (1911)
Herzgewächse für hohen Sopran, Harmonium, Celesta und Harfe op. 20 (1911)
Pierrot lunaire für eine Sprechstimme und fünf Instrumentalisten op. 21 (1912)
Vier Lieder für Gesang und Orchester op. 22 (1913/16)
Die Jakobsleiter. Oratorium für Soli, Chor und Orchester. Fragment (1917/22)
Fünf Klavierstücke op. 23 (1920/23)
Serenade für Klarinette, Baßklarinette, Mandoline, Gitarre, Violine, Bratsche, Violoncello und Bariton op. 24 (1920/23)
Suite für Klavier op. 25 (1921)
Quintett für Flöte, Oboe, Klarinette, Horn und Fagott op. 26 (1923)
Vier Stücke für gemischten Chor op. 27 (1925)
Drei Satiren für gemischten Chor op. 28 (1925)
Suite für Klavier, Klarinette, Baßklarinette, Violine, Viola und Violoncello op. 29 (1924/26)
Streichquartett Nr. 3 op. 30 (1927)
Variationen für Orchester op. 31 (1926/28)
Von heute auf morgen. Oper in einem Akt op. 32 (1928/29)
Klavierstück op. 33a (1928)
Klavierstück op. 33b (1931)
Moses und Aron. Oper in drei Akten. Fragment (1930/32)
Begleitungsmusik zu einer Lichtspielszene für Orchester op. 34 (1920/30)
Sechs Stücke für Männerchor op. 35 (1929/30)
Suite für Streichorchester (1934)
Konzert für Violine und Orchester op. 36 (1934/36)
Streichquartett Nr. 4 op. 37 (1936)
Kammersinfonie Nr. 2 op. 38 (1906/39)
Kol Nidre für Rabbi, gemischten Chor und Orchester op. 39 (1938)
Variationen über ein Rezitativ für Orgel op. 40 (1941)
Ode an Napoleon Buonaparte für Sprecher, Streichquartett und Klavier op. 41 (1942)
Konzert für Klavier und Orchester op. 42 (1942)

Thema und Variationen für Blasorchester op. 43a
(1942)

Prelude für Orchester und gemischten Chor op. 44
(1945)

Streichtrio op. 45 (1946)

Ein Überlebender aus Warschau für Sprecher,
Männerchor und Orchester op. 46 (1947)

Phantasie für Violine mit Klavierbegleitung op. 47
(1949)

Drei Lieder für Gesang und Klavier op. 48 (1933)

Drei Volkslieder für gemischten Chor a cappella
op. 49 (1948)

Dreimal tausend Jahre für gemischten Chor
a cappella op. 50a (1949)

De profundis für sechsstimmigen gemischten Chor
a cappella op. 50b (1950)

Moderner Psalm für Sprecher, vierstimmigen
gemischten Chor und Orchester op. 50c.
Fragment (1950)

DMITRIJ SCHOSTAKOWITSCH

»Die meisten meiner Sinfonien sind Grabdenkmäler. Zu viele unserer Landsleute kamen an unbekannten Orten um. Niemand weiß, wo sie begraben liegen, nicht einmal ihre Angehörigen. Wo soll man Meyerhold ein Denkmal setzen? Wo Tuchatschewskij? Man kann es in der Musik. Ich würde gern für jeden Umgekommenen ein Stück schreiben. Doch das ist unmöglich. Darum widme ich ihnen allen meine gesamte Musik.«

Schostakowitschs Äußerung aus seinen *Memoiren* belegt, wie sehr der Komponist unter den schwierigen Bedingungen der Stalinzeit und des Zweiten Weltkrieges gelitten hat. Wie vielleicht bei keinem anderen Komponisten des 20. Jahrhunderts war sein Schicksal mit den politischen Bedingungen in seinem Land verknüpft. Zeitweilig mußte er befürchten, selbst zu diesen von ihm beklagten Ermordeten zu zählen. All dies spiegelt sich in seinem Werk wider, das seltsame Brüche aufweist und doch, insbesondere in den Gattungen der Oper, der Sinfonie und des Streichquartetts, zu den zentralen Musikereignissen in der Sowjetunion des 20. Jahrhunderts gehört. Schostakowitsch zählt heute zu den wenigen Komponisten seiner Zeit, deren Schaffen im internationalen Musikleben der Gegenwart jederzeit präsent ist. Als Klassiker der Moderne ist es ihm gelungen, die Konzertsäle der Welt zu erobern.

Geboren wurde Dmitrij Schostakowitsch am 25. September 1906 als Sohn eines Wissenschaftlers und einer ausgebildeten Pianistin in St. Petersburg. Er wuchs in bürgerlichen Verhältnissen auf. Seine Mutter führte ihn an die Musik heran, wenn auch zunächst nur mit mäßigem Erfolg, wie der 21jährige in einer autobiographischen Skizze berichtet: »Bis zu jenem Zeitpunkt, als ich mit Musikunterricht begann, hatte ich auch keine Lust dazu geäußert. Ein gewisses Interesse für Musik hatte ich wohl schon verspürt. Wenn in der Nachbarschaft ein Streichquartett probte, legte ich das Ohr an die Wand und lauschte … Aber die Mutter bestand darauf, und im Sommer 1915 begann sie mir Klavierstunden zu geben. Die Sache lief sehr gut. Es zeigte

sich, daß ich das absolute Gehör hatte und auch ein gutes Gedächtnis. Ich erfaßte die Noten sehr rasch, behielt sie schnell im Kopf und lernte sie ohne Mühe auswendig – wie von selbst. Ich war gut im Notenlesen. Da gab es dann auch bald die ersten Versuche, selber zu komponieren.« Das erste Werk des Neunjährigen, ein Klavierpoem mit dem Titel *Der Soldat*, war, wie Schostakowitsch sich später erinnerte, »ein sehr langes Stück, voller illustrativer Details und Erläuterungen in Worten«.

In den Jahren des Ersten Weltkrieges erhielt er systematischen Musikunterricht. Von Alexander Glasunow gefördert, wurde er 1919 in das Konservatorium seiner Heimatstadt aufgenommen, wo er Klavier bei Alexandra Rosanowa und Leonid Nikolaew sowie Komposition bei Maximilian Steinberg studierte. Mit einem Stipendium des Borodin-Fonds ausgestattet, nahm er begeistert die Arbeit auf: »Ich lernte mit Leidenschaft und Enthusiasmus. Wissensdurstig eignete ich mir alles an, was mir Steinberg beizubringen versuchte; wie ein Schwamm nahm ich seine Ratschläge und Bemerkungen auf.« Seine Studien schloß Schostakowitsch 1925 ab. Als Prüfungsarbeit legte er seine *1. Sinfonie* vor, die schon bald seinen auch internationalen Ruf als einer der bemerkenswertesten jungen Komponisten begründete. Das Werk wurde im Mai 1926 unter Leitung von Nikolaj Malko im großen Saal der Philharmonie in Schostakowitschs inzwischen in Leningrad umbenannten Heimatstadt uraufgeführt. Wenig später folgten auch Aufführungen in Berlin, Philadelphia und in New York. Malko stellte das Werk auch in anderen Städten der Sowjetunion vor und ging mit ihm 1928 auf Südamerika-Tournee. 1931 nahm Arturo Toscanini Schostakowitschs erste Sinfonie in sein Repertoire auf. Der triumphale Beginn einer kompositorischen Karriere zeichnete sich ab. Das Neuartige an diesem Werk bestand weniger in der Form, die relativ traditionell gehalten war, als im deutlichen Bruch mit der russischen Spätromantik, insbesondere auf melodischer und harmonischer Ebene. Der raffinierten Klanglichkeit eines Skrjabin stellte Schostakowitsch eine scharfkantige Linearität gegenüber. Den durchchromatisierten Satz der Spätromantiker löste er durch die Hinwendung zu Bi- und Polytonalität. Auch wenn Schostakowitsch bis in seine letzten Werke hinein eine Grundtonart beibehielt, setzte er die Mechanismen der traditionellen Funktionsharmonik häufig außer Kraft.

Um Geld zu verdienen, arbeitete Schostakowitsch in den zwanziger Jahren als Stummfilmpianist in verschiedenen Leningrader Kinos. Auch wenn er diese Arbeit haßte, erleichterte sie ihm später das Komponieren von Filmmusiken, die in seiner kompositorischen Laufbahn einen großen Stellenwert einnahmen. Über die Fronarbeit im Kino berichtete er in seiner autobiographischen Skizze: »Der Dienst in den Kinos paralysierte meine Schaffenskraft. Komponieren konnte ich überhaupt nicht mehr, und nur dann, wenn ich vollständig mit dem Kino aufhörte, konnte ich meine Arbeit weiterführen.«

Wenn er nicht gerade im Kino Klavier spielte oder komponierte, nahm er an dem außerordentlich lebendigen Musikleben Leningrads teil. Dort waren Opern von Richard Strauss und Franz Schreker zu hören, Alban Bergs *Wozzeck*, der ihn stark beeindruckte, aber auch Werke von Schönberg, Honegger, Hindemith, Bartók oder Strawinsky. Milhaud und Berg lernte er sogar persönlich kennen. »Alle mir anerzogenen Vorurteile abstreifend, begann ich mit jugendlichem Enthusiasmus die musikalischen Neuerer zu studieren, und erst jetzt begriff ich: sie waren genial, besonders Strawinsky, dieser virtuose Kolorist und einsamer Meister der Instrumentation. Erst jetzt fühlte ich, daß meine Hände nicht mehr gebunden waren, daß meine Begabung frei war von Routine.« Mit Werken wie der *1. Klaviersonate* von 1926 oder den *Aphorismen* für Klavier aus dem darauffolgenden Jahr löste sich Schostakowitsch endgültig von der akademischen Tradition und stieß in den Kreis der musikalischen Avantgarde vor. Trotzdem hielt er sich lange offen, ob er eine Karriere als Komponist oder als Pianist einschlagen sollte. Die Entscheidung für das Komponieren fiel erst, nachdem er 1927 an dem renommierten Chopin-Wettbewerb teilgenommen hatte, ohne einen Preis zu gewinnen.

Im gleichen Jahr komponierte er als Auftragswerk zum zehnten Jahrestag der Oktoberrevolution die *2. Sinfonie*. In diesem *An den Oktober* überschriebenen Stück für Orchester und Chor geht Schostakowitsch über die Errungenschaften seiner früheren Werke noch deutlich hinaus. Den ersten Teil gestaltet er als Kanon von bis zu dreizehn Stimmen. Dadurch entstehen Klangflächen aus Bläser- und Streicherlinien, die ähnlich wie in Ligetis späteren Kompositionen zum entscheidenden Parameter werden. Schostakowitsch legte das Werk als durchgängiges Epos an, ohne bestimmte Formteile im weiteren Verlauf noch einmal aufzunehmen. Vergleichbar der neunten Sinfonie Ludwig van Beethovens gipfelt das Werk, in einem chorsinfonischen Abschnitt, in dem die revolutionären Verse des Dichters Alexander Besymenskij – zum Teil im Sprechgesang – deklamiert werden. Auf diesen als Apotheose gedachten Schlußteil richtet sich die formale Gestaltung aus.

Als nächstes größeres Projekt schrieb er sein Erstlingswerk für das Musiktheater. *Die Nase*, nach der gleichnamigen Novelle von Gogol, konzipierte Schostakowitsch als satirische Oper in drei Akten. »Auf der Welt wird lauter Unfug gemacht, sagte Gogol einmal.

Diesen Unfug versuche ich, nach Maßgabe meiner Kräfte, darzustellen. Die Weltprobleme packen den Menschen beim Kragen. Er hat sowieso schon den Kopf voll mit eigenen Sorgen. Und nun kommen auch noch Weltprobleme dazu. Darüber kann man schon den Kopf verlieren – oder die Nase.« Gogols *Die Nase* versteht sich als eine Satire über die Epoche des Zaren Nikolaus I. Major Kowaljow verliert seine Nase, die sich selbständig macht und schließlich in einen höheren Beamten verwandelt. Dieses Thema gestaltete Schostakowitsch als rein avantgardistisches Musiktheater. Lineare Stimmführungen werden häufig mit kontrapunktischen Techniken von Kanon, Fugato oder Ricercar realisiert. Die stark chromatisierte und auch mit Glissandi bedachte Stimme der Nase soll laut Anweisung in der Partitur mit nasaler Tönung gefärbt sein. Die polyphone Struktur kulminiert in der achten Szene, in der acht Lakaien kanonisch acht verschiedene Zeitungsanzeigen vortragen. Die vierte Szene gestaltete Schostakowitsch als erstes reines Schlagzeugstück der Musikgeschichte, das ähnlich wie das drei Jahre später vollendete berühmte Schlagzeugstück *Ionisation* von Edgar Varèse völlig auf Melodieinstrumente verzichtet. Die satirischen Momente dieser Oper realisierte Schostakowitsch vor allem durch den Einsatz persiflierter Unterhaltungsmusik – Märsche, Tänze und Gassenhauer, die sich, grell überzeichnet, der avancierten musikalischen Sprache dieses Werks einpassen. Trotz dieser Elemente wollte Schostakowitsch seine Musik nicht als Parodie verstanden wissen: »Die Musik spielt in diesem Schauspiel keine eigenständige Rolle. Der Akzent liegt vielmehr auf der Wiedergabe des Textes. Ich möchte noch sagen, daß die Musik auch keine absichtlich ›parodistische‹ Färbung hat. Keineswegs! Ungeachtet aller Komik, die sich auf der Bühne abspielt, ist die Musik nicht komisch. Ich halte das für richtig, da auch Gogol alle komischen Ereignisse in ernsthaftem Ton vorträgt. Darin besteht die Kraft und die Würde des Gogolschen Humors. Er ›überzieht‹ nicht. Die Musik bemüht sich ebenfalls, nicht zu ›überziehen‹.« Nachdem einige Bühnen das Werk abgelehnt hatten, fand die Uraufführung der *Nase* im November 1930 in Leningrad statt. In der Sowjetunion entfachte das Stück eine lang anhaltende ästhetische Diskussion und machte Schostakowitsch zu einem der prominentesten Komponisten seines Landes.

Zwei weitere Projekte des Jahres 1928 prägten Schostakowitschs späteres Schaffen. Zum einen kam er aufgrund der Zusammenarbeit mit dem Dichter Majakowski, zu dessen Komödie *Die Wanze* er die Schauspielmusik schrieb, mit vielen der führenden Avantgardisten der Sowjetunion zusammen. Zum anderen komponierte Schostakowitsch die Musik für einen Film über die Pariser Kommune *Das neue Babylon* und arbeitete damit zum ersten Mal für das neue Medium, eine Tätigkeit, die ihn sein Leben lang begleitete. Im Unterschied zu seinen Sinfonien oder der Kammermusik respektierte er in dieser Gattung weitgehend die Maximen des sozialistischen Realismus. Er schuf mit seinen überwiegend massenwirksamen Partituren Unterhaltungsmusik im besten Sinne, ohne den künstlerischen Anspruch zu erheben, den er seinen Sinfonien und kammermusikalischen Arbeiten zugrunde legte.

Die dreißiger Jahre waren in der Sowjetunion die Zeit der großen Schauprozesse, durch die Stalin fast alle seine ehemaligen Mitstreiter beseitigen ließ. Diese ›Säuberungen‹ machten auch vor den Künstlern nicht halt. Dichter wie Ossip Mandelstam oder Isaak Babel wurden ermordet. Auch der von Schostakowitsch hochgeschätzte Regisseur Meyerhold fiel dem Terror zum Opfer. Dieses Schicksal hätte auch Schostakowitsch ereilen können, nachdem seine Oper *Lady Macbeth von Mzensk* in Ungnade gefallen war.

Die Oper aus den Jahren 1930 bis 1932 markiert wahrscheinlich den Höhepunkt seines musikdramatischen Schaffens. Das Stück basiert auf der gleichnamigen Erzählung Nikolaj Leskows, die von einem Frauenschicksal im vorrevolutionären Rußland handelt. Die Hauptfigur Katerina Ismajlowa, eine kluge und verständige Frau, die sich nach Liebe sehnt, wird durch die Widrigkeiten einer kalten und tyrannischen Umwelt zur mehrfachen Mörderin. Leskows Erzählung inspirierte Schostakowitsch zu einem der eindringlichsten musikdramatischen Werke dieses Jahrhunderts. »Die Oper ist von mir tragisch gedacht. Ich würde sagen, daß man die *Lady Macbeth* als tragisch-satirische Oper bezeichnen kann. Ungeachtet dessen, daß Katerina Ismajlowa zur Mörderin ihres Mannes und ihres Schwiegervaters wird, sympathisiere ich doch mit ihr. Ich versuchte, dem ganzen Milieu, das sie umgibt, einen makabren, satirischen Charakter zu geben. Das Wort ›satirisch‹ verstehe ich durchaus nicht im Sinne von ›Lächerlichkeit, Spöttelei‹. Im Gegenteil: in der *Lady Macbeth* versuchte ich eine Satire zu schreiben, die die Satire desavouiert, die der schrecklichen Willkür und dem Hohn des Krämerdaseins die Maske herunterreißt und einen dazu bringt, es zu hassen.«

Schostakowitsch setzte in der Partitur dieser Oper vielfältige Mittel ein. Er ließ Erfahrungen aus seinem ersten musikdramatischen Werk und den Filmmusik-Kompositionen einfließen. Er arbeitete mit harten Schnitten, Montagen und verfremdenden Techniken. Tragisches und Satirisches stehen nicht nebeneinander, sondern werden miteinander vermengt, ebenso wenig trennt er das Gute vom Bösen, so daß auch die Titelheldin ambivalent bleibt. Damit skizziert er ein Frauenschicksal, das dem der Lulu in Alban Bergs gleichnamiger Oper, die etwa zur gleichen Zeit entstand, ähnelt.

Die Uraufführung in Leningrad wurde zu einem triumphalen Erfolg für Schostakowitsch. Wenig später hatte das Werk auch in Moskau Premiere. Andere europäische Städte folgten, und selbst in den Vereinigten Staaten kam es schon früh zu einer ersten Inszenierung. Wenige Wochen, nachdem Stalin eine Aufführung dieses Werkes in Moskau besucht hatte, erschien im Januar 1936 unter dem Titel »Chaos statt Musik« ein Artikel in der *Prawda*, der auch das Ende von Schostakowitschs kompositorischer Karriere hätte bedeuten können. Dort war unter anderem über *Lady Macbeth* zu lesen: »Von der ersten Minute an verblüfft den Hörer in dieser Oper die betont disharmonische, chaotische Flut von Tönen, Bruchstücke von Melodien, Keime einer musikalischen Phrase versinken, reißen sich los und tauchen erneut unter in Gepolter, Geprassel und Gekreisch. Dieser ›Musik‹ zu folgen ist schwer, sie sich einzuprägen unmöglich. Das gilt fast für die ganze Oper. Auf der Bühne wird der Gesang durch Geschrei ersetzt. Gerät der Komponist gelegentlich in die Bahn einer einfachen und verständlichen Melodie, so stürzt er sich sofort wieder, als wäre er erschrocken über ein solches Unglück, in das Labyrinth des musikalischen Chaos, das stellenweise zur Kakophonie wird. Die Ausdruckskraft, die der Hörer erwartet, wird durch einen wahnwitzigen Rhythmus ersetzt. Durch musikalischen Lärm soll Leidenschaft zum Ausdruck kommen … Die Fähigkeit guter Musik, die Massen mitzureißen, wird hier kleinbürgerlichen, formalistischen Anstrengungen und der Verkrampfung geopfert, damit man mit den Methoden der Originalitätshascherei Originalität vortäuschen kann. Dies ist ein Spiel mit ernsthaften Dingen, das übel ausgehen kann.« Diese Drohung war unmißverständlich, weitere Kritiken folgten, auch andere Werke des Komponisten betreffend. Schostakowitsch wußte, daß womöglich auch sein Leben auf dem Spiel stand. Unverzüglich wurde die Oper von allen Bühnen abgesetzt. Um weitere Repressionen zu entgehen, brach Schostakowitsch die Proben zu seiner *4. Sinfonie* ab, andere Werke hielt er zurück. Er lenkte ein, arbeitete im Komponistenverband mit und ließ sich in verschiedene Gremien wählen. Auch wenn ihm bewußt war, daß ihn diese Verurteilung völlig ungerechtfertigt und deshalb zutiefst verletzend traf, lag ihm die Rolle des Dissidenten fern. Vielmehr versuchte er, durch geschicktes Manövrieren das Beste aus der Situation zu machen, die kein Einzelfall blieb.

Das gefährliche politische Klima mag ein Grund dafür sein, daß die *5. Sinfonie* eine deutlich weniger avantgardistische Prägung zeigt als die früheren Werke, obwohl sie ebenfalls nicht den Maximen des sozialistischen Realismus entsprach. In diesem Werk setzte er sich mit Gustav Mahler auseinander, dessen kompositorische Leistung Schostakowitsch zeitlebens außerordentlich schätzte. Seinem Schüler Edison Denissow gegenüber äußerte er einmal, er halte den letzten Satz des *Liedes von der Erde* für die genialste Schöpfung der Musikgeschichte. Die fünfte ist im Vergleich zu den vorherigen Sinfonien deutlicher spätromantischen Idealen verpflichtet. Allein die fast klassische viersätzige Anlage verweist auf Modelle der sinfonischen Tradition. Mit diesem Werk entging Schostakowitsch immerhin dem Vorwurf des Formalismus, was ihn die schwere Krise, die der *Prawda*-Artikel ausgelöst hatte, zu überwinden half.

Nach dem Überfall Hitlers auf die Sowjetunion 1941 und der Belagerung Leningrads wurden viele Intellektuelle in das Hinterland ausgeflogen. Schostakowitsch blieb zunächst jedoch in seiner Heimatstadt. Als

Mitglied einer Konservatoriumsbrigade hob er Schützengräben aus, und ein berühmtes, auch auf dem Titelblatt von *Time* abgedrucktes Photo zeigte ihn als Brandwache auf dem Dach des Konservatoriums. In dieser Zeit schrieb er seine *7. Sinfonie*, die »Leningrader«, die zu seinen populärsten Werken zählt. Zum ersten Satz inspirierte ihn ohne Zweifel Ravels *Bolero*. Als einziges Thema wiederholt sich nach einer dramatischen Einleitung immer wieder ein Marsch in Form eines auskomponierten Crescendos, wobei sich die Instrumentation bis zum Fortissimo verstärkt. Ein an Eindringlichkeit kaum zu überbietendes, leicht faßliches Motiv wird zur Grundlage des gesamten Satzes. Mit dieser Sinfonie setzte Schostakowitsch seiner bedrängten Heimatstadt ein Denkmal, und die Bürger der Stadt haben diese Botschaft auch verstanden. Der Komponist vollendete die Partitur in Kuibyschew, wohin die Familie schließlich evakuiert worden war und wo die Sinfonie 1942 uraufgeführt wurde. Auch international galt die *Leningrader* als ein Symbol des Widerstands, und bezeichnenderweise zitierte sie der im amerikanischen Exil lebende Bartók in seinem *Konzert für Orchester*.

Doch der Erfolg war nur kurz. 1948 wurde Schostakowitsch erneut des Formalismus bezichtigt. In einer Veröffentlichung des Zentralkomitees hieß es: »Besonders schlecht steht es um das sinfonische und um das Opernschaffen. Es handelt sich dabei um Komponisten, die die formalistische, volksfremde Richtung weiter aufrechterhalten. Ihren stärksten Ausdruck fand diese Richtung in den Werken von Komponisten wie Gen. Schostakowitsch, Prokofjew, Chatschaturjan, Popow, Mjaskowskij und anderen, in deren Werken formalistische Verzerrungen und antidemokratische Tendenzen, die dem Sowjetvolk und seinem künstlerischen Geschmack fremd sind, besonders anschaulich vertreten sind.« Schostakowitsch verlor daraufhin seine Lehrämter. Er schrieb Artikel und konzertierte auch in der Provinz als Pianist, um seine Familie ernähren zu können. Dennoch beharrte er auf seiner künstlerischen Position: »Das Neuerertum findet bei uns jedoch nicht immer eine gerechtfertigte und richtige Beurteilung. Allzu eilfertig stempelt man jede Äußerung des schöpferischen Suchens als Formalismus ab. Nicht selten wird Formalismus das genannt, was irgend jemandem nicht ganz verständlich oder nicht ganz nach seinem Geschmack ist.« Wenn es ihm auch möglich war, solche Artikel zu publizieren, als Komponist hatte er einen schweren Stand. Viele seiner Werke durften in der Sowjetunion nicht aufgeführt werden, viele seiner Partituren wurden sogar vernichtet. Eine Zeitlang konnten nur noch die fünfte und die siebte Sinfonie öffentlich gespielt werden.

Dennoch verteidigte Schostakowitsch sein Heimatland und wurde auch als Botschafter der Sowjetunion zu Kongressen und Wettbewerben ins Ausland entsandt. Als Juror des Leipziger Bach-Wettbewerbs in der DDR und unter dem Eindruck des dort vielgespielten *Wohltemperierten Klaviers* faßte er den Plan zu einer Sammlung von *24 Präludien und Fugen*, die er binnen kurzer Zeit niederschrieb. In gewisser Weise markiert dieser Zyklus aus den Jahren 1950/51 den Beginn seines Spätwerks. Die zumeist melancholischen, fast depressiven Stücke sind elegisch im Charakter und zugleich äußerst streng geformt. Langsame Tempi herrschen vor. Selbst die in Dur gehaltenen Stücke verbreiten eine Stimmung völliger Vereinsamung. ›Leere‹ Intervalle korrespondieren mit einer starken Reduktion des Satzes. Den oft fast improvisationsartigen Präludien folgen strenge, kunstvolle Fugen. Trotz dieser klassischen Formen fürchtete Schostakowitsch die Kritik der Kulturfunktionäre. An Denissow

schrieb er: »Meine Präludien und Fugen sind im Komponistenverband noch nicht erörtert worden. Vielleicht wird in einigen Tagen darüber beschlossen.« Das Ergebnis fiel wie befürchtet aus, auch dieser Zyklus wurde als »dekadent« und »kakophonisch« verurteilt.

Erst nach dem Tode Stalins, vor allem aber seit Ende der fünfziger, Anfang der sechziger Jahre schienen sich für Schostakowitsch die Zeiten zum Besseren zu wenden. Der Komponist nutzte die Gelegenheit, um bislang zurückgehaltene Werke wie das *1. Violinkonzert* oder die *4. Sinfonie* aufführen zu lassen. In vielen Werken jener Jahre zitierte er frühere, häufig verpönte oder kritisierte Arbeiten, so etwa im *1. Cellokonzert*, wo er auf die *1. Klaviersonate* zurückgreift, oder auch im *8. Streichquartett*, in dem er sich auf eine Passage aus seiner Oper *Lady Macbeth von Mzensk* bezieht. Möglicherweise versuchte Schostakowitsch mit diesen subtilen Querbezügen das Zusammenhängende seiner oft disparat erscheinenden Kompositionen zu dokumentieren. 1960 wurde er in die Kommunistische Partei aufgenommen und wenig später zum Vorsitzenden des russischen Komponistenverbandes gewählt. Zu dieser Zeit hatte ihn die junge russische Avantgarde längst überholt. Schostakowitsch galt zwar immer noch nicht als unumstritten, zählte aber bereits zu den ›Klassikern‹ im eigenen Land. Mit kompositorischen Techniken der jungen Generation im westlichen Ausland setzte sich Schostakowitsch nie auseinander. Noch seine letzten Werke beziehen sich auf eine Grundtonart, auch wenn der harmonische Bezugspunkt oft nicht mehr auszumachen ist.

Doch auch als etablierter Komponist hatte Schostakowitsch nach wie vor mit Schwierigkeiten von offizieller Seite zu kämpfen. In seiner *Sinfonie Nr. 13* stieß weniger die an Mussorgski erinnernde Musik als vielmehr die vertonten Texte des jungen Autors Jewgenij Jewtuschenko auf Widerstand, da diese den offiziell totgeschwiegenen russischen Antisemitismus anklagen. Diese Textauswahl spiegelt die Weltanschauung des Komponisten wider, der den Mut aufbrachte, solche Aussagen seiner Sinfonie programmatisch zugrunde zu legen.

Kurze Zeit nach der Premiere dieser Sinfonie brachte Schostakowitsch eine neue, überarbeitete Fassung seiner Oper *Lady Macbeth von Mzensk* unter dem Titel *Katerina Ismailowa* heraus. Im Vorfeld dieser Aufführung verbreitete er den Eindruck einer völligen Neufassung, obwohl er nur wenige musikalische Eingriffe vorgenommen hatte. Lediglich den Text hatte er deutlich entschärft. Trotzdem präsentierte er im Grunde die in den dreißiger Jahren so geschmähte Werkgestalt und erzielte damit im Januar 1963 einen spektakulären Erfolg.

1962 wurde Dmitrij Schostakowitsch in den Obersten Sowjet gewählt. Zu dieser Zeit war er bereits schwer krank. Verschiedene Leiden überschatteten seine letzten Lebensjahre. Nach einem ersten Herzinfarkt 1966 befand er sich fast ständig in ärztlicher Behandlung. Das Thema des Todes steht denn auch im Mittelpunkt seiner größtenteils im Krankenhaus komponierten *14. Sinfonie*, in der Schostakowitsch Texte von Rilke, Apollinaire, Küchelbecker und Lorca vertonte. In diesem radikal subjektiven Werk nahm der Komponist keinerlei Rücksicht auf die Doktrinen des sozialistischen Realismus. Damit steht dieses dunkle Werk in eigentümlichem Kontrast zu der darauffolgenden *15. Sinfonie*. Fast bizarr muten hier die Zitate aus Rossinis *Wilhelm Tell* und Wagners *Walküre* an, die mit klassischen russischen Motiven kombiniert werden. Die mitunter grotesken Züge seines Frühwerkes scheinen hier ein letztes Mal als Gegenbild zu einer melancholischen und fast weltabgewandten Haltung auf, wie sie der langsame zweite Satz vermittelt.

Die charakteristischste Gattung seines Spätwerks ist das Streichquartett. In der Beschränkung der äußeren Mittel fand er hier zu seiner von Trauer, Verzweiflung und Gedanken an den Tod dominierten, persönlichsten musikalischen Sprache. Die leisen, zutiefst melancholischen Werke bilden mit wenigen motivischen Keimzellen großflächige, mitunter fast karge Klanglandschaften.

Noch kurz vor seinem Tod trug sich Schostakowitsch mit neuen musikdramatischen Plänen. Er wollte die *Fledermaus* von Johann Strauß neu orchestrieren und für den Film bearbeiten. Außerdem dachte er an eine Oper nach Tschechows Erzählung *Der schwarze Mönch*. Doch diese Vorhaben konnte der Komponist nicht mehr verwirklichen. Dmitrij Schostakowitsch starb am 9. August 1975 in Moskau.

WERKE (Auswahl)

Scherzo fis-Moll für Orchester op. 1 (1919)
Drei phantastische Tänze für Klavier op. 5 (1922)
Sinfonie Nr. 1 f-Moll op. 10 (1924/25)
Sonate für Klavier Nr. 1 op. 12 (1926)
Sinfonie Nr. 2 H-Dur »An den Oktober« für Orchester und Chor op. 14 (1927)
Aphorismen. Zehn Stücke für Klavier (1927)
Die Nase. Oper in drei Akten op. 15 (1927/28)
Das neue Babylon op. 18. Filmmusik (1928/29)
Die Wanze. Schauspielmusik (1929)
Sinfonie Nr. 3 »Zum 1. Mai« für Orchester und Chor op. 20 (1929)
Sechs Romanzen auf Texte japanischer Dichter für Bariton und Orchester op. 21 (1928/32)
Das goldene Zeitalter. Ballett in drei Akten op. 22 (1929/30)
Lady Macbeth von Mzensk. Oper in vier Akten op. 29 (1930/32)
Musik zum Film »Goldene Berge« op. 30 (1931)
24 Präludien für Klavier op. 34 (1932/33)

Konzert für Klavier und Orchester Nr. 1 op. 35 (1933)

Der helle Bach. Ballett in drei Akten op. 39 (1934/35)

Sonate für Violoncello und Klavier d-Moll op. 40 (1934)

Sinfonie Nr. 4 c-Moll op. 43 (1935/36)

Vier Romanzen nach Puschkin für Baß und Klavier op. 46 (1936)

Sinfonie Nr. 5 d-Moll op. 47 (1937)

Streichquartett Nr. 1 C-Dur op. 49 (1938)

Sinfonie Nr. 6 h-Moll op. 54 (1939)

Klavierquintett g-Moll op. 57 (1940)

Sinfonie Nr. 7 C-Dur »Leningrader« op. 60 (1941)

Sonate für Klavier Nr. 2 h-Moll op. 61 (1942)

Die Spieler. Oper (Fragment) op. 63 (1942)

Der Schwur des Volkskommissars für Baß, Chor und Klavier o. op. (1942)

Sinfonie Nr. 8 c-Moll op. 65 (1943)

Klaviertrio Nr. 2 e-Moll op. 67 (1944)

Sinfonie Nr. 9 Es-Dur op. 70 (1945)

Poem von der Heimat für Soli, Chor und Orchester op. 74 (1946/47)

Violinkonzert Nr. 1 A-Dur op. 77 (1947/48)

Aus jüdischer Volkspoesie für Sopran, Kontraalt, Tenor und Klavier op. 79 (1948)

Das Lied von den Wäldern für Tenor, Baß, Chor und Orchester op. 81 (1949)

24 Präludien und Fugen für Klavier op. 87 (1950/51)

Streichquartett Nr. 5 B-Dur op. 92 (1952)

Sinfonie Nr. 10 e-Moll op. 93 (1953)

Festliche Ouvertüre für Orchester A-Dur op. 96 (1954)

Streichquartett Nr. 6 G-Dur op. 101 (1956)

Sinfonie Nr. 11 »Das Jahr 1905« g-Moll op. 103 (1957)

Konzert für Violoncello und Orchester Nr. 1 Es-Dur op. 107 (1959)

Streichquartett Nr. 8 c-Moll »Den Opfern des Faschismus und des Krieges« op. 110 (1960)

Sinfonie Nr. 12 »Das Jahr 1917« d-Moll op. 112 (1961)

Sinfonie Nr. 13 nach Gedichten von Jewgenij Jewtuschenko für Baß, Baßchor und Orchester op. 113 (1962)

Katerina Ismailowa. Neue Fassung der Oper »Lady Macbeth von Mzensk« op. 114 (1963)

Ouvertüre über russische und kirgisische Volksthemen für Orchester op. 115 (1963)

Streichquartett Nr. 9 Es-Dur op. 117 (1964)

Die Hinrichtung des Stepan Rasin. Poem für Baß, Chor und Orchester op. 119 (1964)

Streichquartett Nr. 11 f-Moll op. 122 (1966)

Konzert für Violoncello und Orchester Nr. 2 g-Moll op. 126 (1966)

Sieben Romanzen nach Gedichten von Alexander Blok für Sopran und Klaviertrio op. 127 (1967)

Konzert für Violine und Orchester Nr. 2 cis-Moll op. 129 (1967)

Sinfonisches Poem »Oktober« c-Moll für Orchester op. 131 (1967)

Sinfonie Nr. 14 für Sopran, Baß und Kammerorchester auf Gedichte von Lorca, Apollinaire, Rilke und Küchelbecker op. 135 (1969)

Streichquartett Nr. 13 b-Moll op. 138 (1970)

Sinfonie Nr. 15 A-Dur op. 141 (1971)

Streichquartett Nr. 14 Fis-Dur op. 142 (1972/73)

Sechs Gedichte von Marina Zwetajewa für Alt und Klavier op. 143 (1973)

Streichquartett Nr. 15 es-Moll op. 144 (1974)

Suite nach Gedichten von Michelangelo Buonarotti für Baß und Klavier op. 145 (1974)

Sonate für Bratsche und Klavier op. 147 (1975)

FRANZ SCHREKER

»Klänge – welch arg mißbrauchtes, viel-
geschmähtes Wort! Nur ein Klang – nur
Klänge! Wüßten die Nörgler, welche Ausdrucksmöglichkeiten, welch unerhörter Stim-
mungszauber ein Klang, ein Akkord in sich
bergen kann! Schon als Knabe liebte ich es,
mir einen jener ›Wagnerschen‹ Akkorde am
Klavier anzuschlagen, und lauschte versun-
ken seinem Verhallen. Wundersame Visionen wurden mir da, glühende Bilder aus
musikalischen Zauberreichen. Und eine
starke Sehnsucht! Der reine Klang, ohne
jede motivische Beigabe, ist, mit Vorsicht

gebraucht, eines der wesentlichsten musik-dramatischen Ausdrucksmittel, ein Stimmungsbehelf ohnegleichen.«

Zeitlebens faszinierte Franz Schreker das Phänomen des reinen Klangs. Innerhalb seines Schaffens bildet er eine zentrale musikalische Kategorie, die, anders als der »musikalische Gedanke« bei Arnold Schönberg, nicht nach Entwicklung strebt, sondern in sich ruht. In der Tat spielt der Klang in vielen Werken von Schreker eine wichtigere Rolle als die Melodik oder die thematische Arbeit.

Schreker, der zu Beginn des Jahrhunderts zusammen mit Richard Strauss zu den wichtigsten deutschsprachigen Musikdramatikern gehörte, ist durch eine Verkettung mehrerer unglücklicher Umstände nach seinem Tod weitgehend in Vergessenheit geraten. Er gehört der Gruppe von Komponisten an, deren Namen zwar fast jeder Musikfreund kennt, deren Werke aber nur selten gespielt werden.

Geboren wurde Franz Schreker am 23. März 1878 in Monaco. Bedingt durch den Beruf des Vaters, eines österreichischen Hofphotographen, war er in seiner Kindheit viel auf Reisen. Erst nach dem Tod des Vaters ließ sich die Familie 1888 in Wien nieder, wo Schreker bereits im Alter von 14 Jahren ein Amt als Organist in Döbling übernahm und so zum Unterhalt der Familie beitrug.

Ein Stipendium der Fürstin Alexandrine von Windischgraetz ermöglichte es ihm 1892, ein Violinstudium am Wiener Konservatorium aufzunehmen. Fünf Jahre später wechselte er in die Kompositionsklasse von Robert Fuchs. Nach Abschluß seines Studiums arbeitete Schreker zunächst mit mäßigem Erfolg als Privatlehrer.

Bereits während seines Studiums waren erste Lieder entstanden, die das Expressive seines späteren harmonischen Stils noch nicht erkennen lassen. In seiner Zeit als Privatlehrer komponierte er erste, in Wien jedoch kaum beachtete Orchesterstücke. Die Premiere seines Opernerstlings *Flammen*, der 1902 konzertant uraufgeführt wurde, war ein grandioser Mißerfolg und stürzte Schreker in eine ernste kompositorische Krise. Daraufhin brach er die Arbeit an seiner zweiten Oper *Der ferne Klang* zunächst ab, ohnehin schon entmutigt durch die Kritik seines früheren Kompositionslehrers. Zwei Jahre später nahm Schreker sich die Partitur wieder vor, die er erst 1910 vollendete. In der Zwischenzeit veröffentlichte er Sammlungen von Klavierliedern und Orchesterwerke wie die *Romantische Suite* und die *Phantastische Ouvertüre*.

Die entscheidende Wende brachte das Jahr 1908. Schreker erhielt den Auftrag, für die Wiener Kunstschau die Musik zu der Pantomime *Der Geburtstag der Infantin* nach Oscar Wilde zu komponieren. Er schuf eines der ersten Werke für den modernen Ausdruckstanz. Mit der berühmten Tänzerin Grete Wiesenthal als Protagonistin zur Eröffnung der Kunstschau uraufgeführt, begründete dieses Spiel Schrekers Ruhm als einer der führenden Vertreter der musikalischen Moderne. Thematisch verarbeitet diese Pantomime den Gegensatz zwischen Kultur und Natur, der durch die Prinzessin und den mißgestalteten Zwerg verkörpert wird. Während Schreker die Passagen der Prinzessin mit traditionellen Formtypen (Reigen, Menuett) und kunstvoll-zurückhaltender Harmonik gestaltet, verleiht er den rhapsodisch-zerklüfteten »Tänzen des Zwerges« mit ihrer durchchromatisierten Harmonik einen eher wilden und ungebändigten Charakter. Ebenfalls 1908 übernahm Schreker für zwölf Jahre die Leitung des Philharmonischen Chores in Wien, wodurch er einem größeren Kreis bekannt wurde. Mit diesem Klangkörper führte er viele wichtige Werke der musikalischen Moderne auf, so etwa 1912 die achte Sinfonie Gustav Mahlers und ein Jahr später die *Gurrelieder* von Arnold Schönberg.

Der endgültige Durchbruch als Komponist gelang Schreker mit der erfolgreichen Uraufführung seiner Oper *Der ferne Klang* 1912 in Frankfurt am Main. Fast zehn Jahre lang hatte er, mit Unterbrechungen, an der Partitur gearbeitet. Das Libretto stammt ebenfalls von Schreker, der die Vorlagen für seine Opern mit Ausnahme seines letzten Bühnenwerks alle selbst schrieb. Im *Fernen Klang* finden sich bereits die zentralen musikdramatischen Gestaltungsprinzipien, die für Schrekers späteres Bühnenschaffen relevant bleiben sollten. Dabei ist die Handlung stets unmittelbar mit dem musikalischen Geschehen verknüpft. Im *Fernen Klang* befindet sich der junge Komponist Fritz auf der Suche nach dem Klang. Autobiographische Momente spielen in dem dramatischen Geschehen eine unübersehbare Rolle, denn zweifellos war für Schreker die Identifikation mit seinem Protagonisten für seine künstlerische Entwicklung bedeutsam. Schrekers Stil wurde häufig als eine Art »psychischer Realismus« bezeichnet. Er selbst äußerte dazu, daß er in seinen Opern »eine Art Verismus« anstrebe. Dazu setzte er eine Vielzahl unterschiedlicher Deklamationsarten ein, die vom ariosen Gesang über unterschiedliche Formen des Parlando bis zum Sprechgesang reicht. Schreker wollte »dem Zuhörer einen

getreuen Einblick in das Milieu« geben. Der Zuschauer sollte das Gefühl haben, »er befände sich selbst mitten in diesem Treiben, das ihm wie eine geheimnisvoll verworrene Ouvertüre zu den sich vorbereitenden Lustbarkeiten anmutet«, wie er im Libretto des *Fernen Klangs* über eine fast multimedialvielschichtige Szene anmerkte. Die Direktheit der musikalischen Sprache, das gleichsam Reale des Bühnengeschehens sowie die Sphäre des Märchenhaften und Phantastischen trugen zum großen Erfolg seiner Opern bei. Hinzu kommt eine feinnervige und hochdifferenzierte Harmonik, die in unmittelbarem Bezug zum klanglichen Geschehen steht und aus dem jeweiligen dramatischen Moment hervorzugehen scheint. Die klassische Funktionsharmonik hat hier ihre sinnstiftende Bedeutung verloren. Sie versteht sich vielmehr als Parameter des Klangs und kann damit weit in den Bereich der Atonalität vorstoßen. Schreker arbeitete im *Fernen Klang* mit Techniken, die zu jener Zeit noch nicht zum Repertoire des Musiktheaters zählten. Er verwendete Ein- und Ausblendungen, bildete raffinierte Klangschichtungen und setzte gleichsam symbolistisch musikalische Motive ein, die wie Bilder des Unbewußten oder Visionen anmuten.

1912 übernahm Schreker einen Lehrstuhl für Komposition an der Wiener Musikakademie. Nur ein Jahr später hatte mit *Das Spielwerk und die Prinzessin* seine nächste Oper wieder in Frankfurt Premiere. Die dramaturgischen Motive seiner Opern ähneln sich. In diesem Stück übernimmt das Spielwerk die Funktion des fernen Klangs, die im *Schatzgräber* durch eine Laute und im *Singenden Teufel* durch eine Orgel ersetzt wird. Jedesmal stehen musikalische Motive im Zentrum der Handlung, die die klangliche Umsetzung des Bühnengeschehens plausibel machen.

Mit dem *Schatzgräber*, der zwischen 1915 und 1920 entstand und wiederum in Frankfurt uraufgeführt wurde, erreichte Schreker den Zenit seines Ruhms. Er selbst hat sich um diese Zeit einmal in einem aus Kritikerstimmen zusammenmontierten Kurzporträt so beschrieben: »Ich bin Impressionist, Expressionist, Internationalist, Futurist, musikalischer Verist; Jude und durch die Macht des Judentums emporgekommen, Christ und von einer katholischen Clique ›gemacht‹ worden. Ich bin Klangkünstler, Klangphantast, Klangzauberer, Klangästhet und habe keine Spur von Melodie … Ich bin Melodiker von reinstem Geblüt, als Harmoniker aber anämisch, pervers, trotzdem ein Vollblutmusiker! Ich bin (leider) Erotomane und wirke verderblich auf das deutsche Publikum (… trotz Tristan, Walküre, Salome, Elektra, Rosenkavalier u. s. f.). Ich bin aber auch Idealist (Gott sei Dank!) …, stehe auf dem linkesten Flügel der Moderne (Schönberg, Debussy) …, meine Musik ist … ein Meer von Wohllaut, eine gräuliche Häufung von Kakophonien …, ›ein grandioses Dokument des Unterganges unserer Kultur‹ …, ich bin auf jeden Fall ein Fall.«

Was Schreker hier noch mit einem Schmunzeln auflistet, sollte bald zum düsteren Schreckensbild werden. 1920 hatte man ihn als Direktor an die Berliner Musikhochschule berufen. Im darauffolgenden Jahr leitete ein polemischer Artikel von Alfred Heuss eine Kampagne gegen den Komponisten ein, die in erster Linie antijüdisch motiviert war und in den unruhigen Jahren der Weimarer Republik zum Teil auf fruchtbaren Boden fiel. Schreker lebte in »fortwährender Angst vor Angriffen in jedem Dreckblatt«. Diese kulturpolitische Radikalisierung wirkte sich lähmend auf sein kompositorisches Schaffen aus. Zugleich führte ein Wandel des Musikgeschmacks – die neue Sachlichkeit begann den bis dahin vorherrschenden

Expressionismus zu verdrängen – zu einem Popularitätsverlust, der spätestens mit seiner 1924 in Köln uraufgeführten Oper *Irrelohe* klar zutage trat. Aufführungen seiner musikdramatischen Werke begannen nun seltener zu werden. Der Komponist reagierte irritiert auf diese neue Situation und versuchte, seinen Stil dem sich wandelnden Zeitgeist anzupassen. Das schlug sich in harmonischen und formalen Vereinfachungen und einer Ausdünnung des bislang hochkomplexen Orchestersatzes nieder. Statt dessen arbeitete er jetzt stärker mit kontrapunktischen Techniken, nicht nur im Orchestersatz, sondern auch in den Gesangsstimmen. Der Klang wurde kantiger und entfernte sich deutlich vom Ideal des Mischklangs, der seine früheren Opern bestimmt hatte.

Diese Kennzeichen prägen bereits die Partitur der Oper *Irrelohe*, die nicht den erhofften Erfolg brachte. Noch deutlicher finden sie sich in den späten Opern Schrekers, in *Christophorus oder ›Vision einer Oper‹*, *Der singende Teufel* und *Der Schmied von Gent*, die Ende der zwanziger, Anfang der dreißiger Jahre entstanden. In ihnen basieren zum Teil ganze Szenen auf ausgedehnten kontrapunktischen Formen. Mit dem *Schmied von Gent* wandte sich Schreker erstmals der Gattung der komischen Zauberoper zu. Er sah darin eine Möglichkeit, den Gegensatz seiner subjektiven, expressionistisch geprägten Musiksprache mit den Idealen der neuen Sachlichkeit doch noch zu überwinden. Aber dazu sollte es nicht mehr kommen. 1932 mußte Schreker unter politischem Druck seine eigentlich unkündbare Direktorenstelle an der Berliner Hochschule für Musik aufgeben. Statt dessen übernahm er für kurze Zeit eine Kompositionsklasse an der Preußischen Akademie der Künste. Nach der Machtübernahme durch die Nationalsozialisten, die ihn schon zuvor mit immer schärferen politischen Hetzkampagnen verfolgt hatten, wurde er auch dieses Amtes enthoben. Von diesen Angriffen hat sich Schreker nicht mehr erholt. Im Dezember 1933 erlitt er einen Herzanfall und starb wenig später, 55 Jahre alt, am 21. März 1934 in Berlin.

WERKE (Auswahl)

Die Rosen und der Flieder für Gesang und Klavier (1894)
Zwei Lieder auf den Tod eines Kindes für Mezzo-sopran und Klavier op. 5 (um 1897)
Scherzo für Orchester (1899)
Sinfonie a-Moll für großes Orchester op. 1 (1899)
Fünf Lieder für Gesang und Klavier op. 4 (um 1899)
Der 116. Psalm für dreistimmigen Frauenchor, Orchester und Orgel op. 6 (1900)
Flammen. Oper in einem Akt op. 10 (1901/02)
Ekkehard. Sinfonische Ouvertüre für großes Orchester und Orgel ad libitum (1902/03)
Romantische Suite für großes Orchester op. 14 (1903)
Der ferne Klang. Oper in drei Aufzügen (1903/10)
Phantastische Ouvertüre für großes Orchester op. 15 (1904)
Der Geburtstag der Infantin. Pantomime (1908)

Rokoko. Ein Tanzspiel für großes Orchester (1908/09)
Das Spielwerk und die Prinzessin. Oper in zwei Aufzügen mit Vorspiel (1908/12)
Der Wind für Violine, Klarinette, Horn, Violoncello und Klavier (1909)
Scherzo für großes Orchester (1909)
Vorspiel zu einem Drama (= Konzertouvertüre zu »Die Gezeichneten«) (1913)
Die Gezeichneten. Oper in drei Aufzügen (1913/15)
Der Schatzgräber. Oper in vier Aufzügen (1915/18)
Kammersinfonie für 23 Soloinstrumente (1916)
Irrelohe. Oper in drei Akten (1919/22)
Fünf Gesänge für eine tiefe oder mittlere Stimme mit Begleitung eines kleinen Orchesters (1922)
Zwei lyrische Gesänge für hohe Singstimme und Klavier (1923)
Der singende Teufel. Oper in vier Akten (1924/28)
Christophorus oder »Vision einer Oper«. Oper in zwei Akten sowie Vor- und Nachspiel (1925/29)
Kleine Suite für Kammerorchester (1928)
Vier kleine Stücke für großes Orchester (1929/30)
Der Schmied von Gent. Große Zauberoper in drei Akten (1929/32)
Das Weib des Intaphernes. Melodram mit Orchester (1932/33)
Vorspiel zu einer großen Oper für großes Orchester (1933)

ERWIN SCHULHOFF

»Lizzi, – Du, – unvergleichlich bist Du, wenn
Du Foxtrott tanzt,

    Dein Hinterteil (streng ästhetisch) pen-
delt zart und erzählt Bände von Erlebnissen!

    ›Jazz‹ ist nächste Devise! –

    Ich werde für Dich einen Tanz erfinden,
den ich ›Tango perversiano‹ nenne

    und den Du – ›zum Weinen schön‹ tan-
zen wirst! Mit mir! –

Lizzi, exstatische Foxtrottprinzessin und letztes Ereignis!!!«

Der Text, den Erwin Schulhoff in seinem Prolog zu der Sammlung der Klavierstücke *Ironien* schrieb, gibt die Stimmung der zwanziger Jahre wieder. Schulhoff knüpfte an die Wurzeln des Dadaismus und des Jazz an und verband sie in seinem Œuvre der zwanziger und dreißiger Jahre zu einer eigentümlichen Mischung. Auch wenn seine Werke lange vergessen waren, erlebte der von den Nationalsozialisten ermordete Schulhoff in den letzten Jahren eine Art Rehabilitierung. Als eine der herausragenden Komponistenpersönlichkeiten der ersten Jahrhunderthälfte braucht er den Vergleich mit Paul Hindemith oder Ernst Krenek keineswegs zu scheuen.

Geboren wurde Erwin Schulhoff am 8. Juni 1894 in Prag als Sohn eines Großhändlers. Auf Empfehlung von Antonín Dvořák nahm der Siebenjährige privaten Klavierunterricht beim damaligen Direktor des Prager Konservatoriums. Später absolvierte er ein reguläres Studium, zunächst in seiner Heimatstadt, dann in Wien und Leipzig, wo ihn Max Reger in Komposition unterrichtete. 1910 begann er seine pianistische Laufbahn mit einem Konzert in Berlin, in dem er Beethovens drittes Klavierkonzert spielte. Nach weiteren Studien absolvierte er 1913 das Konservatorium und erhielt noch im gleichen Jahr für sein Klavierspiel den Mendelssohn-Preis in Berlin. Es entstanden erste Kompositionen, darunter eine Klaviersonate, Lieder und eine *Lustige Ouvertüre* für Orchester.

Mit Beginn des Ersten Weltkrieges wurde Schulhoff Soldat, und seine gesamte spätere Entwicklung war durch die Erfahrungen des Krieges geprägt: »Es ist eine förmliche Sintflut hereingebrochen, ein zerstörendes Element, welches alle erworbene Kultur der europäischen Menschheit zu vernichten droht … Und nun soll man Patriot sein, ›Hurrah‹ schreien, Kriegsgedichte und Novellen, Militärmärsche vertilgen, aber das ›Erhabenste‹ ist, Soldat zu sein.« Erwin Schulhoff kehrte ernüchtert, aber keineswegs gebrochen aus dem Krieg zurück. Seinen Glauben an eine funktionierende Gesellschaft hatte er verloren. Da er an seine noch wenige Jahre zuvor praktizierte Kompositionsweise nicht mehr anknüpfen konnte, suchte er nach neuen Wegen, die er zunächst im Dadaismus fand. »All art is useless« war seine Devise der Nachkriegsjahre. Dem Bürgertum wollte er eine Absage erteilen, indem er die Musik auf ihre Wurzeln, vor allem auf den Rhythmus zurückführte. In seinem 1919 geschriebenen Aufsatz »Revolution und Musik« faßte Schulhoff seine Ästhetik zusammen: »Musik soll in erster Linie durch Rhythmus körperliches Wohlbehagen, ja sogar Ekstase erzeugen, sie ist niemals Philosophie, sie entspringt dem ekstatischen Zustande und findet in der rhythmischen Bewegung ihren Ausdruck.« An Alban Berg schrieb er: »Ich habe eine unerhörte Leidenschaft zum mondänen Tanz und habe selber Zeiten, in welchen ich Nacht für Nacht mit Bar-Damen tanze … rein aus rhythmischer Begeisterung und sinnlichem Unterbewußtsein, dadurch habe ich in meinem Schaffen eine phänomenale Anregung, da ich in meinem Bewußtsein unglaublich irdisch bin, fast sogar tierisch!« Kompositorisch drückt sich dieser Ansatz in der Adaption des Jazz auf die Kunstmusik aus. In Abgrenzung zum gewöhnlichen Jazz bezeichnete Schulhoff diese Werke als »Kunstjazz« und übernahm vor allem Tanzformen und rhythmische Muster. Die meisten seiner Jazz-Stücke komponierte er in Form von Suiten für Klavier und hatte mit ihnen weit mehr Erfolg als mit seinen, wie er sagt, »seriösen« Werken.

1919 zog Erwin Schulhoff nach Dresden, wo er die »Fortschrittskonzerte« mitgestaltete. In Dresden schrieb er auch den »Kunstjazz«-Zyklus der *Pittoresken* für Klavier, die er »dem Maler und Dadaisten George Grosz« widmete. Der mit »In futurum« überschriebene Mittelsatz dieser Suite besteht lediglich aus Pausenzeichen.

In jenen Jahren führte Schulhoff ein unstetes Leben. Von Dresden ging er nach Saarbrücken, dann zurück nach Prag und schließlich 1922 nach Berlin. Immer häufiger trat er als Pianist auf, vorwiegend mit zeitgenössischen und mit eigenen Kompositionen. Die *Zeitschrift für Musik* berichtete 1922 von einem »zeitgenössischen Schreckensprogramm des Pianisten Erwin Schulhoff« mit Werken »moderner Musikbolschewisten«, wozu auch Satie und Strawinsky gezählt wurden. Im gleichen Jahr nahm Schulhoff am Kongreß der Dadaisten in Weimar teil, wo er alle Wortführer der Bewegung kennenlernte. Vom Musikleben in Berlin enttäuscht, übersiedelte er kurze Zeit später wieder nach Prag.

In den frühen zwanziger Jahren erlebte er seine ersten größeren Erfolge als Komponist. Vor allem mit Kammermusikwerken reüssierte er bei den Festivals der Internationalen Gesellschaft für neue Musik in Salzburg und in Prag, in Genf sowie später bei den Donaueschinger Musiktagen. Neben dem Komponieren trat Schulhoff in vielen Ländern Europas regelmäßig als Pianist auf. Auf seinen Programmen standen fast ausschließlich Werke der musikalischen Moderne, bis

hin zu den vierteltönigen Stücken seines Landmannes Alois Hába. Die Rundfunkstationen in Deutschland luden Schulhoff immer wieder zu Aufnahmen und Konzerten ein. In diesem Zusammenhang setzte er sich auch mit den spezifischen Möglichkeiten des noch jungen Funks auseinander. Er schrieb speziell auf die damalige Aufnahmetechnik zugeschnittene Werke wie das *Konzert für Streichquartett und Orchester* oder das Jazz-Oratorium *H.M.S. Royal Oak*. Im Laufe der zwanziger Jahre wandte sich Schulhoff auch den größeren Gattungen, der Sinfonie und 1926 der Oper zu. 1927 nahm er die Arbeit an *Flammen* auf, die ihn zwei volle Jahre beschäftigte. Mit diesem Don-Juan-Stoff wollte Schulhoff dem Bürgertum seiner Zeit den Spiegel vorhalten. Der Titelheld tritt hier im Frack und mit Monokel auf. Die Uraufführung 1932 in Brünn wurde freundlich, aber nicht enthusiastisch aufgenommen.

Nicht zuletzt aufgrund seiner Erlebnisse während des ersten Weltkrieges wandte sich Schulhoff mehr und mehr dem Kommunismus zu. Diese politische Haltung schlug sich auch in vielen seiner Werke nieder. 1932 komponierte er das *Kommunistische Manifest* nach Marx/Engels und untermauerte so seine Zugehörigkeit zur politischen Linken.

Als 1933 die Nationalsozialisten in Deutschland an die Macht kamen, wurde er weniger wegen seiner kommunistischen Gesinnung als vielmehr wegen seiner Vorliebe für den Jazz als »entartet« eingestuft. In Deutschland konnte er nicht länger auftreten, und auch die Kontakte zu anderen europäischen Ländern verschlechterten sich bald. Aus finanzieller Not komponierte er Schlager, arbeitete als Rundfunkpianist in Mährisch-Ostrau und bearbeitete Volkslieder für den dortigen Sender. Daneben schrieb er weitere Sinfonien, aber auch politische Werke, Massenlieder und den Liederzyklus

»1917«, der die russische Oktoberrevolution feiert.

1939 wurde Schulhoff fristlos beim Rundfunk entlassen, da er nach der Einrichtung des sogenannten Protektorats Böhmen und Mähren durch die Nationalsozialisten als Jude nicht länger angestellt sein durfte. Er kehrte nach Prag zurück, wo er bei Freunden wohnte und sich mit Gelegenheitsarbeiten durchschlug. Als sich die Lage immer weiter zuspitzte, beschloß Schulhoff, in die Sowjetunion auszuwandern. Er erhielt 1941 die sowjetische Staatsbürgerschaft und schließlich auch Visa für seine Familie. Doch der Überfall Hitlers auf die Sowjetunion machte alle Pläne zunichte. Wenig später wurde Schulhoff in einem Prager Gefängnis interniert und von da in das Internierungslager im bayerischen Wülzburg deportiert. Dort starb Erwin Schulhoff am 18. August 1942 infolge der Haft an Tuberkulose. Selbst im Lager hatte er bis zuletzt komponiert, doch konnte er seine *8. Sinfonie* nicht mehr vollenden.

Die späten Sinfonien gehören nicht zu seinen besten Kompositionen. Die Frische und Unbekümmertheit seiner frühen Werke fehlen dem bombastischen und stilistisch fragwürdigen Ideal einer Musik für Massen, die den Maximen des sozialistischen Realismus unterworfen ist. Dennoch gehört Schulhoff zu den von den Nationalsozialisten unterdrückten Komponisten, deren Wiederentdeckung sich lohnt.

WERKE (Auswahl)

Sonate für Klavier op. 5 (1912)
Vier Bilder für Klavier op. 6 (1913)
Lustige Ouvertüre für Orchester op. 8 (1913)
Konzert für Klavier und Orchester op. 11 (1913)
Divertimento für Streichquartett op. 14 (1914)
Serenade für Orchester op. 18 (1914)

Fünf Grotesken für Klavier op. 21 (1917)
Streichquartett G-Dur op. 25 (1918)
Fünf Humoresken für Klavier op. 27 (1919)
Menschheit. Eine Symphonie für eine Altstimme und Orchester op. 28 (1919)
Fünf Pittoresken für Klavier op. 31 (1919)
32 Variationen über ein achttaktiges eigenes Thema für Orchester op. 33 (1919)
Ironien. Sechs Stücke für Klavier zu vier Händen (1920)
Suite für Kammerorchester (1921)
Baßnachtigall. Drei Vortragsstücke für Kontrafagott solo (1922)
Partita für Klavier (1922)
Ogelala. Ballettmysterium in einem Aufzug (1922)
Konzert für Klavier und kleines Orchester (1923)
Fünf Stücke für Streichquartett (1923)
Streichsextett (1924)
Streichquartett Nr. 1 (1924)
Sinfonie Nr. 1 (1925)
Streichquartett Nr. 2 (1925)
Die Mondsüchtige. Tanzgroteske in einem Aufzug (1925)
Cinq études de jazz für Klavier (1926)
Sonate für Klavier Nr. 2 (1926)
Divertissement für Oboe, Klarinette und Fagott (1927)
Sonate für Violine und Klavier (1927)
Sonate für Klavier Nr. 3 (1927)
Sonate für Violine solo (1927)
Doppelkonzert für Flöte, Klavier und Streichorchester (1927)
Flammen. Eine musikalische Tragikomödie in zwei Aufzügen (1927/28)
Hot-Sonate für Alt-Saxophon und Klavier (1930)
H.M.S. Royal Oak. Ein Jazzoratorium für einen Sprecher, einen Jazzsänger, gemischten Chor und symphonisches Jazzorchester (1930)
Konzert für Streichquartett und Orchester (1930)
Suite dansante en jazz für Klavier (1931)
Das Manifest nach Marx – Engels. Kantate für vier Solostimmen, doppelten gemischten Chor, Kinderchor und Blasorchester (1932)
Sinfonie Nr. 2 (1932)
Danse excentrique für Alt-Saxophon und Klavier (1933)
Blues für Klavier (1933)

»1917«. Liederzyklus für eine Singstimme und Klavier (1933)

Orinoco für Singstimme und Jazzorchester (1934)

Sinfonie Nr. 3 (1935)

Sinfonie Nr. 4 für Orchester und Bariton-Solo (1936/37)

Sinfonie Nr. 5 (1938)

Sinfonie Nr. 6 »An die Rote Armee« (1940)

Sinfonie Nr. 7 »Eroica«, nur als Klavierskizze überliefert (1941)

Sinfonie Nr. 8. Fragment (1942)

ALEXANDER SKRJABIN

»Die Sonate enthält Düfte und Wolken.
Diese Musik nähert sich schon dem ›Mysterium‹. Hören Sie diese ruhige Freude! Sie ist
so viel wahrhaftiger als im *Prometheus* ...
Das funkelnde Thema oder der Feuerbrun-
nen führt hin zum letzten Tanz, zur Auflösung durch das Eingreifen der Trompeten
der Erzengel. Es ist wahrhaft ein Taumel –
der letzte Tanz vor dem Augenblick der Entmaterialisierung.«

Skrjabins Anmerkung zu seiner siebten
Klaviersonate umfaßt gleich mehrere

Aspekte seiner musikalischen Ästhetik. Zum einen offenbart sie seine Neigung zur Verbindung verschiedener Sinneswahrnehmungen, wie sie ihm später bei seinem Plan zu einem »Mysterium« vorschwebte. Zum anderen beschreibt sie die Kategorie der Ekstase, die, hier als Augenblick der Entmaterialisierung charakterisiert, in seinem gesamten Schaffen einen zentralen ästhetischen Bezugspunkt bildet. Auch Skrjabins Vorliebe für mystisches und symbolistisches Gedankengut belegt diese Aussage. Skrjabin, der vor allem mit seinem Spätwerk weit in die Musik des 20. Jahrhunderts hineinreicht, fand parallel zur Zweiten Wiener Schule einen eigenständigen Weg, um die Grenzen der Tonalität zu überwinden. Genauso wie Arnold Schönberg versuchte er, seine Technik des »Prometheus-Akkords« zu systematisieren. Auch wenn er diesen Akkord nur in wenigen Werken in Reinkultur verwendete, bemühte sich Skrjabin darum, mit ihm den harmonisch-melodischen Fortgang zu legitimieren, den traditionell die Tonalität gewährleistete. In vielerlei Hinsicht gab er mit seinen Neuerungen Impulse, die erst nach seinem Tod breiteren Widerhall fanden.

Geboren wurde Alexander Nikolajewitsch Skrjabin am 6. Januar 1872 in Moskau. Sein Vater entstammte altem russischen Militäradel. Die Mutter, die schon im Jahr nach seiner Geburt an Tuberkulose starb, war eine bedeutende Konzertpianistin. Da sich der Vater als Diplomat meist im türkischen Raum aufhielt, wuchs Skrjabin weitgehend in der Obhut seiner Tante auf, die ihm auch erste Klavierstunden gab. Zu diesem Instrument entwickelte er schon bald eine intensive Beziehung, konstruierte während seiner Schulzeit Miniaturklaviere, verfaßte aber auch erste Dramen und Gedichte. Im Alter von zehn Jahren kam er in die Moskauer Kadettenschule. Er erhielt nun regelmäßigen Klavierunterricht bei Georgij Conus, der am Moskauer Konservatorium studierte. 1885 wurde auf Tanejews Empfehlung Nikolai Swerjow sein Lehrer, ein begabter Pianist und fähiger Pädagoge, der auch Sergej Rachmaninow unterrichtete. Bei Tanejew selbst, der schon im Alter von 29 Jahren Professor und Direktor am Moskauer Konservatorium war, erhielt Skrjabin gleichzeitig Kompositionsunterricht. Auch nach dem Beginn seines Studiums am Konservatorium 1888 blieb Tanejew sein Kompositionslehrer, Klavierunterricht erteilte ihm dort Wassilij Safonow. Skrjabin nahm sich als Klavierstudent hochvirtuose Werke vor. Durch zu intensives Üben zog er sich eine Entzündung der rechten Hand zu, die seine pianistische Karriere zunächst herauszögerte und ihn psychisch schwer belastete. Erst nach langer ärztlicher Behandlung besserte sich das Leiden, hinterließ jedoch dauerhafte Beeinträchtigungen. 1892 schloß Skrjabin seine Klavierstudien am Konservatorium mit einer Goldmedaille ab. Im Abschlußkonzert spielte er auch eine eigene Komposition, eine *Mazurka*, die er später in sein Opus 3 aufnahm. Ohne ein Diplom im Fach Komposition verließ er die Hochschule, da er mit dem Nachfolger Tanejews, Anton Arenskij, nicht zurechtkam.

Skrjabins Hauptinteresse galt schon am Konservatorium dem Klavier, was sicher auch mit seinen pianistischen Erfolgen zusammenhing, die er bereits während seiner Studienzeit verzeichnen konnte. Er komponierte vor allem für die Gattungen, die auch Chopin gepflegt hatte: Etüde, Mazurka, Walzer, Prélude und Nocturne. Doch nicht nur die Gattungen übernahm Skrjabin von Chopin, auch stilistisch sind seine frühen Arbeiten deutlich dem polnischen Komponisten verpflichtet. 1892 erschien sein erstes gedrucktes Werk, ein *Walzer*, als sein Opus 1. Wenig später folgten eine *Etüde*, zwei *Nocturnes* und eine Sammlung *Mazurken*. Vor allem die frühe *Etüde* op. 2 Nr. 1 fand rasch weite Verbreitung und machte den Komponisten Skrjabin erstmals auch außerhalb Moskaus bekannt. Viele Pianisten, unter ihnen auch Vladimir Horowitz und Swjatoslaw Richter, nahmen diese Etüde später in ihr Repertoire mit auf. Auch er selbst setzte dieses Stück immer wieder auf seine Konzertprogramme. Ab dem Frühjahr 1892 trat Skrjabin nur noch mit eigenen Kompositionen auf.

Die vermutlich nie richtig auskurierte Handverletzung machte Skrjabin noch lange zu schaffen. 1893 sah er sogar das Ende seiner pianistischen Karriere nahen. Die Ärzte, die von einer unheilbaren Krankheit sprachen, stürzten den ohnehin äußerst sensiblen Komponisten in eine ernste Krise. Skrjabin komponierte zwei Werke für die linke Hand, die er auch nach der Genesung häufig bei seinen Konzerten spielte. Vor allem aber die erste Sonate, die mit einem Trauermarsch endet, bezeugt Skrjabins pessimistische Stimmung zu diesem Zeitpunkt. Während der Arbeit an diesem Werk notierte er: »Erster ernsthafter Mißerfolg im Leben. Erstes ernsthaftes Nachdenken: Beginn der Analyse. Zweifel an der Unmöglichkeit, gesund zu werden, aber düsterste Stimmung. Erstes Nachdenken über den Wert des Lebens … Komposition der ersten Sonate mit dem Trauermarsch.« Skrjabin selbst brachte seine seelische Situation mit der düsteren ersten Sonate in Zusammenhang. Schon das Hauptthema des ersten Satzes bringt ein Motiv, das vermittelnd im zweiten Satz wieder auftritt und sich schließlich im dramatisch gesteigerten Finale als Grundsubstanz auch des Trauermarsches entpuppt. Skrjabin meistert mit diesem Werk erstmals die große Form der Sonate, was den Wert der kleineren Kompositionen aber nicht in Frage stellt. Neue Klangvorstellungen, harmonische oder melodische Wendungen erprobte er erst in der kleinen Form, um sie später in großen Werken zu verwirklichen. Der Versuch, die einzelnen Sätze miteinander zu verknüpfen, weist den Weg zur Einsätzigkeit, die er 1907 in der fünften Klaviersonate erstmals realisierte.

Um seine Spielfähigkeit wiederzuerlangen, machte Skrjabin 1893 eine Kur und reiste auf die Krim. Schon bald besserte sich sein Gesundheitszustand, wie einer Notiz des Genesenden zu entnehmen ist: »Um zum Optimisten im eigentlichen Sinne zu werden, muß man die Verzweiflung durchmachen und sie besiegen.« 1894 lernte er den Holzindustriellen und Musikmäzen Mitrofan Beljajew kennen, der russische Musik großzügig förderte. Beljajew gründete dafür einen Verlag, organisierte Konzerte mit Werken russischer Komponisten, rief die »Russischen Sinfoniekonzerte« ins Leben und stiftete den Glinka-Preis, der alljährlich vergeben wurde, elfmal allein an Skrjabin. Beljajew verlegte zahlreiche Werke Skrjabins zu angemessenen Honoraren und förderte ihn großzügig. »Ich danke dem Schicksal, das mir Sie auf meinem Lebensweg gesandt hat«, schrieb der Komponist 1894 an seinen Mäzen. Um den Zustand seiner immer noch beeinträchtigten Hand zu bessern, finanzierte dieser ihm 1895 eine viermonatige Reise nach Deutschland, wo sich Skrjabin in ärztliche Behandlung begab. Eine Kur am Vierwaldstätter See in der Schweiz schloß sich an, bevor er über Berlin nach Moskau zurückkehrte. 1896 ermöglichte Beljajew ihm eine weitere Auslandsreise, um ihn von einer unglücklichen Liebesgeschichte abzulenken. Er unternahm, ausgehend von Paris, eine Konzerttournee durch mehrere europäische Großstädte, wo er seine Werke mit großem Erfolg zu Gehör brachte. Gleichzeitig arbeitete er an seiner Sammlung von Préludes, die er noch in Moskau begonnen hatte. Aus Paris schrieb er an seinen Gönner: »Man lädt mich buchstäblich jeden Tag irgendwohin ein und ist ungewöhnlich liebenswürdig zu mir ... Ich habe in vielen Pariser Salons gespielt und viele musikalische Freunde gewonnen.«

Als charakteristisch für sein frühes Klavierwerk erweist sich die Sammlung der *Préludes* op. 11, die das gesamte Spektrum seiner Kompositionstechnik umfaßt. Im Mittelpunkt stehen ausgedehnte, nicht selten ornamental umschlungene Kantilenen, die durch weite Figurationen und Arpeggien den ganzen Tonumfang des Klaviers nutzen. Ähnlich wie im frühen Klavierwerk Robert Schumanns entwickelte Skrjabin ein oft polyphones Stimmengeflecht, wobei das durchsichtige Klangbild mitunter wie schwebend wirkt. Manches erscheint improvisiert oder skizziert, erweist sich aber bei näherer Betrachtung als streng durchkomponiert. Viele der *Préludes* sind von fast aphoristischer Kürze. Gelegentlich umspannt nur ein großangelegter Bogen das gesamte Stück oder gelangt ein einziger exponierter musikalischer Gedanke innerhalb weniger Takte zur Kulmination (op. 11 Nr. 1, op. 11 Nr. 10). Aufwärtsstrebende Figuren, die in der Literatur häufig als »Aufflug« oder »Aufschwung« bezeichnet werden, durchziehen sein pianistisches Werk. In der komplexen Harmonik und Rhythmik finden sich polyrhythmische

Figuren und Synkopenbildungen. Im Vergleich zu Chopin scheint der Satz differenzierter, auch hinsichtlich der Agogik und den breiter angelegten dynamischen Bezeichnungen. Skrjabin schuf die insgesamt 47 Préludes zwischen 1888 und 1896. Ursprünglich plante er zwei Zyklen zu je 24 Stücken, verteilte die Werke aber schließlich auf fünf Opera. Auf dem Gebiet der frühen Klaviermusik bilden sie eine Art Mikrokosmos seiner kompositionstechnischen Verfahren.

Nach dieser Periode, in der Skrjabin fast ausschließlich für ›sein‹ Instrument, das Klavier, komponiert hatte, wandte er sich Ende der neunziger Jahre dem Orchester zu, um sich auch als Komponist der großen, repräsentativen Gattungen einen Namen zu machen. Zunächst konzipierte er ein sinfonisches *Allegro*, mit dem er aber so unzufrieden war, daß das Werk zu seinen Lebzeiten nicht gedruckt wurde. Kurze Zeit später schrieb er sein *Konzert für Klavier und Orchester* op. 20, dessen monothematische Anlage auf Kompositionsprinzipien Franz Liszts zurückgeht. Ein kurzer thematischer Gedanke im Horn zu Beginn des ersten Satzes durchzieht als motivischer Kern das dreisätzige Opus. Der Kopfsatz ist in Sonatenhauptsatzform gehalten, der zweite besteht aus einem Thema mit fünf Variationen, während das Finale den Charakter einer Apotheose aufweist. Die Gestaltung des Schlußsatzes als Apotheose findet sich in nahezu allen seinen orchestralen Werken. Das gilt für die in der Besetzung mit Soli, Chor und Orchester an Beethovens Neunte anknüpfende *1. Sinfonie* ebenso wie für die darauffolgenden sinfonischen Werke. Zwar ist der Einfluß Wagners und Debussys nicht zu leugnen, doch die typisch Skrjabinsche Klanglichkeit zeichnet sich durch einen eigenen Ton aus, der sich nicht nur von den offensichtlichen Vorbildern, sondern auch von den Werken anderer russischer Sinfoniker unterscheidet.

Die Kompositionen für Orchester führten zu einer Auseinandersetzung mit dem Verleger Beljajew. Dieser reagierte wegen der ungewöhnlichen Besetzungen verärgert und drohte sogar damit, die Drucklegung zu verweigern. Nicht ohne Spott schrieb er: »Verzeihen Sie mir, daß ich so profan bin, aber ich muß sagen, ich glaube, Ihr Werk mit Vokalduett und Chorfinale [gemeint ist die erste Sinfonie] sollte eine neunte Sinfonie sein – und es war doch erst Ihre erste. Jetzt wollen Sie eine zehnte schreiben, die mit Stimmen anfängt und mit Orchester schließt. Ich vermute, Ihre elfte wird einen Vokalsatz in der Mitte enthalten ...«

Das Komponieren für Orchester wirkte sich auf die nachfolgenden Klavierwerke aus. So findet sich in den nach der *3. Sinfonie* entstandenen *Drei Stücken* op. 45 ein quasi orchestraler Satz, dessen außerordentliche Komplexität bis an den Rand der Spielbarkeit führt. Häufig ist bei den Klangschichtungen nicht mehr die genaue Tonhöhe entscheidend, sondern die Klangfarbe dominiert. In vielen seiner Klavierkompositionen arbeitete Skrjabin mit drei oder sogar vier Systemen.

Mit der *5. Klaviersonate* von 1907 fand Skrjabin endgültig zur Einsätzigkeit, die er bis zur späten *10. Sonate* beibehielt. Die Werke dieser Schaffensphase versah er mit programmatischen Gedichten. Durch zusätzliche Themen erweiterte er die Sonatenform und löste sie so in ihrem formalen Prinzip auf. Zwar lassen sich nach wie vor Themen, Überleitungs- oder Durchführungsteile erkennen, deren Funktionen aber innerhalb eines dialektisch angelegten Entwicklungsprozesses preisgegeben werden. Die fünfte Sonate arbeitet mit einer Reihe von fünf programmatischen Motiven, die in einer Art ›Evolutionsform‹ präsentiert werden. Alle Motive des ersten Teils kehren im zweiten Entwicklungsteil gewissermaßen auf höherer Ebene

wieder. Mit diesem Modell fand Skrjabin ein formales Prinzip für seine einsätzigen Sonaten, das bereits in den früheren Sonaten latent angelegt war und das in der Musikgeschichte einzigartig blieb. Obwohl Skrjabin seine fünfte Klaviersonate mit der Tonartenbezeichnung Fis-Dur versah, gibt es faktisch keine durchgehaltene Grundtonart mehr. Das Stück steht in engem Zusammenhang mit dem kurz danach vollendeten *Poème de l'extase*, dessen Vorbild in den sinfonischen Dichtungen Franz Liszts zu suchen ist. Der von Skrjabin verfaßte Text dieses Poems, von dem er einen Ausschnitt bereits seiner fünften Sonate vorangestellt hatte, enthält die ausführlichste Beschreibung seines Ekstase-Begriffs, den er sich als kollektiven Untergang im Weltenbrand dachte. Die mystische Vorstellung, Langeweile und Übersättigung durch delirischen Tanz zu überwinden, der die gesamte Welt erfaßt, durchzieht wie ein roter Faden viele seiner Werke, findet aber im *Poème de l'extase* ihre deutlichste Ausprägung. Skrjabin publizierte Programm und Partitur getrennt, damit die Musik nicht als bloße Umsetzung der Dichtung verstanden werden sollte. Elf thematische Gebilde lassen sich in diesem Werk ausmachen. Folienhaft scheint die Sonatenform durch, so daß der Satz noch als erweiterter und modifizierter Sonatenhauptsatz gedeutet werden kann. Doch die durchführungsartigen Abschnitte bearbeiten nicht in traditioneller Weise die Themen, sondern schichten das Tonmaterial übereinander. Thematisch gleichberechtigte Einheiten durchmischen sich in freiem, aber planvoll festgelegtem Spiel.

Neben dem *Poème de l'extase* steht das *Poème du feu Prométhée* als zweites sinfonisches Hauptwerk. Skrjabin schrieb es in den Jahren 1909/10, als er mit seiner zweiten Frau für einige Zeit in Belgien lebte. »Prometheus«, so der Komponist, »ist ein Symbol, das in allen alten Lehren begegnet. Da ist die aktive Energie des Universums, das schöpferische Prinzip, es ist Feuer, Licht, Leben, Kampf, Kräftigung, Gedanke.« Harmonisch arbeitet Skrjabin in diesem Werk mit einer Klangzentrenharmonik, die sich auf den sogenannten sechstönigen Prometheus-Akkord »c-fis-b-e-a-d« stützt. Dieses Verfahren hatte er bereits in den kurz zuvor entstandenen *Klavierstücken* op. 58 und 59 erprobt und übertrug es nun auf den Orchesterapparat. Das sechstönige Klangzentrum kann vertikal wie horizontal ausgebreitet werden. Im *Prométhée* gibt es praktisch keine Stelle, die nicht aus dem Prometheus-Akkord oder einer seiner Transpositionen abgeleitet wäre. Auch hier wirken die thematischen Gebilde nicht zu einem der traditionellen Formmodelle zusammengefügt, sondern eher kaleidoskopartig nebeneinandergestellt. Das gesamte Werk weist durchführungsartige Züge auf und zeigt in vielen instrumentationstechnischen Details Ähnlichkeiten zu Orchesterpartituren Claude Debussys, den Skrjabin sehr geschätzt hat. In der Partitur des *Prométhée* konkretisierte Skrjabin erstmals seine synästhetischen Vorstellungen. Neben den Orchesterstimmen findet sich ein weiteres System, das mit »Tastiera per luce« überschrieben ist. Skrjabin stellte sich eine Art Farbenklavier vor, das den Konzertsaal parallel zu harmonischen Verläufen in ein spezifisch gefärbtes Licht tauchen sollte. Damit wollte Skrjabin die Sphäre der Musik überschreiten und ihr Sinneseindrücke anderer Art zur Seite stellen.

Die kurz nach dem *Prométhée* vollendete *6. Klaviersonate* greift das Prinzip der Klangzentrenharmonik auf. Der »Prometheus-Akkord« wird erweitert und modifiziert. Erstmals kommt auch dem Tritonusintervall eine entscheidende Bedeutung zu.

Mit der 1911 komponierten *7. Sonate* beginnt das Spätwerk Skrjabins, das in seinem lange geplanten, aber nie ausgeführten *My-sterium* seinen krönenden Abschluß finden sollte. Der siebten Sonate gab Skrjabin den Beinamen *Weiße Messe*, entsprechend wurde die 1912/13 komponierte neunte Sonate später *Schwarze Messe* genannt. Seinen eigenen Worten nach stellt die *7. Sonate* bereits eine »Verkörperung der Idee des Mysteriums« dar. Auch die übrigen späten Sonaten sowie das Poème *Vers la flamme* gehören in den Umkreis dieses geplanten Hauptwerks. Satztechnisch dominieren zwei Typen seine späten Kompositionen für Klavier. Zum einen schrieb er äußerst knapp formulierte Werke, die mit wenigen Gesten auskommen und darin an die späten Bagatellen Beethovens erinnern. Zum anderen orientiert er sich an orchestral gedachten Arbeiten, bei denen Farben und Ereignisdichte wichtiger sind als Harmonik oder absolute Tonhöhen. Die Werke bestehen meist aus Folgen akkordischer Zusammenklänge, Tremoli und flirrenden Trillerketten, die eher eine farbliche als eine strukturelle Funktion haben.

Das *Mysterium*, das Skrjabin schon seit 1904 beschäftigte, sollte nicht nur der Gipfel seines eigenen Schaffens, sondern ein absoluter Höhepunkt der künstlerischen Produktion der Menschheit schlechthin sein. Neben Wort und Musik plante er auch alle anderen Sinneseindrücke zu integrieren, Bewegung (Tanz), Farben, Gerüche und Geschmacksempfindungen. Mystische Vorstellungen sollten sich mit theosophischen Ideen mischen. Besonders in seinen letzten Lebensjahren hatte Skrjabin eine ausgeprägte Neigung zur Esoterik. Auch kommt bei diesem Projekt das utopische Moment am deutlichsten zum Ausdruck. Als Schauplatz für das *Mysterium* sah er Indien vor als Wiege der Menschheit und der ältesten Religionen. Als Aufführungsort wünschte sich Skrjabin einen eigens zu diesem Zweck errichteten Tempel. Die Aufführungsdauer sollte sieben Tage betragen oder ein Vielfaches davon. Doch die Pläne seines *Mysteriums* blieben Utopie.

In seinen letzten Lebensjahren schrieb er neben Skizzen zu seinem Großprojekt lediglich noch einige kleinere Klavierwerke. Alexander Skrjabin starb am 27. April 1915 im Alter von 43 Jahren an einer Blutvergiftung in Moskau.

WERKE (Auswahl)

Walzer f-Moll für Klavier op. 1 (1885/86)
Zehn Mazurken für Klavier op. 3 (1888/90)
24 Préludes für Klavier op. 11 (1888/96)
Sonate für Klavier Nr. 1 f-Moll op. 6 (1892/93)
Sonate für Klavier Nr. 2 (Sonate-Fantaisie) gis-Moll op. 19 (1892/97)
Zwölf Etüden für Klavier op. 8 (1894/95)
Sieben Préludes für Klavier op. 17 (1895/96)
Konzert für Klavier und Orchester fis-Moll op. 20 (1896/97)
Sonate für Klavier Nr. 3 fis-Moll op. 23 (1897/98)
Rêverie. Prélude für Orchester e-Moll op. 24 (1898)
Variation über ein russisches Lied für Streichquartett o. op. (1899)
Sinfonie Nr. 1 für Mezzosopran, Tenor, gemischten Chor und Orchester E-Dur op. 26 (1899/1900)
Fantasie h-Moll für Klavier op. 28 (1900/01)

Sinfonie Nr. 2 c-Moll op. 29 (1901)
Sonate für Klavier Nr. 4 Fis-Dur op. 30 (1901/03)
Sinfonie Nr. 3 »Le Divin Poème« c-Moll op. 43 (1902/04)
Poème tragique für Klavier op. 34 (1903)
Poème satanique op. 36 (1903)
Vier Préludes für Klavier op. 37 (1903)
Deux Poèmes für Klavier op. 32 (1903)
Acht Etüden für Klavier op. 42 (1903)
Le Poème de l'extase für Orchester (Sinfonie Nr. 4) op. 54 (1905/07)
Drei Stücke für Klavier op. 45 (1905)
Quasi Valse für Klavier op. 47 (1905)
Vier Stücke für Klavier op. 51 (1906)
Sonate für Klavier Nr. 5 op. 53 (1907)
Zwei Stücke für Klavier op. 57 (1908)
Promethée. Le Poème du feu für Orchester und Klavier mit Orgel, Vokalisenchor und Farbenklavier op. 60 (1908/10)
Zwei Stücke für Klavier op. 59 (1910/11)
Sonate für Klavier Nr. 6 op. 62 (1911/12)
Sonate für Klavier Nr. 7 »Weiße Messe« op. 64 (1911/12)
Sonate für Klavier Nr. 8 op. 66 (1912/13)
Sonate für Klavier Nr. 9 »Schwarze Messe« op. 68 (1912/13)
Sonate für Klavier Nr. 10 op. 70 (1912/13)
Deux Poèmes für Klavier op. 71 (1914)
Vers la Flamme. Poème für Klavier op. 72 (1914)
Guirlandes und Flammes sombres für Klavier op. 73 (1914)
Fünf Préludes für Klavier op. 74 (1914)

KARLHEINZ STOCKHAUSEN

»Seit 1977 komponiere ich ein musikdramatisches Werk in sieben Teilen. Jeder Teil hat
den Namen eines Wochentages, und jeder
Wochentag ist ja bekanntlich nach Lichtkör-
pern – Sonne, Mond, Planeten – benannt
... *Licht* versucht, den Wochentagen (die
von den allermeisten Menschen überhaupt
nicht bedacht werden, für sie auch gleich
sind oder austauschbar) einen neuen Sinn
zu geben. ›Neu‹ ist das musikdramatische
Werk. Nicht neu ist der ›Sinn‹, den ich durch

Vertiefung in die Tradition dieses Planeten wiederentdecke und den ich durch intuitive Versenkung in die Bedeutung jedes Wochentages zum Thema eines musikalischen Werkes mache.«

Das Lebenswerk von Karlheinz Stockhausen läßt sich in zwei große Abschnitte gliedern. Zum einen umfaßt es die Werke vor *Licht,* zum anderen ab 1977 dann die Kompositionen für diesen monumentalen Zyklus. Stockhausen arbeitet inzwischen seit mehr als 20 Jahren an diesen sieben abendfüllenden Musiktheater-Kompositionen. Doch nicht nur die ausschließliche Beschäftigung mit diesem gigantischen Zyklus kennzeichnet seine zweite Schaffensphase, vielmehr bezeugen die *Licht*-Kompositionen eine andere Weltanschauung und Herangehensweise. Stockhausen, der in den frühen fünfziger Jahren als einer der experimentierfreudigsten und innovativsten Komponisten zu den Pionieren der Nachkriegsavantgarde zählte, hat sich seit der Arbeit an *Licht* in eine mystisch geprägte Privatästhetik zurückgezogen, die mit den musikalischen Fragestellungen und Werken der frühen Phase kaum noch Berührungspunkte aufweist.

Geboren wurde Karlheinz Stockhausen am 22. August 1928 in Mödrath bei Köln. Im Zweiten Weltkrieg verlor er beide Eltern, kam 1941 in ein Internat und wurde noch in den letzten Kriegsjahren im Lazarettdienst eingesetzt. Nach dem Abitur 1947 in Bergisch Gladbach studierte er bis 1951 an der Kölner Musikhochschule Klavier und Schulmusik sowie an der Universität Musikwissenschaft, Philosophie und Germanistik. Stockhausen wandte sich zunächst der Literatur zu, verfaßte Gedichte und Novellen und korrespondierte unter anderem auch mit Hermann Hesse. Als erste musikalische Werke komponierte er 1950 hauptsächlich Chöre auf zumeist eigene Texte. Mit dem 1951 bei den Darmstädter Ferienkursen uraufgeführten *Kreuzspiel* wurde er schlagartig zu einem der führenden Vertreter der neuen Musik in Deutschland. Mit *Kreuzspiel* hatte Stockhausen eines der ersten Werke der sogenannten »punktuellen Musik« vorgelegt, bei der sämtliche Parameter des Einzeltones festgelegt werden, wodurch der einzelne Klang ins Zentrum des Interesses rückt. Bei den Darmstädter Ferienkursen 1951 hatte Stockhausen Olivier Messiaens Klavieretüde *Mode des valeurs et d'intensités* kennengelernt, bei der Messiaen sämtliche Parameter des musikalischen Satzes in Reihen organisiert hatte. Sie wurde – mehr oder weniger durch ein Mißverständnis, denn eine solche Entwicklung hatte Messiaen nie im Sinn gehabt – zum Ausgangspunkt des seriellen Komponierens, das nahezu die ganzen fünfziger Jahre hindurch das Komponieren in Europa entscheidend prägte. Karlheinz Stockhausen und Pierre Boulez galten als die Wortführer dieser neuen Richtung, die in den folgenden Jahren die Entwicklung der zeitgenössischen Musik in Europa nachhaltig prägte. Anton Weberns Werke galten als historischer Ausgangspunkt dieser neuen Richtung, weshalb vor allem Stockhausens

Analysen dieser Werke fortan das theoretische Gerüst für das serielle Denken lieferten.

1952 besuchte Stockhausen die Kurse für Rhythmik und Ästhetik bei Olivier Messiaen in Paris. Da er allen, auch technischen Neuerungen gegenüber aufgeschlossen war, experimentierte er zusammen mit den Vertretern der sogenannten »musique concrète«, die Alltagsgeräusche jeglicher Art als Grundlage ihrer Kompositionen benutzten, im elektronischen Studio des französischen Rundfunks. Stockhausens dort realisierte konkrete Etüde blieb für sein Schaffen allerdings ohne größere Folgen. Trotz der intensiven Beschäftigung mit elektronischer Musik bediente er sich in seinen Werken nur selten konkreter Klänge. Unmittelbar nach der Uraufführung des *Kreuzspiels* gab Heinrich Strobel, Hauptabteilungsleiter Musik beim Südwestfunk in Baden-Baden, bei Stockhausen eine Komposition für die Donaueschinger Musiktage des folgenden Jahres in Auftrag. Das neue Werk, *Spiel* für Orchester, festigte bei der Uraufführung Stockhausens Ruf als einer der führenden und intelligentesten Komponisten der jüngeren Generation. Der punktuelle Charakter seiner Werke der fünfziger Jahre kommt schon in vielen Titeln zum Ausdruck: *Punkte*, *Kontrapunkte* oder *Zeitmaße*. Der pointillistische Tonsatz dieser Werke ist geprägt durch Klangereignisse unterschiedlicher Dichte und Farbe, die immer wieder durch Pausen getrennt werden. Bei den *Zeitmaßen* kommt die gleichzeitige Gestaltung verschiedener Zeitschichten hinzu.

Zurück in Köln, wurde Karlheinz Stockhausen ständiger Mitarbeiter im elektronischen Studio des Nordwestdeutschen Rundfunks. Ergänzend dazu besuchte er die Seminare für Phonetik und Kommunikationsforschung bei Werner Meyer-Eppler an der Universität in Bonn. 1953 schrieb Stockhausen mit den *Studien I und II* seine ersten rein elektronischen Kompositionen. Die *Studie II* zählt zu den wichtigsten Arbeiten innerhalb der elektronischen Musik überhaupt. Stockhausen übertrug hier die Prinzipien des seriellen Komponierens auf einzelne Sinusschwingungen. Dies ermöglichte erstmals die vollständige Determination des gesamten musikalischen Materials, unabhängig von spieltechnischen Grenzen und interpretatorischen Ungenauigkeiten. Stockhausen versuchte, die inneren Klanggesetze der Musik zu erforschen und für diese Gesetze adäquate Kompositionsverfahren zu entwikkeln. Komponieren verstand er als Lösen musikalischer Probleme. Hatte er eine Fragestellung kompositorisch umgesetzt, traten andere theoretische Überlegungen in den Vordergrund. Immer ging es ihm darum, musikalisches Neuland zu erobern.

»Wenn ich nach eineinhalbjähriger ausschließlicher Arbeit an elektronischen Kompositionen jetzt gleichzeitig an Klavierstücken arbeite, so tue ich das deshalb, weil ich bei strengster struktureller Komposition wesentlichen musikalischen Phänomenen begegnet bin, die sich dem Messen entziehen. Sie sind deshalb nicht weniger wirklich, auffindbar, denkbar und spürbar. Diese Dinge kann ich – jedenfalls im Augenblick – besser unter Verwendung von Instrument und Interpret deutlich machen als in der elektronischen Komposition. Vor allem geht es dabei um die Vermittlung eines neuen Zeitgefühls in der Musik, wobei die unendlich feinen, ›irrationalen‹ Nuancierungen und Bewegungen und Verschiebungen eines guten Interpreten manchmal eher zum Ziele verhelfen als ein Zentimetermaß.« Als sich der erst 26jährige Stockhausen 1954 nach fast zwei Jahren Arbeit im elektronischen Studio wieder der Instrumentalmusik zuwandte, beschäftigten ihn zwei theoretische Probleme. Zum einen interessierte er sich für das Thema »Musik und Raum«, zum anderen erforschte er eine neue, den Tonhöhen in der Zwölftonmusik entsprechende, systematische Organisation der Tondauern. Diese Fragen führten Stockhausen Mitte der fünfziger Jahre zu zwei bahnbrechenden Ergebnissen: 1956 entstand sein vielleicht bedeutendster theoretischer Aufsatz »... wie die Zeit vergeht ...«, ein Jahr später vollendete er die *Gruppen* für drei Orchester. Aufsatz und Werk bedingen sich gegenseitig. In *Gruppen* setzte er in gewisser Weise die theoretischen Einsichten, die er in »... wie die Zeit vergeht ...« erstmals formuliert hatte, kompositorisch um.

In seinem Aufsatz beschrieb der Komponist Tonhöhen und Tondauern als zwei unterschiedliche Phänomene im einheitlichen Bereich der Zeit. Dabei ging er von der Beobachtung aus, daß oberhalb des Grenzwertes von ungefähr ¹⁄₁₆-Sekunde bei zunehmender Verkürzung aus einer Impulsfolge ein Ton entsteht. Die »Makrowelt« der Tondauern findet damit eine Fortsetzung in einer »Mikrowelt« der Tonhöhen. Diese Erkenntnis führte für Stockhausen zur gegenseitigen Abhängigkeit der Reihenprinzipien in den wichtigsten musikalischen Parametern von Tonhöhe und Tondauer. Analog zur chromatischen Zwölfteilung der Tonhöhen in der Oktave entwickelte Stockhausen nun ein System zur Ordnung der Dauern, das ihm das Auskomponieren minutiöser Tempowechsel und vielschichtiger Zeitstrukturen ermöglichte. Mit der schlüssigen Organisation von Tondauern hatte er eines der zentralen Probleme der seriellen Musik gelöst, denn auch dieser Parameter konnte nun vollständig determiniert werden.

Im *Gesang der Jünglinge*, einer rein elektronischen Komposition von 1956, realisierte Stockhausen ein neuartiges Konzept der Verbindung von Musik und Sprache, indem er erstmals den Raum in seine Musik miteinbezog. Wortpartikel werden hier als musikalische Strukturelemente benutzt. »Die Schallrichtung und die Bewegung der Klänge im Raum«, schreibt er, »wird erstmals vom Musiker/Komponisten gestaltet und als eine neue Dimension für das musikalische Erlebnis erschlossen. Der *Gesang der Jünglinge* ist nämlich für fünf Lautsprechergruppen komponiert, die rings um die Hörer im Raum verteilt sein sollen.« In ähnlicher Weise verfährt Stockhausen wenig später in den *Gruppen* für drei Orchester. Die neue Form der vielschichtigen Zeitkomposition, wie er sie in seinem Aufsatz »... wie die Zeit vergeht ...« entwickelt hatte, kommt hier in der großformalen Anlage deutlich zum Ausdruck: Ein Orchester links, eines vorne und eines rechts umgeben – jedes mit einem eigenen Dirigenten – im Halbkreis die Zuhörer. Sie spielen teilweise völlig unabhängig voneinander und in verschiedenen Tempi. Von Zeit zu Zeit treffen sich die Klänge und Rhythmen, dann wandert der Klang vom einen Orchester zum anderen und wieder zurück. An bestimmten Punkten verschmelzen die Klänge der drei Orchester zu einem einzigen. So werden bei unterschiedlichen Tempi mehrere Zeiträume gleichzeitig erlebbar und zu einem neuen, gemeinsamen Zeit-›Raum‹ verknüpft. In den *Gruppen* überträgt Stockhausen erstmals die Klangkonzeption im Raum auf den großen sinfonischen Apparat. Damit kann das Werk als Zusammenfassung der von ihm bis dahin entwickkelten klanglichen Möglichkeiten betrachtet werden.

Nachdem Stockhausen mit den *Gruppen* seine theoretischen Vorstellungen eines neuen Zeitbegriffs kompositorisch eingelöst hatte, verfolgte er diesen Weg nur noch sporadisch weiter. Als er zwei Jahre später diese Idee mit *Carré* für vier Chöre und vier Orchester wieder aufnahm, schien er den kompositorischen Ausformulierungen seiner Überlegungen schon weniger Interesse entgegenzubringen, er überließ ganze Partien der Partitur seinem Komponistenkollegen Cornelius Cardew zur Ausarbeitung. Durch die nur noch ungefähr angegebenen Zeitverläufe entsteht ein eher großflächig-monumentales und weniger differenziertes Gefüge als in den *Gruppen.* In *Carré,* ebenso wie in *Kontakte* oder *Momente,* entwickelte Stockhausen ein Gestaltungsprinzip, das er als Momentform bezeichnete:»Jeder Moment, ob Zustand oder Prozeß, ist ein Persönliches, Zentriertes, das für sich bestehen kann: Das musikalische Geschehen nimmt nicht von einem bestimmten Anfang bis zu einem unausweichlichen Ende seinen determinierten Verlauf, ein Moment ist nicht bloß Folge des Voraufgegangenen und Ursache des Kommenden; vielmehr macht die Konzentration auf das Jetzt, auf jedes Jetzt gleichsam vertikale Schnitte, die eine horizontale Zeitvorstellung quer durchdringen bis in die Zeitlosigkeit, die ich Ewigkeit nenne: eine Ewigkeit, die nicht am Ende der Zeit beginnt, sondern die in jedem Moment erreichbar ist.«

Auch Stockhausen wurde die strenge serielle Organisation des Materials auf Dauer zu eintönig. Hinzu kam die Erkenntnis, daß die so geschaffenen Strukturen beim Hören eher zufällig wirken, weshalb er aleatorische Momente direkt in seine kompositorischen Konzepte mit einbezog. Das *Klavierstück XI* besteht aus 19 auf einem großformatigen Blatt angeordneten Notengruppen. Die Reihenfolge der Abschnitte bleibt dem Interpreten überlassen, was eine Vielgestaltigkeit der Form erlaubt. Damit löste Stockhausen eine lang anhaltende Diskussion über formale Modelle aus, die letztlich den Werkcharakter und das Selbstverständnis des Komponisten in Frage stellte. Als einer der ersten führte Stockhausen in Europa die Kategorie des Zufalls als Kompositionsmethode ein, den er in vielen seiner späteren Werke beibehielt.

Während der sechziger Jahre beschäftigte er sich wieder intensiv mit den Möglichkeiten der elektronischen Musik. Werke wie *Kontakte* oder *Mikrophonie I und II* konzipierte er als Antwort auf das musikalische Problem der Emanzipation des Geräuschs. Stockhausen, der in den sechziger Jahren künstlerischer Leiter des elektronischen Studios des Westdeutschen Rundfunks war, gab der elektronischen Musik immer wieder entscheidende Impulse, indem er das Interesse auf neue klangliche und technische Möglichkeiten lenkte.

In den späten sechziger Jahren entwickelte Stockhausen sein Konzept einer »intuitiven Musik«, das aus seinen Erfahrungen mit der Aleatorik hervorging. Den musikalischen Verlauf bestimmt dabei der Interpret anhand von Zeichen, Symbolen oder Texten, die der Komponist vorgibt. Dieter Schnebel beobachtete bereits in den Werken dieser Schaffensphase »private Züge« und den »Zug zum Monumentalen«. »Das Gefühl des Höhenflugs und des Allumfassenden wie auch dessen Korrelat: die Konzentration auf die Innenwelt – das kommt in den letzten Werken Stockhausens heraus. Hier spiegelt sich ein bestimmtes ideologisches Bewußtsein, das von Herrschaft.« Diese Kritik trifft sicher noch sehr viel berechtigter auf den *Licht*-Zyklus zu.

1970 stand Stockhausen auf dem Gipfel seines Ruhms. Während der Weltausstellung in Osaka hatte er in einem von ihm selbst entworfenen Kugelauditorium ein halbes Jahr lang die Möglichkeit, täglich seine Werke zu präsentieren. Insgesamt über eine Million Zuhörer lernten dort seine Musik kennen. Im gleichen Jahr orientierte sich Stockhausen neu. In *Mantra* für zwei Klaviere entwickelte er mit der Formel-Komposition eine Technik, die seit Mitte der siebziger Jahre für sein gesamtes Werk maßgeblich ist. Dabei leitet er die gesamte Struktur eines Werkes aus einem einzigen melodisch-rhythmisch-klanglichen Komplex ab. Erstmals seit *Carré* arbeitete Stockhausen in *Mantra* wieder mit traditioneller Notenschrift und einer geschlossenen Form. Er selbst bezeichnete das Werk als »kosmische Allegorie«. »Die einheitliche Konstruktion von *Mantra* ist eine musikalische Miniatur der einheitlichen Makro-Struktur des Kosmos, und sie ist ebenso eine Vergrößerung ins akustische Zeitfeld der einheitlichen Mikro-Struktur der harmonischen Schwingungen im Ton selber.«

1971 wurde Stockhausen zum Professor für Komposition an der Kölner Musikhochschule ernannt. In den siebziger Jahren bestimmten häufig kosmische oder spirituelle Ideen sein Schaffen. In Werken wie *Inori* oder *Sirius* offenbart sich das esoterische Element in seinem Denken. Der Komponist, der von sich behauptet, auf Sirius zu Gast gewesen zu sein, entwickelte eine Art mystischer Privatreligion, die fortan sein kompositorisches Schaffen mitbestimmte. Das gilt insbesondere für sein Hauptwerk *Licht*, an dem er seit 1977 arbeitet und das er bis zum Jahre 2002 abgeschlossen haben will. Der gesamte Zyklus basiert auf einer musikalischen Superformel, die vielschichtig entwickelt und mit anderen Formeln kombiniert wird, die wie abgewandelte Leitmotive das gesamte Werk durchziehen. Die strenge Art der Organisation erinnert in manchen Elementen an seine frühen Werke. Thematisch greifen die sieben Tage aus *Licht*, so Stockhausen selbst, kosmische Prozesse auf. Viele Szenen oder Abschnitte, vom Solo- bis zum Orchesterstück, können auch separat aufgeführt werden. Jedem Tag der Woche ist in *Licht* eine bestimmte Farbe zugeordnet. Der Komponist selbst kleidet sich nur noch in dieser Tagesfarbe, montags grün, dienstags rot, mittwochs gelb. Doch sind nur wenige Opernhäuser bereit, Teile aus *Licht*

aufzuführen, viele distanzieren sich ausdrücklich von diesem Projekt.

In seinem Heimatort Kürten hat Stockhausen eine Stiftung gegründet. Ähnlich wie im Falle Wagners schwebt ihm vor, für die Aufführung der sieben Tage von *Licht* sieben Gebäude errichten zu lassen. Die Interpreten sollen dann ganzjährig dort wohnen und proben können. Zwei Monate im Jahr sollen jeweils einige Teile aus *Licht* aufgeführt werden, alle sieben Jahre die sieben Teile gleichzeitig. Stockhausen hat inzwischen sein Leben konsequent auf die Vollendung seines Mammutwerkes ausgerichtet. Schwierige Verhandlungen führt er nur donnerstags, weil ihm da die Hilfe seines Meisters MICHAEL sicher scheint. Auch wenn sich die Kritik an seinem Projekt in den letzten Jahren verstärkt, setzt Stockhausen seinen eingeschlagenen Weg unbeirrt fort. »Ich kann nicht erwarten, daß man *Licht* will«, erklärt er. »Für die Zukunft von *Licht* kann man nur beten.«

WERKE (Auswahl)

Chöre für Doris (1950)
Drei Lieder für Altstimme und Kammerorchester (1950)
Kreuzspiel für Oboe, Baßklarinette, Klavier und drei Schlagzeuger (1951)
Formel für Orchester (1951)
Spiel für Orchester (1952)
Punkte für Orchester (1952)
Kontra-Punkte für zehn Instrumente (1952/53)
Klavierstücke I–IV (1952/53)
Studie I & II. Elektronische Musik (1953/54)
Klavierstücke V–X (1954/55)
Zeitmaße für fünf Holzbläser (1955/56)
Gruppen für drei Orchester (1955/57)
Klavierstück XI (1956)
Gesang der Jünglinge. Elektronische Musik (1955/56)
Zyklus für einen Schlagzeuger (1959)
Carré für vier Orchester und vier Chöre (1959/60)

Refrain für drei Spieler (1959)
Kontakte für elektronische Klänge (1959/60)
Kontakte für elektronische Klänge, Klavier und
    Schlagzeug (1959/60)
Originale. Musikalisches Theater (1961)
Momente für Sopran, vier Chorgruppen und
    13 Instrumente (1961/64)
Plus-Minus, 2 x 7 Seiten für Ausarbeitungen (1963)
Mikrophonie I für Tamtam, zwei Mikrophone, zwei
    Filter und Regler (1964)
Mixtur für Orchester (1964)
Mikrophonie II für zwölf Sänger, Hammondorgel
    und vier Ringmodulatoren (1965)
Stop für Orchester (1965)
Telemusik. Elektronische Musik (1966)
Hymnen. Elektronische und konkrete Musik
    (1965/67)
Hymnen. Elektronische und konkrete Musik mit
    Solisten (1966/67)
Stimmung für sechs Vokalisten (1968)
Kurzwellen für sechs Spieler und Kurzwellen-
    empfänger (1968)
Aus den sieben Tagen. 15 Textkompositionen
    (1968)
Mantra für zwei Pianisten und ringmodulierte
    Klaviere (1969/70)
Für kommende Zeiten. 17 Texte intuitiver Musik
    (1968/70)
Trans für Orchester (1971)
Inori. Anbetungen für ein oder zwei Solisten und
    Orchester (1973/74)
»Atmen gibt das Leben . . .«. Chor-Oper mit
    Orchester (oder Tonband) (1974/77)
Musik im Bauch für sechs Schlagzeuger und
    Spieluhren (1974/75)
Tierkreis. Zwölf Melodien der Sternzeichen für ein
    Melodie- und/oder Akkordinstrument
    (1974/77)
Harlekin für Klarinette (1975)

Sirius. Elektronische Musik und Trompete, Sopran,
    Baßklarinette, Baß (1975/77)
In Freundschaft für Klarinette (1977/78)
Donnerstag aus Licht. Oper für 14 musikalische
    Darsteller, Chor, Orchester und Tonbänder
    (1978/81)
Michaels Reise um die Erde mit Trompete und
    Orchester (1978)
Samstag aus Licht. Oper für 13 musikalische
    Darsteller, Harmonie-Orchester, Ballett
    oder Mimen/Männerchor mit Orgel
    (1981/83)
Montag aus Licht. Oper für 21 musikalische Dar-
    steller, Chor, Kinderchor, Mädchenchor und
    modernes Orchester (1984/88)
Dienstag aus Licht. Oper für 17 musikalische
    Darsteller, Schauspieler, Mimen, Chor,
    modernes Orchester und Tonbänder
    (1977/87/91)
Freitag aus Licht. Oper in einem Gruß, zwei
    Akten und Abschied für fünf musikalische
    Darsteller, zwölf Paare von Tänzer-Mimen,
    Kinderorchester, Kinderchor, zwölf Choristen,
    einen Synthesizer-Spieler, Elektronische
    Musik und Klangregisseur (1991/94)
Weltparlament. Erste Szene vom Mittwoch aus
    Licht für Chor a cappella (1995)
Trumpetent für vier Trompeter vom Mittwoch aus
    Licht (1995)
Helikopter-Streichquartett vom Mittwoch aus Licht
    (1995)
Michaelion für Chor, Kurzwellensänger, Flöte, Bas-
    setthorn, Trompete, Posaune, Elektronische
    Musik und Klangregisseur (1998)

Anmerkung: Viele Teile aus den einzelnen Tagen
des *Licht*-Zyklus sind auch einzeln – szenisch oder
konzertant – aufführbar. Sie wurden hier nicht
gesondert genannt.

RICHARD STRAUSS

»Ohne unbescheiden zu sein, darf ich am
Schluß – natürlich in gehörigem Abstand –
noch mein Lebenswerk nennen, als vielleicht letzten Ausläufer der Welttheaterent-
wicklung ins Reich der Musik ... Ich weiß
wohl, daß meine sinfonischen Werke weder
an Beethovens Riesengenius reichen, ich
kenne genau den Abstand von meinen

Opern (in Größe der Konzeption, primärer melodischer Empfindung, kultureller Weisheit) gegenüber Richard Wagners Ewigkeitswerken – aber die . . . Daten der Entwicklung der theatralischen Kunst berechtigen mich, glaube ich, doch zu dem bescheidenen schönen Bewußtsein, daß in der Vielseitigkeit meiner dramatischen Stoffe, in der Form ihrer Behandlung, meine Opern in der Weltgeschichte gerade in ihrer Beziehung zu allen früheren Schöpfungen des Theaters (Wagner beiseite lassend) einen ehrenvollen Platz am Ende des Regenbogens behaupten werden, und wenn Neuland auf dem Gebiete der Oper noch zu erreichen ist, gute Bausteine auf dieser ›Allee der Sphinxe‹ gesetzt sind.«

Wie aus diesen Äußerungen aus den dreißiger und vierziger Jahren hervorgeht, wußte Richard Strauss um seine Verdienste auf dem Feld der Musikdramatik. Er war sich jedoch auch darüber im klaren, daß er als einer der letzten Vertreter der klassisch-romantischen Ära im Alter bereits nicht mehr zu den musikalischen Neuerern zählte und auch nicht mehr zählen wollte. Wie der alternde Bach bewegte sich auch Strauss mit seiner musikalischen Sprache zuletzt in einer Umgebung, die sich bereits neu orientiert hatte. Dennoch hielt er an den Errungenschaften seiner frühen Jahre fest. Aus dem modernen Komponisten seiner Jugendzeit war ein Konservativer geworden, wie er bereits 1923 feststellte: »Früher befand ich mich auf Vorpostenstellung. Heute bin ich fast in der Nachhut.« Der musikalischen Moderne wies Strauss insbesondere mit seinen frühen Opern *Salome* und *Elektra* den Weg. Spätestens mit dem *Rosenkavalier* verließ er diese Richtung und orientierte sich kompositorisch anderweitig.

Geboren wurde Richard Georg Strauss am 11. Juni 1864 als Sohn eines begnadeten Hornisten der Hofkapelle in München. Seine Mutter stammte aus der traditionsreichen und begüterten Brauereifamilie Pschorr. Der Vater, der ein erbitterter Gegner Richard Wagners gewesen sein muß und den der große Pianist und Dirigent Hans von Bülow den »Joseph Joachim des Waldhorns« genannt hatte, führte seinen Sohn an die Musik heran und vermittelte ihm vor allem die Werke der klassisch-romantischen Epoche. Über seine musikalischen Anfänge berichtete Strauss später: »Von meiner ersten Jugend berichtet meine Mutter, daß ich auf den Klang des Waldhorns mit Lächeln, auf den Ton einer Geige mit heftigem Weinen reagierte. Mit viereinhalb Jahren bekam ich den ersten Klavierunterricht durch meines Vaters Freund Tombo . . . Violine studierte ich beim ›Vetter‹ Benno Walter, Klavier später bei Niest. Ich war aber immer ein schlechter Schüler, da das notwendige ›Üben‹ mir immer weniger Spaß machte, dagegen habe ich gern vom Blatt gelesen, um möglichst viel Neues kennenzulernen.« Während der Gymnasialzeit erhielt Strauss auch Unterricht in Harmonie- und Formenlehre sowie in Instrumentation und Kontrapunkt. Der Vater leitete in München den Orchesterverein »Wilde Gung'l«. Für diese Amateurvereinigung schrieb der junge Strauss seine ersten Kompositionen, Märsche, eine Gavotte und andere Gelegenheitsarbeiten. 1881 führte Hermann Levi, damals Chef der Münchner Hofkapelle, Strauss' frühe *Sinfonie d-Moll* im Odeon auf und verschaffte damit dem erst 16 Jahre alten Komponisten ein erfolgreiches Debüt.

In dieser Zeit geriet Strauss in den Bann von Richard Wagner. Er studierte erst den *Tristan* und anschließend den *Ring*: »Ich erinnere mich noch sehr wohl daran, wie ich etwa 17jährig, gleichsam wie im Fieber die Partiturseiten des *Tristan* verschlang und in einen Rausch der Begeisterung geriet, der erst eine Abkühlung erfuhr, als ich von neuem versuchte, in der lebendigen Aufführung die Eindrücke verstärkt zu sehen, die Auge und geistiges Ohr bei der Lektüre erhalten hatten.« Zeitlebens bewunderte Strauss Wagners Schaffen, gleichwohl gelang es ihm, sich in seiner künstlerischen Entwicklung schon bald von dem Vorbild zu lösen und einen eigenständigen Stil zu entwickeln.

Nach dem Abitur 1882 immatrikulierte sich Strauss als Philosophiestudent an der Münchner Universität, kümmerte sich aber hauptsächlich und mit Erfolg darum, daß seine neuen Werke zur Aufführung kamen. In Wien erklang 1882 das frühe *Violinkonzert*, in München das *Streichquartett* op. 2 und in Dresden unter der Leitung von Franz Wüllner die *Serenade für 13 Blasinstrumente.* In seinem frühen Schaffen arbeitete er parallel an Werken der Kammer- und Orchestermusik. Zunächst schuf er primär klassizistische Beiträge zu den wichtigsten kammer-

musikalischen Besetzungen, Klaviertrios, je eine Violin- und Violoncellosonate, eine Klaviersonate sowie das eben genannte Streichquartett. Für Orchester schrieb er zunächst eine Serenade und eine Suite für Bläserensemble, es folgten Solokonzerte für Waldhorn und Violine, Ouvertüren und schließlich die *Sinfonie f-Moll.*

1883 ermöglichte Vater Strauss seinem Sohn eine mehrmonatige Studienreise nach Berlin. Hier lernte er Hans von Bülow kennen, der damals die Hofkapelle in Meiningen leitete und dieses Ensemble zu einem Orchester der Spitzenklasse geformt hatte. Über diese Begegnung berichtete Strauss später: »Er nahm meine Bläserserenade op. 7, die weiter nichts als eine anständige Konservatoriumsarbeit ist, in sein Reiseprogramm auf. Bei einer solchen Aufführung im Winter 1883 zu Berlin lernte ich ihn kennen. Er gab mir den Auftrag, für die Meininger noch ein solches Stück zu schreiben. Ich machte mich sofort an die Arbeit (schöne Jugendzeit, damals ging es noch auf Kommando!) und übersandte ihm im Sommer meine viersätzige Bläsersuite.« Von Strauss beeindruckt, holte von Bülow 1885 den Einundzwanzigjährigen als Hofmusikdirektor nach Meiningen. Strauss war dort bereits durch die Aufführungen einiger seiner Werke bekannt. Jetzt hatte er Gelegenheit, sich auch als Dirigent vorzustellen. Obwohl er eigentlich als Assistent und Vertreter von Bülows angestellt worden war, erhielt er schon bald seine große Chance. Einen Monat nach seinem Amtsantritt kündigte von Bülow und ging nach St. Petersburg. Obwohl auch Strauss nicht lange in Meiningen blieb, begann mit diesem Aufenthalt seine Dirigentenkarriere.

1886 ging Strauss als dritter Kapellmeister des Hofopernorchesters zurück nach München. Kompositorisch wandte er sich jetzt der sinfonischen Dichtung in der Nachfolge von Franz Liszt zu: »Neue Gedanken müssen sich neue Formen suchen – dieses Lisztsche Grundprinzip seiner sinfonischen Werke, in denen tatsächlich die poetische Idee auch zugleich das formbildende Element war, wurde mir von da ab der Leitfaden für meine eigenen sinfonischen Arbeiten.« In der während einer Italienreise konzipierten sinfonischen Fantasie *Aus Italien* zeigen sich die neuen Ansätze. Obwohl in der Anlage mit vier Sätzen noch sinfonischen Prinzipien verhaftet, versucht Strauss hier, seine poetischen Ideen wirksam werden zu lassen, etwa in der ungewöhnlichen Disposition im dritten Satz.

Unstimmigkeiten und begrenzte berufliche Möglichkeiten veranlaßten Strauss, 1889 als zweiter Kapellmeister nach Weimar zu wechseln. Hier traf er bessere Bedingungen als in München an. Als Dirigent war er weitgehend für den gesamten Spielplan verantwortlich und konnte daneben auch noch jährlich vier Abonnementskonzerte übernehmen. In Weimar brachte er seine sinfonische Dichtung *Don Juan* nach der Dichtung von Nikolaus Lenau zur Uraufführung, eine Komposition, die er bereits in München abgeschlossen hatte. Zum ersten Mal benutzte Strauss eine literarische Vorlage, die er auch in der Partitur abdrucken ließ. Schon bei der Premiere wurde das Stück außerordentlich gut aufgenommen, und seine Beliebtheit ist bis heute ungebrochen. Sehnsucht und Erlösung sind die zentralen Themen von Lenaus Dichtung. Strauss schrieb dazu eine farbenreiche, instrumentationstechnisch raffinierte, facettenreiche und gleichsam sinnliche Musik. »Der Klang war wundervoll, von einer riesigen Glut und Üppigkeit«, schwärmte er schon während der Proben. Auch seine nächste sinfonische Dichtung *Tod und Verklärung*, erklang zum ersten Mal in Weimar. Als hochpathetisches Werk voller Schwermut und Pessimismus ist

es Ausdruck der Fin-de-siècle-Stimmung seiner Entstehungszeit. Das Leiden und Sterben sowie schließlich die Verklärung des Protagonisten gestaltete Strauss in einer feierlichen, fast weihevollen Atmosphäre. Die wichtigsten Motive sind knapp und plastisch geformt. Strauss gliederte das Werk in drei Teile, die von Introduktion und Epilog umrahmt werden. Das zentrale Hauptthema erscheint hier – ein Kunstgriff des Komponisten – nicht zu Beginn, sondern erst auf dem Höhepunkt, etwa in der Mitte des Stückes. Zudem glänzt *Tod und Verklärung*, wie auch die anderen Tondichtungen von Strauss, nicht zuletzt durch die sorgfältige, ganz auf unmittelbare Wirksamkeit bedachte Instrumentation.

Das gilt auch für die sinfonische Dichtung *Till Eulenspiegels lustige Streiche* von 1895, die der Komponist mit dem Untertitel »Nach alter Schelmenweise – in Rondeauform – für großes Orchester gesetzt« versah. In allen programmsinfonischen Werken dieser Periode, bis hin zur *Sinfonia domestica* (1903), gestaltete Strauss nicht nur Figuren und Stoffe, sondern versuchte immer auch formale Probleme entsprechend dem jeweiligen Sujet zu lösen. Dies reicht von den verschiedenen Verknüpfungen des thematischen Materials in den einzelnen Werken bis hin zu finalbetonten Formkonzepten, etwa in *Tod und Verklärung*. Übernimmt er im *Till Eulenspiegel* die Rondoform, um den musikalischen Zusammenhang herzustellen, so legte er den *Don Quixote* als »Fantastische Variationen über ein Thema ritterlichen Charakters« an. Bei *Also sprach Zarathustra* nach Friedrich Nietzsche schließlich stand Wagners Musikdrama Pate, das er in Form einer durchkomponierten Tondichtung in sieben sinfonischen Abteilungen in die Spielart reiner Instrumentalmusik übertrug.

Strauss war inzwischen ein auch international anerkannter Dirigent. 1896 hatte er in

München die Nachfolge von Hermann Levi als erster Kapellmeister angetreten, zwei Jahre später ging er in gleicher Funktion an die Berliner Hofoper.

In den späteren sinfonischen Werken, wozu insbesondere *Ein Heldenleben* und die *Sinfonia domestica* zählen, rückt die Privatsphäre des Komponisten immer deutlicher in den Vordergrund. Auch wenn ein meist scheiternder Held als Protagonist bereits für die früheren sinfonischen Dichtungen typisch war, wird in *Ein Heldenleben* und in der *Sinfonia domestica* die persönliche Situation des Komponisten Strauss zum eigentlichen programmatischen Kern der Werke. Er zeichnet in ihnen ein Bild seiner persönlichen Existenz. Im *Heldenleben* ist er selbst der Protagonist, wenn etwa »der Held« und »des Helden Gefährtin« (1894 hatte Strauss die Sängerin Pauline de Ahna geheiratet), musikalisch nachgebildet, »seine Kritiker« und seine »Friedenswerke« thematisiert werden. Zu diesem biographischen Ansatz gehören auch Zitate aus einigen seiner früheren Werke wie dem *Don Juan*, dem Lied »Traum durch die Dämmerung« und seiner ersten Oper *Guntram*.

Noch offensichtlicher legt Strauss seine privaten Verhältnisse in der *Sinfonia domestica* dar, die er erstmals während einer langen Konzertreise durch die Vereinigten Staaten präsentierte. Das Programm dieses Werkes, das sicher nicht zu seinen besten zählt, skizzierte er so: »Themen des Mannes, gemächlich-mürrisch-feurig; Thema der Frau – des Kindes – Kindliche Spiele, Elternglück – zärtlich bewegt – Wiegenlied – die Glocke schlägt sieben Uhr abends – Liebesszene – die Glocke schlägt sieben Uhr morgens – Erwachen und lustiger Streit – Versöhnung, fröhlicher Beschluß.« Strauss selbst war mit der Komposition sehr zufrieden: »Domestica ist sehr fein, auch brillant, dauert zwar 41 Minuten, hält aber das Publikum trotz-

dem in atemloser Spannung. Die Doppelfuge ist mir glänzend geglückt, die virtuose Coda mit kolossalen Steigerungen sehr dankbar, das Adagio klingt wundervoll, kurz ich bin zufrieden.«

Immer häufiger dirigierte Strauss jetzt auch eigene Arbeiten, zumeist in den wichtigen Metropolen Europas und mit den besten Orchestern. Er galt bereits als einer der größten Komponisten seiner Zeit, auch wenn er auf dem für ihn später wichtigen musikdramatischen Feld noch keine Erfolge vorweisen konnte. Sein Opernerstling *Guntram* (1887/1893) stand noch ganz im Banne von Richard Wagner, dessen Vorliebe für Stabreime Strauss sogar in sein eigenes Libretto übernommen hatte. Seine zweite Oper *Feuersnot* geriet zu einer persönlichen Abrechnung mit den unkünstlerischen Verhältnissen seiner Vaterstadt München. Über die Entstehung dieser heiter-volkstümlichen Farce, zu der der Schriftsteller Ernst von Wolzogen das Libretto beigesteuert hatte, schrieb Strauss später: »Nach dem Mißerfolg des *Guntram* hatte ich etwas den Mut verloren, fürs Theater zu schreiben. Da fiel mir die flämische Sage ›Das erloschene Feuer von Audenarde‹ in die Hand und gab mir die Idee, ein kleines Intermezzo *gegen* das Theater zu schreiben, mit persönlichen Motiven und kleiner Rache an der lieben Vaterstadt, wo, wie vor dreißig Jahren der große Richard I. – gemeint ist Wagner – nunmehr auch der kleine Richard III. (einen ›Zweiten‹ gibt es nicht, hat Hans von Bülow einmal gesagt) so wenig erfreuliche Erfahrungen gemacht hat.« Strauss scheute sich nicht, klare Anspielungen zu machen. So heißt es etwa im Text zur *Feuersnot*: »Sein Wagen kam allzu gewagt euch vor, drum treibt ihr den Wagner aus dem Tor, den bösen Feind treibt ihr nicht aus, der stellt sich euch immer aufs neue zum Strauss.«

Obwohl die *Feuersnot* in den ersten Jahren nach ihrer Entstehung in Dresden, Wien (unter Gustav Mahler), Berlin und schließlich auch in München aufgeführt wurde, konnte sich das Werk bis heute nicht durchsetzen. Strauss merkte wohl, daß er mit diesen an seiner Privatsphäre orientierten Werken in eine kompositorische Sackgasse geraten war, weshalb er die Arbeit an seinem letzten programmsinfonischen Werk, der *Alpensinfonie*, zu der bereits seit 1899 erste Skizzen vorlagen, zunächst nicht fortsetzte. Erst in den Jahren 1911 bis 1915 schrieb er dieses Werk zu Ende.

Sein eigentlicher Beitrag zur Musikdramatik des 20. Jahrhunderts besteht in den Opern *Salome* nach Oscar Wilde und *Elektra* nach Hugo von Hofmannsthal. Alle Errungenschaften seines bisherigen sinfonischen Schaffens übertrug Strauss auf das Drama und steigerte es dadurch zu einer bislang ungehörten Farbigkeit und Eindringlichkeit, die in der musiktheatralischen Produktion jener Jahre ihresgleichen sucht. Die bürgerlichen Vorstellungen des Theaters werden in diesem Bühnenwerk harsch brüskiert. Lüsternheit und Dekadenz, sexuelle Faszination und Gewalt sind die Themen, die Strauss zu einem harmonisch avancierten Orchestersatz inspirierten. Dabei stieß er an die äußersten Grenzen der Tonalität, bisweilen sogar darüber hinaus. Die Dichte des musikalischen Satzes und die irisierende Klangwelt, die er hier heraufbeschwor, strebte er nach seiner *Elektra* nicht wieder an. Über die Klangwelt der *Salome* schrieb er: »Ich hatte schon lange an den Orient- und Judenopern auszusetzen, daß ihnen wirklich östliches Kolorit und glühende Sonne fehlt. Das Bedürfnis gab mir wirklich exotische Harmonik ein, die besonders in fremdartigen Kadenzen schillerte wie Changeant-Seide. Der Wunsch nach schärfster Personencharakteristik brachte mich auf die Bitonalität.« Und er resümierte: »Man kann es als ein einmaliges Experiment an einem besonderen Stoff gelten lassen, aber zur Nachahmung nicht empfehlen.« Bereits die ersten Takte dieses Musikdramas verdeutlichen die emotionale Tragweite der Handlung und zeichnen die Atmosphäre der Situation nach. Die Uraufführung der *Salome* 1905 in Dresden wurde ein phänomenaler Erfolg. Schon bald nahmen viele andere Bühnen das Werk in ihr Repertoire, auch wenn es immer wieder sittlich-moralische Vorbehalte und Bedenken gab. Manchenorts wurde deshalb die Aufführung sogar verhindert, andernorts mischte sich der Klerus ein, und in Berlin durfte die Premiere erst stattfinden, nachdem gegen Schluß des Stückes das Erscheinen des Morgensternes die Ankunft der Heiligen Drei Könige andeutete. »Salome« machte Strauss nicht nur berühmt, sondern auch so wohlhabend, daß er sich von den Einkünften eine große Villa in Garmisch-Partenkirchen bauen lassen konnte.

In einer Theateraufführung lernte Strauss wenig später die *Elektra* von Hugo von Hofmannsthal kennen. Sofort war er entschlossen, auch dieses Werk als Oper zu gestalten. In beiden Werken bildet die Tanzszene den Höhepunkt der Handlung. Salomes Tanz der sieben Schleier führt sie in den gewaltsamen Tod, weil der von ihr geforderte Preis, der Kopf des Propheten Jochanaan, zu hoch war. Elektra feiert die vollbrachte Rache mit einem wilden, ekstatischen Tanz, auf dessen Höhepunkt sie tot zusammenbricht. Auch die musikalischen Mittel, die Strauss bei *Elektra* einsetzt, ähneln denen der *Salome*, nur erweist sich hier ihr Gestus noch schneidender und dichter als in der Wilde-Adaption. *Elektra* wurde 1909 in Dresden als Auftakt zu einer Richard-Strauss-Woche uraufgeführt, ein Zeichen für die inzwischen unglaubliche Popularität des Komponisten.

Mit seinem nächsten, erfolgreichsten musikdramatischen Werk wandte sich Strauss von der avancierten musikalischen

Sprache seiner antik-mythischen Stoffe ab und öffnete sich einer anderen Klangwelt. *Der Rosenkavalier* nach einem Libretto von Hofmannsthal ist eine Opera buffa, die in der Rokoko-Epoche Maria Theresias angesiedelt ist und die Strauss im Untertitel als »Komödie für Musik« bezeichnet hat. Das Werk, das wieder fest auf tonalem Boden steht, beschwört eine vermeintlich unbeschwerte Epoche. Hofmannsthal schrieb nach Abschluß der Arbeit an Strauss: »Ich habe hier in drei ruhigen Nachmittagen ein komplettes, ganz frisches Szenat einer Spieloper gemacht, mit drastischer Komik in den Gestalten und Situationen, bunter und fast pantomimisch durchsichtiger Handlung, Gelegenheit für Lyrik, Scherz, Humor und sogar für ein kleines Ballett. Ich finde das Szenarium reizend … Zwei große Rollen für einen Bariton und ein als Mann verkleidetes graziöses Mädchen … Zeit: Wien unter Maria Theresia.« Strauss begann sofort mit der Arbeit an der Musik, die an Mozart anknüpft. Was die melodische Erfindung angeht, hat Strauss die Musik zum *Rosenkavalier* später wahrscheinlich nicht mehr übertroffen. Die Figuren werden äußerst plastisch charakterisiert und dem Komponisten gelingt es, das Geflecht zwischen den Protagonisten miterlebbar zu gestalten. Die Ensembles sind von einer einzigartigen Klarheit und Überzeugungskraft. Obwohl Hugo von Hofmannsthal nicht gerade ein Musikkenner war, hat vielleicht keiner treffender als er die Musik zum *Rosenkavalier* beschrieben: »Die Musik ist unendlich liebevoll und verbindet alles: ihr ist der Ochs nicht abscheulich – sie spürt, was hinter ihm ist und sein Faunsgesicht und das Knabengesicht des Rofrano sind ihr nur wechselweise vorgebundene Masken, aus denen das gleiche Auge blickt – ihr ist die Trauer der Marschallin ebenso süßer Wohllaut wie Sophiens kindliche Freude, sie kennt nur ein

Ziel: die Einheit des Lebendigen sich ergießen zu lassen, allen Seelen zur Freude.« Die Uraufführung in Dresden wurde ein überwältigender Erfolg, so daß viele andere Städte die Oper schon bald nachspielten.

Auf den *Rosenkavalier* folgte *Ariadne auf Naxos*. Anschließend schrieb Strauss eine Art Intermezzo oder Divertissement zu Molières Komödie *Der Bürger als Edelmann*. 1919 wurde er musikalischer Direktor der Wiener Staatsoper, wo im gleichen Jahr auch seine nächste Oper *Die Frau ohne Schatten*, ebenfalls eine Zusammenarbeit mit Hofmannsthal, Premiere hatte. Der märchenhafte, symbolbeladene Text bereitete Strauss zunächst Schwierigkeiten: »Das liegt am Stoff selbst mit seiner Romantik, seinen Symbolen – Figuren wie Kaiser und Kaiserin nebst Amme sind nicht mit so roten Blutkörperchen zu erfüllen wie eine Marschallin, ein Octavian, ein Ochs … wir wollen den Entschluß fassen, die *Frau ohne Schatten* sei die letzte romantische Oper.« Strauss bemühte sich um einen möglichst einfachen Stil, ohne auf die Errungenschaften zeitgenössischer Autoren wie Strawinsky oder Bartók zu verzichten. Die Ausdrucksmittel, die er sich seit *Salome* angeeignet hatte, verschmilzt er hier zu einer großangelegten Synthese seiner musikdramatischen Sprache. Die Instrumentationskunst erreicht ungeahnte Höhen. Trotzdem war dem Werk nicht der gleiche Erfolg beschieden wie dem sehr viel volkstümlicheren *Rosenkavalier*.

In seinem nächsten musiktheatralischen Werk, *Intermezzo*, im Untertitel »Bürgerliche Komödie mit symphonischen Zwischenspielen« genannt, knüpft Strauss mit der hier beschworenen Privatatmosphäre an die *Sinfonia domestica* an. Stilistisch verwendet er Elemente der neuen Sachlichkeit, die damals ihren Höhepunkt erlebte. Sicher trugen auch bei diesem Werk die autobiographischen Züge zum Erfolg der Premiere 1924 in Dresden bei.

Die nächste wichtige Zusammenarbeit mit Hofmannsthal ergab sich mit *Die ägyptische Helena*, über deren Musik Strauss einmal schrieb: »Sie ist, fürchte ich, melodiös, wohlklingend und bietet für Ohren, die über das neunzehnte Jahrhundert hinausgewachsen sind, leider keinerlei Probleme ... Im übrigen bemüht sich die Musik einer edlen griechischen Haltung, etwa in der Art, wie Goethe die Griechen in seiner *Iphigenie* vorgeschwebt sind.« Das trifft auch auf die noch folgenden Opern zu: *Arabella*, *Die schweigsame Frau*, *Daphne* und sein letztes musikdramatisches Werk, *Capriccio*. In diesen Werken bleibt Strauss der musikalischen Sprache des 19. Jahrhunderts verhaftet, ohne stilistische Neuerungen oder gar Avantgardismen darin aufzunehmen.

Nach der Machtübernahme durch die Nationalsozialisten und der Neuorganisation des Musiklebens wurde Strauss im November 1933 zum Präsidenten der Reichsmusikkammer ernannt, womit ein wenig ruhmreiches Kapitel seiner Biographie beginnt. In einer seiner ersten Ansprachen hieß es: »Wenn seit der Machtübernahme durch Adolf Hitler sich nicht nur auf dem politischen, sondern auch auf dem Kulturgebiet schon so vieles in Deutschland geändert hat, und wenn schon nach wenigen Monaten der nationalsozialistischen Regierung ein Gebilde wie die Reichsmusikkammer ins Leben gerufen werden konnte, so beweist das, daß das neue Deutschland nicht gewillt ist, die künstlerischen Angelegenheiten wie bisher mehr oder weniger auf sich selbst beruhen zu lassen, sondern daß man zielbewußt nach Mitteln und Wegen sucht, um zumal unserem Musikleben einen neuen Auftrieb zu vermitteln.« Schon 1935 drängten die Nationalsozialisten Strauss wegen seiner Zusammenarbeit mit dem als »nichtarisch« eingestuften Stefan Zweig zum Rücktritt.

Das Ende des Zweiten Weltkrieges bedeutete für Richard Strauss auch eine persönliche Tragödie. Deutschland lag in Schutt und Asche. Die zentralen Stätten seines kompositorischen Wirkens existierten nicht mehr. Die Dresdner Semperoper war ebenso ausgebombt wie die Berliner Lindenoper oder die Wiener Staatsoper: »Ich bin in verzweifelter Stimmung! Das Goethehaus, der Welt größtes Heiligtum, zerstört! Mein schönes Dresden – Weimar – München, alles dahin!« Zudem sah sich der ehemalige Präsident der Reichsmusikkammer nach der Befreiung Hitlerdeutschlands dem Vorwurf ausgesetzt, dem Regime der Nationalsozialisten gedient zu haben. Seiner angeordneten Entnazifizierung entzog sich Strauss im Oktober 1945 durch Flucht in die Schweiz. Da sein Vermögen in Deutschland beschlagnahmt worden war, veranlaßten auch finanzielle Gründe den erfolgverwöhnten Komponisten in der Schweiz zur Arbeit an den Orchesterfantasien zur *Frau ohne Schatten* und der *Josephslegende*. Hier schuf er auch die *Vier letzten Lieder* (1947/48) – der Titel stammte nicht von Strauss selbst – auf Texte von Hesse und Eichendorff. Nachdem Strauss jahrzehntelang keine Orchesterlieder mehr geschrieben hatte, wandte er sich nun, gegen Ende seines Lebens, erneut dieser Gattung zu. Auch wenn die *Vier letzten Lieder* nicht mehr recht in die Zeit paßten, in der Hans Werner Henze und Karlheinz Stockhausen bereits ihre musikalischen Vorstellungen erprobten, zeigen sie doch den Komponisten auf dem Gipfel seines Könnens mit ausgeprägtem Gespür für die Regungen der Lyrik und einer ungebrochenen Phantasie und Klangsinnlichkeit. Den Höhepunkt des Zyklus bildet das letzte Lied »Im Abendrot« auf einen Text Joseph von Eichendorffs. Zu der abschließenden, stockenden Frage »Ist dies etwa der Tod?« erklingt leise, wie eine ferne Erinnerung, das Auferstehungsthema aus der fast 60 Jahre zuvor entstandenen sinfonischen Dichtung *Tod und Verklärung*. Bewußt spannte Strauss mit diesem Zitat den Bogen vom Jugendwerk zu seiner letzten vollendeten Komposition. Er starb am 8. September 1949, 85 Jahre alt, in seiner Villa in Garmisch-Partenkirchen.

WERKE (Auswahl)

Festmarsch Es-Dur für großes Orchester op. 1 (1876)
Ouvertüre e-Moll für Orchester (1876)
Ouvertüre Es-Dur für Orchester (1876)
Sonate für Klavier E-Dur (1877)
Trio für Klavier, Violine und Violoncello (1878)
Ouvertüre a-Moll für Orchester (1879)
Streichquartett A-Dur op. 2 (1880)
Sinfonie d-Moll für großes Orchester (1880)
Serenade für 13 Blasinstrumente Es-Dur op. 7 (1881)
Konzert für Violine und Orchester d-Moll op. 8 (1882)
Konzert für Waldhorn und Orchester Es-Dur op. 11 (1882/83)
Suite für 13 Blasinstrumente B-Dur op. 4 (1884)
Sinfonie f-Moll op. 12 (1884)
Aus Italien. Sinfonische Fantasie für großes Orchester op. 16 (1886)
Don Juan. Tondichtung nach Nikolaus von Lenau für großes Orchester op. 20 (1888)
Macbeth. Tondichtung nach Shakespeare für großes Orchester op. 23 (1886)
Tod und Verklärung. Tondichtung für großes Orchester op. 24 (1889)
Guntram. Oper in drei Aufzügen op. 25 (1893)
Till Eulenspiegels lustige Streiche. Nach alter Schelmenweise in Rondeauform für großes Orchester op. 28 (1895)
Also sprach Zarathustra. Tondichtung frei nach Nietzsche op. 30 (1896)
Zwei Gesänge für sechzehnstimmigen gemischten Chor a cappella nach Texten von Schiller und Rückert op. 34 (1897)

Don Quixote. Fantastische Variationen über ein Thema ritterlichen Charakters für großes Orchester op. 35 (1897)
Enoch Arden. Monodram mit Klavier op. 38 (1897)
Ein Heldenleben. Tondichtung für großes Orchester op. 40 (1898)
Feuersnot. Singgedicht in einem Aufzug von Ernst von Wolzogen op. 50 (1901)
Sinfonia domestica für großes Orchester op. 53 (1903)
Salome. Drama in einem Aufzug von Oscar Wilde op. 54 (1905)
Elektra. Tragödie in einem Aufzug von Hugo von Hofmannsthal op. 58 (1908)
Der Rosenkavalier. Komödie für Musik von Hugo von Hofmannsthal op. 59 (1910)
Josephslegende. Ballett nach einer Handlung von Harry Graf Kessler und Hugo von Hofmannsthal op. 63 (1914)
Eine Alpensinfonie für großes Orchester op. 64 (1915)
Ariadne auf Naxos. Oper in einem Aufzug nebst einem Vorspiel von Hugo von Hofmannsthal op. 60 (1916)
Die Frau ohne Schatten. Oper in drei Akten von Hugo von Hofmannsthal op. 65 (1917)
Schlagobers. Heiteres Wiener Ballett in zwei Aufzügen op. 70 (1921)
Drei Hymnen nach Gedichten von Friedrich Hölderlin für Singstimme und Orchester op. 71 (1921)
Intermezzo. Eine bürgerliche Komödie mit symphonischen Zwischenspielen nach eigenem Libretto op. 72 (1923)
Die ägyptische Helena. Oper in zwei Aufzügen von Hugo von Hofmannsthal op. 75 (1927)
Arabella. Lyrische Komödie in drei Aufzügen von Hugo von Hofmannsthal op. 79 (1932)
Die schweigsame Frau. Oper in drei Aufzügen, frei nach Ben Jonson von Stefan Zweig op. 80 (1935)
Olympische Hymne für gemischten Chor und Orchester (1936)
Friedenstag. Oper in einem Aufzug von Joseph Gregor op. 81 (1936)
Daphne. Bukolische Tragödie in einem Aufzug von Joseph Gregor op. 82 (1937)

Die Liebe der Danae. Heitere Mythologie in drei
Akten op. 83 (1940)

Capriccio. Ein Konversationsstück für Musik in einem Aufzug von Clemens Krauss und Richard
Strauss op. 85 (1941)

Divertimento für kleines Orchester nach Klavierstücken von François Couperin op. 86 (1941)

Konzert für Horn und Orchester Nr. 2 Es-Dur
(1942)

Epilog zu Daphne für neunstimmigen gemischten
Chor a cappella (1943)

Metamorphosen. Suite für 23 Solo-Streicher
(1945)

Konzert für Oboe und kleines Orchester (1945)

Duett-Concertino für Klarinette und Fagott mit
Streichorchester und Harfe (1947)

Vier letzte Lieder nach Gedichten von Hermann
Hesse und Joseph von Eichendorff (1947)

IGOR STRAWINSKY

»Mein *Oktett* ist für ein Bläserensemble geschrieben. Mir scheint eine Bläsergruppe
besser geeignet zu sein, eine gewisse
Starre der Form darzustellen, als die weniger
kalten und diffuseren Streichinstrumente.
Die Schmiegsamkeit der Streichinstrumente
ermöglicht dem Aufführenden mit einem
großen Spektrum an Nuancen seine Sensibilität darzustellen. Mein *Oktett* ist kein ge-
fühlsbetontes Werk, sondern eine musikali-

sche Komposition, deren Komponenten in sich geschlossene objektive Elemente sind. In meiner Musik besteht die Form aus Kontrapunkt. Nur in der Auseinandersetzung mit dem Kontrapunkt vermag der Komponist sich mit rein musikalischen Problemen zu beschäftigen ... Diese Art von Musik hat nur den Anspruch, sie selbst zu sein. Nur die Musik vermag die musikalischen Probleme zu lösen. Keine literarische noch visuelle Hilfe kann von Interesse sein. Das Spiel der musikalischen Elemente ist das Wesentliche.«

Es ist übertrieben, wenn Igor Strawinsky von seiner Musik behauptet, ihr Wesen sei einzig der Kontrapunkt. Aber wie in jeder Übertreibung steckt auch in dieser ein wahrer Kern. In der Tat lehnte er die Gefühlsästhetik des 19. Jahrhunderts zeitlebens ab und verstand Komponieren stets als das Lösen innermusikalischer Probleme. Strawinsky sah sich als musikalischer Erfinder, der innerhalb eines möglichst engen Rahmens seine Ideen zu realisieren versuchte: »Wenn mir alles erlaubt ist, das Beste und das Schlimmste, wenn nichts mir Widerstand bietet, dann ist jede Anstrengung undenkbar, ich kann auf nichts bauen, und jede Bemühung ist demzufolge vergebens ...

Meine Freiheit besteht also darin, mich in jenem engen Rahmen zu bewegen, den ich mir selbst für jedes meiner Vorhaben gezogen habe. Ich gehe noch weiter: meine Freiheit wird umso größer und umfassender sein, je enger ich mein Aktionsfeld abstecke und je mehr Hindernisse ich ringsum aufbaue. Wer mich eines Widerstands beraubt, beraubt mich einer Kraft. Je mehr Zwang man sich auferlegt, umso mehr befreit man sich von den Ketten, die den Geist fesseln.«

Igor Fjodorowitsch Strawinsky wurde am 17. Juni 1882 in dem kleinen Städtchen Oranienbaum, heute Lomonossow, geboren, wo die Eltern sich im Sommer aufzuhalten pflegten. Sein Vater war ein prominenter Opernsänger, der am Mariinski-Theater, dem heutigen Kirow-Theater in St. Petersburg, engagiert war. Im Alter von neun Jahren erhielt Strawinsky ersten Klavierunterricht. »Ich lernte sehr schnell Noten lesen und betrieb das so ernsthaft, daß ich bald Lust bekam zu improvisieren ... Diese dauernde Arbeit des Improvisierens war nicht ganz unfruchtbar, denn sie verhalf mir zu einer besseren Beherrschung des Klavierspiels, und sie ließ meine musikalischen Ideen reifen.« Schon bald nahmen ihn seine Eltern mit in die Oper, wo er bei einer Aufführung von Glinkas *Ein Leben für den Zaren* zum ersten Mal ein Orchester hörte. Später erhielt Strawinsky die Erlaubnis, auch den Proben im Mariinski-Theater beizuwohnen. »Als ich sechzehn war, pflegte ich nicht weniger als fünf oder sechs Abende der Woche in der Oper zu verbringen.« Daneben besuchte er regelmäßig die Sinfoniekonzerte in St. Petersburg sowie die Recitals durchreisender Virtuosen. Gegen Ende seiner Schulzeit nahm er ersten Unterricht in Harmonielehre. Doch noch mehr interessierte ihn der Kontrapunkt, den er sich autodidaktisch anhand eines Lehrbuches aneignete. »Bei meiner ersten Begegnung mit der Welt des Kontrapunkts tat sich mir sogleich ein weites Feld auf, das für mein musikalisches Schaffen viel fruchtbarer war als alles, was die Harmonielehre mir bieten konnte. Hartnäckig löste ich die zahllosen Probleme, die diese Wissenschaft aufgibt. Das machte mir damals großen Spaß, aber erst viel später begriff ich, wie sehr diese Übungen dazu gedient haben, mein musikalisches Urteil und meinen Geschmack zu entwickeln. Meine Phantasie und der Wunsch zu komponieren wurden geweckt, und diese Arbeit war die Grundlage meiner zukünftigen Technik.«

Während eines Kuraufenthaltes seines Vaters 1902 in Deutschland lernte Strawinsky Nikolaj Rimski-Korsakow kennen, der Professor am Konservatorium in St. Petersburg war und sich damals in Heidelberg aufhielt. Rimski-Korsakow riet dem jungen Komponisten ab, an seinem Institut zu studieren, das überwiegend einen konservativen Geist vertrat. Statt dessen schlug er Strawinsky vor, bei ihm Privatunterricht in Instrumentationslehre zu nehmen. In der Regel mußte Strawinsky Klavierskizzen zu neuen Werken von Rimski-Korsakow für Orchester setzen. »Wenn ich einen Teil orchestriert hatte, zeigte er mir seine ›persönliche‹ Instrumentation. Ich mußte beides vergleichen, und dann mußte ich erklären, warum er anders orchestriert hatte als ich. Wenn ich das nicht konnte, übernahm er die Erklärung.« Strawinsky nahm auch regelmäßig an den Soiréen teil, die im Hause Rimski-Korsakows stattfanden. Hier lernte er die Künstlerszene St. Petersburgs kennen, Maler, Literaten und Musiker.

Der Unterricht bei Rimski-Korsakow dauerte bis zu dessen Tod 1908.

Bereits in den letzten Jahren des 19. Jahrhunderts hatte Strawinsky erste Kompositionsversuche vorgelegt. Die ersten vollgültigen Arbeiten schrieb er während der Lehrzeit bei Rimski-Korsakow. Dazu zählt die viersätzige *Klaviersonate fis-Moll*, die Suite *Faune et bergère* (»Der Faun und die Schäferin«) für Gesang und Orchester, verschiedene Lieder sowie als Hauptwerk dieser frühen Schaffensphase eine Sinfonie in Es-Dur, über die Strawinsky später sagte: »Es ist mein erstes Werk. Es hat ein paar hübsche Stellen, aber der Rest folgt gehorsam dem Glasunow-Tschaikowsky-Stil, und die Instrumentation ist akademisch. Das Stück ist nicht wirklich interessant, aber kann immerhin als Dokument gelten, um wieder einmal zu zeigen, wie man nicht komponieren sollte.« In der Tat blieb Strawinsky in seinen frühen Werken deutlich der russischen Schule verhaftet und orientierte sich in der Instrumentation an den Vorgaben seines Lehrers.

Einen eigenen Ton weisen erstmals das *Scherzo fantastique* sowie das nur vier Minuten lange *Feu d'artifice* auf. In dieser virtuosen Orchesterfantasie finden sich bereits die repetitiven Figuren, die für Strawinskys spätere Werke charakteristisch werden sollten. Motive und Themen werden nicht entwickelt, sondern durch harte Schnitte mit neuem Material zu einem blockhaften Orchestersatz zusammenmontiert. Die einzelnen Blöcke bestehen häufig aus Wiederholungen von Motivpartikeln, die verkürzt oder anders instrumentiert wiedergegeben werden. Damit kommt dem Wechsel der Klangfarben ein besonderes Gewicht zu. Das *Scherzo fantastique* wie auch *Feu d'artifice* kamen im Februar 1909 in St. Petersburg zur Uraufführung. »Der Tag dieser Aufführung ist ein wichtiges Datum für die ganze Zukunft meiner musikalischen Laufbahn. An ihm begannen meine engen Beziehungen zu Diaghilew.«

Sergej Diaghilew gehörte zu den wichtigsten Persönlichkeiten im künstlerischen Leben St. Petersburgs. Zunächst hatte er sich als Ausstellungsmacher einen Namen gemacht, organisierte dann in den Jahren 1907 und 1908 in Paris vielbeachtete Konzertreihen mit russischer Musik und wurde schließlich als Gründer und Impresario zum unermüdlichen Motor der »Ballets Russes«. Bereits der erste Auftritt dieser Truppe 1909 in Paris mit Borodins *Polowetzer Tänzen* war ein Ereignis von Rang. Nach und nach gelang es Diaghilew, prominenteste Komponisten seiner Zeit für eine Zusammenarbeit zu gewinnen: Richard Strauss und Sergej Prokofjew, Claude Debussy und Maurice Ravel, Erik Satie, Darius Milhaud, Manuel de Falla und eben auch Igor Strawinsky. 1909 beauftragte ihn Diaghilew mit der Komposition von *L'oiseau de feu* (»Der Feuervogel«). Strawinsky unterbrach die Arbeit an seiner Oper *Le rossignol* (»Die Nachtigall«) und wandte sich umgehend dem neuen, auf zwei russischen Sagen basierenden Stoff zu. Bereits im Juni 1910 fand die Premiere in der Pariser Oper statt. Der große Erfolg dieses Werkes machte Strawinsky über Nacht in der französischen Metropole bekannt. Schon bald trat das Stück als Orchestersuite den Siegeszug durch die großen Konzertsäle Europas an, in London, Berlin, Wien und Budapest.

Der *Feuervogel* zeichnet sich zum einen durch die erstaunliche klangliche Finesse aus, die deutlich über das hinausgeht, was er in seinen früheren Werken realisiert hatte. Zum anderen überrascht die rhythmische Differenzierung, die sich in unregelmäßigen Taktgruppen und metrischen Verschiebungen widerspiegelt. So löst Strawinsky etwa im Schlußteil die zitierte russische Volks-

weise aus ihrem ursprünglichen Dreiermetrum, um sie zu neuen metrischen Einheiten zusammenzusetzen. Die kühne Motorik und die Verwendung von ostinaten Figuren weisen bereits auf *Le sacre du printemps* voraus. Später arbeitete Strawinsky den *Feuervogel* wiederholt um, da er sich mit der ursprünglichen Partitur nicht zufrieden geben konnte. »Der *Feuervogel* hat noch nicht völlig mit den Erfindungen gebrochen, die der Begriff Musikdrama deckt. Ich war noch immer empfänglich für das System der musikalischen Charakterisierung verschiedener Personen und dramatischer Situationen. Und dieses System offenbart sich hier in der Einführung von Prozessen, die zur Ordnung der Leitmotive gehören.«

Unmittelbar nach der Premiere des *Feuervogel* nahm Strawinsky ein neues Werk in Angriff. »Bei der Arbeit hatte ich die hartnäckige Vorstellung einer Gliederpuppe, die plötzlich Leben gewinnt ... Es entwickelt sich ein schrecklicher Wirrwarr, der auf seinem Höhepunkt mit dem schmerzlich-klagenden Zusammenbruch des armen Hampelmanns endet.« Als Strawinsky Diaghilew Teile der Partitur vorspielte, war dieser sofort begeistert und überredete den Komponisten, das Thema zu einem Ballett auszuarbeiten. Am Genfer See, wo Strawinsky damals lebte, fand er dann den Titel für sein neues Werk: *Pétrouchka* (»Petruschka«) – »der ewig unglückliche Held aller Jahrmärkte in allen Ländern. Als Schauplatz wählten wir den Marktplatz mit seiner Menschenmenge, seinen Buden und den Zauberkünsten des Taschenspielers; die Puppen erwachen zum Leben – Petruschka, sein Rivale und die Ballerina –, das Drama läuft ab und endet mit dem Tod Petruschkas. Ich ging sofort daran, das erste Bild zu komponieren.« Das Prinzip der Montage bestimmt weitgehend die Partitur von *Petruschka*. Strawinsky setzte heterogene Materialien in harten Schnitten gegeneinander, zerlegte Themen der russischen Volksmusik in variable Intervallkombinationen, reihte unterschiedliche metrische Einheiten in Wiederholungsstrukturen aneinander oder schichtete solche Strukturen auch übereinander. Das bunte Treiben auf dem Jahrmarkt hatte Strawinsky zu dieser collageartigen Technik motiviert, die er auch in seinen späteren Werken beibehielt. Die Premiere von *Petruschka* im Juni 1911 wurde sein zweiter großer Erfolg in der französischen Hauptstadt.

Nach der Uraufführung zog sich Strawinsky mit seiner Familie – er hatte 1906 seine Cousine Catherine Nossenko geheiratet – in das russische Ustilug zurück, wo er an seinem dritten großen Ballett *Le sacre du printemps* arbeitete. Strawinsky griff hier seine Vision einer großen heidnischen Feier auf: »Alte weise Männer sitzen im Kreis und schauen dem Todestanz eines jungen Mädchens zu, das geopfert werden soll, um den Gott des Frühlings günstig zu stimmen.« Gemeinsam mit Nikolaus Roerich, einem ausgezeichneten Kenner der slawischen Frühgeschichte, entwarf Strawinsky das Libretto innerhalb weniger Tage. Die Musik zu diesem Ballett übertraf alles, was der Komponist zuvor geschrieben hatte. Die wild-pochende, unregelmäßige Rhythmik, der erstaunliche Reichtum an unaufgelösten Dissonanzen und die eruptive, rauhe Klanglichkeit dieses Stückes waren vollkommen neu in der Musikgeschichte. Auch hier hatte Strawinsky wieder die Montagetechnik angewandt, die mit kraftvollen, insistierenden Repetitionsmustern und harschen Brüchen das gesamte Werk durchzieht. Die unregelmäßigen, nicht vorhersehbaren musikalischen Strukturen sowie ihre äußerst komplexe Rhythmik bereiteten während der Proben größere Probleme. Der Tänzer Nijinskij, den Strawinsky als musikalischen Analphabeten einschätzte, war zunächst nicht in der Lage, die komplizierte Rhythmik motorisch umzusetzen. Das fiel bei der Premiere im Mai 1913 allerdings nicht weiter auf, da die Vorstellung mit einem der größten Skandale der Musikgeschichte endete. Der Lärm der Zuhörer soll die Lautstärke des Orchesters noch übertroffen haben. Trotz der tumultartigen Szenen zu Anfang verlief schon die dritte Vorstellung dieses Werkes ohne Störung. Als es im darauffolgenden Jahr erstmals konzertant in Paris gegeben wurde, brachen sogar regelrechte Begeisterungsstürme aus. Diaghilew jedenfalls war mit dem Skandal bei der Uraufführung äußerst zufrieden, denn eine bessere Werbung hätte er sich für seine Truppe nicht denken können.

Bei Beginn des Ersten Weltkrieges hielt sich Strawinsky in der Schweiz auf. Er ließ sich in Clarens nieder, wo er in den folgenden Jahren einen kleinen Kreis von Freunden um sich scharte, zu dem auch der Dirigent Ernest Ansermet sowie der Schriftsteller Charles Ferdinand Ramuz gehörten. Nach den großen Ballettkompositionen schrieb Strawinsky nun vorwiegend klein besetzte Werke wie die *Drei Stücke für Streichquartett*, Lieder und Klavierstücke, in denen er in knapper, konzentrierter Diktion einfache Materialien mit strenger Kontrapunktik kombinierte. Den sinfonischen Apparat ersetzte er durch reduzierte Ensembleformen, wie etwa in *L'histoire du soldat* (»Die Geschichte vom Soldaten«).

Nach der Oktoberrevolution 1917 spitzte sich die Lage weiter zu, und Strawinsky war es nicht mehr möglich, Geld aus Rußland zu transferieren. »Ramuz und ich kamen schließlich auf die Idee, mit möglichst geringen Mitteln eine Art Wanderbühne zu gründen, die man leicht von Ort zu Ort schaffen und auch in ganz kleinen Lokalen vorführen kann.« Für dieses Wandertheater schrieb Strawinsky die *Geschichte vom Soldaten*, nach einem alten russischen Märchen von

Ramuz neu gedichtet. Darin greift er Formen der Unterhaltungsmusik auf, Walzer, Tango und Ragtime, aber auch traditionelle Modelle wie Choral oder Marsch, und schuf damit, wie Ernst Bloch es nannte, »ein Muster guter Musik aus Abfall, Traum und Lumpen«. Das musikalische Material ist auf ein Minimum reduziert. Mit der Anleitung, das Werk »zu lesen, spielen und zu tanzen«, nimmt Strawinsky außerdem Ideen des epischen Theaters vorweg, wie es Brecht später entwickelte. Neue Wege beschritt er auch mit der Instrumentation dieses Stückes: »Meine Wahl der Instrumente war von einem sehr wichtigen Ereignis meines damaligen Lebens beeinflußt: der Entdeckung des amerikanischen Jazz … Das Ensemble der *Histoire* ähnelt der Jazzband insofern, als jede Instrumentenkategorie – Streicher, Holz, Blech, Schlagzeug – jeweils in Diskant- und in Baßlage vertreten ist. Auch sind die Instrumente selbst echte Jazzinstrumente, außer dem Fagott, das mein Ersatz für das Saxophon ist.« Auf den Jazz bezog sich Strawinsky auch in der wenig später komponierten *Piano-Rag Music* und dem *Ragtime für elf Instrumente*.

Sein nächstes szenisches Werk *Les noces* konzipierte Strawinsky ursprünglich als eine Art Gegenstück zu dem Ballett *Le sacre du printemps*. Doch gab er den Plan eines großen Orchesterwerks nach langem Nachdenken auf. Bereits 1917 hatte er eine Klavierfassung abgeschlossen, aber erst 1921 wurde ihm klar, »daß ein Orchester von vier Klavieren alle meine Bedingungen erfüllen würde: es wäre gleichzeitig vollkommen homogen, vollkommen unpersönlich und vollkommen mechanisch«. Mit dieser kühnen, ungewöhnlichen Klavierbesetzung, ergänzt durch Gesangssolisten, Chor und Schlagzeug, gestaltete Strawinsky das Ritual einer russischen Bauernhochzeit. Dabei zeichnete er nicht den Hochzeitsbrauch exakt nach, sondern

erfand eine szenische Zeremonie, die sich Elementen der russischen Tradition bedient, weshalb er das Werk im Untertitel auch mit »Divertissement« bezeichnete.

Strawinskys nächstes Werk markiert den Beginn seiner neoklassizistischen Phase: *Pulcinella*, ein einaktiges Ballett mit Gesang, hatte 1920 in Paris Premiere. Das Stück basiert auf der Musik von Giovanni Battista Pergolesi, einem italienischen Komponisten des 18. Jahrhunderts, aus dessen Werken er für Diaghilew und dessen Truppe ein orchestriertes Pasticcio erarbeiten sollte. Abweichend von dieser Vorgabe schuf Strawinsky eine grundlegende Neukomposition. Er brach die regelmäßige Periodenbildung auf, strich einzelne Takte oder Taktteile und nahm harte Schnitte und grelle Montagen vor. An die Stelle eines gleichmäßigen Fortgangs tritt ein gestörtes Metrum mit jähen Brüchen und überraschenden, unerwarteten Wendungen. Pergolesis Musik bildet lediglich den Hintergrund, vor dem Strawinsky seine neuartigen Techniken entfaltete. Den Kompositionsprozeß beschrieb er später so: »Ich begann direkt auf den Pergolesi-Manuskripten zu komponieren, so, als würde ich ein altes Werk von mir selbst korrigieren.« Von dem Ergebnis war Diaghilew völlig überrascht:»Meine Musik schockierte ihn so, daß er lange Zeit mit einem Gesicht umherging, das ›das beleidigte Achtzehnte Jahrhundert‹ auszudrücken schien.«

Mit *Pulcinella* begann sich Strawinsky verstärkt mit der musikalischen Tradition auseinanderzusetzen:»*Pulcinella* war meine Entdeckung der Vergangenheit, eine Epiphanie, durch die mein späteres Werk möglich wurde. Natürlich war es ein Blick zurück – die erste von vielen Liebesaffären in dieser Richtung – aber es war auch ein Blick in den Spiegel.« Zu dieser Werkgruppe gehörten in den folgenden Jahren unter anderem das *Oktett für Blasinstrumente* (1922/23), das

Konzert für Klavier und Bläser (1923/24), das *Capriccio* für Klavier und Orchester (1928/1929) und das *Violinkonzert* (1931). Doch ob Strawinsky sich nun auf die musikalische Sprache Webers (*Capriccio*), Bachs (*Violinkonzert*), Tschaikowskys (*Der Kuß der Fee*) oder Beethovens (*Klaviersonate*) bezog, immer setzte er seine Montagetechnik als Grundlage des musikalischen Satzes ein. Seine Wendung zum Neoklassizismus empfand er auch nicht als Bruch in seiner musikalischen Entwicklung, sondern als Fortsetzung. »Alles verläuft in gerader Linie, schon *Feu d'artifice* enthält die Keime meiner *Symphonie in drei Sätzen*, und ich sehe keinerlei Unterschied zwischen dem Autor der *Geschichte vom Soldaten* und der *Danses concertantes*.« In seinem letzten in Europa geschaffenen Werk, der *Sinfonie in C* (1938/1940), knüpfte Strawinsky an die Musiksprache von Haydn an.

Witz, Spiel, kontrapunktische Finessen und eine beinahe barocke Motorik kennzeichnen die Werke, mit denen Strawinsky in den zwanziger und dreißiger Jahren Erfolge in ganz Europa feiern konnte. Auch als Interpret seiner Werke für Klavier und Orchester machte er sich in dieser Zeit auf ausgedehnten Tourneen einen Namen.

Zu den Hauptwerken dieser Schaffensperiode zählen das Opern-Oratorium *Oedipus Rex* und die *Sinfonie des psaumes* (»Psalmensinfonie«) für Chor und Orchester auf lateinische Texte. Mit seiner statisch wirkenden Rhythmik nähert sich *Oedipus Rex* einer abstrakten Visualisierung. Die Darsteller agieren wie Statuen und sind »mit stilisierten Gewändern und Masken bekleidet. Sie bewegen nur den Kopf und die Arme ... Keiner ›spielt‹, und die einzige Person, die sich überhaupt bewegt, ist der Erzähler, und der tut es nur, um seine Absonderung gegenüber den anderen Bühnenfiguren zu zeigen.« In der Musik griff Strawinsky zum einen auf Elemente der traditionellen Oper – er selbst sah diese Partitur Verdi verpflichtet –, zum anderen wird eine religiös-kultische Sphäre beschworen. Seine Absicht brachte er auf folgende Formel: »Wenn es mir gelungen ist, das Drama in Musik einzufrieren, so wurde das weitgehend durch rhythmische Mittel erreicht.« Auch die *Psalmensinfonie* erweckt den Eindruck flächiger Statik und archaisierender Harmonik. In sich kreisende Ostinato-Figuren bestimmen den musikalischen Satz, der auf Strawinskys sonst so typische rhythmische Unregelmäßigkeit fast vollständig verzichtet.

Kurz nach Beginn des Zweiten Weltkrieges reiste Strawinsky im September 1939 in die Vereinigten Staaten, um an der Harvard University Gastvorlesungen zu halten. Er kehrte nicht mehr nach Europa zurück, sondern ließ sich gemeinsam mit seiner zweiten Frau Vera 1941 in Hollywood nieder. Dort schloß er sich literarischen Kreisen an, zu denen die Schriftsteller Aldous Huxley, Christopher Isherwood, T. S. Eliot und Dylan Thomas gehörten. Außerdem lernte er mit Robert Craft einen jungen Dirigenten kennen, der sich vehement für seine Werke einsetzte und den Strawinsky als einen der besten Dirigenten seiner Musik schätzte.

Auch wenn seine Werke in den Vereinigten Staaten häufig aufgeführt wurden, erhielt Strawinsky keine Tantiemen, da seine Werke in Amerika nicht urheberrechtlich geschützt waren. Das änderte sich erst, als er 1945 die amerikanische Staatsbürgerschaft angenommen hatte und der Verlag Boosey & Hawkes seine Werke aus der »Edition Russe de Musique« übernahm. Aus diesen Gründen war Strawinsky in seinen ersten Jahren in den Vereinigten Staaten vorwiegend auf Auftragskompositionen angewiesen. Dazu zählten auch so kuriose Werke wie die *Circus Polka*, die er 1942 für den Zirkus Barnum & Bailey schrieb. In den vierziger Jahren arbeitete Strawinsky auch an verschiedenen Filmmusik-Projekten. »Meine *Four norwegian moods* waren ursprünglich einem Film über die Nazi-Invasion in Norwegen zugedacht, und mein *Scherzo à la russe* wurde als Musik zu einem anderen Kriegsfilm, diesmal mit russischem Hintergrund, begonnen.« Beide Partituren übernahm Strawinsky unverändert für den Konzertbetrieb. Eine richtige Zusammenarbeit mit der Filmindustrie kam allerdings nicht zustande. »Ich konnte Musik für Filme nur als Gelegenheitsmusik auffassen ... Es ist mir durchaus klar, daß diese Auffassung von der Filmindustrie nicht geteilt werden kann, aber mehr kann ich nun einmal nicht zugestehen, und ich darf mich wahrscheinlich nur glücklich schätzen, daß keiner der Vorschläge, die mir Hollywood machte, vertragsreif geworden ist.«

Nach Ende des Zweiten Weltkrieges orientierte sich Strawinsky wieder stärker in Richtung Europa. 1946 entstand im Auftrag des Dirigenten und Mäzens Paul Sacher das *Concerto en ré*, 1951 dirigierte Strawinsky die Uraufführung seiner Oper *The Rake's Progress* (»Der Wüstling«) in Venedig. Schon bald rückte das Werk in den Mittelpunkt der europäischen musikdramatischen Produktion. 1947 hatte Strawinsky einen Kupferstichzyklus von William Hogarth in Chicago gesehen, der ihn zu der Geschichte des jungen Glücksspielers, der schließlich im Wahnsinn endet, inspirierte. Das Libretto schrieben H. W. Auden und Chester Kallmann. *The Rake's Progress* erinnert in der klaren, großenteils tonal gebundenen Melodik an klassische Vorbilder, an Mozart, Rossini, aber auch Tschaikowsky, und ist nur in der komplizierteren Rhythmik bezeichnend für Strawinsky. Es ist seine letzte neoklassizistische Partitur, geschrieben für ein kleines Orchester, wenige Hauptpersonen und mit einer eher kammermusikalischen Faktur.

1951 begann sich Strawinsky auf Anraten seines Assistenten Robert Craft mit der von Arnold Schönberg entwickelten »Komposition mit zwölf nur aufeinander bezogenen Tönen« auseinanderzusetzen, und obwohl er in jenen Jahren ein enormes Pensum von Konzertreisen absolvierte, wagte er im Alter von fast 70 Jahren kompositorisch noch einmal einen Neuanfang. Viele Jahre lang hatten Strawinsky und Schönberg zusammen in Los Angeles gelebt, waren sich aber stets aus dem Weg gegangen. Erst als Schönberg und die anderen Hauptvertreter der Zweiten Wiener Schule, Alban Berg und Anton Webern, nicht mehr lebten, wandte sich Strawinsky der Dodekaphonie zu. Schon in den Jahren zuvor hatte er sich intensiv mit den kontrapunktischen Techniken der Musik des ausgehenden Mittelalters und der Renaissance beschäftigt. Jetzt entdeckte er das kontrapunktische Potential der Zwölftonmusik. Auch wenn Strawinsky betonte, er komponiere auf dieselbe Art wie bisher, räumte er ein: »Die Musik ... ist harmonisch sicherlich schwieriger zu hören als meine frühere Musik. Dies gilt aber für jede dodekaphone Musik, weil sie vertikal gehört werden soll. Die Regeln und Einschränkungen der Zwölftonkomposition unterscheiden sich wenig von der Strenge der großen alten kontrapunktischen Schulen. Dabei erweitern und bereichern sie den harmonischen Gesichtskreis: man hört plötzlich mehr und anders als früher.« In seiner *Cantata* auf anonyme elisabethanische Texte benutzte er zwar Verfahren der Zwölftontechnik wie Umkehrung oder Krebs, organisierte den Satz aber nicht dodekaphon. Erst in *Canticum sacrum* für Soli, Chor und Orchester, das Strawinsky 1955 für die Basilica San Marco in Venedig komponierte, baute er erstmals einen der Sätze auf einer Zwölftonreihe auf, deren Anlage aber immer noch tonale Wendungen zuließen. Als erstes vollständig dodekaphones Werk schrieb er *Threni* für Soli, Chor und Orchester (1957/58), eine Vertonung der Klagen des Propheten Jeremias. Hier wandte er neben den üblichen kontrapunktischen Techniken auch Permutationsverfahren an.

Einen Höhepunkt dieser späten dodekaphonen Schaffensphase markieren die *Variations* für Orchester aus den Jahren 1963/64. »Die zwölfstimmigen Variationen sind die wichtigste Neuerung des Werkes; die eine von ihnen, für Violinen sul ponticello – es klingt so ähnlich, als würde man sehr kleine Glasscherben streuen –, ist vermutlich die in ihrer Gesamtheit für eine Höranalyse schwierigste Musik, die ich je geschrieben habe. Der Hörer mag sich diese drei Variationen als eine Art musikalischer Mobiles vorstellen, deren Muster sich perspektivisch ändern durch die dynamischen Verschiedenheiten der jeweiligen Versionen. Diesen dichten Partien stehen Abschnitte von kontrastierender Starrheit und – in der ersten Variation – von Klangfarbenmelodie (die gleichfalls Variation bedeutet) gegenüber.« Streng zwölftönig komponierte er auch sein letztes Werk für das Ballett, *Agon*, das er selbst zu seinen besten Werken zählte: »Ich weiß, daß Teile meines *Agon* dreimal soviel Musik enthalten wie manches andere meiner Werke von gleicher Zeitdauer. Naturgemäß verändert eine neue Forderung nach größerem In-die-Tiefe-Hören die Zeitperspektive.«

Tod und Trauer prägen viele der späten Werke wie *Threni, In memoriam Dylan Thomas* oder *Introitus. T. S. Eliot in memoriam*. Sie gehören in ihrer knappen Formulierung zu Strawinskys einrucksvollsten Werken.

Bis ins Alter von 85 Jahren unternahm Igor Strawinsky noch ausgedehnte Konzertreisen, auf denen er eigene Werke dirigierte. Zum letzten Mal trat er im Frühjahr 1967 in Toronto auf. Wenig später zeigten sich die ersten Anzeichen einer Blutkrankheit, die seine letzten Jahre überschattete. Als letzte Kompositionen schrieb er *Requiem canticles* für Soli, Chor und Orchester und ein kleines, seiner Frau Vera gewidmetes Lied *The Owl and the Pussy-cat*. 1968 bearbeitete er noch zwei geistliche Klavierlieder aus dem *Spanischen Liederbuch* Hugo Wolfs für Ensemble. Es war das letzte Manuskript, das er noch abschließen konnte. Igor Strawinsky starb am 6. April 1971 in New York. Auf eigenen Wunsch wurde er in Venedig, ganz in der Nähe des Grabes von Sergej Diaghilew, beigesetzt.

WERKE (Auswahl)

Sonate für Klavier fis-Moll (1903/04)
Sinfonie Es-Dur (1905/07)
Faune et bergère (Der Faun und die Schäferin) für Gesang und Orchester auf einen Text von Alexander Puschkin (1906/07)
Scherzo fantastique für Orchester (1907/08)
Deux mélodies für Gesang und Klavier (1907/08)
Feu d'artifice für Orchester (1908)
L'oiseau de feu (Der Feuervogel). Ballett (1908/10)
Le rossignol (Die Nachtigall). Oper (1908/14)
Pétrouchka (Petruschka). Ballett (1910/11)
Le roi des étoiles. Kantate für Männerchor und Orchester (1911/12)
Le sacre du printemps. Ballett (1911/13)
Trois pièces de la lyrique japonaise für Gesang und Klavier (1912/13)
Drei Stücke für Streichquartett (1914)
Trois pièces faciles für Klavier zu vier Händen (1914/15)
Les noces. Ballett mit Gesang (1914/23)
Renard. Ballett mit Gesang (1915/16)
L'histoire du soldat (Die Geschichte vom Soldaten). Bühnenstück auf einen Text von C. F. Ramuz (1918)
Ragtime für elf Instrumente (1918)
Quatre chants russes für Gesang und Klavier (1918/19)
Drei Stücke für Klarinette solo (1919)
Piano-Rag Music (1919)

Pulcinella. Ballett mit Gesang (1919/20)
Concertino für Streichquartett (1920)
Sinfonie für Blasinstrumente (1920)
Mavra. Opera buffa (1921/22)
Oktett für Blasinstrumente (1922/23)
Konzert für Klavier und Bläser (1923/24)
Sonate für Klavier (1924)
Serenade in A für Klavier (1925)
Oedipus Rex. Opern-Oratorium (1925/27)
Paternoster für Chor a cappella (1926)
Apollon Musagète. Ballett (1927/28)
Le Baiser de la fée (Der Kuß der Fee). Ballett
    (1928)
Capriccio für Klavier und Orchester (1928/29)
Symphonie des psaumes (Psalmensinfonie) für
    Chor und Orchester (1930)
Concerto en ré für Violine und Orchester (1931)
Credo für Chor a cappella (1932)
Perséphone. Melodram für Tenor, Sprecher, Chor
    und Orchester (1933/34)
Jeu de cartes. Ballett (1936)
Concerto »Dumbarton Oaks« für Kammerensem-
    ble (1937/38)
Sinfonie in C (1938/40)
Danses concertantes für Kammerorchester
    (1941/42)
Sinfonie in drei Sätzen (1942/45)
Circus Polka für Orchester (1942)
Four Norwegian Moods für Orchester (1942)
Sonate für zwei Klaviere (1943/44)
Babel. Kantate für Männerchor, Sprecher und
    Orchester (1944)
Scherzo à la russe für Band oder Sinfonieorche-
    ster (1944)
Élégie für Viola solo (1944)
Messe für Chor und Bläser (1944/47)
Ebony Concerto (1945)
Orpheus. Ballett (1947)

The Rake's Progress. Oper (1948/51)
Cantata für Soli, Frauenchor und Kammerorche-
    ster (1951/52)
Agon. Ballett (1953/57)
In memoriam Dylan Thomas für Tenor, Posaunen
    und Streicher (1954)
Canticum sacrum ad honorem Sancti Marci nomi-
    nis für Soli, Chor und Orchester (1955)
Threni: id est lamentationes Jeremiae Prophetae
    für Soli, Chor und Orchester (1957/58)
Movements für Klavier und Orchester (1958/59)
Epitaphium »Für das Grabmal des Prinzen Max
    Egon zu Fürstenberg« für drei Instrumente
    (1959)
Doppelkanon »Raoul Dufy in memoriam« für
    Streichquartett (1959)
Monumentum pro Gesualdo di Venosa ad CD
    annum für Kammerorchester (1960)
A Sermon, A Narrative and A Prayer. Kantate für
    Sprecher, Chor und Orchester (1960/61)
The Flood. A Musical Play für Soli, Sprecher, Chor
    und Orchester (1961/62)
Anthem »The Dove descending breaks the air« für
    Chor a cappella (1962)
Abraham and Isaac. Sakrale Ballade für Bariton
    und Kammerorchester (1962/63)
Variations für Orchester (1963/64)
Elegy for J. F. K. für Bariton und drei Klarinetten
    (1964)
Introitus. T. S. Eliot in memoriam für Männerchor
    und Orchester (1965)
Requiem canticles für Soli, Chor und Orchester
    (1965/66)
The Owl and the Pussy-cat für Sopran und Klavier
    (1965/66)
Zwei Lieder aus dem »Spanischen Liederbuch«
    von Hugo Wolf, bearbeitet für Gesang und
    Instrumente (1968)

TORÛ TAKEMITSU

»Ich würde mich gerne in zwei Richtungen
auf einmal entwickeln, als Japaner, was die
Tradition, als Westler, was die Neuerungen
betrifft. Tief in mir würde ich gerne zwei musikalische Genres bewahren, jedes in seiner
eigenen, ihm legitimen Form. Von diesen
grundsätzlich unvereinbaren Elementen bei
den vielerlei kompositorischen Vorgängen
auszugehen bedeutet in meinen Augen aber
nur den ersten Schritt. Ich will diesen fruchtbaren Widerspruch nicht aufheben, im
Gegenteil, ich möchte, daß diese beiden
Blöcke miteinander streiten. So vermeide ich

meine Isolierung von der Tradition und kann doch mit jedem neuen Werk in die Zukunft vordringen. Ich möchte einen Klang zustande bringen, der so intensiv ist wie die Stille . . .«

Die Gratwanderung zwischen asiatischer und westlicher Ästhetik kennzeichnet das kompositorische Werk von Torû Takemitsu. Anfangs fiel es ihm nicht leicht, seine musikalischen Wurzeln in der japanischen Tradition nicht preiszugeben und gleichzeitig eine auch international anerkannte, moderne Sprache zu finden. Erst die physische und ästhetische Distanz zur Heimat ließ Takemitsu die Bedeutung der japanischen Kultur für sein Schaffen erkennen. So fand er in Europa zu seinem persönlichen musikalischen Stil, der fernöstliches Denken mit den Errungenschaften der westlichen Avantgarde verband.

Takemitsus musikalische Laufbahn ist insofern erstaunlich, als er nie ein reguläres Kompositionsstudium absolvierte, sondern als Komponist Autodidakt war. Geboren am 8. Oktober 1930 in Tokyo, wuchs er in einer nicht besonders musikinteressierten Familie auf. Der junge Takemitsu begeisterte sich zunächst für Jazz. Erste entscheidende musikalische Erlebnisse vermittelte ihm nach dem Ende des Zweiten Weltkrieges der Rundfunk der amerikanischen Besatzungsmacht. Hier lernte er zum ersten Mal Werke zeitgenössischer amerikanischer Komponisten wie Aaron Copland, George Gershwin oder Roger Sessions kennen. »All das«, so Takemitsu rückblickend, »war für mich wie die Entdeckung einer neuen, unbekannten Welt.« Ein Freund brachte ihm daraufhin das Klavierspiel und das Notenlesen bei. Die frühesten Kompositionsversuche bestanden aus einfachen, etüdenartigen Klavierstücken. Nachdem Takemitsu auch zeitgenössische Musik japanischer Komponisten kennengelernt hatte, beschloß er, sich ganz der Musik zu widmen. Anfang der fünfziger Jahre kam es zu ersten Aufführungen seiner Werke in Japan.

»Als ich anfing zu komponieren, haßte ich alles, was aus Japan kam. Aber nach meinem Studium der westlichen Musik entdeckte ich unsere eigene Tradition, und allmählich begann ich mich mit ihr zu befassen, sie zu studieren.« Die japanische Tradition assoziierte Takemitsus Generation zunächst mit dem Faschismus. Ähnlich wie in Deutschland nach dem Zweiten Weltkrieg versuchte die junge Generation, das Musikleben dieser dunklen Jahre zu verdrängen und statt dessen ganz neu anzufangen. Doch nach seinem Studium der westlichen Musik, von Bach bis Debussy und vor allem der Werke Messiaens, die den jungen Japaner nachhaltig beeinflußten, erkannte Takemitsu, daß er seine eigene musikalische Sprache finden mußte, die eng mit der langen japanischen Tradition verknüpft war. Nicht zuletzt war es John Cage, der ihn ermunterte, sich mit der Musikgeschichte seiner Heimat auseinanderzusetzen. Später erinnerte sich Takemitsu: »Cage war stark an östlicher Kultur und Philosophie interessiert und ziemlich bewandert in der Zen-Tradition. Daß er östliche Denkweisen im Bereich der westlichen Musik hoffähig gemacht hatte, bestärkte mich sehr in meinem nach zehn Jahren des Studiums westlicher Musik frisch erwachten Interesse für japanische und andere östliche Traditionen. Wir diskutierten viel über diese Fragen.«

Zuvor hatte sich Takemitsu intensiv mit Techniken der westlichen Avantgarde vertraut gemacht. Er beherrschte das serielle Komponieren ebenso wie die Aleatorik und setzte diese auch in seinen Werken ein. So finden sich in dem kammermusikalischen *Ring* für Altflöte, Gitarre und Laute Elemente der Aleatorik und der musikalischen Graphik, die den Interpreten Wahl- und Gestaltungsmöglichkeiten bieten. Diesen Weg setzte Takemitsu später nicht fort. Mit der stärkeren Integration von Elementen der traditionellen japanischen Musik hat er Kompositionsprinzipien dieser Art für sich verworfen.

1957 konnte Takemitsu seinen ersten größeren Erfolg mit seinem *Requiem* verbuchen, das das Sinfonieorchester Tokyo bei ihm in Auftrag gegeben hatte. Ein Jahr später erhielt er den begehrten »Prix Italia« für sein *Tableau Noir*.

Torû Takemitsu wurde wiederholt als Japans Debussy bezeichnet, da sein Werk Affinitäten zu dem des französischen Impressionisten aufweist. Das zeigt sich schon in seiner ersten öffentlich aufgeführten Komposition *Lento in due Movimenti* für Klavier. Der erste Satz exponiert eine rezitativähnliche, mit pentatonischen Anklängen operierende Melodie mit zarten, fast impressionistischen Akkorden. Im zweiten Satz dominieren langsame Akkordfolgen, die mit jazzartigen Abschnitten kontrastiert werden. Die Klangfarbe erweist sich bei Takemitsu ebenso wie bei Debussy als wesentliches Charakteristikum vieler seiner Werke. Die meditative und mitunter fast statische Ausrichtung seiner Kompositionen ist allerdings von der genuin japanischen Ästhetik geprägt.

Takemitsu strebte in seinem Schaffen auf vielfältige Weise eine Verbindung der Musikkulturen von Ost und West an. Die unterschiedlichen Auffassungen von Klang umschrieb er einmal so: »Während dort [in der westlichen Musik] Klangkomplexität durch Kombinationen von Teilelementen entsteht, erscheint der Klang in unseren traditionellen Musikkulturen als eine Art lebendes Wesen.« Der Atem bildet die Grundlage des Klangs in der japanischen Musik und bestimmt gleichzeitig ihre Struktur. Da die Elemente der japanischen Musik strukturell Takemitsus musikalische Sprache bestimmen sollten, nimmt der Atem auch in seinen Kompositionen eine wichtige Stelle ein. Entsprechendes gilt aber auch für die traditionellen Instrumente der japanischen Musik und für die formale Gestaltung der Werke, die sich weniger durch eine zielgerichtete, entwickelnde Struktur als vielmehr durch statische, assoziierende Prozesse auszeichnet. Weiter finden sich häufig programmatische Aspekte, die Takemitsu bereits in den Überschriften seiner Werke andeutet. So schuf er eine Serie von Kompositionen zum Thema »Regen«. Ähnlich dem natürlichen Kreislauf des Wassers handelt es sich dem Komponisten zufolge um verschiedene Metamorphosen auf dem Weg zur Tonalität. In den leisen, zarten Stücken entfalten sich Klangfarbenvariationen über einfachen Motiven.

In *riverrun* für Klavier und Orchester konzentrierte sich Takemitsu auf nur wenig Material, das gleich zu Beginn des Werkes exponiert wird. Die motivischen Floskeln scheinen immer wieder in einzelnen Instrumenten auf, ohne sich thematisch zu verdichten. Nur an einer Stelle erklingt in einem begleitenden Streichersatz eine wenn auch nur fragmentarische Melodie. Zwischen dem Solisten und dem Orchester herrscht kein kontrastierendes oder konzertierendes Prinzip, da die Musik ganz im Dienst eines bildhaften, aber nicht erzählenden Ausdrucks steht.

Das Motiv des Fließens prägt als zentrales Element der Philosophie des Zen-Buddhismus viele Kompositionen Takemitsus. Das Stück *Far Calls. Coming, far!* für Violine und Orchester aus dem Jahre 1980 zeichnet das Bild eines ins Meer zurückströmenden Flusses. Jeder Eindruck eines durchgängigen Metrums wird hier vermieden. Statt dessen herrscht ein ständiger Farbwechsel vor, der durch das Ein- oder Ausblenden einzelner Instrumente oder Instrumentengruppen erreicht wird. In diesem Werk machte Torû Takemitsu, wie in vielen anderen auch, ausgiebig vom Phänomen der Stille Gebrauch. Sie bildet für ihn nicht nur den Gegenpol zum hörbaren Klang, sondern erweist sich als erklärtes Ziel der Musik schlechthin. Was wie eine paradoxe Vorstellung anmutet, hat in der Tradition der japanischen Musik jedoch einen festen Platz. »Was ich tun möchte ist nicht, Klänge durch meine Kontrolle in Richtung eines Ziels in Bewegung zu setzen. Vielmehr möchte ich sie freilassen, wenn möglich ohne sie zu kontrollieren. Mir würde es genügen, die Klänge um mich herum einzusammeln und sie dann sanft in Bewegung zu setzen. Klänge herumzubewegen, wie man ein Auto fährt, ist das Schlimmste, was man mit ihnen tun kann.«

Torû Takemitsu, der in den siebziger und achtziger Jahren an vielen Instituten in aller Welt gelehrt hat, starb am 20. Februar 1996 im Alter von 65 Jahren in Tokyo. Als einer der meistgeschätzten zeitgenössischen Komponisten Japans gab er der Vermittlung zwischen Ost und West entscheidende Impulse und wies ihr einen neuen Weg, jenseits von japanischer Tradition und westlich-avantgardistischem Denken.

WERKE (Auswahl)

Lento in Due Movimenti für Klavier (1950)
Litany für Klavier (1950)
Distance de Fée für Violine und Klavier (1951)
Static Relief für Tonband (1955)
Requiem für Streicher (1957)
Solitude Sonore für Orchester (1958)
Sky, Horse and Death für Tonband (1958)
Tableau Noir für Sprecher und Kammerorchester (1958)
Scene für Violoncello und Streichorchester (1959)
Landscape für Streichquartett (1960)
Music of Trees für Orchester (1961)
Ring für Altflöte, Gitarre und Laute (1961)
Wind Horse für gemischten Chor (1961/66)
Dorian Horizon für 17 Streicher (1966)
Green für Orchester (1967)
November Steps für Biwa, Shakuhachi und Orchester (1967)
Asterism für Klavier und Orchester (1967)
Stanza I für kleines Ensemble mit weiblicher Stimme (1969)
Crossing für vier Solisten, Frauenstimmen und zwei Orchester (1970)
Winter für Orchester (1971)
Gémeaux für Oboe, Posaune, zwei Orchester und zwei Dirigenten (1971/86)
In an Autumn Garden für Gagaku-Orchester (1973)
For away für Klavier (1973)
Garden Rain für Blechbläser (1974)
Marginalia für Orchester (1976)
Far Calls. Coming, far! für Violine und Orchester (1980)
Dreamtime für Orchester (1981)
Toward the Sea für Altflöte und Gitarre (1981)
A Way a Lone für Streichorchester (1981)
Toward the Sea für Altflöte, Harfe und Streichorchester (1981)
Rain Coming für Kammerorchester (1982)
To the Edge of Dream für Gitarre und Orchester (1983)
Orion and Pleiades für Violoncello und Orchester (1984)
Vers, l'arc-en-ciel, Palma für Gitarre, Oboe d'amore und Orchester (1984)
riverrun für Klavier und Orchester (1984)

Dream/Window für Orchester (1985)
I Hear the Water Dreaming für Flöte und Orchester (1987)
Nostalghia für Violine und Streichorchester (1987)
Twill by Twilight. In memoriam Morton Feldman für Orchester (1988)
Tree Line für Kammerorchester (1988)
A String Around Autumn für Viola und Orchester (1989)
Visions für Orchester (1990)
My Way of Life für Bariton, gemischten Chor und Orchester (1990)
From me flows what you call Time für fünf Schlagzeuger und Orchester (1990)

Fantasma/Cantos für Klarinette und Orchester (1991)
Quotation of Dream für zwei Klaviere und Orchester (1991)
How slow the Wind für Orchester (1991)
Ceremonial. An Autumn Ode für Orchester mit Sho (1992)
Family Tree für Erzähler und Orchester (1992)
Archipelago S. für 21 Spieler (1993)
Fantasma/Cantos II für Posaune und Orchester (1994)
Spirit Garden für Orchester (1994)
Spectral Canticle für Violine, Gitarre und Orchester (1995)

MICHAEL TIPPETT

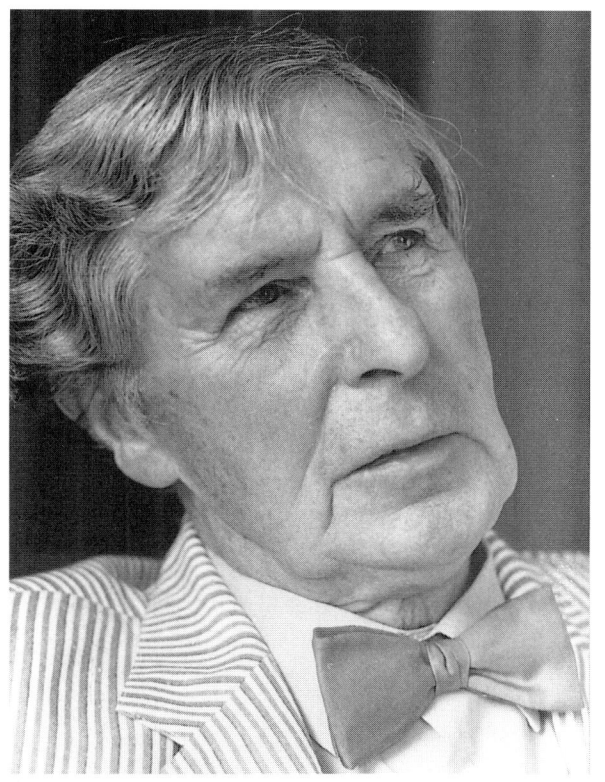

»Mein Ziel ist es, Bilder aus den Tiefen der
Phantasie zu schaffen ... Bilder der Vergangenheit, Bilder der Zukunft. Bilder der
Aussöhnung für entzweite Welten. Und in
einem Zeitalter von Mittelmaß und zersprun-
genen Träumen Bilder von üppiger, ver-
schwenderischer, überquellender Schönheit.«

So äußerte sich Michael Tippett in einem Gespräch aus dem Jahre 1970. Musik faßte er als Gegenwelt einer rauhen und unwirtlichen Realität auf, die in Zeiten von Krieg, Unterdrückung und Gewaltherrschaft Trost spenden sollte. Tippett ging es darum, »das Alltägliche durch einen Hauch des Unvergänglichen zu verklären, geboren, wie es von jeher war und immer sein wird, aus unserer Sehnsucht«. Dieser utopischen Sehnsucht hat Tippett in einem monumentalen Œuvre Ausdruck verliehen, und diesem Ziel suchte er mit unterschiedlichen stilistischen Mitteln im Verlauf seines kompositorischen Schaffens nahe zu kommen.

Michael Kemp Tippett, der am 2. Januar 1905 in London geboren wurde, erlebte nahezu das gesamte 20. Jahrhundert. Der nach Benjamin Britten populärste englische Komponist der Gegenwart verbrachte seine Kindheit in der englischen Provinz, in Südfrankreich und Italien. Schon früh erhielt er Klavierunterricht, und bald war ihm klar, daß er Komponist werden wollte. 1923 begann er seine musikalische Ausbildung am Royal College of Music in London, wo er Unterricht in Komposition und Dirigieren hatte. Nach dem Studium arbeitete er als Grundschullehrer, gab diesen Beruf aber wieder auf, um sich ganz dem Komponieren widmen zu können. In den schwierigen Jahren der Weltwirtschaftskrise schlug er sich mit Hilfe eines kleinen Privatvermögens durch. Außerdem dirigierte er gelegentlich ein Orchester arbeitsloser Musiker und Laienchöre der Labour-Party. Der überzeugte Pazifist Tippett sympathisierte mit den Ideen Trotzkis und trat 1935 sogar für einige Monate der Kommunistischen Partei bei.

Als ein Konzert mit einigen seiner frühen Werke für ihn enttäuschend ausfiel, zog er alle bis dahin entstandenen Kompositionen zurück, darunter mehrere Opern und eine Sinfonie, und unterwarf sich selbstkritisch einem weiteren Studium bei Reginald Owen Morris, einem der strengsten Theorielehrer Englands der damaligen Zeit. Erst danach gelang es ihm, die unterschiedlichen Einflüsse zu einem individuellen Stil zu formen. Neben dem heimatlichen Volkslied und der dynamischen Polyphonie der englischen Renaissancemusik fanden vor allem die dialektische Formvorstellung Beethovens, der Jazz und das Spiritual Eingang in seine musikalische Ausdrucksweise. Der sogenannten »englischen pastoralen Schule«, wie sie vor allem zwischen den Weltkriegen vorherrschte, stand Tippett skeptisch bis ablehnend gegenüber.

Zu den ersten von ihm als vollgültig anerkannten Werken zählen die Mitte der dreißiger Jahre entstandene *1. Klaviersonate* sowie sein *1. Streichquartett*. Hier erprobte Tippett die klassischen Formen, wobei seine Bewunderung für die englischen Madrigalisten und vor allem für Beethoven noch deutlich zu spüren ist. Seine musikalische Sprache kennzeichnen lange, breitgeschwungene Melodiebögen sowie eine ›additive‹ Rhythmik, bei der wechselnde Taktangaben und Phrasierungsbögen über die Taktstriche hinweg das Metrum aufheben und durch unregelmäßige Akzentbildungen einen unruhigen, mitunter auch tänzerischen Charakter erzeugen.

1940 wurde Tippett als Musikdirektor an das Londoner Morley College berufen, wo er, abgesehen von den drei Monaten, in denen er 1943 eine Gefängnisstrafe für seine pazifistische Überzeugung verbüßen mußte, bis 1951 unterrichtete.

Tippetts erste Schaffensphase, in der er sich vorwiegend an klassischen Formmodellen orientierte, gipfelte in einer Trias von Werken aus der Mitte der vierziger Jahre, der *1. Sinfonie*, dem *3. Streichquartett* und dem Oratorium *A Child of Our Time*, für das Tippett selbst das Libretto geschrieben hatte. Mit diesem 1944 uraufgeführten Werk gelang ihm endgültig der Durchbruch als Komponist, von da an zählte er zu den Leitbildern der englischen Musik im 20. Jahrhundert.

Mit dem Thema *A Child of Our Time* griff Tippett im Zweiten Weltkrieg ein Ereignis der unmittelbaren Zeitgeschichte auf. Das Werk erzählt die authentische Geschichte des siebzehnjährigen polnischen Juden Herschel Grünspan, der in seiner Verzweiflung über die Mißhandlung und Verschleppung seiner Eltern durch die Nationalsozialisten im Herbst 1938 den Sekretär der Deutschen Botschaft in Paris erschoß. Die Partei nutzte den Mord als Anlaß für die »Reichskristallnacht«. Unter dem schockhaften Eindruck dieses Pogroms nahm Tippett die Arbeit an seinem Oratorium auf. Das Libretto beendete er im Sommer 1939, zwei Tage nach Beginn des Zweiten Weltkriegs begann er mit der Komposition. Als Vorbild dienten Tippett die großen oratorischen Werke des 18. Jahrhunderts, Bachs *Passionen* und vor allem Händels *Messias*. Als Ausdruck des kollektiven Zorns und der Unterdrückung ersetzte er die traditionellen Choräle durch Spirituals. Trotz des tragischen Inhalts endet das Werk »mit Bildern der Aussöhnung für entzweite Welten«, mit einem Hoffnungsschimmer.

Zwischen 1946 und 1952 arbeitete Tippett an seiner ersten großen Oper *The Midsummer Marriage*, die 1955 am Royal Opera House Covent Garden in London Premiere hatte. Wie zu allen Werken seit *A Child of Our Time* schrieb er auch hier das Libretto selbst. Die Kritik stufte das Werk als »das

schlechteste in der 350jährigen Gattung der Oper« ein. In der Tat belasten esoterische Symbolik und übernatürliche Momente die Handlung erheblich. Dennoch markiert *The Midsummer Marriage* in Tippetts Kompositionsstil einen neuen Ansatz, den er selbst als eine »Befreiung aus dem streng klassischen Stil etwa der ersten Sinfonie hin zur Möglichkeit eines gewaltigen, lyrischen Ausdrucks« beschrieb. Die additive Rhythmik der früheren Werke gab Tippett hier zugunsten fließender Linien und großformatiger melodischer Bögen auf. Der Orchestersatz erscheint farbenreicher, das Klangbild schillernder. Die melodische Gestaltung überrascht mit feinen, ornamentalen Auszierungen. Die Harmonik wirkt durch die großzügig eingesetzten Quartenschichtungen feinnerviger und ausdrucksstärker. Diesen neuen Ansatz hat Tippett in einer Reihe von Instrumentalwerken weiterentwickelt, so vor allem in der *Fantasia concertante on a Theme of Corelli*, in einem *Klavierkonzert* und in der 1956 vollendeten *2. Sinfonie*.

Tippetts musikalische Entwicklung unterlag zahlreichen Wandlungen. Er begnügte sich nicht mit dem einmal Erreichten, sondern fand in jedem Schaffensabschnitt zu neuen Formen des musikalischen Ausdrucks. Das trifft auch auf seine zweite Oper *King Priam* zu, die 1962 während der Feierlichkeiten zur Einweihung der neuen Kathedrale von Coventry, einen Tag vor Brittens *War Requiem*, Premiere hatte. Die musikalische Sprache dieses Werkes, das die Sinnlosigkeit und Brutalität des Krieges thematisiert, setzt sich deutlich von den vorangegangenen Werken ab. Tippett gab seinen lyrischen Stil mit den ausgeprägten Melismen und der farbenreichen Orchesterpalette hier zugunsten knapper, mosaikartiger Gesten auf. Spannungsreiche Intervalle und scharfe Dissonanzen verband er mit einer deklamatorischen Melodik. Den spätromantischen Orchesterklang löste er durch ein eher kammermusikalisches, bläserbetontes Ensemble ab. Aber auch das Schlagzeug erhielt mehr Gewicht. Insgesamt verschärfen sich die Kontraste. Die Dur-Moll-Tonalität, die bis dahin trotz aller Erweiterungen das Grundgerüst der Tippettschen Harmonik bildete, wird jetzt nur noch dramaturgisch eingesetzt, verliert aber ihre Funktion fürs Ganze. Den einzelnen Instrumenten ordnete der Komponist bestimmte Motive zu, die sich durch das gesamte Werk ziehen. Damit wandte er eine Technik an, die bereits Gustav Mahler in seinen ebenfalls eher kammermusikalischen *Kindertotenliedern* erprobt hatte.

King Priam wirkte stilbildend auf die in der Folge entstandenen Instrumentalkompositionen. So sind die *2. Klaviersonate*, die *Songs for Achilles*, das *Concerto for Orchestra* und das Oratorium *The Vision of St. Augustine* in einem der Oper vergleichbaren Duktus gehalten.

1965 besuchte Tippett erstmals die Vereinigten Staaten. Die scharfen gesellschaftlichen Konflikte, die er dort wahrnahm, führten ihn zu einer intensiven Auseinandersetzung mit der amerikanischen Kultur, aber auch zu einer stärkeren Berücksichtigung von Elementen der populären Musik in seinen Werken. So finden sich in seinen Opern *Knot Garden* und *The Ice Break* Einflüsse der Rock- und Popmusik auch in der Instrumentation, zum Beispiel durch den Einsatz elektrischer Gitarren. Das Zerrissene der Gesellschaft gibt er in Form der Collage mit rohen, bisweilen sogar groben Klangballungen und einer holzschnittartigen Instrumentationstechnik wieder.

Michael Tippetts *The Mask of Time*, eine abendfüllende »Musik für Stimmen und Instrumente«, wurde 1984 in Boston uraufgeführt. Tippett selbst bezeichnete dieses Werk, das sich als Zustandsbeschreibung der

heutigen Welt versteht, als Synthese seines gesamten Schaffens. Dazu verwendete er eine bunte Mixtur von Textvorlagen, die von Gedichten Rainer Maria Rilkes bis zu wissenschaftlichen Abhandlungen reichen. Das pluralistische Konzept, das Tippett hier entwickelt, hatte er in Ansätzen schon in seinen häufig mit Zitaten arbeitenden Werken der siebziger Jahre vorweggenommen. Hier schuf er schließlich einen Kosmos, der bei aller Heterogenität der einzelnen Elemente doch eine einheitliche, in sich schlüssige Struktur aufweist.

Für seine Verdienste um die Entwicklung der zeitgenössischen Musik in England wurde Tippett 1966 in den Adelsstand erhoben. Bis ins hohe Alter komponierte er, reiste in eigener Sache und erläuterte in Vorträgen und Interviews seine Ästhetik. Am 8. Januar 1998 ist er, nur wenige Tage nach seinem 93. Geburtstag, in London gestorben. Den Grundsatz seines musikalischen Denkens formulierte er so: »Der Traum ist zerbrochen, wie es wieder und wieder geschieht. Aber soll ich nicht mehr singen, nur weil alles höhere Streben so zerbrechlich ist? Ich glaube nicht, daß es so kommt. Wir lobpreisen – zuweilen auch in ausgedienten Formen –, weil wir müssen.«

WERKE (Auswahl)

Psalm in C für Chor und Orchester (1930)
Sinfonie B-Dur (1932/34)
Streichtrio (1933)
Streichquartett Nr. 1 (1934/35)
A Song of Liberty für Chor und Orchester (1937)
Sonate für Klavier Nr. 1 (1938/42)
Concerto for Double String Orchestra (1938/39)
Seven at One Stroke. Spiel für Kinder für Kinderchor und sechs Instrumente (1939)
Fantasie über ein Thema von Händel für Klavier und Orchester (1939/41)

A Child of our Time. Oratorium für Soli, Chor und
   Orchester (1939/41)
Streichquartett Nr. 2 (1941/42)
The Weeping Babe. Motette für Sopran und ge-
   mischten Chor (1944)
Sinfonie Nr. 1 (1944/45)
Streichquartett Nr. 3 (1945/46)
Little Music für Streicher (1946)
The Midsummer Marriage. Oper in drei Akten
   (1946/52)
Suite in D für Orchester (1948)
Fantasia concertante über ein Thema von Corelli
   für Streicher (1953)
Divertimento on Sellinger's Round für Kammer-
   orchester (1953/54)
Konzert für Klavier und Orchester (1953/55)
Sonate für vier Hörner (1955)
Four Songs from the British Isles für Chor a cap-
   pella (1956)
Sinfonie Nr. 2 (1956/57)
King Priam. Oper in drei Akten (1958/61)
Songs for Achilles für Tenor und Gitarre (1961)
Präludium für Blechbläser, Glocken und Schlag-
   zeug (1962)

The Tempest. Schauspielmusik (1962)
Sonate für Klavier Nr. 2 (1962)
Concerto for Orchestra (1962/63)
The Vision of Saint Augustine für Bariton, Chor
   und Orchester (1963/65)
The Shires Suite für Chor und Orchester
   (1965/70)
The Knot Garden. Oper in drei Akten (1966/69)
Sinfonie Nr. 3 für Sopran und Orchester (1970/72)
Sonate für Klavier Nr. 3 (1972/73)
The Ice Break. Oper in drei Akten (1973/76)
Sinfonie Nr. 4 (1976/77)
Streichquartett Nr. 4 (1977/79)
Konzert für Violine, Viola, Violoncello und Orche-
   ster (1979)
The Mask of Time. Oratorium für Soli, Chor und
   Orchester (1980/82)
The Blue Guitar für Gitarre solo (1982/83)
Sonate für Klavier Nr. 4 (1984)
New Year. Oper (1985/88)
Byzantinum für Sopran und Orchester (1989)
Streichquartett Nr. 5 (1990/91)
Triumph für Blasorchester (1992)
The Rose Lake für Orchester (1993/94)

EDGAR VARÈSE

»Unsere Instrumente und unsere musikalische Schreibweise müssen verändert werden, um den neuen Anforderungen einer Kunst, die sich notwendigerweise in einer Welt der Veränderungen selbst wandelt, gerecht zu werden ... Die Komponisten, die sich dem inneren, dem schöpferischen Ohr verschrieben haben, hören eine neue, aus allen Klängen komponierte Musik, die das traditionelle Instrumentarium nicht veran-

schaulichen kann ... Mit elektronischen Instrumenten wäre es möglich, sich vom temperierten System zu befreien, um über alle
Frequenzen und alle Unterteilungen der Oktave zu verfügen, um zu einer Erweiterung
des Klangregisters bis an die Grenzen der
menschlichen Wahrnehmung zu gelangen,
um neue harmonische Verwendungsmöglich-
keiten der gewonnenen Klänge, neue Klangfarben und neue dynamische Qualitäten zu
erforschen. Der Interpret wird verschwinden,
und es wird dann nicht mehr das entstel-
lende Prisma zwischen dem Komponisten
und dem Hörer geben.«

Edgar Varèse zählt zu den größten Uto-
pisten der neuen Musik, der die Möglichkeiten der musikalischen Produktion am weitesten und am konsequentesten vorausge-
dacht hat. Auch wenn er zu seiner Zeit nur
einen winzigen Bruchteil seiner utopischen
Entwürfe kompositorisch umsetzen konnte,
verfolgte er doch einen in der Musikgeschichte des 20. Jahrhunderts einzigartigen
Weg und berührte dabei Aspekte, die erst
viel später kompositionstechnisch relevant
wurden.

Edgard Victor Achille Charles Varèse,
der am 22. Dezember 1883 als Sohn eines
italienischen Ingenieurs in Paris zur Welt
kam, wuchs zunächst bei seinen Großeltern
in Burgund auf. 1890 kam er zurück nach
Paris, um dort die Schule zu besuchen.
Schon zwei Jahre später zog die Familie
nach Turin, wo der junge Varèse erste Kompositionsversuche unternahm. Unter anderem entstand seine Oper *Martin Pas* nach
einem Roman von Jules Verne. Gegen den
Wunsch des Vaters beschäftigte Varèse sich
intensiv mit Musik, studierte privat Musiktheorie bei Giovanni Bolzoni, dem Direktor
des Turiner Konservatoriums, und spielte als
Schlagzeuger im städtischen Opernorchester
mit. Nach dem endgültigen Bruch mit dem
Vater kehrte Varèse 1903 nach Paris zurück,
wo er in ärmlichen Verhältnissen lebte. Dort
lernte er viele Künstler kennen, darunter
auch Pablo Picasso, Auguste Rodin und Erik
Satie. Zunächst studierte er an der Schola
Cantorum bei Vincent d'Indy und Albert
Roussel, ging aber, nachdem sich sein Verhältnis zu d'Indy verschlechtert hatte, an das
Conservatoire, wo Charles Widor sein Lehrer
wurde. Neben der Musik beschäftigte sich
der junge Komponist auch intensiv mit Physik und Mathematik. Vor allem die Sirenen-
versuche von Hermann von Helmholtz interessierten ihn außerordentlich, so daß er mit
zwei kleinen Handsirenen, die er auf einem
Pariser Flohmarkt erworben hatte, dessen
Versuchsanordnungen nachstellte.

Für kurze Zeit wurde Varèse Privatsekre-
tär des Bildhauers Auguste Rodin. 1905
gründete er einen Arbeiterchor an der Uni-
versité Populaire du Faubourg Saint-Antoine,
mit dem er vor allem Konzerte mit alter Musik, aber auch mit eigenen Werken gab.
Während dieser Zeit schuf er eine Reihe
von Kompositionen, die heute als verschollen gelten. Bis auf ein kurzes Klavierlied ist
keines der Frühwerke Varèses erhalten. Auch
die *Rhapsodie romane* für Orchester, die
1906 in einer Klavierversion in Paris zur Aufführung kam, ist nicht überliefert. Im gleichen Jahr bewarb sich Varèse vergeblich um

den Rom-Preis und siedelte wenig später nach Berlin über. Hier lernte er Ferruccio Busoni kennen, in dessen Buch *Entwurf einer neuen Ästhetik der Tonkunst* er viele seiner eigenen Ideen wiederfand. Insbesondere die Beschreibung eines rein elektronischen Instruments regte ihn zu weiteren Überlegungen in dieser Richtung an. In Berlin begann Varèse die Arbeit an einem Opernprojekt, *Ödipus und die Sphinx* nach Hugo von Hofmannsthal; auch diese Partitur ist nicht erhalten. Varèse gründete den »Symphonischen Chor«, mit dem er sich unter anderem an Inszenierungen Max Reinhardts am Deutschen Theater beteiligte. 1910 kam auf Initiative von Richard Strauss die sinfonische Dichtung *Bourgogne* zur Uraufführung, die mit einem Skandal endete. Das Werk wurde von der Kritik als »Tonwirrwarr« und »chaotisch« bezeichnet. Die Partitur hat Varèse noch wenige Jahre vor seinem Tod vernichtet.

Während eines Besuchs in Paris 1913 erlebte Varèse die Uraufführung von Igor Strawinskys *Sacre du printemps*. Wenig später hörte er in Berlin eine Aufführung des *Pierrot lunaire* von Arnold Schönberg, den er auch persönlich kennenlernte. Noch im gleichen Jahr zog Varèse zurück nach Paris. Fast alle Manuskripte, die er in Berlin zurückließ, fielen später beim Brand eines Möbellagers den Flammen zum Opfer.

1915 wurde er zur französischen Armee eingezogen, aber aus gesundheitlichen Gründen nach wenigen Monaten wieder entlassen. Varèse beschloß daraufhin, Europa den Rücken zu kehren, und übersiedelte in die Vereinigten Staaten. Dort trat er zunächst als Organisator, Konzertveranstalter und als Dirigent in Erscheinung. In New York leitete er einen Klangkörper von 450 Musikern bei der Wiedergabe des *Requiems* von Hector Berlioz zum Gedächtnis der Opfer des Ersten Weltkrieges. Er gründete das »New Symphony Orchestra« und war einer der Initiatoren der »International Composers' Guild«, der ersten Komponistenvereinigung Amerikas, die sich die Pflege zeitgenössischer Musik zur Aufgabe machte. Zwischen 1918 und 1922 arbeitete er an seinem ersten vollgültigen Werk, *Amériques* für großes Orchester. Hier strebte er eine sich frei im Raum ausbreitende Musik an, die nicht durch exakte Tonhöhen gebunden sein, sondern sich in ständiger Bewegung befinden sollte. Diesen fließenden Verlauf versuchte Varèse durch Glissandi und Triller, aber auch durch den Einsatz von Sirenen in dem riesig besetzten Schlagzeugapparat zu erreichen. Zu diesem Zweck hatte er in einer ersten Version von *Amériques* auch mit Vierteltönen experimentiert, sie aber in der endgültigen Fassung wieder gestrichen. Geräuschhaftes Auf- und Abwogen bestimmt das musikalische Geschehen, der kontinuierlich sich wandelnde Klang breitet sich vielschichtig im Raum aus. In Kontrast dazu setzte Varèse rhythmisch hochkomplexe Schlagzeugpassagen, die er häufig mit Geräuschen anderer Instrumente koppelte. Bei der Uraufführung von *Amériques* 1926 mit dem Philadelphia Orchestra unter Leopold Stokowski und einer anschließenden Aufführung in New York kam es zu tumultartigen Szenen. Insgesamt lösten nur wenige Werke von Varèse bei ihrer Erstaufführung keinen Skandal aus.

Unmittelbar nach Abschluß der Partitur von *Amériques* begann Varèse mit der Arbeit an *Hyperprism* für Bläser und Schlagzeug. Kategorien wie ›Thema‹ oder ›Periodenbildung‹ ersetzte er hier durch geschlossene Klangkomplexe. Das auch mit Vierteltönen operierende Werk beginnt mit einem einzigen Ton, der von wechselnden Instrumenten gespielt wird, so daß ein klangfarblicher Verlauf aufkommt. Im Zentrum der Komposition steht nicht länger die

Organisation von Tönen zu melodischen Verläufen oder Akkorden. Vielmehr konzentrierte sich der Komponist auf den Klang und seine Strukturen, die er nicht mehr den Einschränkungen des temperierten Systems unterwarf. Die durch das Schlagzeug realisierte rhythmische Akzentuierung wird zum Teil auch von perkussiv eingesetzten Blasinstrumenten übernommen. Auch die Uraufführung von *Hyperprism* endete mit einem Skandal, bei dem zuletzt sogar die Polizei zu Hilfe gerufen werden mußte.

1925 schloß Varèse die Arbeit an *Intégrales*, ebenfalls für Bläser und Schlagzeug, ab. In dieser Raummusik verschob er verschiedene Dimensionen einer Klanggestalt mehr oder weniger kontinuierlich gegeneinander. »Stellen Sie sich die Projektion einer geometrischen Figur auf eine Ebene vor, wobei die Figur und die Ebene sich im Raum bewegen – beide mit willkürlich wechselnden Geschwindigkeiten in bezug auf Vorwärtsbewegung und Drehung ... Ich plante diese Musik für akustische Medien, die es noch nicht gab, die jedoch, wie ich glaubte, einmal gebaut und zur Verfügung gestellt würden.«

In den zwanziger Jahren hielt sich Varèse wieder häufiger in Europa auf. 1927 nahm er die amerikanische Staatsangehörigkeit an. Zusammen mit Henry Cowell und Carlos Chávez gründete er in den USA die »Pan American Association of Composers«.

Mit *Arcana* schuf Varèse 1927 sein zweites Werk für großes Orchester, das in mancher Hinsicht an die in *Amériques* entwickelten Techniken anknüpfte. Im Zusammenhang mit diesem Stück sprach Varèse von der Projektion aller Farben, die er im Wechsel mit Weißglut im Traum gesehen habe. Bestimmte Figuren tauchen in dieser Komposition, gleichsam in unterschiedlicher Beleuchtung an verschiedenen Stellen auf.

Ab 1928 hielt sich Varèse für die Dauer von fünf Jahren wieder in Paris auf. Hier vollendete er auch mit *Ionisation* das erste reine Schlagzeugstück der Musikgeschichte. Varèse verwendete hier ausnahmsweise das formale Konzept des Sonatensatzes mit thematischen Gebilden, Überleitungen, einer Durchführung und einer Coda. Da jedoch eine melodisch-harmonische Entwicklung fehlt, wirkt dieses Formmodell hier fast abstrakt. Varèse beabsichtigte auch keine Wiederbelebung der Sonatenform: »Ich wurde eine Art teuflischer Parsifal, nicht auf der Suche nach dem heiligen Gral, sondern nach der Bombe, die das musikalische Universum sprengen könnte, um alle Klänge durch die Trümmer hereinzulassen, die man – bis heute – Geräusche genannt hat.«

Nach seiner Rückkehr in die Vereinigten Staaten geriet Varèse Mitte der dreißiger Jahre in eine schwere Schaffenskrise. Abgesehen von einem kurzen Flötenstück und der *Etude pour Espace* schrieb er bis zu Beginn der fünfziger Jahre keine weiteren Werke. Varèse versuchte vergeblich in Hollywood als Komponist von Filmmusik Fuß zu fassen. Nachdem er 1941 den »New York Chorus« gegründet hatte, widmete er sich zunehmend der Aufführung alter Musik.

1950 nahm er an den Internationalen Ferienkursen für neue Musik in Darmstadt teil, dem damals wichtigsten Forum der Avantgarde in Europa. Dort erlebte auch *Ionisation* seine europäische Erstaufführung. Der Kontakt mit der jungen europäischen Avantgarde veranlaßte ihn, sich wieder dem Komponieren zuzuwenden. Seit jeher hatten ihn elektronische Musik und die Möglichkeiten elektronischer Instrumente fasziniert. Auf Einladung des Toningenieurs und Komponisten Pierre Schaeffer erhielt er die Möglichkeit, in dessen elektronischem Studio in Paris zu arbeiten. Dort entstanden die Tonbandinterpolationen, die er später in sein Ensemblestück *Déserts* integrierte und in den folgenden Jahren noch mehrmals überarbeitete. Als Ausgangsmaterial dienten ihm dazu in Philadelphia aufgenommene Fabrikgeräusche und Schlagzeugklänge, die er im Pariser Studio bearbeitete. *Déserts* wurde 1954 unter Hermann Scherchen in Paris uraufgeführt und gleichzeitig im französischen Rundfunk live übertragen. Auch diese Aufführung endete mit einem Skandal. Um den Lärm im Saal zu übertönen, mußte Pierre Henry, der für die Übertragung verantwortlich war, die Regler auf die größtmögliche Lautstärke einstellen.

Sein lebenslanges Interesse für neue Instrumente und elektronische Möglichkeiten veranlaßten Varèse, sich in den fünfziger Jahren vorwiegend mit den Errungenschaften auf diesem Gebiet auseinanderzusetzen. 1956 begann er mit der Arbeit an seinem *Poème électronique*, das 1958 während der Weltausstellung in Brüssel uraufgeführt wurde. Das Werk, das auf einem Gedicht des Architekten Le Corbusier basiert, wurde über 425 im Raum verteilte Lautsprecher ausgestrahlt. 1959 nahm er sein letztes Werk *Nocturnal* in Angriff, mit dem er zur traditionellen Besetzung zurückkehrte. Vollenden konnte er es allerdings nicht mehr.

Varèse war lebenslang ein Suchender, der sich nicht mit den Möglichkeiten herkömmlicher Instrumente abfinden wollte, sondern nach ›Unerhörtem‹ strebte. »Ich weigere mich, mich schon bekannten Klängen zu unterwerfen«, beteuerte er wiederholt. »Weder Materie noch Raum noch Zeit sind das, was sie vorher stets gewesen waren. Es ist zu erwarten, daß solche großen Veränderungen die gesamte Technik der Künste verwandeln, ja daß sogar die schöpferische Kraft durch sie affiziert wird, vielleicht in solchem Maße, daß der Begriff der Kunst selbst in wunderbarer Weise modifiziert erscheint.« Der große Einzelgänger der neuen Musik und der vielleicht kompromiß-

loseste Verfechter einer ›Zukunftsmusik‹ starb am 6. November 1965 an einer Thrombose in New York. Seinem Wunsch entsprechend wurde seine Asche in alle Winde zerstreut.

WERKE (Auswahl)

Martin Pas. Oper nach Jules Verne für Knabenstimmen und Mandoline (1894, verschollen)
Rhapsodie romane für Orchester (1905, verschollen)
Un grand sommeil noir für Singstimme und Klavier auf ein Gedicht von Paul Verlaine (1906)
Apothéose de l'océan. Sinfonische Dichtung für großes Orchester (1906, verschollen)
Bourgogne für großes Orchester (1907/08, vernichtet)
Ödipus und die Sphinx. Oper nach Hugo von Hofmannsthal (1908/14, unvollendet)
Gargantua für Orchester (1909, unvollendet)
Amériques für großes Orchester (1918/22)
Offrandes für Sopran und Kammerorchester auf Texte von Vincente Huidobro und José Juan Tablade (1921)
Hyperprism für kleines Orchester mit Schlagzeug (1922)
Octandre für Flöte, Klarinette, Oboe, Fagott, Horn, Trompete, Posaune und Kontrabaß (1923)
Intégrales für kleines Orchester mit Schlagzeug (1924)
Arcana für großes Orchester (1925/27)
The One All Alone. Szenisches Werk für Chor, Sänger, großes Orchester und Schauspieler (1927/35, unvollendet)
Ionisation für 13 Schlagzeuger (1930/31)
Metal für Sopran und Orchester (1932, unvollendet)
Ecuatorial für Baßsolo (oder Baßchor), Blechbläser, Klavier, Orgel, zwei Theremins und Schlagzeug (1933/34)
Density 21.5 für Flöte solo (1936)
Fernand Léger in America. His New Realism. Filmmusik (1945)

Etude pour Espace für Chor, zwei Klaviere und Schlagzeug auf vom Komponisten zusammengestellte Gedichtausschnitte in verschiedenen Sprachen (1947)

Dance for Burgess für Kammerorchester und Schlagzeug (1949)

Déserts für Orchester und drei Tonbandinterpolationen (1949/61)

Trinum für Orchester oder elektronische Klänge (1950/54, verschollen)

Dans la nuit für Chor, Bläser, Schlagzeug, Orgel und zwei Ondes Martenots auf einen Text von Henri Michaux (1954, unvollendet)

Poème électronique für Tonbänder (1957/58)

Nocturnal I für Sopran, Chor aus Baßstimmen und Orchester auf Texte von Anaïs Nin (1960/61)

Nocturnal II für Sopran, Baßchor, Bläser, Harfe, Schlagzeug und Kontrabaß (1961/65, unvollendet)

RALPH VAUGHAN WILLIAMS

»Die Kunst um der Kunst willen konnte in England nie gedeihen. Wir (die Komponisten) wurden oft als unkünstlerisch bezeichnet, weil unsere Kunst unbewußt ist. Unsere Dramatik und unsere Dichtung haben sich, wie unsere Gesetze und unsere Verfassung, eher zufällig entwickelt, während wir dachten, daß wir doch etwas ganz anderes machten, und so wird es auch mit der Musik sein. Der Komponist darf sich nicht abschotten und über Kunst nachdenken; er muß mit seinen Mitmenschen leben und seine Musik zu einem Ausdruck des ganzen Lebens der Gemeinschaft werden lassen – wenn wir nach Kunst suchen, werden wir sie nicht finden . . .«

Ralph Vaughan Williams sah sich als genuin britischer Komponist. Zeitlebens versuchte er für sein Publikum zu komponieren, was auch sein großes Interesse für die Volksmusik seiner Heimat erklärt. Menschlich und sozial außerordentlich engagiert, galt er bald als maßgebliche Persönlichkeit im Musikleben Großbritanniens. Sein kompositorisches Schaffen steht als Bindeglied zwischen der englischen Spätromantik eines Edward Elgar und der Moderne, wie sie später Benjamin Britten und Michael Tippett repräsentierten.

Geboren wurde Ralph Vaughan Williams am 12. Oktober 1872 in Down Ampney in der englischen Grafschaft Gloucestershire. Sein Vater starb, als der Sohn drei Jahre alt war, und so wuchs Vaughan Williams in Surrey bei der Familie seiner Mutter auf. Von einer Tante erhielt er ersten Musikunterricht, und schon bald konzentrierte er sich auf die Geige und die Bratsche. 1890 nahm er ein Musikstudium am Royal College of Music in London bei Hubert Parry und Charles Stanford auf. Zwei Jahre später wechselte er ans Trinity College nach Cambridge, wo Charles Wood sein Lehrer wurde. Als er drei Jahre später nach London zurückkehrte, lernte er dort Gustav Holst kennen, mit dem ihn eine lange und enge künstlerische Freundschaft bis zu Holsts frühem Tod 1934 verband.

Noch als Studenten begannen sie mit ihren sogenannten »field days«, bei denen sie sich gegenseitig ihre Kompositionen zeigten und kritisierten. Seine Studien in London schloß Vaughan Williams 1895 ab. Zwei Jahre später heiratete er Adeline Fisher, die Tochter eines Rechtsanwalts. 1899 promovierte er in Cambridge im Fach Geschichte.

Nach Abschluß seiner Studien wirkte Vaughan Williams einige Jahre als Organist im Londoner Stadtteil South Lambeth. Doch ließ ihm diese Tätigkeit zu wenig Raum für das Komponieren. Um sein Handwerk zu perfektionieren, ging er 1897 nach Berlin, wo er bei Max Bruch Unterricht nahm. Zurück in England, wurde ihm klar, daß das Imitieren althergebrachter Formen nicht seinen musikalischen Vorstellungen entsprach. Vaughan Williams entdeckte für sich die Volksmusik seiner Heimat und machte sie zum Ausgangspunkt seines kompositorischen Schaffens. Ähnlich wie Bartók und Kodály in Ungarn, zog er über das Land und hielt die Lieder der Dorfbewohner schriftlich fest. Insgesamt sammelte er zwischen 1903 und 1913 mehr als 800 Volkslieder. Die heimische Volksmusik nahm auch in seinen Vorträgen und Schriften einen breiten Raum ein: »Der Grund, weshalb diese frühen Musiker sangen, spielten, sich etwas ausdachten und komponierten, war einfach und allein, weil sie es wollten, und ich denke, daß die Lektion, die wir davon lernen können, die der Aufrichtigkeit ist.« So steht Vaughan Williams' Frühwerk ganz im Zeichen der Vokalmusik. Seine bewußt schlicht gehaltenen Lieder wie *Linden Lea* oder die *Songs of travel* knüpfen an die heimische Folklore an.

1908 ging Vaughan Williams für drei Monate nach Paris, um bei Maurice Ravel zu studieren. Hier lernte er auch erstmals Werke russischer Komponisten kennen. Unter anderem ließ Ravel ihn Klavierstücke von Borodin und Rimski-Korsakow orchestrieren. Sein Unterricht eröffnete dem jungen Engländer neue Perspektiven: »Er zeigte mir, wie man im Hinblick auf Farben anstatt auf Linie orchestriert. Es war eine anregende Erfahrung, alle künstlerischen Probleme von einem für mich völlig neuen Blickwinkel aus zu betrachten.« Nach dem Paris-Aufenthalt schuf Vaughan Williams die ersten vollgültigen Kompositionen, zu denen der Liederzyklus *On Wenlock Edge* nach Texten von Alfred Edward Housman, für Singstimme, Streichquartett und Klavier sowie die *Fantasia on a Theme by Thomas Tallis* für Streichorchester gehören. Die Fantasie, die ein Thema des bedeutendsten britischen Renaissancekomponisten zum Ausgangspunkt nimmt, legte Vaughan Williams im Hinblick auf den Aufführungsort der Kathedrale von Gloucester doppelchörig an. Die modal gefärbte Harmonik und die klare, an traditionelle Modelle angelehnte Formgestaltung kennzeichnen seinen Stil, der schon bald als typisch britisch bezeichnet wurde. Im Liederzyklus *On Wenlock Edge* kommt Vaughan Williams' Sinn für dramatische Momente deutlich zum Ausdruck, indem die menschlichen Leiden, von denen Housmans Texte handeln, musikalisch ihre Entsprechung in einem durchchromatisierten Satz finden.

Einem größeren Publikum wurde Ralph Vaughan Williams mit seinem sinfonischen Erstling *A Sea Symphony* bekannt, den er 1909 vollendete. Dieses Werk, eine großangelegte Kantate für Soli, Chor und Orchester auf Texte Walt Whitmans, weist noch deutliche Einflüsse seines Lehrers Parry, im Finale auch Edward Elgars auf. Doch findet sich hier bereits der für Vaughan Williams charakteristische Ton, der sich aus der Verbindung von modalen Elementen mit eigentümlichen harmonischen Wendungen ergibt.

Zu den wichtigsten und populärsten Werken der Vorkriegszeit gehören die zweite Sinfonie *A London Symphony* sowie die Oper *Hugh the Drover, or Love in the Stocks* (»Der Hirte Hugh oder Liebe im Lagerhaus«). Die *London Symphony* aus den Jahren 1912/13 greift den traditionellen Formtypus dieser Gattung mit vier Sätzen und der Anlage des Kopfsatzes in Sonatenhauptsatzform auf. Vaughan Williams erweiterte dieses Schema durch einen Einleitungsteil und einen Epilog, der viele seiner sinfonischen Arbeiten beschließt. Innerhalb dieses Rahmens entfaltete er seine stark expressive musikalische Sprache. Auch wenn *A London Symphony* häufig als sinfonische Dichtung oder gar als Programm-Musik bezeichnet wurde, hatte Vaughan Williams sie als absolute Musik konzipiert, die auch so gehört werden sollte.

Sein Bühnenstück *Hugh the Drover, or Love in the Stocks*, das 1924 in London uraufgeführt wurde, bezeichnete der Komponist selbst als »ballad opera«. Es gilt als englisches Pendant zu Bedřich Smetanas komischer Oper *Die verkaufte Braut*. Das Werk zeichnet ein idealisiertes Bild vom Dorfleben im 19. Jahrhundert, in dem die Geschichte spielt. Wahrscheinlich ist es die erste Oper, in der ein Boxkampf, mit dem die zwei männlichen Protagonisten ihre Rivalität austragen, auf offener Szene stattfindet. Musikalisch griff Vaughan Williams für diesen unterhaltsamen Stoff auf Volkslieder und traditionelle Melodien zurück, daher auch die Bezeichnung »ballad opera«.

Während des Ersten Weltkrieges diente Vaughan Williams als Soldat. In dieser Zeit entwarf er die ersten Skizzen zu seiner *Pastoral Symphony*, die trotz des großen Orchesterapparates eher kammermusikalisch geprägt ist. Das elegische, melancholische Werk besteht aus vier langsamen Sätzen mit stark zurückgenommener Dynamik, die nur selten über das Mezzoforte hinausgeht und nur von wenigen heftigen Ausbrüchen belebt wird. Die Melodik weist modale und pentatonische Elemente auf. Der oft blockhafte harmonische Satz entfaltet sich häufig unabhängig von der melodischen Struktur.

Nach Ende des Krieges entwickelte Vaughan Williams eine Fülle von Aktivitäten. Ab 1919 unterrichtete er am Londoner Royal College of Music, leitete dort den Bach-Chor und arbeitete zeitweise als Dirigent der Händel-Gesellschaft. Außerdem beteiligte er sich an der Organisation des Leith Hill Festivals und wirkte bei der English Folk Dance Society mit. Nicht zuletzt festigte die Vielzahl dieser Ämter auch sein internationales Ansehen. 1922 vollendete er die Oper *The Shepherds of the Delectable Mountains*, sieben Jahre später sein nächstes Bühnenwerk *Sir John in Love* nach einem eigenen Libretto.

Zu den klanglich besonders reizvollen Werken der zwanziger Jahre gehört seine Suite *Flos Campi* (»Feldblume«) für Solobratsche, gemischten Kammerchor und kleines Orchester. Jedem der sechs Sätze stellte Vaughan Williams ein lateinisches Zitat aus dem Hohelied Salomos voran. Die Kombination von Viola, Schlagzeugklängen und menschlichen Stimmen stellte mit ihrer ungewöhnlichen Klanglichkeit etwas Neuartiges im Schaffen Vaughan Williams' dar. Vermutlich war gerade die Modernität des Stückes dafür verantwortlich, daß es beim Publikum nicht gut ankam.

Mit neuen Klangmöglichkeiten experimentierte Vaughan Williams auch in seinem Oratorium *Sancta Civitas*, das er selbst zu seinen besten Chorwerken zählte. Hier bestimmt das Denken in Klängen den Kompositionsprozeß. Noch deutlicher zeigt sich seine neue Herangehensweise in *Job*, einer *Masque for dancing* in neun Szenen und einem Epilog, die auf dem Buch Hiob aus dem Alten Testament basiert. Das Stück zählt zu seinen avanciertesten Werken und markiert zugleich die Geburtsstunde des modernen englischen Balletts. Die Komposition lebt vom Gegensatz der beiden Hauptfiguren Hiob und Satan, die durch unterschiedliche kompositorische Techniken und Instrumente charakterisiert werden. Das friedliche Leben Hiobs kommt in der Baßflöte und den pastoral-volkstümlichen Klängen zum Ausdruck, die Welt des Satans wird dagegen durch das Saxophon nachgezeichnet und in einem synkopisch geprägten, aggressiven chromatischen Stil dargestellt.

Bereits 1919 hatte die Universität von Oxford Vaughan Williams die Ehrendoktorwürde verliehen, der weitere Auszeichnungen in den dreißiger Jahren folgten. Er galt als der bedeutendste lebende Komponist Großbritanniens und feierte auch als Dirigent wiederholt große Erfolge. Vierzehn Jahre nach der *Pastoral Symphony* komponierte er sein nächstes sinfonisches Werk, in dem er die scharfe Klanglichkeit von Werken wie *Flos Campi* aufgriff und weiter steigerte. Harmonische Verschiebungen, krasse Dissonanzen und Ansätze von Bitonalität führten ihn phasenweise bis an die Grenze der Tonalität, die Vaughan Williams allerdings zeitlebens nicht preisgab. Techniken wie die »Komposition mit zwölf nur aufeinander bezogenen Tönen«, wie sie die Zweite Wiener Schule um Arnold Schönberg praktizierte, lehnte er vehement ab.

Während des Zweiten Weltkriegs entstand die *5. Sinfonie*, die der Komponist im Vergleich mit dem Vorgängerwerk traditioneller hielt. 1948 folgte die noch größer besetzte *6. Sinfonie*, in der er ein dichtes expressives Klangbild entwickelte. Im dritten Satz erinnert das Zitieren von Volkstänzen an Techniken von Gustav Mahler, auf dessen Werke auch der pianissimo gehaltene Epilog mit seiner fahlen Klanglichkeit verweist.

Mit *49th Parallel* schrieb Vaughan Williams Anfang der vierziger Jahre seine erste Filmmusik, der in den folgenden Jahren fast regelmäßig weitere Kompositionen für dieses damals verhältnismäßig neue Medium folgten. In dem Essay *Komponieren für den Film* setzte er sich 1945 auch theoretisch mit dem Medium Film auseinander. Die Musik zu *Scott of the Antarctic* bildete wenig später die Grundlage seiner siebten Sinfonie, der *Sinfonia antartica*, die 1953 uraufgeführt wurde. Jedem der fünf Sätze stellte der Komponist ein längeres literarisches Zitat voran. In ihrer prachtvollen Klanglichkeit und thematischen Vielfalt macht sich in der sinfonischen Version noch die ursprüngliche programmatische Konzeption für den Film deutlich bemerkbar, auf die sicher auch der Einsatz ungewöhnlicher Klänge, etwa einer Windmaschine sowie Solo- und Chorvokalisen, zurückzuführen ist.

In den fünfziger Jahren konnte Vaughan Williams noch zwei weitere Sinfonien vollenden. Der einstige Neuerer galt zu dieser Zeit allerdings längst als Vertreter des konservativen Lagers. Auch wenn das serielle Komponieren nur partiell in Großbritannien rezipiert wurde, hatte sich doch inzwischen eine jüngere Generation im britischen Musikleben etabliert. Die Werke von Benjamin Britten oder Michael Tippett gingen in den fünfziger Jahren bereits weit über das hinaus, was Vaughan Williams als zeitgemäß empfand. Dennoch war er bis in seine späten Jahre immens produktiv. Noch 1953 bemerkte er: »Ich habe so viel Musik in meinem Kopf, daß ich weiß, ich werde nie die Zeit haben, sie niederzuschreiben.«

Den größten Mißerfolg seiner Laufbahn erlebte Vaughan Williams mit seinem letzten Bühnenwerk, *The Pilgrim's Progress*, auf einen Text aus dem gleichnamigen puritanischen Erbauungsbuch von John Bunyan aus dem 17. Jahrhundert. Er komponierte es 1951 für das Festival of Britain. Vaughan Williams selbst bezeichnete das Werk, das den Weg einer suchenden Seele als »Moralität« schildert. Daß diese Allegorie beim Publikum keinen Anklang fand, traf den Komponisten schwer: »Sie gefällt ihnen nicht und sie wird ihnen nicht gefallen und vielleicht wird sie ihnen nie gefallen, weil sie keine Liebesgeschichte und keine großen Duette bietet und weil sie nicht so wie die Opern ist, die sie gewohnt sind; aber es ist die Art von Oper, die ich schreiben wollte, und da ist sie nun mal.« Zeitlebens legte Vaughan Williams großen Wert auf die Verständlichkeit seiner musikalischen Sprache. Das Publikum war ihm wichtig, aber er war nicht zu Zugeständnissen bereit, die seine kompositorische Freiheit eingeschränkt hätten. Deshalb ging ihm der Mißerfolg seines letzten musiktheatralischen Werkes so nahe.

Es ist das Verdienst von Vaughan Williams, mit seinem umfangreichen Œuvre der englischen Musik den Weg in das 20. Jahrhundert geöffnet und eine eigenständige zeitgenössische britische Musik geschaffen zu haben. Durch ihn gewann die englische Musikkultur wieder an Selbstvertrauen. Zudem erschloß er die heimische Volksmusik als Quelle für die Kunstmusik. Ralph Vaughan Williams starb am 26. August 1958 in London und wurde in der Westminster Abbey, nicht weit von der Ruhestätte Henry Purcells, beigesetzt.

WERKE (Auswahl)

Linden Lea für Gesang und Klavier (1901)
The House of Life für Gesang und Klavier (1903)
Songs of Travel für Gesang und Klavier (1904)
A Sea Symphony für Sopran, Bariton, gemischten Chor und Orchester (1903/09)
Norfolk Rhapsody Nr. 1 (1905/06)
Streichquartett g-Moll (1908/09)

The Sky above the Roof für Gesang und Klavier (1908)

The Wasps. Schauspielmusik (1909)

Fantasia on a Theme by Thomas Tallis für zwei Streichorchester (1910)

Hugh the Drover, or Love in the Stocks (Der Hirte Hugh oder Liebe im Lagerhaus). Romantische ballad opera in zwei Akten (1910/14)

A London Symphony für Orchester (1912/13)

Fantasia on Christmas Carols für Bariton, gemischten Chor und Orchester (1912)

The Lark Ascending. Romanze für Violine und Orchester (1914)

Messe g-Moll für Soli und gemischten Chor (1920/21)

Pastoral Symphony für Orchester (1921)

The Shepherds of the Delectable Mountains. Oper (1922)

Old King Cole. Ballett für Chor und Orchester (1923)

On Wenlock Edge. Liederzyklus für Tenor, Klavier und Streichquartett (1923)

Sancta Civitas. Oratorium für Tenor, Bariton, gemischten Chor, Fernchor und Orchester (1923/25)

Sir John in Love. Oper in vier Akten (1924/28)

Three Songs from Shakespeare für Gesang und Klavier (1925)

Concerto academico für Violine und Orchester d-Moll (1925)

Flos Campi. Suite für Viola, kleinen gemischten Chor und kleines Orchester (1925)

Riders to the Sea. Oper in einem Akt (1925/32)

Konzert für Klavier und Orchester C-Dur (1926/31)

The Poisoned Kiss. Romantic extravaganza in drei Akten (1927/29)

Benedicte für Sopran, gemischten Chor und Orchester (1929)

Job. A Masque for dancing. Konzert- und Bühnenversion (1930)

Sinfonie Nr. 4 f-Moll (1931/34)

The Running Set für Orchester (1933)

Suite für Viola und kleines Orchester (1934)

Dona nobis pacem. Kantate für Sopran, Bariton, gemischten Chor und Orchester (1936)

Festival Te Deum für gemischten Chor und Orgel oder Orchester (1937)

The Bridal Day. Masque (1938/39)

Double Trio für Streichsextett (1938)

Sinfonie Nr. 5 D-Dur (1938/43)

Streichquartett a-Moll (1942/44)

Sinfonie Nr. 6 e-Moll (1944/47)

Konzert für Oboe und Streicher (1945)

An Oxford Elegy für Sprecher, kleinen gemischten Chor und Orchester (1947/49)

The Lake in the Mountains für Klavier (1947)

The Pilgrim's Progress. Moralität in vier Akten (1949)

Sinfonia antartica für Sopran, Frauenchor und Orchester (1949/52)

Concerto grosso für Streicher in drei Gruppen (1950)

Sinfonie Nr. 8 d-Moll (1953/55)

Konzert für Tuba und Orchester f-Moll (1954)

Four Last Songs für Gesang und Klavier (1954/58)

A Vision of Aeroplanes. Motette für gemischten Chor und Orgel (1956)

Sinfonie Nr. 9 e-Moll (1956/57)

Ephithalamion. Kantate für Bariton, gemischten Chor und kleines Orchester (1957)

SÁNDOR VERESS

»Von den Modernen haben mich neben Bartók, Kodály und auch Lajtha vor allem Hindemith und Strawinsky beschäftigt, nicht aber Strawinskys Neoklassizismus, den ich nicht mag, auch schon damals nicht, sondern seine russische Periode. Gewisse neoklassizistische Impulse empfing ich von Hindemith; ich habe sie in meiner sogenannten Sonatinenzeit verarbeitet. Debussy war auch gegenwärtig, aber zunächst eher in Kodályscher Übersetzung. Später hat er dann für mich den absoluten Ehrenplatz unter den Großen erhalten. Schönberg war in meiner Studienzeit nicht präsent, und das hat tiefere Gründe. In einer Bewegung, in der vor allem das uralte ungarische Volkslied als etwas vollkommen Neues entdeckt und nicht sekundär und passiv aus Büchern und Noten, sondern als klingende, lebendige Wirklichkeit erfahren wurde, war kein Platz und keine Notwendigkeit für Schönberg. Bei uns war damals alles Melodie, und das ist par excellence tonale Musik, aber nicht dur-moll-tonale Musik, sondern modale, pentatonische, hexachordale, pentachordale Musik. Und die stilistische Orientierung war nicht romantisch, sondern klassisch, barock und noch weiter zurückreichend. Palestrina, Madrigalkunst war aktuell. In dieser Melodie-Euphorie konnte uns eine Musik wie die Schönbergsche, in der die Melodie nur als Derivat einer Klangkonstruktion erscheint, nicht erwärmen. Erst später, in der Zeit meiner Lehrtätigkeit an der Akademie, habe ich angefangen, mich mit Schönberg zu beschäftigen. Die kompositorische Auswertung dieser Erfahrung fand aber erst nach meiner Übersiedlung in die Schweiz statt, wo ich den weiten europäischen Horizont wiederentdeckt habe. Vergessen wir aber nicht:

Das Fundament ist der wichtigste Teil eines Gebäudes, und das Granitfundament, das ich in meiner Jugend in Ungarn erhielt, war jene sichere Plattform, auf welcher ich weiterbauen konnte.«

Obwohl sich Sándor Veress mit allen wichtigen Strömungen des 20. Jahrhunderts auseinandergesetzt hat, blieb doch die Volksmusik der Ausgangspunkt seines Komponierens. Sie war die Basis, auf der er seine musikalische Sprache entwickelte, die insbesondere in den späten Werken die Herkunft aus dem Geist der ungarischen Folklore nur noch ahnen läßt. Veress gehört ohne Zweifel zu den wichtigsten Vertretern der ungarischen Musik im 20. Jahrhundert, auch wenn sein Schaffen, bedingt durch seine Lebensgeschichte, hierzulande erst wenig bekannt ist.

Geboren wurde er am 1. Februar 1907 im siebenbürgischen Klausenburg (ungarisch Kolozsvár). Seine ersten musikalischen Eindrücke, an die er sich später gerne erinnerte, waren die klassische Musik im Kreise der Familie und daneben die traditionelle ungarische Volksmusik. Schon früh stand für ihn fest, daß er Musiker werden wollte. In Budapest wurde er 1916 Kompositionsschüler von Zoltán Kodály und später Klavierschüler von Béla Bartók. Von Anfang an interessierte ihn nicht nur die abendländische Musiktradition, sondern auch die ungarische Volksmusik, weshalb er Ende der zwanziger

Jahre zusammen mit Béla Bartók und László Lajtha Forschungsreisen in verschiedene Regionen des Balkans unternahm, um dort die von Bartók so genannte »Bauernmusik« aufzuzeichnen.

Bartóks Programm, die Kunstmusik mit dem Reichtum der neuentdeckten ungarischen Volksmusik zu verbinden, kam Veress' eigenen Vorstellungen entgegen. Entsprechend sind seine frühen Kompositionen wie das *1. Streichquartett* von 1930/31 oder die etwas später geschriebene *Sonatine für Oboe, Klarinette und Fagott* noch deutlich von der Musik seiner Lehrer geprägt. Während der dreißiger Jahre komponierte er eine Reihe von Sonatinen, in denen er sich nicht nur die unterschiedlichen musikalischen Stile der Zeit zu eigen machte, sondern sich vor allem von dem Vorbild seiner Lehrer löste und zu einer eigenen Sprache fand, die schon im zweiten Streichquartett und in dem einaktigen Ballett *Die Wunderschalmei* zu spüren ist.

Seine ersten internationalen Erfolge konnte Veress Mitte der dreißiger Jahre verbuchen. 1935 wurde sein erstes Streichquartett im Rahmen des Festes der Internationalen Gesellschaft für Neue Musik aufgeführt, zwei Jahre später erklang sein zweites Streichquartett beim IGNM-Fest in Paris. Doch schon diese frühen internationalen Auftritte standen wegen des aufkommenden Faschismus unter einem unglücklichen Stern. In Deutschland konnten seine Werke nicht mehr aufgeführt werden, und auch in England oder Frankreich wurde die Situation zunehmend schwieriger. So beschränkte sich sein Wirken während der Zeit des Zweiten Weltkrieges hauptsächlich auf Budapest. Da Veress seit 1939 bei dem Musikverlag Boosey & Hawkes unter Vertrag stand, hätte er zwar nach England emigrieren können, entschied sich aber für Ungarn. Noch nach Ausbruch des Krieges kehrte er

zusammen mit seiner englischen Frau aus London nach Budapest zurück: »Totaler Blödsinn! hat jeder gesagt, schon in London. ›Du hast richtig gehandelt‹ sagte mir die innere Stimme der Intuition. Denn ich wußte, der Krieg würde lange dauern, und ich wußte auch, daß ich in England völlig isoliert von Ungarn sein würde. Aber meine geistig-musikalische Entwicklung, meine seelische Verfassung brauchte noch die Heimat, den Nährboden, vielleicht könnte man auch sagen die Atmosphäre des Volksliedes. Und es war richtig so! Ich hätte eine organische Weiterentwicklung meines Komponistentums in England damals nicht leisten können. Es wäre noch zu früh gewesen, Ungarn zu verlassen, und so wären einige vielleicht wichtige Werke nicht entstanden.«

Nach einem längeren Aufenthalt in Rom übernahm Sándor Veress 1943 die Nachfolge von Zóltan Kodály an der Musikakademie in Budapest und setzte sich zum Ziel, die sogenannte »Budapester Schule« in der Tradition von Bartók und Kodály über das Kriegsende hinweg weiterzuführen. Zu seinen Schülern gehörten heute so prominente Komponisten wie György Kurtág und György Ligeti. Ligeti bezeichnete schon 1949 Veress als den wichtigsten lebenden Komponisten Ungarns.

Mit Ende des Krieges hielt der Stalinismus Einzug in Ungarn, wodurch das politische Klima immer unerträglicher wurde. Als Veress im Februar 1949 nach Schweden reiste, um der Uraufführung seines Balletts *Térszili Katica* beizuwohnen, sollte es ein Abschied für immer sein. Veress ging zunächst nach Rom, wo er den Schauprozeß gegen den Innenminister László Rajk bis zu dessen Hinrichtung im Rundfunk verfolgte. Spätestens zu diesem Zeitpunkt entschloß er sich, nie mehr nach Ungarn zurückzukehren: »Es war alles andere als leicht, Familie, alte Eltern, meinen Bruder, liebe Freunde, meine Studenten an der Akademie, den

Heimatboden, einfach alles für immer – das wußte ich – zu verlassen. Das sind bleibende Traumata.«

Ein Hauptwerk aus dieser Zeit sind die *Vier transsylvanischen Tänze für Streichorchester* (1943–49), Einflüsse der ungarischen und der rumänischen Volksmusik sind hier deutlich zu hören. Typische Melodie- oder Rhythmuselemente der Folklore bilden das Fundament dieser vier Sätze. Veress verstand seine *Transsylvanischen Tänze* nicht als Transkriptionen von Volksmusik, sondern als freie, eigenständige Kreationen über Tanzmodelle dieser Region.

Veress blieb zunächst in Rom. Nach neun Monaten erhielt er die Einladung zu einer Gastprofessur in Bern, wo er ab 1950 als Kompositionslehrer am Konservatorium unterrichtete. »Was mir in Ungarn unmöglich gewesen wäre, die menschenwürdige persönliche Freiheit und die Möglichkeiten zur Entfaltung meiner Kunst, das hat mir der helvetische Boden geschenkt. Das ist in unserer Zeit eine äußerst wertvolle Gabe, und es wäre gut, wenn die Menschen darüber häufiger und tiefer nachdenken würden.« Doch mit dem Landeswechsel mußte sich Veress auch in seiner musikalischen Sprache neu orientieren, da die ungarische Volksmusik, die bislang die Hauptquelle seiner Arbeiten darstellte, nicht länger verfügbar war. Anfang der fünfziger Jahre begann er, die Reihentechnik Schönbergscher Prägung in sein Werk zu integrieren. Dennoch fanden die Verfahren der Avantgarde der fünfziger und sechziger Jahre keinen Niederschlag in seinen Werken. Veress, der in der Schweiz unter anderem der Lehrer von Heinz Holliger und Jürg Wyttenbach war, stand als Komponist im Schatten des Serialismus, mit dem er sich zeitlebens nicht anfreunden konnte. 1971 wurde er zum Professor an der Berner Universität ernannt, wo er Komposition, Musikpädagogik (am Konservatorium)

und Musikwissenschaft (an der Universität) lehrte. Als Lehrer geschätzt, fand er als Komponist in der Schweiz wenig Anerkennung. Nur selten war eines seiner Werke im Konzertsaal zu hören, und bis heute sind die meisten seiner Arbeiten nicht gedruckt. Erst 1974 wurde er in den Schweizerischen Tonkünstlerverein aufgenommen.

Für den jungen Oboisten Heinz Holliger schrieb Veress 1961 mit der *Passacaglia concertante* für Oboe und Streicher eines seiner Hauptwerke. Die insgesamt vier Sätze gruppieren sich um ein zentrales Andante, das der Komponist mit »Im Stil einer Ballade« überschrieb. Den Satz eröffnen zwei simultan exponierte Zwölftonreihen, aus denen Veress alle zentralen thematischen Strukturen ableitet. Mit der Passacaglia wählte er eine strenge Form, die er durch den spielerischen, frei wirkenden Solopart in gewisser Weise kontrapunktiert. Die Verbindung von strenger Form und freier Fantasie, von volksmusikalischen Verfahrensweisen und hochkomplexen Strukturen zeichnet die Arbeiten von Veress aus. Auch wenn er seine Verbindungen zur musikalischen Tradition nie verleugnete, verstand er sich nicht als Traditionalist. Unbeeinflußt von musikalischen Moden entwickelte er seinen eigenen Stil.

Am 4. März 1992 starb Sándor Veress nach langer, schwerer Krankheit im Alter von 85 Jahren in Bern, ohne seine ungarische Heimat je wiedergesehen zu haben. Obwohl er knapp die Hälfte seines Lebens in der Schweiz verbracht hatte, war er dort nie richtig heimisch geworden. Bis zuletzt verstand er sich als ungarischer Komponist im Exil. Erst durch das Engagement seiner Schüler, allen voran Heinz Holliger, wurde sein Schaffen in den letzten Jahren auch einer breiteren Öffentlichkeit bekannt. Trotzdem befinden sich im Nachlaß des Komponisten immer noch Werke, die einer Uraufführung entgegensehen.

WERKE (Auswahl)

Streichquartett Nr. 1 (1930/31)
Sonatine für Oboe, Klarinette und Fagott (1931)
Volkslied-Suite für gemischten Chor (1933)
Sonate für Violine solo (1935)
Eine Transsylvanische Kantate für fünfstimmigen
    gemischten Chor (1936)
Streichquartett Nr. 2 (1936)
Die Wunderschalmei. Ballett in einem Akt (1937)
Kleine Suite für Klavier (1938)
Konzert für Violine und Orchester (1939)
Sinfonie Nr. 1 für großes Orchester (1940)
Cuka szöke csárdás für Violine und kleines
    Orchester (1941)
Térszili Katica. Ballett in einem Akt (1942/43)
Sancti Augustini Psalmus contra partem Donati für
    Baß, gemischten Chor und großes Orchester
    (1943/44)
Threnos. In memoriam Béla Bartók für großes
    Orchester (1945)
Respublica. Ouverture für großes Orchester (1948)
Vier Transsylvanische Tänze für Streichorchester
    (1949)
Hommage à Paul Klee für zwei Klaviere und
    Streichorchester (1951)
Konzert für Klavier, Streicher und Schlagzeug
    (1952)

Sonate für Orchester (1953)
Sinfonie Nr. 2 für großes Orchester (1952)
Trio für Violine, Bratsche und Violoncello (1954)
Laudatio musicae für Sopran, gemischten Chor
    und Kammerorchester (1958)
Passacaglia concertante für Oboe und zwölf
    Streicher (1961)
Konzert für Streichquartett und Orchester
    (1960/61)
Variationen über ein Thema von Zoltán Kodály für
    großes Orchester (1962)
Trio für Klavier, Violine und Violoncello (1963)
Elegie für Bariton, Harfe und Streichorchester
    (1964)
Musica concertante für zwölf Streicher (1965/66)
Sonate für Violoncello solo (1967)
Songs of the Seasons. Sieben Madrigale für
    gemischten Chor a cappella (1967)
Trio für Klarinette, Violine und Violoncello (1972)
Das Glasklängespiel für gemischten Chor und
    Orchester (1977/78)
Konzert für Klarinette und Orchester (1981/82)
Trio für Baryton, Viola und Violoncello (1985)
Orbis tonorum für Kammerorchester (1986)
Tromboniade. Konzert für zwei Posaunen und
    Orchester (1990)
Concerto tilinko für Flöte und Streichorchester
    (1991)

WILLIAM WALTON

»Mir scheint, daß es heute schwerer ist, ein
Komponist zu sein, da man nur auf ein relativ kleines Publikum von ausgebildeten Musikern bauen kann, die wirklich würdigen
können, was man macht. Ich glaube, daß
viele Komponisten heute schizophren handeln. Sie schreiben diatonische Musik für
den Film und ultramoderne Musik für sich
selbst; das eine für die Elite, das andere für
den Mob. Auch ist die Musik heute zu sehr

in Dogmen eingefaßt – es gibt zu viele ›Ismen‹, die sich alle zu wichtig nehmen.«

Als William Walton in den sechziger Jahren seine Vorstellungen einer neuen Musik darlegte, gehörte er selbst schon nicht mehr dazu. Denn trotz seiner spektakulären und avantgardistischen Anfänge hatte ihn damals die junge Generation mit Michael Tippett, Benjamin Britten oder auch Harrison Birtwistle längst überholt. Walton hingegen behauptete von sich, er habe alle möglichen Arten von Modernismen bereits in seiner Jugend mitgemacht, und resümierte: »Danach habe ich zu einem persönlicheren Stil gefunden und sehe keinen Grund, warum ich diesen nicht beibehalten soll. Wenn überhaupt, dann würde ich sagen, daß ich ein klassischer Komponist bin mit einem starken Gefühl für das Lyrische.«

Geboren wurde William Turner Walton am 29. März 1902 in Oldham in der Grafschaft Lancashire. Seine Mutter war Sängerin, der Vater Kirchenmusiker und Gesangslehrer. Ersten Musikunterricht erhielt er vom Vater, allerdings mit nur mäßigem Erfolg. »Ich konnte nie meine Finger richtig koordinieren, deshalb klang alles ganz furchtbar«, berichtete er später. Im Alter von zehn Jahren wurde er Schüler des Christ Church College in Oxford. Hier entstanden auch erste Kompositionen, insbesondere Lieder, Chöre und Orgelwerke. Ein geregeltes Kompositionsstudium hat Walton nie absolviert. Als er Oxford 1920 ohne Examen verließ, hatte er sich, abgesehen von privatem Unterricht bei Edward Dent und Ernest Ansermet, musikalisch fast vollständig autodidaktisch ausgebildet, was ihn später oft beschäftigte: »Manchmal bleibe ich bei ein paar Takten stecken und kann nicht erkennen, wie ich weitermachen soll. Letztlich arbeitet man es aus, und dann erscheint es so einfach. Das Problem liegt darin, daß ich nie vernünftig ausgebildet wurde.«

Als erstes anspruchsvolles Werk schrieb Walton 1918 ein *Klavierquartett*. Stilistisch noch ganz der britischen Spätromantik verpflichtet, zeigt es deutlich sein handwerkliches Können und offenbart zudem mit der schroffen Harmonik und Rhythmik innerhalb des zweiten Satzes bereits einige Elemente seines späteren Personalstils.

In Oxford lernte Walton die Geschwister Sitwell kennen, mit denen er dann in London zehn Jahre lang zusammenlebte. Die literarisch begabten und ambitionierten Geschwister Edith, Osbert und Sacheverell zogen einen großen Kreis von Künstlern an und engagierten sich als Avantgardezirkel für eine freizügige Lebensweise und die Publikation antibürgerlicher Autoren. Die Kunst stand im Mittelpunkt ihres Hauses in Chelsea, in das sie Walton aufnahmen und ihm eine Art Rente von 250 englischen Pfund pro Jahr gewährten. »Die Sitwells entwickelten meine Einstellung zu beinahe allem, aber besonders zur Kunst und zur Literatur, selbst zur Musik«, bekannte Walton später.

Gemeinsam mit Edith Sitwell entstand *Façade* für Sprecher und Instrumentalisten. Sitwell lieferte dazu abstrakte Gedichte, in denen sie mit Lauten, Klangspielen und rhythmischen Effekten experimentierte. Dieses der Nonsense-Dichtung nahestehende, gleichsam dadaistische Werk versah Walton mit einer bunten, bisweilen grellen Mixtur verschiedener musikalischer Idiome. Folklore, Jazz, Salon- und Tanzmusik, aber auch

Elemente der klassischen Tradition verschmolz er zu einem »Entertainment«, wie die beiden Künstler ihr Werk nannten, das bei der Uraufführung 1923 in der Londoner Aeolian Hall für einen handfesten Skandal sorgte. Extravagante und provozierende Musik war dem britischen Musikleben fremd und Walton dementsprechend die Rolle eines Enfant terrible der englischen Musikszene sicher.

In den folgenden Jahren beschäftigte sich Walton intensiv mit dem Jazz und dessen Stilmitteln. Er schrieb und arrangierte Modetänze jener Zeit und begann mit der Arbeit an der *Fantasia Concertante*, einem Konzert für zwei Klaviere, Jazzband und Orchester. Doch schon während des Komponierens erkannte er, daß dieser Ansatz nicht seinen eigentlichen kompositorischen Vorstellungen entsprach. Er führte die *Fantasia* zwar vollends aus, aber sie wurde nie veröffentlicht oder gespielt und gilt heute als verloren. Walton wandte sich nun großangelegten sinfonischen Formen zu. In Werken wie der Ouvertüre *Portsmouth Point*, *Siesta* und der *Sinfonia Concertante* entwickelte er eine musikalische Sprache, die deutlich von der Ästhetik der Pariser »Groupe des Six« geprägt ist. Jazz-Anklänge finden sich hier noch in Form von Synkopierungen und dem lebhaften rhythmischen Gefüge des Scherzando-Stils.

Ende der zwanziger Jahre beauftragte der englische Bratschist Lionel Tertis Walton mit einem Konzert für sein Instrument. Doch als dieser die Komposition abgeschlossen hatte, lehnte Tertis es ab, die Uraufführung des *Bratschenkonzerts* zu übernehmen, in der schließlich Paul Hindemith den Solopart spielte. Der poetische und ernste Ton dieses Werkes überraschte. Trotz der klassisch-formalen Strenge gelingt Walton hier eine individuelle Umsetzung des Konzertgedankens. In seiner musikalischen Sprache, die Techni-

ken der Avantgarde ausspart, konzentrierte er sich, ähnlich wie Sergej Prokofjew, darauf, die traditionellen Formen und Gattungen mit einem zeitgemäßen, die Extreme meidenden Gestus zu verbinden. Dadurch erreichten seine Werke nicht nur das relativ kleine Publikum der neuen Musik, sondern erzielten ausgesprochene Breitenwirkung, so daß er in Großbritannien zu einem der meistgespielten und angesehensten lebenden Komponisten avancierte. Die Mischung von Tradition und Individualität zeigt sich auch in Waltons erstem Chorwerk *Belshazzar's Feast* (1930/31), das seinen Ruf als Komponist endgültig festigte. In der rhythmischen Intensität der kollektiven Ausbrüche, der expressiven Gestaltung dramatischer Momente und der Drastik der musikalischen Mittel war *Belshazzar's Feast* einzigartig in der englischen Chorliteratur seit Edward Elgar. Daß Walton bisweilen fürchtete, die Überinterpretation durch Dirigenten könne seiner Musik schaden, hatte insbesondere bei diesem Werk seine Berechtigung. Im Vorfeld einer Schallplatteneinspielung schrieb er an Malcolm Arnold: »Dirigenten scheinen nie zu merken, daß man bei *Belshazzar's Feast* die Erregung nicht hinzuzufügen braucht. Ganz im Gegenteil sollte man sie eher fest an der Kandare haben, sonst geht es zu wie im Schlachthaus.«

1931 begann William Walton mit der Arbeit an seiner *1. Sinfonie*, die sich über drei Jahre hinzog, da ihm die Gestaltung des Schlußsatzes große Probleme bereitete. Als das Werk schließlich 1935 uraufgeführt wurde, sprach die Presse von einem »historischen Abend der britischen Musik«. Modern im Sinne der musikalischen Avantgarde war das Werk allerdings nicht. Walton, der von sich behauptete, atonale Musik langweile ihn, bleibt stets im Rahmen der Tonalität. Auch wenn er dem Werk keine Tonartenbezeichnung voranstellte, steht die Harmonik in fester Beziehung zur Grundtonart. Der Komponist setzte auf möglichst scharfe Kontraste zwischen den Themen, auf eine kraftvolle Rhythmik und den großzügigen Gebrauch weiter Intervallsprünge, etwa der Sept und der None. Darin ähnelt seine musikalische Sprache der von Sergej Prokofjew oder Dmitrij Schostakowitsch, auch Einflüsse von Jean Sibelius sind spürbar.

Seine größten Erfolge konnte Walton in den dreißiger und vierziger Jahren feiern. Ab 1940 komponierte er ausschließlich auf Bestellung. Zu seinen Auftraggebern gehörte auch das britische Königshaus, das 1937 einen *Krönungsmarsch für Edward VIII.* komponieren ließ. Für Jascha Heifetz schrieb er 1938/39 ein *Violinkonzert* in h-Moll, das im Dezember 1939 in Cleveland (Ohio) uraufgeführt wurde. Walton, der häufig als geldgierig bezeichnet wurde, sagte von sich selbst, er komponiere, solange man ihn dafür bezahle, und die Arbeit falle ihm leichter, wenn er in Dollars statt in englischen Pfund bezahlt werde.

In den Jahren des Zweiten Weltkrieges wandte sich der Komponist hauptsächlich der Filmmusik zu. In Zusammenarbeit mit dem Schauspieler und Regisseur Laurence Olivier entstand eine Reihe von Filmklassikern wie *Henry V.* (1944), *Hamlet* (1948) und *Richard III.* (1955), daneben auch die Musik für viele zweitrangige Werke. Finanzielle Gründe veranlaßten ihn wohl, noch bis in die siebziger Jahre Musik fürs Kino zu schreiben. »Mit der Filmmusik machte ich mir einiges an Gewandtheit zu eigen, aber ich haßte es, für den Film zu schreiben, bis die Zusammenarbeit mit Larry Olivier begann. Bei Filmmusik verhält es sich so, daß sie nicht unbedingt gut oder schlecht zu sein braucht, sie muß nur passend sein. Alle sagen, daß ihr charakteristisches Merkmal darin besteht, daß man sie nicht hören soll.«

Nach Kriegsende, vor allem aber in den fünfziger und sechziger Jahren, geriet Walton mehr und mehr ins musikalische Abseits. Die jüngeren Komponisten wie Michael Tippett oder Benjamin Britten zogen jetzt die Aufmerksamkeit auf sich. Walton pflegte so absurde Ideen wie die einer von Benjamin Britten und dem Sänger Peter Pears angeführten homosexuellen Verschwörung in der Musikszene, was zu einer angespannten Situation zwischen ihm und seinen Komponistenkollegen führte. Dem öffentlichen Musikleben hielt sich der Komponist mehr und mehr fern. 1946 heiratete er die junge Argentinierin Susana Gil Passo und ließ sich in Forio auf Ischia nieder, wo er, abgesehen von Konzerttourneen oder Schallplattenaufnahmen, bis zu seinem Tod lebte. Zwischen 1947 und 1954 entstand auf Ischia seine erste abendfüllende Oper *Troilus and Cressida*, eine traditionelle Sängeroper, die im Umfeld der zeitgenössischen Musikdramatik konservativ und rückwärtsgewandt anmutete. Eklektische Züge dominieren in diesem Werk, das zwar bei der Premiere in London zunächst freundlich aufgenommen, bei der italienischen Erstaufführung aber systematisch ausgebuht wurde. Auf Dauer konnte sich das Werk nicht in den Spielplänen der Opernhäuser halten.

1956 schrieb Walton für den Cellisten Gregor Piatigorsky sein einziges *Cellokonzert*. Das elegisch-melancholische Stück knüpft formal an seine früheren konzertanten Werke an.

Es ist bezeichnend, daß es zumeist jeweils das erste Werk für eine Gattung ist, mit dem Walton zu überzeugen vermochte. Die nachfolgenden Arbeiten bleiben demgegenüber blaß, erreichen nicht die Kraft und Schärfe des Erstlingswerks. Das gilt auch für die 1959/60 komponierte *2. Sinfonie*, die an die Gestaltungskraft und Frische der ersten nicht heranreicht.

Auf die Bitte des Sängers Peter Pears hin schrieb Walton in den sechziger Jahren noch einmal ein Werk für die Bühne. Zum 20. Aldeburgh Festival, das Britten und Pears jährlich veranstalteten, komponierte er Tschechows Einakter *The Bear* als Kammeroper. Dazu schrieb er eine leichte und geistreich humorvolle Musik, die zahlreiche Anspielungen auf die klassisch-romantische Musik Rußlands enthält. Auf überzeugende Weise harmoniert der Scherzo-Charakter der Partitur mit der Dichtung. Von den positiven Reaktionen, die die Uraufführung begleiteten, war Walton selbst überrascht, da ihn die Presse in den Jahren zuvor meist scharf angegriffen und seinen Konservativismus an den Pranger gestellt hatte.

Zu seinen letzten bedeutenden Orchesterwerken gehören die *Variations on a Theme by Hindemith* und *Improvisation on an Impromptu by Benjamin Britten*. In seinen letzten Jahren wurde es immer stiller um William Walton, der am 8. März 1983 im Alter von 80 Jahren auf Ischia starb.

WERKE (Auswahl)

A Litany für gemischten Chor (1916)
Klavierquartett (1918)
Façade für Rezitator und Instrumentalensemble (1921/22)
Portsmouth Point. Ouvertüre für Orchester (1925)
Siesta für kleines Orchester (1926)
Façade. Suite Nr. 1 (1926)
Sinfonia concertante für Orchester und obligates Klavier (1926/27)
Konzert für Bratsche und Orchester (1928/29)
Belshazzar's Feast für Bariton, gemischten Chor und Orchester (1930/31)

Sinfonie Nr. 1 b-Moll (1932/35)
Under the Greenwood Tree für Gesang und Klavier (1936)
Crown Imperial. Krönungsmarsch für Orchester (1937)
In Honour of the City of London für gemischten Chor und Orchester (1937)
Façade. Suite Nr. 2 (1938)
Konzert für Violine und Orchester (1938/39)
Scapino. Comedy Ouvertüre (1940)
The Wise Virgins. Suite für Orchester (1940)
The Quest. Ballett in einem Akt (1943)
Henry V. Filmmusik (1944)
Streichquartett a-Moll (1945/47)
Hamlet. Filmmusik (1948)
Sonate für Violine und Klavier (1949)
Troilus and Cressida. Oper in drei Akten (1950/54)
Coronation Te Deum für gemischten Chor, Orchester und Orgel (1952/53)
Richard III. Filmmusik (1955)
Konzert für Violoncello und Orchester (1956)
Partita für Orchester (1957)
Sinfonie Nr. 2 (1959/60)
Six songs für Tenor und Gitarre oder Orchester (1959)
Gloria für Soli, gemischten Chor und Orchester (1961)
Six songs für Sopran und Klavier oder Orchester (1962)
Variations on a Theme by Hindemith für Orchester (1962/63)
The Bear. Extravaganza in einem Akt (1965/67)
Missa brevis für doppelten gemischten Chor und Orgel oder Orchester (1966)
Capriccio burlesco für Orchester (1968)
Improvisations on an Impromptu of Benjamin Britten (1969)
All this time für gemischten Chor (1970)
Jubilate Deo für doppelten gemischten Chor und Orgel (1972)
Five Bagatelles für Gitarre (1972)
Cantico del sole für gemischten Chor (1974)

ANTON WEBERN

»Ich verstehe unter ›Kunst‹ die Fähigkeit,
einen Gedanken in die klarste, einfachste,
das heißt ›faßlichste‹ Form zu bringen. In
diesem Sinne also kann ich das *Vaterunser*
nicht als etwas Gegensätzliches zur Kunst
empfinden, sondern als deren höchstes Vorbild. Denn hier ist die größte Faßlichkeit,
Klarheit und Eindeutigkeit erreicht. Drum
kann ich die Anschauung Tolstois und aller

derer, die sich ähnlich geäußert haben, in dieser Hinsicht nicht verstehen, wohl aber, wenn Beethoven das Hauptthema seiner *Eroica* so lange skizziert, bis es endlich den Grad von Faßlichkeit hatte, wie etwa ein Satz aus dem *Vaterunser*. So fasse ich die Kunst auf. Und deswegen habe ich nie verstanden, was ›klassisch‹, ›romantisch‹ und dergleichen ist, noch habe ich mich in einen Gegensatz zu den Meistern der Vergangenheit gestellt, sondern mich immer nur bemüht, es diesen gleich zu machen: das, was mir zu sagen gewährt ist, so klar als möglich darzustellen.«

Dieses Zitat aus einem Brief Weberns an Hildegard Jone vom August 1928 formuliert einige seiner entscheidenden kompositorischen Kategorien: Faßlichkeit, Klarheit, Eindeutigkeit und Genauigkeit der musikalischen Gedanken. »Die Musik ist Sprache. Ein Mensch will in dieser Sprache Gedanken ausdrücken; aber nicht Gedanken, die sich in Begriffe umsetzen lassen, sondern musikalische Gedanken.« Und wenig später heißt es ganz explizit: »Der Mensch kann eben nicht anders existieren, als indem er sich ausdrückt. Die Musik tut es in musikalischen Gedanken. Ich will etwas sagen, und es ist selbstverständlich, daß ich mich bemühe, es so auszudrücken, daß die anderen es verstehen.«

Geboren wurde Anton Friedrich Wilhelm von Webern am 3. Dezember 1883 als Sohn eines Bergbauingenieurs und einer Metzgerstochter in Wien. Sein Vater, der aus einem alten Adelsgeschlecht stammte, war Beamter im österreichischen Ackerbauministerium. Webern selbst hat den Adelstitel, der in Österreich mit Ende des Ersten Weltkrieges offiziell abgeschafft wurde, nie benutzt. Im Alter von fünf Jahren erhielt er von seiner Mutter, einer begabten Amateurpianistin, ersten Klavierunterricht. Die Grundschule besuchte Webern in Graz, wohin die Familie 1890 übergesiedelt war. Das Gymnasium absolvierte er in Klagenfurt, wo er erstmals auch systematischen Musikunterricht im Klavier- und Cellospiel sowie in Musiktheorie nahm. Engster Vertrauter Weberns war in jenen Jahren sein älterer Vetter Ernst Dietz, mit dem er nach dem Abitur zu den Bayreuther Festspielen reiste. Obwohl er eine Karriere als Komponist und Dirigent anstrebte, studierte Webern auf Wunsch seines Vaters zunächst Musikwissenschaft an der Wiener Universität. Der Plan, bei Hans Pfitzner in Berlin Kompositionsunterricht zu nehmen, zerschlug sich. Statt dessen wurde Webern im Herbst 1904 Privatschüler von Arnold Schönberg, im gleichen Jahr wie auch Alban Berg, mit dem ihn eine lebenslange, enge Freundschaft verband.

Schönberg, der als unkonventioneller, aber sehr strenger Lehrer galt, prägte die Persönlichkeit Weberns entscheidend. Rückhaltlos hat Webern sich immer zu seinem Lehrer bekannt und häufig selbst große Opfer gebracht, um Schönberg in Zeiten der Not zu unterstützen. Die grenzenlose Bewunderung offenbart sich auch in einem 1907 an Schönberg geschriebenen Brief. »Ich fühle so, daß jetzt ein Zeitpunkt da ist, den ich benützen muß, um Ihnen zu danken: Worte weiß ich keine; ich möchte nur, daß Sie mir's auch wirklich glauben, wie dankbar ich Ihnen bin – ich kann sagen in *jeder* Beziehung; es gibt gar auch nichts auf der Welt, davon ich nicht von Ihnen gelernt hätte, und was Sie mir sind, das kann ich überhaupt nicht sagen, empfinden thu' ich's ganz klar.« Webern hat denn auch alle entscheidenden ästhetischen Wandlungen Schönbergs, den Schritt in die freie Atonalität, wie auch das zwölftönige Komponieren, bald nachvollzogen. Dennoch war er kein Epigone, vielmehr gelang es ihm, mit Hilfe der Dodekaphonie eine eigene Technik zu entwickeln, die sich deutlich von derjenigen Schönbergs unterschied.

Bereits vor dem Unterricht bei Schönberg hatte Webern zahlreiche Werke komponiert, die alle unveröffentlicht blieben. Zu Beginn des Kompositionsunterrichts entstand die sinfonische Dichtung *Im Sommerwind*, die, noch ganz in der Tradition der Spätromantik gehalten, bereits die große kompositorische Begabung des 21jährigen erkennen läßt. Im darauffolgenden Jahr lernte er Gustav Mahler persönlich kennen, den er überaus schätzte: »Diese in seiner Gegenwart verbrachten Stunden werden mir stets als überaus glückliche in Erinnerung sein, war es doch zum erstenmal, daß ich unter der unmittelbaren Einwirkung einer wahrhaft großen Persönlichkeit stand.« Zeitlebens blieb Mahler ein bewundertes Vorbild, das ihn nachhaltig prägte. Zu Lebzeiten Mahlers scheute Webern keine weiten Reisen, um bei Aufführungen neuer Mahlerscher Sinfonien dabeisein zu können.

1906 promovierte Webern bei Guido Adler in Wien mit einer Abhandlung über Heinrich Isaacs *Choralis Constantinus*. Außer einem *Klavierquintett* schrieb er keine größeren kompositorischen Arbeiten während des Unterrichts bei Schönberg. Als er seine Studien 1908 abschloß, hielt er lediglich zwei Kompositionen für eine Veröffentlichung geeignet, die *Passacaglia* und den Doppelkanon *Entflieht auf leichten Kähnen* auf einen Text von Stefan George. Die Partitur der *Passacaglia* schloß er im Mai 1908 ab. Bereits im November dirigierte er selbst die Uraufführung im großen Musikvereinssaal. Webern hat dieses Stück wiederholt als sein kompositorisches Gesellenstück bezeichnet. Er griff hier das Prinzip der Charaktervariation auf, wie es auch Brahms im Schlußsatz seiner vierten Sinfonie getan hatte, und formte daraus einen großangelegten Spannungsbogen mit einer dramatischen, motivisch-thematisch dichten Durchführung. Webern zeigte in diesem Stück, was er formal, aber auch instrumentationstechnisch bei Schönberg gelernt hatte. Das Prinzip der entwickelnden Variation, wie Schönberg sie gelehrt hatte, stiftet denn auch den inneren Zusammenhang in diesem Werk. Webern bewegt sich harmonisch zwar noch im Bereich der herkömmlichen Tonalität, dehnt diese jedoch bereits bis ans Äußerste. Auch in dem A-cappella-Chor *Entflieht auf leichten Kähnen* von 1908 geht er bis an die Grenzen der Tonalität. Die drei vierzeiligen Verse von Stefan George übersetzte Webern in eine dreiteilige musikalische Form, wobei insbesondere der Mittelteil in tonale Grenzbereiche vorstößt. Momente von Textillustration finden sich in diesem Werk genausowenig wie in seinen späteren Vertonungen. Statt dessen arbeitete er mit strengen musikalischen Formen, in diesem Chorstück insbesondere mit kanonischen Techniken.

Nach Ende seines offiziellen Studiums bei Schönberg begann Webern eine Laufbahn als Kapellmeister. Zunächst wurde er in Bad Ischl als Repetitor, Chordirektor und zweiter Kapellmeister des Kurorchesters engagiert. In den folgenden Jahren arbeitete er an verschiedenen Theatern, in Teplitz und Prag, Danzig und Stettin. Die Kapellmeistertätigkeit verabscheute Webern zutiefst, insbesondere wenn er in der Provinz schlechte Werke dirigieren oder einstudieren mußte. Noch aus Bad Ischl schrieb er seinem Vetter Ernst Dietz: »Ich finde keinen Ausdruck für so ein Theater. Aus der Welt mit solchem Dreck! Welche Wohltat wäre der Menschheit getan, vernichtete man sämtliche Operetten-, Possen- und Volksstücktheater.« Die Arbeit war ihm nicht nur verhaßt, sie machte ihn auch regelrecht krank. 1912 schrieb er Arnold Schönberg: »Das Theater macht mir gar keine Freude, aber schon gar keine. Aber im Herbst wirds ja wohl anders werden. Den ganzen Tag Operetten probieren, so daß man sich um gar nichts kümmern kann, ist schrecklich. Mir geht's auch gesundheitlich so schlecht wie noch nie. Ich weiß wirklich nicht, ob ich es aushalten kann.« Zum Komponieren kam Webern in diesen Jahren fast nur in den Sommermonaten. In den Jahren 1908/1909 schrieb er *14 Lieder auf Gedichte von Stefan George*, von denen er jeweils fünf als op. 3 und op. 4 veröffentlichte. In diesen Werken gab Webern zum ersten Mal die Tonalität preis. Die Vorlagen Georges, sprachlich streng und von extremer lyrischer Konzentration, finden ihre musikalische Entsprechung in einem dichten, sparsamen Satz. Im formalen Aufbau folgte Webern zumeist den Dichtungen, ohne direkt am Text entlang zu komponieren. Es sind höchst filigrane, kunstvolle und äußerst expressive Gebilde. Mit den George-Liedern fand Webern endgültig zu seinem persönlichen Stil, der, aphoristisch und auf das äußerste komprimiert, sich deutlich von dem der anderen Komponisten der Zweiten Wiener Schule unterscheidet.

Betrachtet man das mit 31 publizierten Kompositionen relativ schmale Œuvre Weberns, so fällt auf, daß die Vokalmusik das Zentrum seines Schaffens bildet. 17 Werken oder Werkgruppen textgebundener Musik stehen nur 14 Instrumentalkompositionen gegenüber. Während Schönberg seine ästhetischen Neuerungen wie den Übergang zur freien Atonalität oder zur Dodekaphonie zunächst in Klavierwerken erprobte, wagte sich Webern zunächst mit Vokalkompositionen auf neues Terrain vor. Erst später setzte er die Neuerungen auch in seinen Instrumentalwerken um.

Im Februar 1911 heiratete Webern seine Cousine Wilhelmine Mörtl. Kurz darauf gab er seine Kapellmeisterposition in Danzig auf und ging nach Berlin, um in der Nähe Schönbergs zu sein, der ebenfalls in die deutsche Hauptstadt übergesiedelt war. »Ich bin überglücklich, endlich wieder bei Schönberg zu sein«, schrieb er an Alban Berg. Während seines einjährigen Aufenthaltes in Berlin bestimmten Schönbergs Angelegenheiten seinen Alltag, während er seine eigene Karriere kaum im Blick hatte. Gemeinsam mit Berg betreute er eine Publikation zu Ehren Schönbergs, die aus Aufsätzen seiner Schüler bestand. Dieses Unternehmen ließ ihm kaum Zeit für eigene Kompositionen. Er schrieb lediglich die beiden *Rilke-Gesänge* op. 8, in denen er die Gesangsstimme mit einem solistisch besetzten Kammerensemble kombinierte und so eine Vielzahl von Klangfarben und -schattierungen evozierte.

1912 übernahm Webern eine Dirigentenstelle in Stettin, und sogleich plagten ihn wieder die alten Leiden. An Alban Berg schrieb er: »Ich befinde mich unter einem Auswurf von Menschen, beschäftige mich mit albernster Musik; ich ersticke … Ich möchte weg, nur weg. Ins Gebirge. Dort ist alles klar, das Wasser, die Luft, die Erde.

Hier ist alles trüb – ich bin vergiftet, wenn ich das Wasser trinke.« 1913 nahm er aus Krankheitsgründen Urlaub und begab sich in ein Sanatorium in der Nähe von Wien. Eine anschließende psychoanalytische Behandlung bei dem Freud-Schüler Alfred Adler zeigte Erfolg. Webern begann wieder zu komponieren, und innerhalb kurzer Zeit schuf er die *Sechs Bagatellen für Streichquartett* op. 9, *Fünf Stücke für Orchester* op. 10 und *Drei kleine Stücke für Violoncello und Klavier* op. 11. Bereits im März 1913 hatte im Wiener Musikvereinssaal das von Schönberg dirigierte Skandalkonzert stattgefunden, in dem Weberns *Sechs Stücke für Orchester* op. 6 offen verlacht worden waren. Es kam zu tumultartigen Szenen, in deren Verlauf Webern schrie, man solle die ganze Bagage hinausschmeißen. Anderenorts war seinen Werken häufig mehr Erfolg beschieden als in seiner Heimatstadt Wien.

Die *Sechs Bagatellen für Streichquartett* gehören mit ihrer nur vierminütigen Spieldauer zu den dichtesten und radikalsten Werken, die Webern überhaupt komponiert hat. Obwohl frei atonal konzipiert, ist das erste dieser Stücke doch bereits latent zwölftönig angelegt, auch wenn Schönberg seine »Komposition mit zwölf nur aufeinander bezogenen Tönen« erst zehn Jahre später entwickelte. Die ersten zwölf Töne der ersten Bagatelle bilden ohne Tonwiederholung eine vollständige Reihe. Schon die verschiedenen differenzierten Spielanweisungen, die mitunter nur einen einzelnen Ton betreffen, bezeugen den Stellenwert des Klangs und die Bandbreite des klanglich Gedachten. Im Vorwort zur Partitur schrieb Schönberg, diesen Stücken gelinge es, »einen Roman durch eine einzige Geste, ein Glück durch ein einziges Aufatmen auszudrücken«. In der extremen Verdichtung seiner Werke war Webern der radikalste Vertreter des Schönberg-Kreises. Sein gesamtes Schaffen umfaßt

lediglich eine Aufführungsdauer von etwa drei Stunden. Manche Sätze dauern nur einige Sekunden oder bestehen nur aus wenigen Takten.

Der Beginn des Ersten Weltkrieges verhinderte Weberns geplante Rückkehr nach Stettin. Statt dessen meldete er sich im Februar 1915 freiwillig zur vormilitärischen Ausbildung. Ende 1916 wurde er wegen einer Sehschwäche entlassen und kehrte nach Wien zurück. Nach einem kurzen Engagement in Prag ließ er sich in Mödling bei Wien nieder, wo er nur fünf Minuten vom Hause Schönbergs entfernt wohnte.

Um der Nachlässigkeit, mit der sich die neue Musik im Wiener Konzertleben häufig konfrontiert sah, entgegenzuwirken, gründete Schönberg im Spätherbst 1918 den »Verein für musikalische Privataufführungen«. Seine Statuten sahen die Pflege der zeitgenössischen Musik vor, wobei die Aufführungen klar und gründlich einstudiert sein sollten. Als Zuhörer waren nur die eingeschriebenen Mitglieder des Vereins zugelassen, um weitere Skandale zu vermeiden. Die künstlerische Leitung des Vereins lag in den Händen Schönbergs, dem als Assistenten die »Vortragsmeister« Berg, Webern und Eduard Steuermann zur Seite standen. Die Vorbereitung dieser Konzerte, die sich schon bald wachsender Beliebtheit erfreuten, nahm Webern in den folgenden Jahren so sehr in Anspruch, daß ihm häufig keine Zeit mehr zum Komponieren blieb. 1919 schrieb er die Liederzyklen op. 12–15, darunter auch die *Sechs Lieder nach Gedichten von Georg Trakl* für Singstimme, Klarinette, Baßklarinette, Violine und Violoncello, die zum Rätselhaftesten gehören, was Webern je komponiert hat. Theodor W. Adorno urteilte über diesen Zyklus: »In ihrer vollkommen durchgepflügten, von allen Residuen der traditionellen Musiksprache, jeglicher Vormacht irgendeines Tones befreiten und doch Zeit erfüllenden Faktur klingen die Trakllieder wie Zwölftonmusik.« Doch dies allein macht den ungewöhnlichen Charakter dieser Lieder nicht aus. Vielleicht liegt es an der Ähnlichkeit von Text und Musik auf einer dritten, höheren Ebene, auf der sich die eigentümliche Sprachlichkeit der Musik von Webern mit der latenten Musikalität der Gedichte von Trakl verbindet. Schon die Zeitgenossen scheinen diese vollkommene Entsprechung gespürt zu haben. 1924 wurden die Trakl-Lieder während des Musikfests in Donaueschingen mit Erfolg uraufgeführt.

In den darauffolgenden Liedsammlungen op. 15–19 stützte sich Webern hauptsächlich auf Texte von geistlichen Liedern und Volksliedern. Vor allem die Texte der *Fünf geistlichen Lieder* op. 15 und der *Fünf Kanons* op. 16 gestaltet Webern formal außerordentlich streng. In Anlehnung an die polyphonen Gebilde der franko-flämischen Renaissance, die der Musikwissenschaftler Webern nur zu gut kannte, arbeitete er hier zumeist mit kanonischen Strukturen. In den drei Volksliedtexten von 1924/25 finden sich zum ersten Mal zwölftönige Gebilde und durchchromatisierte Klangflächen, die jedoch noch nicht die strenge Methodik Schönbergs erkennen lassen. Die von Schönberg entwickelte Technik benutzte Webern erstmals in den *Drei Liedern* op. 18 für Gesang, Klarinette und Gitarre von 1925. Über die Arbeit an dieser Sammlung berichtete er Alban Berg: »Die ›Zwölftonkomposition‹ ist mir jetzt eine bereits klare Sache. Natürlich sind diese Lieder alle darin geschrieben. Und diese Arbeit bereitet mir Vergnügen wie noch selten zuvor.«

1922 war Webern die Leitung der Wiener »Arbeiter-Symphonie-Konzerte« übertragen worden. Dies eröffnete ihm in den folgenden Jahren ein breites Betätigungsfeld. Mit diesem Klangkörper führte Webern Sinfonien von Beethoven und Mahler ebenso

auf wie Kampflieder von Eisler oder Werke von Berg oder Schönberg. Durch die Arbeit mit dem »Arbeitersingverein« erwarb er sich ein gewisses Renommé als Dirigent und wurde später auch von anderen Orchestern im In- und Ausland eingeladen. 1924 erhielt er für sein Wirken den Musikpreis der Stadt Wien, der mit einer für Weberns Verhältnisse beträchtlichen Geldsumme verbunden war. Ansonsten lebte er hauptsächlich von Privatunterricht, außerdem lehrte er ab 1925 am »Wiener Jüdischen Blindeninstitut«. 1927 wurde er ständiger Dirigent des österreichischen Rundfunks und leitete Live-Konzerte, bei denen er auch seine *Passacaglia* und gemeinsam mit Béla Bartók dessen *1. Klavierkonzert* aufführen konnte.

1927 komponierte Webern mit seinem *Streichtrio* op. 20 das erste veröffentlichte Instrumentalwerk nach dreizehn Jahren ausschließlicher Arbeit im Bereich der Vokalmusik. Ursprünglich hatte er ein dreisätziges Werk geplant, sich schließlich aber auf zwei Sätze beschränkt. Webern erreichte hier eine Abstraktheit der musikalischen Sprache, die typisch für sein spätes Schaffen ist. Die Kürze der motivischen Partikel führt zu einem fast punktuellen Tonsatz, bei dem ein fester Stimmenverlauf nur noch schwer wahrnehmbar ist. Der schnelle Wechsel hoher und tiefer, oft extremer Lagen sowie die verschiedenen Spielanweisungen, die zu unterschiedlichen Klangfarben führen, machen ein Auseinanderhalten der einzelnen Stimmen fast unmöglich. Anders als Schönberg und Berg, die die Reihe zum Ausgangsmaterial ihrer motivisch-thematischen Strukturen nahmen, bilden Thema und Reihe bei Webern eine Einheit. Die Reihe stellt damit ein aus einzelnen Motiven bestehendes Thema und zugleich den Kern des gesamten Werkes dar. Deutlich wird das in seiner *Symphonie* op. 21 von 1928, bei der Webern zum ersten Mal die Dodekaphonie auf ein größeres

Ensemble übertrug. In der ihr zugrunde liegenden Reihe verhalten sich die Töne 1 bis 6 symmetrisch zu den Tönen 7 bis 12. Gleichzeitig bildet die rückläufige Folge der Töne 7 bis 12 die gleichen Intervalle aus wie die ersten sechs Töne. Die zweite Hälfte der Reihe ist also identisch mit der Krebsgestalt der ersten. Dieser kunstvolle Aufbau der Reihe gibt bereits das Konstruktivistische des gesamten Satzes vor. Den ersten Satz gestaltet Webern als vierstimmigen Doppelkanon und schafft damit ein hochpolyphones Gebilde, das durch die häufigen Stimmkreuzungen und die breite Palette unterschiedlicher Klangfarben weniger linear als vielmehr mosaikhaft wirkt. Im zweiten Satz, einem Thema mit sieben Variationen plus Coda, entwickelt er ein hochkomplexes Netz von Symmetriebildungen und Spiegelkünsten. »Mehr Zusammenhang ist nicht möglich. Das haben auch die Niederländer nicht zusammengebracht«, äußerte er in bezug auf diesen Satz. Doch Webern entwickelt hier nicht nur kunstvolle Gebilde, sondern zugleich eine Musik mit starken expressiven Momenten. Bei allen reihentechnischen Raffinessen erweist sich dieser zweite Satz zugleich als eine Folge von Charaktervariationen mit ausgeprägt lyrischen Akzenten, wenn auch, wie immer bei Webern, in möglichst knapper Formulierung.

Ende der zwanziger, Anfang der dreißiger Jahre arbeitete Webern hauptsächlich als Dirigent, mehrmals auch bei der BBC in London. 1931 wurde ihm noch einmal der Musikpreis der Stadt Wien zuerkannt. Unter den vier eingereichten Partituren befand sich auch die *Symphonie* op. 21. 1932 zog er nach Wien, bereute diese Übersiedlung aber schon bald und kehrte nur ein halbes Jahr später wieder zurück in die Gegend von Mödling, nach Maria-Enzersdorf.

Webern, der ein passionierter Bergsteiger war, gern im Garten arbeitete und den Heimatdichter Peter Rosegger verehrte, galt in Deutschland inzwischen als »entartet«, öffentliche Aufführungen seiner Werke fanden nicht mehr statt. Aus Anlaß seines 50. Geburtstages 1933 gab es eine festliche Versammlung im kleinen Musikvereinssaal in Wien, bei der eine Reihe seiner Kompositionen aufgeführt wurde. Doch auch in Österreich war der Einfluß der politischen Entwicklung in Deutschland zu spüren. 1934 kam es unter der Regierung von Engelbert Dollfuß zum Verbot der sozialdemokratischen Partei. Für Webern bedeutete dies das Ende der Arbeiter-Symphonie-Konzerte und der Arbeit mit dem Chor. Es wurde stiller um den ohnehin zurückgezogen lebenden Komponisten, der nun wieder verstärkt auf Privatschüler angewiesen war. Zwar blieben ihm noch begrenzte Möglichkeiten als Dirigent beim österreichischen Rundfunk und im Ausland, vor allem in London, wo er 1935 seine Bearbeitung des sechsstimmigen *Ricercar* aus Johann Sebastian Bachs *Musikalischem Opfer* vorstellte. Doch die Engagements wurden zunehmend seltener. In seiner Bearbeitung des *Ricercar* behielt er die Struktur des Satzes bei. Seine Fassung zielte lediglich darauf ab, die bei Bach angelegten Strukturen deutlicher herauszuarbeiten und eine größere Farbigkeit und Transparenz zu erzielen, ohne den Satz anzutasten. Dazu merkte er an. »Ja, gilt es nicht zu erwecken, was hier noch in der Verborgenheit dieser abstrakten Darstellung durch Bach selbst schläft und für fast alle Menschen dadurch einfach noch gar nicht da oder mindestens völlig unfaßbar ist? Unfaßbar als Musik!«

Weberns zunehmende Vereinsamung hing auch mit der Emigration Schönbergs 1933 in die Vereinigten Staaten und dem Tod Alban Bergs im Dezember 1935 zusammen, den Webern als schmerzhaften Verlust empfand. 1936 sollte er dessen letztes Werk,

das Violinkonzert, in Barcelona zur Uraufführung bringen, sagte aber kurzfristig ab.
Später schrieb er: »Daß mich damals so gar
niemand verstanden hat! Niemand begriffen
hat, wie mir war, so unmittelbar nach Bergs
Hinscheiden; daß ich den Aufregungen, die
mir die Aufgabe verursachte, sein letztes
Werk zum ersten Male aufzuführen – zu diesem so nahen Zeitpunkt –, einfach nicht
mehr gewachsen war. Bis zum letzten Augenblick hatte ich gehofft, es aushalten zu
können. Aber es ist eben doch nicht gegangen.«

1926 hatte Webern die Dichterin und
Malerin Hildegard Jone kennengelernt. Aus
dieser Bekanntschaft entwickelte sich eine
intensive Freundschaft und Zusammenarbeit, und alle seit den dreißiger Jahren entstandenen Vertonungen basieren auf Texten
dieser Dichterin. Webern verspürte eine We-
sensverwandtschaft zwischen ihrer Lyrik und
seiner Musik. Zu den wichtigsten kompositorischen Resultaten dieser gemeinsamen Zeit
zählen die beiden *Kantaten* op. 29 und
op. 31 sowie das Chorstück *Das Augenlicht*
op. 26. Dieses Werk ist streng zwölftönig gehalten, wobei die Musik meist hinter der
Dichtung zurücksteht. Das Orchester hat
eher begleitenden Charakter, die Chorpar-
tien sind über weite Strecken homophon,
gelegentlich aber auch kanonisch organisiert. Doch finden sich auch freiere Passagen von großer Farbigkeit. Die außerordentlich nuancenreiche, aber auch deutlich
zurückgenommene Partitur verzichtet auf
vordergründige Klangwirkungen. Webern
selbst äußerte: »Ein Akkord von drei Trompeten oder vier Hörnern ist für mich nunmehr unvorstellbar.«

In seinem 1938 entstandenen *Streichquartett* op. 28 versuchte Webern, die Ideen
von Sonate und Fuge miteinander zu ver-
schränken. Die ersten vier Töne bilden das
bekannte B-A-C-H-Motiv, das noch innerhalb

der Zwölftonreihe in der Umkehrung und
dann transponiert wiederkehrt. Liest man
die Reihe von hinten, ergibt sich die Umkehrung der Originalreihe. Bereits innerhalb
des Themas ist alles miteinander vernetzt.
Auf solche scheinbar völlig durchorganisier-
ten Werke beriefen sich in den fünfziger
Jahren die seriellen Komponisten, die nun
auch die übrigen Parameter entsprechend
organisieren wollten. Webern war mit seinem Werk sehr zufrieden: »Ich muß ge-
stehn, daß ich kaum jemals einer Arbeit
von mir gegenüber ein so gutes Gefühl
(nach Beendigung) gehabt habe, wie diesmal … Freilich ist es wieder Lyrik geworden.«

1938 war Webern in der Düsseldorfer
Ausstellung »Entartete Musik« vertreten, wo
ihm bescheinigt wurde, er habe seinen Lehrer Schönberg in Sachen ›Unmusik‹ noch
deutlich übertroffen. Zusehends verschlechterte sich Weberns finanzielle Situation.
Beim Rundfunk wurde er nicht mehr beschäftigt. Sein Einkommen sicherte er sich
notdürftig mit dem Erstellen von Klavierauszügen für seinen Verlag, die Wiener Universal Edition. »Es ist eine verflixte Situation«,
schrieb er im Oktober 1939, »zur Zeit habe
ich keinen einzigen Schüler.«

In den letzten fünf Jahren seines Lebens
komponierte er nur noch ein einziges Werk,
die *Zweite Kantate* op. 31. 1943 wurden
seine *Variationen für Orchester* op. 30 in der
Schweiz uraufgeführt, wo es noch im gleichen Jahr zu einem weiteren Konzert mit
Kompositionen von ihm kam. Während dieser Jahre beschäftigte sich Webern intensiv
mit theoretischen Überlegungen zur Reihentechnik, die teilweise auch religiös-mystische
Züge annahmen. 1944 wurde er zur Luft-
schutz-Polizei eingezogen: »Ich bin ›kaser-
niert‹, kann nicht zu Hause wohnen und so
meiner Arbeit völlig entrissen.« Im Februar
1945 fiel sein Sohn Peter bei Fliegerangriffen

in der Steiermark, was ihn zutiefst erschütterte. Die letzten Monate seines Lebens verbrachte er in Mittersill im Salzburger Land
im Kreise seiner Familie. Am 15. September
1945 wurde Anton Webern versehentlich
von einem amerikanischen Soldaten erschossen, als er vor der Haustür eine Zigarre
rauchen wollte. Sein Tod blieb im Österreich
der ersten Nachkriegszeit so gut wie unbe-
merkt.

1955 charakterisierte Christian Wolff
treffend Weberns Musik: »In ihren besten
Schöpfungen ist Weberns Musik von drahti-
ger Stärke, gefährlich gespannt, zugleich
dünn und konzentriert, und zart. Sie ist nur
Selbstausdruck und vermag daher ins Unendliche zu reichen und einzudringen. Sie
bedarf keines außermusikalischen Bezugs –
historisch, literarisch, psychologisch, dramatisch oder was immer – ...«

WERKE (Auswahl)

Zwei Stücke für Violoncello und Klavier (1899)
Acht frühe Lieder für Singstimme und Klavier
(1901/04)
Siegfrieds Schwert für Singstimme und Orchester
(1903)
Im Sommerwind für Orchester o. op. (1904)
Langsamer Satz für Streichquartett o. op. (1905)
Streichquartett o. op. (1905)
Quintett für Klavier und Streichquartett
o. op. (1906)
Sonatensatz (Rondo) für Klavier (um 1906)
Rondo für Streichquartett (1906)
Passacaglia für Orchester op. 1 (1908)
Entflieht auf leichten Kähnen für gemischten Chor
a cappella op. 2 (1908)
Fünf Lieder für mittlere Stimme und Klavier op. 3
(1907/08)
Fünf Lieder für hohe Stimme und Klavier op. 4
(1908/09)
Vier Lieder für Singstimme und Klavier o. op.
(1908/09)

Fünf Sätze für Streichquartett op. 5 (1909)
Sechs Stücke für Orchester op. 6 (1910)
Fünf Orchesterstücke o. op. (1910/13)
Vier Stücke für Geige und Klavier op. 7 (1910)
Zwei Lieder für Gesang, Klarinette, Horn,
Trompete, Celesta, Harfe, Geige, Bratsche und
Violoncello op. 8 (1910)
Sechs Bagatellen für Streichquartett op. 9 (1913)
O sanftes Glühn der Berge für Singstimme und
Klavier (1913)
Fünf Stücke für Orchester op. 10 (1911/13)
Drei kleine Stücke für Violoncello und Klavier
op. 11 (1914)
Erster Satz einer Sonate für Violoncello und
Klavier o. op. (1914)
Vier Lieder für hohe Stimme und Klavier op. 12
(1915/17)
Vier Lieder für Sopran und Orchester op. 13
(1914/18)
Sechs Lieder für hohe Stimme, Klarinette,
Baßklarinette, Geige und Violoncello auf
Gedichte von Georg Trakl op. 14 (1917/21)
Fünf geistliche Lieder für hohe Stimme, Flöte,
Klarinette, Trompete, Harfe und Geige op. 15
(1917/22)
Fünf Kanons auf lateinische Texte für hohen
Sopran, Klarinette und Baßklarinette op. 16
(1923/24)
Drei Volkstexte für Gesang, Geige, Klarinette und
Baßklarinette op. 17 (1924)
Kinderstück für Klavier (1924)
Drei Lieder für Gesang, Es-Klarinette und Gitarre
op. 18 (1925)
Satz für Streichtrio o. op. (1925)
Zwei Lieder für gemischten Chor, Celesta, Gitarre,
Geige, Klarinette und Baßklarinette op. 19
(1926)
Streichtrio op. 20 (1927)
Symphonie für Klarinette, Baßklarinette, zwei
Hörner, Harfe, zwei Geigen, Bratsche und
Violoncello op. 21 (1928)
Quartett für Geige, Klarinette, Tenorsaxophon und
Klavier op. 22 (1930)
Drei Gesänge für Gesang und Klavier op. 23
(1934)
Konzert für Flöte, Oboe, Klarinette, Horn,
Trompete, Posaune, Geige, Bratsche und
Klavier op. 24 (1934)

Drei Lieder nach Hildegard Jone für hohe Stimme und Klavier op. 25 (1934/35)

Das Augenlicht für gemischten Chor und Orchester op. 26 (1935)

Variationen für Klavier op. 27 (1936)

Streichquartett op. 28 (1938)

Erste Kantate für Sopran-Solo, gemischten Chor und Orchester op. 29 (1938/39)

Variationen für Orchester op. 30 (1940)

Zweite Kantate für Sopran- und Baß-Solo, gemischten Chor und Orchester op. 31 (1941/43)

KURT WEILL

»Ich bin überzeugt, daß die große Kunst aller Zeiten in diesem Sinne aktuell war: sie
war nicht für die Ewigkeit bestimmt, sondern
für die Zeit, in der sie entstand, oder mindestens für die nahe Zukunft, an deren Aufbau
sie mitzuarbeiten bestimmt war. Das gilt
auch für uns. In einer Zeit gewaltiger sozia-
ler Umwälzungen haben wir genug zu tun,
um die Existenzberechtigung, die ›Nützlich-
keit‹ unserer Arbeit nachzuweisen. Das können wir nur tun, wenn wir den Ideen unserer

Zeit, zu denen wir uns bekennen, eine unanfechtbare künstlerische Form geben. Soll die Kunst ebenso nützlich sein wie die Wissenschaft, die Presse, die Politik, so muß sie ihre eigenen Mittel einwandfrei beherrschen. Sie muß aber in ihren Ausdrucksmitteln ebenso ›aktuell‹ sein wie in ihren Inhalten. Wir können die Ideen dieser Zeit nicht mit derselben Sprache, derselben Musik, derselben Bühnenform ausdrücken wie etwa die Ideen der imperialistischen Zeit vor fünfzig Jahren, nicht nur, weil wir zu einem anderen Publikum sprechen, sondern auch weil wir eine andere Wirkung auf unser Publikum erwarten.«

Dieses Zitat aus Kurt Weills 1929 geschriebenem Aufsatz *Aktuelles Theater* macht deutlich, daß es dem Komponisten vor allem um eine Erneuerung des Musiktheaters mit den Mitteln der Moderne ging. Er wollte ein breiteres Publikum als das der großen Oper des 19. Jahrhunderts erreichen und dies mit Hilfe einer populären, zeitgemäßen musikalischen Sprache. Dem entsprach, daß er auch mit unterschiedlichen Herangehensweisen experimentierte, die von der Schuloper bis zum Musical, vom Songspiel und der Operette bis zum biblischen Drama reichten. Bis in das letzte Jahrzehnt ist Weill lediglich als Komponist der *Dreigroschenoper* oder der Oper *Aufstieg und Fall der Stadt Mahagonny* rezipiert worden, ohne daß die Breite seines musikalischen Schaffens wahrgenommen wurde. Erst seit den achtziger Jahren hat sein Werk eine Art Renaissance erlebt, auch wenn nach wie vor viele seiner Kompositionen so gut wie nie aufgeführt werden.

Curt Julian Weill, der sich zeitlebens »Kurt« schrieb, kam am 2. März 1900 in Dessau als Sohn eines jüdischen Kantors zur Welt und genoß eine strenge jüdische Erziehung. Musikalischen Unterricht erhielt er zunächst vom Vater. Im Alter von zwölf Jahren begann er mit ersten Kompositionsversuchen. Das herzogliche Theater in Dessau vermittelte ihm frühe musikalische Eindrücke, und schon bald wurde er auch als Begleiter zu musikalischen Soireen am Hof herangezogen. Ersten systematischen Kompositionsunterricht erhielt der Dreizehnjährige beim Dessauer Hofkapellmeister Albert Bing, einem Schüler Pfitzners, bei dem er auch seine Kenntnisse in Musiktheorie und im Klavierspiel vertiefen konnte. Im Vordergrund seiner kompositorischen Produktion standen zunächst Werke für religiöse Feste in der Synagoge. Er schrieb aber auch eine Vielzahl von Klavierliedern auf Texte verschiedener Dichter. Vom überschäumenden Nationalismus zu Beginn des Ersten Weltkrieges angesteckt, komponierte der junge Kurt Weill kriegerische Chöre sowie einen patriotischen, heute verschollenen Einakter auf ein Drama von Theodor Körner. Zu den wichtigsten Werken dieser frühen Jahre zählt der Zyklus *Ofrah's Lieder* auf Verse des jüdischen Dichters Jehuda Halevi. Ab 1916 wirkte Weill als außerplanmäßiger Korrepetitor am Dessauer Theater, zwei Jahre später bestand er die Aufnahmeprüfung an der Staatlichen Hochschule für Musik in Berlin und zog in die Reichshauptstadt.

Weill studierte in Berlin Komposition bei Engelbert Humperdinck. 1918 schrieb er ein *Streichquartett in h-Moll*, in dem er erstmals als melodisches Material eine Häufung fallender Quinten und Quarten einsetzte, ein Modell, das später in vielen Nummern der *Dreigroschenoper* und in der *1. Sinfonie* wiederkehren sollte. Ähnliches gilt auch für bestimmte rhythmische Figuren, die den typisch Weillschen Klang mitbestimmen. In seinen frühen Berliner Jahren erschien ihm selbst vor allem sein sinfonisches Poem nach Rilkes *Die Weise von Liebe und Tod des Cornets Christoph Rilke* wichtig, worüber er berichtete:»Soweit will ich kommen – nur durch Schönberg könnte ich's –, daß ich nur schreibe, wenn ich muß, wenn es mir ehrlichst aus tiefstem Herzen kommt, sonst wird es Verstandesmusik, und die hasse ich … Die *Weise* kommt mir aus dem Herzen; ich lebe tatsächlich in dieser Musik – aber ich schäme mich ihrer zugleich! Ich benötige Verse, um meine Phantasie in Gang zu bringen; und meine Phantasie ist kein Vogel, sondern ein Flugzeug!«

Trotz dieser Arbeiten, für die Weill ein Stipendium der Felix-Mendelssohn-Bartholdy-Stiftung erhalten hatte, brach er 1919 das Studium ab und ging zurück nach Dessau, um seiner Familie in Zeiten finanzieller Not zur Seite zu stehen. Dort nahm er eine Stelle als Korrepetitor am Theater an, das damals unter der musikalischen Leitung von Hans Knappertsbusch stand. Schon nach kurzer Zeit kam es zu Spannungen mit dem dominanten Knappertsbusch, und Weill ging als Kapellmeister an das neugegründete Stadttheater von Lüdenscheid. Hier hatte er

die Möglichkeit, die Besonderheiten eines drittklassigen Provinztheaters unmittelbar zu erleben, er war Dirigent und Faktotum zugleich:»Dort lernte ich alles, was ich über Theater weiß«, bekannte er später. Erstaunlicherweise fand Weill in Lüdenscheid noch Zeit zum Komponieren. Unter anderem schrieb er die Chorfantasie *Sulamith* auf Texte aus dem Hohenlied Salomos, in der Einflüsse sowohl von Debussy als auch vom frühen Schönberg zu spüren sind, indem impressionistische Klangbilder und expressive Melodik aufeinandertreffen.

Auf Dauer befriedigte ihn die Anstellung in Lüdenscheid nicht, so daß Weill 1920 zurück nach Berlin ging, wo er Meisterschüler von Ferruccio Busoni wurde. Über den Unterricht urteilte er rückblickend:»Es war Gedankenaustausch im höchsten Sinne, ohne Meinungszwang, ohne Selbstherrlichkeit, ohne die Spur von Neid oder Böswilligkeit, und die Anerkennung jedes Schaffens, das Begabung und Können verriet, war rückhaltlos und enthusiastisch.« Während des Unterrichts bei Busoni komponierte er 1921 seine *1. Sinfonie.* Formal in ihrer Einsätzigkeit ohne Zweifel von Arnold Schönbergs *Kammersinfonie* op. 9 beeinflußt, verzichtet Weill wie dieser auf den großen sinfonischen Apparat und erreicht so in dem fast kammermusikalischen Werk eine Struktur von großer Transparenz und Klarheit. Eine Vielzahl von kleinen motivischen Zellen werden durch die Transformation des thematischen Materials zu einer großen zyklischen Einheit zusammengefaßt. Busonis Kritik veranlaßte Weill, seine Sinfonie nicht zur Aufführung freizugeben. Erst 1957 tauchte die verschollen geglaubte Partitur wieder auf.

1922 wurde Weill Mitglied in der »Novembergruppe«, einer Berliner Künstlervereinigung, die sich die Erneuerung der Kunst und der Politik zum Ziel gesetzt hatte. Die Gruppe veranstaltete regelmäßig Konzerte, an denen nun auch Weill häufig teilnahm und wo einige seiner Werke uraufgeführt wurden. Im selben Jahr erhielt er die Möglichkeit, erstmals für die Bühne zu komponieren. Mit der Ballett-Pantomime *Die Zaubernacht* schrieb er ein Stück für Kinder, das zusammen mit Igor Strawinskys *Petruschka* im November 1922 im Theater am Kurfürstendamm Premiere hatte.

Durch die Vermittlung Busonis beauftragte die Dresdner Semperoper Weill 1923 mit einer Ballett-Pantomime. Als Librettist konnte Georg Kaiser, einer der bekanntesten Dramatiker der Weimarer Republik, gewonnen werden. Aus der ursprünglichen Idee entwickelte sich nach und nach der Plan zu einer Oper, wozu das Drama *Der Protagonist* von Kaiser zum Libretto umgeschrieben werden mußte. Die Arbeit zog sich über einige Jahre hin, so daß die Premiere erst 1926 in Dresden stattfand. Weills erstes Werk für das Musiktheater brachte ihm den ersten großen Erfolg seines Lebens. Auch die Presse reagierte überwiegend positiv, und bis 1930 wurde das Werk an mehr als 15 deutschen Opernhäusern nachgespielt. In *Der Protagonist* geht es um einen Schauspieler, der nicht mehr zwischen Realität und Phantasie zu unterscheiden vermag. Weill legte diese Tragikomödie als Einakter an. Musikalisch arbeitete er mit einer bunten Mischung aus linearer Polyphonie, atonaler Harmonik und einem durchchromatisierten Satz. Weills später so charakteristischer Toccata-Stil deutete sich hier bereits in den beiden tänzerischen Pantomimen des Werkes an.

Während der Arbeit am *Protagonisten* hatte Weill im Hause Kaiser die junge Schauspielerin Lotte Lenya kennengelernt, die er 1926 heiratete und die in vielen seiner späteren Werke für das Musiktheater Hauptrollen spielte. In die Entstehungszeit seines Opernerstlings fiel auch die Komposition seines *Konzerts für Violine und Blas-*orchester, das insbesondere Werken Strawinskys, den Weill sehr schätzte, nahesteht, etwa dem *Bläseroktett* oder der *Sinfonie für Blasinstrumente.*

1925 lernte Weill in Berlin den Dichter Ivan Goll kennen, dessen Poem *Der neue Orpheus* er als Kantate für Sopran, Violine und Orchester vertonte. Orpheus steigt hier in die »Ackerstraße des Lebens« hinab, um schließlich in einer Hure nahe dem Schlesischen Bahnhof in Berlin seine Eurydike zu erkennen. Weill nahm den collageartigen Gestus der Dichtung auf und schuf eine Mischung aus Konzert, Oper und Kabarett. Auch seine zweite Oper *Royal Palace*, eine Zeitoper um eine moderne Ehegeschichte, basiert auf einem Text von Goll. Hier arbeitete Weill erstmals mit Elementen des Jazz und der modernen Unterhaltungsmusik und setzte damit ein Vokabular ein, das auch seine späteren Arbeiten für das Musiktheater prägen sollte. Die Uraufführung von *Royal Palace* fand 1927 in der Berliner Staatsoper Unter den Linden statt, brachte aber, wohl wegen des schwachen Librettos, lediglich einen Achtungserfolg.

Im selben Jahr stieß Weill auf Bertolt Brechts soeben veröffentlichte *Mahagonnygesänge* und beschloß spontan, sie als Songspiel zu bearbeiten. Hier entwickelte er erstmals den für ihn typischen Songstil, der Elemente des Schlagers und des Jazz aufgriff. Wenig später lernte er Brecht persönlich kennen, und es begann eine Phase intensiver Zusammenarbeit. Brecht und Weill beschlossen, *Mahagonny* zu einer großen Oper auszubauen. Doch noch zuvor entstand mit der *Dreigroschenoper* das sicher bekannteste Gemeinschaftswerk der beiden Künstler. Elisabeth Hauptmann hatte Brecht auf die *Beggar's Opera* von John Gay und John Christopher Pepusch aufmerksam gemacht, die bei ihrer Premiere 1728 als sogenannte »Ballad Opera« einen neuen Operntypus begründet hatte und 1927 in London mit großem Erfolg wieder aufgeführt worden war. Der volkstümlich-satirische Charakter dieses der traditionellen höfisch-italienischen Oper eines Händel entgegengesetzten Typs kam Brechts gesellschaftskritischen Neigungen entgegen. Er beschloß, diese durchaus zeitkritische und parodierende Szenerie der englischen Vorlage in einer modernen Bearbeitung auf die Bühne zu bringen. Gemeinsam mit Weill erarbeitete er im Sommer 1928 in Frankreich den größten Teil der Partitur. Die endgültige Fassung wurde allerdings erst während der Proben fertiggestellt, und selbst nach der Generalprobe gab es noch letzte Änderungen am Manuskript. Die Premiere am 31. August 1928 im Berliner Theater am Schiffbauerdamm war ein ungeheurer Erfolg, der sowohl für Brecht als auch für Weill finanziellen Wohlstand bedeutete. Die ganze Saison hindurch lief das Stück vor ausverkauftem Haus. Bereits im Jahr nach der Uraufführung brachte es die *Dreigroschenoper* auf mehr als 4000 Aufführungen im In- und Ausland. 1932 war sie bereits in 18 Sprachen übersetzt und in nahezu allen europäischen Ländern präsent. Auch Weills Suite für den Konzertsaal, die *Kleine Dreigroschenmusik* für Blasorchester, wurde nach der Uraufführung durch die Preußische Staatskapelle unter Otto Klemperer zu einem ausgesprochenen Erfolgsstück.

Weill übertrug in der *Dreigroschenoper* Brechts Vorstellungen über episches Theater auf die Musik. Mit Tanz- und Unterhaltungsmusik, Moritat, Song und Choral kommentierte er musikalisch die Handlung. Weill formulierte es so: »Ich hatte eine realistische Handlung, mußte also die Musik dagegensetzen, da ich ihr jede Möglichkeit einer realistischen Wirkung abspreche. So wurde also die Handlung entweder unterbrochen, um Musik zu machen, oder sie wurde bewußt zu einem Punkt geführt, wo einfach

gesungen werden mußte. Dieses Zurückgehen auf eine primitive Opernform brachte eine weitgehende Vereinfachung der musikalischen Sprache mit sich ... Aber was zunächst eine Beschränkung erschien, erwies sich im Laufe der Arbeit als eine ungeheure Bereicherung.« Barocke Elemente, Floskeln der Unterhaltungsmusik, Balladen und parodistische Elemente beherrschen die Partitur der *Dreigroschenoper*. Weills melodischer Einfallsreichtum machte viele Nummern der Oper schon bald zu Schlagern, die eine für Opernmusik seltene Popularität erreichten.

Die Zusammenarbeit mit Brecht setzte sich Ende der zwanziger Jahre mit einer Reihe von Projekten fort: dem Radiolehrstück *Der Lindberghflug* für die Festwoche in Baden-Baden 1929, der nicht sonderlich erfolgreichen Oper *Happy End* und vor allem mit der Oper *Aufstieg und Fall der Stadt Mahagonny*, die 1930 in Leipzig Premiere hatte. Diese Geschichte beschrieb Weill einmal so: »Zwei Männer und eine Frau, auf der Flucht vor den Konstablern, bleiben in einer öden Gegend stecken. Sie beschließen, eine Stadt zu gründen, in der den Männern, die von der Goldküste her vorüberkommen, ihre Bedürfnisse erfüllt werden sollen. In dieser ›Paradiesstadt‹, die hier entsteht, führt man ein beschauliches, idyllisches Leben. Das kann aber die Männer von der Goldküste auf die Dauer nicht befriedigen. Es herrscht Unzufriedenheit. Die Preise sinken. In der Nacht des Taifuns, der gegen die Stadt heranzieht, erfindet Jim Mahoney das neue Gesetz der Stadt. Dieses Gesetz lautet: ›Du darfst alles‹. Der Taifun biegt ab. Man lebt weiter nach den neuen Gesetzen. Die Stadt blüht auf. Die Bedürfnisse steigen – und mit ihnen die Preise. Denn: man darf zwar alles – aber nur, wenn man es bezahlen kann. Jim Mahoney selbst wird, als ihm das Geld ausgeht, zum Tode verurteilt. Seine Hinrichtung wird zum Anlaß einer riesigen Demonstration gegen die Teuerung, die das Ende der Stadt ankündigt.« Die Premiere in Leipzig rief einen der größten Theaterskandale der Weimarer Republik hervor. Nationalsozialistische Störtrupps sorgten für tumultartige Szenen, so daß die Vorstellung nur mit großer Mühe zu Ende gebracht werden konnte. Die Berliner Erstaufführung im Dezember 1931 wurde hingegen zu einem großen Erfolg. Bis zum Frühjahr 1932 lief das Stück mehr als vierzig Mal.

Als letzte gemeinsame Produktion in Deutschland nahmen Brecht und Weill die Arbeit an der Schuloper *Der Jasager* auf, die auf einem klassischen japanischen Nō-Drama basiert, das Brecht für die Bühne bearbeitet hatte. »Alle Vokalpartien«, so schrieb Weill in einer Anmerkung zur Partitur, »müssen von Schülern gesungen werden.« Weill leistete mit diesem Werk einen Beitrag zu der in Blüte stehenden pädagogischen Musik, für die sich etwa zeitgleich auch Ernst Toch und Paul Hindemith engagierten. Doch auch abgesehen von dem pädagogischen Aspekt, stufte Weill selber den *Jasager* als sein interessantestes und wichtigstes Werk ein, das er in Europa geschaffen habe.

Das letzte Werk, das Kurt Weill in Deutschland vollenden konnte, war eine Oper in zwei Akten, das Wintermärchen *Der Silbersee*, wieder nach einem Libretto von Georg Kaiser. Die Premiere in Leipzig im Februar 1933 konnte Weill noch miterleben, kurz darauf setzten die Nationalsozialisten sein Stück ab und verunglimpften den Komponisten in übelster Weise als Vertreter des sogenannten »jüdischen Kulturbolschewismus«. Nach 1933 kam keines seiner Werke in Deutschland mehr zur Aufführung. Weill flüchtete nach Frankreich und ließ sich zunächst in Paris nieder. Dort schrieb er auch das Ballett mit Gesang *Die sieben Todsünden*, ein letztes Mal auf Texte Brechts, der auch zur Premiere anreiste. Von da an trennten sich ihre Wege. Parodistische Effekte finden sich in diesem Werk so gut wie nicht mehr. Weill arbeitet mit großem Orchester, wobei vor allem die virtuose Behandlung der Streicher auffällt.

Nach den vielen Werken für das Musiktheater und unzähligen Bühnenmusiken wandte sich Weill im französischen Exil wieder der Instrumentalmusik zu. Er komponierte seine *2. Sinfonie*, die er ausdrücklich als »rein musikalische Form« verstanden wissen wollte. In ihr setzte er sich mit der musikalischen Tradition von Haydn bis Mahler auseinander, der er sich vielleicht gerade im Exil besonders verbunden fühlte.

Obwohl es ihm in Paris verhältnismäßig gut ging – hier entstand unter anderem die Operette *Der Kuhhandel* –, übersiedelte Weill 1935 in die Vereinigten Staaten. Dort gelang es ihm bald, sich mit den amerikanischen Produktionsbedingungen zu arrangieren und in seinen Werken künstlerischen Anspruch und kommerziellen Erfolg miteinander zu verbinden. Schon mit seiner Schwejkiade *Johnny Johnson*, die es am Broadway immerhin auf 68 Vorstellungen brachte, machte er in der Neuen Welt von sich reden. Das biblische Drama *The Eternal Road*, das in Gemeinschaftsarbeit mit Franz Werfel und Max Reinhardt entstand, wurde ein triumphaler Erfolg mit 153 ausverkauften Vorstellungen.

Weill eignete sich in relativ kurzer Zeit die typisch amerikanische Form des »musical play« an. In Werken wie *Knickerbocker Holiday* nach einem Buch von Washington Irving traf er genau den Ton, der am Broadway ankam. Das komisch-satirische Werk über die Geschichte der holländischen Kolonie und der Gründung New Yorks wurde zu seinem ersten großen Broadway-Erfolg. Populär zu schreiben fiel ihm nicht schwer:

»Ich habe niemals den Unterschied zwischen ›ernster‹ und ›leichter‹ Musik anerkannt«, betonte er in einem Interview. »Es gibt nur gute und schlechte Musik.«

1940 entstand das Musical *Lady in the Dark*, zu dem Ira Gershwin, der Bruder des Komponisten George Gershwin, die Songtexte lieferte. Fast 500 Vorstellungen erlebte das Werk am Broadway und ging danach auf eine ausgedehnte Tournee in viele Städte der Vereinigten Staaten. Die erfolgreiche Verfilmung des Stoffes trug zur Steigerung von Weills Popularität bei und ermöglichte ihm nun auch finanzielle Unabhängigkeit. In den folgenden Jahren machte er sich zur Aufgabe, eine neue Form des musikalischen Theaters in Verbindung mit genuin amerikanischer Volksmusik, Liedern und Balladen zu realisieren. Ein erster Schritt auf diesem Weg war die Radio-Oper *Down in the Valley*: »Für unser Radioprogramm haben wir einen neuen Weg gefunden, den Folksong zum tragenden Element einer amerikanischen Kunstform zu machen. Wir entschieden uns, den Song selbst zu dramatisieren, die alte amerikanische Sitte des Geschichtenerzählens auszubauen und den Folksong in seiner natürlichsten Umgebung zu präsentieren: in Szenen aus dem amerikanischen Leben.«

In die gleiche Richtung zielte auch das geplante Musical *Raft on the River* nach Marc Twains *Huckleberry Finn*. Dieses Projekt konnte Weill nicht mehr beenden. Nach einem schweren Herzanfall wurde er wenige Tage nach seinem 50. Geburtstag in ein New Yorker Krankenhaus eingeliefert. Dort starb er am 3. April 1950 an Herzversagen. Vier Jahre nach seinem Tod wurde die *Dreigroschenoper* in neuer Übersetzung am Broadway herausgebracht. Die Inszenierung lief über sieben Jahre und brach mit insgesamt 2611 Vorstellungen alle bisherigen New Yorker Aufführungsrekorde.

WERKE (Auswahl)

Ich weiß wofür für Männerchor a cappella (1914)
Ofrah's Lieder für Gesang und Klavier (1916)
Intermezzo für Klavier (1916)
Streichquartett h-Moll (1918)
Suite für Orchester E-Dur (1919)
Die Weise von Liebe und Tod des Cornets Christoph Rilke. Sinfonisches Poem nach Rilke (1919)
Schilflieder für Gesang und Klavier (1919)
Sonate für Violoncello und Klavier (1920)
Sulamith. Chorfantasie für Sopran, Frauenchor und Orchester (1920)
Sinfonie in einem Satz (Sinfonie Nr. 1) (1921)
Psalm VIII für sechsstimmigen Chor a cappella (1922)
Die Zaubernacht. Ballett-Pantomime (1922)
Divertimento für kleines Orchester mit Männerchor op. 5 (1922)
Sinfonia sacra op. 6 (1922)
Streichquartett op. 8 (1923)
Quodlibet. Orchestersuite aus der Pantomime »Zaubernacht« op. 9 (1923)
Frauentanz. Sieben Gedichte für Sopran und kleines Ensemble op. 10 (1923)
Recordare für vierstimmigen Chor und Kinderchor a cappella op. 11 (1923)
Konzert für Violine und Blasorchester op. 12 (1924)
Das Stundenbuch. Sechs Lieder für Bariton und Orchester nach Texten von Rilke op. 13 (1924)
Der Protagonist. Oper in einem Akt op. 14 (1925)
Der neue Orpheus. Kantate für Sopran, Violine und Orchester op. 15 (1925)
Royal Palace. Ballett-Oper in einem Akt op. 17 (1926)
Mahagonny. Songspiel (1927)
Der Zar läßt sich photographieren. Opera buffa in einem Akt op. 21 (1927)
Vom Tod im Wald für Baßstimme und zehn Bläser op. 23 (1927)
Die Dreigroschenoper. Ein Stück für Musik nach John Gays The Beggar's Opera (1928)
Kleine Dreigroschenmusik für Blasorchester (1928)
Das Berliner Requiem. Kantate für Tenor, Bariton, Männerchor und Blasorchester (1928)

Aufstieg und Fall der Stadt Mahagonny. Oper in
drei Akten (1929)
Happy End. Oper (1929)
Der Lindberghflug. Kantate für Tenor, Bariton,
Baß, gemischten Chor und Orchester. Zweite
Fassung (1929)
Der Jasager. Schuloper in zwei Akten (1930)
Die Bürgschaft. Oper in drei Akten (1931)
Der Silbersee. Ein Wintermärchen in drei Akten
(1932)
Die sieben Todsünden. Ballett mit Gesang in neun
Bildern (1933)
Sinfonie Nr. 2 (1933/34)

Der Kuhhandel. Operette (1934/35)
The Eternal Road. Oper in vier Akten
(1934/37)
Johnny Johnson. Eine Legende (1936)
Knickerbocker Holiday. Musical Comedy (1938)
Lady in the Dark (1940/41)
One Touch of Venus. Musical-Play (1943)
The Firebrand of Florence. Operette (1944/45)
Down in the Valley (1945/48)
Street-Scene. Broadway-Oper (1946)
Kiddush für Kantor, Chor und Orgel (1946)
Love Life. Vaudeville (1948)
Lost in the Stars. Musical Tragedy (1949)

STEFAN WOLPE

»Es war ein Privileg, ihn zu kennen. Als ob
man in ein wichtiges Geheimnis eingeweiht
wäre. Auf eine seltsame Weise besaß er
dieselbe Anziehungskraft, die Satie auf die
Menschen hatte, die um ihn waren; und Sie
kennen vielleicht den wunderbaren Satz von
Satie, daß es notwendig ist, bis zum Ende
kompromißlos zu sein. Das ist typisch Stefan.«

So wie hier John Cage haben sich auch
andere über Stefan Wolpe geäußert. Er war

eine charismatische Persönlichkeit, ein Lehrer von Rang und nicht zuletzt ein bedeutender Komponist, der trotz vieler Widrigkeiten seinen Weg unbeirrt fortsetzte. Zeitlebens blieb ihm die gebührende Anerkennung versagt. So wurden seine Werke nach dem Zweiten Weltkrieg nur vereinzelt in Europa aufgeführt. Wie seine etwa gleichaltrigen Komponistenkollegen Victor Ullmann und Erwin Schulhoff spielte er im Musikleben hierzulande kaum eine Rolle. Erst in den vergangenen Jahren hat sich der Blick geweitet, wie die zahlreichen CD-Einspielungen der Werke Wolpes oder Schulhoffs belegen. Das geringe Interesse für seine Kompositionen hängt sicher mit der extremen ästhetischen Dominanz der Zweiten Wiener Schule und später der seriellen Musik zusammen, die bis in die achtziger Jahre das Bild der Musikgeschichte entscheidend bestimmten. Weitere Gründe liegen in der schwierigen Biographie Wolpes. Durch die Vertreibung aus Deutschland durch die Nationalsozialisten und die Emigration in die Vereinigten Staaten fühlte er sich nirgends zu Hause. Schließlich kam noch seine schwere Krankheit hinzu, die es ihm gegen Ende seines Lebens nicht mehr erlaubte, zu reisen und sich für sein Schaffen einzusetzen.

Geboren wurde Stefan Wolpe am 25. August 1902 in Berlin als Sohn eines jüdischen Geschäftsmannes. Von früher Jugend an erhielt er Klavierunterricht, später kamen theoretische Studien hinzu. Im Alter von 16 Jahren verließ er zusammen mit seinem Bruder William das Elternhaus und schloß sich einer Kommune junger Künstler an. Seinen Lebensunterhalt verdiente er zu dieser Zeit mit verschiedenen Gelegenheitsarbeiten. Die Schulzeit am Gymnasium beendete Wolpe kurz vor dem Abitur. Danach schrieb er sich an der Staatlichen Hochschule für Musik ein, wo es ihn allerdings auch nicht lange hielt. Bereits nach einem Semester gab er den Unterricht auf und besuchte statt dessen das Bauhaus in Weimar. Dort lernte er unter anderem Johannes Itten, Paul Klee und Oskar Schlemmer kennen. Gleichzeitig trat er in Berlin in Kontakt mit dadaistischen Kreisen um Raoul Hausmann und Hans Richter.

1923 schloß sich Wolpe als Mitglied der »Novembergruppe« an, einer Vereinigung von bildenden Künstlern, Architekten, Musikern und Schriftstellern, an deren Konzerten er als Pianist und Komponist teilnahm. Während dieser Zeit entstand eine Reihe von Werken, insbesondere Klavierstücke und Lieder, die Wolpe bis auf wenige Ausnahmen später vernichtete. Finanziell lebte er in diesen Jahren von dem, was er als Pianist in Cabarets und Cafés sowie als Stummfilmbegleiter verdiente. 1925 wurde Wolpe Mitglied der KPD. Er trat nun häufig bei politischen Veranstaltungen auf und komponierte Bühnenmusiken sowie Kampflieder für verschiedene Agitprop-Gruppen. Wolpe schrieb deutlich vom Jazz beeinflußte Klavierstücke, aber auch Lieder etwa auf Texte von Erich Kästner, Lenin oder Johannes R. Becher. 1927 heiratete er die Wiener Malerin Ola Okuniewska. Anfang der dreißiger Jahre trat er der »Truppe 31« bei, einer Agitprop-Theatergruppe von Gustav von Wangenheim, für die er bis 1933 als Komponist und musikalischer Leiter aktiv war. Für dieses Ensemble komponierte er *Die Mausefalle*, die in Berlin und auf Tourneen mehr als 300 Aufführungen erlebte.

Nach der Machtübernahme durch die Nationalsozialisten sah Stefan Wolpe für sich als Kommunist und Jude keine Zukunft mehr in Deutschland. Nach der Scheidung von Ola Okuniewska floh er zunächst in die Schweiz, später nach Rußland. Im Herbst 1933 studierte er einige Monate lang bei Anton Webern in Wien. Anschließend reiste er über Rumänien nach Palästina, wo er eine neue Heimat zu finden hoffte. In Jerusalem unterrichtete Wolpe bis 1938 am Konservatorium Theorie und Komposition. Außerdem arbeitete er als Musiklehrer im Kibbuz. In seinen Werken aus dieser Zeit setzte sich Wolpe intensiv mit der jüdisch-palästinensischen Volksmusik auseinander. Doch auf Dauer war ihm das Musikleben in Palästina zu provinziell, zudem von der unsicheren politischen Lage überschattet. So verließ er 1938 mit seiner zweiten Frau Irma Schoenberg Jerusalem und emigrierte in die Vereinigten Staaten. In New York war Stefan Wolpe zunächst ein völlig Unbekannter. Anders als Arnold Schönberg oder Kurt Weill, denen ein gewisser Ruf vorausgeeilt war, mußte er wieder von vorn anfangen. Wolpe gab zunächst Privatstunden und unterrichtete an der Settlement Music School in Philadelphia. Als Komponist trat er in diesen Jahren kaum in Erscheinung. 1944 begann er mit der Arbeit an der *Music for any Instruments*, einer umfangreichen Sammlung von Klavier- und Kompositionsstudien. Bereits im Jahr zuvor waren die ersten Teile seines großangelegten *Battle Piece* für Klavier entstanden. Auf einen Notizzettel mit thematischen Entwürfen schrieb er: »Zerstörte Städte, Felder, zerstörte Menschen.« Die

Musik des *Battle Piece* ist harmonisch abwechslungsreicher und weniger symmetrisch in den Formen und Fortspinnungen als in den früheren Werken. Hier kündigt sich bereits ein neues Abstraktionsniveau an, das Wolpe dann in den Kompositionen der folgenden Jahre weiter differenzierte.

1945 nahm Wolpe die amerikanische Staatsbürgerschaft an. Er lehrte nun an der Brooklyn School of Music, wo unter anderem Morton Feldman und David Tudor, aber auch Jazzmusiker wie George Russell und Tony Scott zu seinen Schülern zählten. Er lernte die Maler des abstrakten Expressionismus kennen, Willem de Kooning, Jackson Pollock, Franz Kline und Mark Rothko, und nahm regelmäßig an deren Treffen teil. Nach den für ihn schwierigen vierziger Jahren erhielt Stefan Wolpe 1952 einen Ruf an das Black Mountain College in North Carolina, an dem er bis zur Auflösung dieses Instituts unterrichtete. Er schrieb eine Reihe von Bühnenmusiken für Aufführungen am College sowie seine einzige *Sinfonie*. In ihr arbeitet Wolpe mit beweglichen Gestalten, Oberflächen und Klangmassen, die sich rasch ausdehnen und zusammenziehen, verschwinden und wieder auftauchen, sich trennen und verbinden. Die Struktur des traditionellen Sinfonieorchesters bricht er auf, zerlegt melodische Linien und Akkorde und verteilt ihre Bestandteile auf viele Einzelstimmen. Zwischen Figur und Hintergrund macht er keinen Unterschied, so daß jede Stimme für das kompositorische Gefüge gleich bedeutsam wird.

Nach der Schließung des Black Mountain College 1956 ging Wolpe mit einem Fulbright-Stipendium für ein Jahr nach Europa. Er hielt sich vorwiegend in Berlin auf, besuchte aber auch die Darmstädter Ferienkurse, wo er über die neue Musik in den Vereinigten Staaten referierte und David Tudor einige seiner Klavierstücke spielte.

Wolpe erwog, nach Deutschland zurückzukehren. In einem Brief in die alte Heimat beklagte er seine Misere: »Ich halte es manchmal einfach nicht länger aus, sprachberaubt zu leben, in einer dauernden Doppelheit der Zunge und des physischen Sitzes der Sprache.« Doch zu einer endgültigen Rückkehr nach Deutschland konnte er sich nicht entschließen. Immerhin war er in den folgenden Jahren wiederholt als Dozent bei den Darmstädter Ferienkursen vertreten.

1959 nahm Wolpe die Arbeit an einem Zyklus mit dem schlichten Titel *Form* auf. Nur zwei der geplanten vier Stücke stellte er fertig. In den äußerst komplexen Werken bezieht sich alles auf alles. Jede Phrase hat eine Vergangenheit und eine Gegenwart und ihren Platz in einem thematischen Stammbaum. In *Form IV. Broken Sequences*, seiner vorletzten Komposition von 1969, bricht er den formalen Verlauf ständig auf. Immer wieder erhält der musikalische Fluß durch neue Akzente oder Verschiebungen einen anderen Ausdruck. Die Gegensätze werden nicht aufgehoben, sondern bleiben unversöhnt nebeneinander stehen.

1962 organisierte eine seiner Studentinnen in New York ein Konzert zu Ehren seines 60. Geburtstags. Neben Kompositionen von Kollegen und früheren Schülern wurde dabei auch ein Stück uraufgeführt, das Wolpe speziell für diesen Anlaß geschrieben hatte: *Street Music: A Counter-offering to the Musical Offerings of Ten Composers on my 60th Birthday* für Bariton, Sprecher und Instrumente. Mit seinem ausgeprägten Sinn für theatralische Effekte hatte Wolpe dabei auch eine Rolle für sich selbst vorgesehen. Zur vereinbarten Zeit rief ein Sprecher: »Herzlichen Glückwunsch«, worauf Wolpe sich erhob und erwiderte: »Danke schön! Und die Feiernden sollen auch gefeiert werden.« Für Wolpe wurde dieses Konzert zum Höhepunkt in seiner kompositorischen Laufbahn.

Während eines Aufenthalts in Rom wurde ein Jahr später bei ihm die Parkinsonsche Krankheit diagnostiziert. In den folgenden Jahren kämpfte Wolpe ununterbrochen gegen die vordringenden Symptome physischer Erstarrung, die ihm Gehen, Schreiben und Sprechen zunehmend erschwerten. Obwohl er geistig rege blieb, hinderte ihn die körperliche Lähmung oft vollständig am Komponieren. Auch an vergleichsweise guten Tagen ging die Arbeit so langsam vonstatten, daß Wolpe manchmal einen ganzen Morgen für einen einzigen Takt benötigte.

Im Februar 1970 brannte es in seiner New Yorker Wohnung. Wie durch ein Wunder wurden seine Manuskripte gerettet, aber seine sonstige persönliche Habe ging in Flammen auf. Wolpe resignierte nicht, sondern versuchte mit aller Kraft, seine letzte Komposition zu Ende zu bringen. Er wußte, daß das *Piece for Trumpet and Seven Instruments* sein letztes Stück sein würde. Bis zum Schluß suchte er immer nach neuen Möglichkeiten: »Eine wiedergewonnene Symmetrie, verfeinerte Ereignisse und eine vielfache Mobilität der beteiligten Instrumente bilden das Material des Stückes. Man muß sich von gewissen Aspekten zeitgenössischen Komponierens lösen, weil sie so oft angewendet wurden, daß sie ihre Bedeutung verloren haben.« Gerade auf Bedeutung, Ausdruck und Raffinement kam es Wolpe in seinen Werken entscheidend an.

Seinen kompositorischen Ansatz hat Stefan Wolpe einmal so formuliert: »Überraschung mit Rätsel mischen, Zauber mit Schock, Intelligenz mit Hingabe, Form mit Antiform.« Diesem Credo blieb Wolpe treu, von seinen dadaistischen Anfängen bis zu den letzten, fast abstrakten Kompositionen.

Im Laufe der Jahre verschlechterte sich sein Gesundheitszustand immer mehr. Stefan Wolpe starb am 4. April 1972, wenige

Monate vor seinem 70. Geburtstag. Bei der Beerdigung würdigten ihn Milton Babbitt, Elliott Carter und John Cage, das Juilliard Quartett spielte das Adagio aus dem Streichquartett op. 127 von Beethoven.

WERKE (Auswahl)

Gesang, weil ich etwas Teures verlassen muß für Klavier (1920)
Drei Klavierstücke op. 5b (1923)
Schattenspiel-Musik op. 8 (1923)
Fünf Lieder von Friedrich Hölderlin für Gesang und Klavier (1924/27)
Duo für zwei Geigen op. 2 (1924)
Sonate Nr. 1 (»Stehende Musik«) für Klavier (1925)
Bearbeitungen ostjüdischer Volkslieder op. 14 (1925)
Neun Vertonungen von Rabindranath Tagore (1926)
Rag-Caprice und Tango für Klavier (1927)
Schöne Geschichten. Kammeroper op. 5 (1927/29)
An Anna Blume für Klavier und Musikal-Clown (1929)
Zwei Lieder von Lenin und Weh für Stimme und Klavier (1929)
Tanz und Presto Agitato für Klavier (1929)
Ballade von Karl Schmidt aus der grauen Stadt für einstimmigen Chor und Klavier (1930)
Die Mausefalle. Agitprop-Theater (1931)
Kantate vom Sport für einstimmigen Chor und Instrumente (1932)
Wer ist der Dümmste? Bühnenmusik (1933)
Zwei Studien für großes Orchester (1933)
Passacaglia für Klavier (1933/36)
Konzert für neun Instrumente op. 22 (1934)
La malade imaginaire. Bühnenmusik (1934)
We are One Driven Tortured Flock für Bariton und Klavier (1935)

Six Songs from the Hebrew für Gesang und Klavier (1936/38)
Two Chinese Epitaphs für Chor und Schlagzeug (1937)
To the Dancemaster für Stimme, Klarinette und Klavier (1938)
Sonate für Oboe und Klavier (1938/41)
Psalm 64 and Isiah Chapter 35 für Gesang und Klavier (1939/40)
Drei Lieder von Bertolt Brecht (1943)
Battle Piece für Klavier (1943/47)
Music for any Instruments (1944/49)
Yigdal. Kantate für Bariton, Chor und Orgel (1945)
Sonate für Violine und Klavier (1949)
Quartett für Trompete, Tenor-Saxophon, Schlagzeug und Klavier (1950)
Zwölf Stücke für Streichquartett (1950)
Enactments für drei Klaviere (1953)
Drei Stücke für gemischten Chor (1954)
Symphony for orchestra (1956)
Quintett mit Stimme (1957)
The Way a Crow für Chor (1958)
Form für Klavier (1959)
Stück für Klavier und 16 Instrumente (1961)
Street Music: A Counter-offering to the Musical Offerings of Ten Composers on my 60th Birthday. Kantate für Bariton, Sprecher und Instrumente (1962)
Piece for Two Instrumental Units (1963)
Kantate für Stimme, Stimmen und Instrumente (1963)
Chamber Piece for Fourteen Players (1964)
Trio for Flute, Cello and Piano (1964)
Piece in Two Parts for Violin Alone (1964)
Solo Piece for Trumpet (1966)
Second Piece for Violin Alone (1966)
Chamber Piece Nr. 2 (1967)
String Quartet (1969)
Form IV. Broken Sequences für Klavier (1969)
From Here to Farther für Violine, Klarinette, Baßklarinette und Klavier (1969)
Piece for Trumpet and Seven Instruments (1970/71)

IANNIS XENAKIS

»Meine Überzeugung ist, daß wir zum Universalismus nicht durch Religion, Emotion, Tradition gelangen, sondern durch die Naturwissenschaften ... Das wissenschaftliche Denken gibt mir ein Instrument an die Hand, mit dem ich meine Vorstellungen nichtwissenschaftlichen Ursprungs verwirkliche. Und diese Vorstellungen sind Produkte gewisser Intuitionen und Visionen.«

Der Universalismus nimmt eine zentrale Stellung im Denken von Iannis Xenakis ein. Sein primär wissenschaftlich geprägtes Weltbild bestimmte zeitlebens auch sein musikalisches Denken. Obwohl man es seinen meist instrumentalen Werken nicht ohne

weiteres anhört, leiten sich die Strukturen seiner Kompositionen häufig von mathematischen Modellen ab. Im Laufe der Jahrzehnte hat sich Xenakis mit unterschiedlichen wissenschaftlichen Ansätzen auseinandergesetzt. Seiner grundlegenden Überzeugung, daß Kunst und Wissenschaft letztlich den gleichen Gesetzmäßigkeiten unterliegen, die es aufzudecken und zu verwirklichen gilt, ist Xenakis bis heute treu geblieben.

Iannis Xenakis wurde am 29. Mai 1922 im rumänischen Bräila geboren. Da seine Eltern griechischer Abstammung waren, kehrte die Familie 1932 nach Griechenland zurück. In den vierziger Jahren, während der deutschen Besetzung im Zweiten Weltkrieg, schloß sich der junge Xenakis den Widerstandstruppen an. 1945 wurde er schwer verletzt und später in Abwesenheit zum Tode verurteilt. 1947 kam er, auf der Flucht vor der griechischen Junta, als politisch Verfolgter nach Paris, wo er seit einem halben Jahrhundert zu Hause ist.

Noch in Griechenland hatte Xenakis ein Studium der Ingenieurwissenschaft absolviert und 1947 mit dem Diplom abgeschlossen. Daneben beschäftigte er sich intensiv mit Musik. Seine ersten Arbeiten, die auf der traditionellen Musik seiner Heimat fußten, hat Xenakis später vernichtet. In Paris war Xenakis als Assistent bei dem Architekten Le Corbusier tätig, in dessen Büro er bis 1960 mitarbeitete. Gleichzeitig besuchte er zunächst die Ecole Normale de Musique, wo Arthur Honegger und Darius Milhaud zu seinen Lehrern zählten, und anschließend das Pariser Conservatoire, wo ihn Olivier Messiaen unterrichtete.

Weitere Studien bei dem Dirigenten Hermann Scherchen in Gravesano ergänzten seine musikalische Ausbildung.

Schon seit Beginn seines Schaffens orientierte sich sein musikalisches Denken an mathematischen und architektonischen Modellen. Seinen ersten großen Erfolg als Komponist erzielte Xenakis mit seinem Orchesterwerk *Metastaseis*, das 1954 während der Donaueschinger Musiktage uraufgeführt wurde. Das kraftvoll hereinbrechende Werk läßt einen neuartigen Ansatz erkennen. Klangmassen, irisierende Glissandi und ein extrem spannungsreiches Gewebe bestimmen die Partitur. Klangflächen und -wolken sowie geräuschhafte Klangballungen fächern sich auf oder ziehen sich zusammen. Der ursprünglich graphische Entwurf zu *Metastaseis* basierte auf einer geometrischen Konstruktion, nach der Xenakis eine Gerade seitlich entlang gekrümmter Bahnen im Raum verschob. Mit diesem Werk stellte sich der Komponist gegen die damals vorherrschende Ästhetik des seriellen Komponierens, das er in einem programmatischen Aufsatz kritisierte. *Metastaseis* markiert den Beginn seines eigenwilligen Weges, der sich keiner Schule oder Richtung zuordnen läßt. Bereits in dieser Komposition durchdringen sich musikalische und architektonische Vorstellungen: »Die Lösungen, die ich für meine architektonischen Probleme fand, waren von meinen musikalischen Forschungen, die ich bereits früher begonnen hatte, beeinflußt; zum Beispiel war *Metastaseis*, ein reines Musikwerk, richtungweisend für gewisse Schritte in der Architektur. So habe ich auch im Jahr 1956 den Philips-Pavillon für die Weltausstellung in Brüssel entwerfen können. Ich habe ihn nach den Hauptideen der Musik zu *Metastaseis* erbaut. Für diesen Pavillon hat Varèse die Musik geschrieben, Le Corbusier erregte Aufsehen damit, und von mir stammen sämtliche Pläne.«

Schon früh beschäftigte sich Xenakis auch mit elektronischer Musik, nachdem er in Paris das von Pierre Schaeffer geleitete akustische Versuchsstudio kennengelernt hatte. Einige Jahre später nutzte er die Möglichkeit, dort eigene Stücke zu realisieren, etwa *Diamorphes* (1957) und *Concret PH* (1958). Sein erstes Streichquartett erhielt den Titel *ST/4-1,080262* nach der Typenbezeichnung des Computers, mit dem er die Partitur ausgearbeitet hatte. 1966 gründete Xenakis ein eigenes elektronisches Studio, das »Centre d'Études de Mathématique et Automatique Musicales«. Hier wurde ein spezielles Computerprogramm (UPIC) entwickelt, mit dessen Hilfe Zeichnungen musikalisch umgesetzt werden konnten. In den siebziger Jahren zählte Xenakis zu den Mitbegründern des von Pierre Boulez in Paris initiierten musikalischen Forschungsinstituts »IRCAM«, gab diese Tätigkeit aber Anfang der achtziger Jahre wieder auf. Die Arbeiten mit dem elektronischen Medium erwiesen sich zwar als nützliche, aber begrenzte Experimente. Sie verwirklichten nicht die eigentlichen musikalischen Vorstellungen des Komponisten: »Meine kompositorisch-strukturellen Probleme waren nicht in ein elektroakustisches Studio zu übertragen und dort zu lösen, denn die Vielfalt, die Breite des Orchesterklangs ist viel größer, die Parameter sind im Zusammenhang mit ihm viel leichter zu handhaben und niederzuschreiben. Ich konnte meine Ideen und Experimente viel besser am Orchester als in einem elektronischen Studio kontrollieren.«

Xenakis arbeitete in seinen folgenden Kompositionen mit unterschiedlichen mathematischen Ansätzen, mit Modellen der Wahrscheinlichkeitsrechnung ebenso wie mit der Spieltheorie oder verschiedenen Ganzheitstheorien. Doch der Eindruck des klingenden Werks blieb davon erstaunlich unberührt. Xenakis benutzte eine spontan wirkende und leicht wiedererkennbare, immer wieder mit Glissandi, mit mikrotonalen Intervallen und Geräuschfeldern operierende Sprache, die er nach und nach ausdifferenzierte. Häufig orientierte er sich an Formen der belebten oder unbelebten Natur. In einigen Werken versuchte er die mathematische Symmetriestruktur von Kristallen musikalisch umzusetzen, so in *Nomos Alpha* für Violoncello solo oder *Nomos Gamma* für im Raum verteiltes Orchester.

Xenakis betont immer wieder, Künstler müßten sehr viel mehr wissen, als es gemeinhin der Fall sei. Ihm schwebt eine Art Universalgelehrter vor, der sich in allen Disziplinen auskennt und die unterschiedlichsten Ansätze und Theorien für seine künstlerische Produktion nutzt: »Künstler sollten universell sein. Das betrifft nicht nur die Musiker, sondern alle Künstler. Und diese Forderung entspringt keineswegs einer mehr oder weniger romantischen Attitüde, sondern wirklicher Notwendigkeit. Künstler haben zu tun mit Strukturen und Formen. Formen und Strukturen aber sind überall zu finden, in der Biologie, in der Paläontologie, in der Astrophysik und der Nuklearphysik. Sie liefern hervorragende Modelle, nicht um imitiert zu werden. Wohl aber, um anzuregen und eine Erschütterung hervorzurufen.«

In den sechziger Jahren konzentrierte sich Xenakis auf das Phänomen »Musik im Raum«, das er anhand verschiedener Orchesteraufstellungen zu untersuchen begann. Die Bewegung des Klangs bildet den Ausgangspunkt von *Terretektorh* für 88 im Raum verteilte Instrumentalisten und, mit noch größerem Aufgebot, in *Nomos Gamma* für 98 räumlich verteilte Spieler. Analog zu architektonischen Vorstellungen versucht Xenakis hier eine Dreidimensionalität des Klanges zu realisieren. Klangbahnen, Bewegungen in Kreisen, Bögen oder Geraden durchziehen den Raum, werden gebündelt oder überlagern sich gegenseitig. Ihn interessierte besonders der Übergang zwischen verschiedenen klanglichen Zuständen, oder, wie Xenakis sich ausdrückte, »die allmählichen oder explosionsartigen Übergänge von perfekter Ordnung in völliges Chaos«. Vor allem in den sechziger und siebziger Jahren hat Xenakis häufig auch mit optischen Phänomenen experimentiert. So sehen manche Partituren eine minutiöse, genau festgelegte Lichtregie vor.

Die Aufteilung des Orchesters in räumlich verteilte Einzelstimmen oder mehrere Gruppen findet sich später nur noch in einigen seiner großbesetzten Werke. Insbesondere seine sinfonischen Werke sind Energiestürme von geballter Wucht und monolithischer Kraft. Xenakis arbeitet mit Akkordschichtungen, die sich oft blockartig überlagern, Ketten von Glissandi und hämmernden Rhythmen, die sich bisweilen in verschiedenen Geschwindigkeiten überlagern und zu einem fast rauschartigen Klangfluß zusammenfinden, etwa in *Jonchaises* aus den siebziger oder *Ata* aus den späten achtziger Jahren. Wie auch in vielen anderen Werken gewinnt Xenakis in *Jonchaises* die Auswahl der Töne, indem er den Gesamtvorrat der Klangmöglichkeiten nach strengen Regeln gewissermaßen ›siebt‹. Die so entstehenden Skalen gleichen, geometrisch gesprochen, einer Geraden. Damit ist der Klangraum nicht, wie im tonalen, auf Oktaven aufbauenden System begrenzt, sondern prinzipiell unendlich. Die Struktur des Werkes erweist sich hingegen als relativ einfach und setzt sich aus vier kontrastierenden Teilen zusammen, die sich durch unterschiedliche Dichte und eine andere Instrumentation deutlich voneinander unterscheiden. Mit ähnlichen Mitteln arbeitet Xenakis auch in seinen kammermusikalischen Werken, wenngleich hier die klanglichen Möglichkeiten naturgemäß begrenzter sind.

Das archaisch anmutende, kraftvoll Zupackende, mitunter Eruptive vieler seiner Werke läßt den theoretischen Hintergrund seiner Kompositionen, den er in einer Vielzahl von Aufsätzen und Schriften dargelegt hat, häufig in Vergessenheit geraten. Xenakis selbst hat trotz aller Beschäftigung mit wissenschaftlichen Methoden immer wieder auf das vornehmlich Sinnliche seiner Arbeiten hingewiesen: »Der Hörer muß gepackt und, ob er will oder nicht, in die Flugbahnen der Klänge hineingezogen werden, ohne daß er darum eine spezielle Ausbildung bräuchte. Der sinnliche Schock muß ebenso eindringlich werden wie beim Anhören des Donners oder beim Blick in bodenlosen Abgrund.«

WERKE (Auswahl)

Metastaseis für Orchester (1953/54)
Pithoprakta für Orchester (1955/56)
Achorripsis für Kammerorchester (1956/57)
ST/4-1,080261 für Streichquartett (1956/62)
Diamorphes. Elektronische Musik (1957)
Concret PH. Musique concrète für Tonband (1958)
Duel. Spiel für zwei Orchester (1959)
Syrmos für 18 oder 36 Streicher (1959)
Herma für Klavier (1960/61)
ST/48-1,240162 für Orchester (1956/62)
ST/10-1,080262 für zehn Instrumente (1956/62)
Stratégie. Spiel für zwei Orchester (1962)
Eonta für Klavier und fünf oder zehn Blechbläser (1963/64)
Akrata für 16 Blasinstrumente (1964/65)
Oresteia. Szenische Musik zu Aischylos' Tragödie für gemischten Chor und Kammerensemble (1965/66)
Terretektorh für im Publikum verteiltes Orchester (1965/66)
Nomos Alpha für Violoncello solo (1966)
Nuits für zwölf Sänger (1967)
Nomos Gamma für im Publikum verteiltes Orchester (1967/68)
Anaktoria für Oktett (1969)

Persephassa für sechs das Publikum umfassende
   Schlagzeuger (1969)
Persepolis. Spectacle lumineux et sonore für
   achtkanaliges Tonband (1971)
Eridanos für Orchester (1973)
Erikhthon für Klavier und Orchester (1974)
Noomena für großes Orchester (1974)
Empreintes für Orchester (1975)
Psappha für Schlagzeug solo (1975)
Kottos für Violoncello solo (1977)
Jonchaises für großes Orchester (1977)
Ikhoor für Streichtrio (1978)
Pléïades für sechs Schlagzeuger (1978)
Anemoessa für Chor und Orchester (1979)
Aïs für Bariton, Schlagzeug und Orchester (1980)
Pour la paix für gemischten Chor, Sprecher und
   Tonband (1982)

Tetras für Streichquartett (1983)
Lichens für großes Orchester (1983)
Thalleïn für Kammerorchester (1984)
Alax für drei Ensembles gleicher Besetzung
   (1985)
Akea für Klavier und Streichquartett (1986)
Horos für Orchester (1986)
Xas für Saxophonquartett (1987)
Tracées für großes Orchester (1987)
Ata für großes Orchester (1987)
Waarg für 13 Instrumente (1988)
Echange für Baßklarinette und Ensemble (1989)
Tetora für Streichorchester (1990)
Roaï für Orchester (1991)
Mosaïques für Orchester (1993)
Dämmerschein für Orchester (1994)
Koïranoï für Orchester (1994)

ISANG YUN

»Wie weit ist für mich Korea, oder wie nah
ist Korea für mich von Berlin aus? Mit dieser
Frage lebe ich täglich, beim Komponieren,
beim Denken, beim Erinnern. Korea ist wirklich sehr, sehr weit. Trotzdem habe ich es
keine Minute vergessen. Denn diese räumliche Entfernung ist, besonders für einen
Asiaten, so flexibel und so leicht zu verkür-
zen, weil die Asiaten eine große intuitive
Kraft haben. So sind für mich dreißig Jahre

vergangen, aber die Erinnerung, wie ich dort gelebt habe, ist wie von gestern, so klar und so frisch ... Meine musikalische Quelle entspringt dort. Insofern ist Korea so weit und trotzdem so nah.«

So äußerte sich Isang Yun 1986 in einem Gespräch. Korea ist für ihn immer seine musikalische Heimat geblieben, obwohl er jahrzehntelang in Europa gelebt hat. Die Spannung zwischen diesen beiden Welten wurde zum Grundpfeiler seines gesamten kompositorischen Schaffens und machte ihn zum großen Mittler zwischen den asiatischen und europäischen Traditionen.

Geboren wurde Isang Yun als Sohn des Dichters Yun Ki-Hyon und eines Bauernmädchens am 17. September 1917 nahe der südkoreanischen, damals japanisch besetzten Hafenstadt Tong Yong. Dort besuchte er zunächst die chinesische Literaturschule und anschließend die Handelsschule. Nachdem Yun beschlossen hatte, Komponist zu werden, ging er nach Japan, wo er in Osaka Violoncello und Musiktheorie studierte. Nach kurzer Tätigkeit als Volksschullehrer in Korea ging er ein zweites Mal nach Japan und nahm in Tokyo Unterricht in Kontrapunkt und Komposition. Mit dem Eintritt Japans in den Zweiten Weltkrieg wurde er zum Arbeitsdienst gezwungen und wenig später wegen politischer Untergrundarbeit verhaftet, gefoltert, schließlich aber wieder freigelassen. Yun tauchte in Seoul unter, wo er mit dem Ende des Krieges auch die Befreiung Koreas von den japanischen Besetzern erlebte. Er unterrichtete an verschiede-

nen Musikschulen, ab 1954 auch an der Universität von Seoul, und beteiligte sich als Komponist am Aufbau des dortigen Musiklebens. Die noch in Korea entstandenen Kompositionen hat Yun später verworfen, sie gelten heute als verloren.

Als Isang Yun 1956 nach Paris ging, um am Conservatoire zu studieren, war er in seiner Heimat bereits ein angesehener Komponist. Ein Jahr später übersiedelte er nach Berlin, wo Boris Blacher und der Schönberg-Schüler Josef Rufer zu seinen Lehrern zählten. Hier machte sich der Komponist mit den Techniken der europäischen Avantgarde vertraut. Die Begegnung mit der europäischen Moderne löste in ihm zunächst große Verunsicherung aus. Über seinen ersten Besuch der Darmstädter Ferienkurse 1958 – es war das Jahr von John Cages skandalträchtigem Auftritt – schrieb er rückblickend: »Ich war schockiert, aber auch fasziniert. Denn die Entscheidungen, die ein Komponist in dieser Zeit treffen konnte, waren offener als je zuvor. In der verwirrenden Situation zwischen totaler Determination des musikalischen Materials einerseits, die die Objektivität und Authentizität der Werke garantieren sollte, und einer Indetermination andererseits, die im ›Prinzip Zufall‹ ein Höchstmaß an Freiheit sah, versuchte ich Fuß zu fassen.«

Yun schrieb zunächst hauptsächlich Kammermusikwerke, aber auch zwei Orchesterstücke, die Anfang der sechziger Jahre im Haus des Rundfunks in Berlin aufgeführt wurden. Seinen endgültigen, auch internationalen Durchbruch als Komponist in Europa begründete die Uraufführung von *Réak* 1966 während der Donaueschinger Musiktage. Schon hier findet sich die für Yun typische Kombination von avantgardistischen westlichen Techniken und Elementen der traditionellen koreanischen Musik. *Réak* bedeutet ›rituelle, festliche Musik‹, und so wie es bei traditioneller Hofmusik Brauch war, beginnt auch *Réak* mit Schlägen der Perkussionsinstrumente, zu denen sich eine koreanische Peitsche gesellt. Vieles in diesem Werk klingt fernöstlich: die ornamental wirkenden Flöten ebenso wie die Holzbläsergruppe, die den Klang der traditionellen chinesischen Mundorgel Sheng nachbildet. Nach und nach setzen die verschiedenen Instrumentengruppen ein. Hinter den unterschiedlich strukturierten Klangfeldern und -flächen treten die linearen Strukturen zurück. Satztechnisch geht Yun vom Prinzip der Variantenheterophonie aus: Mehrere Ausführende spielen die gleiche Melodie, jeweils mit kleinen Abweichungen, Verzierungen, Akzenten, Varianten. Dadurch zerfließen die einzelnen Stimmen zu einer einzigen, in sich differenzierten Linie. Immer wieder betonte Yun, der Einzelton sei der eigentliche Ausgangspunkt seines Komponierens: »Wenn in der Musik Europas erst die Tonfolge Leben gewinnt, ... lebt bei uns schon der Ton für sich. Man kann unsere Töne mit Pinselstrichen vergleichen im Gegensatz zur Linie des Zeichenstifts. Vom Anfang bis zum Verklingen ist jeder Ton Wandlungen unterworfen; vor allem wird die natürliche Vibration jedes Tones bewußt als Gestaltungsmittel eingesetzt.« Bereits der Einzelton, so Yun, folgt dem taoistischen Prinzip der ›Bewegung in der Unbewegtheit‹, wobei Yin und Yang als ruhende beziehungsweise belebende Elemente wirken. Diese Töne, auch Haupttöne genannt, strukturieren den musikalischen Satz. Ob umspielt, verschleiert oder verziert, bilden sie das Rückgrat des Werkes und die Grundsubstanz eines fließenden Klangstroms, den Yun aus der meist einstimmigen Musik seiner Heimat kannte und der ihm als Ideal vorschwebte.

Mit seinen Klangflächenkompositionen traf Yun Mitte der sechziger Jahre einen Nerv der Zeit. Ebenso wie etwa zur gleichen Zeit Ligeti oder Penderecki hatte er einen kompositorischen Ansatz gefunden, der aus der einsetzenden Krise des seriellen Komponierens herauszuführen versprach.

Da Yun sich von Deutschland aus für die Vereinigung von Nord- und Südkorea eingesetzt hatte, wurde er im Juni 1967 vom südkoreanischen Geheimdienst entführt, nach Seoul verschleppt, inhaftiert, gefoltert und zu lebenslanger Haft verurteilt. Internationale Proteste erwirkten nach zwei Jahren seine Freilassung, so daß er nach Deutschland zurückkehren konnte. 1970 wurde er als Professor für Komposition an die Berliner Hochschule der Künste berufen, wo er bis zu seiner Emeritierung 1985 unterrichtete. Ein Jahr später nahm er die deutsche Staatsbürgerschaft an.

Bereits 1965 war seine erste Oper *Der Traum des Liu-Tung* entstanden. Ende der sechziger, Anfang der siebziger Jahre schrieb er weitere Werke für das Musiktheater: *Die Witwe des Schmetterlings*, *Geisterliebe* und *Sim Tjong*, eine koreanische Legende, die er für die Feierlichkeiten während der Olympischen Spiele in München 1972 komponierte. Diese Opern vermitteln in gewisser Weise zwischen den eher abstrakten frühen Werken und den stärker programmatischen Kompositionen der späten siebziger Jahre. Mit ihnen geht ein deutlicheres politisches Engagement des Komponisten einher, der sich immer wieder für die Demokratisierung in Südkorea einsetzte. Viele seiner Instrumentalkonzerte versah Yun zum Teil auch mit konkreten programmatischen Angaben. Kindheit, Jugend, Gefängniszeit werden hier musikalisch aufgearbeitet. Dem Soloinstrument als lyrischem Ich steht etwa im *Cellokonzert* das Orchester als mitunter feindliche Außenwelt gegenüber. Diese programmatische Ausrichtung bedingte auch eine Wandlung der musikalischen Sprache. Melos und eine geglättete Harmonik bestimmen hier den musikalischen Satz. Das Klangflächenhafte der früheren Kompositionen wird nun von einer traditionellen Formkonzeption überdeckt. »In meiner Musik bis zur Mitte der siebziger Jahre waren die atonalen Elemente stärker; erst seitdem, um der Sprache mehr Menschlichkeit zu geben, habe ich diese atonale Tonauswahl möglichst reduziert, und oft stehe ich an der Schwelle zwischen Atonalität und Tonalität.«

Nach einer Reihe von Werken für unterschiedliche Soloinstrumente wandte sich Isang Yun ab 1982 der Sinfonie zu. Auch hier lösen zumeist programmatische Vorstellungen den Kompositionsprozeß aus und finden ihren Niederschlag in einer bildhaften Sprache und einem eher narrativen Gestus. Auch wenn die insgesamt fünf Sinfonien nicht als Zyklus konzipiert wurden, liegen ihnen doch ähnliche Ideen zugrunde. Handelt die *1. Sinfonie* in der Form einer Rede an die Menschheit von politischen Problemen der Gegenwart wie der Zerstörung der Umwelt und der Gefährdung des Friedens, so ist die *4. Sinfonie* »den Frauen, die in Kriegsgebieten mit ihren Kindern der Gewalt wehrlos ausgeliefert sind, den jungen Mädchen, die mit mehr oder weniger offizieller Duldung zur Prostitution gezwungen sind, den Arbeiterinnen, die im Schatten des Wirtschaftswunders als moderne Arbeitssklavinnen elementarer Menschenrechte beraubt werden«, gewidmet. Dem Zyklus sinfonischer Arbeiten liegt Yuns Weltsicht als semantische Basis zugrunde. Sanglichkeit und Emotionalität drängen den Einsatz avantgardistischer Techniken immer weiter zurück. Verständlichkeit und Harmonie wurden Yun im Alter zunehmend wichtiger: »Die Menschen sind von der Erde abhängig, die Erde vom Himmel und der Himmel vom Tao. Der Mensch ist im Grunde genommen zu kurz-

lebig und zu ohnmächtig, und was er gegenwärtig treibt, ist im Hinblick auf die Größe der Natur geradezu lächerlich. Und so habe ich angefangen, aus der großen Sprache der Natur etwas Musik zu machen.«

Isang Yun starb am 3. November 1995 in Berlin.

WERKE (Auswahl)

Fünf koreanische Lieder für hohe Stimme und Klavier (1941/48)
Musik für sieben Instrumente (1959)
Bara für Orchester (1960)
Symphonische Szene für Orchester (1960)
Loyang für Kammerensemble (1962)
Garak für Flöte und Klavier (1963)
Fluktuationen für Orchester (1964)
Om mani padme hum für Soli, Chor und Orchester (1964)
Der Traum des Liu-Tung. Oper in einem Vorspiel, vier Traumbildern und einem Nachspiel (1965)
Réak für großes Orchester (1966)
Die Witwe des Schmetterlings. Oper in einem Akt (1967/68)
Ein Schmetterlingstraum für gemischten Chor und Schlagzeug (1968)
Geisterliebe. Oper in zwei Akten (1969/70)
Namo für drei Soprane und Orchester (1971)
Dimensionen für großes Orchester mit Orgel (1971)
Sim Tjong. Koreanische Legende in zwei Akten mit Vor- und Zwischenspiel (1971/72)
Konzertante Figuren für kleines Orchester (1972)
Ouvertüre für großes Orchester (1973)
An der Schwelle. Sonette für Bariton, Frauenchor, Orgel und andere Instrumente (1975)
Konzert für Violoncello und Orchester (1975/76)
Königliches Thema für Violine solo (1976)
Konzert für Flöte und kleines Orchester (1977)
Doppelkonzert für Oboe und Harfe mit kleinem Orchester (1977)
Muak. Tänzerische Fantasie für großes Orchester (1978)
Teile dich Nacht für Sopran und Kammerensemble (1980)

Konzert für Violine und Orchester Nr. 1 (1981)
Sinfonie Nr. 1 (1982/83)
Konzert für Violine und Orchester Nr. 2 (1983/86)
Sinfonie Nr. 2 (1984)
Sinfonie Nr. 3 (1985)
Sinfonie Nr. 4 »Im Dunkeln singen« (1986)
Mein Land, mein Volk! Koreanische Kantate für
    Soli, Chor und Orchester (1986/87)
Sinfonie Nr. 5 mit Bariton solo (1987)
Kammersinfonie Nr. 1 (1987)
Kammersinfonie Nr. 2 »Den Opfern der Freiheit«
    (1989)

Konturen für großes Orchester (1989)
Konzert für Oboe d'amore und Orchester (1990)
Bläserquintett (1991)
Konzert für Violine und kleines Orchester Nr. 3
    (1992)
Sieben Etüden für Violoncello solo (1993)
Bläseroktett (1994)
Engel in Flammen. Memento für Orchester mit
    Epilog für Sopran, dreistimmigen Frauenchor
    und fünf Instrumente (1994)
Quartett für Oboe und Streichtrio (1994)

ALEXANDER VON ZEMLINSKY

»Er war mein Lehrer, ich wurde sein Freund, und er ist in den vielen Jahren, die seither vergangen sind, derjenige geblieben, dessen Verhalten ich mir vorzustellen versuche, wenn ich einen Rat brauche.«

Diese Huldigung von Arnold Schönberg an seinen Lehrer Alexander von Zemlinsky zeigt, wie viel jener seinem Mentor zu verdanken hatte. Doch während Schönbergs Œuvre schon bald Weltgeltung erlangte und die Entwicklung der Musikgeschichte im 20. Jahrhundert maßgeblich mitbestimmte, fiel das Schaffen seines Lehrers dem Vergessen anheim und ist trotz einer gewissen Renaissance seit den siebziger Jahren noch immer im Musikleben kaum präsent. Verantwortlich dafür sind vielfältige Ursachen, die von der unglücklichen, durch die politischen Unbilden des 20. Jahrhunderts beeinflußten biographischen Entwicklung bis zu kompositionstechnischen Besonderheiten reichen.

Alexander von Zemlinsky gehörte zu den treibenden Kräften der Moderne im Wien der Jahrhundertwende. Als Mittler, der die Traditionen von Brahms und Wagner an die junge Generation weitergab, fühlte er sich selbst der musikalischen Fortschrittspartei verpflichtet. Aufgewachsen mit der Musik der Spätromantik, gelang es ihm, sich von den übermächtigen Vorbildern zu lösen und eine eigenständige musikalische Sprache zu entwickeln, die zwar die Grenze zur Atonalität nicht überschritt, durch eine raffinierte Variantentechnik in der Nachfolge von Brahms und einen durchchromatisierten Satz Wagnerscher Prägung dennoch neue Möglichkeiten erprobte.

Zemlinsky, der am 14. Oktober 1871 als Sohn polnischer Eltern in Wien geboren wurde, erhielt schon in jungen Jahren ersten Musikunterricht und nahm bereits als Dreizehnjähriger ein Klavierstudium am Konservatorium seiner Heimatstadt auf. Ab 1889 besuchte er den Kompositionsunterricht bei Robert und Johann Nepomuk Fuchs. Seine ersten Kompositionen stießen auf reges Interesse, und zu seinen Förderern gehörte bald auch Johannes Brahms, dessen kammermusikalisches Werk den kompositorischen Ausgangspunkt für den jungen Zemlinsky bildete. Noch während seines Studiums gewann er mehrere Preise. Seine Stücke wurden in Wien von den angesehensten Interpreten gespielt, und schließlich setzte sich auch Gustav Mahler für den jungen Komponisten ein. Vor allem der Wiener Tonkünstlerverein bot ein Forum für die Aufführung seiner Werke, die dort auch mehrfach prämiert wurden. Besondere Aufmerksamkeit erzielte seine erste Oper *Sarema* auf ein Libretto seines Vaters, für die Zemlinsky mit dem Luitpold-Preis ausgezeichnet wurde. Für seine frühe *2. Sinfonie* erhielt er wenig später den renommierten Beethoven-Preis. In Werken wie dem *Klarinettentrio* und dem *1. Streichquartett* unternahm Zemlinsky den Versuch, die ausgefeilte motivisch-thematische Arbeit, wie sie das Spätwerk von Brahms kennzeichnet, auf seine eigenen Kompositionen zu übertragen.

1896 lernte Zemlinsky den nur drei Jahre jüngeren Arnold Schönberg kennen, der als Cellist in dem von ihm geleiteten Orchesterverein »Polyhymnia« mitwirkte. Es war weniger das interpretatorische Talent Schönbergs als vielmehr dessen kompositorische Begabung, die Zemlinsky dazu bewog, Schönberg als Schüler anzunehmen. Von da an unterstützte er den jungen Komponisten tatkräftig, indem er zum Beispiel die erste öffentliche Aufführung eines Werkes von Schönberg leitete. Kompositorisch gingen Lehrer und Schüler später verschiedene Wege. Während sich Schönberg immer mehr den experimentelleren, die Tradition sprengenden Ansätzen zuwandte, entwickelte Zemlinsky eine Detailarbeit, die aus kleinsten thematischen Zellen ganze Stücke entwickelte und sie wie ein Netzwerk durchzog. Dieses im Grunde von Brahms abgeleitete Verfahren hat Alma Mahler, die Zemlinskys Geliebte war, bevor sie ihn verließ und Gustav Mahler heiratete, einmal so beschrieben: »Er nahm ein kleines Thema gleichsam in seine geistigen Hände, knetete es, formte es in unzähligen Varianten.« Das trifft auch auf eines der Hauptwerke von Zemlinsky zu, das zwischen 1913 und 1915 entstandene *2. Streichquartett*. Hier leitete der Komponist das gesamte thematische Material des mehr als 1200 Takte umfassenden Werkes aus einem kurzen Eingangsmotiv, dem allerersten Takt, ab. Diese strenge motivische Disposition sowie das ökonomische Arbeiten mit einem beschränkten Grundmaterial charakterisieren Zemlinskys Werke. Auch Arnold Schönberg hat diese Technik aufgegriffen und später in seinem Aufsatz *Brahms, der Fortschrittliche* diesem als Verdienst zugewiesen. Zemlinsky widmete sein zweites Streichquartett denn auch Schönberg. Sein wenn auch nicht unproblematisches Zugehörigkeitsgefühl zur musikalischen »Fortschrittspartei« Wiens belegen seine Worte in dem Widmungsbrief an Schönberg: »Ich gehöre eben doch zu euch, auch wenn ich anders bin.«

Allein vom Komponieren konnte Alexander von Zemlinsky nicht leben. Deshalb entschloß er sich, eine Karriere als Dirigent zu beginnen. Seine Kapellmeisterlaufbahn nahm er mit einem ihm eher widerwärtigen Engagement als Operettendirigent am Carltheater auf. Vom Theater an der Wien kam er 1904 an die Wiener Volksoper, an der er erste Erfolge als Dirigent verzeichnen konnte. Gustav Mahler holte Zemlinsky schließlich 1907 als Kapellmeister an die Wiener Hofoper, doch nach Mahlers Entlassung konnte sich auch Zemlinsky dort nicht länger behaupten.

1910 vollendete Alexander von Zemlinsky seine musikalische Komödie *Kleider machen Leute* nach der gleichnamigen Erzählung von Gottfried Keller. Das Musiktheater bildete einen Schwerpunkt in seinem Schaffen. Er hinterließ etwa ein Dutzend Werke für diese Gattung, zum Teil auch als Fragmente. Dabei wählte er stets neue dramaturgische Ansätze, so daß sich jedes seiner Bühnenwerke von den vorausgegangenen Arbeiten unterscheidet.

1911 ging Alexander von Zemlinsky nach Prag, wo er in den folgenden sechzehn Jahren die musikalische Leitung des Deutschen Landestheaters innehatte. Hier machte er sich nicht nur als Dirigent der Opern von Mozart, Strauss und Wagner einen Namen, er brachte auch zahlreiche Werke seines ehemaligen Schülers Schönberg zur Aufführung. Außerdem lehrte Zemlinsky Komposition an der Deutschen Musikakademie und leitete den dortigen »Verein für musikalische Privataufführungen«, einen Ableger der von Schönberg in Wien gegründeten Institution. Obwohl ihm in Prag zeitweilig einige Schüler von Schönberg als Mitarbeiter zur Verfügung standen, unter ihnen etwa Anton Webern und Victor Ullmann, fühlte sich Zemlinsky vom künstlerischen Leben Wiens abgeschnitten. Zudem war er seinem Wesen nach eher introvertiert und zurückhaltend. Er konnte sich selbst und sein Schaffen weder offensiv verteidigen noch kämpferisch auftreten wie etwa Schönberg. Dadurch geriet er als Komponist immer mehr in den Schatten der jüngeren Generation, wie er in einem Brief an Alma Mahler einmal konstatierte: »Mir fehlt sicherlich das gewisse Etwas, das man haben muß

– und heute mehr denn je – um ganz nach vorne zu kommen. In einem solchen Gedränge nützt es nichts Ellbogen zu haben, man muß sie auch zu gebrauchen wissen.« Dennoch zählen die Prager Jahre zu seiner kompositorisch ergiebigsten Zeit. Neben dem zweiten Streichquartett schrieb er dort auch den Zyklus der *Maeterlinck-Gesänge* op. 13 sowie sein sinfonisches Hauptwerk, die *Lyrische Sinfonie* für Sopran, Bariton und Orchester. Auch hier offenbart sich wieder die Mittlerrolle des Komponisten zwischen den Generationen. Denn einerseits bezieht sich Zemlinsky formal und ästhetisch deutlich auf das *Lied von der Erde* Gustav Mahlers, andererseits berief sich Alban Berg später in seiner *Lyrischen Suite* in Form eines Zitats auf das Werk von Zemlinsky.

In Prag entstanden auch weitere Arbeiten für das Musiktheater, so die Einakter *Eine florentinische Tragödie* und *Der Zwerg*, nach Erzählungen von Oscar Wilde. Auch sie gerieten wie seine anderen musikdramatischen Werke relativ bald in Vergessenheit und werden, von Ausnahmen abgesehen, bis heute nur äußerst selten gespielt.

1927 ging Zemlinsky als zweiter Dirigent neben Otto Klemperer an die Berliner Krolloper, wo er bis 1930 blieb. Zudem unterrichtete er an der Berliner Musikhochschule, bis ihn die Nationalsozialisten nach ihrer Machtübernahme 1933 zur Rückkehr nach Wien zwangen. Die Ironie des Schicksals wollte es, daß ihm gerade zu dieser Zeit die Züricher Uraufführung seiner großen Oper *Der Kreidekreis* auf eine Nachdichtung Klabunds nach einer chinesischen Vorlage den größten Erfolg seines Lebens bescherte. Zunächst war eine simultane Premiere in Berlin, Frankfurt, Köln und Nürnberg vorgesehen gewesen, doch die nationalsozialistischen Kulturfunktionäre hatten das Stück abgesetzt. In Deutschland waren die Werke Zemlinskys, der jüdischen Glaubens war, fortan verboten. Es kam 1934 noch zu einzelnen Aufführungen des *Kreidekreises*, etwa in Stettin, Coburg und – in Folge einer Kontroverse zwischen Göring und Goebbels – sogar an der Berliner Staatsoper. An einen dauerhaften Erfolg, mit dem Zemlinsky fest gerechnet hatte, war aber nicht mehr zu denken. Mit dem *Kreidekreis* schlug Zemlinsky stilistisch neue Wege ein. Die thematisch bedingten, naheliegenden Elemente einer ›östlichen‹ Musik mit pentatonischen Skalen und einer Betonung der Flötenpartie kombinierte er mit Modellen der Unterhaltungsmusik der zwanziger Jahre, songähnlichen Abschnitten und Elementen des Jazz. Letzteres verbindet ihn mit seinem jüngeren Zeitgenossen Kurt Weill, dem dieses Sujet sicher auch gelegen hätte. Vielfältig gestaltete Zemlinsky hier vor allem die Abstufungen zwischen Sprache und Musik: Rezitation, reines Sprechen, Sprechgesang, Deklamation und Gesang boten eine breite Palette von Ausdrucksmöglichkeiten, die der Komponist äußerst differenziert einsetzte. Unter anderen politischen Umständen wäre der *Kreidekreis* sicherlich zum Erfolgsstück avanciert.

Zemlinsky zog sich 1933 gezwungenermaßen nach Wien zurück, wo er an seiner letzten Oper *König Kandaules* nach einem Text von André Gide arbeitete. Doch auch dort holten ihn die nationalsozialistischen Machthaber schließlich ein. Nach der Annexion Österreichs floh Alexander von Zemlinsky über Prag in die Vereinigten Staaten, wo ihn schon bald ein Schlaganfall ans Krankenbett fesselte. Völlig vereinsamt starb er am 15. März 1942 in Larchmont (New York).

Zemlinskys Werke gerieten bald in Vergessenheit, was nicht an der Qualität seiner Werke lag, sondern eher ein zeitgeschichtliches Phänomen zu sein scheint. Zum einen wurden vom Nationalsozialismus verfemte Werke nicht unbedingt nach 1945 rehabilitiert. Zum anderen orientierte sich die Avantgarde der Nachkriegszeit an Schönberg und vor allem an Webern. Andere, weniger avantgardistisch ausgerichtete Komponisten fielen durch das grobmaschige Netz des Musikbetriebs, so auch Alexander von Zemlinsky. In den Konzertprogrammen finden sich aber inzwischen zaghafte Anzeichen für seine Wiederentdeckung. So kam 1996 die vollständige Fassung des *König Kandaules* in Hamburg zur Uraufführung, die 1997 in Wien nachgespielt wurde.

WERKE (Auswahl)

Sinfonie Nr. 1 d-Moll (1891)
Ländliche Suite für Klavier op. 1 (1892)
Sarema. Oper in drei Akten (1895)
Suite für Violine und Klavier A-Dur (1895)
Streichquintett d-Moll (1895)
Streichquartett Nr. 1 A-Dur op. 4 (1895)
Der alte Garten für Gesang und Orchester (1895)
Trio für Klarinette, Violoncello und Klavier d-Moll op. 3 (1896)
Gesänge für Singstimme und Klavier op. 5 (1896)
Frühlingsglaube für Chor und Streicher (1896)
Frühlingsbegräbnis für Soli, Chor und Orchester (1896)
Sinfonie Nr. 2 B-Dur (1896/97)

Es war einmal. Oper in einem Vorspiel und drei Akten (1897/99)
Das gläserne Herz. Ballett (1900/04)
Sinfonie Nr. 3 Es-Dur (1903)
Die Seejungfrau. Fantasie für Orchester (1903)
Der Traumgörge. Oper in zwei Akten und einem Nachspiel (1904/06)
Kleider machen Leute. Musikalische Komödie in einem Vorspiel und drei Akten (1908)
Der 23. Psalm für Chor und Orchester op. 14 (1910)
Sechs Gesänge für Singstimme und Klavier nach Texten von Maeterlinck op. 13 (1910/13)
Streichquartett Nr. 2 op. 15 (1913/15)
Eine florentinische Tragödie. Oper in einem Aufzug op. 16 (1915/16)
Der Zwerg. Tragisches Märchen für Musik in einem Akt op. 17 (1920/21)
Lyrische Symphonie für Sopran, Bariton und Orchester op. 18 (1923)
Streichquartett Nr. 3 op. 19 (1923)
Symphonische Gesänge für Singstimme und Orchester op. 20 (1929)
Der Kreidekreis. Oper in drei Akten (1932)
Sinfonietta op. 23 (1934)
König Kandaules. Oper, Instrumentation nicht vollendet (um 1935)
Der 13. Psalm für Chor und Orchester op. 24 (1935)
Streichquartett Nr. 4 (Suite) op. 25 (1936)
Zwölf Lieder für Gesang und Klavier op. 27 (1936)

BERND ALOIS ZIMMERMANN

»Vergangenheit, Gegenwart und Zukunft
sind, wie wir wissen, lediglich in ihrer Erscheinung als kosmische Zeit an den Vorgang der Sukzession gebunden. In unserer
geistigen Wirklichkeit existiert diese Sukzession jedoch nicht, was eine realere Wirklichkeit besitzt als die uns wohlvertraute Uhr,
die ja im Grunde nichts anderes anzeigt, als

daß es keine Gegenwart im strengen Sinne gibt. Die Zeit biegt sich zu einer Kugelgestalt zusammen. Aus dieser Vorstellung der Kugelgestalt der Zeit habe ich meine, von mir in Anlehnung an den philosophischen Terminus so genannte pluralistische Kompositionstechnik entwickelt, die der Vielschichtigkeit unserer musikalischen Wirklichkeit Rechnung trägt.«

Diese Passage aus Bernd Alois Zimmermanns Aufsatz *Vom Handwerk des Komponisten* (1968) beschreibt den gedanklichen Ausgangspunkt seiner Arbeit. In der »Kugelgestalt der Zeit« – später sprach er auch von der »Pluralität der Zeit« – verband er Vergangenheit, Gegenwart und Zukunft. Mit Hilfe von Zitaten und Collagen vergangener oder zukünftiger Musik strebte Zimmermann ein Vertauschen und gegenseitiges Durchdringen verschiedener Zeitschichten an. Die Strukturierung der Zeit zählte zu den zentralen Themen in der Musik der fünfziger Jahre, mit der sich viele Komponisten beschäftigten. Zimmermanns Vorstellungen von der Kugelgestalt der Zeit entstanden etwa zur gleichen Zeit wie Karlheinz Stockhausens berühmter Aufsatz *. . . wie die Zeit vergeht . . .*, in dem dieser theoretische Überlegungen zur zeitlichen Struktur seiner Musik dargelegt hat.

Bernd Alois Zimmermann wurde am 20. März 1918 in Bliesheim bei Köln geboren. Zunächst wollte er Volksschullehrer werden, entschied sich aber bald für die Musik und wechselte an die Kölner Musikhochschule. 1939 wurde er zur Wehrmacht eingezogen und nahm an den Feldzügen in Polen, Frankreich und Rußland teil. Wegen einer chronischen Hauterkrankung wurde er beurlaubt. 1942 begann er an der Kölner Universität Musikwissenschaft zu studieren. Bereits in den letzten Kriegsjahren waren im kleinen Kreis seine ersten, vom Neoklassizismus geprägten Kompositionen zu hören. Nach Kriegsende setzte er sein Studium an der Kölner Musikhochschule fort. Zu seinen Lehrern zählten dort Heinrich Lemacher in Musiktheorie und Philipp Jarnach im Fach Komposition.

Nach Abschluß des Schulmusikstudiums gestaltete sich seine Laufbahn als Komponist zunächst äußerst schwierig. Deutschland lag in Trümmern, für die Kultur fehlte das Geld. Zimmermann arrangierte Unterhaltungsmusik für den Sender Frankfurt sowie den Nordwestdeutschen Rundfunk Köln und schrieb Musik für Schulfunksendungen und Hörspiele.

Von 1948 bis 1950 besuchte er regelmäßig die »Darmstädter Ferienkurse für neue Musik«, damals das wichtigste Forum der musikalischen Avantgarde in Westeuropa. Doch bald zeigte sich, daß Zimmermann aus verschiedenen Gründen nicht zur »Darmstädter Schule« um Karlheinz Stockhausen und Pierre Boulez paßte. Der damals Dreißigjährige sah sich selbstironisch als den »Ältesten unter den jungen Komponisten«, denn kriegsbedingt war er in der Tat etwa zehn Jahre älter als die damals junge Generation mit Henze, Stockhausen oder Nono. Außerdem lehnte er jegliche Art von Dogmatisierung ab, wie sie die Serialisten damals propagierten. Bei seinen Besuchen in Darmstadt orientierte sich Zimmermann vorwiegend an Vertretern der älteren Generation wie zum Beispiel Karl Amadeus Hartmann und Luigi Dallapiccola.

Die ersten Aufführungen seiner Werke fanden fast ausnahmslos in Köln statt, zunächst in privatem Kreis, später auch im Rahmen von Hochschulkonzerten. 1950 wurde beim Südwestfunk in Baden-Baden sein *Violinkonzert* uraufgeführt, das innerhalb weniger Jahre gleich mehrere Geiger in ihr Repertoire übernahmen. Es war Zimmermanns erster größerer Erfolg. Zusammen mit einem Werk Rudolf Wagner-Régenys bildete es den offiziellen deutschen Beitrag beim Fest der Internationalen Gesellschaft für Neue Musik in Salzburg 1951. Das Werk markiert einen Wendepunkt in Zimmermanns Schaffen. Denn obwohl die Anlage der Sätze mit Sonata, Fantasia und Rondo ganz dem klassisch-romantischen Konzerttypus verpflichtet ist und insbesondere das Rondo noch deutliche Einflüsse des Neoklassizismus erkennen läßt, ist der zwölftönig gehaltene Mittelsatz ein frühes Zeugnis für Zimmermanns intensive Auseinandersetzung mit der Musik der Zweiten Wiener Schule. Außerdem zitiert er in diesem gewichtigsten Satz des Werkes an drei Stellen die Dies-irae-Sequenz aus der katholischen Totenmesse und setzte damit eine Technik ein, die er später zur höchsten Kunst entwickeln sollte.

Nach diesem ersten Erfolg erhielt Zimmermann zunehmend Kompositionsaufträge, meist von Rundfunksendern, so daß sich die prekäre finanzielle Situation des Komponisten, der sich mit Arrangements, Hörspielmusiken und Unterhaltungsmusik notdürftig über Wasser hielt, etwas entspannte. Ein glückliches Interim bot ihm 1957 ein halbjähriges Stipendium in der neueröffneten Villa Massimo in Rom. Dort fand er nach langem Suchen mit der Tragikomödie *Die Soldaten* von Jakob Michael

Lenz, einem Hauptwerk der Sturm-und-Drang-Dichtung, die Vorlage für seinen lange gehegten Opernplan. Zurück in Köln, sehnte sich Zimmermann einerseits nach der Sicherheit einer festen Anstellung, andererseits schreckte ihn die Vorstellung ab, nicht mehr genügend Zeit zum Komponieren zu haben. Als ihm Mitte der fünfziger Jahre eine Stelle als Kompositionslehrer an der Musikhochschule in Detmold angeboten wurde, lehnte er ab: »Ich bin ein unruhiger Geist, und obzwar die Sehnsucht nach Ruhe, Existenzsicherung und Bereitstellung einer ausbalancierten Arbeitsbasis mich jeden Tag aufs neue überkommt und manchmal überwältigt, vermag ich mich dieser Unruhe nicht zu entziehen, und ich muß sogar gestehen, daß sie für mich ein Stimulans zwar nicht geliebter, aber doch unentbehrlicher Art ist.« 1958 entschloß er sich dann doch, eine Professur an der Kölner Musikhochschule anzunehmen.

Nach seiner Rückkehr aus Rom war Zimmermann fast ausschließlich mit der Komposition seiner Oper *Die Soldaten* beschäftigt. Noch während der Arbeit führten Gerüchte hinsichtlich der szenischen Unaufführbarkeit der Oper zur Absetzung des Werks durch den Kölner Intendanten Fritz Schuh und den Generalmusikdirektor Wolfgang Sawallisch. Das vorläufige Scheitern des Projekts stürzte den Komponisten in eine schwere Krise. Die Aufführung der äußerst komplizierten *Dialoge* für zwei Klaviere und Orchester und vor allem der konzertanten Vokalsinfonie *Die Soldaten* im Mai 1963 ebneten schließlich den Weg zur szenischen Aufführung, die für 1965 in Köln angesetzt wurde.

Trotz aller Rückschläge erwiesen sich die frühen sechziger Jahre für Zimmermann als recht produktive Zeit, auch wenn seine Kompositionen nur selten auf Zustimmung stießen. Sowohl sein Klaviertrio *Présence* als auch seine *Sonate für Violoncello solo*, die inzwischen unbestreitbar zu den wichtigsten Werken der Sololiteratur für dieses Instrument zählt, fanden nur spärliche Resonanz. Die vom Südwestfunk in Auftrag gegebenen *Antiphonen* für Viola und kleines Orchester kamen erst gar nicht zur Aufführung, da sich die Orchestermusiker hartnäckig weigerten, auch Sprechpartien zu übernehmen. Daß er kein einfacher Komponist war, das wußte Zimmermann selbst. So schrieb er etwa an Heinrich Strobel, den Auftraggeber der *Antiphonen*: »Für Sie wird vielleicht meine ›Widerborstigkeit‹, die mich offensichtlich wie ein Firmenschild unter Musikern begleitet, Anlaß zu Unmut gegeben haben. Aber Widerborstigkeit wird unvermeidlich da auftreten, wo unerschütterliche Überzeugungen von Recht und Richtigkeit kompositorischer Handlungen und des daraus abgeleiteten Standpunktes sich geltend machen, und kompositorische Kompromißlosigkeit ist wahrscheinlich ohnehin nicht mit gesellschaftlicher Flexibilität zu verbinden. Und da ich ohnehin zwischen den Schulen und Richtungen stehe und diese Unabhängigkeit mir in ungebrochener Linie bis heute bewahrt habe und auch zu bewahren gedenke, sitze ich naturgegebenerweise ständig zwischen den Stühlen.«

Im Herbst 1963 reiste Zimmermann erneut nach Rom, wo er, unterstützt durch ein Stipendium, in der Villa Massimo die Partitur der *Soldaten* vollenden konnte. Daneben schrieb er weitere Werke wie die große Flötensonate *Tempus loquendi* und die *Monologe*, eine Fassung der *Dialoge* für zwei Klaviere. Die Uraufführung der *Soldaten* unter der Leitung von Michael Gielen am 15. Februar 1965 in der Kölner Oper wurde ein grandioser Erfolg. Doch für die psychische Situation des zeitweilig unter schweren Depressionen leidenden Zimmermann brachte sie kaum Erleichterung.

Die Soldaten gelten heute als eines der wichtigsten musikdramatischen Werke nach Alban Bergs *Wozzeck*. Zimmermann war von Lenz' *Soldaten,* einer dramatischen Schilderung von Intrigen, Mord und Vergewaltigung, unmittelbar fasziniert: »Das, was mich an dem Stück begeistert, ist nicht so sehr das Klassendrama, der soziologische Aspekt oder die soziale Kritik, die unüberhörbar und auf ihre Weise großartig in dem Stück enthalten sind, sondern der Umstand, wie hier in einer exemplarischen Situation nicht etwa so sehr durch das Schicksal bedingt als vielmehr durch die schicksalhafte Konstellation der Charaktere und Umstände, so wie sie sind, Menschen, wie wir sie zu allen Zeiten und jeden Tag treffen können, unschuldig im Grunde, vernichtet werden. Das geschieht mit den Mitteln einer dichterischen Sprache, die nach meiner Meinung ungemein plastisch ist und vor allem mit den Mitteln eines dramatischen Aufbaus, der kaum seinesgleichen hat.«

Zimmermanns Gespür für dramatische Konstellationen paart sich hier mit einer expressiven musikalischen Sprache, die für die Opernbühne wie geschaffen erscheint. Trotz der avanciertesten kompositorischen Mittel gelingt es ihm, die Handlung deutlich strukturiert zu transportieren. Seine von ihm selbst so genannte »pluralistische Kompositionstechnik« erreicht in den *Soldaten* ihren unbestrittenen Höhepunkt. Die Simultaneität von Vergangenheit, Gegenwart und Zukunft spiegelt sich hier unter anderem im gleichzeitigen Ablauf verschiedener Szenen des Dramas wider. Zimmermann zog die ursprünglich 35 Szenen des Schauspiels von Lenz auf 15 Szenen zusammen und erreichte dadurch eine außergewöhnliche Verdichtung des Geschehens. Wie zuvor bei den *Dialogen* überarbeitete Zimmermann die Partitur noch gründlich vor der Uraufführung, um vor allem aufführungspraktische Schwierigkeiten zu beseitigen. An den Dirigenten Michael Gielen schrieb er: »Wie Sie aus den fotokopierten Partiturteilen ersehen, zielt meine Umarbeitung auf eine aufführungspraktische Vereinfachung ab: die Notation ist in einfachste Form gebracht, und ich verschweige nicht, daß der komplizierteste Teil dieser Arbeit darin bestand, die sehr komplizierten Zeitverläufe der Oper unter ›normale‹ Takte unterzubringen. Der Komponist Gielen wird unschwer ermessen können, welche ›Schweinearbeit‹ das bedeutet, aber der Dirigent Gielen wird es mir gewiß danken.«

Das Werk basiert auf einer zwölftönigen All-Intervallreihe, aus deren Permutationen Zimmermann alle wesentlichen motivischen Strukturen der Oper ableitet. Eine Vielzahl von Zeitschichten, die sich häufig überlagern, tragen gewissermaßen sein pluralistisches Konzept. So entsteht ein grandioses Panorama, das so gut wie alle Möglichkeiten zeitgenössischen Komponierens im Sinne des Dramas nutzbar macht.

1965 wurde Zimmermann Mitglied der Akademie der Künste in Berlin, ein Jahr später ehrte ihn die Stadt Köln mit der Verleihung des Kunstpreises. Für die Aufnahme in die Berliner Akademie komponierte Zimmermann in Form einer grotesken Collage ein Werk schwärzesten Humors, die *Musique pour les soupers du Roi Ubu*. Zimmermann selbst hat dieses *Ballet noir en sept parties et une entrée* einmal »ein infernalisches MERZbild unserer kulturellen und politischen Gegenwart« genannt. Merz spielt dabei auf die dadaistischen Arbeiten von Kurt Schwitters an, denen Zimmermann hier musikalisch zu entsprechen versuchte. Zu Inhalt und Hintergrund äußerte er: »Es handelt sich dabei um ein ›Ballet noir‹, welches anläßlich eines Festbanketts am Hofe Ubus gespielt wird. Die Akademie des betreffenden Landes, in dem das Stück spielen soll, wird

von Ubu zum Bankett zitiert – und zum Schluß in der ›Marche du décervellage‹ durch die Falltüre befördert, Symbol für den Weg einer freiheitlichen Akademie unter der Regierung eines Usurpators. Zur Verdeutlichung unserer ganz und gar disproportionierten geistigen und kulturellen Situation werden musikalische Collagen heiterster bis härtester Note (in des Wortes Bedeutung) angewandt: ein reines Collagenstück, grundiert von Tänzen des 16. und 17. Jahrhunderts, durchsetzt mit Zitaten älterer und zeitgenössischer Komponisten. Eine Farce, die bieder und scheinbar fröhlich, dick und gefräßig wie Ubu selbst daherkommt: scheinbar ein gewaltiger Ulk, für den jedoch, der dahinter zu hören vermag, ein warnendes Sinngedicht, makaber und komisch zugleich.«

Der *Roi Ubu* ist mit dem vorangestellten Entrée, in welchem die Mitglieder der Akademie musikalisch vorgestellt werden, eine Collage, die in der Musik des 20. Jahrhunderts ihresgleichen sucht. Keine Epoche der Musikgeschichte wird hier ausgelassen. Von Renaissance-Tänzen, Bachs *Brandenburgischen Konzerten* über Beethoven und Wagners *Tristan* reicht die Kette der Zitate bis zu Boris Blacher oder den Initialen des damaligen Akademiepräsidenten Hans Scharoun. Vor allem aber Zimmermanns Erzrivale Karlheinz Stockhausen steht im Zentrum seines Spotts. Ein Akkord aus einem der Klavierstücke Stockhausens (Nr. 9) wird in dem abschließenden »Marsch der Gehirnzermantschung« 631mal bis zur Bewußtlosigkeit repetiert und mit Richard Wagners »Walkürenritt« und dem »Marsch zum Richtplatz« aus Hector Berlioz' *Symphonie phantastique* kombiniert. Zimmermann hat sämtliche Zitate in der Partitur genau bezeichnet. Trotzdem bleibt die *Musique pour les soupers du Roi Ubu* letztlich ein Werk für Eingeweihte, ähnlich wie etwa die frühen Klavierwerke

Robert Schumanns. Zugleich erweist es sich als das bitterste und gleichzeitig humorvollste Stück, das Zimmermann je komponiert hat.

Lange beschäftigte ihn der Plan zu einer neuen Oper nach der Tragödie *Medea* von Hans Henny Jahnn. Von langen Auseinandersetzungen mit dem Schott-Verlag zermürbt, gab er dieses Projekt aber schließlich auf.

In den Jahren 1967 bis 1969 konzentrierte sich Zimmermann auf die Arbeit an seinem großangelegten Oratorium *Requiem für einen jungen Dichter*, Lingual für Sprecher, Sopran- und Baritonsolo, drei Chöre, elektronische Klänge, Orchester, Jazz-Combo und Orgel nach Texten verschiedener Dichter, Berichten und Reportagen. Die Pläne zu einem Oratorium reichten zurück bis in die frühen fünfziger Jahre. Doch verschiedene Umstände, vor allem autorenrechtliche Fragen, verzögerten zunächst die Arbeit. Abgesehen von seiner Oper *Die Soldaten* ist es Zimmermanns umfangreichstes Werk. Neben dem lateinischen Text der Totenmesse vertonte er Ausschnitte aus Werken von Joyce, Pound, Camus, Jahnn, Majakowski, Wittgenstein und anderen. Unter dem Begriff ›Requiem‹ treffen hier unterschiedliche Formen aufeinander: Feature, Hörspiel, Oratorium und Reportage. Mit diesem Werk beginnt Zimmermanns Spätwerk, das man unter die Worte »Von den letzten Dingen« subsumieren könnte. Den existentiellen Aussagen, wie sie sich im *Requiem* häufen, steht eine extreme musikalische Sprache gegenüber. Zimmermann meidet das Mittelmaß, ob in der Massierung der Mittel im *Requiem* oder in der fahl ausgedünnten Struktur eines seiner letzten Werke *Stille und Umkehr* (1970). Seine Botschaft vermittelte er ohne Kompromisse, im klanggewaltigen *Requiem* verdichtet sie sich zum durchdringenden Schrei. Doch Ende der sechziger Jahre wollte man

sie nicht hören. Eine größere Resonanz war nach der Uraufführung nicht zu verzeichnen. Die riesige Besetzung und die damit verbundenen hohen Kosten machen eine Aufführung für kleinere Veranstalter ohnehin unmöglich. Dem Einsatz und der Beharrlichkeit Michael Gielens ist es zu verdanken, daß das Werk gelegentlich noch im Konzertsaal zu hören ist.

Kurz nach Vollendung der Partitur erlitt Zimmermann einen schweren seelischen Zusammenbruch, so daß er mehrere Monate in einer Nervenklinik behandelt werden mußte. Der latent vorhandene Zug zur Depressivität nahm immer bedrohlichere Züge an. Deshalb mußte die Uraufführung des *Requiems* 1969 in Düsseldorf unter Michael Gielen ohne den Komponisten stattfinden.

Als Bernd Alois Zimmermann im Frühjahr 1970 aus der Klinik nach Hause zurückkehren konnte, konzentrierte er die ihm verbliebene Arbeitskraft auf die Vollendung der Auftragswerke, die noch ausstanden: ein Orchesterwerk zum Dürerjahr 1971 mit dem Titel *Stille und Umkehr*, vier kleine Cellostudien für einen Band mit zeitgenössischer Cello-Musik, den Siegfried Palm herausgeben wollte, sowie die Kantate *Ich wandte mich und sah an alles Unrecht, das geschah unter der Sonne*, die er auf Veranlassung von Hans Zender für ein Festkonzert anläßlich der olympischen Segelwettbewerbe in Kiel 1972 schrieb.

In *Stille und Umkehr* wird der musikalische Satz auf das äußerste reduziert. Von den insgesamt vorgeschriebenen 42 Instrumenten spielen immer nur wenige gleichzeitig. Einfache Figuren, ein kurzes, in Abständen wiederholtes rhythmisches Motiv und das ständige Umkreisen des Tones D fügen sich zu einem kargen Gewebe, das sich an der Grenze zum Verstummen bewegt. Den Charakter dieser geisterhaften, skelettartigen

Musik hat Zimmermann mit dem Titel *Stille und Umkehr* auf den Punkt gebracht.

Nach der ausgedünnten Schreibweise in *Stille und Umkehr* kehrte Zimmermann mit seinem letzten Werk *Ich wandte mich und sah an alles Unrecht, das geschah unter der Sonne* wieder zu einem dichteren Satz zurück. Das von ihm als »Ekklesiastische Aktion« bezeichnete Werk basiert auf Texten des Predigers Salomo und einem Ausschnitt aus der »Legende vom Großinquisitor« aus Dostojewskis Roman *Die Brüder Karamasow*. Die Musik steht hier ganz im Dienst der Textvermittlung. Die spröde Tonsprache knüpft, wenn auch mit anderen Mitteln, in ihrer Knappheit an *Stille und Umkehr* an. Das Werk endet mit einem Zitat aus Johann Sebastian Bachs Kantate *Oh Ewigkeit, du Donnerwort*: »Es ist genug, Herr, wenn es dir gefällt, so spanne mich doch aus«. Damit wählte Zimmermann den gleichen Choral, den auch Alban Berg in seinem späten Violinkonzert zitiert hatte. Mit diesen Worten setzte er einen bewußten Schlußpunkt. Die Partitur der *Ekklesiastischen Aktion* trägt das Abschlußdatum des 5. August 1970. Fünf Tage später nahm sich Bernd Alois Zimmermann im Alter von 52 Jahren in seinem Haus in Groß-Königsdorf bei Köln das Leben.

WERKE (Auswahl)

Extemporale für Klavier (1938/46)
Alagoana (Caprichos Brasileiros). Ballett (1940/50)
Drei Stücke für Orchester (1945)
Sinfonia prosodica für großes Orchester (1945)
Konzert für Orchester (1946/48)
Sinfonie in einem Satz für großes Orchester (1947/53)
Lob der Torheit. Burleske Kantate für Koloratursopran, Tenor, Baß, gemischten Chor und großes Orchester (1948)

Enchiridion. Kleine Stücke für Klavier (1949)
Sonate für Violine und Klavier (1950)
Konzert für Violine und großes Orchester (1950)
Sonate für Violine solo (1951)
Konzert für Oboe und kleines Orchester (1952)
Kontraste. Musik zu einem imaginären Ballett (1953)
Konzert für Violoncello und Orchester (1953)
Nobody knows de trouble I see. Konzert für Trompete und Orchester (1954)
Perspektiven. Musik zu einem imaginären Ballett (1955/56)
Sonate für Viola solo (1955)
Canto di speranza. Kantate für Violoncello und kleines Orchester (1957)
Omnia tempus habent. Kantate für Sopran-Solo und 17 Instrumente (1957/58)
Impromptu für Orchester (1958)
Die Soldaten. Vokal-Sinfonie für sechs Gesangssolisten und Orchester (1958/60)
Die Soldaten. Oper in vier Akten (1958/64)
Sonate für Violoncello solo (1960)
Monologe für zwei Klaviere (1960/64)
Dialoge. Konzert für zwei Klaviere und großes Orchester (1960/65)
Présence. Ballet blanc en cinq scènes für Klaviertrio (1961)
Antiphonen für Viola und 25 Instrumentalisten (1961)
Tempus loquendi für Flöte (1963)
Concerto pour Violoncelle et orchestre en forme de »pas de trois« (1965/66)
Musique pour les soupers du Roi Ubu. Ballet noir en sept parties et une entrée (1966)
Intercommunicazione per violoncello e pianoforte (1967)
Requiem für einen jungen Dichter. Lingual für Sprecher, Sopran- und Bariton-Solo, drei Chöre, elektronische Klänge, Orchester, Jazz-Combo und Orgel (1967/69)
Tratto (II) Elektronische Studie (1968)
Photoptosis. Prélude für großes Orchester (1968)
Vier kurze Studien für Violoncello solo (1970)
Stille und Umkehr. Orchesterskizzen (1970)
Ich wandte mich und sah an alles Unrecht, das geschah unter der Sonne. Ekklesiastische Aktion für zwei Sprecher, Baß-Solo und Orchester (1970)

WEITERFÜHRENDE LITERATUR

Adorno, Theodor W.: Philosophie der neuen Musik. Frankfurt a. M. 1949.
– Dissonanzen. Musik in der verwalteten Welt. Göttingen 1956.
Briner, Andreas (Hrsg.): Swiss Composers in the 20th Century. Zürich 1990.
Dahlhaus, Carl: Schönberg und andere. Mainz 1978.
Danuser, Hermann: Die Musik des 20. Jahrhunderts. Laaber 1984. (Neues Handbuch der Musikwissenschaft. Bd. 7.)
Danuser, Hermann / Gerlach, Hannelore / Köchel, Jürgen (Hrsg.): Sowjetische Musik im Licht der Perestroika. Laaber 1990.
Danuser, Hermann / Kämper, Dietrich / Terse, Paul (Hrsg.): Amerikanische Musik seit Charles Ives. Laaber 1987.
Dibelius, Ulrich: Moderne Musik 1945–1965. München 1966.
– Moderne Musik 1965–1985. München 1988.
Gerlach, Hannelore: Fünfzig sowjetische Komponisten der Gegenwart. Fakten und Reflexionen. Eine Dokumentation. Dresden 1984.
Gieseler, Walter: Komposition im 20. Jahrhundert. Details – Zusammenhänge. Celle 1975.
Goléa, Antoine: Musik unserer Zeit. München 1955.
Griffiths, Paul: New Sounds, New Personalities. British Composers of the 1980s in Conversation with Paul Griffiths. London 1985.
Günther, Bernhard (Hrsg.): Lexikon zeitgenössischer Musik aus Österreich. Komponisten und Komponistinnen des 20. Jahrhunderts. Wien 1997.
Häusler, Josef: Musik im 20. Jahrhundert. Bremen 1969.

Häusler, Josef: Spiegel der neuen Musik – Donaueschingen. Kassel [u. a.] 1996.
Heister, Hanns-Werner / Sparrer, Walter-Wolfgang (Hrsg.): Komponisten der Gegenwart. München 1992 ff.
Kater, Michael H.: Die mißbrauchte Muse. Musiker im Dritten Reich. München/Wien 1998.
Mertens, Wim: American Minimal Music. London 1983.
Reaburn, Michael / Kendall, Alan (Hrsg.): Geschichte der Musik. Bd. 4: Das 20. Jahrhundert. München/Mainz 1993.
Saremba, Meinhard: Elgar, Britten & Co. Eine Geschichte der britischen Musik in zwölf Porträts. Zürich / St. Gallen 1994.
Schweizer, Klaus: Orchestermusik des 20. Jahrhunderts seit Schönberg. Stuttgart 1976.
Stephan, Rudolf: Musiker der Moderne. Laaber 1996.
Stephan, Rudolf / Knessl, Lothar / Tomek, Otto / Trapp, Klaus / Fox, Christopher (Hrsg.): Von Kranichstein zur Gegenwart. 50 Jahre Darmstädter Ferienkurse 1946–1996. Stuttgart 1996.
Stuckenschmidt, Hans Heinz: Neue Musik. Frankfurt a. M. 1981.
Stürzbecher, Ursula: Werkstattgespräche mit Komponisten. Köln 1971.
Vogt, Hans: Neue Musik seit 1945. Stuttgart 1972.
Zender, Hans: Happy New Ears. Freiburg i. Br. 1991.
– Wir steigen niemals in denselben Fluß. Wie Musikhören sich wandelt. Freiburg i. Br. 1996.
Zimmerschied, Dieter (Hrsg.): Perspektiven neuer Musik. Mainz 1974.

ABBILDUNGSNACHWEIS

Peter Andersen (Mit Genehmigung des Verlages Schott Musik International, Mainz): S. 307. – Archiv für Kunst und Geschichte, Berlin: S. 13, 26, 94, 108, 131, 207, 221, 326, 341, 348, 357, 364 (Marion Kalter), 379, 493. – Rymond Asseo, Genf: S. 281. – BMI Archives: S. 77. – Boosey & Hawkes, Berlin: S. 71 (Ruth Uebel), 89, 482 (Douglas Glass), 526 (Felicitas Timpe). – dpa: S. 337. – Edition Peters, Frankfurt: S. 126. – Mara Eggert, Frankfurt: S. 395. – Mike Evans (Mit Genehmigung des Verlages Schott Musik International, Mainz): S. 471. – Wilfried Hösl, München: S. 369. – Wolfgang Hoff, Berlin: S. 60. – Maarit Kytöharju, Helsinki: S. 184. – Sabine Matthes, München: S. 81. – Werner Neumeister, München: S. 35, 40, 46, 85, 144, 155, 165, 189, 226, 262, 294, 300, 311, 331, 374, 389, 439, 446, 456. – Max Nyffeler, Frauenneuharting: S. 201. – Stefan Odry, Celle: S. 536. – Charlotte Oswald, Wiesbaden: S. 251. – peermusic, Hamburg: S. 516. – Barbara Pflaum, Wien: S. 160. – Ricordi, München: S. 476. – Archiv Sikorskiverlag, Hamburg: S. 103, 149. – Süddeutscher Verlag, München: S. 17, 52, 65, 114, 121, 139, 174, 194, 213, 232, 239 (Sabine Toepffer), 256 (Horst Tappe), 267, 272, 319 (Hannes Kilian), 401, 413, 422, 498, 508, 521. – Alexander Schlee, Wien: S. 245. – Schott Musik International, Mainz: S. 427, 466. – Rosi Troxler: S. 488. – Universal Edition, Wien: S. 287, 531.

Der Verlag Philipp Reclam jun. dankt den Rechteinhabern für die Reproduktionsgenehmigung. Die Urheber des Bildmaterials konnten leider nicht in allen Fällen ermittelt werden. Hier ist der Verlag bereit, nach Anforderung rechtmäßige Ansprüche abzugelten.